국제금융론

이론과 위기 및 대응

Theory, Crisis & Response

박준서
이순호
최동현
지음

자유아카데미

머리말

국제금융시장에서 한국 경제의 취약성을 이야기할 때 흔히 대외의존도가 높고 원화가 국제통화가 아니라는 점을 들어 태생적 한계(original sin)를 갖고 있다고 평가한다. 실제로 한국 경제는 미국, 일본, 중국 등 주요국의 경제 및 금융상황은 물론 글로벌 경기변동이나 지정학적 위험의 영향을 크게 받는다.

영국의 역사학자인 아놀드 조셉 토인비(A. J. Toynbee)는 "History repeats itself", 즉 역사는 반복된다고 하였다. 세계 경제의 높은 연계성과 우리 경제의 태생적 한계로 인해 심각한 대외충격이 발생할 경우 금융위기는 언제든지 다시 반복될 수 있지만 민간부문과 외환당국이 사전에 충분히 대비하고 노력한다면 충격을 최소화하는 것이 가능하다고 보며 이것이 이 책의 발간목적이다. 저자들은 총 15장으로 구성하여 다음과 같은 내용에 중점을 두고 집필하였다.

먼저 박준서 박사는 1~2장, 6~7장을 정리하였는데, 국제통화의 역사와 국제통화질서의 다극화를 소개하였으며 종국적으로 국제금융의 최종대부자 역할은 기축통화를 발행하는 중앙은행이 맡게 되는 것임을 이야기하였다. 대외거래의 경우에도 트리핀 딜레마 등 그와 연계된 국제금융의 주요 이슈에 더 중점을 두었다. 또한 실질환율의 결정요인이 대외거래 정책에 있어서 매우 중요한 개념임을 강조하였으며, 개방경제하에서 거시경제정책이 미치는 영향은 환율-생산 조합의 *DD-AA* 모형으로 분석하는 것이 적합하다는 판단하에 해당 모형을 사용하여 설명하였다. 세부적으로는 1장에서 국제통화의 흥망성쇠와 미 달러화의 기축통화 부상의 역사적 배경을 설명하고, 통화다극화 및 전자화폐 출현이 향후 국제통화질서에 미칠 영향을 살펴보았다. 아울러 글로벌 금융위기 시 미 연준의 미 달러화 통화스왑이 어떻게 글로벌 최종대부자 기능으로 확대되었는지 상세히 설명하였다. 2장에서는 트리핀 딜레마 등 국제수지 및 국제투자와 관련된 국제금융 이슈를 다루었고, 소비자 생애효용함수를 활용한 소규모 개방경제의 최적소비균형을 소개하였다. 6장에서는 환율의 기초개념, 국제평가이론 및 환율결정이론 등에 대한 설명을 최대한 이해하기 쉽도록 서술하는 한편 교역재-비교역재 모형과 발라사-사무엘슨 모형을 통해 실질환율의 장단기 결정요인을 설명하였다. 7장에서는 대내외 균형을 달성하기 위한 환율 수준 평가를 목적으로 하는 세 가지 접근법을 서술하고 아울러 *DD-AA* 모형을 이용하여 개방경제하에서 거시경제정책이 환율-생산 조합에 미치는 영향을 설명하였다.

이순호 박사는 8~13장을 정리하였는데, 외환위기 극복 및 예방을 위한 외환정책의 수립 및 운영 관련 업무를 수행하면서 습득한 국제금융 이론과 실무내용을 독자들이 이해하기 쉽도록 은행, 기업 등 민간부문의 실제 사례를 통해 설명하였다. 세부적으로는 8장에서 환리스크 회피를 위해 기업들이 선호하는 선물환거래가 환율 및 외채를 통해 금융·외환위기로 이어지게 되는 메커니즘에 대해 글로벌 금융위기 사례를 통해 설명하였다. 9장에서는 외화자금시장의 주요 잠재적 리스크인 외화자금시장의 수급불균형이란 무엇이며 외환부문에 부정적 영향을 미치게 되는 메커니즘을 설명하였다. 특히 KIKO 통화옵션 사례를 이용하여 옵션거래에 내포된 높은 환리스크와 최근 문제가 되고 있는 불완전판매에 대한 이해를 높이기 위해 노력하였다. 10장에서는 외환건전성 규제의 정의, 규제 수단 및 규제 도입 배경을 설명하면서 외환건전성 규제가 왜 필요한지를 외국계은행의 역외금융 사례를 통해 보여주었다. 11장에서는 환율정책을 어떻게 운용하는지를 한국은행의 스왑시장 참여 사례를 통해 소개하였다. 12장에서는 외환보유액의 정의, 역할 및 외환보유액이 어떻게 활용되는지를 과거 금융·외환위기 시 외환당국의 유동성 공급 역할을 통해 보여주었으며 경제현상의 계량분석에 관심이 있는 학생들을 위해 적정 외환보유액 추정 모델을 소개하였다. 13장에서는 국제자본이동의 다양한 결정요인을 설명하고 외국인투자자금이 우리 경제의 위기를 초래하게 되는 메커니즘을 주변 국가들의 Sudden Stop 사례를 통해 설명하였다.

최동현 박사는 3~5장, 14~15장을 정리하였다. 1980년대와 1990년대에 걸쳐 선진국의 외환시장 및 금융시장에 대한 규제완화와 신흥시장국의 시장 개방, 정보통신 기술의 발전과 금융혁신으로 국제금융시장이 크게 발전하였다. 이에 따라 세계 각국의 정부와 기업이 유리하게 자금을 조달하고, 투자자가 다양한 상품에 투자하면서 리스크도 헤지할 수 있는 기능을 제공하는 국제금융시장의 역할도 크게 늘어났다. 3장에서는 국제금융시장의 발전 과정 및 기능과 함께 은행, 펀드, 시장 인프라 등 국제금융시장 참가자의 역할에 대해 기술하였다. 4장에서는 국제채권 및 국제주식시장에서 거래되는 투자상품, 그리고 증권의 발행과 유통 관련 시장구조, 국제채권의 신용등급, 국제주식의 상장방법 등을 소개하였다. 5장에서는 국제금융시장에서 포트폴리오를 어떻게 구성하여 운용하며, 리스크 관리 및 성과평가는 어떻게 하는지에 대한 방법론을 구체적으로 제시하였다. 금융시스템이 발전하면서 크고 작은 금융위기가 발생하는 현상을 피할 수 없게 되었는데, 오늘날 발생하는 위기는 그 영향이 매우 크기 때문에 금융위기의 원인을 분석하고 대응방안을 마련하는 것이 중요하다. 특히 전 세계의 국제금융시장이 연결되어 있기 때문에 어느 한 국가에서 금융위기가 발생하면 해당 국가는 물론, 지역, 더 나아가 전 세계의 금융위기로까지 확대된다. 이에 따라 14장에서는 1997년 동아시아 외환위기, 2008년 글로벌 금융위기를 중심으로 위기의 원인과 대응방안에 대해 다루었으며 15장에서는 국제통화제도와 금융위기에 대비하기 위한 글로벌 금융안전망의 구축에 대해 설명하였다.

책의 완성도를 높이기 위해 최선을 다했지만 여러 면에서 부족한 점이 많고 오류가 있을 수 있다. 이는 전적으로 저자들의 책임이며 독자 여러분의 깊은 양해를 바란다. 추후 나올 수 있는 수정사항 등은 자유아카데미 홈페이지(www.freeaca.com) 자료실에 제공할 예정이니 참고하기 바란다.

끝으로, 이 책은 국제금융의 주요 이론과 함께 기업, 은행 등 민간부문의 국제금융거래 사례와 위기 시 외환당국의 정책대응 사례를 소개함으로써 국제금융론을 공부하는 학생은 물론 국제금융 분야의 실무자들에게도 많은 도움이 될 것으로 기대한다. 아울러 이 책에는 한국은행과 정부 및 기업, 금융기관 등 민간부문의 많은 노력과 귀중한 경험이 담겨 있다는 점을 밝히면서 관련된 모든 분에게 감사하다는 말씀을 드린다.

2024년 8월

저자 일동

차례

9장 외화자금시장

10장 외환정책 및 외환건전성 규제

11장 환율정책

12장 외환보유액

1장

국제기축통화와 중앙은행

학습목표

1. 미 달러화가 국제기축통화로 부상하고 유로달러가 출현하게 된 과정을 파악한다.
2. 미 달러화의 현재 위상과 향후 국제통화의 다극화와 전자화폐가 국제통화질서에 미칠 영향을 이해한다.
3. 중앙은행이 탄생하는 과정과 최종대부자 역할을 맡게 된 역사적 배경을 파악한다.
4. 미 연준의 통화정책 독립성 확보, 대공황 이후 금본위제의 폐지, 브레튼우즈 체제의 성립 및 붕괴 과정을 파악한다.
5. 미 연준이 주요국 중앙은행과 미 달러화 통화스왑을 실행하면서 글로벌 최종대부자 역할을 하게 되는 메커니즘을 이해한다.

1.1 국제기축통화[1]

1.1.1 그리스 드라크마에서 대영제국 파운드화까지

기원전 5세기 아테네에서 발행한 은화 드라크마(drachma)는 알렉산더 대왕의 정복 전쟁 이후 중동, 인도, 이집트까지 유통되었다. 오늘날 모로코 및 아랍에미리트연합의 화폐 단위인 디르함(dirham)도 드라크마에서 유래하였다. 로마 제국 시기에는 병사들의 급료를 지급하기 위하여 발행한 금화 아우레우스(aureus)와 은화 데나리우스(denarius)가 드라크마와 함께 상당 기간 유통되면서 국제기축통화의 기능을 하였다.

4세기경 비잔틴 제국이 병사들의 급료를 지급하기 위하여 발행한 솔리뒤스

1 Kenen (2009)은 국제통화를 상품, 서비스, 금융자산의 국제거래 시 거주자와 비거주자, 비거주자와 비거주자 간 보유되고 사용되는 통화라고 정의하였다. 국제기축통화는 국제통화 중에서도 자국 국경을 넘어 전 세계 무역 및 금융거래에서 계산단위, 가치저장수단, 지급결제수단으로 활용되는 통화이다. 현재는 미 달러화가 국제기축통화에 해당된다.

(solidus)라는 화폐가 로마 제국 주화의 뒤를 이었다. 솔리뒤스는 병사를 뜻하는 영어 단어인 솔져(soldier)의 어원으로 알려져 있다. 당시 비잔틴 제국은 로마 제국 멸망 이후 경제 및 국제무역 규모가 가장 큰 국가였던 까닭에 솔리뒤스는 유럽은 물론 근동 아시아, 북아프리카, 인도에서도 유통되며 국제기축통화의 역할을 담당하게 되었다. 솔리뒤스의 국제적 통용은 비잔틴 제국의 강력한 군사력 및 세수 확보 역량에 의해 보장되었다.

7세기경에는 시리아 우마이야(Umayyad) 왕조의 5대 칼리프인 압드 알-말릭(Abd al-Malik)이 주조한 디나르(dinar)가 솔리뒤스와 함께 무역거래 결제 시 통용되기 시작하였다. 당시 우마이야 제국 내에서 품질과 모양이 다른 여러 주화가 혼용되고 있었고, 기독교 문명의 솔리뒤스가 통용되는 것에도 거부감을 보인 알-말릭이 이를 통일하고자 디나르를 주조하였다. 디나르는 시리아, 북아프리카, 스페인에서도 통용되었으며 금 함유량은 이후 약 2백 년간 동일하게 유지되었다.

13세기 들어서는 이탈리아 도시국가들의 주화인 제노아의 제노인(genoin), 베니스의 두카트(ducat), 플로렌스의 플로린(florin) 등이 국제기축통화 지위를 이어갔다. 제노아와 베니스는 뛰어난 군사적 역량, 선진 재무행정 능력, 높은 기술력 등을 지녔으나 도시국가이기에 경제 규모에는 한계가 있었다. 이에 따라 도시국가들에 중요했던 것은 유동성이 풍부한 금융의 발달이었다. 제노아와 베니스는 고비용의 상선 항해를 위한 대규모 자금조달이 필요했던 까닭에 정교한 계약법과 계약서를 발전시켜 나갔다. 베니스는 복식부기를 발명하였으며 플로렌스와 동시에 예금은행 제도를 창안하였다. 3개 도시국가들은 주화에 더하여 이러한 어음들을 국제적 거래와 자금조달 시에 적극적으로 사용하였다. 특히 플로렌스의 은행들은 서구 곳곳에 지점을 두고 금융서비스를 제공하면서 주화인 플로린을 서유럽에 대량으로 유통시켰다.

17세기부터는 네덜란드가 무역활동뿐만 아니라 그와 관련된 무역신용 및 국제금융의 선두 국가가 되면서 18세기까지 길더(guilder)가 무역거래에 널리 사용되는 주화가 되었다. 1609년 암스테르담은행이 설립되어 길더화 청산결제 서비스가 제공되었다. 금괴 및 은괴를 지급준비금으로 보관하고 각양각색의 외부 주화와 일정한 교환비율을 설정하여 대체하였으며, 암스테르담 어음은 발틱 지역 및 러시아에서도 통용되었다.[2] 현재도 미국 금융시장의 영향력이 중국 상품무역의 영향력을 지배하고 있는 것을 보면 금융시장 발전이 통화국제화에 매우 중요한 요인임을 알 수 있다.

19세기에는 영국의 파운드화가 전성기를 구가하였는데, 그 배경으로 다음과 같이 크게 네 가지 요인을 들 수 있다. 첫째, 금융시스템의 발전이다. 19세기 중반 해외여신의 증가 등으로 인해 런던 금융시장은 국제금융센터로서의 위상이 제고되었고, 1870년 이후로는 장단기 국채 유통이 증가하였다. 영란은행이 국채매매를 이용한 공개시장운영(Open Market Operation)을 수행하면서 런던 국채시장은 외국의 투자자 및 중앙은행들에게 안전하고 유동성이 높은 금융상품을 제공하는 시장이 되었다. 둘째, 경제발전에 따른 무역거래의 확대이다. 영국은 최초로 산업혁명을 일으킨 국가로서 19세기를 통틀어 세계 1위의 수출국이었으며, 런던에서는 다양한 원자재가 거래되고 금에 대한 가격설정 및 거래가 이루어졌다. 셋째, 통화가치 안정이다. 1688년 명예혁명 이후 대지주들은 정치적 입지가 강화되자 인플레이션 및 화폐가치 훼손을 반대하며 국왕 재량권 및 정부 몰수권을 제한하였다. 1844년에는 금본위제를 도입하여 파운드화의 태환성을 보장하였다. 넷째, 군사적 안정이다. 영국해협은 대륙으로부터의 공세에 대해 천연 방어막 역할을 하였으며, '해가 지지 않는 나라' 영국의 해군력은 막강하였다.

한편 미국 경제 규모는 1870년대에 이미 영국 경제규모를 넘어섰고 1차 세계대전(1914~1918) 직전에는 수출 규모도 영국을 앞서게 되었으나, 미 달러화는 국제기축통화로서의 역할을 하지 못하고 있었다. 그 이유는 남북 간 내부 반목과 최종대부자로서 유동성을 공급할 중앙은행의 부재로 인해 외국인 투자자에게 신뢰를 줄 수 없었던 데 있었다. 남북전쟁(1861~1865) 시기에 제정된 국가은행법(National Banking Act 1863 및 1864)에 따르면 미국 은행들은 해외지점도 둘 수 없었다. 1913년 연방준비제도(연준)의 설립은 통화정책 수행을 위한 것뿐만 아니라 미 달러화의 국제화도 겨냥하였다. 연준법에 따라 미국 은행들은 해외지점 설

2 Calomiris and Neal (2012)

치 및 해외영업이 가능케 되었다. 이듬해인 1914년 제1차 세계대전이 발발하자 유럽 국가들은 금 수출을 금지하고 제3국의 수출입 거래에 사용하던 자금도 국내 수요에만 사용토록 하였다. 안정을 지켜오던 유럽 통화의 환율이 출렁이기 시작한 것이다. 하지만 미국은 1917년까지 이러한 통화 및 금융의 혼란에서 벗어나 있었기에 오직 금 대비 미 달러화 환율만이 안정을 유지하였고 미국만이 금에 대한 공식적인 금수 조치를 취하지 않음에 따라 미국 은행들이 유럽계 은행들의 빈자리를 빠르게 채우기 시작했다. 미국계 은행들은 1919년 유럽에 지점을 설치한 후 중남미 및 아시아까지 진출하고 무역 관련 신용거래, 해외여신 등을 미 달러화 표시로 실행하였다. 1920년대 중반쯤엔 각국 중앙은행들의 외환보유액 내 미 달러화 비중이 파운드화만큼 커졌다. 그러나 1930년대에는 대공황, 주식시장 붕괴, 금융기관 파산 등으로 미국의 경제 및 금융위기가 심각하게 악화된 데 반해 영국 파운드화는 영연방이 존재하였기에 이 시기에는 미 달러화의 국제기축통화로서의 지위 제고가 잠시 주춤하였다. 제2차 세계대전(1939~1945) 이후에는 다시 미 달러화의 국제기축통화 위상 제고에 멈춤이 없었다. 제1차 및 제2차 세계대전 이후 영국 경제는 유럽에서 가장 느리게 성장하였고, 더 이상 해외 군사활동에 대한 재정지원을 하기 어려워졌다. 만성적인 경상수지 적자로 인해 1947년 파운드화 가치가 평가절하되었으며, 1951~1952년 중 대외수지 적자가 급증함에 따

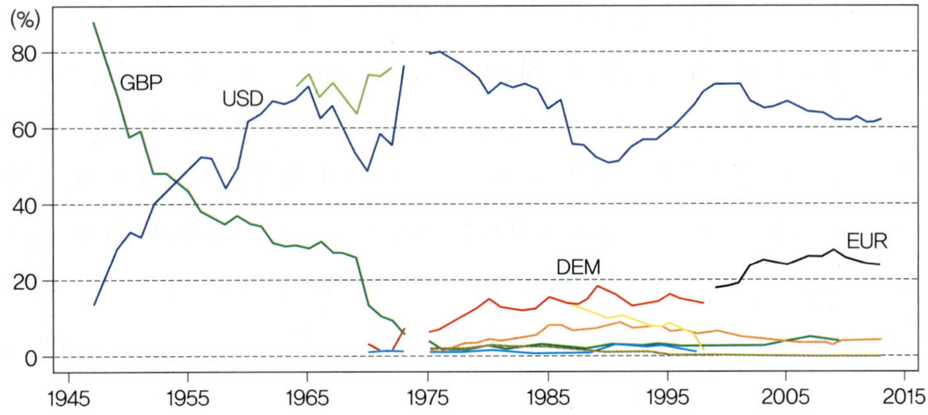

그림 1.1 외환보유액 통화구성 비중 추이

자료: Eichengreen (2018)

라 국제기축통화로서의 안정성이 저하되자 외국 정부와 중앙은행은 보유 파운드화를 물품이나 미 달러화로 태환(conversion)하고자 하였다. 이에 따라 제2차 세계대전 이후 1970년대 중반까지 세계 외환보유액 구성에서 미 달러화 비중은 지속적으로 확대되고 파운드화 비중은 지속적으로 감소하였다. 결국 파운드화 비중은 〈그림 1.1〉과 같이 마르크화와 엔화에도 뒤처지게 되었다.[3] 2023년말 현재 세계 외환보유액 통화구성 비중은 미 달러화 58.41%, 유로화 19.98%, 엔화 5.70%, 파운드화 4.84%, 위안화 2.29%, 캐나다 달러화 2.58%, 호주 달러화 2.11%, 기타 통화 3.87%이다.

1.1.2 미 달러화의 기축통화 부상

제2차 세계대전 막바지인 1944년 7월 브레튼우즈 체제가 출범하면서 미 달러화는 세계의 기축통화로 등장하게 되었다. 미 달러화는 금 1온스당 35달러로 고정되고 다른 나라 화폐의 환율은 미 달러화에 고정되는 시스템이다. 동 체제의 유지 및 운영을 위해 1945년 12월 국제통화기금(IMF)과 세계은행(World Bank)이 창설되고, 1947년 10월 관세 및 무역에 관한 일반협정(General Agreement on Tariffs and Trade)[4] 이 체결되었다. 그러나 1960년대 대외원조, 군비지출, 해외투자 등으로 미 달러화의 해외공급은 확대된 반면 미국이 보유한 금의 양이 1온스당 35달러를 유지하기에 부족하여 미 달러화의 금태환을 기반으로 하는 브레튼우즈 체제에 위기가 다가왔다. 케네디 대통령(1961.1~1963.11)과 존슨 대통령(1963.11~1969.1)은 해외투자 억제, 달러화 대외유출 차단, 국제통화체제 개혁 등 달러화 지지 및 브레튼우즈 체제 유지를 위한 다양한 정책을 시도하였으나 무위로 끝나고 말았다. 1971년 당시 외환시장 참가자들은 미국 정부의 달러화 평가절하를 예측하고 있었고, 미국은 극심한 스태그플레이션 상태에 있었다. 미 달러화의 고평가가 대외무역 흑자를 저해하고 있다는 인식이 닉슨 행정부 내에 팽

3 Eichengreen (2005, 2018)

4 동 협정은 1994년 4월 종료되고, 1995년 1월부터 현재의 세계무역기구(WTO, World Trade Organization)가 뒤를 잇고 있다.

배한 가운데, 닉슨 대통령(1969.1~1974.8)은 1971년 8월 15일 신경제정책(New Economic Policy)을 발표하며 투기세력으로부터 미 달러화를 방어하기 위해 달러의 대외 금태환 중단(Nixon Shock)을 발표하였다. 1971년 12월 스미소니언 협정(Smithsonian Agreement)에서 G10[5]은 금 1온스당 가격을 35달러에서 38달러로 상향하고 환율변동범위를 ±2.25%로 하는 새로운 고정환율에 동의하였다. 1973년 2월에는 투기적 압력으로 인해 미 달러화 가치를 추가로 10% 평가절하하였으나 달러화 약세에 대한 투기적 압력이 지속되는 가운데 일본과 유럽경제공동체(EEC) 소속 국가들이 변동환율제를 선언하였다. 1973년 3월 G10이 유럽경제공동체 소속 국가들이 미 달러화에 대해 공동 변동환율제를 운용하는 것을 승인함으로써 사실상 2차대전 이후 국제금융질서를 이끌어 온 브레튼우즈 체제가 종료되었다.[6]

미 달러화를 중심으로 한 고정환율제에 기반한 브레튼우즈 체제가 종료되자 미국은 미 달러화의 기축통화 위상을 유지할 새로운 방안을 모색하였다. 1971년 8월 금태환 중단 발표 후 닉슨 행정부는 석유를 미 달러화로 거래하게 되면 석유판매로 막대한 페트로달러(petrodollar)를 보유한 석유수출 국가들이 마땅한 투자처가 없어 미 달러화 자산에 투자(petrodollar recycling[7])하게 될 것으로 예상하였다(그림 1.2). 또한 이러한 자본유입이 미국의 쌍둥이 적자를 메꿀 수 있고, 국내 이자율이 낮게 유지되어 경제성장에도 도움이 될 것으로 보았다. 기축통화인 미 달러화를 발행하는 시뇨리지 효과로 인해 석유공급 변화 등으로 유가 변동성이 높아질 때도 유럽, 일본 등에 비해 안정적 에너지 확보가 가능한 것이다. 1972~1974년 동안 미국과 사우디는 헨리 키신저 주도로 사우디가 석유판매 대금을 미 달러화로만 받는다면 미국은 기술적, 군사적으로 사우디 왕가를 지원한다는 내용의 일련의 협정서(US-Saudi Arabian Joint Commission on Economic Cooperation)를 체결하였다.[8] 이로써 미 달러화는 브레튼우즈 체제의 붕괴 이후에

5 벨기에, 캐나다, 프랑스, 독일, 이탈리아, 일본, 네덜란드, 스웨덴, 영국 및 미국

6 공식 종료는 1976.1월 자메이카 협정(Jamaica Accords)에서 이루어졌다.

7 석유수출국이 석유판매로 벌어들인 미 달러화가 국내 소비·투자 및 수입과 해외투자 및 저축을 통해 전세계로, 특히 미국으로 다시 흘러가는 것(recycling)을 의미한다.

8 Fouskas and Gokay (2014)

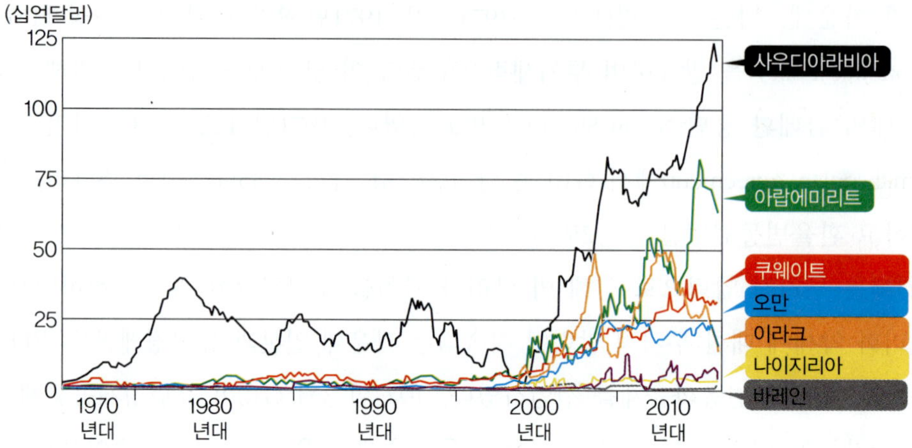

그림 1.2 석유수출국의 미국채 보유규모 추이

자료: 미재무부 및 블룸버그

도 국제기축통화의 지위를 공고히 하게 되었다.

1.1.3 유로달러의 출현

한편 국제기축통화인 미 달러화는 어떻게 자국 국경을 넘어 국제금융시장에서 지금과 같이 활발히 유통되게 되었는가? 미국 밖에서 유통되고 있는 미 달러화를 유로달러[9]라고 한다. 미국 은행 이외 주로 유럽계 은행에 예치되어 있는 미 달러화로서, 미국 국내 규제는 물론 어떤 나라의 통제도 받지 않고 유통되면서 수익을 찾아 국제금융시장을 떠도는 핫머니(hot money)이다. 유로달러시장의 기원으로 가장 잘 알려진 것은 소련계 은행의 미국 내 자산몰수 우려이다. 1957년 구(舊) 소련의 모스나 은행(Moscow Narodny Bank)이 자산몰수를 우려해 미국 내 자산을 런던과 파리 등으로 이전한 후 동구권 은행들이 뒤따르면서 유로달러시장이 출

9 처음 유럽소재 은행 계좌에 예치되어서 붙여진 이름이다. 여기서 '유로'란 '미국 밖'이라는 의미이다.

현했다는 것이다. 두 번째, 미국의 예치이자율상한제(Regulation Q) 실시이다.[10] 미국 은행들이 국내의 이자율상한제를 회피하여 런던 지점에서 경쟁력 있는 금리를 제시하면서 달러화예금을 유치하였다. 그 밖에 미국의 국제수지적자 지속에 따른 해외 미 달러화 공급의 증가, 영국의 파운드화 무역금융 및 차환 사용 규제 등을 들 수 있다.

런던에 유로달러시장이 형성될 수 있었던 것은 영국이 국내금융에는 규제를 가하면서도 국제금융은 상대적으로 자유를 허용하는 이중적 정책을 구사하였기 때문이다.[11] 1950년대 영국은 경상계정 태환(current account convertibility: 무역 관련 환전 허용)과 자유무역을 허용했으나, 국내적으로는 계속되는 인플레 압력으로 통화공급을 통제하고 경제에 대한 직접 통제를 실시하였다. 1952년 무역결제 자유화, 1954년 은행의 선물환시장(forward exchange market) 참여, 1955년 대외계정 태환의 실질적 허용 등 국제금융의 자유화가 진행된 반면 국내적으로는 1955년 인플레이션에 대응한 금리인상, 1957년 외환보유액 감소에 대응한 자본통제 조치 등이 이루어졌다. 이러한 자유화와 통제라는 모순적 정책으로 인해 유로달러시장의 출현이라는 혁신의 기회가 나타난 것이다.

1955년 영국은 인플레 압력으로 긴축통화정책을 펼치고 있었다. 그해 6월 영란은행은 미들랜드 은행(Midland Bank)의 외환거래가 급격히 증가했다는 보고를 받는다.[12] 동 은행은 미 달러화 예치이자를 미국의 예치이자율 상한제에서 정한 이자율 상한(1%)보다 0.875% 높게 제시하고, 이렇게 예치한 미 달러화를 현물시장에서 파운드화로 바꾸고 선물환시장에서 2.125%의 프리미엄을 주고 다시 미 달러화를 샀다. 동 거래를 통한 미들랜드 은행의 파운드화 총조달비용은 4%(=1.875%+2.125%)이고 당시 은행 간 파운드화 예치이자율은 4.5%였다. 미 달러화를 보유한 고객은 미국 내 예치 시보다 높은 금리를 받게 되고 동 거래를 주

---

10 1933년 은행법(Banking Act)에 의거 위험투자로 이어질 수 있는 경쟁적 예치금리 제시를 막기 위해 30일 및 90일 만기 예치금에 대해 각각 1%, 2.5%의 이자율 상한을 두었다. 1963년 90일 만기 예치이자율 상한은 4.0%로 완화되었고 30일 이하 예치이자율은 1964년까지 유지되었다.

11 Schenk (1998)

12 미 달러화 예치잔액이 1955년 5월말 '0'에서 6월말 49백만달러로 증가하였다.

선한 미들랜드 은행은 차익을 얻게 됨에 따라, 동 상품은 은행의 고객에겐 새로운 투자상품이 되었다. 영란은행은 미들랜드 은행의 미 달러화 예치금리가 너무 높고 그에 따른 스왑거래가 긴축통화정책의 정신과 충돌한다고 생각하였으나, 미 달러화의 유입으로 자본수지적자가 줄었으며 스왑거래 자체가 법을 어긴 것도 아니었다. 영란은행은 외국인 투자자들에게 동 거래(달러 대가 파운드화 매입+30일 만기 영국 국채 매입+선물환시장에서의 헤지)를 허가하였다. 이에 따라 영

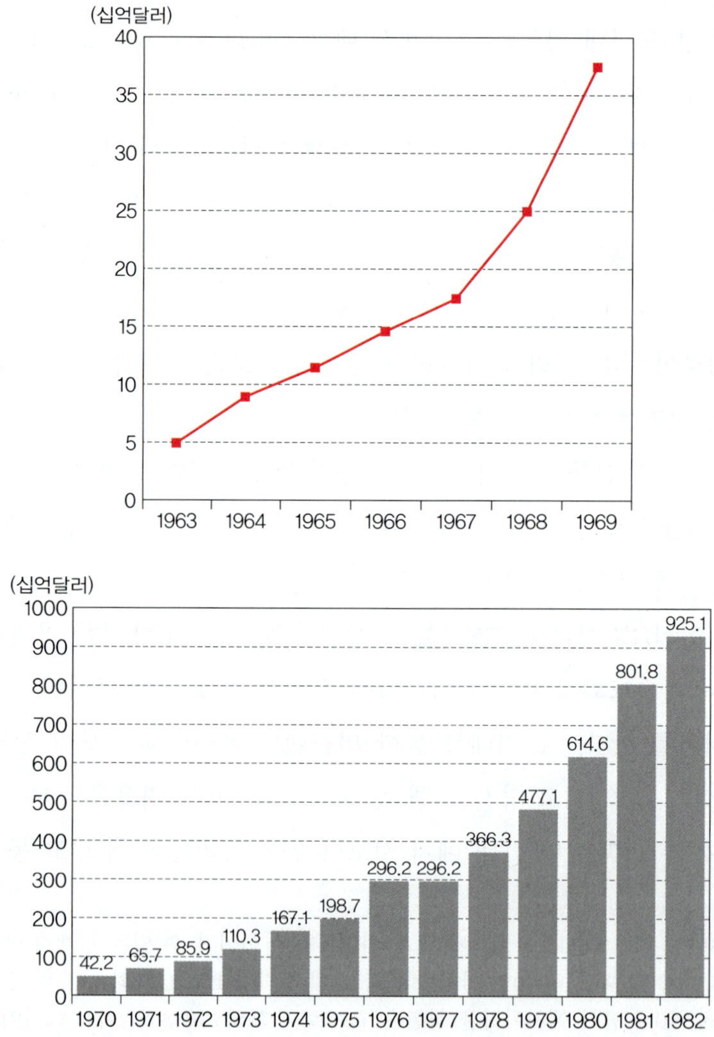

그림 1.3 유로달러 시장규모 추이, 1963~1982

자료: BIS Annual Report (1965~1970) 및 Altunbaş et al. (2006)

국 은행들도 외국 은행들로부터 30일 만기 달러화예치를 받고, 선물환거래를 하는 것을 허가받게 되었다. 당시 유럽계 은행들과 일부 북미 은행들은 영국 단기국채와 미국 단기국채 간 이자차익(2%p)을 얻기 위해 단기자산을 뉴욕에서 런던으로 이전하였다. 한편 1955년 10월 영국 지자체들이 공공사업 대출위원회(Public Works Loan Board)로부터 대출이 제한되자 고금리 단기차입을 일으킨 점도 유로달러예치-스왑거래를 촉진시켰다. 1957년 영국은 파운드화와 외국화폐 간 거래를 통제(exchange control)하였다. 1957년 9월 3/4분기 국제수지적자 확대에 따른 파운드화의 신뢰위기로 영국 재무부는 파운드화를 이용한 무역금융(usance) 및 차환(refinance credit)을 금지시키고, 이에 따라 영국 은행들이 미 달러화 예금을 사용하기 시작하였다. 무역금융 규제는 1959년 2월에 풀렸으나, 차환 규제는 1960년 3월까지 존속되었다. 〈그림 1.3〉은 1963년부터 1982년까지의 유로달러 시장 규모 추이를 보여준다.

이처럼 제2차 세계대전 이후 브레튼우즈 체제의 출범, 소련 및 동구권의 미국 내 자산이전, 미국의 예치이자율 상한제, 유로달러시장의 출현 등이 미 달러화가 국제기축통화로 부상하게 된 큰 요인이 되었다.

1.1.4 미 달러화의 공고한 위상

브레튼우즈 체제 붕괴 이후에는 1970년대 페트로달러가 등장하고, 1980년대 이후에는 탈규제와 자본시장개방 등을 어젠다로 한 신자유주의 흐름을 타고 미국 금융시장 및 미 달러화를 중심으로 한 금융의 세계화가 이루어져 왔다. 이후 1999년 1월 유로화 출범, 2016년 10월 위안화의 특별인출권(SDR) 통화바스켓 편입 등이 있었으나 아직까지는 국제기축통화로서의 미 달러화 위상을 대체하기에는 역부족이다. 2008년 미국발(發) 금융위기에 따른 세계적 경제위기에도 불구하고, 미 연준이 중앙은행 간 미 달러화 통화스왑 라인을 활용하여 국제적 최종대부자 역할을 다함에 따라 미 달러화의 국제기축통화 위상은 더욱 공고해졌다. 2020년 코로나 사태 이후 통화스왑 라인을 통한 미 연준의 신속한 대응은 이를 다시 한번 일깨워줬다. 이는 미 달러화 중심의 결제시스템이 무너지지 않도록 하는 것이 해외 금융위기가 미국 국내 금융시장에 미칠 수 있는 파급효과(spillover effects)를 차단하고 궁극적으로는 미 달러화의 기축통화 위상을 유지하는 데 필요한 것이라는 의미이다.

1.1.5 특별인출권

한편 케인즈(Keynes)는 제2차 세계대전 이후인 1944년 브레튼우즈에서 개최된 국제연합 통화금융 컨퍼런스에서 기축통화국의 통화정책과 글로벌 통화정책 간의 충돌을 막고자 '방코르(Bancor)'라는 새로운 국제기축통화를 만들어 사용할 것을 제안하였다. 그러나 당시 미국 재무부의 자문관이었던 화이트(Harry Dexter White)가 금 가치에 연계된 미 달러화 중심의 고정환율제, 국제통화기금(IMF) 및 국제부흥개발은행(IBRD) 설립 등을 내용으로 제안한 브레튼우즈 체제가 출범함에 따라 케인즈의 제안은 좌초되었다.[13] 하지만 1969년 국제통화기금은 금과 미 달러화의 부족을 보충하고자 케인즈의 방코르와 유사한 특별인출권(SDR)을 만들어 배분하기로 하였다. 이후 특별인출권은 1970~1972년 중 93억SDR, 1979~1981년 중 121억SDR, 2009년 일반인출 1,612억SDR 및 특별인출 215억SDR 등 누적 기준 총 2,041억SDR이 배분되었으나, 2015년 기준으로 세계 외환보유액의 2% 수준에 그쳤다. 그러나 코로나 위기극복을 위해 2021년 4,565억SDR이 추가 배분(누적 기준 총 6,606억SDR)됨에 따라, 2023년 3월말 기준으로 세계 외환보유액의 7% 수준으로 증가하였다. 특별인출권이 국제기축통화로서 제한된 역할을 하는 원인은 공급 및 수요 측면 양쪽 모두에 있다. 공급 측면으로는 특별인출권 배분을 위해서는 국제통화기금 회원국 투표권의 85% 이상의 찬성이 필요하기 때문이다. 더욱이 미국의 투표권(2020년 현재 16.21%)이 15%를 넘어서 단독 거부(veto)가 가능하고, 미 달러화 부족을 보충하기 위해 추가 유동성을 공급하는 것

13 Boughton (2000)에 따르면 1948년 8월 화이트는 소련에 기밀을 넘겨준 스파이활동 혐의 때문에 미국의 메카시즘 시대에 중심적 역할을 하였던 하원의 반미활동위원회(House Un-American Activities Committee)에서 증언하게 되었다. 그리고 3일 후 심장마비로 사망하였다.

임에도 불구하고 선진국에 더 많은 배분이 이루어진다는 점이다. 수요 측면으로는 특별인출권은 정부 간 공식적 거래에만 사용되고 민간거래에는 사용될 수 없는 점이다. 이에 따라 제2차 시장인 유통시장이 형성되지 않는다. 풍부한 유동성을 갖추기에는 공급과 수요 모두가 충분치 못한 것이다.

1.1.6 국제기축통화의 다극화와 전자화폐

만약 국제기축통화로서의 미 달러화 지위가 쇠퇴한다면 미국에 미치는 영향에는 어떠한 것들이 있을까? 뉴욕 연준의 린다 골드버그(Linda S. Goldberg)는 미 달러화 가치의 하락, 국제적 영향력 저하, 해외충격의 영향 확대, 자금조달비용 증가, 시뇨리지(주조차익) 수입 감소 등을 예상하였다.[14] 미 달러화 표시 자산에 대한 국제적 수요가 감소하고 이것이 달러화의 가치하락으로 이어져 그동안 미국이 누려왔던 국제금융계에서의 특별지위와 정책 영향력이 약화되고, 국제통화기금과 세계은행 등 국제금융기구에 대한 영향력도 저하되어 국제금융질서가 미국의 선호와 이익에 부합하지 않는 방향으로 갈 수 있다. 국제거래에서 다른 화폐 사용이 늘어나면 환율 변동성이 미국의 수입물가에 전이되는 정도가 높아지고, 대차거래에서는 다른 통화로 기채함에 따라 발생하는 원죄(original sin)[15]의 경험을 미국도 겪게 된다. 미 달러화의 위기 시 피난처 역할이 쇠퇴하면 전 세계 민간과 공공의 미국채에 대한 수요가 감소하고 이는 미국 경제주체들의 자금조달비용 증가로 이어진다. 시뇨리지 수입도 감소한다. 1조달러가 이자율 0.25%에 유통되면 연간 약 25억달러, 2%에 유통되면 연간 약 200억달러[16]의 주조차익이 발생하는 것으로 추정되는데, 오히려 미국보다는 유로달러 유통량이 많은 러시아 및 구소비에트 연방, 중남미, 중동 등의 지역이 오히려 큰 영향을 받을 가능성이

14 Goldberg (2011)

15 자국 통화로 해외기채(海外起債)를 하지 못하거나 국내에서도 장기자금조달을 하지 못해 나타나는 통화불일치 또는 만기불일치가 가져다주는 금융시장의 불안정성을 말한다(Barry Eichengreen and Ricardo Hausmann, 1999).

16 2019년도 미국 국민총생산(GDP) 및 정부지출의 0.09% 및 0.45%에 해당한다.

있다고 보았다.

Benassy-Quere and Pisani-Ferry (2011)는 향후 국제통화질서가 미 달러화, 유로화 및 위안화 3개 통화의 다극체제로 재편될 것을 예상하며, 하나의 국제기축통화를 사용하는 시스템과 복수의 국제기축통화를 사용하는 시스템을 효율성(efficiency), 안정성(stability), 공평성(equity) 기준으로 비교하였다. 효율성의 경우 다극체제에서 통화블럭 간 변동환율제를 적용하면 비용이 적게 들고 자본배분 면에서도 통화블럭 내 배분이 증가함에 따라 외환보유액 축적의 필요성이 감소하게 된다. 안정성의 경우 다극체제가 트리핀 딜레마(Triffin dilemma)를 완화할 수 있으나 주요 통화 간 대체성이 높아지면 단기적 환율 불안정성이 증가할 수도 있다.[17] 만약에 미 연준이 유동성 공급 책무에 대한 부담을 더 이상 느끼지 않는다면 상황이 더 악화될 수도 있다. 공평성을 보면 현재 미 달러화가 누리는 '과도한 특권(exorbitant privilege)'이 폭넓게 공유될 수 있다. 한마디로 복수의 국제기축통화를 사용하면 효율성과 공평성은 개선되나 안정성은 조건부가 된다는 것이다. 통화다극화 자체가 글로벌 통화정책 과제에 대한 충분한 대응이 아니기 때문에 장점을 실현시키기 위해서는 자본통제에 대한 감시체제 구축, 위기 시 글로벌 유동성 공급방안 확충, 각국 통화정책에의 글로벌 통화정책 스탠스 반영 등에서 국제사회의 강력한 협력이 필요하다.

Brunnermeier et al. (2019)은 전자화폐(digital money)가 가치저장, 교환수단, 회계단위라는 화폐의 전통적 기능을 해체하고 정보, 사회관계망 서비스 등과 재결합하면서 디지털 화폐권역(DCA, Digital Currency Area)을 출현시킬 것으로 보았다.[18]

현재까지는 화폐의 이용 권역은 주로 국가 간 경계에 의해 정의되었으나, 전자화폐가 발전하면 디지털 화폐권역이 생겨날 수 있다. 현재 일부 디지털 화폐권역 내 경제활동 규모는 여느 국가의 경제규모보다 크다. 예를 들어 2019년말 중국의

17 트리핀 딜레마는 미 달러화가 기축통화이기 때문에 미국이 지속적으로 국제수지 적자를 감수할 수밖에 없음을 말한다.

18 결제 및 거래가 해당 네트워크에 '특화'된 화폐를 사용하여 전자적으로 이루어지는 네트워크를 말한다. 페이스북의 리브라(Libra)와 같이 기존 공식 화폐와는 다른 계산단위를 사용하는 경우 완전화폐경쟁(full currency competition), 네트워크 참가자들 간에만 교환의 매개로 쓰이는 결제수단을 사용하는 경우 축소화폐경쟁(reduced currency competition)이라 한다.

알리페이 사용자는 8억 7천만 명에 달하고 분기당 거래금액은 7조달러에 달하였다. 전자화폐의 출현은 통화국제화 및 국제통화질서에도 새로운 길을 제시할 수 있다. 대규모 디지털 네트워크를 보유한 국가의 통화가 디지털 화폐 권역의 통합 효과를 이용하여 국제화될 수 있다. 리브라와 같은 새로운 계산단위를 갖춘 민간 네트워크가 여러 국가에서 사용될 수도 있다. 어느 경우든 경제적 사회적 원인으로 인해 대규모 디지털 화폐 권역에 노출된 국가 또는 경제규모가 작은 국가는 디지털 달러라이제이션(digital dollarization)에 취약해질 것이다.[19] 한편으로는 각국 규제체계의 범위 내로 제한될 수 있어서 오히려 국제통화질서가 보다 파편화(fragmentation)될 가능성도 있다. 복수의 공적 화폐로 구성된 합성통화(synthetic international currency)[20]가 국제화될 가능성도 있다. 합성통화가 안전자산 부족을 보충하고 국제무역 결제 시 사용될 경우 송장표시통화와 글로벌 무역흐름과의 연관성도 감소할 수 있다. 또한 민간화폐와 공적화폐가 경쟁을 벌임에 따라 전통적 통화정책 파급경로가 약화될 수 있는 바, 통화정책의 자주성을 위한 정책대안으로 중앙은행 전자화폐(CBDC, Central Bank Digital Currency) 제공의 필요성을 강조하였다.[21]

국제기축통화가 되기 위한 주요 요건으로 해당 국가의 경제규모(economic size) 및 교역관계(trade network), 화폐가치의 안정성(stability), 금융시장의 유동성(liquidity), 군사외교력(military and diplomatic power) 등이 공통적으로 발견됨을 알 수 있다. 또한 시대적 여건에 따라 복수의 국제기축통화가 공존하기도 하였고, 19세기 파운드화와 제2차 세계대전 이후의 미 달러화와 같이 하나의 통화가 지배적인 역할을 수행하기도 하였다. 한편 현시점에서 많은 사람들은 유로화 출범, 국제금융시장의 발달, 통화 간 태환의 용이성, 디지털 기술발전 등으로 인해 장

19 개별 국가의 통화가 다른 선진국 통화가 아닌 디지털 플랫폼 통화에 의해 대체되는 것을 말한다.

20 현존하는 특별인출권(SDR)이 복수의 공적 화폐로 구성된 합성통화이나, 국가 간 거래에만 쓰이고 신규 배분 시 회원국 85% 이상의 동의와 이로 인한 미국의 절대적인 영향력(비토권) 행사 때문에 글로벌 유동성 공급이라는 측면에서 상당한 한계가 있다.

21 Hayek (1976)는 반복되는 인플레이션과 디플레이션을 방지하는 방안으로 정부의 화폐 독점 철폐를 주장하였다.

기적으로 미 달러화 이외에 유로화, 위안화 등 복수의 통화가 다시 국제기축통화 역할을 할 것으로 전망하고 있다.

우리나라와 같이 경제 및 금융시장 규모나 외교군사적 측면에서 압도적 영향력을 갖지 못한 나라가 완전한 형태의 통화 국제화를 이루는 것은 기대하기 어려운 일이다. 더욱이 아시아 외환위기, 글로벌 금융위기, 코로나19 감염 확산, 금융 중심국의 통화정책 변화 등 세계 경제에 심각한 영향을 미치는 사건들이 발생할 때마다 우리나라와 같은 신흥국 경제는 홍역을 앓게 된다. 경제적 충격은 자본유출입 변동성을 확대시키고 국제기축통화 또는 국제통화를 보유하지 못한 신흥국들은 때로는 과다한 단기 대외채무로 인해 때로는 자본이동 충격의 무고한 희생자(innocent bystanders)가 되어 고통을 받게 되는 것이다. 특히 아시아의 경우 무역거래의 상당 부분이 미 달러화로 결제되고 있어 미 달러화 조달이 어려워지면 거래비용이 급격히 상승하는 것은 물론이고 거래 자체가 위축되기도 한다. 또한 아시아 국가들의 금융시장 발전이 더디고 국제적 통용성이 높은 통화도 부족하여 무역 등을 통해 축적한 자본이 역내에서 선순환되지 못하고 있다. 이러한 통화불일치의 부정적 영향을 완화시키기 위해서는 국내 제도개선, 역내 아시아 국가들과의 정책적 협력 등을 통해 역내 국가들의 통화와 함께 원화의 국제화를 장기적 안목에서 꾸준히 추진할 필요가 있다.

참고 디지털 위안화의 출현

중국의 디지털 위안화 상용화는 향후 국제통화 질서에 상당한 영향을 줄 가능성이 크다. 2014년부터 중국인민은행이 디지털 화폐 연구를 시작한 후 2020년 들어 디지털 위안화 유통 및 결제에 대한 안정성을 테스트하고 일부 지역을 대상으로는 시범 사용을 실시하였다. 디지털 위안화는 우선 은행 및 온라인 결제 플랫폼(알리페이, 위챗페이 등)에 공급되고 이들을 통해 2차로 기업, 개인 등 경제주체의 계좌 또는 전자지갑으로 송금되어 시장에서 유통된다. 중국인민은행에 따르면 아직까지 디지털 위안화 상용화의 특정 시점이 정해진 바는 없으나, 민간의 가상화폐와 달리 법정통화인 동 중앙은행 전자화폐가 국경 간 무역, 자금이동 및 투자 등에 있어 활용될 날이 머지않아 보인다. 화폐 제작 및 유통비용의 절감, 돈세탁과 탈세 등 불법거래 관련 자금추적의 용이성, 민간 결제회사에 대한 과도한 의존도 억제[22] 등은 물론 일대일로(Belt and Road Initiative) 및 위안화 통화스왑과 더불어 위안화 국제화에도 상당한 기여를 할 것으로 예상된다. 현재까지는 디지털 위안화가 국내 사용을 위해서 개발되고 있으나, 향후 해외결제도 가능할 것으로 전망된다. 디지털 위안화를 사용하는 방대한 전자화폐권역(Digital Currency Area)[23]의 출현과 위안화에 의한 디지털 달러라이제이션(Digital Dollarization)이 발생할 가능성이 있는 것이다. 그동안 다수의 연구들이 유로존의 출현, 중국의 빠른 경제성장 등으로 국제통화질서가 미 달러화, 유로화, 위안화의 3극 체제로 변화할 것을 전망했는데, 그 시간이 보다 빨리 올 수도 있게 된 것이다. BIS[24]에 따르면 전 세계 주요 66개국 중앙은행 가운데 80% 이상이 중앙은행 전자화폐(CBDC) 연구·개발[25]을 진행하고 있다. 미 달러화에 이어 우리 경제 및 금융에 막대한 영향을 미치는 또 하나의 통화를 맞이하게 될 가능성이 있으며, 이는 무역 및 금융거래에 있어 원화의 역내 통화로서의 지위 확보가 어려워질 수 있음을 의미한다. 경제의 디지털화가 진행되면서 역(逆)정보비대칭성[26], 네트워크 외부성이 확장됨에 따라 애플·아마존 등 거대 기술기업들에 의한 독점이 강화하고 있는 것을 감안할 때, 위안화뿐만 아니라 미 달러화·유로화·엔화 등 주요 국제통화의 디지털화가 진행된다면 소규모 경제국의 화폐가 무역 및 국경 간 금융거래[27]에 사용될 여지는 더욱 좁아지지 않을까 우려된다.

22 중국은 알리바바의 자회사인 앤트그룹(Ant Group)의 370억달러에 달하는 기업공개(IPO)를 보류시켜 금융지주회사로 전환시키고, 데이터 및 신용정보 부문은 감독당국의 통제를 받도록 하였다.

23 2019년 중국의 디지털 경제규모는 35조 8천억 위안(GDP의 36.2%)이며 2020년 7월에는 영국 석유회사 BP로부터 이라크산 원유 3백만 배럴을 수입하면서 위안화로 결제하였다. 저커버그 페이스북 최고경영자는 디지털 위안화를 미 달러화 패권을 흔들 수 있는 잠재적 위험변수로 지목하였다.

24 Impending arrival – a sequel to the survey on central bank digital currency. (2020.1)

25 미국: BIS 및 6개 중앙은행 주도의 디지털 통화 연구그룹 합류 및 싱크탱크 '디지털 달러 재단' 설립, EU: ECB '디지털유로' 발행 검토, 스웨덴: 디지털 화폐 'e-크로나' 발행 계획, 일본: 2021년부터 '디지털 엔화' 시범운영 계획, 한국: 2021년 디지털 화폐 시험유통 (하나금융경영연구소, 2020년 12월)

26 정보 우위가 소비자에서 판매자로 넘어가는 것을 말한다.

27 홍콩과 태국은 민간은행, 홍콩거래소, 전자상거래 업체 등을 포함시켜 중앙은행 전자화폐(CBDC)의 국경 간 대규모 결제시스템을 공동 개발 중이다.

1.2 중앙은행

한 나라의 거시경제를 이끌어가는 대표적 두 기관은 재정정책을 담당하는 재무부와 통화정책을 담당하는 중앙은행이다. 재무부는 국가 행정기관의 한 부서로서 오랜 옛날부터 존재하였는데 조선시대 호조, 현재의 기획재정부 등을 예로 들 수 있다. 중앙은행은 공개시장운영, 재할인대출 및 지급준비금 등의 정책수단을 활용하여 화폐를 공급하고 신용을 조절함으로써 물가안정, 안정적 성장, 금융안정 등의 정책목표를 추구하는 기관이다. 그런데 중앙은행은 언제, 어디서 유래한 것인가?

1.2.1 중앙은행의 탄생

최초의 중앙은행은 1668년 스웨덴의 Riksens Standers Bank인데 왕실의 자산관리와 상거래의 청산소 역할을 인가받은 합자은행(joint-stock bank)이었다. 동 은행은 1867년 스베리지 릭스뱅크(Sveriges Riksbank)로 개명되어 현재에 이르고 있다. 영국의 윌리엄 3세(1689~1702 재위)는 프랑스와의 여러 차례 해군 전투에서 일련의 패배를 기록한 후 해군 재건을 위한 자금 마련을 위해 1694년 공공·민간의 합자은행(joint-stock bank)을 설립하였는데, 동 은행이 영란은행이다. 이후 영란은행은 화폐발행과 최종대부자 기능 등이 더해지면서 점차 정부기관의 일부로 변화하였다. 영란은행의 업무 범위는 18세기에는 영국의 국가채무 관리, 19세기에는 금본위제와 영국의 금융시스템 감독까지 확대되었다. 프랑스중앙은행(Banque de France)은 프랑스 대혁명(1789.5~1799.11) 기간 중 발생한 인플레이션을 안정시키기 위해 1800년 나폴레옹에 의해 민관 합자은행으로 설립되었다. 정부 재원조달의 역할을 하였고, 설립 시 파리에 한했던 독점적 발권력은 1848년 프랑스 전역으로 확대되었으며, 1946년에 국유화되었다.[28] 이렇듯 초기 중앙은

28 Britannica

행들은 정부의 재원조달을 지원하면서도 사적 은행업을 영위하였고 국가로부터 독점적 발권력을 인가받은 형태였다. 그들은 다른 은행에게 은행 서비스를 제공(banks for bankers)하면서 은행시스템의 중심적 역할과 방대한 네트워크를 확보하게 되었다.

1.2.2 최종대부자 기능

근대국가의 중앙은행은 화폐발행을 위한 금본위제(gold standard)[29] 관리가 중요한 책무였다. 화폐와 금 간 태환성(gold convertibility) 확보는 가장 중요한 경제정책(economy's nominal anchor)으로 여겨졌다. 중앙은행이 공급할 수 있는 화폐의 양은 보유금의 가치에 의해 정해지고 물가수준도 이에 따라 결정된다.[30] 이에 따라 근대 중앙은행들은 금본위제를 유지하여 물가안정만을 추구하면 되었으며, 현대의 중앙은행과 같이 물가안정이나 금융안정 등 다수의 정책목표에 그다지 얽매일 필요가 없었다. 영국은 1717년, 미국은 1834년에 금본위제를 도입하였다.[31] 여타 주요 국가들은 대부분 1870년대에 금본위제를 도입하였다. 1870년부터 1914년까지의 기간을 고전적 금본위제(classical gold standard) 시기로 보고, 1925년부터 1931년까지의 기간과 브레튼우즈 체제 기간(1946~1971)은 금환본위제(gold exchange standard)로 구별된다.

19세기 들어서 최종대부자(lender of last resort) 기능은 중앙은행의 중요한 책무로 떠올랐다. 최종대부자 기능이란 금융시스템에 대한 신뢰상실 등으로 일시적인 예금인출 요구가 급증(뱅크런, bank run[32])하여 지불능력의 유무와 상관없이 금융기관이 도산위기에 처하는 것을 막고자 중앙은행이 시중에 자금을 충분히 공급하여 위기확산을 막아냄으로써 전체 금융시스템의 안정을 꾀하는 것이다. 19

29 금 1온스당 35달러와 같이 화폐가치가 금 무게에 고정된다.

30 가격-정화 흐름 메커니즘(price-specie flow mechanism): 국제수지 흑자로 정화(正貨, 금)가 유입되면서 국내 통화량이 증가하고 물가가 상승한다. 이에 수출경쟁력 악화로 인한 국제수지 적자로 정화가 유출되어 국내 통화량이 감소하고 물가가 하락한다. 이런 방식으로 국제수지의 불균형은 정화의 흐름과 물가의 변동을 통해 자동으로 조정된다.

31 금본위제를 법제화한 시기는 영국은 1819년, 미국은 1900년이다.

세기 초중반 영란은행을 비롯한 유럽의 중앙은행들은 금융 스트레스(financial stress) 시기에 환거래 은행들의 난처한 상황을 해결해 주기보다는 보유금을 보호하는 데 우선순위를 두었다.[33] 이러한 중앙은행들의 행태가 나폴레옹 전쟁 이후 펼쳐진 디플레이션 정책으로 인해 주식시장이 붕괴된 1825년 위기, 미국 북동부 지역의 부동산버블에 따른 1837년 위기, 아일랜드 흉년에 대한 지원으로 인해 금이 대거 유출된 1847년 위기, 오하이오 생명보험 파산 소식이 미국 및 유럽에 신속히 전파되어 금융시스템에 대한 신뢰위기가 발생한 1857년 위기 등을 제때 막지 못한 하나의 원인이 되었다.

1866년 영란은행이 대형투자은행인 오버엔드거니(Overend Gurney)의 구제금융 지원을 거부하자 뱅크런 발생, 은행파산, 주식시장 붕괴 등 금융시장이 위기를 맞게 되었다. 이때 이코노미스트지(The Economist) 편집장인 월터 배저트(Walter Bagehot)[34]가 영란은행 앞으로 조언을 하게 된다. 뱅크런 발생 시 중앙은행은 무제한으로(lend freely), 높은 이자율로(a high interest rate), 양질의 자산을 담보로(on good banking securities) 시중에 유동성을 공급하여야 한다는 것이다. 금융시스템 안정을 위해 최종대부자 기능을 과감하고도 공격적으로 실행할 것을 요구하는 것이었다. 이것이 우리가 알고 있는 배저트 룰(Bagehot's rule)이다. 영란은행이 이를 채택하고 금융시장을 안정화시키면서 영국 파운드화는 국제기축통화 위상을 확고히 하였고, 이후 2007년 글로벌 금융위기 발생 이전까지 약 150년간 영국에서는 심각한 금융위기가 발생하지 않았다.

32 은행이 파산하면 예금한 돈을 인출할 수 없을지도 모른다는 공포감으로 인해 사람들이 당장 현금을 인출하기 위해 은행으로 몰려가는 것을 말한다. 채권이나 대출과 같은 양질의 자산을 보유한 은행이라도 현금화하는 데 일정한 시간이 필요한데, 예금 인출요구에 당장 응하지 못하면 파산으로 치닫게 되는 것이다. 다수의 은행이 파산에 이르게 되면 금융시스템이 붕괴된다. 금융산업에서 가장 두려운 용어이다.

33 흉년, 전쟁 등의 시기에 사람들이 은행예금을 현금으로 인출하는 뱅크런이 발생하고, 이에 따라 은행들은 유동성 부족 위기를 겪게 된다.

34 Walter Bagehot(1826~1877)는 영국의 언론인, 문필가, 금융인으로서 1861년부터 1877년 사망 시까지 『The Economist』의 편집장을 지냈으며 정치, 경제, 문학 등에 많은 관심을 보였다. 1873년 발행된 그의 저서 《Lombard Street》에서 최종대부자 기능과 관련하여 위기 시 중앙은행이 취해야 할 조치를 상세히 서술하였다.

한편 금융시스템에 대한 신뢰상실이라는 관점에서 보면 금융위기 시 국제금융시장에서 국제기축통화의 유동성이 급속히 고갈되는 것은 일종의 국제적 뱅크런이라 볼 수 있을 것이다. 국제금융시장 내에서도 최종대부자 기능을 수행할 누군가가 필요하다.

1.2.3 미 연준의 설립

19세기 초 미국은 두 개의 중앙은행을 설립한 바 있다. 제1미국은행(1st Bank of the United States, 1791~1811)과 제2미국은행(2nd Bank of the United States, 1816~1836)이다. 두 은행은 영란은행을 모델로 하여 설립하였으나, 금융 권력의 집중에 대한 미국인들의 뿌리 깊은 불신으로 인해 인가가 연장되지 않았다. 1836년부터 남북전쟁(1861~1865) 사이의 기간 동안 거의 자유로이 은행업을 영위할 수 있는 자유은행 시대(free banking era)를 맞이하였다. 그러나 결제시스템은 매우 비효율적이었고, 수천 종의 화폐와 위조화폐가 유통되었다. 이에 대응하여 미국 정부는 남북전쟁 기간 중 국가 은행시스템[35]을 만들어 결제시스템의 효율성을 제고하였으나, 여전히 최종대부자 기능이 부재한 가운데 심각한 은행위기가 빈번히 발생하였다.

현재의 글로벌 위상을 감안할 때 연준(Fed)은 의외로 매우 젊은 중앙은행이다. 1913년 12월 23일 연준법(Federal Reserve Act)이 통과되었다. 1900년대 초까지는 미국 금융시스템의 안정을 유지하는 책무는 재무부[36]가 비공식적으로 수행하였다. 당시 민간기관인 뉴욕청산소(New York Clearing House)[37]가 한 회원은행이 돈이 필요할 경우 다른 회원은행들이 대출을 해주는 일종의 최종대부자 기능

35 국가은행법(National Banking Act 1863, 1864)을 제정하여 전쟁자금조달용 정부채를 발행하고 화폐 단일화를 위해 녹색의 5달러짜리 지폐(이후 미 달러화 지폐는 지금까지도 'greenback'으로 불리고 있음)도 발행하였다.

36 1863년 2월 재무부 산하 독립청인 OCC(Office of the Comptroller of the Currency)가 설립되어 은행, 저축은행 및 외국계 은행에 대한 인허가, 규제 및 감독을 담당하고 있다.

37 뉴욕 시내 상업은행들의 모임으로서 오늘날 우리나라의 금융결제원과 유사하게 은행 간 수표청산 기능을 하였다.

을 만들고자 시도하였으나, 재원이 충분치 않았던데다 대중은 동 기관이 공익보다 은행의 이익을 우선한다고 의심하는 등 동 조직에 대한 일반의 신뢰가 충분치 않아 뜻을 이루지 못하였다. 남북전쟁 이후 1873~1907년 시기 뱅크런이 빈번히 발생하였으며, 특히 1907년 10월 하인즈(Heinze)와 모스(Morse)라는 투자자들이 한 구리회사의 주식을 사재기한 것으로부터 시작된 뱅크런 발생으로 많은 중소규모의 은행 및 신탁회사들이 파산하였다. 이 중 니코보코 신탁(Knickerbocker trust company)의 파산이 뉴욕시 은행 뱅크런, 지역은행 뱅크런, 전국적 뱅크런으로 이어지면서 1907년의 위기는 니코보코 위기라고도 불린다. 당시 신탁회사들은 주식브로커 등 투자자들에게 담보 없이 대출하고 당일 현금으로 회수하는 영업을 통해 수익을 올리고 있었다. 신탁회사로부터 대출받은 투자자는 주식을 매수하여 이를 담보로 은행으로부터 담보부대출을 받았고, 이를 이용하여 신탁회사로부터 받은 무담보대출을 상환하는 구조였다. 신탁회사들의 유동성이 고갈되자 주식시장으로 향하는 유동성이 부족해지면서 은행파산이 이어지고 주식시장이 급락하는 등 금융위기로 발전하였다. 당시의 신탁회사는 현재의 헤지펀드나 머니마켓뮤추얼펀드(MMMF)과 같은 그림자은행(shadow banks)과 같은 역할을 한 것이다.[38] 다행히도 당시 뉴욕 금융가의 황제로 군림했던 모건(John Pierpont Morgan)[39]의 주도로 은행가 연합이 결성되어 은행 간 대출이 중재됨에 따라 뉴욕 금융시장의 붕괴 위기를 넘기게 되었다. 이러한 배경으로 인해 상업은행에 대한 뱅크런을 막을 수 있는 최종대부자 역할을 하는 조직의 필요성이 부각되었다. 이에 따라 1908년 5월 미국 정부는 국가통화위원회(National Monetary Commission)를 구성하여 1913년 12월 22일 연준법을 통과시키고, 바로 그다음 날 윌슨 대통령이 이에 서명함으로써 독점적 발권력을 부여받은 미국 연방준비제도이사회가 탄생하였다. 현 연준의 설립 이전에도 두 차례 중앙은행을 설립하려는 시도가 있었으나, 중앙은행이 금융계(wall street)의 이익만을 대변하는 것 아닌가 하는 산업계(main street)의 의구심으로 실패한 바 있어, 윌슨 대통령은 12개의 지역 연준을 만

38 은행과 비슷한 기능을 수행하지만, 은행시스템 밖에서 중앙은행 등 금융당국의 엄격한 규제와 감독을 받지 않는 자금중개기관을 말한다.

39 JP Morgan & Company의 창업자(1837~1913)이다.

들고 연방준비제도이사회가 이를 총괄토록 하였다. 당시 연준 설립의 목적에는 화폐공급, 상업어음 할인, 은행감독 등 여러 가지가 있었으나 가장 중요한 것은 뱅크런에 따른 금융시스템 붕괴를 막는 역할, 즉 최종대부자 기능이었다.

1.2.4 대공황과 금본위제 폐지

미국 통화정책의 근간은 남북전쟁 이후 1930년대 초까지 여타 유럽 국가들과 마찬가지로 금본위제(Gold Standard)였다. 그러나 금본위제하에서는 화폐공급량이 국가의 금 보유량에 연동되어 제한됨으로써 통화정책의 여지가 제한적이다. 호황기에 화폐공급량이 늘어나고 이자율이 낮아지게 되어 현재의 통상적 통화정책과는 정반대이다. 또한 화폐가치가 금 무게에 고정된 환율시스템인 고정환율제가 적용됨에 따라, 한 국가에서 중요한 경제적 사건이 발생하면 영국 파운드화 같은 특정 통화에 화폐가치가 고정된 다른 나라에도 그 영향이 전이된다. 외환시장에서 투기적 공격의 대상이 되기 쉽다. 예를 들어 영란은행이 파운드화 보유자 또는 국가의 금 태환 요구에 필요한 금의 일부만 보유하게 되었을 때 영국 경제가 불안한 모습을 보인다면 파운드화의 평가절하를 예상하는 투기적 공격의 대상이 된다. 실제로 1931년 투기자금들이 파운드화를 매입하고 영란은행 앞으로 금 태환을 요구하게 된다. 영란은행의 보유금이 고갈되어 1931년 9월 영국은 금본위제를 폐기하게 되었다. 또한 장기적으로는 물가가 안정될 수 있으나 경기호

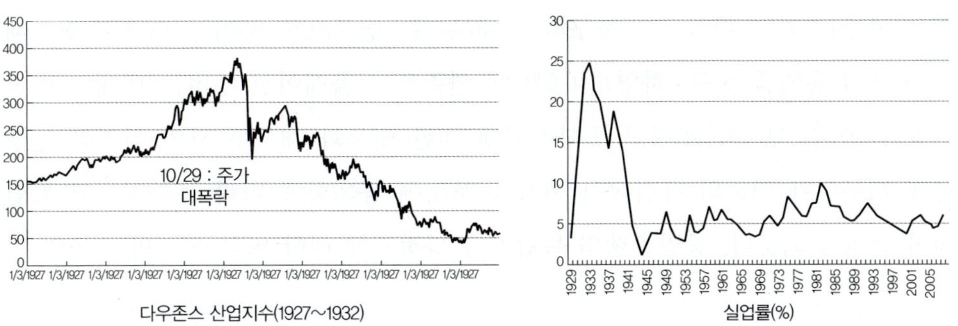

그림 1.4 대공황 시기 미국 주가지수 및 실업률 추이

자료: 다우존스 및 美 노동통계청

황과 불황이 반복되고, 금융불안정 현상이 자주 나타난다. 1920년대의 경제적 번영은 끝나고 1929년 10월 29일 주가 대폭락(검은 화요일)으로 대공황(1929~1940)[40]에 접어들었다. 1932년 중반까지 주가는 약 85% 추락하고, 실업률도 약 24%까지 치솟았다. 미국의 대공황 여파는 다른 나라에도 전이되면서 세계적으로도 많은 금융기관이 파산하였다. 1931년 영란은행에 대한 투기적 공격 경험 등으로 대공황 중에도 연준은 금본위제 유지를 위해 이자율을 인하하기보다 인상하였다. 1933년 4월 19일 프랭클린 루스벨트(FDR) 대통령이 국내 금본위제를 폐지하고, 화폐공급 확대가 가능해짐에 따라 디플레이션이 끝나고 미국경제는 1933~1934년에 일시 회복세를 보이기도 했다. 1933년 6월 루스벨트 대통령은 예금보험공사(Federal Deposit Insurance Corporation)를 설립하였다. 1930년대에 많은 은행들이 파산하였다. 연준의 최종대부자 기능이 제대로 작동하지 않은 것이다. 이러한 대공황 시기의 경험이 글로벌 금융위기 및 코로나 사태에 연준이 적극적으로 대응하는 데 많은 참고가 되었던 것으로 보인다.

1.2.5 미 연준의 통화정책 독립성 확보

한편 연준이 독립적인 통화정책 권한을 갖게 된 것은 1951년 3월 4일 연준과 재무부가 '재무부와 연준 간 협약(Treasury–Fed Accord)'이라고 불리는 공동성명을 발표한 이후이다. 재무부는 제2차 세계대전 중인 1942년 군비조달과 관련하여 정부채의 낮은 이자율을 유지하도록 연준에 요구하였다. 1950년 한국전쟁 발발 이후 미국 경기가 호황임에도 불구하고 재무부는 연준으로 하여금 또다시 정부채의 저금리 유지를 요구[41]하였으며, 이에 연준은 인플레이션 우려를 내세워 반발하였다. 이후 이자율 조정과 통화정책에 대한 연준과 재무부 간의 치열한 논쟁 끝에 재무부가 연준의 독립적인 이자율 조정에 동의함에 따라 통화정책의 독립성이 열리게 되었다. 중앙은행의 독립적 통화정책에 대한 미국 정부의 최초의 명

40 대공황은 제2차 세계대전(1939~1945)이 발발된 후에야 막을 내렸다.

41 트루먼 대통령과 재무부는 제2차 세계대전중 발행한 전쟁채권(war bond)의 가치를 훼손하고 싶지 않았다.

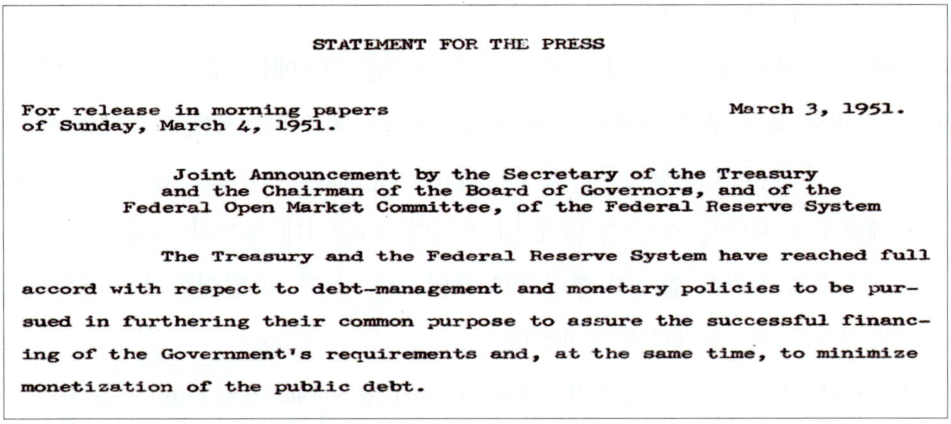

STATEMENT FOR THE PRESS

For release in morning papers
of Sunday, March 4, 1951.

March 3, 1951.

Joint Announcement by the Secretary of the Treasury
and the Chairman of the Board of Governors, and of the
Federal Open Market Committee, of the Federal Reserve System

The Treasury and the Federal Reserve System have reached full accord with respect to debt-management and monetary policies to be pursued in furthering their common purpose to assure the successful financing of the Government's requirements and, at the same time, to minimize monetization of the public debt.

그림 1.5 재무부와 연준 간 협약(The Treasury–Fed Accord)

자료: Federal Reserve History

시적 인정[42]이었다. 1913년 최종대부자 기능을 목적으로 설립된 연준이 38년 만에 통화정책을 통해 인플레이션 관리와 경제안정이라는 책무를 완성하는 데 필요한 독립적 정책수단을 갖게 된 것이다.

1.2.6 미 연준의 통화스왑: 글로벌 최종대부자 역할

미 연준의 통화스왑 라인은 1962년 금유출 방지를 위해 개설되었으나, 브레튼우즈 체제 붕괴 이후 외환시장개입자금 조달수단을 거쳐서 현재는 국제금융시장 내 최종대부자 역할을 수행하는 정책수단으로 변화하였다.

① 금 태환 방어

1960년 8월 미 달러화 표시 대외부채가 미국이 보유한 금의 가치를 초과하고 1960년 10월 금값이 고정환율제인 브레튼우즈 체제에서 정한 균형가치(parity value)인 1온스당 35.20달러를 넘어서자 해외 중앙은행들은 미국 정부가 미 달러

42 Chairman Bernanke's College Lecture Series 2 (2012) 및 Hetzel and Leach (2001)

화를 평가절하[43]할 수 있다는 우려로 인해 보유하고 있는 미 달러화를 미 재무부와 금으로 태환하려는 움직임을 보였다.[44] 1965년 12월에는 해외 공적기관에 대한 미 달러화 표시 부채 잔액이 미국이 보유한 금 재고량 가치를 초과하였다. 미국이 더 이상 '미 달러화를 1온스당 35.2달러 기준에 따라 금으로 태환해 준다'라는 브레튼우즈 서약을 지킬 수 없게 된 것이다. 1960년대 초까지 미국 당국은 미국의 국제수지 적자를 일시적 현상으로 보았으며, 실제 미 달러화의 평가절하로 이어질 것이라고는 생각하지 못하였다.

한편 재무부 산하 환율안정기금(ESF, Exchange Stabilization Fund)[45]은 1961년 중 미 달러화 가치를 지지하기 위해 선물환시장에 개입하고 있었으나 재원 부족으로 개입규모를 확대하기 어려워졌다. 이에 재무부와 연준은 별도의 법 제정이나 조건없이 외화를 조달할 수 있는 중앙은행 간 통화스왑을 활용하기로 하였다. 1962년 3월 연준은 주요 중앙은행들과 통화스왑 라인(Reciprocal Currency Arrangements)을 구성하였다. 이로써 연준은 미국 보유금에 대한 해외 공적기관들

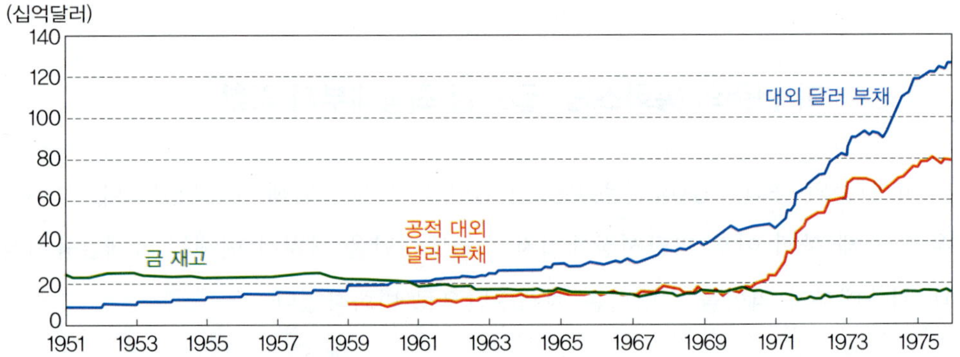

그림 1.6 미국의 금 재고 및 대외부채, 1951~1975

자료 : Bordo (2017), Federal Reserve System

43 예를 들어, 미국 정부가 균형가치인 1온스당 35.2달러를 40달러로 다시 책정하게 되면 현재 보유 중인 미 달러화의 실질가치가 하락하게 되는 것이다

44 1950년부터 미국은 국제수지 적자를 기록하였다.

45 Osterberg et al. (1999). 1934년 4월 27일 재무부 산하에 달러화 가치안정을 위해 20억달러 규모로 운영을 개시하였다.

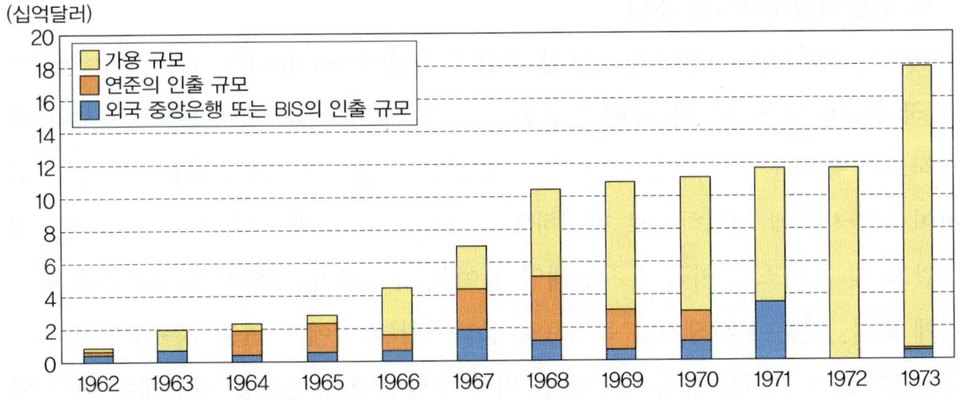

그림 1.7 연준 스왑라인, 1962~1973

자료: Bordo (2017), Federal Reserve System

의 태환 요구를 방지하는 데 필요한 외화자금조달의 제1선에 서게 되었다. 연준은 프랑스은행을 필두로 하여 1962년말까지 주요 9개국 중앙은행(오스트리아, 벨기에, 캐나다, 영국, 프랑스, 독일, 이탈리아, 네덜란드 및 스위스)과의 통화스왑 라인을 구축하였다.

1962년말 스왑라인 한도는 9개국 9억달러에 불과했으나, 1971년 8월에는 14개국 중앙은행(9개국+덴마크, 일본, 멕시코, 노르웨이 및 스웨덴)으로 통화스왑 라인을 확대[46]하였고 규모는 117억달러에 달하였다. 연준은 국제결제은행(Bank for International Settlements)[47]과도 별도로 미 달러화(스위스프랑화, 미 달러화) 유럽통화 2개의 통화스왑 라인을 개설하였다. 연준의 초기 통화스왑 라인 구축은 미국이 보유한 금을 지키는 데 있었다.

46 연준은 당시 국제무역 및 금융거래 규모가 작은 이유로 아일랜드의 스왑요청을 거절했고, IMF 협정문(Articles of Agreement) 제8조의 통화태환성 기준에 부합하지 않는다는 이유로 베네수엘라의 스왑요청도 거절하였다.

47 1930년 1월 20일 헤이그 협정 체결에 따라 제1차 세계대전 후 독일의 전쟁배상금 지급문제를 계기로 설립되었다. 현재는 BIS 자기자본비율 등 은행시스템의 건전성 확보와 중앙은행 간 국제협력체로서의 기능을 중점으로 하는 현존 최고(最古)의 국제기구이다.

② 외환시장개입자금 조달

1971년 8월 닉슨 행정부가 금태환 중지를 선언(Nixon shock)하고 1973년 3월 주요 국가들이 미 달러화에 대해 변동환율을 적용함에 따라 브레튼우즈 체제가 실질적으로 종언을 고하였다. G10 재무장관들은 무질서한 시장혼란을 잠재우기 위하여 외환시장에 개입하기로 합의하였다. 1973년 7월 벨기에, 프랑스, 독일, 네덜란드 및 스위스가 미국의 시장개입 참여를 유도하기 위하여 위험공유에 합의하게 된다. 연준이 시장개입 목적으로 통화스왑 라인에서 인출하는 경우 채권국 중앙은행들과 손익을 공유하는 반면 외국 중앙은행이 인출할 경우에는 해당 외국 중앙은행이 환율위험을 모두 부담한다는 내용이다. 그 결과 G10 중 어느 외국 중앙은행도 1973~1980년에 연준과의 통화스왑 라인에서 미 달러화를 인출하지 않았다. 동 위험공유 협정은 1980년 12월에 종료되고 이후에는 통화스왑에서 자금을 인출한 국가가 모든 위험을 부담키로 하였다. 한편 위험공유 협정으로 인해 손실 가능성에 대한 부담이 대폭 줄어든 연준은 통화스왑 라인을 빈번히 활용하였다. 1973년 7월 연준은 G10 국가 중앙은행과의 통화스왑 규모를 116억달러 상당에서 178억달러 상당으로 확대하였다. 통화스왑 라인이 외환보유액의 대체재로써 미국의 외환시장개입 자금조달 창구로 변화한 것이다. 연준의 통화스왑 한도는 1974년 198억달러, 1978년 294억달러로 계속 확대되었다.

1973년 7월~1981년 4월 사이 연준의 시장개입 대상통화는 약 85%가 마르크화였으며 통화스왑 가용규모에 비해 인출액은 상당히 적은 수준이었다. 통화스왑은 중앙은행 간 협력 및 연준의 대응능력과 관련하여 신호효과를 발휘하였으며, 이 기간에 미국은 미 달러화 약세에 대한 역풍개입(미 달러화 지지) 형태로만 개입하였다. 그런데 연준은 통화스왑 인출자금을 활용한 외환시장개입[48]을 통해 상당한 손실을 보고 있었다. 1979년 초 연준은 외국, 특히 독일이 미국의 통화스왑 인출에 연계시키려는 조건(conditionality)을 피하기 위해 외환보유액 포트폴리오의 확대를 고려하게 된다. 독일연방은행(Bundes-bank)은 연준의 마르크화 통화스왑

48 외환시장개입 시 연준의 공개시장계정(SOMA)과 재무부의 환율안정기금(ESF)이 개입자금을 균등 부담한다.

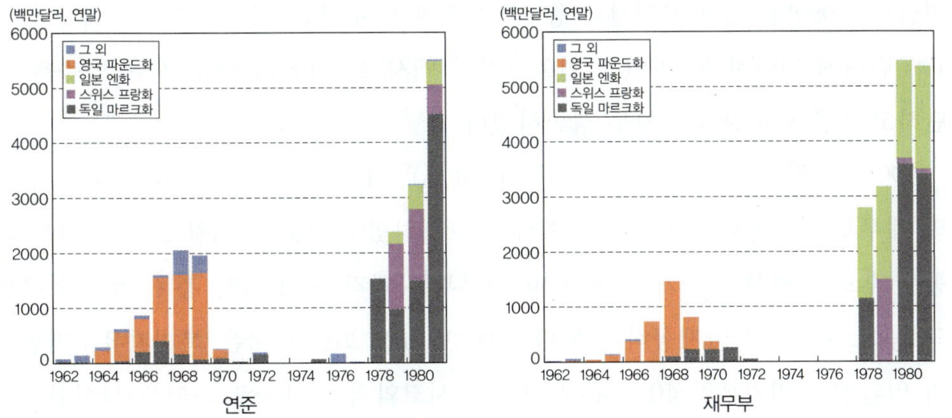

그림 1.8 연준 및 재무부 보유외환, 1962~1981

자료: Federal Reserve System

인출로 인한 인플레이션을 우려하였으며, 통화스왑 인출로 인한 연준 손실의 반을 독일이 부담해야 하는 위험공유 협약의 변경을 원하였다. 이에 따라 연준은 1979년 이후 마르크화 및 엔화를 시장에서 외환을 매입하기 시작했고, 1980년부터는 외환시장개입을 위한 통화스왑 인출을 중단하였다. 한편 외국 중앙은행이 연준 통화스왑 라인을 통해 미 달러화를 인출한 것은 스웨덴 중앙은행이 1981년 2월 인출하고 1981년 4월 상환한 것이 마지막이었다. 이후 다수의 연방공개시장위원회 위원들은 통화스왑 라인 활용이 연준 통화정책의 독립성과 신뢰성에 위해가 될 수 있다고 생각하였다.

③ 연준과 재무부 간 통화스왑[49] : 통화정책 독립성에 대한 위협

1967년 연준은 미국과 멕시코 간 밀접한 경제적 관계를 고려하여 신흥국으로서는 유일하게 멕시코 중앙은행과 1.3억달러 규모의 통화스왑 라인을 개설하였다. 1979년에는 그 규모가 7억달러 수준으로 확대되었다. 1970년대 멕시코는 외환시장개입 자금조달을 위해 동 통화스왑 라인의 한도까지 인출하고 신속히 상환하곤 했다. 1980년대에는 멕시코의 대외채무 해결을 위하여 1982년 8월 3.25

49 Humpage (2017)

억달러, 1989년 9월 1.25억달러 등 두 차례에 걸쳐 통화스왑 규모를 확대하였다. 1980년대에 빈번히 동 라인을 인출하였던 멕시코는 1991년에는 신규 인출을 중단하고 기존 인출잔액도 모두 상환하였다.

1994년 1월 1일 북미자유무역협정(NAFTA)[50]이 발효되자 멕시코 정부는 연준 및 재무부에게 통화스왑 규모의 확대를 요청하였고, 1994년 3월 24일 멕시코 대통령 후보의 암살을 계기로 연준 및 재무부는 각각 30억달러, 총 60억달러 규모의 통화스왑 라인을 제공하게 된다. 1994년 4월 26일 미국은 북미자유무역협정의 일환인 북미기본협정(NAFA)에 따라 멕시코와의 통화스왑 라인을 상설화하고 캐나다와 20억달러 규모의 통화스왑 라인을 개설하였다. 1994년 12월 20일 멕시코는 페소화를 평가절하 조치하고 이틀 후 환율변동을 용인하기로 했다. 동 조치는 자본유출에 기인한 금융위기(Mexican peso crisis)를 촉발하였으며, 이에 대응하여 연준과 재무부는 통화스왑 라인을 일시적으로 90억달러까지 확대[51]하였다. 재무부는 연준이 기존 30억달러 규모의 대(對)멕시코 상설 통화스왑 라인에 추가로 12개월간 일시적으로 30억달러를 증액해 줄 것을 요청하였다. 12개월을 넘기는 대출에 대해서는 재무부가 모든 신용위험을 부담하기로 하였다.

그러나 추가로 200억달러 규모의 대출 및 보증 패키지를 구상한 재무부는 연준에게 200억달러 규모의 통화스왑을 요청하게 된다. 동 통화스왑은 연준과 멕시코 중앙은행 간 통화스왑이 아니라, 미 재무부와 연준 간의 통화스왑을 의미한다. 멕시코 구제금융 자금으로 활용하기 위해 재무부가 당시 보유 중이던 195억달러 규모의 마르크화, 엔화를 연준에게 주고 연준으로부터 미 달러화를 받는 '연준과 재무부 간 외화–미 달러화 스왑'이다. 동 스왑거래가 논란이 되는 점은 연준이 실질적으로 재무부에 외환담보부 대출을 실행한다는 것이다. 1935년 은행법에 따르면 연준의 정부보증사채 매입은 유통시장에서만 가능하다. 재무부로부터 직접 매입할 수 없는 것이다. 1967년 11월 영국에 대한 국제적 지원[52]의 일환으로 미국은 5억달러 상당의 파운드화 매입에 동의하였으나, 환율안정기금의 소

50 캐나다 간 자유무역협정은 1989년에 체결되었고 1994년에 멕시코를 추가하였다.

51 재무부–멕시코중앙은행 간 상설 통화스왑 라인 한도는 2018년 30억달러에서 90억달러로 확대되었다.

진을 우려한 재무부가 연준 앞으로 1.5억달러 규모의 스왑거래를 요청하였다. 연준법은 오로지 외환시장의 일시적 불안정을 해결할 목적으로만 외환거래를 할 수 있도록 연방공개시장위원회의 권한을 규정하였다. 연준은 재무부와의 통화스왑을 통해 이를 위반하지 않고 결과적으로 영란은행에 신용을 공여할 수 있게 된 것이다. 1970년 1월에는 파운드화 6.75억달러, 프랑스 프랑화 2억달러, 이탈리아 리라화 1.25억달러 등의 통화스왑을 실행하였다. 1978년 11월에는 마르크화 및 스위스 프랑화를 받고 재무부에 시장개입자금으로 42억달러를 제공하였다. 1989년 중반부터 1990년 초까지 연준은 동 한도를 150억달러까지 상향하였다. 재무부는 동 한도 내에서 연준과 90억달러 상당의 마르크화를 스왑하였다. 이로써 연준은 국회 예산승인 절차를 우회할 수 있는 재무부의 주요한 외환시장 개입자금의 조달처가 되었다. 그리고 10년 후 연방정부 부채가 한도의 1% 내로 늘어나자, 1978년 8월~1979년 1월에 이르는 6개월간 연준은 재무부로부터 외환시장 개입용으로 당장 필요로 하지 않은 외환을 받고 국내 목적으로 운용할 달러화를 내주었다. 용도가 불분명한 신용공여를 한 셈이다.

다시 멕시코 페소화 위기 시로 돌아가 본다. 연준 스탭들은 재무부가 멕시코에 대한 금융지원을 위해 200억달러를 인출한 이후 상환할 때까지 10년이 걸릴 수도 있다고 경고하였고, 연방공개시장위원회 위원 중 일부는 미국 금융시스템에 대한 명백한 시스템 리스크가 아니라면 재무부는 의회 예산심의 승인을 거쳐 소요자금을 조달해야 하며 연준이 재무부 지시에 따라 행동하는 것처럼 보이는 것은 통화정책의 독립성에도 문제가 있을 수 있음을 제기하였다. 그린스펀 의장은 이러한 우려에 공감을 표시하기는 하였으나, 금융시스템의 안정과 건전성을 확보하는 데 있어 연준의 책임을 다하기 위해서는 재무부와의 통화스왑을 실행하는 것이 필요하다고 정당화하였다. 미국 금융시스템에 대한 잠재적 위험이라는 명분은 훗날 금융위기 차단을 위한 연준의 중앙은행 간 통화스왑 라인 활용에 대한 논거로 활용된다. 결과적으로는 멕시코의 연준 통화스왑 인출은 15억달러에 그쳤고 1996년 1월까지 모

52 1967년 6월 아랍-이스라엘 간 6일 전쟁으로 인한 수에즈운하 봉쇄, 영국 생산성의 지속적 하락 등으로 1967년 11월 18일 Wilson 영국 총리는 브레튼우즈 체제에서 정해진 파운드화의 대미 달러 환율을 절하(미달러 2.80→2.40)할 것임을 발표하였다.

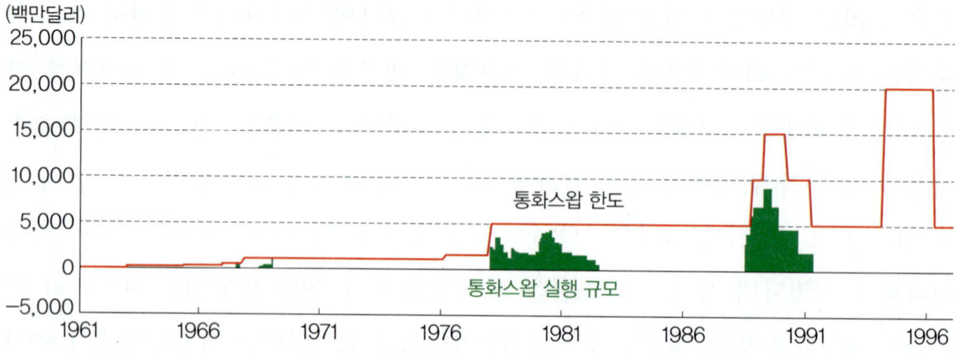

그림 1.9 연준과 재무부 간 통화스왑 실행 규모

주: 실선은 연준-재무부간 통화스왑 한도, 짙은 부분은 실행 규모
자료: Federal Reserve Bank of New York

두 상환되었다. 재무부도 연준과의 통화스왑 라인을 실제로 사용하지는 않았다. 페소위기 시 통화스왑 경험으로 통화스왑이 연준 독립성에 위협이 된다고 생각한 연방공개시장위원회 위원들은 통화스왑을 종료시키게 된다.

1996년 7월 연방공개시장위원회 회의에서 위원회 스탭들과 뉴욕연준은 "해당 국가의 은행들이 미 달러화 펀딩에 문제가 있을 경우, 당해 중앙은행에 미 달러화 유동성을 공급하는 방식으로 통화스왑 라인의 성격이 변화되어야 한다"라고 조언하였다. 1998년 11월 17일 연준은 유로화 출범(1999년 1월 1일)을 앞두고 외국 중앙은행들과의 합의하에 상설 통화스왑 라인을 종료시켰다. 캐나다, 멕시코와의 북미기본협정 통화스왑 라인은 유지되었다.

④ 중앙은행 간 미 달러화 통화스왑의 글로벌 최종대부자 기능

- 2007~2008년 글로벌 금융위기

연준의 중앙은행 간 통화스왑이 결제시스템 혼란 시 미 달러화 유동성을 공급하는 목적으로 실행된 최초 사례는 2001년 9월 11일 뉴욕의 세계무역센터가 테러로 무너진 직후이다. 연준은 미국 내에 영업점을 둔 외국은행이 단기자금조달 및 연준 재할인창구 이용이 어려울 경우에 대비하여 유럽중앙은행, 영란은행 및 캐나다중앙은행과 각각 500억달러, 300억달러 및 100억달러 규모의 임시 통화스왑 라인을 30일 기한으로 개설하였다. 유럽중앙은행만 9월 13일 234억달러를 인출하였다. 단기간 내 금융시장 여건이 정상화되자, 동 통화스왑 라인은 2001년 10월 13일 예정대로 종료되었다.[53]

2007~2008년 글로벌 금융위기 시 연준은 1998년 11월에 종료시킨 중앙은행 간 통화스왑 라인을 재개설하고 대규모의 미 달러화 유동성을 해외에 공급하였다. 해외 단기자금시장 및 외환스왑시장의 혼란이 미국으로 전염되어 국내 통화정책을 더욱 복잡하게 할 가능성에 대한 우려와 국제기축통화 발행기관으로서의 책무를 다하기 위한 것이었다. 1990년대 이후 금융혁신과 세계화의 영향으로 인해 해외 은행의 달러화 표시자산 매입이 급증하였고 투자자는 도매시장(wholesale market)에서 단기로 미 달러화를 조달하거나, 현지통화를 조달한 후 외환스왑을 통해 미 달러화를 조달하였다. 2007년 하반기 서브프라임 모기지 대출의 부실로 인해 미국 내 은행 간 단기자금시장도 얼어붙기 시작하였다. 이에 대해 연준은 유례를 찾기 힘들 정도의 과감한 대응조치를 취하기 시작했다. 연준만이 국제금융시장 내에 충분한 양의 미 달러화 유동성을 공급할 수 있기 때문이다.

2007년 12월 12일 연준은 미국 내 유동성 공급을 위해 TAF(term auction facility)[54]를 도입하고 해외시장에 대한 미 달러화 유동성 공급을 위해 유럽중앙은행 및 스위스중앙은행과 통화스왑 라인을 개설하였다. 이와 관련하여 외국 중앙은행들이 자체 보유하고 있는 외환보유액을 사용하도록 하는 선택에 대한 논의가 있었으나, 시장여건이 좋지 않은 상황에서의 대규모 미국채 매도, 외환보유액 사용은 미 달러화의 순공급이 아닌 점, 더 많은 외환보유액 축적의 동기부여, 시장안정화를 위한 중앙은행 간 국제협력의 기회 등을 들어 연준이 미 달러화를 공급[55]하기로 하였다.

동 통화스왑 라인의 구조를 알아보자. 미 달러화 인출 및 상환 시 동일한 환율을 적용하여 환위험을 제거하였다. 유럽중앙은행과 스위스중앙은행(외국 중앙은행)은 적격상업은행을 대상으로 미 달러화를 1개월 또는 3개월 만기 담보부로 대

53 Neely (2002)

54 예금금융기관을 대상으로 28일 및 84일 만기의 담보부대출을 경매방식으로 공급하였다.

55 옐런(Janet Yellen) 의장은 돈을 찍어 미 달러화 공급의 총량을 증가(outside money)시킴으로써 외환보유액 사용 시 발생하는 환율변동 폐해의 국제적 전파를 우회할 수 있다고 하였다.

그림 1.10 연준의 미 달러화 유동성 스왑라인 구조
자료: McCauley and Schenk (2020)

출하고, 이자율은 연준 TAF의 최저이자율을 적용하였다. 연준은 과거와 달리 해외 통화는 해당 중앙은행의 무이자계정에 예치하고, 외국 중앙은행들은 담보부 대출로 수취한 이자를 연준에 그대로 전달하였다. 연준은 담보물의 종류와 통화 스왑자금의 공급 방법은 외국 중앙은행의 판단에 맡겨 그들의 지역적 전문성을 인정하였다. 다만, 신흥국의 경우 통화자금 인출 시 연방공개시장위원회(FOMC) 내에 설치된 외환소위원회(Foreign Currency Subcommittee)[56]의 승인을 받도록 하고, 1회 인출액 및 기한을 50억달러 및 3개월 이내로 제한하였다. 또한 인출 사실 및 상세한 배분 내역을 공표하도록 하였다. 이로써 외국 중앙은행들은 자국에서 미 달러화 공급을 매개하는 역할을 맡고 연준은 글로벌 금융시장을 대상으로 최종대부자 역할을 맡게 된 것이다. 결과적으로 연준은 미국 내 TAF 시스템을 해외로 전파하고 통화스왑을 통한 대출 관련 신용위험은 모두 외국 중앙은행이 부담토록 한 것이다. 도덕적 해이(moral hazard) 방지를 위해 이자율은 시장이자율보다 비싸게 책정하고, 통화스왑라인 규모는 제한적으로 운용하고, 통화스왑의 연장 가능성은 불확실한 상태로 유지하였다.

2008년 9월 15일 리만 파산 직전, 유럽중앙은행 및 스위스중앙은행과의 통화스왑 규모는 각각 200억달러 및 40억달러에서 550억달러 및 120억달러로 확대되었다. 2008년 9월 18일 연준은 유럽중앙은행(550억달러→1,100억달러)과 스위스중앙은행(120억달러→270억달러)의 통화스왑 규모를 확대하고 일본은행(600억달러),

56 연방공개시장위원회(FOMC) 의장 및 부의장, 연방준비제도이사회 부의장, 기타 의장이 지명한 이사회 멤버로 구성된다.

영란은행(400억달러), 캐나다중앙은행(100억달러)과 통화스왑 라인을 추가로 개설하였다. 2008년 9월 24일 연준은 호주, 스웨덴(각 100억달러), 덴마크, 노르웨이(각 50억달러) 중앙은행들과도 통화스왑 라인을 개설했다. 2008년 9월 29일 연방공개시장위원회의 컨퍼런스 콜 회의에서 당시 뉴욕연준 시장 담당 이사였던 윌리엄 더들리(William Dudley)는 통화스왑 라인의 추가 확대 필요성을 설명하였다. 금융시장 내에 LIBOR-OIS 스프레드의 상승압력, 기간물 대출 기피 등이 만연되어 있어 중앙은행이 필요시 언제나 조치를 취할 준비가 되어있음을 시장에 확신시켜야 한다는 취지였다. 2008년 10월 13일 연준은 영란은행, 일본은행, 유럽중앙은행 및 스위스중앙은행에 대한 통화스왑 한도를 무제한으로 설정하고, 이자율은 'OIS rate[57]+100bp'로 책정하였다.

2008년 10월 28~29일 연준은 뉴질랜드(150억달러) 및 브라질, 한국, 멕시코, 싱가포르 등 4개 신흥국(각 300억달러 규모)과 통화스왑 라인을 개설하였다. 연준은 동 신흥국들의 경제규모 및 미국과의 무역·금융 연관성, 위기 시 미국 금융시장에 미칠 파급효과(spillover effects) 등을 통화스왑 체결의 판단기준으로 삼았다. 동 신흥국들이 견실한 경제정책 운용으로 인플레이션을 잘 관리하고 경상 및 재정수지도 대체로 균형 수준에 가깝게 유지해왔음에도 불구하고, 세계적 금융여건의 전반적 악화로 무고한 피해자(innocent bystanders)가 된 점을 고려하였다. 당시 뉴욕연준 총재였던 티모시 가이트너(Timothy Geithner)는 "국제기축통화의 특권은 부담을 지는 데서 온다. 유럽 국가들을 도운 것과 마찬가지로 신흥국들도 위기를 넘길 수 있도록 도움을 주어야 한다."라고 하였다. 연준의 통화스왑 라인 개설 이외 국제통화기금(IMF)을 통한 지원과 특별레포금융(special repo[58] facility)

57 OIS는 Overnight Index Swap의 약자이다. 예를 들어, A은행은 매일 변동하는 하루짜리 이자율(overnight rate)을 일주일 동안 매일 받고 싶어 하고, B은행은 일주일 기간에 대해 고정된 이자율(fixed rate)을 받고 싶어 한다. A, B은행이 두 이자율을 교환한다면, 이때 B은행이 일주일 동안 A은행이 원하는 변동이자율을 매일 주는 대신 일주일 전체 기간에 대해 받기로 하는 고정이자율이 OIS rate이다. 자금조달이 어려워지면 OIS rate에 spread(추가 이자율)가 붙는다. Spread가 커질수록 단기자금조달에 어려움이 있음을 뜻한다.

58 Repurchase Agreements(환매조건부채권거래)의 약자이다. 미 국채를 담보로 미 달러화를 조달한다.

개설의 두 가지 대안이 거론되었다. 국제통화기금이 경제규모가 큰 신흥국을 지원할 경우 재원이 급속히 소진될 수 있으니 차라리 동 재원은 여타 신흥국을 지원하는 데 사용하는 것이 바람직[59]하고, 해당 신흥국들도 국제통화기금의 지원을 받느니 자체 외환보유액 사용을 선택할 것이라는 점에서 국제통화기금 지원 방안은 선택되지 못하였다. 특별레포금융의 경우 연준의 신용위험은 줄어들 수 있으나, 통화스왑 라인에 비해 안전장치(backstop) 역할이 약하고 신흥국 입장에서는 선진국과 유사한 통화스왑 라인을 개설하는 것이 심리적 안정감이 강하다는 점 등으로 선택되지 못하였다. 한편 지원대상 신흥국의 선정기준(boundary problem)을 설정하는 것도 매우 중요하였다. 자칫하면 연준이 다른 국가의 경제정책, 금융기관 유동성, 시스템적 중요성 등에 대한 심판자가 되는 불편한 위치에 서기 때문이다. 싱가포르는 주요 국제금융센터의 하나이고 나머지 3개국은 국내총생산(GDP)이 약 1조달러에 달하는 국가였으며, 재무부(Paulson 장관)와 국무부(Rice 장관)와의 논의에서도 동 4개국이 경제적으로나 외교적으로나 통화스왑 라인 개설의 가장 적합한 신흥국들이라는 점에 의견을 같이하였다. 아이슬란드, 칠레, 인도, 남아공 등이 요청한 통화스왑 라인 개설은 거절[60]되었다.

2008년말까지 연준은 14개 해외 중앙은행에 미 달러화 유동성 통화스왑 라인을 제공했고 총규모는 초기 240억달러에서 6,200억달러까지 확대하였다. 2008년말 미 달러화 유동성 스왑라인의 인출 잔액은 5,861억달러에 달하였다. 유럽중앙은행이 가장 많은 약 3,100억달러를 인출하였고, 일본은행(1,250억달러)과 영란은행(500억달러)이 그 뒤를 이었다. 2009년 들어 시장이 안정화되고 시장이자율도 통

59 이러한 점에서 연준 유동성 스왑라인과 국제통화기금 지원은 상호보완적인 관계이다. 당시 국제통화기금이 사용할 수 있는 총 재원은 2,500억달러 정도였다. 연준이 주요 신흥국과 미 달러화 유동성 스왑라인을 개설한 2008년 10월 29일, 국제통화기금은 단기유동성금융(SLF, Short-term Liquidity Facility)을 개설하였다. 견실한 경제정책을 유지해 온 신흥국을 대상으로 단기 유동성 문제를 해결하는 목적으로 12개월 기한 내 3번까지 3개월 만기 자금을 쿼터의 500% 내에서 지원한다. 기존 국제통화기금 지원 프로그램과 달리 별도의 조건(conditionality)이 붙지 않는다. 사용실적이 없자 2009년 3월 지원규모를 확대(쿼터의 1000%)하고 대출만기를 보다 장기화(6개월)한 FCL(Flexible Credit Line)을 도입하였다.

60 2014년 2월 23일 뉴욕타임즈 지(誌) 기사(Fed's aid in 2008 crisis stretched worldwide): 위키리스(WikiLeaks)가 공개한 외교 전문에 따르면 인도네시아, 터키, 도미니카 등도 있었다.

화스왑을 통한 대출이자보다 높지 않았기에 통화스왑 인출규모는 급격히 감소하였고, 두 차례 연장을 거친 후 2010년 2월 1일 미 달러화 유동성 스왑라인이 최종적으로 종료되었다. 연준과 통화스왑 라인을 개설한 신흥국 중 한국이 총 163.5억달러를 인출하여 적극적으로 사용하였고 멕시코는 32억달러를 인출하였으나, 브라질과 싱가포르는 사용하지 않았다.

통화스왑 라인 재개설 초기에는 유럽연합, 스위스, 일본, 한국과 같이 대규모 외환을 보유한 국가에까지 스왑라인을 제공하는 것이 타당하냐에 대한 논란이 있었으나, 연준의 중앙은행간 통화스왑 라인 재가동은 개별 국가의 외환보유액을 보강하는 한편 중앙은행 간 협력이라는 신호효과를 얻는 데 있었다. 이후 2020년 코로나 사태 시에도 연준은 2008년 글로벌 금융위기 시 경험을 활용하여 국제금융시장 내 미 달러화 유동성 공급을 신속히 조치하게 된다.

● 코로나 사태

2020년 3월 상업어음(CP)과 양도성예금증서(CD) 시장[61]을 중심으로 미 달러화 조달시장이 경색되면서 3개월물 단기자금조달 스프레드(LIBOR-OIS spread)[62]와 외환스왑 베이시스(cross-currency swap basis) 등이 급등하였다. 이에 연준은 글로벌 금융위기 시의 경험을 바탕으로 신속한 조치를 취하였다. 3월 15일 주요 5개국(캐나다, 영국, 유럽연합, 일본 및 스위스) 중앙은행들과의 미 달러화 유동성 스왑라인 이자율을 'OIS+50bp'에서 'OIS+25bp'로 인하하고 스왑만기도 기존 1주일 만기에 84일 만기를 추가하였으며, 3월 17~18일에는 상업어음매입기구[63]와 머니마켓유동성기구[64]를 개설하였다. 3월 19일 미 달러화 유동성 스왑라인을 한국, 싱가포르, 멕시코, 브라질, 호주, 스웨덴(이상 각 600억달러 규모), 노르웨이, 덴마

61 비미국계 은행(Non-US banks)들이 머니마켓펀드(MMF)와 같은 비은행 투자자로부터 미 달러화 자산 투자자금을 조달하기 위해 이용한다.

62 3개월 LIBOR-OIS 스프레드는 평상시 10bp 정도이나, 유동성 경색이 오면 확대된다. 글로벌 금융위기 때인 2008년 10월의 경우 스프레드가 300bp 이상으로 확대된 바 있다.

63 연준이 상업어음을 매입할 때 사용하는 특별목적기구(Special Purpose Vehicle)이다. 미 재무부 산하 환율안정기금(ESF)이 연준의 손실에 대비하여 100억달러 규모의 신용위험을 보호한다.

크, 뉴질랜드(이상 각 300억달러 규모) 등 9개국으로 확대하고, 3월 20일에는 주요 5개국 유동성 스왑라인의 인출금에 대한 경매 주기를 기존 주 단위에서 일 단위로 변경하였다.

상업어음과 양도성예금증서 시장의 경색은 지속되었는데, 연준의 통화스왑 자금이 공급됨에 따라 은행 간 단기자금시장 조달비용(Libor)보다 외환스왑을 통한 달러화 조달비용(basis)이 낮아지게 되었다.[65] 4월중에는 외환스왑 베이시스(basis)가 마이너스(−)에서 플러스(+)로 변하기도 하였다. 통화스왑 라인이 개설된 국가의 은행 자금조달비용은 오히려 미국보다 저렴하였으나, 통화스왑 라인이 개설되지 않은 국가에서는 상업어음과 양도성예금증서 시장의 경색이 4월까지도 지속되었기 때문에 은행들은 단기자금시장에서 상대적으로 높은 비용으로 미 달러화를 조달해야 했다. 외환스왑거래 증가에 따른 수요 확대로 유로화 이자율(Euribor)은 상승한 반면 수요 감소로 인해 유로달러 이자율(Libor)은 하락함에 따라 4월말로 접어들면서 재정차익거래는 거의 사라지게[66] 되었다. 금융시장이 안정됨에 따라 미 달러화 유동성 스왑라인의 인출 잔액[67]은 최대 규모였던 5월 27일 4,489억달러에서 7월 8일 현재 1,791억달러로 감소하였다. 국제금융시장 내 미 달러화 단기자금시장의 빠른 정상화는 낙인효과가 없는(stigma-free) 연준 통화스왑 라인의 유효성을 다시 한번 확인해주었다. 연준 통화스왑 자금의 신속한 공급으로 인해 2008년과는 달리 더 이상 은행이 금융시스템 불안정의 주요 원천이 아니게 되었다.[68]

64 연준이 금융기관 앞으로 상업어음, 양도성예금증서 시장의 투자자인 머니마켓펀드(MMF)에 투자할 자금을 대출할 때 사용하는 특별목적기구이다. 해당 금융기관이 동 대출자금을 투자할 때 레버리지나 자본금 규제를 면제하여 주기 위해 OCC(Office of the Comptroller of the Currency)와 FDIC(Federal Deposit Insurance Corporation)가 함께 참여한다.

65 단기자금시장에서 Libor 금리로 달러화를 조달하는 것보다, Euribor로 유로화를 조달하고 외환스왑을 통해 미 달러화를 조달하는 편이 보다 저렴하게 된 것이다. 일부 은행들은 이렇게 조달한 미 달러화를 단기자금시장에서 Libor로 운용하여 재정차익을 향유하기도 하였다.

66 외환스왑 베이시스(basis)가 플러스(+)에서 '0'에 가까워졌다는 의미이다.

67 유럽중앙은행과 일본은행이 인출액의 80% 이상을 차지한다.

68 Eren et al. (2020)

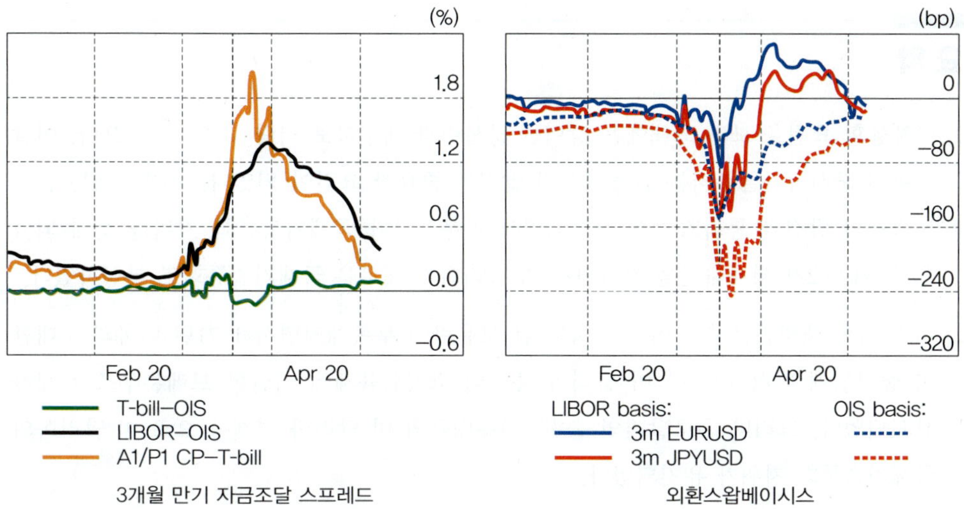

그림 1.11 미 달러화 단기자금시장 및 외환스왑 베이시스 추이

자료: Eren et al. (2020, BIS)

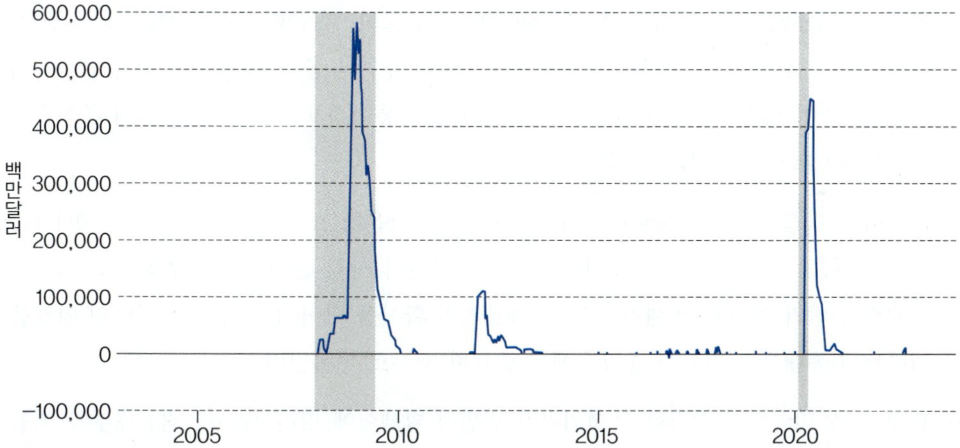

그림 1.12 미 달러화 유동성 스왑라인 인출잔액 추이

자료: FRED, Federal Reserve Bank of St. Louis

요 약

1. 국제통화 요건을 보면 고대에는 강력한 군사력과 세수확보 역량이 주효하였으나, 이탈리아의 도시국가들부터는 금융시장의 발전이 중요한 요건이 되었다. 19세기에는 금융시스템의 발전과 통화가치가 안정되면서 파운드화가 국제기축통화 지위를 갖게 되었으나, 제1·2차 세계대전을 거치면서 미 달러화가 새로운 국제기축통화로 부상하였다.
2. 미 달러화 해외공급량에 비해 미국의 금 보유량이 부족해지면서 1971년 미국의 금태환이 중단됨에 따라 1973년 미 달러화 중심의 고정환율제에 기반한 브레튼우즈 체제가 붕괴되었다. 그러나 유로달러의 출현, 석유대금의 미 달러화 결제 등으로 미 달러화의 국제기축통화 지위가 유지되었다.
3. 1969년 국제통화기금은 금과 미 달러화 부족을 보충하고자 특별인출권(SDR)을 만들었으며, 수차례 배분을 거쳐 2023년 3월말 현재 특별인출권 규모는 세계 외환보유액 규모의 7% 수준에 이르렀다. 그러나 특별인출권은 정부 간 공식적 거래에만 사용되고 있어 유통시장이 제대로 형성되지 않고 있다.
4. 현재 국제통화질서는 미 달러화 일극체제이나 유로화, 위안화 등 다극체제로의 변화, 전자화폐 사용에 따른 디지털 화폐권역의 출현, 복수의 공적 화폐로 구성된 합성통화의 통용 등이 예상되고 있다. 주요 중앙은행들은 통화정책의 자주성을 위해 중앙은행 전자화폐(CBDC) 발행을 준비하고 있다.
5. 스베리지 릭스뱅크(Sveriges Riksbank, 1667), 영란은행(1694), 프랑스 중앙은행(1800) 등 초기 중앙은행들은 정부 재원조달을 지원하면서 사적 은행업을 영위하였고 독점적 발권력을 인가받았다. 19세기 들어서 금융위기 확산을 막아 전체 금융시스템의 안정을 꾀하는 최종대부자 기능이 중앙은행의 중요한 책무로 떠올랐다.
6. 19세기 초 미국에서 심각한 은행위기가 빈번히 발생함에 따라 1913년 최종대부자 기능을 목적으로 미 연준이 설립되었다. 1951년 미 연준은 재무부와의 협약(Treasury-Fed Accord)을 통해 독립적인 이자율 조정 권한을 인정받아 통화정책의 독립성을 확보하였다.
7. 미 연준은 금유출 방지를 위해 1962년 해외 중앙은행들과 통화스왑 라인을 개설하였으나, 브레튼우즈 체제 붕괴 이후 외환시장개입자금 조달수단을 거쳐 현재는 국제금융시장 내 최종대부자 역할을 수행하고 있다. 미 연준은 미 달러화 통화스왑 라인을 활용하여 2008년 글로벌 금융위기 시, 2020년 코로나 사태 시 발생한 국제금융시장 내 불안정성을 성공적으로 해소함으로써 중앙은행의 최종대부자 기능을 국제적으로 확장하였다.

연습문제

1. 브레튼우즈 체제의 출현 및 소멸과 관련한 역사적 배경을 설명하라.
2. 유로달러의 출현 배경을 설명하라.
3. 특별인출권(SDR) 창출 이유와 국제통화로서 제한된 역할을 하는 원인을 설명하라.
4. 전자화폐가 정보, 사회관계망 서비스 등과 결합하면서 국제통화질서에 미칠 수 있는 영향을 설명하라. (Brunnermeier et al., 2019 참조)
5. 중앙은행의 최종대부자 기능과 배저트 룰(Bagehot's rule)을 설명하라.
6. 미 연준의 설립 배경과 통화정책 독립성 확보의 계기를 설명하라.
7. 미 연준의 미 달러화 유동성 스왑라인의 구조를 설명하라.
8. 미 연준이 브라질, 한국, 멕시코, 싱가포르 등 신흥국과 통화스왑 라인을 개설한 이유를 설명하라.

2장

대외거래

학습목표

1. 국제수지표와 국제투자대조표의 개념과 구성을 파악한다.
2. 트리핀 딜레마 등 국제통화질서와 관련한 주요 이슈들에 대한 이해도를 제고한다.
3. 국제수지 불균형과 조정 과정을 이해하고 이에 따른 대외거래 정책의 방향을 이해한다.
4. 예산제약과 생애효용함수를 이용한 2기 모형을 통해 소규모 개방경제의 최적소비균형을 도출할 수 있다.

2.1 국제수지표와 국제투자대조표

2.1.1 기본개념

오늘날 분업화된 지구촌 경제는 어느 한 국가가 생산한 재화와 서비스 중 일부는 다른 나라에 판매되고, 해당 국가도 다른 나라에서 생산된 재화와 서비스를 구매하여 사용한다. 국경 간 거래는 주로 미 달러화와 같은 국제통화로 결제된다. 일정기간 동안의 경상거래 결과로 순수출(수출〉수입)이 발생한 경우 국제수지흑자라 하고 반대로 순수입(수입〉수출)인 경우 국제수지적자라 한다. 국제수지흑자인 경우 동 국제통화를 해외직접투자, 포트폴리오투자, 해외대출 등으로 투자를 하게 되고, 반대의 경우 다른 나라가 우리나라에 투자를 하게 된다. 유량지표(flow)인 국제수지가 계속 쌓이고 쌓여서 저량지표(stock)인 국제투자로 축적되는 것이다.

① 국제수지표

국제수지표(BOP, Balance of Payments)는 일정기간 동안 거주자와 비거주자 사이에 발생한 모든 경제적 거래를 체계적으로 기록한 표이다. '일정기간 동안'이라 함은 특정 시점의 잔액통계가 아닌 기간 중 발생한 집계통계임을 의미한다. '거주자와 비거주자'는 거주지나 국적이 아닌 경제활동에 있어 주된 경제적 이익의 중심이 어디인가로 구분된다. 외국인이라도 1년 이상 국내에서 주된 경제적 활동을 하면 거주자로 구분되고, 해외교포는 우리나라 국적이라도 비거주자로 구분된다.

국제통화기금(IMF)은 국제수지메뉴얼(BPM, Balance of Payments and International Investment Position Manual)을 작성하여 각 국가가 이에 따라 국제수지통계를 작성하도록 권고하고 있다. 현재는 국제수지메뉴얼 제6판(BPM6)이 사용되고 있다. 국제수지표 작성원칙은 다음과 같다. 거래의 계상시점은 '발생주의'를 따른다. 모든 거래는 거래당사자 간에 합의된 '실제가격'으로 평가한다. 회계원칙은 '복식부기원칙'을 따른다. 국제거래를 계산단위통화로 환산할 때 '거래당일의 실제 시장환율'을 적용한다. 거래금액을 계상할 때 경상수지와 자본수지는 총액으로, 금융계정은 순액으로 기록하되 자산항목과 부채항목별로 순자산 증감액과 순부채 증감액을 기록한다.

② 국제수지표의 구성

국제수지표는 경상수지, 자본수지 및 금융계정으로 구성된다. 경상수지는 상품수지, 서비스수지, 본원소득수지 및 이전소득수지로 세분된다. 자본수지는 자본이전과 비생산·비금융자산으로 세분된다. 금융계정은 직접투자, 증권투자, 파생금융상품, 기타투자 및 준비자산으로 세분된다.

③ 국제투자대조표

국제투자대조표(IIP, International Investment Position)는 특정 시점에서 거주자가 보유하고 있는 모든 대외금융 자산 및 부채의 잔액을 체계적으로 기록한 표이다.

④ 국제투자대조표의 분류체계

국제투자대조표상의 금융자산 및 금융부채 포지션을 대외금융자산과 대외금융부채라고 하며 그 차이를 순대외금융자산(NIIP, Net International Investment Position)이라고 한다. 형태를 기준으로 직접투자, 증권투자, 파생금융상품, 기타투자, 준비자산 항목으로 구분된다.

⑤ 국제수지표와 국제투자대조표 간의 관계

국제투자대조표상의 '거래에 의한 변동'은 국제수지표의 금융계정과 동일하다. 국제투자대조표의 기초잔액에 국제수지표의 금융계정 및 비거래요인 변동분을 더하면 국제투자대조표의 기말잔액이 된다. 즉, 환율 또는 가격 변동이 없다면 특정 시점의 대외투자자산 또는 부채 잔액은 경상수지의 거울인 매년의 금융계정 거래를 기준 시점 이후 계속하여 더한 것과 같다.

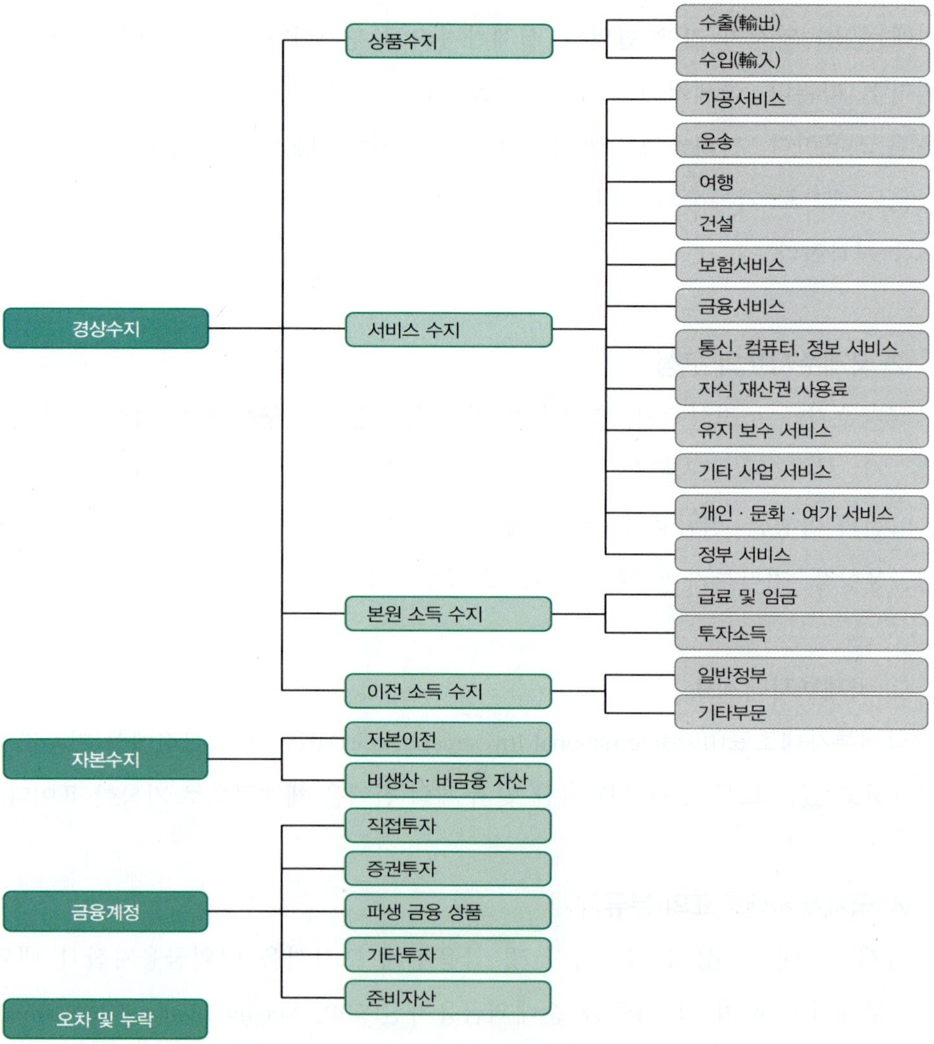

그림 2.1 국제수지표의 구성

자료: 한국은행, 알기 쉬운 경제지표해설 (2019)

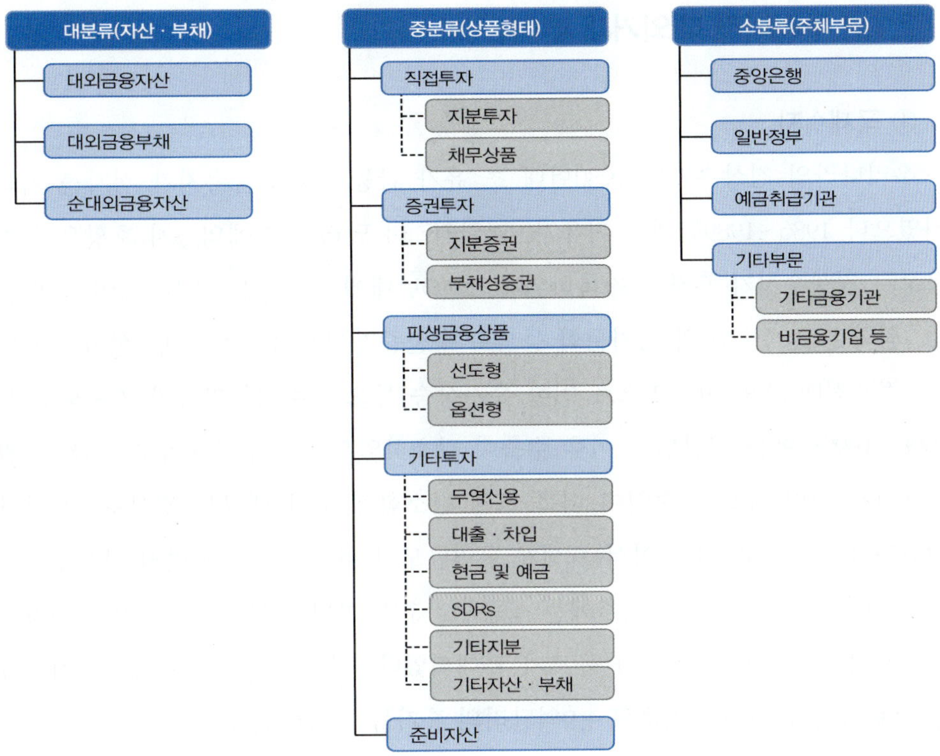

그림 2.2 국제투자대조표의 분류체계

자료: 한국은행, 알기 쉬운 경제지표해설 (2019)

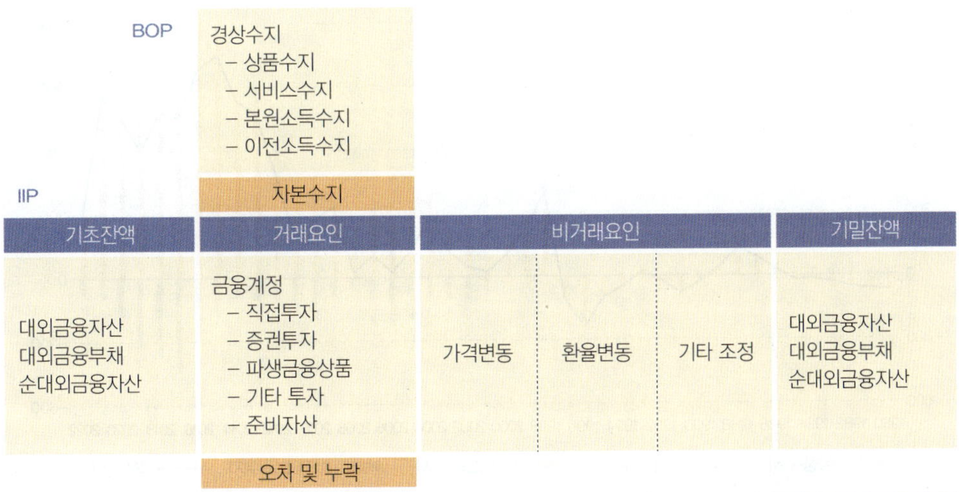

그림 2.3 국제수지표와 국제투자대조표

자료: 한국은행, 알기 쉬운 경제지표해설 (2019)

2.1.2 우리나라 대외거래 추이

① 국제수지

우리나라의 경상수지는 1980년대 초 유가 급등으로 상품수지가 적자를 기록하였으나 1986~1989년에는 저유가, 저금리, 미 달러화 약세의 3저 호황으로 처음으로 경상수지가 흑자를 기록하였다. 1990년대에 들어서는 생산요소비용의 급등, 원화절상, 선진국의 경기둔화 등으로 수출증가세가 주춤한 반면 설비투자 확대, 걸프전(1990.8~1991.2)으로 인한 유가상승 등으로 수입증가세가 지속되었다. 1998~1999년에는 외환위기 이후 수출이 감소하였으나 내수침체와 환율급등, 원자재가격 하락 등으로 수입이 더욱 크게 감소함에 따라 대규모 경상수지흑자가 시현되었다. 2000년대 들어서는 세계 무역규모가 빠르게 증가하면서 상품수지흑자가 지속되었다. 2010년 이후에는 상품수지뿐만 아니라 본원소득수지도 흑자로 전환됨에 따라 경상수지흑자 규모가 확대되었다. 본원소득수지는 해외직접투자 증가에 힘입어 2010년 최초로 4.9억달러의 흑자를 기록하였다.

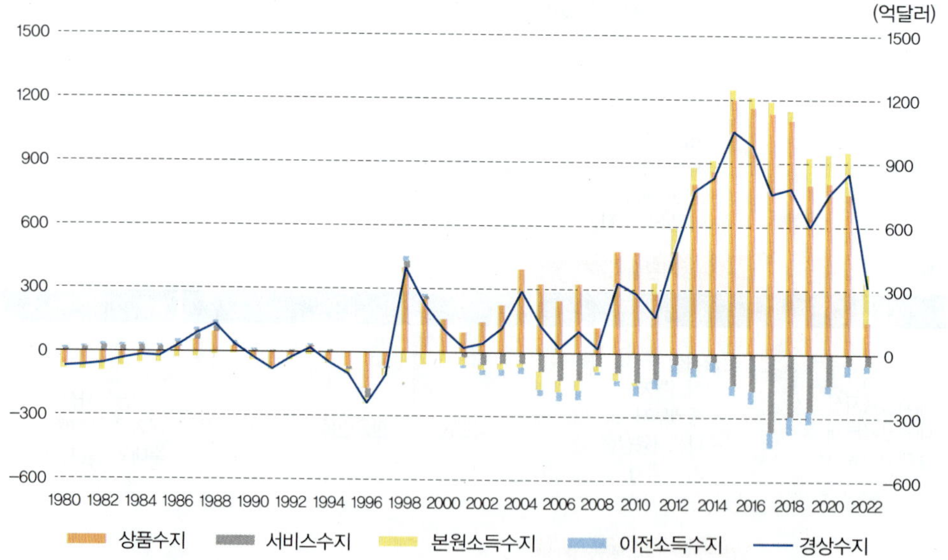

그림 2.4 연도별 경상수지 추이

자료: 한국은행, 경제통계시스템

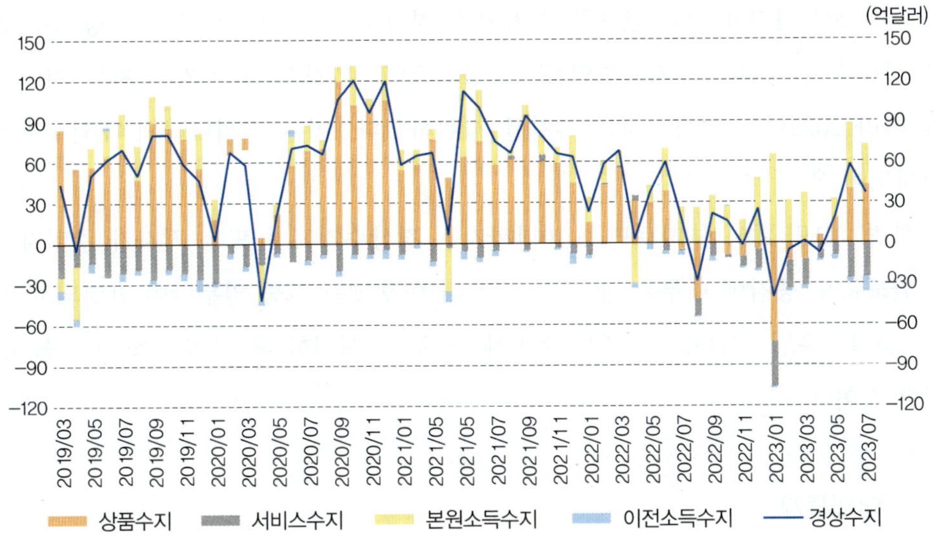

그림 2.5 최근 월별 경상수지 추이

자료: 한국은행, 경제통계시스템

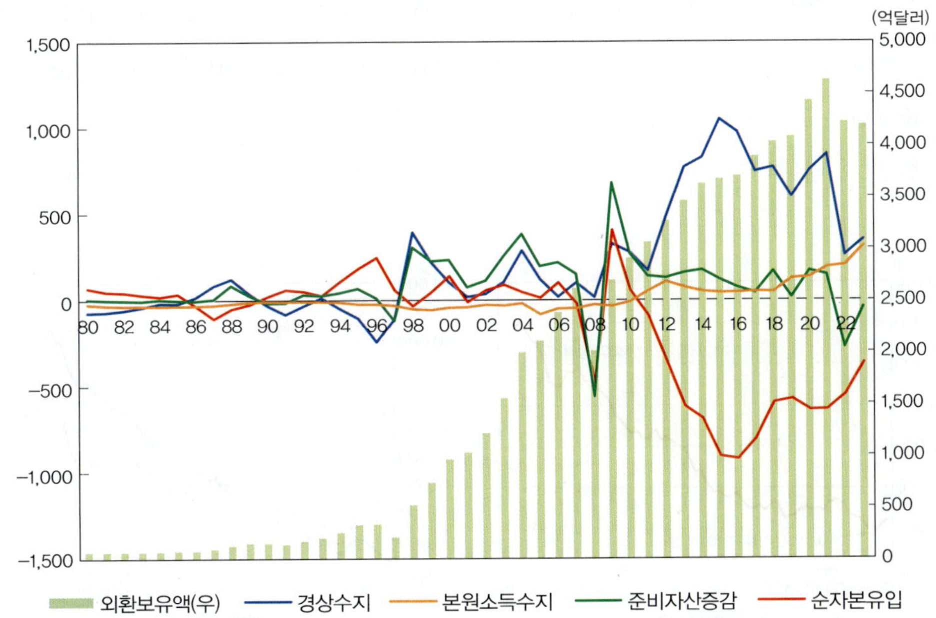

그림 2.6 외환보유액 추이

자료: 한국은행, 경제통계시스템

특히 2022년 7월~2023년 3월 중 세계적 경기둔화, 원자재가격 상승 등으로 인해 상품수지가 적자를 기록하였음에도 불구하고 본원소득수지가 흑자를 지속함에 따라 2022년도 경상수지는 흑자를 시현하였다. 이는 우리나라의 대외투자가 확대되어 온 데 기인한다.

한편 〈그림 2.6〉에 따르면 2010년까지는 경상수지흑자 또는 적자가 준비자산(외환보유액) 증감에 대부분 반영되어왔으나 이후에는 그중 일부만이 반영되고 있다. 순자본유입은 금융계정에서 준비자산증감을 제외한 후 마이너스(−) 값을 부여한 것이다.

② 대외투자

우리나라 대외투자는 2014년 처음으로 대외금융자산 규모가 대외금융부채 규모를 넘어 순대외금융자산이 플러스(+)를 기록하였다. 이는 1990년 후반 아시아 외환위기 이후 자본시장개방이 본격화되면서 외국인들의 국내 증권투자가 늘어났음에도 불구하고, 우리나라의 경상수지흑자가 지속되면서 내국인의 해외직접투자 및 증권투자가 더 빠른 속도로 증가한 데 기인한다. 2023년 2/4분기말 현재 대외금융자산 및 부채 잔액은 각각 2조 2,251억달러, 1조 4,611억달러로 순대외금융자산은 7,640억달러에 달한다.

한편 우리나라는 2000년 처음 순대외채권 국가가 되어 이를 지금까지 지속

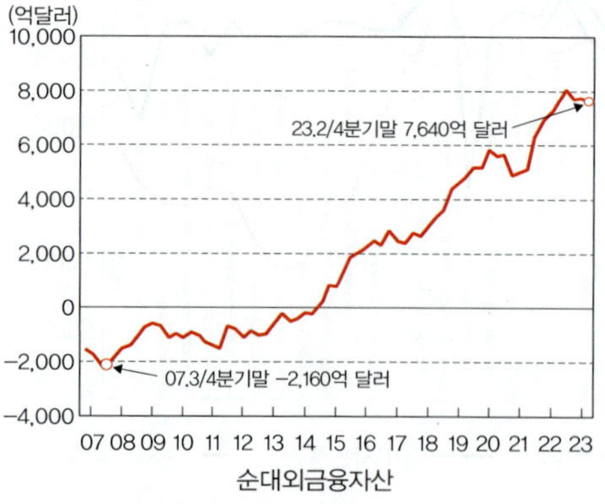

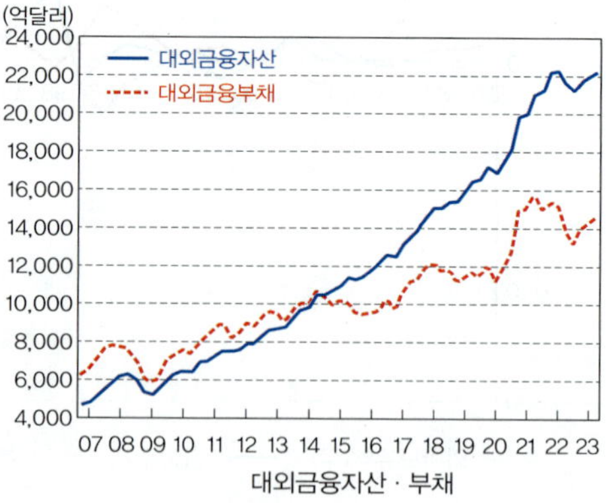

그림 2.7 대외금융자산 · 부채 추이

자료: 한국은행, 국제투자대조표 보도자료(2023.8)

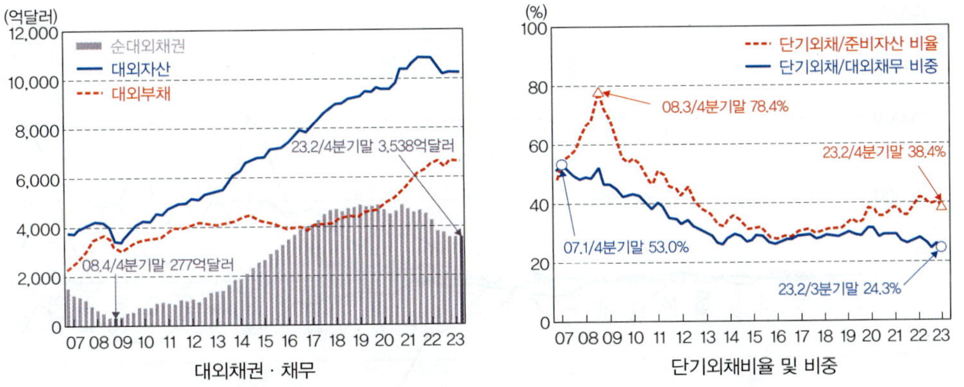

그림 2.8 대외채권 · 채무 및 단기외채 추이

자료: 한국은행, 국제투자대조표 보도자료(2023.8)

해오고 있다. 2023년 2/4분기말 현재 우리나라의 대외채권 및 채무[1] 잔액은 각각 1조 189억달러, 6,651억달러로 순대외채권은 3,538억달러에 달한다. 또한 2007~2008년 글로벌 금융위기 이후 선물환포지션 한도 도입 등 외채 만기 구조 개선을 위한 노력을 지속해옴에 따라, 준비자산 대비 단기외채 비율은 2008년 3/4분기말 78.4%에서 2023년 2/4분기 현재 38.4%로 낮아졌다. 대외채무 대비 단기외채 비중도 2007년 1/4분기말 53.0%에서 2023년 2/4분기말 현재 24.3%로 축소되었다.

2.1.3 주요국 대외거래 추이

제조업 경쟁력을 갖춘 중국, 독일, 일본 등은 지속적인 경상수지흑자를 바탕으로 대외투자도 꾸준히 확대해오고 있다. 반면 국제기축통화인 달러화를 발행하는 미국은 경상수지적자가 지속되고 있고 순대외금융부채 규모도 계속하여 증가하고 있다.

미국의 순대외금융부채가 커지는 것은 세계를 선도하는 기술혁신, 국제기축

1 국제투자대조표상 대외금융자산 및 부채에서 직접투자 중 지분, 증권투자 중 주식(펀드 포함), 파생금융상품 등을 제외한 확정 금융자산 및 부채를 말한다.

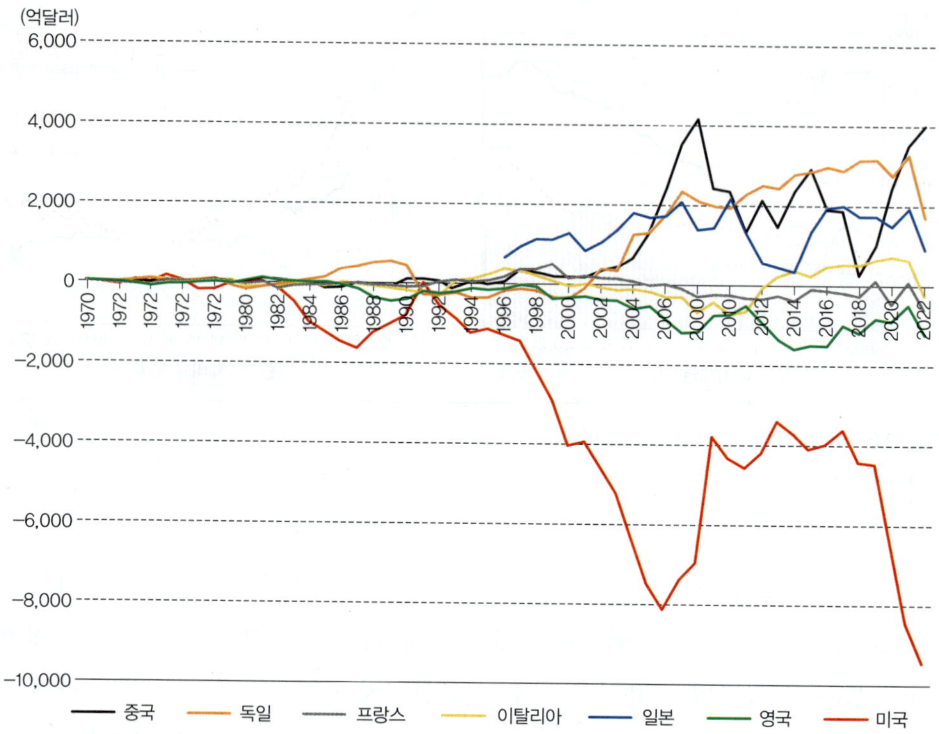

그림 2.9 주요국 경상수지 추이

자료: 국제통화기금(IMF)

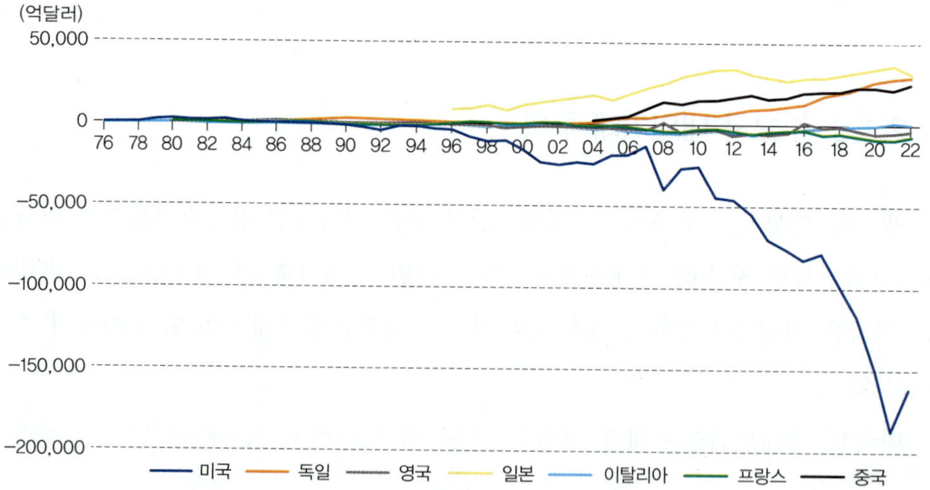

그림 2.10 주요국 순대외금융자산(NIIP) 추이

자료: 국제통화기금(IMF)

통화 위상 등으로 전 세계의 자금이 집중 투자되는 결과이기에 꼭 부정적으로 볼 수는 없으나, 재정수지적자와 경상수지적자가 향후에도 지속적으로 진행될 경우 미 달러화의 국제적 위상이 약화될 수도 있다. 이와 관련하여 다음 절에서 트리핀 딜레마, 플라자 합의, 쌍둥이 적자, 글로벌 불균형에 대하여 살펴보고자 한다.

2.2 대외거래 관련 주요 이슈

2.2.1 트리핀 딜레마

벨기에계 미국 경제학자인 로버트 트리핀(Robert Triffin)은 1960년 미국 의회에서 준비통화인 미 달러화에 대한 국제적 수요는 빠르게 증가하는 데 비해 미국의 금 보유량은 한정되어 있어, 고정환율제를 기반으로 한 브레튼우즈 체제하에서 미 달러화에 대한 국제적 신뢰성이 지속되기 어렵다고 비판하였다. 미국의 경상수지 적자가 지속되어야 준비통화인 미 달러화에 대한 전 세계의 수요가 충족될 수 있기 때문이다. 이러한 문제점을 해결하기 위해 트리핀은 케인즈의 방코르(Bancor)와 같이 미 달러화나 금에 의존하지 않고도 글로벌 유동성을 확보할 수 있는 새로운 보유자산 단위를 만들 것을 제안(creation of new reserve units)하기도 했다.

"미국의 경상수지적자가 멈춘다면 전 세계 국가들은 준비자산을 축적할 수 있는 가장 큰 조달원을 잃게 된다. 이러한 유동성 부족으로 세계경제는 긴축의 소용돌이에 빠져 불안정 상태가 될 수 있다. 만약 미국의 경상수지적자가 지속되면 미 달러화가 계속 공급되어 세계경제가 지속적으로 성장할 것이다. 그러나 과도한 경상수지적자로 인해 미 달러화에 대한 신뢰가 손상될 수 있다. 미 달러화에 대한 신뢰가 손상되면 미 달러화는 더 이상 국제기축통화로 인정받지 못하게 된다. 이로 인해 고정환율제가 붕괴되어 세계경제가 불안정하게 될 수 있다."[2]

1971년 미국의 대외 금태환 금지(Nixon Shock)로 고정환율제인 브레튼우즈 체

2 IMF, "System in Crisis(1959–1971)"

제가 붕괴되었으나, 미국의 경상수지적자는 더욱 확대되었고 유로의 출범에도 불구하고 준비자산인 미 달러화에 대한 수요는 여전히 왕성하다. 2008년 미국발 금융위기 시에도 미 달러화 수요는 오히려 확대되었다. 미 달러화의 과도한 특권(exorbitant privilege)[3]은 때로는 국제적 인플레이션 압력을 가중하거나 장기간의 저금리 상황을 지속시켜 부정적 외부효과(negative externality)를 일으키기도 한다. 트리핀 시대와 현재의 경제적 여건들에는 많은 변화가 있었으나, 미국 국내의 단기적 정책유인(short-term policy incentives)과 세계 경제의 장기적 안정(long-term economic stability) 간의 충돌이라는 본질은 오늘날에도 변함이 없다. 이러한 문제를 해결하기 위한 방안으로 국제적 정책공조 강화와 다극적 국제통화질서(Multipolar International Monetary System) 등이 제시되고 있다.[4]

2.2.2 플라자 합의(Plaza Accord)

1980년대 전반기에는 제1기 레이건 행정부(1981.1~1985.1)의 확장적 재정정책과 연준의 긴축적 통화정책으로 인해 금리가 급등하고, 이에 미국으로의 자본유입이 지속되면서 미 달러화는 초강세를 시현하였다. 이에 따라 재정적자와 무역수지적자가 동시에 발생하는 쌍둥이 적자(Twin Deficits)가 나타났다. 프랑스 등 주요 무역상대국은 미 달러화의 초강세에 우려를 표명하였으나, 레이건 정부는 '강달러가 미국경제에 대한 신뢰의 상징'이라며 이들 국가들의 외환시장개입 제안을 거절하였다. 1983년 제9차 G7 정상회의(미국 버지니아주 윌리엄스버그)에서도 외환시장개입의 효과에 대한 부정적 견해가 담긴 보고서(Jurgensen Report)가 제출되었다. 불태화개입의 효과는 오래 가지 않고, 태화개입은 통화정책의 일종이라는 것이다.

1984년 3월~1985년 2월 미 달러화가 약 17% 절상되었다. 1984년 6월 정책금리는 미국 10.85%, 일본 5.00%로 대내외 이자율 차이가 정점에 이르렀으며, 1984년 중 미국 무역적자는 1,120억 달러에 달했다. 이에 제2기 레이건 행정부

3 1960년대 프랑스 전 재무장관 발레리 지스카르 데스탱이 미 달러화의 국제기축통화 위상이 저렴한 자금조달비용 등과 같은 미국에 주는 혜택을 지칭한 조어이다.

4 Smaghi (2011)

그림 2.11 미 달러화 지수(무역가중) 추이

자료: 세인트루이스 연방준비은행(St. Louis Fed)

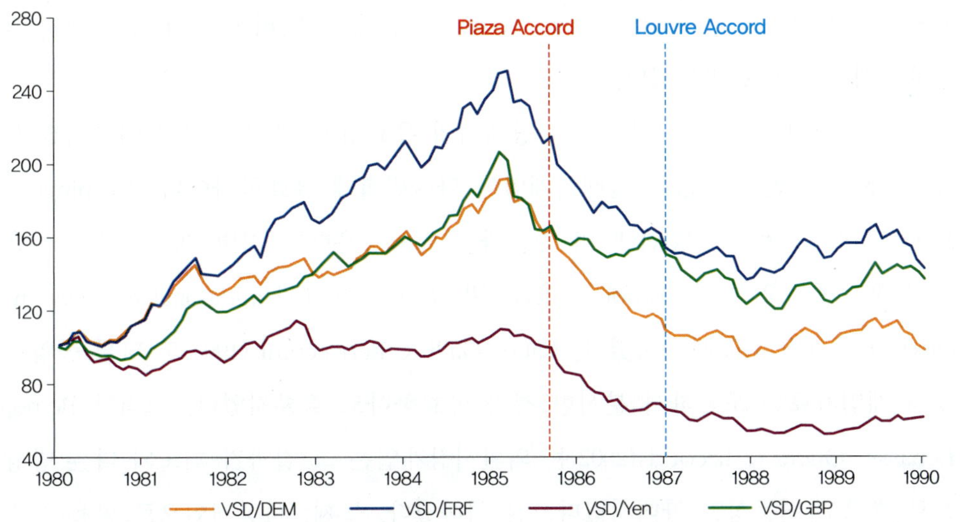

그림 2.12 미 달러화 대비 주요통화 환율동향

자료: 미제스 연구소(Mises Institute)

(1985. 1~1989. 1)는 제임스 베이커(James Baker) 재무장관이 취임하면서 제1기의 방임주의에서 행동주의로 환율정책의 변화를 시사하였다. 1985년 1월 17일 G5(미국, 영국, 독일, 프랑스 및 일본) 회의 시 소규모 외환시장 공조개입에 대해 합의하

고, 1985년 1월 21일부터 3월 1일까지 약 100억달러 규모의 외환시장개입을 실행하였다. 1985년 6월에는 미국 재무부와 일본 재무성이 공조개입 가능성을 논의하고 1985년 7~8월 중 G5 차관급 비밀회의가 진행되었다. 외환정책 변화에 대한 시장의 기대로 인해 1985년 9월 들어 미 달러화는 동년 2월 대비 약 13% 약세를 보이고 있었다. 1985년 9월 15일 런던에서 G5 차관회의를 통해 외환시장개입 세부사안을 확정하고, 1985년 9월 22일 뉴욕 플라자 호텔에서의 G5 재무장관 및 중앙은행총재 회의에서 '미 달러화 이외 통화의 가치 절상을 위해 협력할 준비가 되어 있음'을 발표하였다. 이후 주요국 통화 대비 미 달러화 가치는 가파르게 하락하였다. 특히 미 달러화 대비 엔화의 가치는 250엔대에서 플라자 합의 1년 후 120엔대로 상승하였다. 엔고에 의한 불황이 예상되자 일본은행이 저금리 정책을 시행하였으나 이는 주식 및 부동산 투자, 해외자산 매입 등 거품경제가 형성되는 원인이 되었다. 미 달러화의 가치 하락이 너무나 빠르게 진행되자 G6(+캐나다)는 1987년 2월 22일 루브르 협약(Louvre Accord)을 통해 미 달러화 추가 약세 저지 및 환율안정 협조에 합의하였다.[5]

이후 플라자 합의에 따른 외환시장개입의 유효성에 대한 분석이 이루어졌다. 첫째, 통화량 변화가 없는 불태화개입이 환율변화에 유효한가이다. Dominguez & Frankel (1993)은 1980년대 미 연준과 독일연방은행의 일별 개입자료를 이용하여 포트폴리오 효과(portfolio effect) 및 추가 기대효과(additional expectations effect)가 유효하다고 분석하였다. Catte, Galli & Rebecchini (1994)도 다른 중앙은행의 개입자료를 포함하여 분석한 결과 유효하다고 결론지었다. 그러나 Beine, Benassy-Quere & Lecourt (2002)는 외환시장개입은 그 결과가 의도와 다른 방향으로 흐르고 변동성만 확대시켰다고 분석하였다. 둘째, 시장개입으로 환율이 변하면 경상수지에도 영향을 미치는가이다. J커브 효과(J-curve effect)[6]의 영향으로 플라자 합의 이후 2년이 지난 1987부터 1991년까지 경상수지가 지속적으로 개선되었다. 그러나 1980년대와 달리 오늘날과 같이 금융시장 규모가 거대한 상황에

5 Frankel (2015)

6 환율변화에 따른 수출입 물량의 변화는 일정 시간이 필요하기 때문에 환율의 평가절하 초기에는 수출단가만 낮아져서 무역(경상)수지 적자가 나타나는 현상을 말한다.

서 외환시장개입을 통해 환율의 방향성에 영향을 주기는 쉽지 않다. 또한 일본과 같이 제조업 생산기지 확보를 위한 해외직접투자 규모가 커지면 환율 약세의 영향은 크지 않을 수 있다.

한편 간헐적으로 실행되었던 선진국의 공조개입은 2011년 3월 엔화 강세를 저지하기 위한 것이 마지막이었고, 이후 2011년 9~10월 및 2022년 G7 간 협의하에 행해진 일본의 단독개입이 있었을 뿐이다. 더욱이 2013년 2월 G7은 "환율은 시장에서 결정되어야 하며, 재정 및 통화정책도 국내 정책목표를 대상으로 할 뿐 환율수준을 대상으로 하지는 않을 것"이라는 공동성명서를 발표하였다.

그러나 막대한 경상수지적자를 이어가고 있는 미국은 외환시장개입이 아닌 강대국의 일방주의를 통해 자국 경상수지적자 해결의 해법을 찾고 있다. 1988년 종합무역법(Omnibus Trade and Competitiveness Act of 1988)을 제정하여 주요 무역상대국이 환율조작(currency manipulation)을 행하는지 여부에 대해 미국 재무부가 반기보고서를 작성하고 미국과 해당 국가 간 양자 협의를 할 것을 규정하고 있다. 1988년 10월 첫 보고서를 통해 환율조작국으로 한국, 대만, 중국을 적시하고 홍콩, 싱가포르 앞으로는 경고를 하였으며 이후 한국 등 해당 국가들은 매년 두 차례 미국 재무부와 양자 협의를 진행하고 있다. 2004~2011년에는 중국과의 양자 협의 시 위안화 저평가 시정에 대한 논의를 진행하기도 하였다. 또한 2015년 제정된 교역촉진법(Trade Facilitation and Trade Enforcement Act)에 의거하여 2016년 4월부터 한국, 중국, 독일, 일본 등 주요 대미 무역수지흑자 국가들을 환율관찰대상국으로 지정하고 세 가지 요건[7] 충족 시 환율조작국으로 지정할 수 있음을 적시하였다. 이에 따라 그동안 수출가격경쟁력 유지 목적의 외환시장개입, 시장개입 자체의 불투명성 등의 이유로 미국으로부터 환율정책과 관련한 압박을 받아오던 우리나라 외환당국(한국은행 및 외국환평형기금)도 투명성 제고 차원에서 2019년 3월 및 9월말에 외환시장개입 반기규모(순액기준)을 발표했고, 2019년 12월 말부터는 분기자료(순액기준)를 발표하고 있다.

7 2023년 현재 기준: ① 과도한 대미 상품 및 서비스수지 흑자(150억달러 초과), ② 막대한 경상수지흑자(GDP 대비 3% 초과), ③ 지속적이고 일방향적인 외환시장개입(12개월 중 8개월간 GDP 대비 2%를 초과하는 외화 순매수)

2.2.3 쌍둥이 적자(Twin Deficits)

1980년대부터 미국의 재정수지와 경상수지는 동시에 적자를 시현하고 있고, 그 규모도 확대되어 왔다. 이후 클린턴 행정부 시기인 1998~2001년 기간이 2023년 현재까지도 미국 재정수지가 흑자를 시현한 마지막 시기이다. 트리핀 딜레마와 마찬가지로 쌍둥이 적자가 계속되면 미 달러화에 대한 신뢰가 상실되어 더 이상 국제기축통화의 위상을 유지하기 어렵고 세계경제도 불안정한 상황에 놓이게 될 것이라는 우려가 있다. 그러나 유로 출범, 위안화의 SDR 바스켓 구성통화 편입 등에도 불구하고 아직까지는 미 달러화의 위상에는 변함이 없고, 글로벌 금융위기 등은 오히려 미 연준과 미 달러화의 위상을 재확인시켜준 바 있다.

한편 1980년대 미국의 상황을 설명하기 위하여 나타난 것이 '재정수지적자가 경상수지적자로 이어진다'는 쌍둥이 적자 가설(Twin Deficits Hypothesis)이다. 그러나 재정수지와 경상수지 간의 관계에 대한 명확한 컨센서스는 없다. 우선 먼델–플레밍 모델(Mundell–Fleming Model)에 따르면 확정적 재정정책으로 인해 가계소

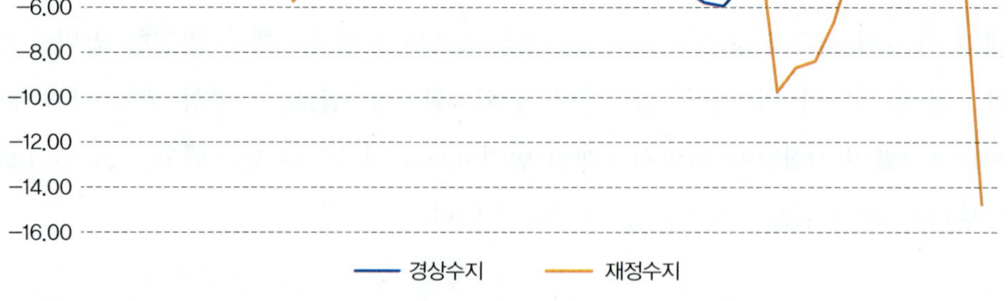

그림 2.13 미국의 쌍둥이 적자

자료: 세인트루이스 연방준비은행(St. Louis Fed)

득이 증가하는 경우 수입수요가 증가하여 경상수지가 악화된다.[8] 리카르도 대등정리(Ricardian Equivalence)[9]가 배제된 중첩세대모형(Overlapping Generation Model)에서도 정부지출이 일시적인 경우 경상수지가 악화된다.[10] 다른 한편에서는 실증분석 결과, 쌍둥이 적자 관계는 미약하거나 존재하지 않는다는 의견이다. Kim and Roubini (2008)는 경기순환 요인을 제거한 미국의 재정수지 자료와 경상수지 간의 관계를 실증분석한 결과, 이론모델과 달리 확장적 재정정책이 오히려 경상수지를 개선시켰다고 결론지었다.

〈그림 2.5〉를 보면 코로나 시기 중 우리나라의 상품서비스 수지가 적자를 보이고 이를 본원소득수지가 메꾸어 경상수지흑자를 지속할 수 있었다. 〈그림 2.14〉를 보면, 2011년 이후 일본의 상품서비스 수지는 적자를 시현하거나 흑자 수준도 과거에 비해 매우 미약해졌다. 해외직접투자를 통한 배당금, 이자 등

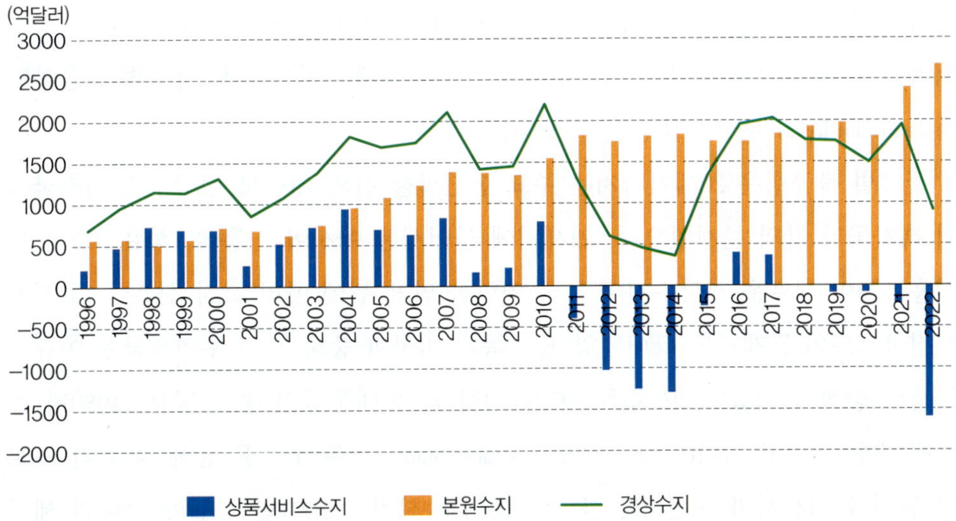

그림 2.14 일본의 경상수지 추이

자료: 국제통화기금(IMF)

8 확장적 재정정책으로 이자율이 상승함에 따라 자본수지는 개선된다.

9 가계가 미래의 세금 증가에 대한 합리적 기대를 하는 경우 정부지출 관련 재원조달 방법의 변경은 민간의 경제활동에 영향을 미치지 못한다. 리카르도 대등정리가 유효한 경우, 정부지출 확대 시 민간수요가 감소하여 쌍둥이 적자는 발생하지 않는다.

10 Obstfeld and Rogoff (1996)

본원소득수지가 일본의 경상수지흑자를 견인해 오고 있다. Bluedon and Leigh (2011)는 경기순환 요인을 제거한 기초재정수지(CAPB, Cyclically Adjusted Primary Balance)를 활용하여 유로존, 영국, 일본 등 17개국을 대상으로 분석한 결과, 재정건전화(fiscal consolidation)가 경상수지를 개선시킨 것으로 확인하였다. 노령화 등을 감안할 때, 쌍둥이 적자 가설이 우리나라에서 작동되지 않도록 재정수지를 잘 관리하여야 할 것이다.

2.2.4 글로벌 불균형(Global Imbalances)

유럽중앙은행(ECB)은 글로벌 불균형을 "글로벌 경제의 왜곡(distortions)을 반영하거나 위험(risks)을 초래하는 시스템적으로 중요한 경제들(systemically important economies)의 대외포지션(external positions)"이라고 정의하였다.[11] 경상수지 불균형이 지속되면 보호무역주의(protectionism)가 퍼지면서 세계 경제의 지속성장이 어려워지거나, 일부 국가의 대외부채포지션이 크게 확대되면서 글로벌 금융불안정(financial instability)이 발생할 수 있다.

글로벌 불균형은 20세기까지는 주요 선진국들 간의 대규모 경상수지 적자국가와 흑자국가 간의 문제였으나, 21세기에 들어서는 아시아 신흥국, 석유수출국 등 신흥국들이 새로운 경상수지 흑자국 역할을 맡게 됨에 따라 흑자 신흥국 대 적자 선진국으로의 문제로도 확대되었다.[12] 특히 미국과 중국 간의 무역불균형 이슈가 논쟁의 중심이 되었다. 미국은 1972년 2월 닉슨 대통령의 중국 방문, 1980년 중국에 대한 최혜국 지위(Most-Favored Nation Status)[13] 부여 등을 통해 양국 간 외교적 관계를 개선시켜 오던 중, 클린턴 행정부 시기인 2001년 12월에 중국의 세계

11 대외포지션은 경상수지포지션과 금융자산포지션을 아우르며, 왜곡은 유연한 가격 및 완전경제로부터의 이탈을, 위험은 불균형의 무질서한 해소 또는 불균형의 심화를 의미한다. BIS (2011) 및 Bracke et al. (2008)

12 이러한 불균형 이슈는 점차 금융불균형(financial imbalance)과 국내 소득불평등(domestic income inequality) 등으로 논의가 발전되어 왔다

13 어느 한 나라가 제3국에 유리한 조건을 허용하는 경우 상대국에도 동등한 대우를 허용하여야 하는 것을 말한다. 무역과 관련하여 동 지위가 박탈될 경우 통상 고율의 관세를 물게 된다.

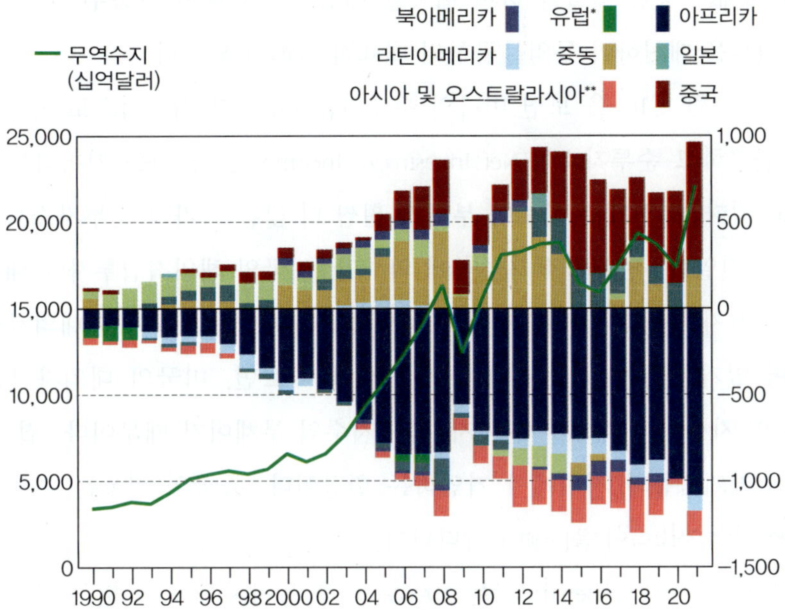

국제 무역수지

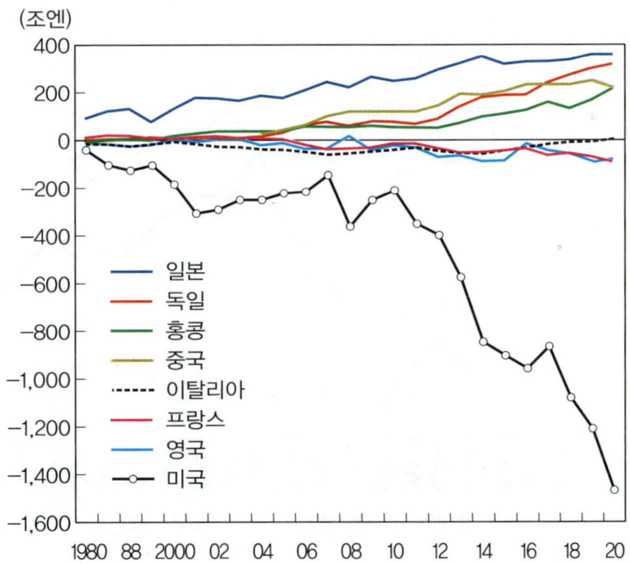

순대외금융자산(NIIP)

그림 2.15 국제 무역수지 및 주요국 순대외금융자산 추이

주: * EU, 영국, 스위스, 노르웨이 ** 중국, 일본 제외

자료: 국제통화기금(IMF) 및 EIU(상), 일본은행(하)

무역기구 가입을 지지하였다. 〈그림 2.15〉를 보면, 중국은 세계무역기구에 가입한 이후 세계의 공장 역할을 하며 미국을 대상으로 막대한 상품수지흑자를 시현하면서 일본을 대신하여 무역불균형의 대표적 사례가 되었다.

그런데 〈그림 2.16〉을 보면 미국의 순대외금융부채가 지속적으로 확대되어 왔음에도 불구하고 순투자소득(Net Investment Income)은 양(+)을 기록하는 현상이 나타나고 있다. 어떻게 자산보다 부채가 훨씬 더 많은 국가가 순투자소득을 시현하고 있는 것일까? 암흑물질 가설[14]에 의하면, 미국의 해외직접투자에 내재된 무형자본의 가치가 공식 국제수지에 제대로 반영되어 있지 않아 순대외자산이 저평가되어 있기 때문이다. 수익률차이 가설에 따르면, 미국의 대외자산은 고위험-고수익 자산이고 대외부채는 저위험-저수익 부채이기 때문이다. 결국 미 달러화의 국제기축통화 지위에서 기인하는 현상이다. 중국의 경우는 미국과는 반대의 역설(순투자소득이 음[-])이 나타난다.

한편 2005년 버냉키(Bernanke)는 1996년 이후 동아시아 국가 및 산유국들의 경상수지흑자가 지속됨에 따라 과거 자본차입자였던 이들 국가들이 자본대여자로

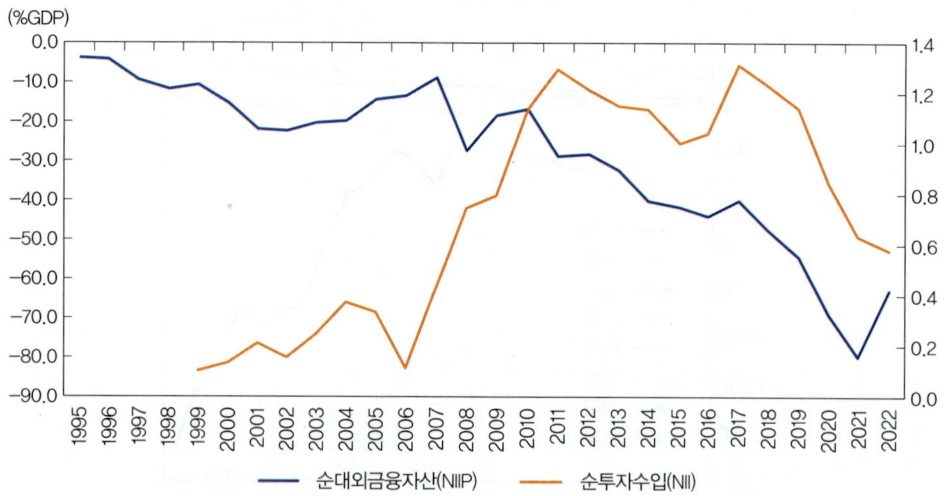

그림 2.16 미국의 소득역설(Income Puzzle)

자료: 세인트루이스 연방준비은행(FRED)

14 Hausmann and Sturzenegger (2007)

변신하면서 저축률이 상승하였고, 동 저축을 미국 국채에 투자함으로써 전 세계적으로 실질장기이자율(장기국채이자율-소비자물가상승률)이 하락하였다고 설명하면서 이를 글로벌 과잉저축(Global Saving Glut)이라 명명하였다.[15] 버냉키는 글로벌 과잉저축으로 인해 미국의 금융여건이 완화되면서 신용 붐(credit boom)과 위험선호(risk-taking)가 발생하였다고 보았다. 연구자에 따라 신흥국 금융시장의 상대적 후진성, 투자기회 및 금융상품 부족 등을 들기도 한다. 반면 이에 대한 반론으로는 관찰 기간에 따라 경상수지와 장기이자율의 관계가 미약한 점, 경상수지적자와 글로벌 저축 간 관계가 미약한 점, 경상수지흑자가 막대한 국가도 신용 붐을 겪은 점, 민간부문의 자본이동이 훨씬 큰 점, 미국의 경상수지적자가 없었더라도 미국 금융시장으로의 자본유입 규모는 상당하였을 것이라는 점 등을 들면서 저축-투자 프레임워크만으로 글로벌 자금조달 행태와 장기이자율 행태를 설명하기는 불충분하다는 입장이다. 보다 넓은 시각으로 본다면 일부 지역의 과잉저축보다는 통화 및 금융시스템의 과잉 탄력성(excess financial elasticity)을 제한하고 경기순응성(procyclicality) 축소를 위한 건전성 규제 및 감독 체계를 마련해야 한다.

2.3 국제수지 불균형의 조정

탄력적 접근법과 총지출 접근법은 환율의 평가절하를 통해 국제수지 불균형을 조정하고, 화폐적 접근법은 화폐공급량을 변화시켜 국제수지 불균형을 조정한다.

2.3.1 탄력성 접근법(Elasticity Approach)

환율변화가 교역조건(=수출가격/수입가격)에 영향을 미치면서 국제수지가 조정(adjustment)되는 것에 착안한 접근법이다. 여기서 환율은 외환시장에서 결정되는 화폐의 상대적 가격인 명목환율이 아니라, 동일한 화폐로 표시한 외국물가와 국

15 Bernanke (2005)

내물가 간의 상대적 가격인 실질환율을 말한다.

예를 들어, 우리나라 외환시장에서 명목환율이 1달러당 1,000원이라는 것은 1달러와 1,000원이라는 양국의 화폐가 교환되는 비율을 말한다. 미 달러화와 원화가 그러한 비율로 교환된다는 것 외에 다른 의미는 없다. 그런데 라디오 1대가 미국에서 1달러, 우리나라에서는 500원에 팔리는데 명목환율이 1달러당 1,000원이라고 가정해보면, 1달러인 미국 라디오 1대 값은 우리나라 원화로 환산하면 1,000원(명목환율×미국 라디오 가격=1,000(원/달러)×1달러)으로 우리나라 라디오보다 2배 비싸다. 실질환율은 2(=1,000원×1달러/500원=명목환율×외국물가/국내물가)가 된다.

$$\text{실질환율}(e) = \text{명목환율}(E) \times \text{해외물가}(P^*)/\text{국내물가}(P)$$

1년 후 어떠한 이유에서인지 명목환율이 1달러당 1,100원으로 상승(원화가치 하락)하면 원화로 표시한 미국 라디오 가격이 높아지기 때문에 실질환율이 상승(미국 재화의 상대적 가격이 상승)하면서 우리나라 라디오의 수출경쟁력이 커진다. 즉, 1년 후 실질환율은 2.2(=1,100원*1달러/500원)로 상승하면서 원화가 평가절하(devaluation)되어, 소득 등 다른 변수에 변화가 없다면 우리나라 라디오 수출물량이 증가하고 미국 라디오 수입물량이 감소할 것으로 예상할 수 있다.[16]

평가절하의 종합적 영향을 살펴보려면 물량효과와 가격효과를 모두 고려해야 한다. 평가절하되어 수출가격이 하락하면 국제수지가 악화되고, 수출물량이 증가하면 국제수지가 개선된다. 하지만 물량변화가 더디게 나타나면 평가절하 이후 일정 기간에 국제수지가 오히려 악화(J-curve 효과)될 수 있고, 수출입 물량의 실질환율 탄력성에 따라 국제수지의 개선 여부가 판가름(마샬-러너 조건)나게 된다.

마샬-러너 조건(Marshall-Lerner Condition)은 자국통화를 평가절하하여 국제수지를 개선하기 위해서는 수출 및 수입물량의 실질환율 탄력성을 더한 값이 1보다 커야 한다는 것이다. 순수출(Nx)을 다음과 같이 표시한다. X는 수출물량, e는 실질환율, M은 수입물량이다.

16 실질환율은 기준시점(100)을 정하고 이에 대해 상대적으로 표기(예, 105)하기에 2에서 2.2로 상승하였다면 실제로는 100에서 110으로 상승한 것으로 표기한다.

$$Nx = X - e \cdot M \tag{2.1}$$

상기식을 실질환율에 대해 미분하여 정리한다.

$$\frac{\partial Nx}{\partial e} = \frac{dX}{de} - e \cdot \frac{\partial M}{\partial e} - M \tag{2.2}$$

$$\frac{\partial Nx}{\partial e} \cdot \frac{e}{X} = \frac{dX}{de} \cdot \frac{e}{X} - e \cdot \frac{M}{M} \cdot \frac{\partial M}{\partial e} \cdot \frac{e}{X} - M \cdot \frac{e}{X} \tag{2.3}$$

$$\frac{\partial Nx}{\partial e} \cdot \frac{e}{X} = \frac{dX}{de} \cdot \frac{e}{X} - e \cdot \frac{M}{X} \cdot \frac{\partial M}{\partial e} \cdot \frac{e}{M} - e \cdot \frac{M}{X} \tag{2.4}$$

균형에서는 $X = e \cdot M$이므로

$$\frac{\partial Nx}{\partial e} \cdot \frac{e}{X} = \frac{dX}{de} \cdot \frac{e}{X} - \frac{\partial M}{\partial e} \cdot \frac{e}{M} - 1 = \text{수출탄력성} + \text{수입탄력성} - 1 \tag{2.5}$$

실질환율 평가절하로 인해 국제수지가 개선되려면 상기 미분값이 0보다 커야 하므로, 수출물량 및 수입물량의 탄력성을 더한 값이 1보다 커야 한다.

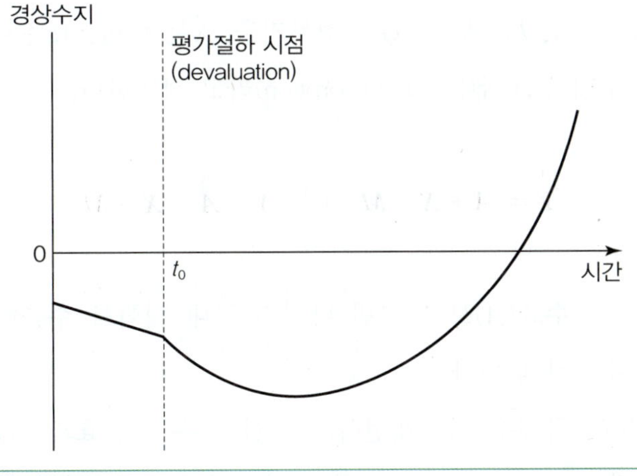

그림 2.17 J–curve 효과

자료: Melvin and Norrbin (2017)

한편 연구자들의 실증분석 결과에 따르면 평가절하와 국제수지 간의 관계는 국가나 시기별로 뚜렷하지 않은 것으로 나타났다. 일차적으로는 연구자들의 연구 대상기간 또는 연구방법론 등의 차이가 원인일 수도 있다. 또한 일본 및 독일 등의 수출기업들은 시장점유율을 잃지 않으려고 환율변동에 따라 영업마진을 조절하여 최종수출국 현지가격이 크게 변동되지 않도록 대응한 것이 영향을 미쳤을 수 있다. 노동 대비 자본 비율이 높은 국가의 경우에도 평가절하로 인한 수출 확대 효과가 저조한 것으로 분석되었다. 포괄적 분석을 위해서는 소득효과도 포함되어야 한다.

2.3.2 총지출 접근법(Absorption Approach)

한 경제가 이미 완전고용(full employment) 상태에 있다면 탄력성 접근법에 따라 자국 통화를 평가절하하여도 더 이상 생산을 확대하기 어려워 수출 증가를 기대하기 어렵다. 총지출 접근법은 국내 재화의 생산과 소비 간의 차이에 초점을 둔다. 아래는 총생산(=총지출), 국내수요 및 순수출 간 관계를 나타낸다.

$$Y = C + I + G + (X - M) \tag{2.6}$$

Y는 총생산, C는 소비, I는 투자, G는 정부지출, X는 수출, M은 수입이다. 소비, 투자, 정부지출의 합을 A(국내수요, absorption)라고 정의한다.

$$Y = A + X - M \text{ 또는 } Y - A = X - M \tag{2.7}$$

총생산(Y)이 국내수요(A)보다 크면 나머지 국내 재화를 수출하고, 반대의 경우 해외 재화를 수입하게 된다.

평가절하를 통해 국제수지를 개선하고자 할 경우 고용효과(employment effect)와 교역조건 효과(terms of trade effect)를 고려하여야 한다. 경제가 완전고용에 미달한 상태에서 평가절하를 하면 고용효과에 의해 생산이 확대($Y\uparrow$)되면서 순수출이 증가할 수 있으나, 교역조건의 악화로 인해 국민소득의 향상 여부는 불확실하다. 경제가 완전고용 상태인 경우 평가절하를 하여도 추가 고용이 불가능하므로 국민소득 향상은 기대할 수 없고, 국제수지 개선을 위해서는 국내수요를 감소($A\downarrow$)시켜야 한다. 한편 평가절하가 실행되면 수입물가를 상승시켜 전반적인 물가상승을 야기할 수 있다. 물가상승은 실질잔고를 하락(real balance effect)시킨다.[17] 경제주체는 실질잔고 가치를 유지하기 위해 국내수요를 줄이고 보유채권을 매도하게 된다. 보유채권 매도에 따른 이자율 상승은 국내수요를 더 감소시키게 된다. 즉, 물가상승 시 실질잔고효과는 국내수요를 감소시켜 국제수지를 개선시킨다. 그러나 경제주체가 향후 물가상승이 더 진행될 것이라는 기대효과(expectation effect)가 발생하는 경우에는 현재 소비를 증가시켜 국제수지가 악화될 수도 있다. 결국 평가절하가 국내수요와 국제수지에 미치는 종합적 영향은 모호하다.

총지출 접근법은 자본이동(capital flows)을 고려하지 않고 있는 단점이 있다. 하지만 국내수요(A)에 비해 국민소득(Y)을 보다 더 증가시킬 수 있는 정책을 추진해야 한다는 총지출 접근법의 정책적 함의는 명확하다.

한편 국제통화기금(IMF)은 경제위기에 빠진 국가에 대해 구제금융을 제공할 경우 정부지출 삭감, 세율 인상, 금리 인상, 통화량 증가 억제 등 국내수요를 억제하는 조건(conditionality)을 일관되게 제시하고 있다. 총지출 접근법에 충실한 여러 조건을 붙임으로써 구제금융을 받은 국가의 국제수지가 개선되면 국제통화기금이 공여한 자금을 상환받을 가능성이 커진다. 그러나 이러한 국내수요 억제 위주의 처방은 해당 국가의 경제성장을 저해하고 생활여건도 악화시킬 수 있다.

2.3.3 화폐적 접근법(Monetary Approach)

화폐적 접근법에서는 국제수지 불균형을 화폐시장에서의 화폐초과수요 또는

17 실질잔고효과 또는 피구효과(Pigouian effect)라 한다. 물가하락으로 보유화폐의 실질잔고가 증가하면 재화에 대한 수요가 증가하고, 반대의 경우 감소한다는 것이다.

화폐초과공급의 불균형이 반영된 것으로 본다. 국제수지 불균형의 원인을 실제 화폐공급량과 희망 화폐공급량의 차이라고 보기 때문이다. 국제통화기금이 사용한 폴락(Polak)의 단순 모형은 아래와 같다.[18]

$$MO = kY \tag{2.8}$$

$$M = mY \tag{2.9}$$

$$\Delta MO = \Delta R + \Delta D \tag{2.10}$$

$$\Delta R = X - M + K \tag{2.11}$$

상기 4개의 식을 조합하면 아래와 같다.

$$\Delta Y = 1/k(\Delta D + X + K - mY) \tag{2.12}$$

*MO*는 화폐공급량, *Y*는 GNP, *M*은 수입, *R*은 외환보유액, *D*는 은행시스템 내 국내신용, *X*는 수출, *K*는 비은행부문의 순자본유입, *k*는 화폐유통속도의 역수, *m*은 한계수입성향이다.

식 (2.11)을 보면 외환보유액 변동(ΔR)이 국제수지를 반영하는데, 이는 화폐잔고 변동과 기타 금융자산 변동 간의 차이이다. 따라서 국제수지가 화폐적 현상이라고 볼 수 있다는 것이다. 화폐초과공급으로 인해 소득보다 더 많은 국내수요를 낳게 되어 국제수지적자로 나타나고, 화폐초과수요로 인해 소득보다 국내수요가 적게 되어 국제수지흑자로 나타난다. 화폐의 초과공급 또는 수요는 일시적 현상으로 화폐시장이 균형에 이르는 장기에는 저절로 국제수지불균형이 해소된다.

화폐적 접근법은 일물일가의 법칙, 불태화를 통한 화폐공급과 국제수지 간의

18 Polak (2001)

직접적 관계, 완전고용 등과 같은 다수의 비현실적 조건을 전제로 하고 있으나 자국 내 신용창출과 국제수지에 따른 해외화폐의 흐름을 모형에 도입한 것이야 말로 현실을 매우 잘 반영한 것이라고 평가할 수 있다.

2.4 소규모 개방경제의 최적소비균형

예산제약과 생애효용함수를 이용하여 2기간 동안 존속하는 소규모 개방경제의 최적소비균형을 도출하고, 소득충격 시 최적소비조합의 조정과정을 살펴본다. 1기 소비가 소득보다 많다면(적다면) 해당 경제의 1기 경상수지는 적자(흑자)라고 본다.

2.4.1 예산제약

한 경제의 1기 및 2기 지출은 해당 기간의 소비(C_t) 및 자산증가액($D_t - D_{t-1}$)으로 구성되며, 지출의 재원은 기초 자산으로부터의 수익($r_{t-1}\ D_{t-1}$) 및 해당 기간 소득(Q_t)의 합으로 구성된다. 2기간 경제임을 고려할 때, 경제주체가 자산을 남기지 않고 전부 소비하는 것이 합리적이므로 2기말의 자산(D_2)은 '0'으로 한다.

$$C_1 + D_1 - D_0 = r_0 D_0 + Q_1 \tag{2.13}$$

$$C_2 + D_2 - D_1 = r_1 D_1 + Q_2 \tag{2.14}$$

$$D_2 = 0 \tag{2.15}$$

상기 식들을 조합하면 아래와 같은 시제 간 예산제약식을 얻게 된다. 동 예산제약식은 1기 및 2기 소비현가의 합이 지출의 재원이 되는 초기자산, 1기 및 2기 소득현가의 합과 같아야 한다는 것을 보여준다.

$$C_1 + \frac{C_2}{1+r_1} = (1+r_0)D_0 + Q_1 + \frac{Q_2}{1+r_1} \tag{2.16}$$

상기 식에서 2기 소비(C_2)를 1기 소비(C_1)에 대하여 정리하면 예산제약선의 기울기는 $-(1+r_1)$, 1기 소비의 절편은 $Q_1 + Q_2/(1+r_1)$, 2기 소비의 절편은 $(1+r_1)Q_1 + Q_2$이다.[19]

$$C_2 = -(1+r_1)C_1 + (1+r_1)Q_1 + Q_2 \tag{2.17}$$

2.4.2 생애효용함수

생애효용함수의 무차별곡선(L)은 다음과 같다. $U(\cdot)$는 오목한(concave) 효용함수[20], β는 주관적 현가계수(discount factor)이다.

$$L = U(C_1) + \beta U(C_2) \tag{2.18}$$

상기 식을 미분하여 무차별곡선의 기울기를 구한다.

$$U'(C_1)dC_1 + \beta U'(C_2)dC_2 = 0 \tag{2.19}$$

$$\text{무차별곡선의 기울기: } \frac{dC_2}{dC_1} = -\frac{U'(C_1)}{\beta U'(C_2)} \tag{2.20}$$

2.4.3 최적소비배분

예산제약하의 생애효용을 극대화하여 1, 2기의 소비를 최적배분하고자 한다.

19 편의상 초기자산(D_0)은 '0'으로 가정한다.

20 소비의 한계효용이 체감한다. 즉, 1기 소비를 한 단위 늘리기 위해 포기하는 2기 소비 단위가 줄어듦을 의미한다.

$$목적함수:\ \max_{C_1,\, C_2} U(C_1) + \beta U(C_2) \tag{2.21}$$

$$제약조건:\ C_1 + \frac{C_2}{1+r_1} = (1+r_0)D_0 + Q_1 + \frac{Q_2}{1+r_1}$$

제약조건의 오른쪽을 $A = (1+r_0)D_0 + Q_1 + Q_2/(1+r_1)$라 하면, C_2는 아래와 같이 정리된다.

$$C_1 + \frac{C_2}{1+r_1} = A \ \Rightarrow \ C_2 = (1+r_1)(A - C_1) \tag{2.22}$$

상기 식을 식 (2.21)의 2기 효용함수에 대입하면 목적함수는 C_1만의 함수가 된다.

$$\max_{C_1} U(C_1) + \beta U((1+r_1)(A - C_1)) \tag{2.23}$$

식 (2.23)을 C_1에 대하여 미분하면 아래와 같다.

$$U'(C_1) - \beta U'((1+r_1)(A - C_1))(1+r_1) = 0 \tag{2.24}$$

$$U'(C_1) = (1+r_1)\beta U'(C_2) \Rightarrow -\frac{U'(C_1)}{\beta U'(C_2)} = -(1+r_1) \tag{2.25}$$

식 (2.25)의 왼편은 식 (2.20) 무차별곡선의 기울기이고, 오른편은 식 (2.17) 예산제약선의 기울기이다. 즉 무차별곡선과 예산제약선이 접하는 점이 생애효용함수를 최대화하는 1기와 2기의 최적소비조합(C_1, C_2)이 된다.

모든 가계가 동일한 효용함수를 가지고 매기말 자산잔고(D_t)는 순대외금융자산(NIIP), 이자율은 국제이자율(r^*), 초기자산(D_0)은 '0'이라고 하면 하나의 소규모 개방경제의 균형은 〈그림 2.18〉과 같이 나타낼 수 있다. 1기 및 2기의 소득(Q_1, Q_2)이 주어지고 1기 및 2기의 최적소비조합이 (C_1, C_2)와 같이 선택되었다면, 동 경제는 1기에는 ($C_1 - Q_1$)만큼의 무역수지 및 경상수지 적자를 시현하고 있다고 볼 수 있다. 2기에는 ($Q_2 - C_2$)만큼의 흑자를 시현하게 된다.

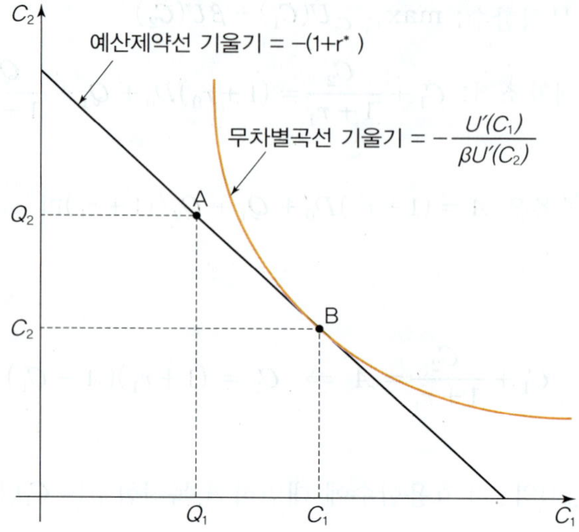

그림 2.18 소규모 개방경제의 균형

자료: Schmitt–Grohe, Uribe and Woodford (2022) 준용

2.4.4 소득충격에 대한 소비조합 조정

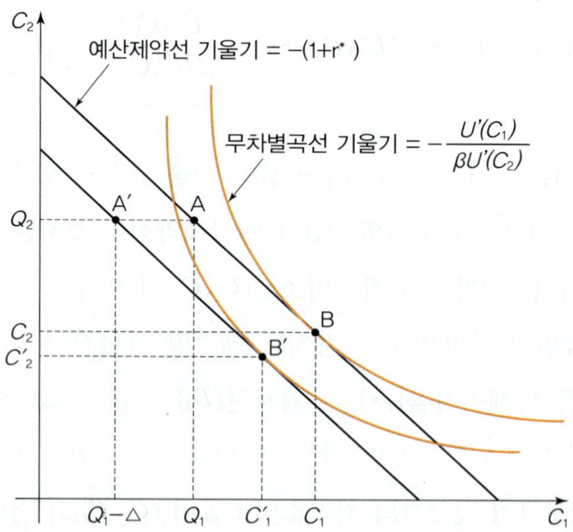

그림 2.19 일시적 소득충격 조정

자료: Schmitt–Grohe, Uribe and Woodford (2022) 준용

일시적 소득충격(예, 흉년) 시에는 소득감소(Δ)에 비해 소비조합의 총량은 크게 떨어지지 않으나, 1기의 무역수지 및 경상수지는 보다 악화된다.

영구적 소득충격(예, 기후변화) 시에는 소비도 1, 2기 모두 감소함에 따라 소비조합의 총량은 현격히 감소하나, 1기의 무역수지 및 경상수지에 미치는 영향은 작다.

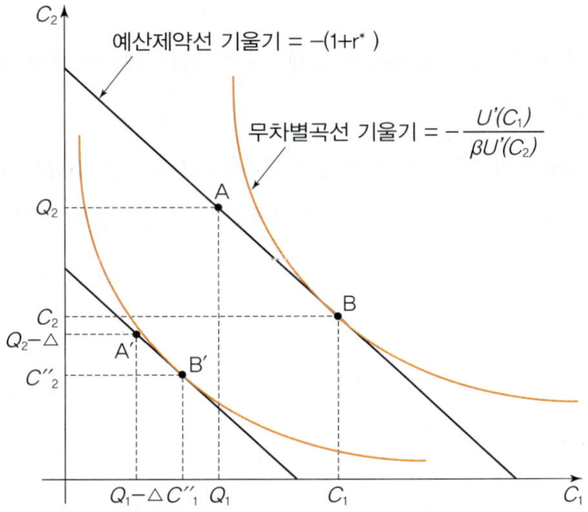

그림 2.20 영구적 소득충격 조정

자료: Schmitt-Grohe, Uribe and Woodford (2022) 준용

요 약

1. 국제수지표는 일정기간 동안 거주자와 비거주자 사이에 발생한 모든 경제적 거래를 기록한 표이고, 국제투자대조표는 특정 시점에서 거주자가 보유하고 있는 모든 대외금융자산 및 부채의 잔액을 기록한 표이다.
2. 2000년대 들어 우리나라의 상품수지흑자가 지속되었다. 2010년에는 본원소득수지가 최초로 흑자를 기록하였고, 2014년에는 처음으로 순대외금융자산이 플러스(+)를 기록하였다.

3. 트레핀 딜레마에서 비롯되어 플라자합의, 쌍둥이 적자, 글로벌 불균형과 같은 이슈가 지속되어 왔다. 그러나 순대외금융부채가 지속적으로 확대되어 왔음에도 불구하고 미국의 순투자소득(Net Investment Income)은 플러스(+)를 기록하고 있다.
4. 탄력성 접근법의 경우 수출입 물량의 실질환율 탄력성이 마샬-러너 조건을 만족해야 국제수지의 개선을 기대할 수 있다.
5. 총지출 접근법의 경우 평가절하가 국내수요와 국제수지에 미치는 종합적 영향은 모호하다.
6. 화폐적 접근법은 자국 내 신용창출과 국제수지에 따른 해외화폐의 흐름을 모형에 도입한 점에서 의의가 있다.
7. 예산제약과 생애효용함수를 이용하여 2기간 동안 존속하는 소규모 개방경제의 소비균형을 도출할 수 있고, 소득충격 시 최적소비조합의 조정과정도 살펴볼 수 있다.

연습문제

1. 국제수지표와 국제투자대조표의 구성 및 상호 간 관계를 설명하라.
2. 2014년 처음으로 우리나라의 순대외금융자산이 플러스(+)를 기록할 수 있었던 이유는 무엇인가?
3. 트리핀 딜레마를 설명하라.
4. 플라자 합의에 따른 외환시장개입의 유효성에 대한 분석 결과를 설명하라.
5. 글로벌 불균형 현상과 미국의 소득역설에 대해 설명하라.
6. 국제수지와 관련하여 탄력성 접근법, 총지출 접근법, 화폐적 접근법을 설명하라.
7. 2기 모형을 이용하여 일시적 소득증가와 영구적 소득증가가 1기의 무역수지 및 경상수지에 미치는 영향을 비교 분석하라.

3장

국제금융시장 개관

학습목표

1. 광의의 국제금융시장과 협의의 국제금융시장에 대해 이해한다.
2. 국제금융시장의 발전 배경과 과정을 파악한다.
3. 국제금융시장이 국내금융시장에 비해 어떠한 특성이 있는지를 이해한다.
4. 상업은행 및 투자은행을 중심으로 국제금융시장 참가자가 어떤 역할을 하는지를 확인한다.
5. 자금의 흐름, 장소 및 거래상품에 따라 국제금융시장이 어떻게 분류되는지를 파악한다.

3.1 국제금융시장의 정의

금융시장(financial market)은 자금의 수요자와 공급자 간에 자금의 대차나 금융상품의 거래가 이루어지는 조직적인 장소를 의미하며, 자금의 수요자와 공급자가 원활하게 금융거래를 할 수 있도록 지원하는 정보시스템과 같은 추상적인 공간도 포함한다. 금융시장은 국내금융시장(domestic financial market)과 국제금융시장(international financial market)으로 분류할 수 있는데, 국내금융시장은 시장의 참가자가 내국인이며 대출 및 차입, 금융상품의 거래가 자국의 통화로 이루어지는 시장이다.

이에 반해 국제금융시장은 자금의 대차, 금융증권의 발행 및 금융자산의 매매와 같은 금융거래가 국가 간의 경계를 넘어서 이루어지며, 시장의 참가자에 외국인이 포함되고 금융거래의 표시통화도 다양하다. 예를 들어 미국 정부가 발행한 미국 정부채는 미국에서 미국의 달러화로 발행되고 있지만 미국 정부채를 거래하는 시장참가자는 미국인에 국한되지 않는다.

또한 세계 여러 나라의 정부 및 기업은 시장참가자로서 미국 등 선진국 금융시장에서 외국의 투자자를 대상으로 미국의 달러화 등 기축통화로 채권을 발행하여 자금을 조달한다. 따라서 국제금융시장은 뉴욕, 런던 등 선진국의 증권거래소, 선물거래소, 상품거래소 같은 구체적인 장소를 의미하기도 하고 전화, 컴퓨터 등을 이용한 국제금융거래 메커니즘 일체를 포함한다.

국제금융시장은 협의와 광의의 개념으로 나누어 파악할 수도 있는데, 협의의 국제금융시장은 시장참가자가 외국인이고 금융거래의 표시통화도 시장이 소재한 국가의 통화가 아닌 경우가 해당한다. 예를 들어 미국의 기업이 유럽에서 유럽의 투자자를 대상으로 미국 달러화 표시 채권을 발행하여 자금을 조달하는 유로달러시장이 바로 전형적인 국제금융시장이다.

앞에서 언급한 바와 같이 미국 정부채시장은 미국의 국내금융시장에 해당하지만 실제로 미국 정부채를 거래하는 시장참가자는 외국인이 훨씬 많다. 즉, 미국 등 선진국에서 발행한 정부채나 회사채를 많은 외국인이 투자하기 때문에 광의의 국제금융시장은 선진국의 국내금융시장을 포함한다.

3.2 국제금융시장의 발전

국제금융시장의 기원은 약 500년 전으로 거슬러 올라가게 되는데 국제무역의 중심지로서 영국의 런던이나 미국의 뉴욕에 소재한 은행이 무역어음을 발행하여 무역금융서비스를 제공하면서 자생적으로 국제금융시장이 태동하였다. 이후 19세기에 산업혁명을 이룬 영국을 중심으로 유럽 국가들의 국제무역이 크게 증가하면서 국외에서 영업활동을 하는 자국의 기업을 지원하고자 금융기관의 국제업무가 늘어난 것이 국제금융시장 발전의 계기가 되었다.

20세기에 들어오면서 국가 간의 무역 증가와 함께 미국 달러화의 역외 이전이 늘어나면서 국제금융시장의 발전이 본격적으로 시작되었다고 할 수 있다. 1950년대에 유로달러시장의 등장 및 1970년대에 미국 외 금융시장으로 오일달러의 유입은 국제금융시장 발전의 토대가 되었다.

1970년대에 석유파동 위기를 겪은 후 1980년대에 들어서면서 세계 각국에서는 무역불균형 확대로 인한 외화자금 차입 및 경제개발을 위한 외화자금 조달 수요가 늘어났다. 미국의 은행과 영국을 포함하여 유럽의 은행이 싱가폴, 홍콩, 동경 등에 진출하여 무역금융 지원, 외화자금 공급, 외환거래 실시 등 다양한 금융서비스를 제공함으로써 국제금융시장의 발전에 큰 역할을 하였다.

1980년대와 1990년대에 걸쳐 국제 자본시장 및 금융시장이 급속하게 통합하는 모습을 보이면서 국제금융시장은 크게 성장하였다. 이 시기에 국제금융시장이 발전하게 된 원동력은 선진국 정부에서 외환시장 및 금융시장에 대한 규제완화 조치를 시행했기 때문이다.

미국 뉴욕증권거래소(New York Stock Exchange)는 1975년에 증권매매에 따른 고정 중개수수료를 폐지하였으며, 일본정부는 1980년에 외환시장에 대한 규제를 완화한 데 이어 1985년에 외국인 중개회사도 동경증권거래소(Tokyo Stock Exchange)의 회원이 될 수 있도록 조치하였다.

선진국 중에서 가장 눈에 띄는 규제완화 조치는 영국에서 시행되었다. 영국정부는 1979년에 외환자유화 조치를 시행하였으며, 1986년 2월에 외국의 금융기관도 런던증권거래소(London Stock Exchange)의 회원이 될 수 있도록 허용한 데 이어 1986년 10월에 Big Bang으로 불리는 증권시장 자유화 조치를 시행하였다. 이 조치를 통해 런던증권거래소는 고정 중개수수료를 폐지하고 증권회사의 시장조성기능과 주문접수 기능을 분리하는 규정도 폐지하였다.

이러한 일련의 조치로 인해 영국에서 영업하는 외국계 상업은행도 런던증권거래소의 회원이 될 수 있게 됨에 따라 미국계 금융기관을 중심으로 외국 금융기관의 런던의 금융시장 진출이 크게 늘어났다. 결과적으로 런던은 세계에서 가장 개방적인 자본시장이 되고 궁극적으로는 가장 경쟁력 있는 국제금융시장의 지위를 갖게 된 것이다.

한편, 1929년에 발생한 대공황 이후 1933년에 제정한 은행법(Banking Act)을 통하여 상업은행과 투자은행의 분리정책을 유지해오던 미국이 1999년에 금융서비스현대화법(Financial Services Mordenization Act)[1]을 제정하였다. 이에 따라 미국 금

1 Gramm–Leach–Bliley Act로 불리는 금융서비스현대화법은 미국에서 1933년 은행법에서 상업은행과 투자은행의 업무를 명확하게 분리한 후, 글로벌경제와 국제금융시장이 크게 발전하고 있는 시대에 겸업이 가능한 유럽의 대형은행에 비해 미국 은행의 경쟁력이 뒤지게 됨에 따라 미국 은행의 경쟁력을 제고하기 위해 미국 은행도 보험, 투자은행 업무 등 금융서비스를 종합적으로 제공할 수 있게 한 법이다. 2008년에 발생한 글로벌금융위기를 초래한 것으로 비난을 받기도 하지만 Citigroup, JP Morgan, BOA 등 미국의 은행이 국제금융시장에서 경쟁력을 갖추는 데 크게 기여한 것으로 평가받고 있다.

융기관은 상업은행, 투자은행, 보험회사 등의 겸업이 가능하여 대형 금융기관이 탄생하게 되었다.

미국의 대형 금융기관이 규모의 경제와 범위의 경제에 따른 이점을 살려 겸업주의 금융서비스를 제공하던 기존의 유럽계 은행과의 경쟁을 통해 저렴한 비용으로 외화자금의 대차, 국제 증권의 발행 및 거래, 안전한 자금결제 등 다양한 금융서비스를 제공할 수 있게 됨에 따라 국제금융시장 발전은 가속화되었다.

규제완화는 선진국뿐만 아니라 칠레, 멕시코, 한국 등 개발도상국에서도 외국인이 자국의 금융시장에 직접 투자할 수 있도록 자본시장을 개방함으로써 국제금융시장의 성장에 기여하였다. 예를 들어 한국은 1992년부터 주식시장을 외국인에게 개방하기 시작하여 1998년에 완전히 개방하였으며, 채권시장은 1997년에 완전히 개방하였다.

국제금융시장의 중심축인 미국, 영국을 비롯해서 세계 여러 나라의 규제완화 및 시장개방과 함께 1990년대 중반 이후 급속히 발전한 통신기술과 금융혁신은 국제금융시장의 성장에 촉매제로 작용하였다. 금융혁신으로 통화 선물 및 옵션, ETF(exchange-traded fund), 외국 주가지수 추종 선물 및 옵션 등 다양한 상품이 도입됨에 따라 국제금융시장 참가자에게 더 효율적이고 선택적인 리스크관리 및 투자 관련 기회를 제공하였다.

국제금융시장이 크게 성장한 또 하나의 배경은 2000년대에 들어서면서 중국을 필두로 신흥시장국이 본격적으로 세계경제의 주요한 축으로 등장한 것이다. 신흥시장국은 외화자금의 조달 및 외화자산의 투자와 관련하여 큰손으로서 역할을 하면서 국제금융시장의 세계화에 기여하였다.

이와 같이 금융시장 관련 규제의 완화, 금융의 겸업화 및 대형화, 통신 및 컴퓨터 기술의 발전, 글로벌경제의 발전 등 금융환경의 변화에 힘입어 오늘날 국제금융시장은 고도로 통합되고 세계화된 모습을 갖추게 되었다.

그러나 2007~2009년의 글로벌 금융위기 및 2010~2012년의 유럽 재정위기를 겪으면서 국제금융시장은 새로운 전기를 맞았다. 즉, 리스크관리 및 규제의 강화 필요성, 시장의 투명성 제고 및 지나친 보상의 축소 등이 관심사항으로 떠오르면서 국제금융시장은 양적인 성장과 함께 질적으로 개선되었다.

3.3 국제금융시장의 기능과 특성

국제금융시장은 국제무역, 채권발행 및 차입을 통한 자금조달, 해외직접투자 또는 포트폴리오투자를 통한 자금운용과 관련하여 발생하는 자본이동이나 금융거래를 지원하는 역할을 하고 있다. 좀 더 구체적으로 설명하면 국제금융시장은 다음과 같은 기능을 하고 있다.

첫째, 국경을 초월하여, 그리고 다양한 통화로 표시되는 금융거래를 통해 국가 간의 자본이동을 용이하게 한다. 국가 간의 자본이동이 쉽게 이루어지면 국제적인 유동성이 증가하여 자본조달 비용이 낮아지고 국제금융거래의 활성화를 가져온다.

둘째, 외환의 교환을 편리하게 해주는 환전시장의 기능을 제공한다. 국제무역의 결과로 수출입대금을 결제하거나 내국인 또는 외국인이 송금을 할 때, 그리고 해외여행경비를 위한 환전이 필요할 때 외환거래를 통해 쉽게 해결할 수 있다.

셋째, 일국의 정부나 기업이 자금을 조달함에 있어서 유리한 조달비용으로 외화자금을 차입하거나 채권을 발행할 수 있는 시장을 제공한다. 특히 신용등급이 우수한 국가나 기업은 국제금융시장에서 저렴한 비용으로 자금을 조달할 수 있다.

넷째, 다양한 통화로 표시되는 금융상품이 거래되는 국제금융시장은 시장참가자에게 채권, 주식 등 다양한 금융상품에 투자하거나 위험을 분산할 수 있는 환경을 제공한다. 예를 들어 국제 투자자는 유동성과 안전성이 뛰어난 미국 국채에 투자하거나 또는 높은 이자수익을 위해 신흥시장국의 예금이나 채권에 투자할 수도 있다.

다섯째, 국제금융시장은 거래상대방 신용도, 재무상황 등 국제금융거래에 필요한 다양한 정보를 신속하게 제공한다. 국외에서 자금을 조달하거나 자산을 운용할 경우 자금 차입자나 투자자가 필요한 정보를 개별적으로 수집하기 위해서는 많은 시간과 비용이 소요된다. 차입자나 투자자가 필요로 하는 정보는 주가나 회사채금리 등 가격변수에 반영되므로 기본적인 정보를 쉽게 파악할 수 있다. 또한 환율, 금리, 주가, 신용등급 등 각종 시장정보는 Bloomberg 사와 같은 전문

정보제공업체에 의해 시계열 데이터로 제공되고 있어서 국제금융시장 참가자는 의사결정에 필요한 정보를 언제든지 이용할 수 있다.

여섯째, 국제금융시장은 시장규율(market discipline) 기능을 수행한다. 국제금융시장에서 환율, 금리, 주가 등 시장변수는 예기치 않은 다양한 요인에 의해 움직이는데 특정 통화의 환율, 특정 채권이나 주식의 가격의 변동은 시장신호(market signal)를 나타낸다. 예를 들어 국제금융시장에서 낮은 자금조달비용으로 채권을 발행한 어느 글로벌기업의 실적이 계속 악화되는 경우 그 기업이 발행한 채권이나 주식의 가격이 하락한다. 결과적으로 자금조달비용이 높아져 그 기업이 무리하게 추가로 자금조달을 하지 못하도록 국제금융시장에서 제동이 걸릴 수 있다.

이 밖에도 국제금융시장은 상품(commodity)의 거래나 위험(risk)의 헤지(hedge) 기능을 제공하고 있다. 뉴욕, 런던 등 주요 국제금융중심지의 상품거래소에서 금, 석유, 농산물 등 다양한 상품의 거래가 가능하다. 또한 선물, 옵션 등 다양한 파생상품을 이용하여 수익을 추구하거나 각종 금융리스크를 헤지할 수도 있다.

위에서 살펴본 바와 같이 국제금융시장은 여러 가지 순기능을 제공하지만 국내금융시장과 다른 특성을 지니고 있다. 국제금융시장에는 외환 리스크 및 정치적 리스크가 늘 따라다니고 있다. 또한 시장이 완전하게 작동하지 못하도록 하는 장애물이 많으며, 시장을 움직이는 변동요인도 많기 때문에 투자자가 투자포트폴리오를 다변화하는 데 주의할 필요가 있다.

그 밖에도 국내금융시장과 달리 국제금융시장에는 통합된 감독기능이 없기 때문에 시장의 기능이 제대로 작동하는지를 점검하거나 시장의 실패로 리스크가 발생했을 때 대책을 마련하고 조치를 취하려면 개별 국가의 감독 기능에 의존하게 된다.

3.3.1 환리스크(foreign exchange risk) 및 정치적 리스크(political risk)

외화로 자산을 보유하고 있거나 부채를 부담하고 있을 때에는 환율변동에 따른 환리스크에 노출된다. 국제금융시장에서 거래되는 금융상품은 미국 달러화, 유로화, 영국 파운드화, 일본 엔화 등 주요 선진국의 통화로 표시되어 있다.

선진국 통화의 환율은 외환시장에서 수요와 공급에 따라 결정되는데, 시장에서 특정 통화에 대한 수요가 증가하면 그 통화의 가치는 올라가고 반대로 수요가 감소하면 그 통화의 가치는 떨어지게 된다. 외환시장에서 결정되는 선진국 통화의 환율은 끊임없이 예측불가능한 방향으로 변동한다. 더군다나 환율변동에 따른 제한이 없기 때문에 환리스크는 시장상황에 따라 큰 폭으로 확대될 수도 있다.

예를 들어 투자자가 1억달러의 채권에 투자하고 있는데, 특정일에 원-달러 환율이 1달러당 1,250원에서 1,300원으로 변동한다면 1억달러의 가치는 1,250억원에서 1,300억원으로 크게 증가한다. 반면, 어느 기업이 1억달러의 외화부채를 보유하고 있다면 1,250억원으로 갚을 수 있는 부채금액이 1,300억원으로 크게 늘어난다. 이처럼 단일 통화로 형성되는 국내금융시장과 달리 시장참가자가 국제금융시장에서 외화로 자금을 조달하거나 자산을 보유하는 경우에는 필연적으로 환리스크에 노출된다.

한편, 국제금융시장의 시장참가자는 일국의 외환통제, 채무지급유예 즉, 모라토리엄(moratorium) 또는 채무불이행 즉, 디폴트(default) 선언 등 정치적인 의사결정으로부터 발생하는 위험에 노출될 수 있다.

예를 들어 1997년에 발생한 아시아 외환위기 당시에 말레이시아 마하티르 총리는 국제통화기금(IMF)의 권고를 무시하고 고정환율제 도입, 외화 국외유출 금지 조치를 단행하였다. 말레이시아의 정치적인 의사결정으로 국제금융시장에 참가한 투자자가 자금을 제때에 회수하지 못하여 손해를 입은 사례이다. 이러한 조치로 인해 말레이시아에 투자했다가 자금을 회수하지 못한 은행이나 기관투자자는 직접적인 피해는 물론 예금 인출, 주가 하락 등의 간접 피해를 입기 마련이다.

또 다른 예로 아시아 외환위기의 여파로 인해 러시아에 대한 투자가 감소하면서 1998년에 러시아가 모라토리엄을 선언하였는데 러시아에 차관을 제공한 많은 국가가 이자를 못 받거나 원금의 지급이 유예되는 상황이 발생했다. 한국도 당시에 19억달러 규모의 채무지급유예 대상이 되기도 하였다.

3.3.2 시장의 불완전성(market imperfection)과 변동성(volatility)

세계 경제가 크게 통합되어 있지만 여전히 서비스, 자본 등이 국경을 넘어 자유롭게 이동하기에는 상당한 장애물이 있다. 법적인 제한, 정보의 비대칭, 거래비용, 차별적인 과세 등으로 인해 국제금융시장은 완전한 시장이 아니다. 이러한 시장의 불완전성으로 인해 투자자는 국제 포트폴리오의 다변화를 추구하는 데 한계가 있다.

예를 들어 경제가 크게 발전하고 있는 중국의 기업이 발행한 주식이나 채권에 투자할 경우 큰 수익을 달성할 기회가 있으므로 중국의 자본시장은 투자자에게 매력적인 시장이다. 그러나 외국인이 중국의 주식에 투자할 경우 까다로운 규정이 있다.

중국은 외국인투자법(foreign investment law)에 의해 외국인의 중국 기업에 대한 지분 총합 30% 이내, 개별 외국인 투자자 지분 30% 이내라는 제한 규정을 두고 있다. 따라서 중국의 자본시장은 외국인의 투자가 가능하므로 국제금융시장의 범주에 속하지만 완전한 시장이 아니다.

한편, 국제금융시장은 국내금융시장에 비해 환율, 금리, 주가 등 시장변수의 움직임에 영향을 미치는 요인이 매우 다양하며 예기치 못한 사건도 수시로 발생하기 때문에 불확실성이 높다.

미국의 중앙은행인 연방준비제도이사회(Federal Reserve Board) 등 주요 선진국 중앙은행의 금리정책은 금리뿐만 아니라 환율, 더 나아가서는 국제금융시장 참가자의 심리에도 큰 영향을 미친다. 또한 미국을 비롯하여 주요국의 소비자물가지수(CPI), 국내총생산(GDP), 비농업 부문 취업자수, 실업률 등 수시로 발표되고 있는 경제지표도 국제금융시장의 변동성을 높이는 요인으로 작용하고 있다.

한편, 전 세계에서 수시로 발생하고 있는 예기치 못한 사건으로 인해 국제금융시장의 불확실성이 높아지고 이는 시장변수의 변동성 확대로 이어진다. 예를 들어 2011년 3월에 발생한 동일본대지진, 2022년 2월에 발생한 러시아와 우크라이나의 전쟁으로 국제금융시장이 크게 변동한 것이 대표적인 사례이다.

3.3.3 다양한 기회

국제금융시장에는 환리스크와 정치적 리스크가 따라다니며, 위에서 알아본 바와 같이 시장의 불완전성과 변동성으로 국제금융시장 참가자는 의사결정을 하는데 어려움을 겪는다. 그럼에도 불구하고 국제금융시장 참가자는 자금의 조달이나 투자에 있어서 다양한 금융상품을 선택할 기회가 있다.

자금차입자는 신용등급에 따라 저렴한 비용으로 자금을 조달할 수 있는데, 특히 신용등급이 우수한 국가나 기업은 국제금융시장에서 국내보다 더 유리한 조건으로 자금을 조달할 수 있다. 투자자는 안전성, 유동성, 수익성 등 투자원칙이나 투자목적에 따라 국제금융시장에서 다양한 투자대상물을 선택할 수 있다.

예를 들어 투자자가 국제금융시장에서 자금의 일부는 유동성과 안전성에 초점을 두고 나머지는 수익을 추구하는 포트폴리오에 투자할 경우 다양한 옵션을 활용할 수 있다. 유동성과 안전성면에서 뛰어난 투자대상으로 미국 등 선진국 정부채에 우선 투자하고 나머지는 수익률에서 유리한 우량 회사채와 주식으로 포트폴리오를 구성할 수 있다. 국제금융시장에는 환율, 금리 등 시장변수의 변동성 확대로 외환, 채권, 주식 등 보유자산의 가치변동이 우려되면 리스크를 헤지할 수 있는 다양한 파생상품이 있다.

이처럼 국제금융시장은 시장참가자가 여건에 맞게 자금을 조달하고, 목적에 따라 자금을 운용하면서 수익률을 제고할 수 있는 기회를 제공한다. 또한 자산운용자가 국내에서 투자하는 대신 국제금융시장을 활용함으로써 투자상품의 다변화를 통해 리스크를 낮추거나 다양한 파생상품을 이용하여 보유자산의 시장리스크를 헤지(hedge)할 수 있다.

3.3.4 감독기능의 한계

금융시장이 원활하게 작동하기 위해서 감독기능은 필수이다. 국내금융시장은 리스크를 사전에 예방하고 시장에 문제가 발생할 때 즉시 대책을 마련하고 조치를 취할 수 있는 감독기능이 잘 작동한다고 할 수 있다. 그러나 국제금융시장은 여러 나라의 금융기관 및 투자자가 관련되어 있기 때문에 통합적인 감독을 하는데 한계가 있다.

국제금융시장에 문제의 조짐이 보이거나 문제가 발생할 때 국제결제은행(Bank for International Settlements)이나 국제통화기금(International Monetary Fund)에서 금융시장 모니터링, 금융안정을 위한 권고안 제시, 금융원조 또는 구제금융 실행 등 국제금융시장의 안정을 지원하고 있다. 또 바젤감독위원회도 국제은행에 대한 자본적정성 요건 제시 등 은행규제와 감독기준 개발을 통해 국제금융시스템의 안정을 위해 적극적인 역할을 수행하고 있다. 그러나 자본적정성이나 감독기준은 가이드라인으로 역할은 하지만 실제로 문제가 발생할 때 조치사항은 각국의 국내 금융감독의 영역이기 때문에 국제적으로 합의된 대응조치에는 한계가 있다.

2008년 글로벌금융위기 이후 미국, 영국을 비롯해서 세계 각국의 감독당국은 금융안정 및 위기재발 방지를 위해 감독기능을 강화하고 감독기관 간의 협력을 위한 개선책을 내놓았다. 그러나 이러한 조치는 국가 내 또는 역내에 대해서만 적용되므로 국제금융시장에서 문제 발생 시 각국은 자국의 금융안정을 위한 대책을 수립할 수 있지만 다른 나라의 사정에 대해서는 국제적인 협력 이상의 대책은 기대할 수가 없다.

3.4 국제금융시장 참가자

국제금융시장의 참가자는 자금의 수요자인 차입자와 자금의 공급자인 투자자, 그리고 금융의 중개기능을 담당하는 은행으로 상업은행과 투자은행이 있다. 또한 금융투자상품의 수요와 공급 측면에서 매입자(buy-side)와 매도자(sell-side)로 나눌 수 있다.

자금의 수요자는 각국 정부 및 기업, 국제금융기구 등이며 자금의 공급자 즉, 투자자는 중앙은행, 상업은행, 연기금, 국부펀드, 자산운용사 등이다. 한편, 투자금융상품의 매입자는 주로 중앙은행, 연기금, 국부펀드, 투자회사, 은행 및 보험회사이며 금융투자상품의 매도자는 주로 투자은행(investment bank)이다. 그러나 투자금융상품의 매입자 및 매도자는 정해져 있지 않고 필요에 따라 그 역할이 바뀌기도 한다.

자금의 수요자 및 차입자, 금융투자상품의 매입자 및 매도자 이외에도 자금거래에 대한 결제 및 금융자산의 보관기관, 그리고 국제금융시장을 모니터링하고 위기 시 해결방안을 제시하는 국제금융기구 등 다양한 주체가 국제금융시장에 참가하고 있다.

주요 선진국 중앙은행은 지급결제시스템을 운영하고 있으며, 민간 금융기관은 증권예탁결제 및 보관 업무를 수행하고 있다. BIS, IMF와 같은 국제금융기구는 국제금융시장에 대한 감시 및 국제은행 감독에 대한 표준지침 제시, 구제금융자금의 지원 등 금융안정에 필요한 역할을 수행하고 있다.

그 밖에 국제 신용평가회사는 자금조달을 위해 채권을 발행하는 국가 및 기업, 개별 채권에 대해 채무불이행의 정도를 나타내는 신용등급을 평가함으로써 자금조달자는 물론 투자자에게 중요한 정보를 제공하고 있다.

국제금융시장에서 중요한 역할을 하는 상업은행과 투자은행을 중심으로 국제금융시장 참가자에 대해서 좀 더 자세하게 살펴보면 다음과 같다.

3.4.1 국제상업은행(commercial bank)

상업은행의 기본적인 업무는 예금을 중심으로 채권발행, 차입 등 다양한 방식으로 자금을 조달하여 기업, 소비자 등 자금수요자에게 필요한 자금을 대출하는 것이다. 국제상업은행은 수출과 수입이 원활하게 이루어지도록 무역금융을 지원하면서 역할이 중요해지기 시작하였다.

고객이 국제 간 거래나 해외투자를 할 때 필요한 외환업무를 지원한다. 외환업무는 고객이 수취한 외환이나 지급할 외환에 대한 환리스크를 선도환거래나 옵션거래를 통해 지원하는 것도 포함한다. 또한 국제상업은행은 자기명의로 외환상품을 사거나 팔기도 한다.

무역금융과 환거래외에 국제상업은행의 주요 업무는 유로통화시장에서 예금을 수취하고 대출을 실행하는 것이다. 국제상업은행은 단독으로 또는 국제대출단(international loan syndicates)에 참여하는 형태로 대출을 실행한다. 국제상업은행은 프로젝트 파이낸싱이 필요한 다국적기업이나 경제개발을 위해 자금이 필요한 국가에 대해서 거액을 대출하기도 한다.

오늘날 은행은 국가별 규정에 따라 지주회사(holding company)를 설립하고 지주회사 산하에 전통적인 상업은행 기능뿐만 아니라 유로채 및 외국채의 인수, 금융상품의 직접 매매 또는 중개, 고객에 대한 컨설팅 및 자문 등 다양한 서비스를 제공하는 투자은행(investment bank) 기능도 수행하는 경우가 많다. 즉, 모든 국제은행이 두 가지 기능을 수행하는 것은 아니지만 대부분의 대형은행은 겸업은행(universal bank)[2]으로서 두 가지 기능을 수행하고 있다.

표 3.1 국제은행의 순위 – Banker지(2022년말 기준) (단위: 10억달러)

순위	은행명	국가	자본금*	총자산	이익**
1	Industrial and Commercial Bank of China	중국	497.3	5,666.7	60.5
2	China Construction Bank Corporation	중국	407.2	4,950.2	54.7
3	Agricultural Bank of China	중국	379.9	4,853.7	43.8
4	Bank of China	중국	339.5	4,136.4	40.7
5	JP Morgan Chase & Co	미국	245.6	3,665.7	46.2
6	Bank of America	미국	208.4	3,051.2	31.0
7	Citigroup	미국	169.1	2,416.7	18.5
8	Wells Fargo & Co	미국	152.6	1,881.0	15.0
9	Bank of Communications	중국	145.4	1,858.7	14.1
10	HSBC Holdings	영국	139.1	2,966.5	17.5

주: * BIS가 분류하는 자기자본 중에서 기본자본이며, 이는 보통 주자본과 기타 자기자본으로 구성되는데 기타 자기자본은 요건을 충족하는 기타 기본자본증권 및 이와 관련된 자본잉여금, 자회사가 발행한 기타 기본자본증권의 제3자보유분 중 일부 금액 등으로 구성된다.
** 세전이익(EBT)

자료: The Banker Database, Financial Times

2 겸업은행은 상업은행의 업무 외에 투자은행의 업무 영역인 증권발행 대행 및 인수, 증권의 매매, 자산운용 그리고 보험업까지 종합적인 금융서비스 제공하는 은행이다. 대표적인 겸업은행은 유럽계인 Deutsche Bank, HSBC, and ING Bank 그리고 미국계인 Citigroup, Bank of America, Wells Fargo, and JPMorgan Chase 등이다.

〈표 3.1〉에서 알 수 있듯이 중국계 은행이 자본금 기준으로 1위부터 4위까지 차지할 정도로 은행 규모가 크며, 미국의 대형은행인 JP Morgan, BOA, Citigroup 등이 그 뒤를 잇고 있다. 한국의 주요 은행인 국민은행, 신한은행, 하나은행이 속한 금융 그룹의 순위는 자본금 기준으로 세계 순위 60위권에 위치한다.

따라서 국제금융시장 참가자로서 국제은행은 대부분 상업은행과 투자은행의 기능을 하나의 조직 또는 지주회사 산하의 별도 조직으로 분리하고 있다. 이번 절에서는 국제상업은행의 발전, 조직형태 및 업무를 중심으로 살펴보고 국제투자은행에 대해서는 별도의 제목으로 분리하여 설명한다.

① 국제상업은행의 발전 배경

주요 선진국은 경제규모가 크고 기축통화(key currency)를 발행한다. 이러한 여건에 더해서 국제은행업무가 발전할 수 있도록 은행업에 대한 규제를 완화하면서 선진국의 주요 도시가 자연스럽게 국제금융센터로 발전하였다. 뉴욕, 런던, 파리, 동경, 토론토 및 시드니와 같은 기축통화를 발행하는 선진국의 대도시가 국제금융센터로서 자리를 잡고 있으며, 최근에는 세계 경제에서 차지하는 비중이 크게 성장한 중국의 위상에 걸맞게 중국의 상하이나 베이징도 국제금융센터로 성장하고 있다.

세계 각국의 은행이 다국적은행을 표방하면서 국제금융센터를 중심으로 해외에 영업망을 운영하는 데는 Krugman and Kamath (1987)가 제시하듯이 다양한 이유가 있다.

첫째, 선진국의 은행은 국내에서 개발한 영업 know-how, 신용분석기법을 해외에서 이용할 때 낮은 한계비용과 지식의 우위를 누릴 수 있다.

둘째, 선진국의 기업들이 해외영업과 관련하여 다른 나라의 무역이나 금융시장 정보를 얻기 위해서는 현지의 국내은행보다는 자국 은행의 해외 점포망을 이용하는 것이 더 효과적이다.

셋째, 대형 다국적은행은 높은 인지도, 풍부한 유동성 및 예금자보호 측면에서 고객 확보에서 유리하며 일국의 국내 은행과 다른 규제대상이라는 이점이 있다. 즉, 정보공개의 범위, 예금자보호를 위한 부보율 및 외화예금에 대한 지급준비금 등에서 소재지 금융당국으로부터 다소 완화된 규정의 적용을 받을 수 있다.

넷째, 다국적은행은 도매업무와 소매업무에서 방어적인 전략을 행사할 수 있다. 해외은행업무 관련 영업에서 자국에 진출한 외국계은행에게 고객을 잠식당할 수 있는 것을 외국에 진출한 해외영업망으로 이를 상쇄할 수 있다. 또한 여행자수표, 관광객의 환전 등 소매 외환업무에서 자국에 진출한 외국계은행과 경쟁이 심화되지만 해외 영업망을 통해서 고객의 잠식을 만회할 수 있다.

다섯째, 은행은 해외에 점포를 유지하면서 외화자산을 보유함으로써 거래비용을 절약하고 환전에 따른 외환리스크를 피할 수 있다.

여섯째, 자국의 금융시장이 포화상태가 되어 더 이상 성장이 어려울 때 은행은 해외로 눈을 돌린다.

그 밖에 영업을 해외로 다각화하면 이익의 안정성을 제고할 수 있고 나라마다 다른 경기 및 정책 사이클을 상쇄함으로써 일국에서만 은행영업을 할 때 직면할 수 있는 리스크를 축소할 수 있다.

위와 같은 이유로 세계 각국의 수많은 은행이 국제금융센터를 중심으로 해외에 영업망을 늘리면서 다양한 형태로 국제금융시장에 진출하고 있다.

② 국제상업은행의 형태 및 업무

해외로 진출하는 국제상업은행의 업무와 조직 형태는 고객에게 제공할 수 있는 금융서비스의 범위와 해당 은행이 소재하는 나라의 규제환경에 달려 있다. 즉, 국제상업은행으로서 역할을 하는 방식은 코레스 은행(correspondent bank), 주재사무소(representative office), 해외지점(foreign branch), 현지법인(subsidiary and affiliate bank)으로 나누어진다.

첫째, 코레스 은행은 자금의 예치 및 외환결제를 위해 자체 점포를 설치하지 않고 해외의 주요 국제금융센터나 다른 나라에 소재하는 은행에 계정을 개설하여 업무 제휴관계를 맺는 방식이다. 코레스 은행 방식의 업무제휴를 통해 은행은 고객들에게 송금, 자금결제 등 은행업무에 대해 전 세계를 대상으로 서비스를 제공할 수 있다.

코레스 은행 방식은 은행이 해외 여러 나라에 실제로 진출하지 않고도 낮은 비용으로 고객에게 국제 은행서비스를 제공할 수 있다는 장점이 있으나 제공할 수 있는 금융서비스가 제한적이라는 단점이 있다.

둘째, 주재사무소는 은행 본점(parent bank)의 고객이 코레스은행과의 업무를 처리할 때 도움을 주기 위해 국제금융센터나 다른 나라에 설치한 소규모 조직이다. 본점에서 파견한 직원은 본점의 고객에게 코레스 은행을 통해 제공하는 은행업무 서비스보다 더 넓은 범위의 서비스를 제공할 수 있기 때문에 중요한 고객과 관련이 있는 국가에 주재사무소를 설치한다.

주재사무소는 은행의 고객에게 현지 업무관행, 경제 정보, 그리고 고객과 관련이 있는 현지 거래처에 대한 신용정보 등을 제공한다.

셋째, 해외지점은 현지 은행처럼 영업하지만 법적으로 모국 본점의 일부이다. 따라서 해외지점은 본국은 물론 소재국의 감독 규정을 따라야 한다. 해외지점을 설치하는 주된 이유는 주재사무소와 달리 해외지점을 통해 본점에서 제공하는 대부분의 은행 업무 서비스를 현지 고객에게 제공할 수 있기 때문이다. 예를 들어 해외지점의 대출한도는 본점의 자본을 기준으로 설정되기 때문에 현지법인보다도 더 큰 금액으로 대출을 실행할 수 있다.

해외지점을 설치하는 또 다른 이유는 지준예치금이나 예금보험에 대해 본국의 규정을 따르지 않기 때문에 은행대출의 원가구조에서 현지 은행과 동일한 수준에서 경쟁할 수 있기 때문이다.

넷째, 현지법인의 형태는 현지은행(subsidiary bank)과 합작은행(affiliate bank)으로 나누어지는데, 현지은행은 지분을 전액 또는 대주주 형태로 소유하면서 현지에서 설립한 은행이다. 합작은행은 지분은 소유하지만 본점에서 경영에는 관여하지 않는 은행이다.

현지은행이나 합작은행 모두 소재국의 은행법에 따라 영업하고 감독도 받는다. 그리고 현지법인의 형태로 해외에 진출하면 소재국에서 주식의 인수도 가능하기 때문에 해외지점의 형태보다 선호되는 측면도 있다.

위에서 살펴본 바와 같이 국제금융시장에는 다양한 형태로 상업은행의 기능을 수행하는 은행이 많다. 뉴욕, 런던, 동경, 싱가폴 등 선진 국제금융센터뿐만 아니라 개발도상국금융시장에도 수많은 은행이 영업 경쟁을 하면서 국제금융시장에 참가하고 있다.

한국의 경우 1967년에 한국은행에서 분리된 한국외환은행에서 동경지점을 개설한 이래 수많은 은행이 뉴욕, 런던 등 국제금융센터는 물론 동남아시아 여러 나라에 현지법인, 지점, 사무소 등 다양한 형태로 진출하고 있다. 특히 경제가 빠르게 발전하고 있는 베트남, 인도네시아, 캄보디아 등 아세안(ASEAN)의 금융시장에 한국의 경제개발 경험과 핀텍(FinTec)을 앞세워 한국의 많은 금융기관이 영업하고 있다.

또한 한국에는 미국의 CMB(Chase Manhattan Bank)에서 1967년에 UN군 및 주한미군을 지원하고자 지점을 개설한 이래 미국은 물론 영국, 프랑스, 일본 등 선진국과 중국 등 개발도상국에서 진출한 많은 외국계 은행이 국제금융 관련 업무를 수행하고 있다. 한국에 진출한 외국계 은행은 개인고객보다는 기업고객 위주로 대출, 외환거래 등 도매금융을 주된 영업으로 하고 있다. 2023년 9월말 현재 34개의 외국계 은행이 한국에 진출해 있다.

3.4.2 국제투자은행(investment bank)

고객으로부터 예금 수취, 기업 및 고객에 대한 대출을 중심으로 영업하는 상업은행과 달리 순수한 투자은행은 전통적으로 기업과 정부의 자금조달 주선, 금융상품 매매 및 고객의 자산운용이 주요한 업무 영역이다. 물론 겸업은행이 보편적인 유럽에서 은행은 상업은행 업무와 투자은행 업무는 물론 보험업무도 하나의 은행에서 수행하고 있다. 세계 경제가 성장하고 금융시장이 발전하면서 국제금융시장에서 투자은행 업무의 중요성이 크게 부각되었다.

투자은행은 자본시장이 발달한 미국에서 발전하기 시작하였으며, 오늘날 미국을 필두로 유럽, 일본, 캐나다, 호주 등 선진국은 물론 한국처럼 자본시장의 활성화가 추진되는 세계 각국에서 투자은행은 빠른 속도로 성장하고 있다.

① 투자은행의 발전 과정

미국은 1929년에 발생한 대공황으로 금융시장이 붕괴된 후 1933년에 제정한 은행법(Glass-Steagall Banking Act of 1933)으로 예금자의 예금보호를 위해 상업은행과 투자은행을 엄격하게 분리하였다. 이로 인해 세계의 금융시장이 발전하는 동안 유럽의 대형 겸업은행이 크게 성장하였지만 미국의 순수 투자은행이 국제금융시장에서 경쟁력을 갖추는 데 한계가 있었다.

1999년에 미국은 금융시장현대화법(Gramm-Leach-Bliley Act)을 통해서 상업은행 기능과 투자은행 기능의 엄격한 분리를 완화함으로써 미국에 기반을 둔 대형 은행이 겸업은행으로서 영업할 수 있게 되었다. 이에 따라 미국의 J.P. Morgan, Citigroup 및 BOA(Bank of America)가 겸업은행으로 재탄생하면서 국제금융시장에서 투자은행으로서 큰 역할을 시작하였다.

미국이 겸업은행을 허용한 이유는 두 가지 측면에서 찾을 수 있다. 첫째, 미국은행에 대해 더 안정적이고 경기순응적인 영업모델을 제공하는 것이다. 둘째는 미국의 은행이 경쟁이 치열한 국제금융시장에서 UBS, Credit Suisse, Deutsche Bank와 같은 유럽의 겸업은행에 대해 충분히 경쟁력을 갖추도록 지원하는 것이다.

Citigroup, J.P. Morgan, BOA는 합병과 투자은행 인력 보강 등을 통해 빠르게 투자은행 업무를 확대하고 상업은행으로서 대출 여력을 활용하여 투자은행 시장에서 시장점유율을 넓혀나갔다. 기존의 5대 순수투자은행, 미국의 대형 겸업

참고 글로벌 금융위기 시 투자은행 변화 내역

- Bear Sterns: JPMorgan Chase에 매각(2008년 3월 16일)
- Lehman Brothers: 파산보호 신청(2008년 9월 14일)
  - 미국의 영업 → Barclays에 매각(2008년 9월 16일)
  - 유럽의 일부 영업 및 아시아지역 영업 → Nomura에 매각(2008년 9월 22일)
- Merrill Lynch: BOA에 매각(2008년 9월 14일)
- Goldman Sachs: 금융지주회사로 전환(2008년 9월 21일)
- Morgan Stanley: 금융지주회사로 전환(2008년 9월 21일)

은행 및 유럽의 겸업은행이 뉴욕의 월가(Wall street) 등 국제금융시장에서 치열하게 경쟁하는 가운데 2007년과 2008년에 걸쳐 발생한 글로벌 금융위기 과정에서 Lehman Brothers 등 순수 투자은행의 큰 부실이 드러나고 말았다. 결국 투자은행 시장에는 큰 지각변동이 일어나 순수 투자은행 3개가 파산 또는 합병으로 사라지고 Goldman Sachs와 Morgan Stanley는 금융지주회사로 전환하였다.

금융위기 이후 투자은행 업무와 예금 수취 영업이 가능하고 국제금융시장에 영업망을 갖추면서 살아남은 주요 투자은행은 9개로 줄어들었다.

한편, 한국에서는 2007년에 한·미 FTA 타결을 앞두고 국회에서 통과한 자본시장통합법이 2년간의 유예기간을 거쳐 2009년 2월부터 시행됨에 따라 투자은행의 역할을 하던 증권회사의 자산운용업 겸업이 허용되어 투자은행 발전의 전기를 마련하였다. 미래에셋대우, NH투자증권 등 한국의 투자은행도 동남아를 중심으로 해외 영업에 적극적으로 진출하면서 국제금융시장에서 투자은행으로서 역할을 강화하고 있다.

② 투자은행의 구분

전 세계 금융시장에서 투자은행의 모든 업무영역을 대상으로 영업하는 글로벌 투자은행(global investment bank), 특정 지역의 투자상품을 중심으로 영업하는 대형 지역 투자은행(large regional investment bank), M&A 자문 및 소규모 자산운용업에 치중하는 부띠크투자은행(boutique investment bank) 그리고 주식 및 채권에 투자하는 고객을 위해 소매 중개를 중심으로 영업하는 증권회사(retail brokerage firm)로 구분할 수 있다.

글로벌 금융위기 이후 투자은행은 BOA, Citigroup, Goldman Sachs 등 9개의 글로벌 투자은행과 지역에 특화하면서 규모가 비교적 큰 BNP Paribas, HSBC, Nomura 등 13개의 지역 투자은행으로 정리되었다. 그리고 13개의 부띠크 투자은행과 9개의 중개증권회사가 살아남았다.

표 3.2 글로벌 금융위기 이후 투자은행 현황

글로벌 투자은행	대형 지역 투자은행
• Bank of America • Barclays • Citigroup • Credit Suisse • Deutsche Bank • Goldman Sachs • JPMorgan Chase • Morgan Stanley • UBS	• BNP Paribas • CIBC • HSBC • Macquarie • Mizuho • MUFG • Nomura • Royal Bank of Canada • Royal Bank of Scotland • Societe Generale • Standard Chartered Bank • Sumitomo Mitsui • Wells Fargo

③ 투자은행의 업무

투자은행의 조직과 업무가 다소 다를 수 있지만 전통적인 투자은행의 업무는 3가지로 나눌 수 있다. 첫 번째는 투자은행업무를 담당하는 조직(Investment Banking Division)에서 기업 및 정부의 자금조달과 기업의 인수합병(M&A, mergers and acquisitions) 관련 업무를 수행한다. 두 번째는 증권의 판매, 증권 및 외환의 매매를 담당하는 조직(Trading Division)에서 기관투자자를 대상으로 투자, 중개 및 리스크관리 서비스를 제공하며, 경제조사업무와 함께 고객과 무관한 자체자산 운용업무를 수행한다. 세 번째는 자산운용을 담당하는 조직(Asset Management Division)에서 개인 및 기관 고객의 자산을 운용한다.

● 투자은행 업무(investment banking business)

투자은행의 투자은행 업무 부문은 사모 및 공모를 통해서 기업의 자본조달 주선, 기존 자본에 대한 리스크관리, 인수합병 관련 업무를 수행한다. 일부 투자은행에서는 주식이나 채권에 직접 투자하거나 대출을 통하여 기업고객의 자금조달에 참여한다. 또한 정부 및 정부기관의 자금조달 및 리스크관리 업무도 수행한다.

투자은행 업무 부문의 은행원(bankers)은 금융상품 그룹(Product Group) 또는 고객담당 그룹(Client Coverage Group)에 소속되어 업무를 수행한다. 금융상품 그룹에 속하는 2개의 핵심 그룹은 M&A그룹과 자본시장(Capital Markets) 그룹이다. M&A그룹의 직원은 산업별로 특화되며, 자본시장 그룹의 직원은 부채자본시장(debt capital market)과 주식자본시장(equity capital market)으로 특화된다.

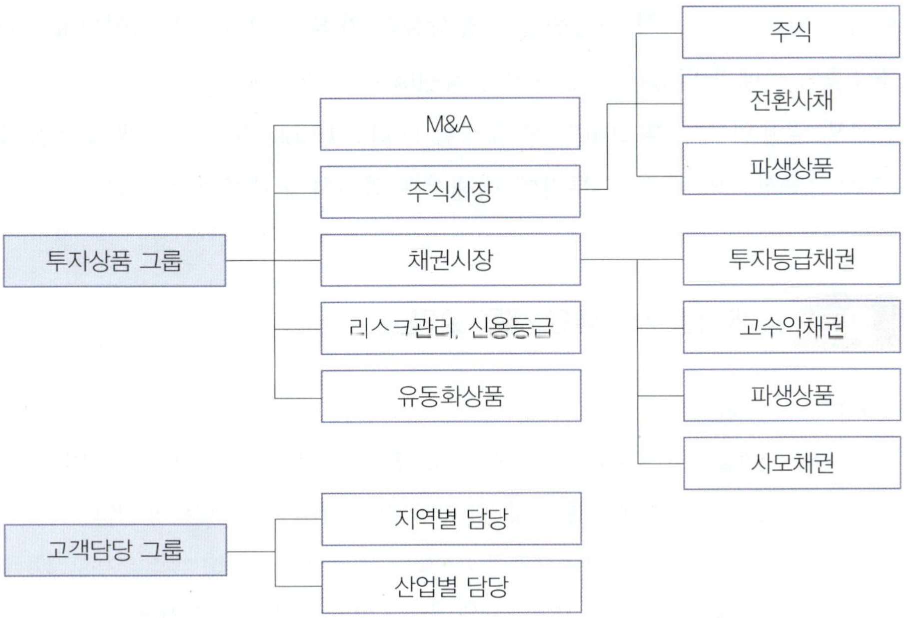

그림 3.1 투자은행의 조직도 예시

참고 투자은행업무의 주요 내용 요약

- 기업의 자금조달 주선 및 투자자로서 기업의 자금조달에 참여
  - 채권, 주식 및 전환사채 발행 주선
  - 채권 및 주식 인수, 자금 대출
- 정부 및 정부기관의 자금조달 주선
  - 채권발행 주선
- 기업의 M&A 거래 자문
  - 기업의 매각 및 매수, 합병, 적대적 인수

● 매매 업무(trading business)

투자은행의 매매업무는 고객을 위한 금융상품 매매와 투자은행의 자체 포트폴리오를 위한 매매로 나누어진다. 고객을 위한 매매 부문의 조직은 채권, 통화 및 상품의 매매를 담당하는 FICC(fixed-income, currencies and commodities) 데스크와 주식, 주식 관련 투자상품 및 파생상품의 매매를 담당하는 주식(equities) 데스크로 구성되며 두 조직의 구성원은 금융상품의 가격을 정하는 트레이더(trader)와 금융상품의 판매를 담당하는 전문 영업직원(sales professional)이다.

글로벌 금융위기 이후 2010년에 제정한 Dodd-Frank 법에서 자체 포트폴리오를 위한 금융상품의 매매 및 투자에 대해서는 엄격하게 제한하고 있다.

참고 매매업무의 주요 내용 요약

- 대고객 매매업무
  - 투자고객을 위한 중개자로서 증권과 기타 금융상품에 대한 판매 및 매매거래
  - 주식 담당과 FICC(채권, 통화 및 상품*) 담당의 2개 조직으로 나누어 영업
  - 기관투자자 및 개인투자 고객에게 조사분석 자료 제공
  - 헤지펀드 및 자금운용자 고객에 대한 프라임 브로커리지 서비스 제공
- 자체계정 매매(proprietary trading) 및 자기자본 투자**(principal investment)
  - 투자고객과 무관하게 투자은행 자체 계정을 위한 투자활동
  - 헤지펀드나 사모주식펀드의 투자활동과 유사한 방식으로 공개 및 비공개 주식, 채권, 전환사채 및 파생상품 투자

주 * 통화는 FX(foreign exchange)이며, 상품은 석유 등 에너지와 금 등 금속이다
** 자기자본 투자는 투자은행업무에 속하는 경우도 있다

● 자산운용 업무(asset management business)

투자은행의 자산운용 업무는 주식, 채권, 대체투자상품(사모주식, 헤지펀드, 부동산, 통화, 상품 등) 및 단기금융시장상품에 대해서 기관고객 및 개인고객에게 투자 서비스를 제공하는 것이다.

투자의 형태는 뮤츄얼펀드, 사모주식펀드, 고객만을 위한 분리펀드, 자체계정과 고객자산의 혼합펀드로 나누며, 자산운용에 따른 수입은 고객이 위탁한 운용자산에 대한 일정률의 수수료이다.

참고 자산운용 업무의 주요 내용 요약

- 투자상품의 소개와 기관 및 개인고객에 대한 운용 서비스 제공
  - 채권, 주식, 대체투자상품 및 단기금융시장상품
- 대체투자상품에 대한 고객과의 공동투자
  - 헤지펀드, 사모주식펀드, 부동산투자펀드

3.4.3 Buy-side 참가자

국제금융시장에서 주로 금융투자상품을 매입하는 투자자는 개인투자자와 기관투자가로 구분할 수 있다. 개인투자자는 연금이나 뮤추얼펀드에 가입함으로써 간접적으로 국제금융시장에 참가하고 있으며, IT와 네트워크의 발전으로 직접 국제금융시장에 참가하기도 한다. 예를 들어 한국의 개인투자자가 뉴욕 주식시장에서 직접 미국의 주식을 매입하는 것이 좋은 예이다.

일반적으로 국제금융시장의 buy-side 투자자는 기관투자자(institutional investor)를 의미하며 세계 각국의 중앙은행, 국부펀드, 연기금(pension fund), 은행, 보험회사, 투자회사(investment company) 및 자산운용사(asset manager), 헤지펀드(hedge fund) 등이다. 그밖에 세계적으로 유명한 대학이나 비영리단체(foundations)의 기부금이 재원인 각종 기금(endowments)도 buy-side로 국제금융시장에 참가하고 있다.

이러한 buy-side 참가자는 금융투자상품을 매입하여 보유하면서 채권의 이자 또는 주식의 배당금을 수취하고, 필요시 금융투자상품을 매각하여 자본이득(capital gain)을 취하기도 한다. 주요 buy-side 참가자에 대해 살펴보면 다음과 같다.

① 중앙은행

국제금융시장에 가장 큰 영향력을 행사하는 참가자는 세계 각국의 중앙은행이다. 미국, 영국, 일본 등 주요 선진국의 중앙은행이 통화정책을 통해서 금리를 결정하면 국제금융시장에서 거래되는 모든 금융상품의 가격에 바로 반영된다.

예를 들어 미국의 중앙은행인 FRB(Federal Reserve Board)가 FOMC(Fedral Open Market Committee) 회의에서 금리 결정을 하거나, FRB 의장 및 지역 연방준비은행(FRB, Federal Reserve Bank)의 총재 등이 경제나 금융시장에 대해 언급하면 국제금융시장은 바로 영향을 받는다. 또한 세계 각국의 중앙은행은 외환시장 개입 또는 외환매매를 통해서 환율의 변동에도 큰 영향을 미친다.

그리고 주요국 중앙은행은 지급결제시스템을 운영하면서 금융시장에서 이루어지는 금융거래와 관련하여 자금결제 및 증권보관업무도 수행한다. 중앙은행이 운영하는 전자지급결제 시스템에 문제가 발생하면 국제금융시장은 마비될 것이다. 미국의 Fedwire[3], 영국의 CHAPS(Clearing House Automated Payment System), 일본의 BOJ-Net, 한국의 BOK-Wire 등은 중앙은행이 운영하는 지급결제시스템이다.

또한 일본의 중앙은행인 일본은행(BOJ, Bak of Japan)을 제외한 세계 각국의 중앙은행은 외환보유액을 운용하면서 국제금융시장에서 채권, 주식 등의 금융투자상품을 매입하여 보유하고 필요시 매각한다.

예를 들어 중국의 중앙은행인 인민은행(PBOC, People's Bank of China) 산하 외환보유국(SAFE, State Administration of Foreign Exchange)은 세계에서 가장 큰 규모의 외환보유액을 운용하고 있는데, 미국 국채나 MBS(mortgage backed securities)를 사고팔 때 대규모의 금액으로 거래하기 때문에 국제금융시장에서 관련 투자상품은 물론 다른 투자상품의 가격에도 큰 영향을 미친다.

---

3 미국의 중앙은행인 연준(Fed)이 운영하는 실시간 총액기준 자금결제시스템으로 미국 연준에 계정을 보유하고 있는 미국의 금융기관, 외국은행 미국 지점, 미국의 정부기관이 가입하고 있다. 가입기관간에 거액의 자금을 전자적으로 이체하며 결제는 당일에 이루어진다. 일본은행의 BOJ-Net, 한국은행의 BOK-Wire도 Fedwire와 유사한 방식으로 운영되는 실시간 전자 자금이체 시스템이다.

표 3.3 세계 주요국의 외환보유액(2023년말 현재) (단위: 10억달러)

순위	국가명	외환보유액	순위	국가명	외환보유액
1	중국	3,238.0	6	대만	570.6
2	일본	1,294.6	7	사우디아라비아	436.9
3	스위스	864.2	8	홍콩	425.6
4	인도	622.5	9	한국	420.1
5	러시아	598.6	10	브라질	355.0

자료: 한국은행

그 외에도 중앙은행은 금융 관련 규정의 제정 및 개정을 통해서 금융시장이 효율적으로 작동하도록 지원하고 있으며, 특히 2008년 글로벌 금융위기 시에 볼 수 있었듯이 미국의 연준을 중심으로 선진국 중앙은행이 국제금융시장의 안정화를 위한 조치를 취한다. 국내금융시장이 곧 국제금융시장인 선진국의 중앙은행이 금융시장 관련 규정을 제정 또는 개정하거나 통화스왑 체결과 같은 금융시장의 안정화 조치를 취하면 이는 곧바로 국제금융시장에 영향을 미치게 된다.

② 국부펀드(SWF, Sovereign Wealth Fund)

국부펀드는 정부가 소유하는 투자펀드로 운용자금의 규모가 크고 수익을 추구를 위해서 국제금융시장에서 적극적으로 거래를 하기 때문에 큰손으로 불릴 정도로 영향력이 큰 국제금융시장 참가자이다.

국부펀드는 국제금융시장에서 다양한 통화로 전통자산인 주식 및 채권에 대한 투자는 물론 귀금속, 부동산, 사모주식펀드 및 헤지펀드와 같은 대체투자로 금융 및 실물자산에 투자한다. 국부펀드의 자금원은 석유, 천연가스와 같은 상품의 수출로 벌어드리는 수입 및 정부의 잉여자금이거나 중앙은행 외환보유액의 일부인 위탁자금이다.

대규모의 자산을 운용하는 국부펀드는 아랍에미레이트의 아부다비투자청, 노르웨이 정부의 글로벌연금기금, 싱가폴의 투자공사 및 테마섹 지주회사, 중국의 중국투자공사 등이 운용하는 펀드이다. 한국도 2005년 7월 1일에 한국투자공사

표 3.4 운용자산 기준 국부펀드 순위(2023년 4월)

(단위: 10억달러)

순위	국부펀드 명칭	운용자산	설립	국가
1	Norway Government Pension Fund Global	1,477.7	1990	노르웨이
2	China Investment Corporation	1,350.9	2007	중국
3	SAFE Investment Company	1,019.6	1997	중국
4	Abu Dhabi Investment Authority	853.0	1976	아랍에미레이트
5	Kuwait Investment Authority	803.0	1953	쿠웨이트
6	Public Investment Fund	776.7	1971	사우디아라비아
7	GIC Private Limited	770.0	1981	싱가포르
8	HKMA Investment Portfolio	514.2	1935	홍콩
9	Temasek Holdings	492.2	1974	싱가포르
10	Qatar Investment Authority	475.0	2005	카타르
15	한국투자공사(KIC)	169.3	2005	한국

자료: 국부펀드협회(https://www.swfinstitute.org)

(KIC, Korea Investment Corporation)를 설립하여 정부의 외국환평형기금과 한국은행으로부터 위탁받은 외환보유액의 일부를 운용하고 있다.

③ 연기금(Pension Fund)

연금은 개인에게 퇴직 후 소득을 보장하는 기금 또는 프로그램을 의미하며, 정부 및 정부기관에서 관리하는 공적연금과 민간기업에서 관리하는 사적연금으로 구분할 수 있다. 연금을 운용하는 주체는 큰 규모의 자산을 운용하면서 국제금융시장에 참가하고 있는데 어떻게 포트폴리오를 구성하느냐에 따라 국제금융시장 특히 국제주식시장이 크게 영향을 받는다.

세계적으로 잘 알려진 연기금은 일본의 공적연금(GPIF), 미국의 연방퇴직저축투자위원회(FRTIB), 네덜란드 공적연금(ABP) 등이다. 연기금 중에서 세계 7위 규모의 자산을 운용하는 한국의 국민연금도 국내에서 운용하는 자산 외에 비교적 큰 규모의 외화자산을 국제금융시장에서 운용하고 있다. 한국의 군인연금, 공무원연금 및 사학연금도 해외의 유수 자산운용사에 위탁형식으로 외화자산을 운용

표 3.5 주요 공적연금의 총자산 현황(2023년 4월) (단위: 10억달러)

순위	공적연금 명칭	총자산	국가
1	Social Security Trust Funds	2,838.2	미국
2	Government Pension Investment Fund Japan	1,509.1	일본
3	Military Retirement Fund	1,279.1	미국
4	Caisse des Depots	1,112.4	프랑스
5	Federal Employees Retirement System	835.8	미국
6	Federal Retirement Thrift Investment Board	782.3	미국
7	National Pension Service of Korea (국민연금)	711.1	한국
8	Stichting Pensioenfonds ABP	522.1	네덜란드
9	Canada Pension Plan Investment Board	521.5	캐나다
10	Zenkyoren	475.5	일본

자료: 국부펀드협회(https://www.swfinstitute.org)

하면서 국제금융시장에 참가하고 있다.

④ 은행

은행은 국제금융시장에서 금융중개기능을 수행하면서 buy-side 및 sell-side 참가자로서 역할을 하고 있다.

상업은행도 주로 개인고객으로부터 예금을 수취하여 기업고객에게 대출을 하고 여유자금이 있을 경우에는 주로 단기금융시장 상품이나 채권 등 위험이 낮은 상품에 투자하면서 국제금융시장에 참가한다. 그렇지만 법으로 주식투자를 규제하지 않는 한 은행은 주식을 매입할 수도 있는데 예금자의 예금인출을 고려하여 보수적으로 투자한다.

앞에서 살펴본 바와 같이 투자은행은 sell-side 참가자로 국제금융시장에서 중요한 역할을 하고 있지만, 한편으로 투자은행의 자산운용 부문은 buy-side 참가자로서 매우 큰 규모의 자산을 운용하고 있다.

⑤ 보험회사

보험회사는 고객으로부터 보험료를 받으면 향후 보험금 지급에 충당할 수 있도록 수입한 보험료를 투자할 필요가 있다. 보험회사는 유동성이 풍부하고 다양한 상품이 거래되는 국제금융시장에서 유동성과 수익성을 고려하여 외화자산에 투자한다.

은행과 마찬가지로 보험금 지급에 대비하기 위해 보수적으로 자산을 운용하게 되는데 주로 채권에 투자한다. 보험회사의 성격에 따라 투자기간이 달라지는데, 예를 들어 생명보험회사는 상품의 만기가 비교적 장기인 상품에 투자한다.

⑥ 투자회사와 자산운용사

국제금융시장에서 고객의 자산을 운용하는 투자회사는 기관투자자로서 뮤추얼펀드(mutual fund)를 운용한다. 뮤추얼펀드는 개별 투자자의 자금을 모아 하나의 풀(pool)을 형성하여 자산운용 전문가가 투자하도록 하는 주식회사형 펀드이다. 즉, 투자자는 투자비율에 따라 펀드의 지분을 갖는다.

뮤추얼펀드는 투자자금의 풀이 고정되느냐 아니면 적극적으로 관리되느냐에 따라 단위형 투자신탁과 관리형 투자신탁의 2가지 뮤추얼펀드[4]로 구분한다.

세계적으로 유명한 Fidelity, Vangard와 같은 투자회사는 채권펀드, 주식펀드, 글로벌펀드 등 대규모의 다양한 뮤추얼펀드를 구성하여 자산을 운용하는 국제금융시장의 중요한 참가자이다. 한국의 증권회사도 선진국펀드, 신흥시장국펀드, 중국펀드 등 다양한 형태로 뮤추얼펀드를 구성하여 국제금융시장에 참가하고 있다.

자산운용사는 투자통화, 자산구성, 투자상품의 만기, 신용등급 등과 관련하여

4 단위형 투자신탁(unit investment trust)은 뮤추얼펀드의 존속기간에 투자자금의 풀을 고정된 포트폴리오에 투자하는 데 반해 관리형 투자회사(managed investment company)는 포트폴리오를 구성하고 있는 증권을 수시로 사고파는 뮤추얼펀드이다. 관리형 뮤추얼펀드는 주식의 상환과 추가 발행이 자유로운 개방형펀드(open-end fund)와 주식 상환이 불가능하여 다른 투자자에게 매도함으로써 현금을 인출할 수 있는 폐쇄형펀드(closed-end fund)로 구분된다. 폐쇄형펀드는 거래소시장에서 거래되기 때문에 투자자는 주식지분을 매도하여 현금화할 수 있다.

고객이 정해준 투자지침에 따라 국제금융시장에서 고객으로부터 위탁받은 자금을 주식, 채권, 파생상품 등에 운용하고 운용 수수료를 받는 회사이다.

자산운용사는 고객과의 계약에 따라 다양한 투자전략과 리스크 관리기법을 활용하면서 투자수익률을 제고하여 성과에 기반한 수수료 수입을 늘리고, 전문 자산운용회사로서 명성을 높여 더 많은 고객의 자금을 확보한다.

복잡하고 변동성이 큰 국제금융시장에서 투자자가 직접 자산을 운용하는 데 한계가 있으므로 전문 자산운용사를 통한 자금운용이 점점 늘어나고 있다. 투자은행의 자회사 또는 하나의 부문 조직이나 자산운용에 특화된 전문 운용사가 고객의 자산을 운용한다.

Goldman Sachs, JP Morgan, Morgan Stanley와 같은 투자은행은 자산운용을 전담하는 부문 조직이 있으며, BlockRock이나 PIMCO는 자산운용에 특화된 대형 회사이다. 고객이 위탁하는 펀드의 성격에 따라 채권, 주식, 선진국, 신흥국 또는 혼합형 등 다양한 형태의 포트폴리오를 운용하는 중소형 자산운용사도 국제금융시장에 참가하고 있다.

특히 대규모의 자산을 보유하고 있는 기관투자자 즉, 중앙은행, 국부펀드, 연

표 3.6 주요 자산운용사의 운용규모 현황(2023년 4월) (단위: 10억달러)

순위	자산운용사	운용자산	국가
1	BlackRock	9,425.2	미국
2	Vanguard	7,250.0	미국
3	Fidelity Management & Research	3,880.0	미국
4	The Capital Group Cos. Inc.	2,300.0	미국
5	Amundi	2,101.0	프랑스
6	Pacific Investment Management Company LLC	1,740.0	미국
7	Invesco	1,483.0	미국
8	Wellington Management Company	1,400.0	미국
9	Franklin Resources Inc.	1,387.7	미국
10	T. Rowe Price Group Inc.	1,350.0	미국

자료: 국부펀드협회(https://www.swfinstitute.org)

기금 등은 Goldman Sachs, Morgan Stanley, BlackRock, PIMCO 등 국제적으로 명성이 높은 자산운용사를 통해 상당한 규모의 자금을 위탁운용하고 있다.

한국은행을 비롯하여 한구투자공사, 국민연금, 사학연금, 군인연금 등 외화자산을 운용하는 한국의 기관투자자도 자산운용사를 통해서 일부 외화자산을 운용하고 있다.

⑦ 헤지펀드

헤지펀드는 기본적으로 뮤추얼펀드와 같은 방식으로 투자자의 자금을 모아 풀(pool)을 형성하여 운용전문가(fund manager)가 투자를 실행하는 형태이다. 차이점은 뮤추얼펀드가 주식회사의 형태인 데 반해 헤지펀드는 비공개 소수의 투자자로 구성되는 합명회사로 설립된다는 것이다. 따라서 상장회사가 아니기 때문에 규제당국으로부터 최소한의 규제를 받는다.

헤지펀드는 광범위한 투자수단과 다양한 투자전략을 이용하여 국제금융시장에 적극적으로 참여하고 있다. 약세통화에 대한 투기적 공격, 파생상품 활용, 공매도를 통한 숏포지션 전략 및 레버리지 투자 등을 통해 매우 높은 수익을 올리기도 한다.

헤지펀드 시장이 크게 성장하여 때로는 국제금융시장을 교란시키고 한 나라의 금융시스템에 큰 혼란을 초래하기도 한다. 1992년 영국 파운드화 폭락, 1994년 멕시코 페소화 폭락 그리고 1997년 아시아 외환위기 당시 아시아지역 통화에 대한 투기적 공격은 헤지펀드와 관련되어 있다.

예를 들어서 1992년에 George Soros가 설립한 Quantum Fund 및 다른 헤지펀드가 영국의 파운드화를 투기적으로 공격하여 영국은 외환보유액을 소진하면서 파운드화를 방어했지만 폭락을 막지 못했고 결국 유럽통화제도(ERM, European Exchange Rate Mechanism)에서 탈퇴하는 사태가 일어났다.

3.4.4 감독기관 및 인프라 서비스 제공기관

세계 각국의 정부, 기업 및 금융기관, 국제금융기구는 자금의 조달을 위해서 그리고 중앙은행, 국부펀드, 은행, 보험회사 등은 자금의 투자자로서 국제금융시장에 참가한다. 특히 상업은행과 투자은행은 국제금융시장에서 자금중개 기능을 수행하는 핵심적인 시장 참가자이다. 또한 국제금융기구와 중앙은행, 금융감독당국은 국제금융시장의 상시적인 모니터링, 금융시장 안정을 위한 표준규범 제정 및 집행, 필요시 구제금융 지원 등을 통해 국제금융시장이 원활하게 작동할 수 있도록 큰 역할을 하고 있다.

국제금융시장에서 중요한 역할을 하는 또 다른 참가자는 채권발행자나 채권에 대해 채무불능 정도를 평가하여 신용등급을 매기는 신용평가사이다. 그 밖에 국제금융거래에 따른 자금이체 및 각종 정보교환을 안전하고 신속하게 지원하는 국제은행간 금융통신협회(SWIFT, Society for Worldwide Interbank Financial Telecommunication), 증권의 예탁결제 및 보관 서비스를 제공하는 기관도 국제금융시장에서 중요한 역할을 하는 참가자이다.

① 국제결제은행 및 바젤은행감독위원회

국제결제은행(BIS, Bank for International Settlements)은 국제 간 협력을 통해 세계 중앙은행의 통화정책 및 금융안정 기능을 지원하면서 중앙은행의 은행으로서의 역할을 수행하고 있다. BIS는 바젤협정에 따라 가맹국에 대해 금융원조 및 금융협력을 지원하고 있으며, 국제금융시장에서 매우 중요한 역할을 하고 있는 중앙은행의 지급결제시스템이 효율적으로 운영되도록 「금융시장 인프라에 관한 원칙」 등 지급결제 분야의 국제기준도 제정하고 있다.

바젤은행감독위원회(BCBS, Basel Committee on Banking Supervision)는 1974년에 중앙은행과 감독기구가 회원으로 가입하여 출범한 국제기구로 은행규제, 감독기준 개발 및 국제협력 증대에 초점을 맞추고 있다. 1988년의 바젤자본협정은 은행의 파산가능성을 줄이기 위해 국제은행에 대해 위험자산 대비 자기자본 및 기타 증권의 비율을 적용한 자본적정성 요건을 제시하여 세계 각국의 금융감독당국이 채택하게 되었다. 「바젤II」에서는 BIS 자기자본비율을 8% 이상으로 유지하되 보통주 자본비율 2% 이상 및 기본자본비율 4% 이상으로 정하였다. 2010년에 제정하여 시행 중인 「바젤III 자본 및 유동성규제」 프로그램에서는 자본구조에 대한 규제를 강화하고 있는데, 주요 내용은 위기시에 감액될 수 있는 완충자본 축적, 은행자본의 질적 강화 및 과다차입을 방지하기 위한 레버리지비율 요건 도입이다.

② 신용평가회사(CRA, Credit Rating Agency)

신용평가회사는 채무자의 상환능력과 채무의 불이행 가능성을 평가하여 등급을 산정하는 회사다. 세계적으로 잘 알려진 신용평가회사는 미국의 S&P사와 Moody's사, 그리고 영국에 기반을 두고 있는 유럽계 신용평가회사인 Fitch사가 있다. 한국을 포함하여 많은 국가에서도 신용평가회사가 영업하고 있지만 주로 국내 기업을 대상으로 평가하기 때문에 국제금융시장에서는 세계 3대 신용평가회사의 신용등급을 중시한다.

국제금융시장에 참가하는 투자자는 투자대상 국가나 채권에 대한 정보가 많지 않기 때문에 신용평가회사가 평가한 신용등급은 투자자의 투자지침에서 중요한 역할을 한다. 동일한 만기의 채권이라도 투자등급에 따라 수익률에서 차이가 나게 된다. 따라서 투자자는 투자지침에 따라 투자가능한 채권에 투자한다.

예를 들어서 대부분의 투자자는 투자가능 등급인 BBB 등급 이상의 채권에 투자하지만 헤지펀드와 같은 공격적인 투자자는 리스크를 부담하고 더 많은 수익을 얻기 위해 투기등급의 채권에 투자한다.

국제신용평가회사가 평가하는 신용등급은 AAA 등급에서 C 등급(또는 D 등급)까지 채무상환능력에 따라 투자등급, 투기등급 등으로 분류한다. 신용등급의 구분 및 그 의미에 대한 구체적인 내용은 후술하는 국제채권시장에서 설명한다.

신용평가회사가 평가한 신용등급은 투자자의 의사결정에 매우 중요한 요소인데, 신용평가회사가 신용등급을 잘못 산정하면 투자자에 대한 손해뿐만 아니라 금융시장 전체에 심각한 부정적 영향을 초래한다. 예를 들어 2007~2008년 글로벌 금융위기 시에 신용평가회사는 구조화상품에 대한 리스크를 과소평가하여 보증기관의 보증이 있다는 이유로 모기지관련 채권에 최상위등급을 부여한 경우나 2010~2012년 유럽 재정위기 시에 이탈리아 등 유럽의 일부 국가에 대해 가혹하게 신용등급을 하향조정한 사례는 금융위기를 확산시키는 요인이 되었다.

③ 국제은행 간 금융통신협회(SWIFT)

국제금융거래와 관련하여 국제은행 간에는 다양한 형태의 정보 교환이 필수적이다. 국제금융시장에 참가하는 중앙은행 및 금융기관이 회원으로 가입한 SWIFT는 세계 200개국의 수천개 회원이 이용하는 세계 최대의 금융거래 정보통신망이다. 전 세계의 모든 가입회원을 통신망으로 연결함으로써 가입회원은 SWIFT망을 통해 자금이체 지시를 중심으로 은행 간에 금융거래 정보를 신속하고 안전하게 교환할 수 있다.

우편이나 Telex 등으로 국제은행 간 통신이 이루어질 때에 정보유출 및 범죄 악용에 대한 우려가 커지면서 미국 및 유럽지역 금융기관들을 중심으로 기존 통신망과 분리된 별개의 암호화된 네트워크를 개발한 것이다.

SWIFT 망은 암호체계 개발을 통한 보안성 제고, 통신수단의 표준화, 전송시간 단축이라는 목적을 실현하였다. 1975년에 비영리법인으로 출범한 SWIFT는 벨기에의 브뤼셀에 본부를 두고 협동조합 형태로 운영되고 있다.

2022년 2월에 러시아가 우크라이나를 침략하여 러시아–우크라이나 전쟁이 발발했을 때 러시아가 SWIFT 망을 이용하지 못하도록 제재를 가함으로써 국제적인 금융거래를 하는 데 큰 어려움을 겪게 했을 정도로 영향력이 지대한 국제금융시장의 필수적인 인프라 서비스이다.

④ 예탁결제기관 및 증권보관기관

국제자본시장의 발전으로 채권이나 주식에 대한 투자자가 늘어남에 따라 투자자에게는 증권매매에 따른 안전한 자금결제 및 증권보관이 중요하다. 투자자가 선진국 정부나 정부기관이 발행하는 채권에 투자하는 경우에는 대체로 중앙은행이 자금결제 및 증권보관 업무를 수행한다. 그러나 민간이 발행하는 주식이나 채권의 경우에는 각국에서 설립한 중앙예탁기관(central securities depository)에서 증권예탁, 양도, 질권설정 등의 업무를 수행한다.

유럽에서는 전통적으로 금융서비스 전문기관이 증권거래에 따른 결제 및 보관, 기타 증권관련 서비스를 제공하고 있다. 미국계인 Euroclear Bank와 독일계인 Clearstream은 국제적인 중앙예탁결제기관으로서 유로화를 사용하는 국가의 정부에서 발행한 채권, 유럽의 기업이 발행한 주식 및 채권, 유로통화 표시 증권의 거래에 따른 결제 및 예탁 등 증권관련 서비스를 제공하고 있다.

한편 국제금융거래가 크게 증가하면서 시차 문제, 거래의 복잡성, 환율변동 등으로 위험요인이 발생하여 리스크 최소화 및 국제금융거래의 안전한 처리를 지원하고자 JP Morgan, State Street, Northern Trust와 같은 글로벌 보관기관(custodian)이 등장하여 증권보관 및 관련 서비스를 대행해주고 있다.

국제금융시장, 특히 국제자본시장이 효율적으로 유지·발전하기 위해서는 증권의 결제 및 보관과 같은 금융인프라 서비스가 매우 중요하다. 따라서 인프라 서비스를 제공하는 기관도 중요한 역할을 하는 국제금융시장 참가자이다. 외국의 투자자가 한국의 주식이나 채권에 투자하는 경우에는 투자자가 계좌를 개설한 은행을 통해서 자금결제가 이루어지면서 매입한 주식이나 채권은 모두 한국

표 3.7 국제금융시장 주요 참가자 요약표

구분	시장참가자	역할
자금 조달	정부	국채 발행
	기업	주식 또는 회사채 발행, 은행차입
	은행	금융채 발행, 영업자금 차입
	국제금융기구(World Bank, ADB, BIS 등)	차관자금 조달을 위한 채권발행
금융 중개	상업은행	직접 대출 또는 신디케이트 대출
	투자은행	증권발행 주선, Sell-side
자금 운용 (Buy-side)	중앙은행	외환보유액 운용, 지급결제망 운영
	국부펀드	국가의 공적자금 운용
	연기금 및 기타 기금	퇴직금 및 기부금 운용
	투자회사 및 자산운용	고객의 자산 운용
	헤지펀드	소수 고객자금에 대한 공격적 운용
감독 및 인프라 서비스	BIS, BCBS	지급결제 및 은행감독 표준지침 제정
	신용평가사	자금조달자 및 채권의 신용등급 평가
	국제 은행 간 금융통신협회	자금이체 등을 위한 금융통신망 운영
	예탁결제기관 및 보관기관	증권 결제 및 보관

증권예탁원(KSD, Korea Securities Depository) 에서 관리되고 있다.

3.5 국제금융시장의 구분

국제금융시장은 자금의 흐름, 소재국의 은행규제, 금융상품의 만기에 따라 직접금융시장과 간접금융시장, 역내금융시장과 역외금융시장, 단기자금시장과 자본시장으로 구분할 수 있다.

3.5.1 직접금융시장과 간접금융시장

직접금융시장과 간접금융시장은 자금의 수요자 및 차입자 그리고 자금의 공급자 및 투자자의 관점에서 자금의 흐름이 공급자인 투자자로부터 수요자인 차입자로 은행을 경유하느냐 아니면 직접 이동하느냐에 따라 구분하는 것이다.

정부나 기업과 같은 차입자가 국제금융시장에서 채권이나 주식의 발행을 통해 자금을 조달한다면 직접금융시장이 된다. 투자은행은 자금조달자의 증권발행을 지원하는 역할을 할 뿐이며, 증권발행으로 조달하는 자금은 투자자로부터 차입자에게 직접 이동한다.

반면 자금의 차입자인 기업이 국제금융시장에서 은행이나 보험회사로부터 차입을 통해 외화자금을 조달하면 간접금융시장이 된다. 은행이나 보험회사는 고객으로부터 수취한 예금이나 고객이 납부한 보험료를 재원으로 대출한다. 자금공급자인 고객의 자금은 은행을 거쳐서 간접적으로 자금 수요자에게 이동하는 것이다.

3.5.2 역내금융시장과 역외금융시장

역내금융시장은 금융기관이 소재한 나라에서 내국인과 비거주자 간에 또는 비거주자와 비거주자 간에 그 나라의 통화로 자금의 대차와 같은 금융거래가 이루어지는 시장이다. 외국증권시장 및 국제은행시장이 대표적인 역내금융시장이다. 반면 역외금융시장(offshore financial market) 또는 역외금융센터(offshore banking center)는 외국에 본사를 두고 있는 금융기관의 지점 또는 현지법인이 소재하고 있는 나라에서 예금의 수취 및 대출의 실행과 같은 금융거래가 비거주자를 대상으로 이루어지는 시장이다. 유로금융시장은 대표적인 역외금융시장이다.

① 역외금융시장의 발전

역외금융은 1960년대 말에 FRB가 미국의 은행이 국제금융거래를 기록하고 국내에서 적용되는 규제를 피할 수 있도록 해외에 최소한의 기능만 수행하는 껍데기지점(shell branch) 설립을 허용하면서 탄생하였다. 원래 역외금융의 목적은 미국의 소규모은행도 지점설치에 따르는 큰 비용을 부담하지 않고 당시 크게 성장하던 유로달러시장에 참여할 기회를 주기 위해서였다.

역외금융시장은 경제규모가 작은 나라에서 조세 및 금융상의 우대조치를 부여하면서 외국의 금융기관과 외국인 투자를 유치하여 특정 지역을 국제금융센터로 육성하고자 하는 욕구에 따라 지속적으로 늘어났다. 아시아에서는 1969년에 BOA의 싱가폴 지점이 미국 달러화로 비거주자예금을 수취하고 이 자금을 아시아 지역의 기업에 대출하면서 역외금융시장이 생성되었다.

대부분의 역외금융센터는 주요 은행의 껍데기 지점으로 기능하고 있지만, 싱가폴과 홍콩은 런던, 뉴욕 및 동경 시장과 경쟁하면서 종합적인 금융서비스를 제공하는 국제금융센터로 발전하였다.

② 미국의 역외금융시장 설립

FRB는 역외금융이 성공적으로 발전함에 따라 1981년에 IBF(International Banking Facilities)의 설립을 승인하면서 미국의 역외금융시장이 설립되었다. IBF는 법적인 실체가 없이 은행의 일반계정과 분리한 별도의 자산과 부채 계정이다. 미국의 예금수취기관, 외국은행의 지점 및 현지법인, 국제금융업무를 취급하는 미국계 은행의 사무소는 미국에 소재하는 외국은행으로서 IBF를 설립할 수 있으며 지급준비 및 예금보호 의무는 면제된다.

IBF는 비거주자로부터 예금을 수취하고 비거주자에게 대출하는 역외금융이므로 해외에서 취급되던 유로달러화를 미국으로 되돌아오게 하는 데 성공적인 역할을 하였다. 그러나 다른 역외금융과 달리 미국인에 대한 대출이 금지되기 때문에 미국의 역외금융시장 IBF가 발전하기에는 한계가 있으며 특히 1986년에 동경 역외금융시장의 설립으로 침체상태를 면치 못하고 있다.

③ 역외금융시장의 요건

역외금융시장이 성립되려면 역외금융기관이 소재한 나라의 금융규제로부터 자유로워야 한다. 예를 들어 낮은 지급준비율, 낮은 세금, 예금보호 적용 제외, 유리한 국제금융거래 시간대(time zone), 금융비밀유지법 시행 등의 조건이 필요하다. IMF가 인정하고 있는 주요한 역외금융시장은 바하마, 바레인, 케이만군도, 홍콩, 파나마 및 싱가폴이다.

④ 역외금융시장의 유형

역외금융시장의 유형은 3가지로 구분할 수 있다. 첫째는 역내시장과 역외시장의 구분 없이 자금의 이동이 자유로운 시장으로 런던, 홍콩의 역외금융시장이 이러한 유형이다. 둘째는 미국의 IBF 역외금융시장에서처럼 별도의 계정을 설치하여 역내시장과 역외시장을 분리하는 경우로 싱가포르, 동경, 바레인의 역외금융시장이 이러한 유형이다. 셋째는 법인세가 면제되고 등록세나 면허세만 부담하면 되므로 장부 기록 목적의 paper company가 있는 역외금융시장이다. 이러한 유형으로는 바하마, 케이만군도, 유럽의 리히텐슈타인 역외금융시장이 있다.

3.5.3 단기금융시장과 자본시장

국제금융시장은 만기가 1년 이내인 금융상품이 거래되는 단기금융시장과 만기 1년 이상의 대출, 채권과 주식이 거래되는 자본시장으로 구분할 수 있다. 단기금융시장은 자금 수요자와 공급자의 단기적인 수급불균형 조절에 유용한 금융상품이 거래되는 반면 자본시장은 정부나 기업이 자금을 조달하고 투자자가 수익성을 고려하여 중장기적으로 자금을 운용하기에 유용한 시장이다.

① 국제단기금융시장

국제금융시장에서 단기금융시장은 유로통화시장과 미국, 영국, 일본 등 금융시장이 발달한 선진국의 국내 단기금융시장을 포함한다. 유로달러, 유로파운드, 유로엔 등 유로 통화는 통화를 발행한 나라 밖에 있는 금융기관에 예치되어 거래되는 통화이다. 예를 들어 유로달러는 미국이 아닌 다른 나라에 소재하고 있는 은행에 예치된 미국 달러화 예금이다. 유로달러는 1950년대와 1960년대 초 냉전시대에 소련 및 소비에트 연방국가들이 금이나 상품을 팔아서 벌어들인 미국 달러화 자금을 미국이 아닌 프랑스 등 유럽의 은행에 예치한 데 기인한다. 유럽의 은행에 예치한 이유는 미국에 있는 은행에 예치할 경우 동결이나 몰수를 우려했기 때문이다. 유로달러 출현 이후 미국에서 부과되는 달러예금에 대한 지급준비금이나 예금보호의무가 유로달러예금에는 면제되기 때문에 유로달러화 시장은 급속히 발전하였다.

유로통화시장은 은행 간 거래 및 대고객 도매거래를 기반으로 하며 주요 금융상품은 유로통화 표시 단기예금(deposits) 및 대출(credits), 유로단기채권(Euronotes), 유로기업어음(Eurocommercial paper), 유로달러 선도거래, 유로달러 선물계약 등이다. 한편, 국제금융시장에서 단기금융시장의 한 축을 구성하는 주요 선진국의 국내금융시장에서 거래되는 단기 금융상품은 환매조건부매매(R/P), 은행인수어음(B/A), 양도성예금증서(C/D), 기업어음(C/P) 등이다.

② 국제자본시장

국제자본시장은 만기 1년 이상의 금융상품이 거래되는 국제금융시장이다. 개별은행의 단독 대출 또는 차관단 구성을 통한 신디케이트대출로 구성되는 외화자금시장, 채권의 발행 및 매매거래가 이루어지는 국제채권시장(debt capital market), 그리고 주식의 발행 및 매매거래가 이루어지는 국제주식시장(equity capital market)으로 구성된다. 국제자본시장에 대해서는 다음 장에서 상세하게 다룬다.

요 약

1. 국제금융시장은 협의와 광의의 개념으로 나눌 수 있는데, 협의의 국제금융시장은 시장참가자가 외국인이고 금융거래의 표시통화도 시장이 소재한 국가의 통화가 아닌 경우로 유로달러시장, 외국채 및 유로채 시장이 이에 해당한다. 그렇지만 국제금융시장에서 많은 외국인이 선진국의 주식 및 채권에 투자하기 때문에 광의의 국제금융시장은 선진국의 국내금융시장을 포함한다.

2. 1980년대와 1990년대에 국제금융시장의 급속한 발전은 선진국의 외환시장 및 금융시장 규제완화 조치, 그리고 신흥시장국의 금융시장 개방에 기인한다. 영국의 1979년 외환자유화 및 1986년 증권시장 자유화 조치, 그리고 미국의 1999년 금융서비스현대화법 제정이 대표적인 사례이다. 그 밖에 1980년대 이후 정보통신기술의 급속한 발전과 신흥시장국의 대규모 자금조달 및 자금운용도 국제금융시장 발전에 큰 역할을 하였다.

3. 국제금융시장은 국제무역, 채권발행 및 차입을 통한 자금조달, 해외직접투자 또는 포트폴리오투자를 통한 자금운용과 관련하여 발생하는 자본이동이나 금융거래가 원활하게 이루어지도록 다양한 정보 및 기회를 제공하는 순기능이 있다. 그러나 국제금융시장의 순기능에도 불구하고 환리스크와 정치적 리스크, 시장의 불완전성과 변동성 등 국내금융시장과 다른 특성이 있다.

4. 상업은행, 투자은행, 각종 펀드, 중앙은행 및 감독 당국, 국제기구, 인프라 제공사 등 다양한 주체가 국제금융시장에 참가하고 있다. 상업은행 및 투자은행은 다양한 금융상품과 금융거래 서비스를 제공함으로써 국제금융시장에서 핵심적인 역할을 한다.

5. 국제금융시장에서 자금을 조달하는 다국적기업 및 정부는 물론 buy-side 참가자로서 중앙은행, 국부펀드, 연기금 등은 국제금융시장의 활성화와 관련하여 큰 역할을 하고 있다. 또한 국제금융기구, 신용평가사, 자금결제 및 증권보관 인프라 제공업체 등도 국제금융시장이 원활하게 기능할 수 있도록 일정한 역할을 하고 있다.

6. 국제금융시장은 자금의 흐름과 관련하여 직접금융시장과 간접금융시장, 소재국의 은행규제에 따라 역내금융시장과 역외금융시장, 금융상품의 만기에 따라 단기자금시장과 자본시장으로 구분할 수 있다.

7. 역외금융시장은 외국에 본사를 두고 있는 금융기관의 지점 또는 현지법인이 소재하고 있는 나라에서 예금의 수취 및 대출의 실행과 같은 금융거래가 비거주자를 대상으로 이루어지는 시장으로 유로금융시장이 대표적인 예이다.

연습문제

1. 협의의 국제금융시장으로 외국채시장과 유로채시장의 차이점은 무엇인가?
2. 광의의 국제금융시장에서 국내금융시장의 비중이 월등하게 큰 이유를 설명하라.
3. 1990년대까지 런던이 가장 경쟁력이 있는 국제금융중심지로서 위상을 갖게 된 배경은 무엇인가?
4. 국제금융시장의 참가자는 환리스크는 물론 정치적 리스크에도 노출될 수 있다. 정치적 리스크의 사례와 그 내용은 무엇인지를 설명하라.
5. 국제금융시장의 핵심 참가자로서 상업은행과 투자은행의 역할이 어떻게 다른지를 설명하라.
6. 투자은행의 주요 업무 내용을 비교하고 buy-side 참가자로서 투자은행의 역할은 무엇인지를 설명하라.
7. 중앙은행과 국부펀드는 어떤 방식으로 국제금융시장에 참가하는지를 비교하라.
8. 국제금융시장 참가자로서 대표적인 신용평가회사를 열거하고 신용평가회사의 역할이 중요한 이유를 설명하라.
9. 헤지펀드가 국제금융시장을 교란시킨 사례와 그 내용은 무엇인가?
10. 국제금융시장에서 SWIFT의 역할이 왜 중요한지를 설명하라.
11. 직접금융시장과 간접금융시장의 차이에 대해 예를 들어 설명하라.
12. 국제금융시장에서 거래되는 상품의 만기를 기준으로 단기금융시장과 자본시장으로 구분하는데 단기금융시장의 상품에는 어떤 것이 있는지를 열거하라. 그리고 뉴욕금융시장에서 거래되는 미국 달러화 표시 CP(기업어음)가 단기금융시장 상품인지 아니면 자본시장 상품인지를 구분하고 그 이유를 설명하라.

4장

국제자본시장의 이해

학습목표

1. 국제금융시장에서 국제자본시장이 어떤 기능을 하는지 이해한다.
2. 국제채권의 종류, 신용등급의 의미, 채권시장 구조 등 국제채권시장 전반에 대해 파악한다.
3. 국제주식시장의 구조, 상장과 ADR 거래 등 국제주식시장 전반에 대해 파악한다.
4. 자산배분 및 투자전략의 참고자료와 성과평가의 기준으로서 역할을 하는 국제채권시장지수와 국제주식시장지수에 대해 이해한다.

4.1 국제자본시장의 기능

세계 여러 나라의 정부 및 정부대행기관, 기업, 은행 등이 장기자금을 조달하는 국제자본시장은 중장기대출이 이루어지는 외화자금시장을 포함한다. 그러나 외화자금시장은 다른 장에서 다루기 때문에 국제채권시장(international bond market)과 국제주식시장(international equity market)을 중심으로 국제자본시장에 대해 살펴본다.

국제자본시장은 국제적인 자금조달자와 투자자를 대상으로 중장기 채권과 주식이 발행되고 유통되는 시장으로서 여러 가지 기능을 수행하고 있다. 첫 번째는 자금수요자가 국내시장을 넘어 더 유리한 조건으로 국제금융시장에서 외화자금을 조달하고 외화자금의 공급자가 투자할 수 있는 다양한 투자대상물을 제공함으로써 외화자금의 수급불균형을 조절한다.

두 번째는 신용등급이 높거나 수익성 및 성장성이 있는 자금수요자는 그렇지 않은 수요자에 비해 유리하게 외화자금을 조달할 수 있도록 효율적으로 자금을 배분한다. 따라서 국제자본시장은 자금수요자가 부채의 상환능력을 높이거나 수익성 개선 및 성장성이 있는 기회의 발굴을 통해 자금조달 비용을 낮출 수 있는 동기를 부여한다.

세 번째는 여유 외화자금을 보유한 투자자에게 다양한 투자기회를 제공한다.

다양한 통화와 다양한 투자대상물이 거래되는 국제자본시장에서 투자자는 안전성, 유동성, 수익성 등 다양한 투자목적에 맞는 채권 및 주식을 선택할 수 있다.

그러나 투자자는 환율, 금리 및 주가의 변동에 따른 시장위험에 노출되고 채권의 발행자 및 채권 자체로부터 초래되는 신용위험도 있으므로 시장리스크 및 신용리스크를 관리하는 것이 중요하다. 이러한 리스크는 국제금융시장에서 장내 및 장외의 다양한 파생상품이나 IT에 기반하여 전문 S/W가 제공하는 다양한 리스크관리 기법을 통해서 관리할 수 있다.

국제자본시장을 구성하는 채권시장과 주식시장은 글로벌경제의 발전과 함께 금융의 자율화 및 자본시장의 개방이 진전되면서 빠르게 성장하였다. 금융위기 시기인 2008년에 국제자본시장에서 채권과 주식의 규모는 각각 약 72조달러와 34조달러에 불과했으나 2022년말에는 각각 약 130조달러와 101조달러로 크게 늘어났다. 국제자본시장에서 미국이 차지하는 비중은 여전히 높지만 중국이 빠른 속도로 성장하면서 채권시장 및 주식시장에서 중국은 각각 2위와 3위의 비중을 차지하고 있다.

(단위: %)

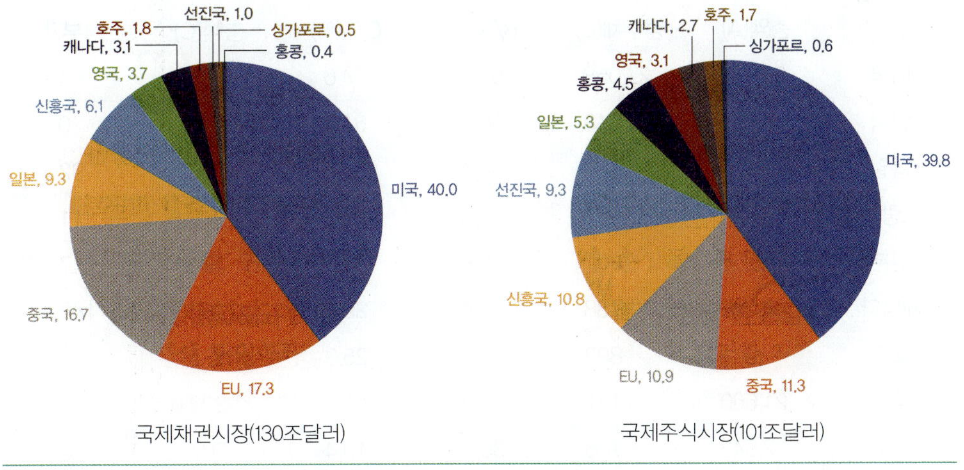

그림 4.1 국제채권시장과 국제주식시장의 규모(2022년말 기준)

자료: SIFMA (미국 증권산업 및 금융시장 협회)

4.2 국제채권시장

광의의 국제채권시장은 선진국 및 신흥시장국의 국내채권시장과 협의의 국제채권시장으로 구성된다. 국내채권시장은 한 국가에 거주하는 자금차입자가 자국의 통화로 발행한 채권이 그 나라 안에서 거래되는 시장이다. 이에 반해 협의의 국제채권시장은 외국의 자금조달자가 발행한 채권이 거래되는 시장이다.

미국과 일본에서 국내채권시장은 95% 이상의 점유율을 나타내고 있는 반면 국제금융중심지로서 금융시장이 발달한 영국에서는 국제채권시장이 약 67%의 점유율을 나타내고 있다. 유로랜드에 속하는 독일과 프랑스 그리고 기축통화국으로서 금융시장이 발달한 캐나다 및 호주도 국제채권시장 점유율이 25% 이상이어서 미국이나 일본과는 대조를 이루고 있다.

한편, 한국의 채권시장에서 외국인 자금조달자가 발행한 국제채권의 비중이 10% 이상을 차지하고 있어 일본이나 중국에 비해 채권시장에서 국제채권의 비중이 높다는 것을 보여주고 있다.

표 4.1 주요국의 채권시장 규모(2022년말 현재) (단위: 10억달러)

	채권시장 규모		정부채*, 국제채 비중		국제채 규모	
	총액(A)	정부채(B)	B/A(%)	C/A(%)	총액(C)	정부채
미국	51,937	27,058	52.1	4.6	2,396	4
영국	4,793	2,418	50.1	67.3	3,226	20
독일	3,978	2,162	54.4	30.8	1,266	92
프랑스	4,835	2,553	52.8	27.3	1,310	11
일본	12,056	8,901	73.8	4.3	521	7
캐나다	4,086	1,738	42.5	29.3	1,198	148
호주	2,311	892	38.6	25.3	585	2
중국	21,660	9,147	42.2	1.0	222	43
한국	2,545	785	30.8	10.4	265	9

주: * 정부 및 정부기관이 발행한 채권
자료: BIS

4.2.1 국제채권시장의 개요

국제채권시장에서 큰 비중을 차지하고 있는 국내채권시장은 주요 선진국 및 자본시장을 개방한 신흥시장국의 채권이 발행되고 유통되는 시장이다. 국제채권시장에서 주로 거래되는 국내 채권은 정부채, 정부기관채 및 우량회사채이다.

협의의 국제채권은 외국채(foreign bond), 유로채(euro bond) 및 글로벌본드(global bond)의 3가지 유형이 있다. BIS가 발표한 협의의 국제채권은 2022년말 현재 약 27.4조달러 규모이다. 협의의 국제채권시장에서 거래되는 국제채권의 통화별 구성은 〈표 4.2〉와 같다. 외국채 및 글로벌본드가 대부분 미국달러화로 발행되고, 유로본드 중에서 미국달러화 표시 채권이 43%를 차지하고 있는 점을 감안하면 국제채권시장에서 거래되는 채권의 약 80%는 미국 달러화로 발행된다는 것을 알 수 있다.

표 4.2 국제채권시장의 통화별 구성(2022년말 현재) (단위: 10억달러)

	총 규모*		금융채	(은행채)	비금융채	정부채**
	금액	비중(%)				
전 세계	25,219	100.0	18,597	7,114	4,250	2,372
현지통화***	9,645	38.4	7,319	2,251	1,797	529
미달러화	10,913	43.3	7,894	2,857	1,607	1,412
유로화	2,851	11.3	1,856	1,142	628	367
기타 통화	1,809	7.2	1,529	865	217	64

주: * 국제채 중에서 국제기구가 발행한 채권을 제외한 수치
** 정부 및 정부기관이 발행한 채권의 합계
*** 외국의 차입자가 국제채권시장 소재국 통화로 발행한 것으로 외국채를 의미함
자료: BIS

① 외국채

외국채는 자금의 차입자가 외국의 자본시장에서 자본시장 소재국의 통화로 발행한 채권이며 소재국의 투자자가 주로 외국채를 매입한다. 예를 들어 한국의 다국적기업이 미국의 투자자를 대상으로 미국에서 미국달러표시 채권을 발행하거

나 한국 정부가 미국달러화 표시 외국환평형기금채권을 미국에서 발행하는데, 이러한 채권은 외국채이다.

외국채가 어느 나라에서 발행되는지에 따라 별칭이 있다. 미국, 영국 및 일본에서 발행된 외국채는 각각 양키본드(Yankee Bond), 불독본드(Bulldog Bond) 및 사무라이본드(Samurai Bond)로 불린다. 또 한국, 중국 및 호주에서 발행된 외국채는 각각 아리랑본드(Arirang Bond), 팬더본드(Panda Bond) 및 캥거루본드(Kangaroo Bond)로 불린다. 아리랑본드는 한국에 소재하지 않은 외국기업이나 국제기구가 한국에서 원화표시로 발행한 채권으로 1995년에 아시아개발은행(ADB)이 처음으로 발행[1]하였다.

외국채는 채권이 발행되는 국가의 증권 관련 규정에 부합하여야 한다. 예를 들어서 미국에서 발행되는 양키본드는 미국의 국내채권에 적용되는 규정에 부합하여야 하므로, 미국 증권거래위원회에 등록하여야 하며 발행자에 대한 상세한 재무정보가 공개적으로 투자자에게 제공되어야 한다.

채권등록에 따른 비용, 발행까지의 소요기간, 정보의 공개의무 등으로 인해 외국의 차입자는 미국의 증권법이 적용되지 않은 유로본드시장에서 미국달러화 표시 채권의 발행을 선호하게 되었다.

② 유로채 또는 유로본드

유로본드는 특정통화 표시 채권이 해당통화국이 아닌 다른 나라의 자본시장에서 발행되어 거래되는 채권이다. 예를 들어 독일의 자금조달자가 미국달러화 표시 채권을 영국, 프랑스, 스위스 등 유럽국가들의 투자자를 대상으로 발행하는 채권은 유로본드이다. 또 외국의 자금조달자가 미국달러화 표시 채권을 한국의 투자자를 대상으로 한국에서 발행한다면 이러한 채권도 유로본드가 되는 것이다.

유로본드는 어느 나라 통화로 표시되느냐에 따라 미국달러화 유로본드, 일본

1 1995년 8월에 아시아개발은행이 7년 만기(2002년 만기)에 12.5%의 쿠폰이 있는 무기명, 무보증으로 당시 800억 원(약 10억 2800만 달러)의 채권을 발행하였으며, 그 이후 44건이 국내외에서 한국 원화 채권으로 발행되었다.

엔화 유로본드, 스위스프랑화 유로본드, 한국원화 유로본드 등으로 불린다. 또한 외국채처럼 발행국가에 따라 별칭이 붙는 경우도 있다. 예를 들어 홍콩에서 발행된 중국 위안화 표시 채권 및 한국에서 발행된 외국통화 표시 채권은 각각 딤섬본드(Dimsum Bond) 및 김치본드(Kimchi Bond)로 불린다.

유로본드는 투자자의 기명으로 등록되는 외국채와 달리 소지인이 해당 채권의 소유자가 된다. 소지인이 소유권을 갖는 채권은 무기명과 개인비밀을 원하는 투자자에게 매력적이다. 무기명 채권의 투자자는 조세회피가 가능하기 때문이다.

발행통화, 만기 등에서 동일한 조건을 갖는 외국채에 비해 수익률이 낮아도 투자자가 유로본드에 대한 투자를 선호함으로써 채권발행자는 좀 더 낮은 비용으로 자금을 조달할 수 있다.

한편, 미국달러화 유로본드는 채권 발행 후 유통시장에서 40일간 미국시장에서 미국 투자자와 거래할 수 없도록 규정하고 있는데 이는 정보공개가 부족한 미등록 채권에 투자하는 미국 투자자를 보호하기 위한 것이다.

국제채권시장에서 유로본드시장의 규모는 외국채시장의 약 4배 정도가 되는데 그 이유는 국제채권을 발행하여 자금을 조달할 때 미국달러화 표시 채권이 가장 많기 때문이다. 구체적으로 그 이유를 요약하면 첫째, 유로달러화 본드는 미국투자자를 대상으로 하지 않으며 미국의 증권거래위원회 등록요건을 따르지 않아도 되므로 양키본드에 비해 훨씬 더 빨리 시장에 내놓을 수 있기 때문이다. 둘째, 유로본드는 투자자의 익명성을 보장하며 이자수익에 대한 조세회피를 허용하는 소지인 형태의 채권이기 때문이다.

③ 글로벌본드

글로벌본드는 대규모로 발행되어 주요 채권시장에서 동시에 매각 및 유통이 이루어지는 채권이다. 1989년에 세계은행에서 처음 발행하였으며 주로 국제기구가 미국달러화 표시로 발행한다.

글로벌본드는 여러 채권시장에서 동일한 채권이 결제 및 보관과 관련하여 제약 없이 거래되므로 완전히 대체가능한 채권이라는 장점이 있다. 따라서 대규모로 발행되고 여러 채권시장에서 유통되는 글로벌본드는 유동성이 높기 때문에

표 4.3 주요국 국제채권시장 규모(2022년말 현재) (단위: 10억달러)

	총액	금융채	은행채	비금융채	정부채*
전 세계	27,364	18,597	7,114	4,250	2,372
미국	2,396	1,627	508	765	4
영국	3,226	2,787	1,414	419	20
일본	521	401	288	114	7
중국	222	125	59	54	43
한국	265	184	145	72	9
국제기구	2,143	–	–	–	–

주: * 정부 및 정부 기관이 발행한 채권의 합계
자료: BIS

투자자는 소규모로 발행되는 국내채, 외국채 및 유로본드에 비해 낮은 수익률을 감수할 수 있다.

4.2.2 국제채권의 종류

국제채권시장에서 거래되는 채권은 국제금융시장이 발달한 나라에서 발행한 정부채, 정부기관채, 회사채 등 국내채권과 외국채, 유로본드 등 협의의 국제채권이다. 국제채권시장에서 거래되는 채권에 대해 발행 형태별로 살펴보면 다음과 같다.

① **고정금리채권**(Fixed-income Securities)

원금의 상환이 특정 만기일에 이루어지도록 약정되어 있고, 만기까지 액면금액에 대해 일정한 퍼센트를 나타내는 이자가 채권소지자에게 정기적으로 지급되는 채권이다. 정부채, 회사채 등 국내채권은 대체로 연 2회 이자가 지급되지만 유로본드는 연 1회 이자가 지급된다.

국내채권과 달리 유로본드는 채권소지인에게 이자를 지급하는데, 채권소지인이 전 세계에 흩어져 있으므로 연간이자를 한꺼번에 지급하는 것이 더 편리하며 비용도 덜 들기 때문이다. 국제채는 대부분 유로달러, 유로파운드, 유로엔 등 주요통화로 표시한 고정금리채권으로 발행된다.

② 유로중기채권(Euro-MTN, Euro-Medium-Term Note)

1년부터 10년까지의 만기로 기업이 발행하는 고정금리채권으로 만기가 약정되어 있고 이자도 정기적으로 지급된다. 1986년에 처음으로 도입된 Euro-MTN은 일반적인 채권발행과 달리 한꺼번에 시장에서 나오지 않고 발행자가 사전에 지정한 만기, 금액, 통화, 발행채권의 종류 등을 포함하는 MTN 프로그램에 따라 시장상황, 자금소요 및 투자자의 요구 등 필요에 의해 다양한 표면이자와 만기를 갖는 채권으로 발행된다.

따라서 유로중기채권은 자금차입자가 필요할 때마다 신축성 있게 자금을 조달할 수 있으므로 채권발행자에게 매우 매력적이다. Euro-MTN은 중기채권으로 발행되기 시작했으나, 만기가 1년 이하 또는 30년 이상의 채권에 대해서도 MTN 프로그램에 따라 발행되는 채권은 MTN 채권으로 통칭한다.

③ 무이표채(Zero Coupon Bond)

표면금리가 없기 때문에 만기까지 이자지급이 없는 채권으로 발행 당시의 수익률로 할인하여 발행된다. 자금조달자의 입장에서는 발행비용이 크지 않고 만기까지 이자를 지급하지 않아 추가 자금부담이 발생하지 않는다는 장점이 있지만 할인금액으로 자금을 조달하기 때문에 자금조달금액이 적다는 단점이 있다.

무이표채는 동일 만기의 고정금리채권에 비해 평균상환만기(duration)가 길기 때문에 금리변동에 따른 채권가격의 변동이 더 크다는 특징이 있다. 한편, 무이표채 발행자는 실제로 이자를 지급하지 않지만 기간 경과에 따라 할인액의 일정 비율을 이자로 간주하여 세금을 감면받으며, 투자자는 시간 경과에 따라 할인액의 일정 비율로 산정한 이자소득에 대해 세금을 내야 한다.

④ 변동금리채권(FRN, Floating-Rate Note)

표면이자가 LIBOR와 같은 특정 금리지수에 연동되어 지급되는 중기채권으로 매분기 또는 매반기 단위로 표면금리가 변동된다. FRN은 1970년에 처음으로 도입되었으며, 표면금리는 LIBOR, T-Bill 및 T-Bond 금리에 가산금리를 합산한 것이며, 가산금리는 채권발행자의 신용이 반영되어 정해진다.

채권을 보유하게 되면 금리변동에 따라 채권의 가격이 변동하는 위험에 노출되는데, 변동금리채권은 고정금리채권에 비해 금리변동에 따른 위험을 완화할 수 있다. FRN은 일정기간 단위로 시장금리에 연동되어 표면금리가 다시 설정되므로 채권의 가격위험이 상대적으로 작다. 따라서 FRN은 투자원금을 보존하고자 하는 투자자에게 매력적인 채권이다.

5년만기, 연2회 이자지급, LIBOR+가산금리 X인 표면금리를 갖는 FRN의 경우에 X는 채무자의 신용 상태를 나타내는 채무불이행 프리미움이다. 이 프리미움은 채권자의 신용상태가 우수하다면 1/8 퍼센트(%) 이내에서 정해진다.

예를 들어 채무불이행 프리미움이 1/8 퍼센트이며 6개월 LIBOR가 5%일 때 액면금액 1,000달러인 FRN은 다음 이자 지급일에 지급할 이자는 25.625달러이다. 즉, 1/2×(0.05+0.00125)×1,000=25.625가 되는 것이다.

⑤ 인플레이션 연계채권(Inflation-Linked Bond)

물가연동채권이라고 불리는 인플레이션 연계채권은 물가상승률을 반영하여 원금 및 이자를 지급함으로써 미래의 인플레이션에 대한 헤지를 제공해주고 채권의 실질가치를 보장해 주는 채권이다. 1997년 1월부터 미국 재무부에서 TIPS(Treasury Inflation Protected Securities)를 발행하기 시작함에 따라 인플레이션 연계채권의 발행은 꾸준히 증가하고 있다. 미국을 비롯하여 영국, 독일, 프랑스, 한국 등 대부분의 선진국에서 이 채권을 발행하고 있는데, 특히 인플레이션이 우려되는 시기에 투자자의 수요가 늘어난다.

인플레이션 연계채권은 고정된 표면금리(coupon)와 만기일을 가지고 있으나 채권의 현금흐름(cash flow)이 물가지수에 연동된다는 점에서 일반 고정금리채권과 차이가 있다. 미국의 TIPS에서 적용하는 물가지수는 미국 노동부(BLS, Bureau of Labor Statistics)에서 산출하여 발표하는 계절조정 전 헤드라인 CPI에 따라 원금이 조정되며, 이자도 조정된 원금으로 산출하여 지급한다.

⑥ 주식연계채권(Equity-Related Bond)

주식과 연계된 채권은 전환사채(convertible bond)와 신주인수권부사채(bond with equity warranty)가 대표적이다.

전환사채는 투자자가 보유한 채권을 만기 전에 미리 정한 가격으로 환산하여 발행자의 주식과 교환할 수 있는 채권이다. 전환사채는 전환옵션이 있기 때문에 일반사채에 비해 쿠폰이자가 낮더라도 투자자가 매입하므로 발행자는 자본조달 비용을 절약할 수 있다는 이점이 있다. 투자자는 전환권을 행사하여 주식으로 교환할 수 있는데, 주가가 상승할 경우 자본이득을 실현할 수 있으며, 전환하지 않더라도 고정이자를 수취하고 원금도 회수할 수 있다.

신주인수권부사채는 채권의 투자자가 일정 기간 내에 일정한 행사가격으로 발행기업의 주식을 취득할 수 있는 권리가 부여된 회사채이다. 신주인수권부사채의 발행으로 기업은 낮은 표면금리로 자금을 조달할 수 있고, 투자자는 주가가 상승하면 시가 이하로 주식을 매입할 수 있는 장점이 있다.

투자자에게 일정한 가격으로 발행자의 주식을 취득할 수 있다는 점에서 전환사채와 유사하다. 그러나 신주인수권부사채는 신수인수권을 행사한 후에도 채권이 존속하며 신주를 인수하기 위해 별도의 대금 지급이 필요하다는 점에서 전환사채와 다르다.

⑦ 수의상환채권(Callable Bond)

수의상환채권은 채권발행자가 만기일 이전에 채권을 상환(매입)할 수 있는 권리인 콜옵션이 있는 채권이다. 발행자에게 콜옵션이 있기 때문에 투자자에게 불리하다. 따라서 일반적으로 채권의 표면금리가 높다. 채권발행자는 금리 하락기에 투자자에게 일반채권보다 높은 표면금리를 지급하는 조건으로 자금을 조달하고, 금리가 하락하면 콜옵션을 행사하여 만기일 이전에 채권을 상환하고 더 낮은 금리로 채권을 발행할 수 있다.

실제로 글로벌금융위기 이후 미국의 정부기관은 안정적으로 자금을 조달하기 위해서 높은 표면금리를 지급하는 채권을 발행하고 금리가 하락할 때 콜을 행사하여 수의상환채권을 재발행하는 방식으로 자금을 조달하였다. 반면 외국의 투자자는 정부채보다 표면금리가 높은 수의상환채권에 대한 투자를 늘렸다. 수의상환채권 매입 후 금리가 하락하지 않으면 높은 고정이자 수익을 기대할 수 있기 때문이다.

⑧ 복수통화채권(Dual-Currency Bond)

복수통화채권은 발행 시에 한 나라의 통화로 발행되어 해당 통화로 고정이자가 지급되지만 만기 시에는 원금이 다른 나라의 통화로 상환되는 채권이다. 예를 들어 어떤 채권이 캐나다 달러화로 발행되었지만 만기 시에는 미국 달러화로 상환되는 경우이다. 복수통화채권은 표면금리가 일반 고정금리채권보다 높다.

만기 시 상환금액은 발행 시에 미리 결정되는데, 만기 시에 상환되는 강세통화인 미국 달러화는 대체로 환율절상이 발생하므로 투자자의 관점에서 복수통화채권은 장기 선도계약과 같은 효과가 있다. 만기 시에 투자자는 강세통화인 미국 달러화로 캐나다 달러화를 더 많이 살 수 있는 이점이 있기 때문이다.

복수통화채권은 1980년대에 크게 발전하였는데, 일본의 기업이 주로 복수통화채권을 발행하면서 일본 엔화로 자금을 조달하고 이자를 지급하지만 만기 시에는 미국 달러화로 상환하는 방식이다. 미국시장에 진출하기 위해 일본의 다국적 기업이 엔화로 자금을 조달한 후 미국 달러화로 환산하여 미국에 있는 지사의 자본투자 용도로 사용하고 만기 시에 미국에 있는 지사의 영업이익으로 창출한 미국 달러화를 원금 상환에 사용하였다.

4.2.3 국제채권의 신용등급

국제채권시장에서 채권을 발행하는 정부나 기업 그리고 이들이 발행한 채권은 국제신용평가회사가 평가한 등급이 필수적이다. 자금조달자는 신용등급에 따라 자금조달비용이 결정되며, 투자자는 신용등급에 따라 투자 또는 투기 등급 정보를 확인하고 투자목적에 맞는 채권을 선택한다.

Moody's Investors Service, S&P Global Ratings 및 Fitch Ratings는 세계 3대 신용평가사로서 발행자 및 채권의 채무불이행 가능성과 채무의 특성에 대한 최신

정보를 분석하여 등급을 부여한다. 3대 신용평가회사의 신용등급 체계는 유사하며, Moody's의 Baa 그리고 S&P 및 Fitch의 BBB 등급 이상이 투자가능 신용등급이다.

발행자의 신용등급과 관련하여 특히 국가 신용등급이 중요한데 해당 국가에서 발행되는 채권 신용등급의 상한이 되기 때문이다. 물론 민간 발행자의 신용등급이 더 높을 수도 있지만 일반적으로 한 등급 이상으로 높지 않다. 따라서 신용평가사는 국가 신용등급을 평가할 때 질적인 요소와 양적인 요소를 선정하여 철저하게 분석한다.

표 4.4 신용평가사의 장기 신용등급

신용등급의 의미	Moody's	S&P	Fitch
최상위 등급: 상환능력 거의 100%	Aaa	AAA	AAA
상위 등급: 장기적으로 약간의 리스크 존재	Aa1	AA+	AA+
	Aa2	AA	AA
	Aa3	AA–	AA–
중상위 등급: 미래에 상환문제 발생 가능	A1	A+	A+
	A2	A	A
	A3	A–	A–
중위 등급: 상황에 따라 상환능력 저하 가능 (최하위 투자 가능 등급)	Baa1	BBB+	BBB+
	Baa2	BBB	BBB
	Baa3	BBB–	BBB–
투기성 등급: 50% 정도의 상환보장	Ba1	BB+	BB+
	Ba2	BB	BB
	Ba3	BB–	BB–
투기 등급: 매우 낮은 원리금 상환보장	B1	B+	B+
	B2	B	B
	B3	B–	B–
높은 투기 등급: 상환불능 상태	Caa	CCC	CCC
매우 높은 투기 등급	Ca	CC	CC
최하위 등급	C	C	C
이미 채무불이행 상태	–	D	D

자료: 각 신용평가사 website

S&P의 국가 신용등급 평가와 관련하여 5가지 요소를 살펴보면, 우선 질적인 요소로 제도적인 평가를 실시한다. 재정, 경제성장, 정치적 또는 경제적 위험 등을 대상으로 정부의 제도 및 정책결정이 국가의 신용에 어떤 영향을 미치는지를 분석한다. 또한 질적인 요소를 분석할 때 데이터, 처리과정 및 제도에 대한 투명성과 책임의식, 국가부채 상환에 대한 문화, 잠재적인 대내외 안보 위협 등도 고려한다.

두 번째로 소득수준, 성장전망, 경제적인 다양성과 변동성을 중심으로 재정의 건전성, 재정정책 및 통화정책의 신축성, 부채상환능력에 대해 경제적인 평가를 실시한다.

세 번째로 비거주자에 대한 공공 및 민간 분야의 채무를 갚는 데 필요한 자금을 해외에서 조달할 수 있는지를 파악하기 위해 공공 및 민간 부문 거주자의 거래와 포지션, 비거주자의 거래와 포지션에 대해 대외적인 평가를 실시한다.

네 번째로 재정의 신축성, 장기적인 재정 추세 및 취약요인, 부채구조 및 자금조달, 우발채무에 따른 잠재적인 위험 등을 대상으로 국가의 재정적자 및 국가채무가 얼마나 지속될 것인지에 대해 재정적인 평가를 실시한다.

마지막으로, 지속가능한 경제성장의 지원, 경제적 또는 금융적 충격 완화와 관련하여 통화당국이 책무를 충실히 수행하는지에 대한 통화적인 평가를 실시한다. 통화적인 평가는 주로 환율제도, 통화정책의 신뢰성에 초점을 맞추고 있다.

만기 1년 이내의 채무에 대해서 채무자의 상환능력을 나타내는 단기 신용등급

표 4.5 신용평가사의 단기 신용등급

		Moody's	S&P	Fitch
단기	투자등급	P–1	A–1+	F1+
			A–1	F1
		P–2	A–2	F2
		P–3	A–3	F3
	투기등급	Not Prime	B	B
			C	C
			D	

은 〈표 4.5〉에서 알 수 있듯이 3대 신용평가회사가 각각 다르게 평가하고 있다. 예를 들어 Moody's는 P-1(탁월한 상환능력), P-2(우수한 상환능력), P-3(수용가능 상환능력) 및 NP(투기수준의 비등급)으로 나누고 있으나 S&P 및 Fitch는 투자등급과 투기등급을 세분화하여 평가하고 있다.

4.2.4 국제채권시장의 구조

국제채권시장은 발행시장과 유통시장으로 나누어진다. 정부채, 회사채 등이 거래되는 주요국의 국내채권시장은 유사하기 때문에 가장 규모가 큰 미국 정부채시장의 발행시장(primary market)과 유통시장(secondary market)에 대해서 먼저 알아본다. 그리고 협의의 국제채권시장에서 가장 큰 규모인 유로본드시장을 중심으로 발행시장과 유통시장에 대해 알아본다.

① 미국 정부채시장

미국 정부채시장은 세계에서 가장 큰 차입자인 미국정부의 원리금 상환보증하에 미국 재무부가 발행하는 채권(U.S. Treasury securities)이 발행되고 유통되는 시장이다. 미국 정부채는 신용위험이 거의 없고 세계에서 유동성이 가장 풍부한 채권으로서 세계 각국의 중앙은행과 미국 내 연기금, 뮤추얼펀드 등 기관투자자의 주요한 투자수단이다.

국제금융시장에서 미국 정부채는 금융투자의 기준이 되는 자산으로서 국제채권시장에서 채권상품의 가격산출 및 호가표시의 기준, 포트폴리오 매니저들이 이용하는 벤치마크의 주요 구성요소로서 역할을 하고 있다. 또한 미국 달러화 외환시장 및 국제채권시장에서 채권포지션 헤지를 위한 주요 수단이 되고 있으며, 안전자산으로서 세계 각국 중앙은행의 외환보유액 구성항목에서 중요한 비중을 차지하고 있다. 그 외에도 미국 연방준비은행의 유동성 조절을 위한 수단으로서 역할을 하고 있다.

만기일 이전 매매 가능 여부에 따라 미국 정부채는 시장성 정부채(marketable securities)와 비시장성 정부채(non-marketable securities)로 구분한다. 시장성 정부

표 4.6 미국 정부채 발행잔액(2023년 7월말 현재) (단위: 10억달러)

구분		발행잔액
시장성 정부채	T-Bill	4,770.5
	T-Note	13,732.1
	T-Bond	4,200.4
	TIPS	1,902.0
	FRN	527.6
	기타	5.5
	소계	25,138.0
비시장성 정부채		7,470.6
총계		32,608.6

자료: 미국 재무부(fiscaldata.treasury.gov/dataset)

채는 만기 1년 이내인 Treasury Bill, 만기 2~10년인 Treasury Notes, 만기가 10년보다 장기인 Treasury Bond로 나누어지며, 그 밖에 물가연동채인 TIPS와 변동금리채도 있다. 비시장성 정부채로는 Savings Bonds, Government Account Series(사회보장신탁기금 및 각종 연방 지원 노후프로그램) 등이 있다. 2023년 7월말 현재 미국의 정부채 발행잔액은 약 32조 6천억달러로 매우 높은 수준이다.

● 발행시장

미국 정부채는 미국 의회가 승인한 발행한도 내에서 재무부의 예산조달방침에 따라 미국 연방준비은행이 재무부를 대행하여 공모방식으로 발행한다.

시장성 정부채 입찰은 경쟁입찰과 비경쟁입찰로 구분하며 경쟁입찰은 투자자가 매입가격(실제로는 수익률)과 규모를 표기하여 응찰하는 것으로 제시가격이 낙찰가격보다 높은 경우에 낙찰된다. 반면 비경쟁입찰은 매입가격을 지정하지 않고 매입규모만 제시하는 방법으로 매입가격은 경쟁입찰의 낙찰가격을 적용한다.

한편 사회보장기금, 연방노후신탁기금 및 Saving Bonds 등이 포함되는 비시장성 정부채는 미국 재무부가 발행하며, 유통시장을 통하지 않고 미국 재무부가 직접 매매당사자가 된다. 시장성 정부채의 발행방식, 발행물량 및 낙찰가격의 결정에 대해 살펴보면 다음과 같다.

발행방식

시장성 정부채의 발행 형태와 발행주기는 다음과 같다.

첫째, T-Bill은 4주(1개월), 13주(3개월), 26주(6개월), 52주(1년) 등 1년 이하의 만기채권으로 이자지급이 없는 할인채(zero coupon bond)의 형태로 발행된다. 4주(1개월), 13주(3개월) 및 26주(6개월) 만기는 매주 그리고 52주(1년) 만기는 매월 발행된다.

둘째, T-Note는 2년, 3년, 5년, 7년 및 10년 만기 채권으로 6개월마다 이자가 지급되는 이표채(coupon bond) 형태로 매월 발행된다.

셋째, T-Bond는 30년 만기 채권으로 T-Note와 마찬가지로 6개월마다 이자가 지급되는 이표채로 매월 발행된다.

그 밖에 물가연동채(TIPS)는 각 만기(5, 10, 30년물)마다 다른 일정으로 주기적으로 발행되며, 변동금리채(FRNs)는 1, 4, 7, 10월에 발행된 후 익월 및 익익월에 재발행된다.

발행물량 및 낙찰가격 결정

정부채 입찰 시 뉴욕 연방준비은행은 재무부의 재정대리인이 되며 Primary Dealer가 발행이 확정된 정부채를 인수한다. Primary Dealer는 미국 연준의 통화정책 수행과 관련하여 뉴욕 연방준비은행의 거래상대방으로서 세 가지 중요한 임무를 수행한다.

Primary Dealer는 i) 연방공개시장위원회(FOMC)의 지침에 따라 미국의 통화정책 수행을 위한 공개시장조작에 지속적으로 참여하며, ii) 통화정책 수립 및 시행에 도움이 되는 시장정보 및 분석자료를 뉴욕 연방준비은행의 거래 데스크에 제공하며, iii) 미국 정부채 발행 시 모든 경매에 참여하고 외국의 투자자를 대신해서 거래할 때는 뉴욕 연방준비은행을 위해 합리적으로 시장을 조성해야 한다. 2023년 6월말 현재 Primary Dealer는 24개이다.

미국 정부채의 발행과정은 i) 발행물량 및 시기 공표, ii) 입찰 및 낙찰, iii) 발행

표 4.7 미국 Primary Dealer 현황(2023년 6월말 현재)

금융기관 이름	금융기관 이름
ASL Capital Markets Inc.	Jefferies LLC
Bank of Montreal, Chicago Branch	J.P. Morgan Securities LLC
Bank of Nova Scotia, New York Agency	Mizuho Securities USA LLC
BNP Paribas Securities Corp.	Morgan Stanley & Co. LLC
Barclays Capital Inc.	NatWest Markets Securities Inc.
BofA Securities, Inc.	Nomura Securities International, Inc
Cantor Fitzgerald & Co.	RBC Capital Markets, LLC
Citigroup Global Markets Inc.	Santander US Capital Markets LLC
Daiwa Capital Markets America Inc.	Societe Generale, New York Branch
Deutsche Bank Securities Inc.	TD Securities (USA) LLC
Goldman Sachs & Co. LLC	UBS Securities LLC
HSBC Securities (USA) Inc.	Wells Fargo Securities, LLC

자료: Federal Reserve Bank of New York

및 결제의 3단계로 이루어진다.

입찰 1주일 전에 미국 재무부가 발행물량과 시기를 공표하는데, 공표 시점부터 입찰실시일, 즉 발행일까지 발행 대상 정부채는 When-issued 채권으로 거래가 시작된다.

실제 입찰 및 낙찰이 진행되는 단계에서 미국 연방준비은행이 입찰 당일에 미국 재무와 12개 지역 연방준비은행에 제출된 입찰신청서를 종합하여 입찰물량을 배분한다. 전체 입찰물량 중에서 개인투자자나 소규모 기관투자자들이 5백만달러 미만으로 참여하는 비경쟁입찰을 차감한 후 경쟁입찰 물량을 확정한다.

입찰은 직접입찰과 간접입찰로 나누어지는데 직접 입찰참가자는 Primary Dealer, Primary Dealer가 아닌 투자은행, 헤지펀드, 연기금, 뮤추얼펀드, 보험회사, 은행, 정부기관 및 개인투자자이다. 반면, 한국은행 등 외국의 중앙은행, 국제기구와 같은 대규모 투자자는 Primary Dealer, 투자은행 등 거래상대방을 통해 간접적으로 입찰에 참가한다.

참고 Conventional 방식과 Dutch 방식의 낙찰가격 예시

- 정부채 10년물 300억달러를 발행하는데 비경쟁입찰 물량이 100억달러이고 경쟁입찰 물량이 200억달러인 경우를 가정

입찰내역

수익률	입찰물량	누적입찰물량	인수물량
5.00%	60억달러	60억달러	60억달러
5.01%	100억달러	160억달러	100억달러
5.02%	150억달러	310억달러	40억달러
5.03%	50억달러	360억달러	–
5.04%	40억달러	400억달러	–

인수수익률 계산

Conventional 경매방식

· 응찰시 제출한 수익률로 인수하며, 비경쟁입찰자들은 낙찰자들의 평균 수익률로 인수

· 평균수익률: (60×5.00+100×5.01+40×5.02)/200=5.01%

· 최고수익률: 5.02%이며 이 수익률에서는 40억달러만 인수

· tail: 1 bp {최고수익률(5.02%)과 평균수익률(5.01%)의 차이}

· bid-cover ratio: 2.00($400억/$200억)

Dutch 경매방식

· 낙찰금리 범위 내에 포함된 입찰자들 모두 5.02%의 수익률로 낙찰

물량 배정 및 낙찰가격의 결정은 Conventional 경매[2]가 아닌 Dutch 경매방식을 적용한다. 높은 가격(또는 낮은 수익률)을 제시한 입찰자부터 순차적으로 낙찰시키되 인수가격은 낙찰자들이 제시한 가격 또는 수익률 중에서 가장 낮은 가격(또는 가장 높은 수익률)을 낙찰가격으로 결정하여 모든 낙찰자에게 단일가격으로 적용한다. 미국 재무부는 Dutch 방식으로 낙찰가격을 결정함으로써 투자자들의 공

2 Conventional 방식은 각 입찰자가 제출한 가격 중 가장 높은 가격(낮은 수익률)을 제시한 입찰자부터 순차적으로 낙찰시키는 방식으로 인수가격은 각 입찰자가 제시한 가격으로 결정한다.

격적인 투자와 낮은 수준의 수익률을 유도하여 이자부담을 경감할 수 있다.

- **유통시장**

미국 정부채 유통시장은 기발행된 정부채가 거래되는 시장으로서 종류가 다양하고 거래조건도 표준화되어 있지 않아 정부채는 주로 장외에서 거래가 이루어지고 있다. 유통시장의 주요 참가자는 중앙은행, 자산운용사 등 일반 투자자와 시장조성과 딜러(dealer)[3]의 역할을 하는 투자은행, 그리고 매매거래를 원하는 일반 투자자 또는 딜러의 주문을 받아 거래를 중개하는 브로커(broker)가 있다.

유통시장의 거래는 브로커나 딜러가 투자들로부터 전화 또는 컴퓨터 등 거래수단을 통해 매수 또는 매도 금액과 호가를 주문받는다. 주문을 받은 후 주문내용과 반대거래를 원하는 거래상대방을 찾아 거래를 중개하거나 딜러 포지션으로 거래를 성립시킨다.

표 4.8 미국 정부채의 외국인 투자 규모 (단위: 10억달러)

순위	국가명	2022년 12월말	2023년 6월말
1	일본	1,076.3	1,105.6
2	중국	867.1	835.4
3	영국	639.5	672.3
4	벨기에	351.2	332.4
5	룩셈부르크	329.3	331.8
17	한국	102.5	115.1
외국인 투자총액		7,291.3	7,562.9
중앙은행 투자액		3,677.4	3,760.2
T-Bill		238.7	215.9
T-Note 및 T-Bond		3,438.7	3,544.3

자료: 미국 재무부 TIC(Treasury International Capital) data (www.treasury.gov/resource-center)

3 딜러는 자기자본 또는 자기계정으로 채권의 가격을 결정하고 매매행위를 하는 투자은행으로 수익원은 채권의 매입가격과 매각가격의 차이인 스프레드이다. 단순히 증권의 매매거래를 중개만 하고 수수료를 받는 브로커와는 다르다.

미국 정부채는 유통물량이 많고 유동성이 풍부해서 미국 내 투자자는 물론 해외에 있는 투자자의 거래수요가 많기 때문에 장외거래로 이루어지는 현물거래는 뉴욕, 런던, 동경 등 주요 국제금융시장을 통해 거의 온종일 거래가 이루어지고 있다. 또한 정부채의 현물포지션을 헤지하기 위한 선물거래도 전 세계 국제금융시장의 개장 시간에 활발하게 이루어지고 있다.

특별히 뉴욕시장 개장 시간에 주로 거래가 이루어지는 이유는 미국 및 해외 투자자들이 주로 뉴욕에 사무소를 개설하고 있으며, 정부채 가격 형성에 영향을 미치는 주요 경제지표가 뉴욕 시간대에 발표되기 때문이다.

미국 정부채에 대한 외국인 투자 비중은 통상 40% 정도를 유지해왔으나 2023년 6월말 현재 외국인 투자 비중은 미국 재무부가 발행한 시장성 정부채의 발행잔액 약 24.9조달러 중 30% 정도로 축소되었다. 외국인 투자액의 약 50%는 안전성과 유동성을 고려하여 미국 정부채에 투자한 세계 각국 중앙은행의 외환보유액이다.

외국인 투자 비중이 크게 감소한 이유는 2022년부터 국제사회에서 미국과 중국의 관계 악화, 러시아와 우크라이나의 전쟁 등으로 중국과 러시아가 미국 정부채 보유를 축소했기 때문이다. 특히 세계 최대 미국 정부채 투자자인 중국 SAFE[4]는 위안화 국제화 추진, 미·중 갈등에 따른 잠재적인 제재 등으로 미국 정부채 보유를 줄이고 있다.

② 유로본드시장

협의의 국제채 중에서 유로본드의 발행 비중은 약 80%를 차지하는데 발행시장과 유통시장에 대해 살펴보면 다음과 같다.

● 발행시장

유로본드를 공모형식으로 발행하여 자금을 조달하고자 하는 차입자는 투자은행을 접촉하여 채권인수단의 주간사를 우선 선정한다. 주간사는 기채시장 선택,

4 SAFE(State Administration of Foreign Exchange)는 중국의 중앙은행인 인민은행 산하의 조직으로 중국의 외환보유액을 운용하고 있다.

발행조건 결정, 제반 필요서류 작성, 인수 및 판매단 구성 등 채권발행의 모든 발행 절차에서 중요한 역할을 수행한다.

주간사는 투자은행, 단자회사(merchant bank), 상업은행의 단자업무취급 자회사, 기타 공모발행에 특화된 회사 등으로 채권인수단을 구성한다. 차입자와 협상, 시장상황 파악 및 발행업무의 관리를 위해 주간사는 공동간사로 구성되기도 한다.

채권인수단은 자신의 자금으로 발행하는 채권을 발행가격보다 다소 할인된 가격으로 매입하는데 이때 할인되는 가격을 인수스프레드(underwriting spread)라고 하며, 일반적으로 인수스프레드는 평균 2~2.5% 수준이다. 회사채와 같은 국내채권의 발행 시 채권인수단의 인수스프레드가 1% 정도인 점을 감안하면 높은 편이다.

채권인수단은 다른 은행들과 함께 발행채권의 판매단으로서 역할을 하면서 일반 투자자에게 채권을 판매한다. 채권발행에 참여하는 주간사, 채권인수단, 판매은행은 역할에 따라 일정 수준의 스프레드로 수익을 얻는다.

유로본드의 발행시장은 영국, 프랑스 등 유럽에서 큰 비중을 차지하고 있으며, 발행주체는 금융기관, 기업, 정부의 순이다. 한편, 유로본드의 발행일이 결정된 후 발행대전이 입금되기까지 통상 5~6주가 걸린다.

한편, 〈표 4.9〉에서 알 수 있듯이 유로본드가 주축인 국제채권 발행시장은 꾸준히 증가하는 모습을 보이다가 COVID-19 팬데믹 기간에 글로벌경제의 성장이 주춤하면서 2022년에는 세계에서 발행된 채권 중에서 국제채의 발행이 위축되고

표 4.9 지역별 국제채권 발행시장 (단위: 10억달러)

	아시아	대양주	미주	EMEA*	총액
2008	64.7	85.8	1,235.5	2,632.0	4,018.0
2019	517.9	70.1	2,141.7	2,063.4	4,793.1
2020	577.6	48.2	2,990.8	2,503.0	6,119.6
2021	617.2	80.1	2,897.7	2,597.3	6,192.3
2022	346.4	84.9	2,056.5	1,941.0	4,428.8

주: * 유럽, 중동 및 아프리카 지역의 합계
자료: ICMA 분석 데이터

있는데 일시적인 현상으로 보인다.

● 유통시장

유통시장은 발행된 유로본드가 만기일 이전에 다른 투자자에게 매각되고 거래되는 시장이다. 유로본드는 주로 런던에서 장외거래로 이루어지며, 취리히, 룩셈부르크, 프랑크푸르트, 암스테르담 등 유럽의 금융중심지도 유통시장의 역할을 하고 있다.

유통시장에는 시장조성자 및 브로커가 통신망으로 연결되어 있는데, 시장조성자는 양방향의 매입(bid) 및 매도(ask) 가격을 제시하면서 자기계정으로 유로본드를 매입 또는 매도하는 시장참가자이다.

시장조성자는 고객과 직접 거래를 하거나 브로커를 통해 거래하는데, 매입가와 매도가의 차이인 스프레드가 수익원이다. 전자거래 시스템이 발전하면서 일부 자산운용사는 시장조성자를 거치지 않고 직접 유로본드를 사고팔기도 한다.

유로본드의 시장조성자 및 딜러는 취리히에 본부를 두고 있는 국제자본시장협회(ICMA, International Capital Market Association)의 회원으로 투자은행, 단자회사 또는 발행시장의 인수단에서 주간사로서 역할을 한 상업은행의 단자업무취급 자회사가 맡는다.

브로커는 시장조성자로부터 매입 또는 매각 주문을 받은 후 자기계정으로 거래하는 거래상대방을 찾아 거래를 성립시키는 역할을 하며, 소매고객과는 직접 거래하지 않는다. 거래가 성립되면 브로커는 주문받은 시장조성자로부터 서비스의 대가인 소정의 수수료를 받는다.

유로본드는 원래 소지인 형태로 유통되었으나 기관투자자의 소유권 요구가 늘어나면서 소유권 이전 및 증권매매 대전의 지급과 관련하여 결제시스템이 필요해졌다. 미국의 J.P. Morgan이 설립한 Euroclear Bank 산하의 Euroclear, 유럽계인 Clearstream[5]이 유로 가맹국의 정부채 및 회사채, 외국채와 함께 유로본드의

5 미국계인 Euroclear에 대항하기 위하여 1970년에 66개 유럽지역 주요 은행들이 공동출자하여 룩셈부르크에 설립한 CEDEL(Centrale de Livraison de Valeurs Mobilieres SA)과 독일계 Deutsche Börse Clearing이 2000년에 합병하여 설립한 국제증권예탁결제기관이다.

그림 4.2 국제채권시장 거래 규모

자료: ICMA, Dealogic

거래에 따른 결제 및 증권보관 업무를 수행하고 있다. 이 두 개의 결제시스템은 유로본드 시장조성자에 대한 자금대여, 신규 채권 발행 지원, 보관채권의 이자지급 업무도 수행한다.

4.2.5 채권시장지수(Bond Market Index)

국제채권시장에서 중앙은행, 국부펀드, 자산운용사 등 기관투자자가 채권포트폴리오를 구성하여 채권에 투자할 때는 자산배분 및 투자전략의 참고자료 및 성

표 4.10 주요 채권시장지수

채권시장지수	포괄 범위	제공업체
WGBI(World Government Bond Index)	다양한 통화 표시 20개국 이상의 정부채	Financial Times
BABI(Bloomberg Aggregate Bond Index)	미국 시장의 정부채, 회사채 등 투자가능등급 10,000개 이상의 채권	Bloomberg
GABI(Global Aggregate Bond Index)	25개 이상 통화 표시 약 60개국의 5,500개 이상 채권	JP Morgan
EMBI(Emerging Market Bond Index)	미국 달러화 표시 신흥시장국 정부채 및 회사채	JP Morgan

자료: Financial Times, Bloomberg, JP Morgan

과평가의 기준으로서 채권시장지수를 활용한다. 투자자는 운용목표, 투자대상채권의 종류 및 신용등급의 기준이 다르기 때문에 실제로는 채권시장지수를 수정한(customized) 채권시장지수를 이용한다.

Bloomberg, Financial Times 등 금융정보를 제공하는 회사에서 전 세계(선진국 및 신흥시장국)를 대상으로 하는 통합채권시장지수(global aggregate bond index) 또는 그룹별 및 국가별 채권시장지수(예를 들어 US aggregate bond index) 등 다양한 형태의 채권시장지수를 편제하여 발표하고 있다.

4.3 국제주식시장

국제주식시장은 내국인뿐만 아니라 외국인도 상장된 주식을 거래할 수 있거나 국내기업뿐만 아니라 외국기업의 주식도 상장할 수 있도록 개방되어 있는 주식시장이다. 자금을 조달하는 기업은 국내주식시장을 넘어 국제주식시장에 상장함으로써 더 많은 투자자를 대상으로 더 유리하게 자금을 조달할 수 있다. 또한 투자자도 국제주식시장에서 재무건전성이 양호하고 사업 전망이 밝은 기업의 주식을 보유하고 매매함으로써 수익률을 제고할 수 있는 선택의 폭이 더 넓어졌다.

4.3.1 국제주식시장 개요

70개국 이상의 증권거래소가 회원으로 가입하고 있는 세계거래소연맹(WFP, World Fedration of Exchanges)에 의하면 2023년 6월말 현재 세계 주식시장의 시가총액은 약 108.5조달러이다. 지역별로는 미국이 중심인 미주 주식시장의 규모가 가장 크며, 그 다음으로 규모가 큰 주식시장은 중국, 일본 및 한국을 포함하는 아시아태평양지역의 주식시장이다.

한편, 단일 증권거래소 중에서 시가총액 기준으로 가장 규모가 큰 거래소는 미국의 뉴욕증권거래소(NYSE)이다. 그 밖에 미국의 기술주가 주로 상장되어 거래되

표 4.11 국제 주식시장 규모(2023년 6월말 현재) (단위: 10억달러)

지역	시가총액	상장회사 수(개)	비고
미주지역	50,942.0	10,986	남, 북 아메리카
아태지역	32,525.0	31,384	중국, 일본, 한국, 인도 등
EMEA	25,050.9	13,367	유럽, 중동 및 아프리카
합계	108,517.9	55,737	–

자료: 세계거래소연맹(WFE)

는 NASDAQ[6], 중국의 상하이증권거래소, 유럽지역의 유로넥스트, 일본증권거래소가 그 뒤를 잇고 있다.

뉴욕증권거래소의 시가총액은 2023년 7월말 현재 약 25조달러로 전 세계 주식시장의 25% 정도를 차지하고 있으며, 미국의 NASDAQ도 약 22.2조달러로 뉴욕증권거래소와 비슷한 규모이다. 시장상황에 따라 기술주의 주가 상승이 뚜렷한

표 4.12 주요 거래소 순위(2023년 7월말 현재) (단위: 조달러)

순위	거래소명	시가총액	소재국
1	뉴욕증권거래소(NYSE)	25.0	미국
2	NASDAQ	22.2	미국
3	상하이증권거래소	7.1	중국
4	유로넥스트(Euronext)*	7.0	유럽
5	일본증권거래소	6.0	일본
6	심천증권거래소	4.8	중국
7	홍콩증권거래소	4.6	홍콩
14	한국거래소	2.0	한국

주: * 네덜란드 암스테르담과 프랑스 메트로폴 뒤 그랑 파리 라데팡스에 위치한 유럽의 전자 거래소로 2007년 뉴욕증권거래소와 합병되었다가 2014년에 독립거래소로 복귀하였음
자료: Statista.com

6 1971년에 도입된 NASDAQ(National Association of Securities Dealers Automated Quotations) 시장은 미국의 장외 주식거래시장으로 기술주 중심의 주식을 컴퓨터 전산망을 이용하여 거래하며 활발하게 거래되는 주식에 대해서는 뉴욕증권거래소와 달리 복수의 시장조성자를 두고 있다.

시기에는 뉴욕증권거래소보다 더 큰 시가총액을 기록하기도 한다.

중국에는 1990년에 각각 설립된 상하이증권거래소와 심천증권거래소 외에 2021년에 설립된 베이징증권거래소가 독립된 증권거래소로 운영되고 있다.

참고 한국은행, QFII 투자한도 취득

ㅁ 한국은행은 2012년 3.9일 중국 국가외환관리국(SAFE, State Administration of Foreign Exchange)으로부터 QFII 한도 3억 달러를 배정받았다.

· 한국은행은 중국 위안화 자산에 투자하기 위해 2011년 2월 적격외국인기관 투자자(QFII, Qualified Foreign Institutional Investor) 자격을 신청하여 2012년 1월 중국 증권감독관리위원회(CSRC, China Securities Regulatory Commission)로부터 QFII 자격을 승인받았다.

* 외국인이 중국 거래소시장(상하이 및 심천 증권거래소)에 투자하기 위해서는 ① 중국 증권감독관리위원회로부터 QFII 자격을 승인받은 후 ② 국가외환관리국으로부터 투자한도를 배정받는 2단계 절차를 거쳐야 함

→ 2012년 1월 은행 간 채권시장(장외시장)에의 참여를 승인받은 데 이어 장 내시장에 투자하는 QFII 한도를 배정받음으로써 중국 장내 및 장외 금융시장에 대한 투자가 가능해졌다.

중국의 주식시장은 내국인이 위안화로 거래하는 A주 시장, 외국인이 외국통화로 거래하는 B주 시장으로 구분된다. 규제 완화로 2001년 내국인의 B주 시장 거래가 허용되었으며, 2002년에는 외국인도 QFII(적격 외국인 투자자격)를 획득하면 A주 시장 거래가 허용되었다.

① 국제주식시장 유동성

투자자는 국제주식시장에서 주식을 매입하여 보유하거나 매매하기 위해서는 주식시장의 유동성을 중시한다. 유동성이 풍부한 주식시장은 투자자가 현재의 시장가격에 신속하게 주식을 매매할 수 있는 시장이다.

국제주식시장의 유동성은 일정 기간 중의 거래금액을 해당 기간의 평균 시가

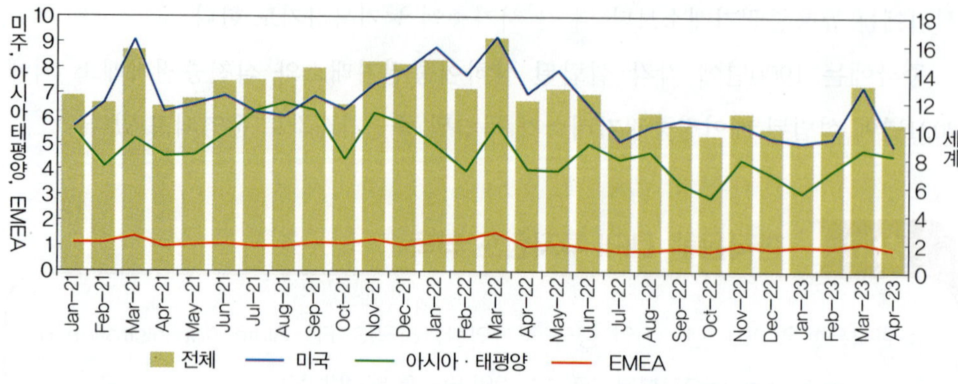

그림 4.3 국제주식시장 거래금액 추이

자료: 세계거래소연맹(WFE)

총액으로 나누어 계산하는 시가총액회전율로 측정한다. 시가총액회전율이 높은 주식시장일수록 유통시장의 유동성이 높아서 거래하기가 용이하다. 뉴욕, 런던 등 주요 거래소의 시가총액회전율은 대체로 40% 정도로 유동성이 높다.

시가총액회전율 (거래금액회전율) = 총 거래금액 ÷ 평균 시가총액 × 100

세계거래소연맹에서 전자 주문을 기준으로 집계한 2023년 1/4분기 국제주식시장 거래금액은 약 32.8조달러로 국내 투자자와 외국인 투자자의 거래비중은 각각 97%와 3%을 차지한다. 지역별로 거래금액을 살펴보면 미주지역 54%, 아태지역 36% 및 EMEA 지역 10%로 구성되지만, 2023년 1/4분기 약 107억 건의 거래 중에서 아태지역 66%, 미주지역 26% 및 EMEA 지역 8%로 나타나 경제발전과 함께 아태지역 투자자의 주식시장에 대한 관심도가 매우 크다는 것을 알 수 있다.

② 국제주식시장 집중도

투자자는 몇 개의 대형기업 주식이 지배하고 있는 주식시장에서 분산투자를 하는 데 어려움이 있다. 또한 주식시장이 집중되어 있으면 자금조달이 필요한 기업의 접근성도 제약받는다. 주식시장 집중도는 10대 상장회사의 시가총액을 주식시장의 시가총액으로 나누어 계산한다.

예를 들어 2023년 5월말 현재 미국 S&P 500 지수를 구성하는 종목 중에서 시가총액 기준 상위 10개 주식의 비중은 32.1%에 달하고 있다.

한편, 한국의 대표적인 주가지수 KOSPI의 집중도는 2023년 8월말 현재 37.6%로 미국의 S&P 500 지수의 집중도보다 더 높다.

집중도가 높은 주식으로 포트폴리오를 구성한 투자자는 고금리가 지속되고 주가가 하락할 경우 잠재적인 손실에 취약하다. 따라서 투자자는 소형주, 경기주

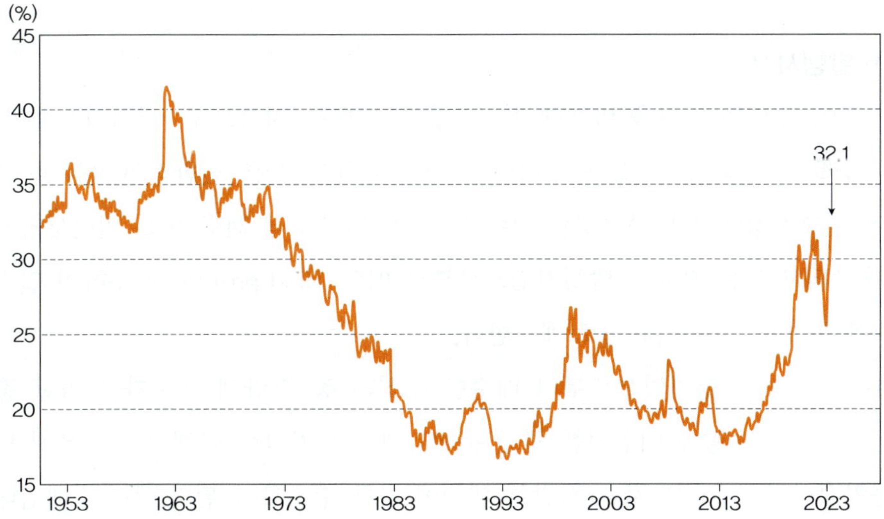

그림 4.4 미국 S&P 500 집중도 추이

자료: FS Investments, Bloomberg Finance, L.P., as of May 31, 2023

표 4.13 한국 KOSPI 집중도(2023년 8월말 현재) (단위: %)

순위	주식	비중	순위	주식	비중
1	삼성전자	16.95	6	삼성전자우선주	1.87
2	LG에너지솔루션	4.93	7	삼성SDI	1.65
3	SK하이닉스	3.52	8	LG화학	1.62
4	삼성바이오로직스	2.10	9	현대차	1.60
5	POSCO홀딩스	1.91	10	Naver	1.41

자료: 한국거래소

또는 신흥시장국 주식으로 분산투자를 함으로써 시장위험을 줄일 수 있다.

4.3.2 국제주식시장의 구조

국제주식시장은 기업이 자금을 조달하기 위해서 주식을 발행하는 시장과 이미 발행된 주식을 투자자 간에 거래하는 유통시장으로 구성된다. 발행시장에서 주식을 매입한 투자자나 인수한 투자은행은 유통시장을 통해서 장기간 보유를 원하지 않은 주식을 처분하고 매수자가 이러한 주식을 취득하게 된다.

① 발행시장

기업이 새로운 주식을 발행해서 자금을 조달하는 시장으로, 투자자은행이 단독으로 또는 공동인수단을 구성하여 주식의 발행에 따른 전반적인 업무를 대행한다. 발행시장에서 투자은행은 인수단으로서 발행주식 전량 또는 일반투자자에게 매각되고 남는 분량을 발행기업으로부터 매입가(bid price)로 매수하여 일반투자자에게 매도가(offer price)로 매각한다.

투자은행이 발행기업으로부터 매수한 주식의 총 수량에 매도가를 곱한 총매도금액에서 총수량에 매입가를 곱한 순매입대금을 차감한 금액이 투자은행 또는 공동인수단의 스프레드로 주식발행 대행에 따른 수수료가 된다. 즉, 순매입대금이 발행기업의 자금조달 금액이 된다.

발행시장에서 기업공개(IPO, Initial Public Offering)는 기업이 처음으로 일반투자자에게 주식을 매각하는 것이며, 증자(Increase of Paid-in-capital)는 IPO를 통해 매각한 주식에 대해 추가로 신주를 발행하는 것이다.

② 유통시장

유통시장은 이미 발행된 주식이 일반 투자자들 간에 거래되는 시장으로, 주식의 보유를 줄이거나 신규로 주식을 취득할 수 있게 하며 주식의 시장가격을 형성한다. 유통시장은 직접탐색시장(direct search market), 대리시장(agency market), 딜러시장(dealer market) 및 경매시장(auction market)의 4가지 유형으로 구분할 수 있다.

● 유통시장의 종류

직접탐색시장은 주식의 매입자와 매도자가 직접 거래상대방을 찾는 방식으로 조직화되지 않은 시장이다.

대리시장은 브로커가 고객의 주문을 대리인을 통해 받는데, 대리인은 거래상대방을 찾아 거래를 성립시키는 역할을 한다. 이때 대리인은 브로커의 브로커가 되는 것이다. 예를 들어 발행시장에서 투자은행은 브로커로서 발행기업의 주식을 일반투자자에게 매각하는데, 투자은행이 발행기업으로부터 신주를 직접 매입할 투자를 찾는다.

딜러시장은 중개인인 브로커가 자기계정으로 주식을 사고파는 주체로서 거래에 참여하는 딜러를 통해 거래주문을 받는 형태이다. 즉, 딜러시장에서 일반인은 직접 매매를 하지 않는다. OTC(over-the-counter) 시장이 대표적인 딜러시장으로 상장되지 않은 주식이 거래되는 시장이다. 참고로 어떤 주식에 대해 여러 딜러의 매수가 및 매도가를 보여주는 NASDAQ은 컴퓨터로 연결한 거래시스템으로 장외에서 거래가 이루어지지만 일반적으로 장외거래시장으로 분류되지 않는다.

경매시장은 주식의 매수자 및 매도자가 하나의 장소에서 직접 또는 전자적으로 거래하는 시장으로 뉴욕증권거래소, 한국거래소 등의 증권거래소가 전형적인 경매시장이다. 경매시장에서는 시장참여자가 하나의 장소에서 매입가격과 매도가격을 확인할 수 있어서 딜러를 통한 가격 탐색비용이 없기 때문에 매입가와 매도가의 차이인 스프레드가 절감된다.

● 유통시장의 거래방식

유통시장의 거래방식은 컴퓨터를 통한 거래와 사람이 개입하는 대면방식의 거래가 있다. 컴퓨터를 통한 거래는 매수주문과 매도주문이 증권회사의 e-trading 시스템을 통해 거래소의 컴퓨터로 전송되면 컴퓨터가 매도가와 매수가가 일치하는 거래를 성립시킨다.

오늘날 대부분의 거래는 컴퓨터거래 방식으로 이루어지지만, 컴퓨터로 이루어지지 않는 거래는 자격보유자의 개입을 통해서 이루어진다. 예를 들어 뉴욕증권거래소의 자격보유자는 지정시장조성자(DMM, designated market maker), 객장브로커(floor broker) 및 추가유동성공급자(SLP, supplementary liquidity provider)의 세 종류이다.

DMM은 이전의 스페셜리스트(specialist)로 특정 주식에 대해 딜러 역할을 하면서 매수·매도시장을 유지하고 호가를 최신화한다.

객장브로커는 Goldman Sachs와 같은 투자은행의 중개업무를 담당하는 직원으로 고객이 가장 좋은 가격으로 거래를 할 수 있도록 지원하는 역할을 한다.

SLP는 배정된 주식에 대해 적극적으로 시장참여자의 역할을 하기로 동의한 투자은행으로 일방으로 호가시장을 형성하면서 시장에 유동성을 공급한다. DMM이나 브로커는 거래소 객장에서 영업을 하지만 SLP는 객장에서 영업을 하지 않는다.

● 주문의 종류

유통시장에서 일반 투자자가 브로커인 대리인이나 전자거래 시스템을 통해서 매매주문을 낼 때 두 가지 방식의 주문, 즉 시장가주문(market order)과 가격조건부주문(limit order)이 있다. 장외시장 및 거래소시장에서 시장가주문이나 가격조건부주문은 영업시간 중 언제든지 주문조건에 부합하면 거래가 실행된다.

시장가주문은 주문이 접수되는 시점에서 시장에서 입수 가능한 최선의 가격, 즉 시장가격으로 거래가 실행된다. 반면, 가격조건부주문은 특정가격 또는 더 좋은 가격으로 거래를 실행하기 위한 주문이다. 가격조건으로 주문한 거래가 즉시 실행되지 않으면 그 주문은 조건에 부합할 때까지 거래소의 시장조성자나 전자거래 시스템의 관리하에 남아 있거나 소멸된다.

한편, 가격역지정주문(stop)은 거래하고자 하는 주식의 가격이 제한가격에 도달하기 전에는 매매체결이 되지 않는 주문방식이다. 가격역지정매도주문(stop-loss order)는 주가가 특정가격 이하로 떨어지면 주식을 매도하고 가격역지정매입주문(stop-buy order)은 주가가 특정 수준 이상으로 올라가면 주식을 매입하도록 지정하는 것이다.

● 유통시장의 발전

유통시장은 거래소의 객장에서 사람에 의해 거래를 체결하던 거래방식에서 전자거래 시스템을 이용하여 자동으로 체결하는 거래방식으로 발전하였다. 또한 금융시장의 개방과 정보통신기술의 발전으로 경쟁력 강화를 위한 거래소의 통합이 이루어지고 있다.

전자거래 시스템의 도입

세계 각국의 증권시장은 대부분 상장주식 전부 또는 일부를 자동으로 거래하는 전산시스템을 갖추고 있는데, 세계에서 최초로 캐나다의 토론토증권거래소(TSX, Toronto Stock Exchange)이 컴퓨터거래시스템을 시작하였다. 자동거래 시스템을 통해 지속적으로 매매거래를 원하는 고객의 주문을 저장하고 표시함으로써 거래소 직원의 도움 없이 거래상대방과 신속한 거래체결이 가능해졌다.

미국의 뉴욕증권거래소는 약 80% 정도는 자동매매로, 20%는 사람에 의해서 거래되는 것으로 나타나고 있으나 세계 각국의 많은 증권거래소에서는 이미 거래소 객장이 완전히 사라졌다.

한편, 컴퓨터를 이용한 자동매매가 발전하면서 프로그램 매매(program trading) 및 알고리즘 트레이딩[7](algorithmic trading)이 등장하였다. 프로그램 매매는 선물시장과 연계한 차익거래 즉 선물과 현물 중에서 상대적으로 고평가된 것을 팔고 동시에 가격이 낮은 쪽을 사는 알고리즘 매매이다. 예를 들어 미국에서 프로그램 매매는 시가총액이 백만달러 이상인 주식 15개 이상이 동시에 컴퓨터 프로그램을 통해서 거래가 실행되는 것이다. 프로그램 매매로 주가의 변동성이 크게 확대되면서 시장의 교란이 발생하기도 한다.

거래소의 통합

1990년대 이후 규제 완화, 투자자의 기관화, 금융상품의 증권화 및 자본자유화 그리고 정보통신기술의 발전으로 소형거래소가 등장함에 따라 증권시장 간 경쟁이 심화되었다. 이에 따라 경쟁력 강화를 위해 전 세계 증권거래소의 통합, 전략적 제휴 등이 나타났다.

7 컴퓨터를 이용하여 자산의 가격과 추세, 거래량 등을 분석하여 컴퓨터 프로그램이 매수 혹은 매도를 알아서 수행하는 거래로 주로 헤지펀드, 뮤추얼펀드와 같은 전문기관에서 알고리즘 트레이딩을 도입하기 시작하였다.

2000년에 암스테르담, 브뤼셀 및 파리 증권거래소가 통합하여 유로넥스트가 출범하였다. 이후 2001년 포르투갈의 리스본, 아일랜드의 더블린 증권거래소도 유로넥스트에 통합됨으로써 모든 거래소 회원이 단일거래플랫폼과 단일결제시스템을 이용할수 있게 되었다. 또한 2007년에 런던증권거래소는 이탈리아 밀라노 증권거래소를 합병하여 런던증권거래소 그룹을 창설하기도 하였다.

시가총액에서 전 세계주식시장의 약 25%를 차지하는 세계 최대 주식시장인 뉴욕증권거래소는 2007년에 유로넥스트(Euronext)를, 그리고 2008년에 AMEX[8](American Stock Exchange)를 합병하였다. 2013년에는 ICE[9](Intercontinental Exchange)가 뉴욕증권거래소를 합병함으로써 뉴욕증권거래소는 지주회사의 산하로 들어갔다. Euronext는 유럽에서 다양한 자금조달 수요 및 유럽의 경제회복에 힘입어 2014년에 독립된 증권거래소로 복귀하였다.

국제 간 거래소 통합으로 투자자가 장시간 거래하면서 단일결제시스템을 이용할 수 있으므로 거래의 투명성과 유동성 제고에 기여하지만, 국가나 지역 간에 증권 관련 규정을 공통적으로 적용하는 데에는 한계점을 노출하였다. 그렇지만 증권거래소 간의 국제적인 합병으로 주식거래가 거의 24시간 내내 이루어질 가능성을 보여주었다.

4.3.3 국제주식의 상장과 거래

1980년대부터 투자자가 국제분산투자의 이점을 인식하기 시작하고 국제자본시장의 개방이 늘어나면서 자금조달자들은 국제자본시장에서 자금을 조달하는 것이 유리하다는 사실을 알게 됨에 따라 국제자본시장의 통합이 크게 진전되었

8 미국의 3대 증권거래소였으나 2008년에 NYSE에 합병되면서 NYSE American으로 불리고 있다. 합병 전까지는 파생상품, ETF 관련 새로운 상품시장을 먼저 도입하는 것으로 유명하였고 합병 이후에는 주로 중소형주의 거래에 특화하여 100% 전자거래 시스템으로 거래하고 있으며, 미국 주식거래량의 10% 정도를 차지하고 있다.

9 2000년에 원자재거래를 전문으로 설립된 거래소로 원자재거래의 빠른 성장에 힘입어 2013년에 합병한 뉴욕증권거래소 외에 미국, 캐나다, 유럽 및 싱가폴에 운영하고 있는 선물 및 장외거래소를 포함하여 13개의 거래소를 운영하고 있다.

다. 특히 컴퓨터와 통신기술의 발전은 국제 증권거래의 편의를 향상시키면서 국제자본시장의 발전과 통합에 크게 기여하였다. 국제자본시장의 통합으로 국제주식시장에서 주식을 상장하려는 기업이 증가하고, 직·간접적인 거래를 통해 수익을 얻으려는 투자자도 크게 늘고 있다.

① 교차상장(Cross-Listing)과 주식예탁증서(Depository Receipt)

● 교차상장(Cross-Listing)

교차상장은 기업이 자국뿐만 아니라 다른 나라의 주식시장에 상장하는 것으로 국제주식시장의 통합과 함께 교차상장이 크게 증가하고 있다. 2023년 8월말 현재 미국의 증권거래소에 교차상장한 기업은 606개[10]이며, 2024년 5월 현재 한국 기업의 주식은 12개[11]가 미국 증권거래소에 상장되어 거래되고 있다.

교차상장의 이점은 기업의 주식에 대한 투자 저변을 확대하고 거래시간의 연장을 통해 주가유동성을 개선할 수 있다. 또한 교차상장을 통해 기업의 명성을 현지 투자자에게 알림으로써 추후 회사채 및 신주 발행을 위한 토대를 마련할 수 있다. 이러한 이유로 신흥시장국의 우량기업이 선진국의 증권거래소에 교차상장을 추진한다.

한편 상장요건, 회계, 감사, 내부통제, 정보공개 등 엄격한 규정 준수가 요구되는 선진국 자본시장에 교차상장을 함으로써 투자자에게 지배구조의 개선이라는 기업의 이미지를 강화할 수 있다.

그러나 외국 증권거래소의 관련 규정과 요건에 부합하기 위해서 교차상장 기업이 부담하는 비용도 만만치 않다. 미국의 증권거래소에 상장하는 기업은 Sarbanes-Oxley 법에 따라 컴플라이언스(compliance) 및 외부 회계감사를 준수하여야 하며 미국의 GAAP에 따라 작성한 회계보고서를 제출하여야 한다.

10 주식시장에 대한 연구 및 교육을 담당하는 Stock Market MBA(stockmarketmba.com)이 발표한 자료로 미국에 교차상장한 기업 중에서 캐나다 기업이 가장 많은 것으로 나타나고 있다.

11 10개(포항제철, KB금융그룹 신한금융그룹, 한국전력, SK텔레콤, KT, 우리금융그룹, LG디스플레이, 매그나칩반도체, 쿠팡)는 뉴욕증권거래소에 그리고 그라비티, 한류홀딩스는 나스닥시장에 상장되어 있다.

- 주식예탁증서(Depository Receipt)

외국기업의 주식은 다른 나라의 주식시장에 교차상장되어 거래되거나 주식예탁증서(depository receipt)의 형태로 거래될 수 있다. 주식예탁증서가 미국에서 발행된 것은 ADR(American Depository Receipt), 한국에서 발행된 것은 KDR(Korean Depository Receipt), 그리고 2개 이상의 외국 주식시장에서 거래되는 주식예탁증서는 GDR(Global Depository Receipt)로 불린다.

ADR은 미국 투자자들이 외국의 주식을 쉽게 투자할 수 있도록 미국의 은행이나 브로커가 발행한 주식예탁증서로, ADR의 원래 주식은 외국기업의 본국 시장에 있는 보관기관에서 관리한다. 보관기관은 미국의 증권거래소나 장외시장에서 거래되는 ADR의 원래 주식에 대한 소유권을 관리하고, 배당금 지급과 의결권 행사를 대행한다.

1927년에 최초로 ADR이 거래된 이래 2023년 8월말 현재 70개국 기업의 주식을 대상으로 약 2,000개의 ADR이 거래되고 있으며, JPMorgan과 BNY Mellon이 미국 투자자의 ADR 보관 등 ADR 거래시장에서 적극적인 역할을 하고 있다. 한편, 2024년 5월 현재 한국 기업의 ADR은 18개[12]가 거래되고 있다.

ADR은 미국 달러화와 원래 주식과의 1대1 또는 원래 주식의 몇 주를 하나의 ADR로 구성하여 거래된다. ADR을 보유한 투자자는 배당, 신주인수, 의결권 등에서 보통주의 주주와 동일한 실질적인 권리를 행사할 수 있다. 의결권은 예탁기관을 통해 행사할 수 있으며 ADR을 보유한 투자자의 별도 지시가 없으면 예탁기관은 의결권을 행사할 수 없다.

② 국제주식시장 거래

국제주식시장의 투자자는 교차상장한 외국 기업의 주식이나 주식예탁증서를 직접 거래하거나 펀드에 가입하여 간접적으로 투자할 수 있다. 한국에서는 1994년 일반 투자자의 외화증권 직접투자 허용과 2006년 거주자의 국외주식 직접투

12 LG 디스플레이, 한국전력, 신한금융그룹은 교차상장 및 ADR로 미국에서 거래되고 있으며, 삼성전자, 현대자동차, 네이버 등은 장외에서 ADR로 거래되고 있다. 한편, 미국 주식시장에 상장되어 있지만 KB금융, 쿠팡 등은 ADR을 발행하지 않았다.

자 관련 제한 폐지로 국제주식에 대한 투자가 지속적으로 증가하고 있다.

한국에서 개인투자자는 국내 투자중개회사에 외화증권계좌를 개설하여 위탁 매매방식으로 국외주식에 직접 투자할 수 있다. 국내 투자중개회사는 외국증권 회사에 계좌를 개설하여 개인투자자의 매매거래를 중개하며, 국내 외국환은행에 계좌를 개설하여 증권매매대전의 송금 및 수취업무를 수행한다. 국외에서 매입한 증권은 현지 및 국내의 증권보관기관을 통해 관리한다.

기관투자자는 국외에 소재하고 있는 거래 금융회사를 통해 직접 주식의 매매 거래를 실행하고, 매매를 통해 보유하는 주식은 국외의 보관기관에서 관리한다.

4.3.4 국제주식시장지수

국제주식을 거래하고 보유하기 위해서는 개별 국가의 거래소에서 제공하는 수가지수는 물론 포트폴리오를 구성하여 주식에 투자할 수 있도록 발표되고 있는 다양한 국제주식시장 벤치마크지수를 이용할 수 있다. 특히 포트폴리오 운용에 따른 투자전략의 수립 및 실행, 그리고 성과평가를 위해서 벤치마크지수의 활용은 필수적이다.

주가지수는 가격 가중평균지수(price-weighted average index)[13]와 시가총액 가중평균지수(market-value-weighted)의 두 가지 방식으로 산출된다. 예를 들어 미국의 다우존스산업평균(DJIA)과 일본의 Nikkei 225는 가격 가중평균 주가지수이다. 반면에 미국의 S&P 500 및 NASDAQ 종합주가지수, 영국의 FTSE 지수, 독일의 DAX 지수, 한국의 KOSPI는 시가총액 가중평균 주가지수이다.

한편, 미국의 MSCI(Morgan Stanley Capital International)와 영국 런던증권거래소

13 가격 가중평균지수는 지수에 포함된 각 주식종목들의 평균주가를 계산해 나타낸 주가지수로 지수에 포함된 모든 주식을 1주씩 사서 만든 포트폴리오의 수익률 움직임과 가격 가중평균지수의 변동율은 동일하며 주식의 가격이 높으면 높을수록 더 높은 가중치가 부여되는 특징으로 고가의 주식이 주가지수를 주도한다. 이에 반해 시가총액 가중평균지수는 지수에 포함된 각 종목들의 주가에 발행주식수를 곱하여 구한 시가총액을 기준시점 시가총액과 비교하여 만든 주가지수로 비교시점의 시가총액/기준시점의 시가총액으로 지수가 구성되며 고가주식보다는 시가총액이 큰 주식에 더 높은 가중치가 부여된다.

그룹의 자회사인 FTSE Russell은 선진국 및 신흥시장국의 주식시장을 대상으로 전 세계 주가지수, 지역별 및 국가별 주가지수 등 다양한 국제 주가지수를 산출하여 제공하고 있다. MSCI는 미국, 일본, 영국, 독일, 프랑스, 홍콩, 이스라엘 등 23개국을 대상으로 선진국지수(MSCI World)를, 그리고 한국, 중국, 대만, 브라질, 인도, 남아공 등 27개국을 대상으로 신흥시장국지수(MSCI EM)[14]을 산출하면서 지역별, 국가별 등 약 4,500개의 주식 관련 지수를 산출하고 있다.

국제주식 포트폴리오를 운용하는 투자자는 투자전략 및 성과평가를 위한 벤치마크로 두 회사가 제공하는 국제 주가지수를 활용하고 있다.

요 약

1. 국제적인 자금조달자와 투자자를 대상으로 중장기 채권과 주식이 발행되고 유통되는 국제자본시장은 외화자금의 수급불균형 조절, 자금의 효율적 배분 및 다양한 투자기회 제공이라는 기능을 수행한다.
2. 국제채권시장에서 큰 비중을 차지하고 있는 국내채권시장은 주요 선진국 및 자본시장을 개방한 신흥시장국의 채권이 발행되고 유통되는 시장으로 정부채, 정부기관채 및 우량회사채가 주로 거래된다.
3. 협의의 국제채권은 외국채(foreign bond), 유로채(euro bond) 및 글로벌본드(global bond)의 3가지 유형이 있다. 외국채는 발행되는 국가의 증권 관련 규정에 부합하여야 하며 발행자가 등록되는 기명식 채권이다. 반면, 유로본드는 소지인이 해당채권의 소유자가 되는 무기명 채권으로 개인 비밀을 원하는 투자자에게 매력적이다.
4. 국제채권시장에서 거래되는 채권은 발행 형태에 따라 고정금리채권, 유로중기채권, 무이표채권, 변동금리채권, 인플레이션 연계채권, 주식연계채권, 수의상환채권, 복수통화채권 등으로 분류할 수 있다.
5. 국제채권시장에서 채권을 발행하는 정부나 기업 그리고 이들이 발행한 채권은 국제신용평가회사가 평가한 신용등급에 따라 자금조달 비용이 결정되며, 투자자는 신용등급

14 신흥시장국지수에 포함되어 있는 한국은 선진국지수 편입을 위해 다각도로 노력하고 있지만 아직 MSCI가 요구하는 조건을 충족하지 않아 신흥시장국에 머무르고 있다.

에 따라 투자 또는 투기 등급 정보를 확인하고 투자목적에 맞는 채권을 선택한다.

6. 중앙은행, 국부펀드, 자산운용사 등 기관투자자가 채권포트폴리오를 구성하여 채권에 투자할 때는 자산배분과 투자전략의 참고자료, 성과평가의 기준으로서 채권시장지수를 활용하는데, Bloomberg나 Financial Times와 같은 금융정보 제공업체에서 통합, 그룹별 및 국가별로 채권시장지수를 제공한다.
7. 국제주식시장은 발행시장과 유통시장으로 구성되는데, 투자자은행이 단독으로 또는 공동인수단을 구성하여 주식의 발행에 따른 전반적인 업무를 대행한다.
8. 국제주식시장에 상장하는 방식은 교차상장(Cross-listing)과 주식예탁증서(Depository Receipt)의 2가지 방식이 있다.
9. 국제주식 포트폴리오를 운용하는 투자자는 투자전략 및 성과평가를 위한 벤치마크지수로 미국의 MSCI(Morgan Stanley Capital International)와 영국 런던증권거래소 그룹의 지회사인 FTSE Russell이 제공하는 선진국 및 신흥시장국 지수 등 다양한 지수를 이용한다.

연습문제

1. 국제금융시장의 기능 중에서 자금의 효율적 배분이라는 기능에 대해서 설명하라.
2. 국제자본시장에서 국제채권시장이 국제주식시장에 비해 그 규모가 더 큰 이유, 그리고 국제채권시장에서 국내채권시장이 협의의 국제채권시장에 비해 그 규모가 월등하게 더 큰 이유를 설명하라.
3. 외국채와 유로본드가 어떻게 다른지를 설명하고 미국, 영국, 일본, 한국 및 호주에서 발행되는 외국채의 별칭이 무엇인지를 열거하라.
4. 국제채권시장에서 유로본드의 쿠폰이 외국채의 쿠폰보다 금리가 낮은데도 불구하고, 투자자는 외국채보다 유로채를 선호하는 경향이 있는데 그 이유를 설명하라.
5. 국제채권시장에서 거래되는 고정금리채권, 무이표채권 및 변동금리채권의 의미를 비교하고 설명하라.
6. 수의상환채권의 의미, 발행자 및 투자자의 입장에서 수의상환채권을 발행하고 투자하는 이유는 무엇인가?

7. 채권에서 신용등급의 의미를 설명하고 3대 국제신용평가사의 투자가능 신용등급 기호를 열거하라.

8. 미국 정부채시장의 발행시장에서 Primary Dealer가 어떤 역할을 하는지를 구체적으로 설명하라.

9. 미국 정부채시장에서 최근 외국인 투자자의 비중이 감소하는 이유는 무엇인지 설명하라.

10. 국제채권시장지수의 역할 그리고 국제채권지수에는 어떤 것들이 있는지를 설명하라.

11. 국제주식시장의 발행시장에서 단독으로 또는 공동인수단으로 참여하는 투자은행의 역할에 대해 설명하라.

12. 국제주식시장의 유통시장에서 거래소의 통합이 지속적으로 이루어지는 이유는 무엇인가?

13. 주가지수에서 가격 가중평균지수와 시가총액 가중평균지수가 어떻게 다른지를 예를 들어 설명하라.

5장

국제 포트폴리오 운용과 리스크 관리

학습목표

1. 국제 포트폴리오 운용의 필요성과 운용 프로세스에 대해 이해한다.
2. 국제 포트폴리오 구성을 위한 자산배분의 의미와 방법을 파악한다.
3. 포트폴리오 운용 관련 소극적인 투자전략과 적극적인 투자전략의 차이와 구체적인 전략에 대해 이해한다.
4. 포트폴리오 운용에 따른 리스크를 확인하고 리스크 관리를 위한 여러 가지 수단의 용도를 파악한다.
5. 포트폴리오 운용의 성과와 관련하여 수익률의 의미와 종류를 이해하고 투자성과를 분해하는 방법을 익힌다.

5.1 국제 포트폴리오 운용의 개요

개인, 기업, 정부 등 경제주체는 미래의 자금수요에 대비하기 위해 예금, 주식, 채권, 부동산 등 다양한 자산에 자금을 투자한다. 투자를 할 때는 어떤 자산에 투자할 것인가도 중요하지만 어떻게 투자를 할 것인가도 중요하다. 정부가 발행한 채권에 투자하면 안전하지만 기업이 발행하는 주식이나 회사채에 투자하는 것보다 수익률이 낮을 수 있다.

수익률이 높은 하나의 자산에 투자해서 최대의 수익을 달성할 수도 있지만 시장상황에 따라서는 최악의 경우 투자금을 모두 잃을 수도 있다. 투자의 목적은 수익을 최대로 달성하는 것이지만 높은 수익을 획득하기 위해서는 반드시 리스크가 따르게 마련이다. 투자자는 투자금을 모두 잃는 것보다 수익이 적더라도 투자자금을 안전하게 지키고 또 필요시에 큰 손해 없이 투자자산을 매각할 수 있도록 투자하는 것을 선호할 수 있다.

최대의 수익보다는 리스크를 줄이는 방식으로 투자하기 위해서는 하나의 자산에 투자하지 않고 여러 자산으로 포트폴리오를 구성하여 분산투자하는 것이다. 포트폴리오를 구성하는 자산이 많으면 많을수록 일정 수준까지 리스크를 줄일 수가 있다.

Markowitz는 1952년 발표한 현대 포트폴리오 이론(mordern portfolio theory)[1]에서 투자자는 포트폴리오를 구성하여야 하며 포트폴리오 내에 개별 투자자산이 어떻게 상호 연관이 있는지를 파악하는 것이 중요하다고 주장하였다. 투자자산 간의 상관관계가 다르기 때문에 분산투자를 하면 리스크를 줄일 수 있다는 것이다.

포트폴리오 이론은 Sharpe (1964), Lintner (1965), Treynor (1961) 등에 의해 자본자산가격결정이론(CAPM, Capital Asset Pricing Model)으로 발전하였는데, CAPM에서 개별자산의 기대수익률은 개별자산의 체계적위험인 베타와 시장리스크 프리미움에 의해 결정된다는 것이다. 체계적 위험[2]은 분산투자를 하더라도 줄일 수 없는 위험으로 시장위험 또는 분산불가능한 위험으로 불린다. 그리고 시장리스크 프리미움은 시장의 기대수익률과 무위험이자율[3]의 차이를 나타낸다.

$$E(R_i) = R_f + \beta_i[E(R_m) - R_f]$$

* R_i: 개별증권 수익률, R_f: 무위험이자율, R_m: 시장포트폴리오 수익률

CAPM은 개별자산뿐만 아니라 포트폴리오의 기대수익률에도 적용된다. 포트폴리오의 수익률은 개별자산 수익률의 가중평균이며, 포트폴리오의 베타는 개별자산 베타의 가중평균이므로 포트폴리오의 기대수익율은 다음과 같이 표현할 수 있다.

1 포트폴리오를 구성하여 분산투자를 하게 되면 위험을 감소시킬 수 있으며, 투자자는 수익과 리스크를 평균과 분산으로 표현하여 동일한 리스크 수준에서 기대수익이 가장 높은 포트폴리오 또는 동일한 기대수익하에서 위험이 가장 낮은 포트폴리오가 그렇지 않은 포트폴리오를 지배한다는 지배원리를 통해 효율적인 투자선(efficient frontier)을 구성할 수 있다고 주장하였다.

2 금리, 인플레이션, 경기, 정치적 불안, 자연재해 등과 같이 시장 전반에 영향을 미치며 피할 수 없는 리스크다. 반면 비체계적위험은 특정 자산이나 특정 산업에만 영향을 미치는 리스크로 항공기 추락, 노조파업 발생과 같은 사건들이 이에 해당된다. 투자자는 서로 상관이 없는 자산으로 포트폴리오를 구성하여 분산투자를 하면 비체계적위험을 피할 수 있다.

3 손실방생 가능성이 없는 투자의 수익률로 안전하고 리스크가 없다는 것을 의미한다. 미국 정부가 이자지급 및 상환을 보증하는 미국정부채, 예를 들어 3개월 만기 T-bill은 대표적인 무위험자산이다.

$$E(R_p) = R_f + \beta_p[E(R_m) - R_f]$$

* R_p: 포트폴리오 수익률, R_f: 무위험이자율, R_m: 시장포트폴리오 수익률

투자자는 국내금융시장에서 거래되는 상품으로 포트폴리오를 구성할 수도 있지만 다른 통화와 여러 가지 투자상품이 거래되는 국제금융시장으로 눈을 돌리면 더 다양하게 포트폴리오를 구성할 수 있다. 통합된 국제금융시장에서 여러 나라에 걸쳐 다양한 통화와 투자상품으로 포트폴리오를 구성한다면 리스크를 더 줄일 수 있다.

국제 포트폴리오 구성을 통해 통화를 다변화하면 특정 통화, 예를 들어 미국달러화가 약세로 전환하더라도 다른 통화인 유로화나 일본 엔화가 강세가 되기 때문에 통화 약세에 따른 리스크를 줄일 수 있다. 또한 주식과 채권은 경제 상황에 따라 수익률이 반대로 움직이기 때문에 적절한 조합을 통해서 리스크를 최소화하면서 목표수익률을 달성할 수도 있다.

국제 포트폴리오를 운용하는 절차는 투자 목표와 제약조건을 확인한 후 투자정책서를 작성하고, 투자정책서가 작성되면 본격적으로 포트폴리오를 구성한다. 포트폴리오를 구성하는 첫 단계는 투자시계를 고려하여 전략적 자산배분을 실시

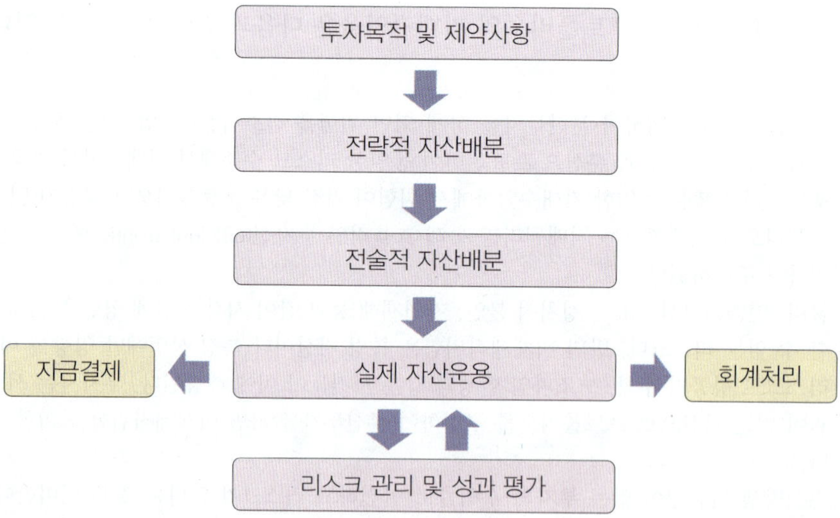

그림 5.1 포트폴리오 운용 프로세스

하는 것이다. 그리고 전략적 자산배분의 일정 범위 내에서 시장 상황을 반영하여 전술적 자산배분을 실시한다.

포트폴리오를 실제로 운용하는 단계에서는 벤치마크(운용기준) 대비 초과수익률을 달성하기 위해 다양한 방식으로 적극적인 투자전략을 구사하거나, 단순히 벤치마크를 따라 운용하는 소극적 투자전략을 구사한다.

국제금융시장에서 포트폴리오를 구성하여 자산을 운용하면 분산투자를 통해 리스크를 줄일 수 있지만 환율이나 금리의 변동에 따른 시장리스크를 피할 수는 없으며, 투자상품의 발행자나 투자상품의 신용등급 변동에 따른 신용리스크 관리도 필요하다.

또한 포트폴리오 운용을 통해 어느 정도 성과를 달성하였는지를 측정하고 성과요인이 무엇인지를 분석하는 성과평가단계가 필수적인데, 성과평가에 따른 피드백을 통해 포트폴리오의 구성에 변화를 가져올 수 있다.

5.2 자산배분과 포트폴리오 구성

5.2.1 계획 단계

국제금융시장에서 포트폴리오를 구성하여 자산을 운용하는 단계는 계획 단계, 포트폴리오 구축 및 투자실행 단계, 피드백 단계의 3개 과정으로 나눌 수 있다. 계획 단계는 고객의 자산을 운용하는 자산운용사가 투자정책서(IPS, investment policy statement)를 작성하거나 자산을 직접 운용하는 기관투자자가 자산운용계획을 수립하는 단계이다.

고객과의 자산운용 위탁계약에 따라 수탁자산을 운용하는 자산운용사는 고객과의 충분한 협의를 통해 투자 목표 및 투자지침을 반영한 투자정책서를 작성하며, 자산을 직접 운용하는 기관투자자는 자산운용 목표, 제약사항 및 고려사항을 반영하여 투자정책서에 해당하는 자산운용계획을 수립할 수 있다.

① 투자정책서 작성

투자정책서는 주로 투자목적과 제약사항에 관련된 내용으로 고객의 구체적인 요구사항을 반영하여 작성하여야 한다. 즉, 절대적 및 상대적 리스크 목표, 수익률 목표, 유동성 제약, 투자시계(investment horizon), 투자가능 상품 및 신용등급 조건, 레버리지나 파생상품 가능 여부 등이 투자정책서에 포함된다.

그 외에 투자정책서에 포함되는 사항은 고객에 대한 설명, 고객의 투자자산 보관기관, 그리고 투자자산 운용담당자의 의무와 책임, 투자목적, 투자제약사항, 투자지침, 성과평가 및 피드백, 전략적 자산배분의 실시 및 조정, 벤치마크(benchmark) 포트폴리오의 구성 여부 등이다.

② 투자정책서 내용

투자 목표는 리스크 목표와 수익률 목표를 포함한다. 리스크 목표는 절대적인 리스크 목표와 상대적인 리스크 목표를 구체적으로 명시하는 것이다. 예를 들어 절대적인 리스크 목표는 12개월을 기준으로 어떤 경우에도 95% 신뢰수준에서 사전에 정한 손실(예를 들어 수익률이 0% 이하)을 기록하지 않아야 한다는 점을 명시하는 것이다.

상대적인 리스크는 벤치마크지수와 연계해서 리스크 목표를 설정하는 것이다. 예를 들어 미국의 대형주 투자에 대한 벤치마크는 S&P 500 지수, 현금성 투자에 대한 벤치마크는 미국 T-bill의 수익률이 될 수 있다. 한편, 기준포트폴리오를 설정하여 포트폴리오를 운용할 때에는 기준포트폴리오 수익률에 대해 플러스(+) 또는 마이너스(-) 퍼센트의 밴드를 설정하여 리스크 목표를 명시할 수 있다.

고객의 수익률 목표도 리스크와 마찬가지로 절대적인 목표와 상대적인 목표로 설정할 수 있다. 예를 절대적인 수익률 목표는 특정 숫자로 몇 퍼센트라고 명시하는 것이다. 반면 상대적인 수익률 목표는 S&P 500 또는 FTSE 100 주가지수, LIBOR 금리와 같은 벤치마크 수익률 대비 초과수익률의 목표를 숫자로 설정할 수 있다. 수익률 목표를 설정할 때는 명목수익률인지 실질수익률인지를 분명하게 구분하여야 한다.

참고 리스크 목표 설정 예시

- 일본의 어떤 기관투자자가 10억달러의 포트폴리오를 운용하고 있는데, 향후 12개월 내 10억달러 이상의 손실을 기록하지 않는 것이라는 목표를 희망하고 있다. 그리고 벤치마크로 동경주식시장의 Nikkei 225지수 대비 4% 이상의 초과수익률을 달성하도록 2차 리스크 목표를 설정하려고 한다.

투자정책서에 리스크 목표를 명시하는 방식

· 12개월 기준 95% 신뢰수준에서 포트폴리오의 VaR(value at risk)는 10억달러를 초과하지 않아야 한다.

· 수익률의 정규분포를 가정할 때 투자금 수익률의 예상 tracking risk는 Nikkei 225지수 대비 2%를 초과할 수 없다.

유동성 제약과 관련하여 고객이 어떤 조건에서 포트폴리오로부터 자금을 인출하는지를 구체화하는 것이다. 예를 들어 개인고객의 경우 병원 진료비나 등록금 납부를 위해서 투자금을 인출할 수 있다고 명시하는 것이다.

투자정책서에는 고객의 투자기간이 포함된다. 투자금을 위탁한 고객이 언제 투자금을 회수하는지, 즉 몇 년간 투자금을 위탁하는지를 명시하는 것이다. 투자기간에 따라 포트폴리오 구성이 달라진다.

그 밖에 투자정책서에는 세금, 포트폴리오의 투자를 제한하는 법적 규제, 종교적 및 윤리적인 고려사항 등도 포함하여야 한다.

5.2.2 전략적 자산배분

투자정책서의 작성이 완료되면 적정 투자포트폴리오를 구성하는 단계로 들어가는데 첫 번째 절차는 전략적 자산배분을 실시하는 것이다. 전략적 자산배분(SAA, strategic asset allocation)은 투자자의 장기적 운용목표를 달성하기 위해 중장기 투자시계하에서 자산 종류별 금리 전망 및 투자자의 제약조건을 감안하여 자산을 배분하는 것으로, 자산배분은 통상 전략적 자산배분을 의미한다.

전략적 자산배분 결과를 바탕으로 benchmark인 전략적 운용기준을 설정하는데, 이는 포트폴리오의 성과평가 및 리스크 관리를 위한 기준이 된다. 한편, 전술적 자산배분(TAA, tactical asset allocation)은 운용기준을 초과하는 투자성과를 달성하기 위해 전략적 운용기준과 투자지침에서 정한 전략적 자산배분의 변동허용범위 내에서 단기적인 시장전망에 따라 자산을 배분한다.

이번 장에서는 자산배분을 중심으로 포트폴리오 운용, 리스크 관리 및 성과평가 등 국제채권 포트폴리오 운용 전반에 대해서 살펴본다.

① 전략적 자산배분 절차

전략적 자산배분이 중요한 이유는 포트폴리오의 수익률 변동의 대부분이 전략적 자산배분에 기인[4]한다는 분석에 근거하고 있다. 전략적 자산배분(strategic asset allocation)은 일반적으로 ① 운용목표(investment objective) 및 제약조건(constraints) 정의 → ② 투자대상범위(investment universe) 설정 → ③ 시장전망(capital market expectation) → ④ 최적자산배분 실행의 순으로 진행된다.

● 운용목표 설정

자산을 운용함에 있어서 운용목표는 허용가능한 위험수준(제약조건)하에서 수익극대화 또는 최소수익률 제약하에서 위험수준을 최소화하는 것으로 수익률 또는 리스크로 표현한다. 이때 리스크는 투자자의 리스크 감수 및 부담 능력에 의해 결정된다.

투자시계는 운용목표의 달성 여부를 평가하는 기준으로 통상 1년이며, 이러한 투자시계에서 설정한 운용목표는 투자대상 범위, 최적포트폴리오 선택의 기준이 된다. 자산을 배분할 때의 운용목표는 risk-return profile로 정의되므로 운용목표

4 Brinson, Hood, Beebower (1986)가 단순회귀모형을 적용하여 1974~1983년 미국 내 연기금의 성과 중 전략적 자산배분에 의해 설명되는 부분을 추정한 결과 전체 펀드수익률 변동의 90% 이상이 전략적 자산배분에 기인한다는 것을 확인하였다. 그 후 많은 학자와 전문 자산운용사의 분석 결과 전략적 자산배분이 투자수익률의 결정에 가장 크게 영향을 미친다는 것을 재확인하였다.

와 관련하여 기대수익–위험 평면상에서 나타낼 수 없는 요인은 제약조건(유동성, 투자시계, 신용등급 등)으로 반영한다.

운용목표의 설정에서 연기금 및 보험회사는 수치로 표현한 수익률 목표를 설정하는 반면, 국부펀드 및 중앙은행은 부채 지급의무가 없으므로 물가상승률이나 경제성장률을 기준으로 수익률 목표를 설정한다.

예를 들어 노르웨이중앙은행의 투자펀드(NBIM)는 물가상승률+3%를, 홍콩통화청(HKMA)은 보유 외화자산의 실질구매력 유지를 운용목표로 설정한다. 한편, 리스크 목표는 shortfall risk[5]나 VaR를 이용하여 투자손실위험을 일정 수준 이내로 제한한다.

● 투자대상범위 설정 및 자산 구분

운용목표와 제약조건이 설정되면 이를 기준으로 자산배분에 포함되는 자산군의 범위를 나타내는 투자대상범위(investment universe)를 설정하게 되는데, 이는 운용목표와 제약조건을 명시한 투자정책서(IPS, Investment Policy Statement)에 근거하여 구성한다. 투자대상범위를 설정할 때는 투자대상 국가의 거시경제 및 시장여건, 증권발행자, 투자대상물 순으로 충분한 조사가 필요하다.

투자대상범위는 운용목표 및 제약조건을 반영하여 i) 자체 구성, ii) 국제채권지수 또는 국제주식지수 이용, iii) 국제채권지수 또는 국제주식지수의 수정(customizing) 등 세 가지 방식 중에서 하나를 선택하여 설정한다. 예를 들어 중앙은행은 공적 외환보유액을 운용하는 점을 감안할 때 제약조건이 상대적으로 많기 때문에 대체로 국제채권지수를 수정하여 투자대상범위를 설정하는 방식을 선택한다.

시장지수로 국제채권지수를 선정할 때는 자산배분을 완료한 후 운용기준 포트폴리오를 구성할 때 시장지수를 활용하므로 신중하게 접근할 필요가 있다. 특히 운용기준 포트폴리오의 성과는 해당 시장지수를 제공하는 업체(예를 들어

5 Shortfall risk는 포트폴리오 투자수익률이 투자자가 설정한 최소한의 수익률(예: 0% 또는 물가상승률 등)을 초과하지 못할 가능성을 의미한다. 즉, 포트폴리오의 수익률이 투자자가 감내할 만한 최저수익률에 미달하는 리스크이다.

Bloomberg)의 가격을 이용하여 산출하므로, 실제 포트폴리오의 성과도 동일한 가격정보를 이용하여 계산하는 것이 필수적이다. 시장지수를 제공하는 업체의 채권지수나 가격정보를 이용하기 위해서는 일정한 사용료를 지급하여야 한다. 따라서 시장지수를 선정할 때에는 서비스의 제공조건이나 가격정보의 사용료 수준 등 경제적인 측면도 고려하는 것이 바람직하다.

투자대상범위가 설정되면 전략적인 자산배분을 위해 자산군을 구성하는데, 주식 및 채권과 같이 큰 단위로 설정하거나 채권〉정부채〉1~3년과 같은 작은 단위로 구분하여 구성한다. 큰 단위로 자산군(asset class)을 구성하는 경우에는 수익-위험 특성을 명확하게 구분할 수 있지만, 다양한 시장전망이나 투자전략 반영이 불가능하다. 반면 작은 단위로 자산군을 구분할 경우에는 다양한 시장전망이나 투자전략을 반영할 수 있는 반면, 유사한 수익-위험 특성이 있는 자산들이 다수 포함되어 코너해(cornor solution)[6] 문제가 발생할 수 있다.

예를 들어 어떤 기관투자자가 미국 및 호주의 채권에 투자하기 위해 국제채권 포트폴리오를 구성할 경우 전략적 자산배분을 위한 자산군은 다음과 같이 구성할 수 있다. 미국 달러화 및 호주 달러화의 정부채를 대상으로 3개 만기구간(1~3년, 3~5년, 5~10년)으로 구분하고 나머지는 정부기관채, 회사채 및 MBS로 분류하여 〈표 5.1〉과 같이 총 10개의 섹터로 구성할 수 있다.

표 5.1 섹터 구성 예시 1

	정부채			정부 기관채	회사채	MBS	기타
	1~3	3~5	5~10				
USD	ㅇ	ㅇ	ㅇ	ㅇ	ㅇ	ㅇ	
AUD	ㅇ	ㅇ	ㅇ	ㅇ			
기타							

6 코너해란 기대수익률과 위험수준(표준편차)에 따라 자산배분이 크게 달라지고 특정 자산에 투자비중이 과도하게 할당되거나 투자비중이 영(0)이 되는 효율적 포트폴리오가 존재하는 것이다. 코너해로 인해 분산투자를 통한 포트폴리오의 다변화가 곤란하고, 효율적 투자선상의 포트폴리오가 수익-위험 구조와 무관하게 제약식에 의해 결정될 수 있으므로 실질적인 최적포트폴리오의 선택에 문제를 야기한다.

표 5.2 섹터구성 예시 2

	정부채	정부기관채	회사채	MBS	기타
USD	o	o	o	o	
AUD	o	o			
기타					

이와는 반대로 채권에 대해서 만기별 섹터를 구분하지 않고 투자대상물을 세분화할 경우에는 미국 달러화 및 호주 달러의 2개 통화를 대상으로 채권섹터를 정부채, 정부기관채, 회사채 및 MBS로 구분하여 〈표 5.2〉와 같이 6개의 섹터로 구성할 수 있다.

자산의 구분은 투자자가 전략적 자산배분에 반영하고자 하는 시장전망 및 투자전략의 수준과 최적자산배분의 유효성 측면을 고려하여 결정할 필요가 있다. 전략적 자산배분은 중장기적인 투자를 가정하여 자산을 배분하는 것이므로 투자성과 차원에서 효과가 큰 전략들의 구사가 가능하도록 주식-채권 혹은 정부채-비정부채-선진국주식-신흥국주식 등으로 자산을 구분하는 것이 바람직하다.

- 시장전망(capital market expectation)

자산군의 구성이 완료되면 최적자산배분을 위해 자산별 기대수익률 및 자산간 공분산행렬 등 투입변수를 결정하기 위한 시장전망을 실시한다. 시장전망은 다양한 방법을 활용할 수 있지만 그중 통계적 기법(statistical tools)이 널리 이용되고 있다.

기대수익률 및 공분산행렬을 결정하기 위한 통계적 기법에는 역사적 평균 및 공분산 산출, 회귀분석(regression analysis), 시계열분석(time-series analysis), 다요인모형(multi factor model) 등이 있다.

통계적 기법 중에서 자산별 수익률의 역사적 평균 및 공분산을 산출하여 시장전망을 위한 투입변수로 활용하는 것이 편리한 방법이다. 그러나 기대수익률을 과거의 평균수익률로 적용하는 것은 미래의 수익률분포가 동일하다는 전제를 포함하고 있으나 실제로 과거의 평균수익률을 미래에도 적용하는 것은 비현실적이

표 5.3 수익률, 위험 및 상관계수

	기대수익률 (%)	표준편차 (%)	수익률의 상관계수		
			유럽 주식	신흥국 주식	유럽 정부채
유럽 주식	8.4	24	1.00	0.86	–0.07
신흥국 주식	9.2	28	0.86	1.00	–0.07
유럽 정부채	4.5	7	–0.07	–0.07	1.00

자료: MSCI, Bloomberg

다. 따라서 기대수익률은 다른 방법으로 추정하고 공분산행렬은 역사적인 자료를 활용하는 것이 일반적이다.

유럽주식, 신흥시장국주식 및 유럽정부채에 투자하는 투자자를 가정하여 역사적인 자료(1999년 3월~2008년 12월)를 이용하여 산출한 시장전망 자료의 예시는 〈표 5.3〉과 같다.

- **최적자산배분(optimal asset allocation)**

시장전망을 통해 자산별 기대수익률과 자산 간 공분산 등 투입변수가 결정되면 자산배분모형을 활용하여 정해진 위험목표 내에서 기대수익률 극대화, 또는 수익목표를 충족시키면서 위험이 가장 작은 자산배분안을 선택한다.

전략적 자산배분에 널리 사용되는 평균–분산모형(mean–variance model)은 불확실성하에서 합리적 투자자는 자산의 기대수익률(평균)과 위험(분산)만으로 최적 포트폴리오를 선택할 수 있다는 이론으로, 다음과 같은 두 가지 가정을 전제로 한다.

첫째, 포트폴리오의 미래수익이 정규분포를 따른다.

둘째, 투자자는 위험회피적 성향이 있으며 기대효용 극대화를 목표로 한다.

평균–분산모형(mean–variance model)을 이용하여 자산을 배분하는 과정은 i) 효율적 투자선(efficient frontier) 도출, ii) 투자자의 위험선호를 반영한 효용함수를 활용하여 투자선상에서 투자자의 효용을 극대화하는 최적포트폴리오 선택의 두 단계로 이루어진다.

효율적 투자선은 투자대상물 범위 및 자산군, 투입변수 등이 주어진 상태에서 동일 위험수준에서 기대수익이 가장 크거나, 동일 기대수익하에서 위험이 가장 작은 포트폴리오 집합을 수익–위험 평면에 표시한 것이며 수식으로는 다음과 같이 표현할 수 있다.

$$\text{Max } E(R_p) = \sum_{i=1}^{n} (w_i{}^* E(R_i))$$

$$\text{Subject to } \sigma_p = \sigma_{target},\ \sum_{i=1}^{n} w_i = 1,\ w_i \geq 0,$$

$$\sigma_p^2 = \sum_i \sum_j w_i w_j \sigma_{ij} = \sum_i w_i^{2*} \sigma_i^2 + \sum_i \sum_j w_i w_j \sigma_{ij} (i \neq j)$$

Shortfall 위험 제약하에서 최적 포트폴리오 선택 가능구간은 〈그림 5.2〉에서 효율적 투자선의 하단(C)으로부터 shortfall 제약선($E[R] = R_L + 1.65\sigma$)[7]과 효율적 투자선이 교차하는 점(B★) 사이에 위치하는 평균–분산모형의 확장형을 이용할 수 있다. 최적자산배분 시에 shortfall 확률이 일정수준(예, 5%) 이내가 되도록 설정할 수 있는데, 수익률이 정규분포를 따르고 임계수익률이 0%라고 가정할 경우 shortfall risk 5% 제약은 효율적 투자선 상의 포트폴리오 중 기대수익률이 표준편차의 1.65배보다 큰 포트폴리오만을 선택한다는 의미이다.

따라서 최적 포트폴리오는 투자자의 선호에 따라 기대수익률이 가장 높은 포트폴리오 B★가 선택되거나, 위험단위당 기대수익률(sharpe ratio)이 가장 높은 포트폴리오 A★가 선택될 수 있다.

평균–분산모형은 ① 자산배분결과가 기대수익률 및 분산 등 투입변수의 작은 변화에 과도하게 영향을 받을 뿐만 아니라 코너해가 빈번하게 발생한다는 점, ② 수익률의 정규분포를 가정하고 있지만 현실적으로 극단치 발생확률이 높은 자산이 존재한다는 점, ③ 정태적 자산배분모형이어서 다기간의 최적자산배분에는 적용하기 어렵다는 점 등에서 한계가 있다. 이처럼 평균–분산모형은 한계를 극

7 제약선은 최저수익률(R_L: 0%)을 기준으로 95% 신뢰수준을 나타내는 $+2_6$를 반영하여 도출한 선이다.

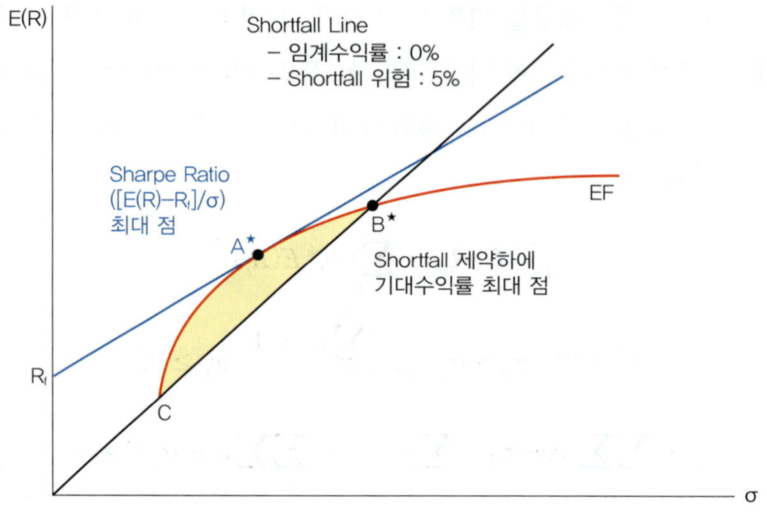

그림 5.2 Shortfall risk line과 효율적 투자선

복하기 위해 1990년대에 다양한 모형이 개발되었는데, 다른 모형은 이 책의 범위를 벗어나므로 설명을 생략한다.

② 전략적 운용기준(Strategic Benchmark) 설정

중립적 포지션(neutral position)의 역할을 하는 운용기준(benchmark)은 자산운용 조직의 경영층이 장기적인 자산운용 목표 달성을 위해 설정하는 전략적 운용기준(strategic benchmark)과 전략적 운용기준의 허용범위 내에서 시장전망에 근거하여 중간관리층이 설정하는 전술적 운용기준(tactical benchmark)으로 구분한다.

운용기준은 시장전망이 불확실한 경우 운용담당자에게 중립적 포지션 역할을 하므로 소극적 투자전략의 가이드라인이 되며 성과평가의 기준으로 활용된다. 전체 포트폴리오의 위험관리를 위해 운용기준에서 벗어날 수 있는 변동허용범위를 설정함으로써 운용담당자의 재량권에 일정한 제한을 가할 수 있다.

③ 운용기준 포트폴리오(Benchgmark Portfolio) 구성

최적자산배분 결과 자산군 또는 자산 섹터별로 투자비중이 결정되면 운용담당자가 실제로 자산을 운용할 때 기본적인 가이드라인이 되면서 성과평가의 기준이 되는 운용기준 포트폴리오(benchmark portfolio)를 구성한다.

전략적 자산배분을 통해 도출한 자산섹터별 비중을 투자대상범위 선정 시 활용한 시장지수(예, Bloomberg 종합채권지수)의 섹터 내에 있는 개별상품에 비례배분하여 설정할 수 있다. 다수의 채권을 운용기준 포트폴리오에 포함시킨다고 하더라도 투자 규모, 시장 유동성 및 거래비용 등의 제약으로 이들을 모두 포트폴리오에 편입시키기는 곤란하다. 따라서, 운용기준 포트폴리오는 시장에서 대표성이 있는 증권들을 중심으로 가급적 단순하게 구성하는 것이 바람직하다.

〈표 5.4〉와 같이 개별증권에 대한 투자비중을 설정하여 운용기준 포트폴리오를 관리하는 것은 번거로운 절차이다. 그러므로 현실적인 방안은 각 섹터에 대한 투자비중만을 설정하여 운용기준 포트폴리오를 구성하는 것이 효율적이다. 섹터 비중을 설정하는 방식으로 운용기준 포트폴리오를 구성하여 성과측정의 기준으로 활용한다.

표 5.4 운용기준 포트폴리오 설정 방법(예시) (단위 %)

시장지수의 투자대상		제약조건 부합투자대상			최적자산배분 결과			운용기준	
대상물	비중	대상물	비중 1	비중 2	자산군	시장비중	결과비중	대상물	비중
A1	3	A1	3	4				A1	3
A2	5	A2	5	7	A	11	9	A2	6
A3	2	–	–	–				–	–
B1	4	B1	4	5	B	5	4	B1	4
B2	2	–	–	–				–	–
B3	1		–	–				–	–
C1	3	C1	3	4				C1	3
C2	1	–	–	–				–	–
C3	2	C3	2	3	C	7	5	C3	2
C4	1	–	–	–				–	–
C5	2	–	–	–				–	–
..	..	..	..	..	..	..	..	..	..
합계	100	합계	75%	100	합계	100	100	합계	100

주: 비중 1은 전체 시장지수 대비 비중, 비중2는 제약조건 부합 투자상품 합계 대비 비중

④ 운용기준 포트폴리오 관리

운용기준 포트폴리오를 관리하기 위해서 주기적으로 리밸런싱(reblancing)을 실시하며, 투자대상물 확대 및 제약조건의 변경이 있는 경우에는 이를 반영한 업그레이딩(upgrading)이 필요하다.

- 리밸런싱

투자대상 채권의 신규발행, 기존 채권의 만기도래 및 신용등급 하락 등에 따라 운용기준 포트폴리오의 채권구성을 일정 주기(예, 분기단위)로 재조정하여야 한다. 리밸런싱은 시장여건 변화를 반영하기 위해 반드시 필요하지만 리밸런싱이 빈번할 경우 포트폴리오의 안정성이 저하될 수 있으므로 적정한 주기를 선택할 필요가 있다.

시장 채권지수는 통상 1개월 주기로 리밸런싱이 실시되지만, 매월 리밸런싱을 하는 것은 너무 번거로운 절차일 수 있으므로 투자자는 분기 단위로 운용기준 포트포리오에 대해 리밸런싱을 실시할 수 있다.

- 업그레이딩

운용기준은 투자대상물을 확대하거나 투자시계 및 제약조건이 달라지는 경우 또는 포트폴리오 운용에서 문제점이 발견되는 경우 재평가 과정을 거쳐 수정하게 되는데, 이때 운용기준 포트폴리오도 수정하는 것이다.

업그레이딩은 통상 3~5년을 주기로 실시하는 것이 바람직하지만 필요에 따라서 이보다 짧은 기간마다 운용기준 및 운용기준 포트폴리오를 수정할 수 있다.

⑤ 전략적 투자지침(investment guideline) 설정

운용기준 포트폴리오가 구성되면 운용담당자는 본격적으로 포트폴리오를 운용하는 단계로 들어가는데, 수익률 제고 및 신축적인 자산운용을 위해 전략적 투자지침을 설정한다. 전략적 투자지침은 우선 투자대상 범위와 관련하여 투자통화, 투자상품, 신용등급 및 듀레이션에 대해 전략적 운용기준 대비 허용범위를 정하는 것이다.

표 5.5 국제채권포트폴리오 투자지침(예시)

	항목	투자지침
투자 대상	투자대상 통화	운용기준에 포함된 국가의 통화
	투자대상 국가	운용기준에 포함된 국가
	채권 투자대상 상품	정부채, 정부기관채, 국제기구채, 자산유동화채, 회사채, 금융채, 물가연동채
	단기 투자대상 상품	정기예금, CD, Repo, CP, T-bill,
	파생금융상품	채권/금리: 선도계약, 선물, 스왑, 옵션 통화: 선도계약, 선물, 옵션, 스왑
신용 등급	채권 신용등급	중장기 BBB 이상(신흥시장국 AA(또는 A)), 단기 A-1 이상
	거래기관 신용등급	장기 A-(단, 유가증권 거래 및 통화매매는 BBB) 이상
	신용등급이 없는 채권	국채: 발행국가의 신용등급을 준용
리스크 관리 제한사항	회사채 발행자 및 거래 상대방 투자한도	AAA~AA- : % A+~A : %
	Risk Budgeting	사전적 추적오차: bp 이내
	차입 및 레버리지 금지	유가증권 정산 목적 외 차입 및 레버리지 금지
	상품 유동성	유동성·시장성이 없는 유가증권 및 통화 투자금지
	파생금융상품 투자한도	파생금융상품 순포지션 명목금액이 전체 자산금액의 % 초과 금지

투자통화와 관련하여 운용기준에서는 미국 달러화 및 호주 달러화를 기준통화로 설정하더라도 전략적 투자지침에서는 유로화, 일본 엔화, 영국 파운드화, 캐나다 달러화, 중국 위안화 및 한국 원화도 포함할 수 있다. 또한 투자대상 채권의 만기와 관련하여 운용기준에서 10년 이내로 설정하더라도 전략적 투자지침에서는 만기를 20년 이내로 설정할 수 있다.

전략적 투자지침에서는 투자대상범위와 함께 리스크한도를 설정하는데, 시장리스크와 관련하여 추적오차한도, 신용리스크와 관련하여 투자한도 및 거래한도 등을 설정한다. 또한 파생상품의 거래를 허용하는 경우에는 거래한도 및 제약사항을 설정할 수 있다.

5.2.3 전술적 자산배분(Tactical Asset Allocation)

전술적 자산배분은 중기적 금리 및 환율 전망을 적극적으로 반영하여 전략적 운용기준의 변동허용범위 내에서 운용기준을 재조정하는 것이다. 즉, 통화구성, 상품구성 및 만기구성 등에 대해 자산 배분 비중을 조정하고 전술적 운용기준 포트폴리오를 설정하는 것을 의미한다. 전술적 자산배분의 결과로 도출된 전술적 운용기준 포트폴리오는 front office의 포트폴리오 운용담당자에게 성과평가 및 리스크 관리의 기준으로서 역할을 한다.

전술적 자산배분 및 전술적 운용기준은 실제로 포트폴리오를 운용하는 조직(front office)에서 전략담당이 제안하고 전략담당 및 각 운용담당이 참여하는 투자실무협의회(Investment Working Committee)의 심의를 거쳐 CIO(Chief Investment Officer)가 결정한다.

① 전술적 자산배분 절차

전술적 자산배분이 전략적 운용기준에서 크게 벗어날 경우 안정적인 자산운용에 부정적인 효과를 초래할 수 있으며, 포트폴리오의 조정에 따른 거래비용이 증가할 수 있다. 따라서 전술적 자산배분은 포트폴리오의 운용목표에서 벗어나지 않도록 신중하게 실행하여야 한다.

전술적 자산배분은 단기적인 시장전망을 반영하는 것이므로 포트폴리오 조정에 따른 거래비용을 고려하여 실행주기를 분기로 설정하고, 경제 및 금융시장의 상황을 반영하여 필요하다면 신축적으로 실행하는 것이 바람직하다. 전술적 자산배분을 실행할 때는 다음과 같은 사항에 중점을 두어야 한다.

첫째, 하위 포트포리오별 경제분석, 상품별 투자비중, 듀레이션 및 수익률곡선(yield curve) 전략 등을 전략담당으로 집중하여 top-down 의사결정방식으로 자산배분을 실시한다.

둘째, 전략담당이 자체적으로 분석한 자료와 각 운용담당으로부터 수집한 정보를 종합적으로 검토하여 통화, 상품 및 만기에 대해 변동허용범위 내에서 전술적 자산배분을 결정한다.

셋째, 전술적 자산배분을 실행할 때 전략담당의 통화별, 자산군별 및 만기별 구성과 관련하여 각 운용담당자는 효율적인 자산배분이 이루어지도록 적극적으로 참여한다.

② 전술적 운용기준 설정 및 포트폴리오 구성

전술적 운용기준은 금융시장에 대한 중기적 전망을 토대로 통화, 투자상품 및 만기의 구성에 대한 기준을 설정하여 전략적 운용기준 대비 초과수익률의 달성을 추구하는 것이다.

전술적 자산배분이 확정되면 통화구성, 환포지션, 상품구성 및 만기구성에 대한 전술적 운용기준을 설정한다. 전술적 운용기준의 구체적인 설정 절차는 전략적 운용기준 대비 목표 초과수익률과 허용가능한 리스크를 먼저 설정하고 통화, 투자상품, 만기와 같은 부문별 구성 비중을 설정한다.

첫째, 전술적 운용기준 포트폴리오의 목표 초과수익률은 금리 및 환율 전망을 이용하여 최대 리스크 허용수준(예, 80bp의 추적오차)하에서 달성 가능한 초과수익률(예, 40bp) 목표를 설정한다.

둘째, 통화구성은 환율 전망 및 제약조건(전략적 운용기준 지침, 전략적 운용기준 대비 초과 기대수익률 및 최대 리스크 수준)하에서 최적화한다.

셋째, 투자상품구성은 금리 스프레드 전망 및 제약조건(전략적 운용기준 투자지침, 전략기준대비 초과 기대수익률 및 최대 리스크 수준)하에서 최적화한다.

넷째, 만기구성은 금리전망 및 제약조건(전략적 운용기준 투자지침, 전략기준대비 초과 기대수익률 및 최대 리스크 수준)하에서 최적화한다.

이러한 절차에 따라 전술적 운용기준의 비중이 설정되면 전술적 운용기준 포트폴리오를 구성하여 성과측정의 기준으로 활용한다.

5.3 포트폴리오 운용전략

front office의 CIO가 전술적 운용기준을 결정하면 운용담당자는 시장전망을 반영하여 변동허용범위 내에서 다양한 투자전략을 이용하여 포트폴리오를 운용한다.

front office의 조직구성에 따라 CIO 주재하에 각 포트폴리오 운용팀장 및 운용담당자가 참석하는 주중회의(weekly meeting)를 개최하여 정책당국의 조치, 주요 경제지표 발표 내용 등을 포함하는 국제금융시장의 동향과 전망에 대해 의견을 교환하고 투자전략을 논의한다.

포트폴리오를 운용하는 각 팀은 팀장 주재하에 매일 투자전략 회의를 실시하여 국제금융시장의 동향을 파악하고 투자전략 등을 결정하며, 운용담당자는 회의에서 결정된 내용에 대해서는 재량권을 가지고 거래를 실행한다.

거래결과는 전자거래나 전화녹음을 통한 투명한 기록과 함께 거래내역이 전산시스템에 자동으로 입력되며, 전산시스템에 입력된 거래결과는 front office와 back office에 의해 점검이 이루어진다. 거래내역 및 자금결제 관련 오류가 있는 경우에는 즉시 거래상대방에 시정조치를 요청한다. 실행된 거래는 채권의 인수도 및 자금결제 그리고 회계처리가 정상적으로 이루어짐으로써 완료된다.

포트폴리오 운용담당자는 시장의 움직임에 적극적으로 대처하면서 거래기회를 포착하여 투자상품, 거래규모, 거래방식 등과 관련하여 리스크를 최소화하면서 수익률을 제고하기 위해 다양한 투자전략을 구사한다.

5.3.1 소극적 투자전략

경제 및 금융에 대한 최신 정보가 빠르게 생성되고 확산되는 국제금융시장에서 금리, 수익률곡선의 형태, 스프레드 등 시장변수를 정확하게 예측하기는 매우 어려우며 잘못된 예측에 근거하여 자산을 운용하면 큰 손실이 발생할 수 있다.

소극적 투자전략은 이러한 인식을 바탕으로 사전에 정한 운용기준(benchmark)의 수익률을 추종하면서 안정적으로 자산을 운용하는 전략이다.

적은 거래비용과 인력으로 자산을 운용할 수 있으며 운용기준과 유사한 수익률을 안정적으로 실현할 수 있다는 장점이 있다. 그러나 높은 초과수익을 기대할 수 없으며 운용기준을 추적하는 데 한계가 있다는 단점도 있다.

만기보유전략(buy and hold strategy), 인덱싱전략(index duplication strategy), 정부채선물 등 파생상품을 이용한 복제전략(duplication strategy using derivatives)이 대표적인 소극적 투자전략이다.

① 만기보유전략

만기보유전략은 채권을 매입한 후 이를 만기까지 보유함으로써 가격위험과 재투자수익률 위험을 회피하는 전략이다. 예를 들어 1년 후에 1억달러가 필요한 투자자는 액면 1억달러인 1년 만기 할인채를 구입하여 만기까지 보유하면 중간의 금리변동에 따른 채권가격의 변화와 관계없이 만기에 목표금액 1억달러를 상환받을 수 있다.

② 인덱싱전략

운용하는 포트폴리오의 성과를 운용기준의 성과와 일치시키는 데 목적을 두고 자산을 운용하는 전략으로, 운용 포트폴리오의 성과는 자산보유기간 중 발생한 자본이익, 이자소득, 이자의 재투자 수익이 반영되는 총수익률(total return)을 의미한다.

시장 전체의 평균수익률과 큰 차이가 없는 안정적인 수익률을 실현할 수 있다는 장점이 있지만, 최적성과를 올릴 수 없으며 투자자의 부채를 고려할 수 없고 좋은 투자기회가 있어도 이를 포기하여야 한다는 단점이 있다.

인덱싱전략의 최대목표는 추적오차를 최소화하는 것인데 추적오차는 ① 거래비용, ② 운용기준으로 사용하는 채권지수와 실제운용자산의 채권종류 및 투자비중의 차이, ③ 운용기준으로 사용하는 채권지수를 발표하는 기관에서 사용하는 가격과 인덱싱전략을 추구하는 운용담당자가 실제 거래에서 지불하는 가격과의 차이 등에서 발생한다.

③ 파생상품을 이용한 복제전략

선물(futures), 스왑(swap) 등 파생상품은 유동성이 매우 크면서 신용위험(credit risk)도 낮기 때문에 벤치마크를 복제하는 데 이용할 수 있다. 예를 들어 정부채

선물은 정부채 지수나 정부기관채 지수를 복제하는 데 활용할 수 있다.

이론적으로 현물채권을 보유하고 이에 대하여 금리선물을 매도하면 무위험자산을 합성할 수 있으며(무위험자산=현물채권－금리선물), 반대로 무위험 자산을 보유한 상태에서 금리선물을 매입하면 현물채권을 보유한 것과 동일한 효과가 발생(무위험자산＋금리선물=현물채권)한다.

포트폴리오 운용에서 선물을 매입한 후 투자원금 중 개시증거금 및 유지증거금 관리를 위한 일부 현금을 제외한 금액을 위험이 낮은 단기 국채나 예치금 등의 현금성자산에 투자함으로써 복제 포트폴리오를 구성할 수 있다.

5.3.2 적극적 투자전략

적극적 투자전략은 미래의 시장 움직임에 영향을 미치는 변수 즉, 금리, 수익률곡선 형태, 스프레드 등을 최대한 정확하게 예측하고, 동 예측에 입각하여 투자방향을 결정함으로써 운용기준보다 높은 수익률을 획득하는 것을 목표로 하는 전략이다.

시장상황이 전망대로 움직이면 높은 수익률을 얻을 수 있으나, 반대로 움직이면 큰 손실이 발생할 수 있다. 또한 소극적 투자전략에 비해 거래비용도 크기 때문에 미래의 시장 움직임을 정확하게 예측하고 과소·과대평가되어 있는 채권을 식별할 능력이 있는 전문인력이 확보되어야 적극적인 투자전략을 구사할 수 있다.

적극적 투자전략을 위한 시장전망 기법으로 금리에 영향을 미치는 기본경제요인 분석 방법과 기술적 분석 방법이 있다. 기본경제요인 분석 및 기술적 분석을 이용한 시장전망에 의거, 채권포트폴리오를 적극적으로 운용하는 전략에는 듀레이션(duration) 전략, 만기별 수익률곡선(yield curve) 분석 전략, 상대가치(relative value) 분석 전략 등이 있다.

① 듀레이션 전략

듀레이션 전략은 시장전망에 근거한 금리 변동가능성에 대해 듀레이션을 이용하여 포트폴리오의 포지션을 조정한다. 즉, 장래에 전반적인 금리수준이 상승할 것으로 전망되면 포트폴리오의 듀레이션을 단기화하고, 반대로 전반적인 금리수준이 하락할 것으로 예상되면 듀레이션을 장기화하는 전략이다.

금리수준이 예상대로 움직이면 큰 이익이 발생하나, 예상과 반대방향으로 움직일 경우 큰 손실이 발생한다는 문제가 있으므로 신중하게 사용하여야 한다. 또한 듀레이션 전략은 수익률곡선의 움직임이 다르게 나타나면 예상과 다른 결과가 발생할 수 있다. 예를 들어 단기금리 상승 및 장기금리 하락에 근거하여 듀레이션을 확대하였는데 장기금리가 상승할 경우 큰 손실을 입을 수 있다.

② 만기별 수익률곡선 분석 전략

수익률곡선은 평행으로 움직이는 것보다 비평행으로 움직이는 것이 일반적이어서 포트폴리오의 듀레이션이 동일하더라도 투자대상물의 만기별 구성에 따라 수익률에 큰 차이가 발생할 수 있다.

수익률곡선 분석전략은 이러한 점에 착안하여 향후 금리의 절대수준 변동방향보다는 수익률곡선 모양이 어떻게 변화하는지를 예측하여 적절한 투자전략을 구사하는 것이다. 예를 들어 포트폴리오의 듀레이션을 중기(예: 4.5년)로 할 경우에도, 중기채권(듀레이션 4.5년)에만 투자하는 불릿(bullet) 포트폴리오와 단기채권(듀레이션 1년)과 장기채권(듀레이션 10년)에 분산하여 투자하는 바벨(barbell) 포트폴리오 간에는 실현수익률에 있어서 상당한 차이가 발생한다.

향후 수익률곡선이 평탄화(flattening)[8]되면 분산투자하는 바벨 포트폴리오가 상대적으로 유리하며, 반대로 수익률곡선이 가파르게(steepening) 되면 중기채에 집중투자하는 불릿 포트폴리오가 유리하다.

③ 상대가치 분석 전략

채권에는 만기, 발행자 등에 따라 채권별로 정상적인 가격수준(fair value)이 존

8 수익률곡선의 평탄화는 장기와 단기의 금리 차이가 축소되는 현상으로 경제성장의 둔화나 통화정책의 불확실성에 대한 신호로 인식된다. 반면 steepening은 장기와 단기의 금리 차이가 확대되는 현상으로 강한 경제성장과 인플레이션으로 금리의 상승이 예상될 때 나타난다.

재한다고 전제할 때 특정 채권의 가격(수익률)이 단기적으로 정상수준에서 벗어날 수는 있지만 장기적으로는 정상수준으로 회귀할 것이라고 생각할 수 있다.

상대가치 분석 전략은 특정 채권의 현재 가격과 정상수준이라고 판단되는 가격과의 차이를 분석한 후 정상수준보다 싼(cheap) 채권을 매입하고 비싼(expensive) 채권을 매각하는 전략이다. 이러한 전략은 금리의 절대적 수준 전망에 의거한 투자전략(듀레이션 전략)에 비하여 수익률제고 효과가 크지는 않으나 전체 자산의 듀레이션에 큰 변화를 가져오지 않으면서도 수익률을 제고할 수 있다는 장점이 있다.

5.4 포트폴리오 리스크 관리

포트폴리오 운용에 따른 리스크는 금리나 환율의 움직임으로 발생하는 시장리스크를 비롯하여 신용리스크, 유동성리스크 및 운영리스크가 있다. 이러한 리스크를 적절하게 관리하지 못하면 투자성과는 물론 투자자 평판에 매우 부정적인 효과가 발생할 수 있다.

5.4.1 시장리스크 관리

금리, 환율 등 금융시장 변수의 움직임은 포트폴리오의 가치에 큰 영향을 미치기 때문에 포트폴리오 운용에서 시장리스크의 관리는 매우 중요하다. 특히 채권 포트폴리오를 운용하는 경우 투자자는 금리 변동에 따라 보유 중인 채권의 가치가 변동하는 가격위험과 채권으로부터 발생하는 현금흐름이 재투자될 때 금리의 불확실성으로 발생하는 재투자수익률위험[9]에 노출된다.

채권의 가격위험은 금리변동에 따라 어느 정도 민감하게 반응하느냐에 달려

9 채권의 재투자수익률위험은 다른 조건이 동일하다면 장기채권이 금리의 불확실성에 더 많이 노출되기 때문에 단기채권에 비해 위험이 더 크며, 표면금리가 낮은 채권이 높은 채권에 비해 위험에 더 크다.

있다. 금리변동에 따른 민감도는 만기와 표면이자[10]의 두 가지 요소에 의해 결정된다. 다른 조건이 동일할 경우 만기가 길수록, 그리고 표면이자율이 낮을수록 금리변동에 따른 가격위험이 더 크다.

그러나 고정금리채권은 만기 이전에 현금흐름이 발생하므로 동일한 만기의 무이표채보다 금리위험에 더 작게 노출된다. 따라서 현금흐름의 시기와 규모를 감안한 가중평균만기를 이용하여 금리위험을 측정하는 것이 더 합리적이다. 금리변동에 따른 채권포트폴리오의 가치변화를 측정하기 위해 채권의 가중평균만기를 나타내는 듀레이션(duration)을 이용한다.

포트폴리오의 시장리스크를 관리하기 위해서 듀레이션을 중심으로 포트폴리오 수익률의 운용기준 수익률에 대한 민감도를 나타내는 포트폴리오 베타(β), 그리고 통계적 지표인 추적오차(TE), 시장 VaR 및 스트레스 테스트를 이용할 수 있다.

① 듀레이션 조정

포트폴리오의 듀레이션은 개별 채권의 듀레이션을 가중평균한 것이므로 투자자는 보유하고 있는 개별 채권에 대한 듀레이션 정보를 제공하는 업체(예를 들면 Bloomberg사)로부터 듀레이션 자료를 입수하여 계산할 수 있다.

시장금리의 상승이 전망되는 경우에는 전반적으로 듀레이션을 축소하여야 하지만, 수익률곡선에서 단기, 중기, 장기로 구분하여 금리의 전망이 어떻게 되는지를 감안하여 듀레이션을 조정하여야 한다.

채권 포트폴리오의 듀레이션 조정은 금리변동에 따른 리스크를 적절하게 통제하기 위한 가장 기본적인 포트폴리오 관리수단인데, 금리선물(interest rate futures)[11]을 이용하여 적은 비용으로 포트폴리오의 듀레이션을 조정하는 전략을 구사할 수 있다. 금리 상승을 예상하여 듀레이션을 축소할 경우 현물포지션을 매

10 표면이자가 일정하다면 만기가 길수록 짧은 채권에 비해 현금흐름의 할인에서 금리변동의 영향을 더 많이 받게 된다. 또한 만기가 동일한 채권에서 표면이자가 낮을수록 높은 표면이자에 비해 현금흐름의 할인에서 금리변동으로 더 큰 영향을 받는다.

11 금리선물은 미래 약정일에 현시점에서 약정한 가격으로 채권을 인수·인도할 것을 약속하는 거래로서, 채권투자자들에게 채권가격의 변동에 따른 손실위험을 회피할 기회를 제공한다.

각하지 않고 금리선물을 매도함으로써 적은 거래비용으로 듀레이션을 조정할 수 있다.

참고 McCaulay Duration과 Modified Duration

듀레이션은 McCaulay가 고안한 채권의 가중평균만기로, 이자지급일과 만기상환일에 발생하는 현금흐름의 현재가치에 현금흐름 발생시점별로 가중치를 곱하여 모두 합산한 후 합산값을 채권의 현재가치로 나누어 구한다. 다음과 같이 일반화한 공식으로 표현할 수 있다.

$$D = (\sum_{t=1}^{n} t\frac{C_t}{(1+y)^t}) / (\sum_{t=1}^{n} \frac{C_t}{(1+y)^t}) = (\sum_{t=1}^{n} t\frac{C_t}{(1+y)^t}) / P_0$$

* C_t: t 시점의 현금흐름, t: 만기, y: 시장금리 또는 만기수익률, P_0: 채권의 가격

시장금리의 변동으로 채권가격이 어느 정도 변화하는지를 나타내는 채권가격의 시장금리탄력성은 맥컬리듀레이션을 이용하여 계산할 수 있다.

$$e = (\frac{\Delta P}{P}) / (\frac{\Delta y}{1+y}) = \frac{\Delta P}{P} \times \frac{1+y}{\Delta y}$$

* P: 채권의 가격, y: 시장금리 또는 만기수익률

시장금리탄력성을 듀레이션(D)으로 바꾸어 표현하면 $-D = \frac{\Delta P}{P} \times \frac{1+y}{\Delta y}$가 되며, 이 식을 다시 정리하면 $-D = \Delta P \times (1+y) / (P \times \Delta y)$가 되며, 채권가격의 변화(ΔP)는 다음과 같이 표현할 수 있다.

$$\Delta P = \frac{-D}{(1+y)} \times P \times \Delta y$$

위 식에서 맥컬리듀레이션을 (1+y)로 나눈 -D/(1+y)를 수정듀레이션이라고 한다.

참고 듀레이션을 이용한 포트폴리오 가치변동 계산

- 포트폴리오의 듀레이션이 2.5년, 포트폴리오의 가치가 100억달러, 현재 금리가 2%인 경우 시장금리가 10bp 상승할 때 포트폴리오 가치는 어느 정도 변동하는지를 계산하라.

→ ΔP = −2.5/(1.02) x 0.001 x 10,000,000,000 = −24,509,804달러
즉, 24.5백만달러 정도의 손실이 발생한다.

* 위 계산식의 −2.5/(1.02)는 수정듀레이션

금리선물은 미국, 영국, 독일, 일본 등 선진국의 국채가 기초자산인 다양한 표시통화 및 만기별 상품이 있으며 해당국의 대표거래소(최초상장거래소)뿐만 아니라 제휴를 체결한 다른 나라의 거래소에서도 거래할 수 있다.

참고 금리선물을 이용한 리스크 헤지(hedge)

- 시가 1,000만달러, 그리고 듀레이션이 2.5년인 채권 포트폴리오를 보유한 투자자가 향후 시장이자율 상승에 따른 채권가격의 변동위험을 헤지하기 위하여 T-Note 선물거래를 이용할 경우 선물매도계약의 수를 계산하라(단, 선물 기초자산의 듀레이션은 5년, T-Note 선물 계약 단위는 10만달러라고 가정).

$$\rightarrow \text{헤지비율} = \frac{1000\text{만달러} \times 2.5\text{년}}{10\text{만달러} \times 5\text{년}} = -50\text{계약}.$$

T-Note 선물 50계약을 매도해야 한다.

② 포트폴리오 베타(β)

포트폴리오 수익률의 시장수익률에 대한 민감도를 나타내는 베타(β)의 개념을 이용하여 운용기준수익률에 대한 실제 포트폴리오 수익률의 민감도인 베타(β)를 모니터링할 수 있다. 특정 포트폴리오의 β가 1보다 크면 그 포트폴리오의 가격 변동이 운용기준 포트폴리오의 가격 변동보다 크다는 것을 의미한다. 따라서 포트폴리오의 베타가 지나치게 확대되지 않도록 모니터링함으로써 가격 변동에 따른 리스크를 관리할 수 있다.

포트폴리오 베타(β)는 시가로 평가한 실제 포트폴리오의 수익률과 운용기준수익률간 회귀식을 이용하거나 두 수익률 간의 공분산을 이용하여 구할 수 있다.

$$\text{실제 포트폴리오 수익률} = \alpha + \beta(\text{운용기준수익률}) + \epsilon$$

$$\beta = \frac{Cov(\text{실제 포트폴리오의 수익률, 운용기준 포트폴리오 수익률})}{Var(\text{운용기준 포트폴리오 수익률})}$$

포트폴리오 베타(β)는 위의 식을 이용하여 실제 포트폴리오와 운용기준 포트폴리오의 과거 평균 수익률을 이용하여 구할 수 있다. 또한 전문 S/W를 이용하여 베타(β)를 구할 수 있는데, 이 경우에는 운용기준과 실제 포트폴리오의 비중, 그리고 공분산 매트릭스를 이용하여 베타(β)를 산출한다.

③ 추적오차(TE, Tracking Error)

운용기준 수익률 대비 실제 포트폴리오의 초과수익률에 대한 변동성을 나타내는 추적오차는 대표적인 시장리스크 지표로 리스크 한도 설정 및 리스크 할당(risk budgeting)[12]에 활용된다.

과거의 수익률 자료를 이용하여 산출하는 사후적 추적오차(ex-post TE)는 실제 포트폴리오의 수익률과 운용기준 수익률의 차이인 초과수익률의 표준편차로서 위험조정 수익률인 정보비율(IR, information ratio)의 산출에 이용된다.

$$\text{정보비율(IR)} = \frac{\text{포트폴리오수익률} - \text{운용기준수익률}}{\text{초과수익률의 표준편차}(\sigma)} = \frac{excess\ return}{ex-post\ TE}$$

반면, 통계적 모델을 이용하여 산출하는 사전적 추적오차(ex-ante TE)는 실제 포지션과 운용기준의 차이 및 각 자산 섹터의 리스크 요인(만기구간별 금리, 환율, 스프레드 등) 변동성의 공분산행렬을 반영하여 측정한다.

사전적 추적오차는 주로 시장리스크의 관리에 이용된다. 사전적 추적오차를 산출하기 위해서는 매우 복잡한 계산과정을 거치게 되므로 전문 S/W를 이용해야 한다.

사전적 추적오차가 100bp라는 것은 포트폴리오의 수익률이 68.3%(수익률의 시계열을 정규분포로 가정) 확률로 운용기준 수익률 대비 ±100bp 이내에서 형성된

12 리스크할당(risk budgeting)제는 추적오차 또는 VaR 등의 리스크지표를 활용하여 사전에 전체 포트폴리오가 감당할 수 있는 리스크 총량을 설정한 후, 총량 한도 내에서 개별 포트폴리오별로 리스크를 할당하여 주어진 리스크 한도에서 최대의 수익을 거둘 수 있도록 리스크를 관리하는 방식이다. 포트폴리오별로 과거의 운용성과에 기반한 정보비율을 추정한 후 최적화기법을 활용하여 리스크 한도를 배분할 수 있다.

다는 것이다.

추적오차의 한도초과를 방지하기 위해 한도를 안정영역(green zone), 완충영역(yellow zone) 및 한도초과영역(red zone)으로 구분하여 관리할 수 있다. 추적오차 값이 완충영역에 도달하면 front office에 예방적 주의환기를, 한도초과영역에 진입하면 포트폴리오 조정을 지시하는 방식으로 시장리스크를 관리한다.

④ 시장 VaR(Value at Risk)

VaR는 주어진 신뢰수준(예, 95%)에서 특정 기간(예, 1일)에 발생할 수 있는 최대 손실 예상액으로 시장리스크를 관리하기 위해 이용하는 중요한 리스크 지표이다.

VaR의 산출은 통계적인 기법에 따라 모수추정방식(parametric method)과 비모수추정방식(nonparametric method)[13]으로 나눈다. 모수추정방식은 포트폴리오의 수익률 분포를 정규분포로 가정하며, 과거의 시계열자료를 이용하여 모수(분산과 공분산)를 산출한 후 포트폴리오의 분포형태와 신뢰구간에 대응하는 VaR를 산출한다.

시장 VaR를 산출하는 과정은 3단계로, ① 기준일 현재 포트폴리오 포지션(시장가치) 산출 ② 포지션을 바탕으로 가격변동성(σ) matrix 계산 ③ 신뢰수준(95%) 및 보유기간(1일, 1년 등)을 설정하여 최종 시장 VaR 값 계산의 과정을 거친다. 특정 기간에 대해서 VaR를 구하는 공식은 다음과 같다.

$$VaR = B \times \sigma \times CI \times \sqrt{T}$$

B: 투자금액(시장가치), σ: 자산가격 변동성,
CI: 특정 신뢰수준 값(95% 신뢰수준의 경우 1.65), T: 보유기간

포트폴리오의 1일의 VaR를 계산하는 공식은 VaR = 1.65* × σ(가격변동성) × 총투자금액이 된다. 예를 들어 95% 신뢰수준에서 계산된 VaR가 5억달러이면, 이

13 역사적 시뮬레이션, 몬테카를로 시뮬레이션 등 시뮬레이션 기법으로 과거의 자료를 이용하여 포트폴리오의 분포를 직접 추정한 후 신뢰구간에 대한 VaR를 산출하는 방식이다.

는 5% 확률로 5억달러보다 더 큰 손실이 발생할 수 있다는 의미이다.

참고 VaR의 계산 및 의미

ㅁ 어느 투자자의 포트폴리오에 포함된 특정 주식의 시장가치가 100,000달러이며 가격변동성은 1%이다. 95% 신뢰수준에서 VaR를 계산하고 그 의미를 설명하라.

→ ΔP = 100,000 x 0.001 x 1.65 = −1,650달러
이 투자자가 하루에 최대 1,650달러의 손해를 볼 수 있는 확률이 5%이다.

포트폴리오의 VaR를 계산하기 위해서는 개별 자산 종류 간에 상관계수가 고려되어야 하며, 개별채권의 가격변동성은 역사적인 가격 대신 리스크요인(만기구간, 금리, 환율, 스프레드 등)들의 표준편차를 이용하므로 전문업체가 제공하는 S/W가 필요하다.

VaR는 리스크를 하나의 수치로 표현하므로 의사결정권자에 대한 보고용 리스크지표로 널리 활용되지만 손실 규모가 얼마가 될지에 대한 정보는 제공해주지 못한다. 따라서 손실에 대한 정보를 파악하기 위해서 ES(expected shortfall)[14]이나 스트레스 테스트(stress test)를 활용하여야 한다.

⑤ 스트레스 테스트(stress test)

스트레스 테스트는 환율이나 금리 등 매크로요인, 투자상품 간의 상관관계, 신용스프레드, 변동성 등 리스크요인(risk factor)에 충격이 오는 위기시나리오를 가정하여 포트폴리오 가치의 변화 즉, 예상 손실을 추정하는 리스크 관리 기법이다.

스트레스 테스트는 민감도 테스트 및 시나리오 분석의 2가지 방법으로 실시한

14 VaR의 단점을 보완하기 위한 보조지표로 포트폴리오 수익률 분포의 꼬리모양에 대한 민감도를 측정하는 Expected shortfall을 이용할 수 있는데, 이는 포트폴리오에 큰 변화를 가져오는 이벤트가 있을 때 발생하는 손실금액을 계산하는 것이다.

다. 민감도테스트는 특정 리스크요인을 다양한 수준으로 변화시키면서 포트폴리오의 가치가 어떻게 변하는지를 분석하는 방법이다. 이에 반해 시나리오 테스트는 역사적 또는 가상의 위기 시나리오를 이용하여 포트폴리오의 가치변화를 분석하는 방법이다.

시나리오는 미 정부채 금리 100bp 상승, 유로화 가치 10% 하락 등 단일 변수를 이용하는 단변수 테스트와 두 개의 변수를 동시에 이용하는 다변수 테스트, 또는 서브프라임 모기지 사태나 COVID-19 팬데믹(pandemic)과 같은 역사적 충격을 가정한 테스트 등 다양한 방식으로 구성할 수 있다.

스트레스 테스트 주기는 매월 정기적으로 실시하거나 필요시 시뮬레이션 목적을 위해 수시로 실시할 수도 있다. 극단적인 금융위기 상황을 가정한 주관적인 리스크 측정에 스트레스 테스트를 활용함으로써 정상적인 상황을 가정하여 측정하는 VaR와 같은 통계적 지표를 보완할 수 있다.

스트레스 테스트를 위해서는 추적오차나 VaR의 측정과 마찬가지로 매우 복잡한 계산과정을 거치게 되므로 전문 S/W의 이용이 필수적이다.

5.4.2 신용리스크 관리

포트폴리오 운용에 따른 신용리스크는 전통적으로 국제 신용평가사가 자금의 예치기관, 거래기관, 채권발행자 및 채권에 대해 평가한 신용등급을 기반으로 관리하였으나 2008년에 발생한 글로벌 금융위기를 겪으면서 신용평가사의 신용평가에 대한 신뢰성 문제가 대두되었다. 또한 글로벌 금융위기 및 유럽 재정위기 시에 선진국의 정부가 발행한 채권도 신용리스크에 노출되는 것을 경험하였다.

따라서 포트폴리오를 운용하는 투자자는 체계적인 신용리스크 관리의 필요성을 절감하면서 신용리스크 지표의 활용을 확대하고, 투자한도 및 거래한도를 엄격하게 관리할 필요성이 있다는 것을 확인하였다.

포트폴리오의 신용리스크 관리를 위한 수단으로 신용 VaR, 채권발행자의 부도확률(EDF, Expected Default Frequency) 등 신용리스크 지표와 투자채권 신용등급 지수, 그리고 투자한도 및 거래한도에 대해 살펴본다.

① 신용 VaR

신용 VaR는 주어진 신뢰수준하에서 일정 기간(보통 1년간)에 거래상대방의 신용사건 발생으로 예상되는 최대 손실 규모이다. 포트폴리오를 구성하고 있는 개별자산의 부도확률과 개별자산 간의 상관관계를 이용하여 1년 후 포트폴리오 전체의 가치를 산출하여 현재의 가치와 비교함으로써 손실가능액을 산출한다.

신용 VaR를 산출하는 과정은 ① 1년 후 채권의 가치 추정, ② 채권발행자의 1년 후 부도확률 추정, ③ 부도확률을 이용하여 채권발행자의 1년 후 기업가치 추정, ④ 채권발행자 간 상관관계 추정, ⑤ 채권발행자간 상관관계, 발행자의 기업가치 및 채권의 가치를 이용한 몬테카를로 시뮬레이션으로 1년 후 포트폴리오 전체의 가치 계산, ⑥ 포트폴리오 전체의 가치 분포에서 주어진 신뢰수준(예를 들어 95%)에 해당하는 값과 현재 포트폴리오 가치와의 차이인 손실규모 계산의 6개로 구성된다.

신용 VaR는 부도확률 및 개별자산 간 상관관계를 계산할 때 표본기간을 어떻게 설정하는지에 따라 결과가 달라질 수 있어서 신뢰성 문제가 대두된다. 한편, 신용 VaR를 산출하는 과정이 매우 복잡하여 시장 VaR와 마찬가지로 리스크 관리 전문 업체가 제공하는 모형에 의존하여 VaR 값을 산출한다.

② 부도확률(EDF)

부도확률은 1년 내 기업이 부채의 원리금 상환에 실패하여 부도에 이르게 되는 확률이다. 부도확률을 산출하기 위한 변수는 개별자산의 시장가치, 변동성 및 부도점(default point)이다. 자산의 시장가치는 계속기업으로서 시장가치 또는 미래 현금흐름의 현재가치를 의미한다. 그리고 자산의 변동성은 자산 시장가치의 변동성을 의미하며 부도점은 기업의 부채 수준이다.

자산의 시장가치 및 변동성, 부도점으로부터 부도거리(distance to default) 계산을 공식으로 표현하면 다음과 같다.

$$\text{부도거리}(DD) = \frac{\text{부도점}}{\text{자산의 시장가치} \times \text{자산 시장가치의 변동성}}$$

부도확률은 ① 시장가치 및 변동성 산출, ② 부도점(default point) 및 부도거리 산출, ③ EDF 계산의 복잡한 산출과정을 거치므로 전문 S/W를 이용하여 계산할 수 있다.

③ 신용등급지수

포트폴리오를 구성하고 있는 채권의 전반적인 신용등급 수준을 점검하기 위해서 신용등급지수를 이용할 수 있다. 신용등급지수는 특정일 기준 포트폴리오에 포함된 개별채권의 신용등급을 점수화한 후 시가(또는 원가)를 기준으로 가중평균하여 산출한 포트폴리오의 신용등급수준이다.

신용등급지수는 비교대상 기간에 투자채권의 신용등급 수준이 어느 정도인지를 산출하여 비교할 수 있다. 신용등급별로 점수를 AAA(1점)로부터 투자가능 최저 신용등급(예, BBB〈10점〉)까지 부여하며, 신용등급지수는 낮은 값이 신용노가 높다고 해석할 수 있다.

표 5.6 신용등급 지수화(예시)

신용등급	AAA (aaa)	AA+ (Aa1)	AA (Aa2)	AA− (Aa3)	A+ (A1)	A (A2)	A− (A3)	BBB+ (Baa1)	BBB− (Baa3)
신용지수	1	2	3	4	5	6	7	8	9

5.5 포트폴리오 성과평가

5.5.1 절대수익률과 상대수익률

포트폴리오의 운용에서 투자성과는 어느 정도의 수익률을 달성하였는지를 파악하는 데 중요할 뿐만 아니라 성과의 요인분해를 통해 전략적 자산배분이나 포트폴리오 운용담당자의 투자전략에 대한 피드백의 역할을 한다.

투자성과는 절대수익률과 상대수익률로 평가할 수 있으나 절대수익률은 비교대상을 고려하지 않은 수익률이어서 운용담당자의 투자성과를 평가하는 데 한계가 있다. 따라서 성과를 비교하기 위한 운용기준이 있으면 상대수익률을 이용하여 운용기준 대비 어느 정도의 초과 성과를 달성했는지를 파악할 수 있다. 예를 들어 어떤 포트폴리오가 KOSPI 시장의 주식에 분산투자했다면 KOSPI를 기준포트폴리오로 이용하여 상대적인 수익률을 산출할 수 있다.

앞에서 설명한 바와 같이 전략적 자산배분을 통하여 운용기준포트폴리오를 생성한 경우에는 성과단위별 절대수익률은 물론 전략적 운용기준(benchmark) 및 전술적 운용기준 대비 상대수익률을 측정할 수 있다. 전략적 자산배분 대비 front office의 전술적 자산배분에서 어느 정도의 초과수익률을 달성했는지 그리고 실제 포트폴리오 운용담당자가 전술적 벤치마크 대비 어느 정도의 초과수익률을 달성했는지를 비교할 수 있다.

5.5.2 위험조정수익률

포트폴리오의 성과평가에서 리스크를 감안하지 않고 단순히 총수익률을 기준으로 성과를 측정하는 것은 리스크를 무시한다는 단점이 있다. 즉, 포트폴리오 운용담당자가 과도하게 리스크를 부담하여 총수익률을 높이게 되면 그만큼 위험을 부담하는 것이기 때문에 리스크를 고려한 위험조정성과를 산출할 필요가 있다.

위험조정성과는 Sharpe ratio, Treynor ratio, Jensen's alpha, 그리고 정보비율(information ratio)을 산출하여 비교할 수 있다. CAPM[15]의 이론을 바탕으로 샤프비율(Sharp ratio)은 포트폴리오의 총위험으로, 트레이너 지표(Treynor's measure)

15 자본시장의 균형하에서 위험이 존재하는 자산의 균형수익률을 도출해내는 모형으로 마코비츠의 포트폴리오 이론에서 출발하여 샤프 등에 의해 무위험자산의 가정을 포함하여 발전되었다. 광의의 CAPM(capital asset pricing model) 이론은 자본시장선(CML)과 증권시장선(SML)을 포함하는 개념이나, 보통 CAPM이라 하면 증권시장선을 의미한다. 증권시장선(security market line)은 개별자산 또는 포트폴리오의 기대수익률을 도출해내는 모형으로, 체계적 위험을 나타내는 베타에 비례하는 위험프리미엄을 측정하여 기대수익률을 도출한다.

표 5.7 위험조정수익률 계산 공식

구분	정의	산출식	평가방식
Sharpe 비율	위험단위당 초과수익률의 보상 정도	$\frac{R_p - R_f}{\sigma_p}$	$\frac{R_b - R_f}{\sigma_b}$보다 높으면 양호
Treynor 지표	체계적 위험단위당 초과수익률의 보상 정도	$\frac{R_p - R_f}{\beta_p}$	$\frac{R_p - R_f}{\beta_b}$보다 높으면 양호
젠센의 α	운용자의 종목선택 능력 평가	$(R_p - R_f) - \beta_p(R_b - R_f)$	0보다 높으면 양호
정보비율	비체계적 위험단위당 초과수익률의 보상 정도	$\frac{R_p - R_b}{TE}$	0보다 높으면 양호

및 젠센(Jensen)의 alpha는 체계적위험으로 성과를 조정하는 방식이다. 반면 정보비율은 비체계적위험 한 단위 즉, TE(tracking error)[16]를 부담하는 대가로 달성한 비정상수익률의 크기를 나타낸다.

성과평가를 위해 어느 방식을 선택할 것인가는 성과평가의 목적과 평가대상 포트폴리오의 특성에 따라 달라져야 한다. 예를 들어 포트폴리오가 주식에만 투자하는 경우에는 Sharpe 비율이나 정보비율이 타당하다. 반면, 무위험자산과 위험자산에 충분히 분산투자하고 있는 포트폴리오의 투자성과를 평가할 때에는 트레이너 지표나 젠센의 알파(α)가 적당하다.

5.5.3 투자성과 분해

포트폴리오의 투자성과를 평가할 때에는 투자성과 측정에 그치지 않고 투자성과 원인을 파악하는 것이 중요하다. 포트폴리오의 투자성과는 전략적 자산배분, 전술적 자산배분 그리고 포트폴리오의 종목 선택에 따른 각 의사결정 요소에 기인하는 부분으로 나눌 수 있다. 즉, 실제 투자성과는 전략적 자산배분 성과, 전술적 자산배분 성과 및 종목선택 성과로 분해할 수 있다.

16 포트폴리오 수익률과 벤치마크 수익률 차이의 표준편차로 운용담당자가 적극적으로 자산을 운용하면서 부담한 리스크를 나타낸다.

예를 들어 〈표 5.8〉과 같이 정부채, 정부기관채, 국제기구채로 구성되는 실제 포트폴리오의 수익률이 2.5%이고 운용기준의 포트폴리오 수익률이 1.75%라고 가정하면 운용기준 대비 초과수익률은 0.75%이다.

초과수익률의 원천이 전술적 자산배분에 기인하는지 아니면 포트폴리오 운용담당자의 증권선택에 기인하는지를 분석한 결과는 〈표 5.9〉 및 〈표 5.10〉와 같다. 전술적 자산배분에서 투자성과는 −0.025%로 음(−)의 초과수익률을 나타내고 있다. 음(−)의 수익률을 기록한 의미는 front office에서 시장상황에 대한 예측을 잘 못하여 전술적 자산배분에 문제가 있었다는 것이다.

반면, 종목 선택에 따른 성과는 0.775%를 기록한 것은 포트폴리오 운용담당자가 투자대상 증권을 잘 선택하여 +0.775%의 초과수익률을 올린 것을 의미한다. 결과적으로 전술적 자산배분에서 음(−)의 성과에도 불구하고 운용담당자의 종목에 대한 분석능력이 뛰어나 비교적 큰 투자성과를 기록함으로써 운용기준 대비 0.75%의 초과수익률을 기록한 것이다.

표 5.8 성과분해 – 초과수익률(예시)

자산	운용기준(%)	운용기준 수익률(%)
정부채	60	1.5
정부기관채	30	2.0
국제기구채	10	2.5

◦ 운용기준의 성과=(0.6x1.5)+(0.3x0.6)+(0.1x2.5) = 1.75
◦ 포트폴리오 실제 수익률 = 2.5
◦ 운용기준 대비 초과수익률(2.5-1.75) = 0.75

표 5.9 성과분해 – 전술적 자산배분 성과(예시)

자산	운용기준 (%)	실제배분 (%)	초과배분 (전술적배분)	수익률차이 (기준–실제)	전술적 성과 (%)
정부채	60	70	+10	−0.25	−0.025
정부기관채	30	15	−15	+0.25	−0.0375
국제기구채	10	15	+5	+0.75	+0.0375
◦ 전술적 자산배분에 따른 성과 차이					−0.025

표 5.10 성과분해 – 채권 종목선택 성과(예시)

자산배분	실제수익률 (%)	운용기준 수익률(%)	초과수익률 (%)	자산배분	종목선택 성과(%)
정부채	2.5	1.5	+1.0	70	0.70
정부기관채	3.0	2.0	+1.0	15	0.15
국제기구채	2.0	2.5	−0.5	15	−0.075
◦ 종목 선택에 따른 성과 차이					0.775

위에서 살펴본 바와 같이 포트폴리오 운용에서 투자성과는 전략적 자산배분을 어떻게 하느냐에 따라 큰 영향을 받지만, 전략적 자산배분은 객관적인 경제분석을 반영하여 장기적인 관점에서 자산배분을 설정하는 것이다. 따라서 투자책임자의 시장상황에 대한 예측이나 운용담당자의 분석능력이 단기적으로 투자성과에 큰 영향을 미친다는 것을 알 수 있다.

요 약

1. 투자자가 국제 포트폴리오를 구성하여 자산을 운용하는 이유는 분산투자의 이점 때문이다. 따라서 통화의 다변화와 투자대상물의 적절한 조합을 통해서 리스크를 최소화하면서 목표수익률을 달성할 수도 있다.
2. 국제 포트폴리오 운용은 계획 단계, 포트폴리오 구축 및 투자실행 단계, 피드백 단계의 3개 과정으로 구성되며 투자목표와 제약조건을 확인한 후 투자정책서 작성, 전략적 자산배분, 전략적 운용기준 설정, 전술적 자산배분, 자산의 실제 매매, 리스크 관리 및 성과평가라는 일련의 과정으로 이루어진다.
3. 국제 포트폴리오 운용에서 가장 중요한 과정은 전략적 자산배분인데, 그 이유는 포트폴리오의 수익률이 전략적 자산배분에 기인하기 때문이다. 전략적 자산배분(SAA, strategic asset allocation)은 일반적으로 운용목표(investment objective) 및 제약조건(constraints) 정의, 투자대상범위(investment universe) 설정, 시장전망(capital market expectation), 최적자산배분 실행의 순으로 진행된다.
4. 전략적 자산배분(SAA, strategic asset allocation)은 투자자의 장기적 운용목표를 달성하

기 위해 중장기 투자시계(investment horizon)하에서 자산종류별 금리 전망 및 투자자의 제약조건을 감안하여 자산을 배분하는 것이다.

5. 전략적 자산배분을 위한 투자대상범위는 운용목표 및 제약조건을 반영하여 자체 구성, 국제채권지수 또는 국제주식지수 이용, 국제채권지수 또는 국제주식지수의 수정(customizing) 등 세 가지 방식 중에서 하나를 선택하여 설정한다.

6. 최적자산배분은 자산별 기대수익률과 자산간 공분산 등 투입변수가 결정되면 평균-분산 모형을 활용하여 정해진 위험목표 내에서 기대수익률 극대화, 또는 수익목표를 충족시키면서 위험이 가장 작은 자산배분 포트폴리오를 선택한다.

7. 전술적 자산배분은 중기적 금리 및 환율 전망을 적극적으로 반영하여 전략적 운용기준의 변동허용범위 내에서 통화구성, 상품구성 및 만기구성 등에 대해 자산 배분 비중을 조정하는 것이다.

8. 국제 포트폴리오 운용에 따른 리스크로는 금리, 환율 등 시장변수의 움직임으로 발생하는 시장리스크, 신용리스크, 유동성리스크 및 운영리스크가 있다.

9. 포트폴리오의 운용에서 투자성과는 어느 정도의 수익률을 달성하였는지를 파악하는 데 중요할 뿐만 아니라 성과의 요인분해를 통해 전략적 자산배분이나 포트폴리오 운용 담당자의 투자전략에 대한 피드백의 역할을 한다.

연습문제

1. 다양한 통화로 국제 포트폴리오를 구성하면 미국달러화가 약세가 되더라도 환리스크를 줄일 수 있는 이유는 무엇인가?

2. 국제 포트폴리오 운용을 위한 리스크 목표 설정과 관련하여 절대적인 목표와 상대적인 목표의 의미에 대해 예를 들어 설명하라.

3. 전략적자산배분의 첫 단계로 운용목표는 risk-return profile로 설정하는데 기대수익-위험 평면상에서 나타낼 수 없는 요인은 어떠한 방식으로 반영하는지를 설명하라.

4. 전략적인 자산배분을 위해 자산군을 구성할 때 주식 및 채권과 같이 큰 단위로 설정하거나 채권>정부채>1~3년과 같은 작은 단위로 구분할 수 있는데, 큰 단위로 자산군(asset class)을 구성하는 경우의 장단점은 무엇인가?

5. 전략적자산배분의 시장전망 단계에서 기대수익률의 적용과 관련하여 과거의 평균수익률을 이용할 경우 문제점과 유용성에 대해 설명하라.

6. 전략적자산배분에서 널리 이용하는 평균–분산모형(mean–variance model)의 기본 가정과 최적자산배분 과정을 설명하라.

7. 국제 포트폴리오 운용에서 설정하는 전략적 운용기준(strategic benchmark)의 의미와 역할에 대해 설명하라.

8. 국제 포트폴리오 운용에서 운용기준 포트폴리오를 설정하는 이유 그리고 운용기준 포트폴리오의 reblacing과 upgrading의 차이에 대해 설명하라.

9. 포트폴리오를 실제로 운용하는 단계에서 이용하는 투자전략으로 적극적인 전략과 소극적인 전략에는 어떤 것들이 있는지를 열거하라.

10. 포트폴리오의 듀레이션이 3년, 현재 가치가 50억달러, 현재 금리가 2%인 경우 시장금리가 5bp 상승할 때 포트폴리오 가치는 어느 정도 변동하는지를 계산하라.

11. 어느 투자자의 포트폴리오에 포함된 특정 주식의 시장가치가 500,000달러이며 가격변동성은 2%이다. 95% 신뢰수준에서 VaR를 계산하고 그 의미를 설명하라.

12. 포트폴리오 운용의 성과평가와 관련하여 Sharpe Ratio와 Information Ratio의 의미가 어떻게 다른지 설명하라.

6장

환율 기초 및 이론

학습목표

1. 환율의 정의, 종류, 표기 방법 등 기초 지식을 습득하고, 다양한 환율제도에 대한 이해도를 제고한다.
2. 구매력평가와 이자율평가를 학습하여 환율의 장단기 균형과 실제 환율 간 차이를 분석할 수 있다.
3. 실물 및 금융시장 발전에 따라 출현해 온 다양한 환율결정이론을 이해하여 거시경제 변수의 변화에 따라 환율의 균형이 어떤 방향으로 이동하는지 분석할 수 있다.
4. 거시경제 변수의 변화가 비교역재 상대가격과 실질환율에 미치는 메커니즘을 이해한다.

6.1 환율의 기초

6.1.1 환율의 정의 및 표기 방법

환율(exchange rate)이란 외국통화 한 단위를 받기 위해 자국통화를 몇 단위 지불해야 하는가를 나타내는 교환비율을 의미하며 두 나라 통화의 상대적 가치를 말한다.

표기 방법은 어느 통화를 기준으로 하는가에 따라 직접표기 환율과 간접표기 환율로 나뉜다. 직접표기 환율은 예를 들어 1 외국통화당 1,000원과 같이 외국통화가 기준이 되고, 간접표기 환율은 1원당 0.001 외국통화와 같이 자국통화가 기준이 된다. 일반적으로 직접표기 환율이 사용된다. 한편 미 달러화에 대한 환율을 표기할 때는 1달러당 해당통화를 표기하는 유럽식 방법(European terms)과 1해당 통화당 미 달러화를 표기하는 미국식 방법(American terms)이 있다. 대부분 통화가 유럽식 방법으로 표기되고 있으며, 미국식 방법은 유로화 및 영국 파운드화, 호주 달러화, 뉴질랜드 달러화 등 과거 영연방 국가들의 통화에 대해 사용되고 있다.

표기 방법과 관련하여 한 가지 주의할 것은 과거에는 주로 '₩/$'와 같이 통화기호를 사용하여 표기하였으나, 최근에는 국제표준기구(ISO)에서 정한 통화티커(ticker)를 주로 사용하여 'USD/KRW'와 같이 표기하고 앞쪽 통화가 기준통화가 된다. 예를 들어, 유럽식 방법을 사용할 땐 'USD/KRW' 또는 '₩/$'와 같이 표기하고, 미국식 방법을 사용할 땐 'EUR/USD' 또는 '$/€'와 같이 표기한다.[1]

6.1.2 환율의 종류

결제일에 따라 현물환율과 선물환율로 구분된다. 현물환율(spot exchange rate)은 매매거래 후 제2영업일 이내에 결제되는 것을 말하고, 선물환 계약(forward exchange contract)에 따라 제2영업일이 지난 이후의 특정 날짜에 적용되는 환율은 선물환율(forward exchange rate)이라 한다. 현물환율은 매일의 외환시장 수급에 따라 결정되나, 선물환율은 기간 이자율도 고려하여 결정된다. 선물환 계약 만기 시 해당 통화를 받는 쪽은 롱포지션(long position)이 되고, 주는 쪽은 숏포지션(short position)이 된다. 결제일이 미루어짐에 따라 선물환율시장 참여사는 환율변동위험, 신용위험, 유동성위험, 결제실패위험 등 다양한 리스크에 직면하게 된다.

통화의 상대가치 결정방법에 따라 명목환율(nominal exchange rate), 실질환율(real exchange rate) 및 실효환율(effective exchange rate)로 구분된다. 명목환율은 두 나라 통화의 상대가격을 말한다. 외환시장에서의 수급에 의해 결정되는 환율이다. 이에 비해 실질환율과 실효환율은 다양한 상품의 바스켓과 다수의 교역상대국을 포함하는 등 계산과정도 복잡하고 매일 산출되는 것도 아니라 일상생활에서는 볼 수 없는 환율이다. 이에 실효환율은 국제통화기금, 국제결제은행 등 주로 국제기구에서 산출하여 제공하고 있다. 실질환율과 실효환율은 국제무역과 관련하여 경제적으로 매우 중요한 의미를 담고 있다. 실질환율은 두 나라 재화의 상대가격으로 다음과 같이 측정한다. 명목환율 또는 외국물가수준(국내물가수준)이 상승(하락)하여 실질환율이 상승하게 되면 우리나라 재화의 상대가격이 상대적으로 하락(real depreciation)한다. 다른 조건이 동일하면 우리나라 재화의 가격경쟁력이 높아지는 것이다. 반대의 경우 우리나라 재화의 상대가격이 상대적으로 상승(real appreciation)하여 우리나라 재화의 가격경쟁력이 떨어지는 것이다.

1 KRW/USD, USD/EUR과 같은 표기는 잘못된 것이다.

$$\text{실질환율}(e) = \frac{\text{명목환율}(E) \times \text{외국 물가수준}(P^*)}{\text{국내물가수준}(P)} \tag{6.1}$$

실효환율은 기준시점과 비교하여 교역상대국 통화에 비해 자국통화의 가치가 평균적으로 어느 정도 상승 또는 하락하였는지를 나타낸다. 대부분 나라는 복수의 교역상대국이 존재하기 때문에 자국통화를 기준으로 한 간접표시 환율을 이용한다. 따라서 두 나라 간에 측정되는 명목환율 및 실질환율과 달리 실효환율은 상승할 경우 강세(또는 절상), 하락할 경우 약세(또는 절하)인 것이다. 교역가중치에 따라 명목환율을 가중평균하면 명목실효환율(nominal effective exchange rate), 국가 간 물가상승률 차이까지 반영하면 실질실효환율(real effective exchange rate)이 된다. 실질실효환율지수의 공식은 다음과 같으며, 한 나라의 수출가격경쟁력을 가장 잘 나타낸다. 실질실효환율지수가 상승하면 교역상대국에 비해 가격경쟁력이 떨어지고 하락하면 높아지는 것을 의미한다. 실질실효환율지수의 공식에서 물가상승률을 제외하면 명목실효환율지수가 된다.

$$REER_t = \prod_{i=1}^{n} \left(100 \times \frac{E_{i_t}}{E_{i_0}} \times \frac{P_t}{P_{i_t}}\right)^{w_{i_t}} \tag{6.2}$$

단, E_{i_t} : t시점에서의 i국 통화와의 명목환율
E_{i_0} : 기준시점에서의 i국 통화와의 명목환율
P_t : 기준시점에서 t시점까지 자국의 물가상승률
P_{i_t} : 기준시점에서 t시점까지 i국의 물가상승률
w_{i_t} : t시점에서 i국과의 교역가중치

한편 미 연준(Fed)과 국제결제은행(BIS)은 미 달러화의 명목 및 실질실효환율을 작성하는데, 이를 달러 인덱스(U.S. Dollar index)라 한다. 미 연준은 선진국지수(7개국)[2], 신흥국지수(19개국), 광의의 지수(26개국)[3] 등 세 종류의 달러 인덱스를 작

2 유로존, 캐나다, 일본, 영국, 스위스, 호주, 스웨덴

3 2023년 2월 현재 국별 가중치(%): 유로존(19.3), 중국(14.6), 멕시코(13.8), 캐나다(13.1), 일본(5.5), 영국(4.7), 한국(3.6), 스위스(3.0), 인도(3.0), 대만(2.7), 베트남(2.4), 싱가포르(2.0), 브라질(1.7), 말레이시아(1.6), 태국(1.3), 홍콩(1.2), 이스라엘(0.9), 인도네시아(0.7), 칠레(0.7), 필리핀(0.6), 콜롬비아(0.6), 스웨덴(0.6), 러시아(0.5), 사우디아라비아(0.5), 아르헨티나(0.4)

성하고 있다. 국제결제은행은 광의의 인덱스(64개국)와 협의의 인덱스(27개국) 두 종류의 달러 인덱스를 작성하고 있다. 미 연준은 2019년 2월부터 기존 상품 수출입 비중에 더하여 서비스 수출입 비중을 새로이 포함하여 통화별 가중치를 산정하고 선진국지수에 호주 달러화를 추가하였다. 2023년 2월 현재 미 연준이 작성하는 광의의 달러 인덱스에서 우리나라 가중치는 3.6%로 유로존 포함 26개국 중 7위를 차지하고 있다.

이 밖에 외국통화 간 환율(엔/달러), 국제금융시장에선 미 달러화의 개재가 없는 여타 통화 간의 환율(유로/엔)을 교차환율(cross rate)이라 한다. 재정환율(arbitrage rate)은 원/유로 환율과 같이 국내은행 간 외환시장에서 직접 거래되지 않는 통화에 대한 환율을 계산할 때, 국제금융시장에서 형성되는 달러/유로 환율을 이용하여 산출한 환율(원/엔)이다.

6.1.3 환율변동이 경제에 미치는 영향

환율은 단기적으로는 다른 나라의 환율변동, 통화정책, 뉴스 등의 영향을 받으며, 장기적으로 물가수준, 생산성 차이 등에 따라 변동한다.

원/달러 환율이 상승하면 수출과 수입에 직접적인 영향을 미친다. 교역상대국 소비자 입장에서 수입가격이 낮아지므로 우리나라 상품의 수출가격 경쟁력이 향상되어 우리나라 수출상품에 대한 해외수요가 증가한다. 반면 우리나라 소비자 입장에서는 수입가격이 올라감에 따라 해외상품에 대한 수요가 감소하고 국내상품에 대한 수요가 증가한다(지출전환 채널). 이는 국내 생산량 증가에도 영향을 주게 된다. 다만, 국내상품으로 대체할 수 없는 원자재 등의 경우에는 수요 감소 없이 비용만 상승하게 된다. 전체적으로 수출은 증가하고 수입이 감소하면서 경상수지가 개선될 가능성이 크다. 환율이 상승하면 원화로 환산한 외화표시부채의 원리금이 이전보다 많아진다. 외화표시부채를 발행한 기업 등의 원리금 상환부담이 커지게 되는 것이다. 환율이 상승하면 해외상품의 수입가격이 상승하기 때문에 전반적인 국내 물가수준이 상승할 수 있다. 특히 무역거래 결제에 광범위하게 사용되는 국제기축통화가 강세를 보일 경우 수입물가가 급등할 수 있다.

환율이 하락하면 국내 제품에 대한 수요가 줄어들어 경상수지가 악화되고, 국내 생산량도 감소할 수 있다. 한편 외화표시부채 원리금 상환부담이 감소하고, 국내 물가수준이 하락한다. 한편 환율의 급변동은 외국인 투자자입장에서는 위험이 증가하는 것이므로, 우리나라의 투자매력도가 떨어지게 된다. 환율의 변동은 여러 경로를 통해 개별 경제주체들(수출산업 대[對] 수입산업)에 상반된 영향을 미치고 국내 거시경제에도 미치는 영향이 크므로, 환율이 안정된 움직임을 보이는 것이 바람직하다.

6.1.4 환율제도와 통화정책

환율제도와 통화정책의 자율성 간에는 밀접한 관계가 있다. 중앙은행의 금리정책이 해당 통화의 가치에 영향을 미치는데, 고정환율제도의 경우 통화정책의 자율성이 변동환율제도에 비해 제한된다. 고정환율제도를 운용하면 인플레이션 압력을 약화시킬 수 있으나, 통화량 조절로 인해 경제여건에 부합하지 않는 이자율 변동을 유발할 수 있기 때문이다. 변동환율제도를 운영해 오던 주요 국가들은 1990년대 후반부터 인플레이션 타겟팅을 도입하여 2007년 글로벌 금융위기 전까지 대안정기(Great Moderation)[4]를 구가한 바 있다. 통화정책의 자율성을 갖는 것이 언제나 좋은 것은 아니다. 중앙은행의 통화량 조절능력에 따라 큰 차이가 있을 수 있다. 영국은 유로존에 가입하지 않고 파운드화 공급량에 대한 자율성을 선택하였다. 1970~1980년대 아르헨티나는 막대한 재정조달을 위해 통화공급을 급격히 확대함에 따라 1989년 3,080%라는 초인플레이션(hyperinflation)을 경험하였다.[5]

한편 고정환율제도가 운용되던 브레튼우즈 체제하에서 1960년대 초 먼델(Alexander Mundell)과 플레밍(John Marcus Fleming)은 각자 환율제도, 자본이동 및

4 선진국 중앙은행들의 통화정책, 정보기술의 발전, 노동환경 개선 등으로 인해 경기순환의 변동성이 낮아지면서 낮은 인플레이션하에서 안정적인 성장을 이어갔던 시기(1980년대 중반~2007년)를 말한다.

5 2020년 팬데믹 이후에도 높은 인플레이션(2022년 94.8%)으로 어려움을 겪었다.

통화정책의 자율성에 관한 연구결과를 발표하였다. 어느 한 나라가 고정환율제도, 자유로운 자본이동 그리고 통화정책의 자율성을 동시에 추구하는 것은 불가능하기 때문에 셋 중 어느 한 가지는 포기해야 한다는 것이다. 동 정리는 먼델-플레밍 트릴레마(trilemma) 또는 불가능의 삼각정리(impossible trinity)로 불린다. 고정환율제도와 자유로운 자본이동을 원한다면 통화정책의 자율성은 확보될 수 없고, 자유로운 자본이동과 통화정책의 자율성을 원한다면 고정환율제도를 선택할 수 없고, 고정환율제도와 통화정책의 자율성을 원한다면 자유로운 자본이동이 불가능하다는 것이다. 이에 대해 2015년 헬렌 레이(Hélèn Rey)는 1990년부터 2012년까지의 분기별 통화정책, 불확실성, 위험회피, 레버리지 및 신용흐름 간의 동태적 관계를 분석하여 금융 중심국인 미국의 통화정책이 글로벌 금융사이클을 결정하는 중요한 요인임을 확인하고, 국경 간 자본이동과 글로벌 금융기관의 레버리지 확대로 인해 자유변동환율제도하에서도 금융 중심국의 금융여건이 전 세계로 전파된다고 주장하였다. 즉 자본이동에 대한 통제가 없는 한, 변동환율제도가 고정환율제도에 비해 나은 점이 없어 트릴레마는 딜레마(dilemma)로 귀결된다는 것이다.

6.2 국제평가이론

국어사전에서 평가(平價)를 찾아보면 경제용어로는 '한 나라의 통화 단위와 특정 금속 또는 그에 준하는 외화와의 비율로써 나타내는 통화 가치'라고 정의되어 있다. 보통의 의미로는 '싸지도 않고 비싸지도 않은 보통의 값'이다. 한 나라의 상품이 싸면 이를 사서 더 비싼 값으로 유통되는 교역상대국에서 팔아 이익을 남긴다. 해당 상품의 값이 서로 싸지도 비싸지도 않을 때까지 거래가 지속될 것이다. 자본거래 관점에서 보면 모든 국가의 투자수익률이 동일하여야 한다. 한 나라의 투자수익률이 높으면 해당 국가로의 투자가 이어지고 투자가 계속 확대되면 결국에는 투자수익률이 점차 낮아져서 모든 국가의 투자수익률이 같아져 평가되는 것이다.

상품 및 서비스 거래 시 모든 국가에서 통화의 구매력이 동일해야 한다는 것이 구매력평가(PPP, purchasing power parity)이다. 관세, 쿼터 등 무역장벽, 나라마다 다른 노동비용, 국제적 평가가 어려운 비교역재의 존재 등 다양한 마찰적 요인(frictions)을 고려하는지에 따라 절대적 구매력평가(absolute PPP)와 상대적 구매력평가(relative PPP)로 구분된다. 구매력평가는 명목환율과 물가수준의 상대적 변동 간의 장기균형 관계를 설명한다.

자본거래 시 모든 국가에서 투자수익률이 동일해야 한다는 것이 이자율평가(IRP, interest rate parity)이다. 투자 시 위험이 수반되는지에 따라 무위험 이자율평가(CIP, Covered IRP)와 유위험 이자율평가(UIP, Uncovered IRP)로 구분된다. 상대적 구매력평가와 유위험 이자율평가를 결합하면 실질이자율평가(RIP, Real IRP)가 된다. 이자율평가는 명목환율과 이자율차 간의 단기균형 관계를 설명한다.

6.2.1 구매력평가

① 절대적 구매력평가

절대적 구매력평가는 무역장벽 등 마찰적 요인이 없는 완전경쟁시장이라면 교역국 간 재화의 가격은 동일하다는 일물일가의 법칙(law of one price)에 기반한다. 국가 간 재화의 가격이 동일하다는 것은 상품바스켓의 교환비율인 실질환율이 '1'이라는 의미이다. 실질환율(e)이 1보다 크면 해외의 상품바스켓이 국내보다 더 비싸다. 절대적 구매력평가에서 명목환율은 식 (6.4)와 같이 두 나라 간 물가수준의 차이와 균형 관계에 있다.

$$\text{실질환율}(e) = \frac{\text{명목환율}(E) \times \text{외국물가수준}(P^*)}{\text{국내물가수준}(P)} = 1 \tag{6.3}$$

$$\frac{E \times P^*}{P} = 1 \;\Rightarrow\; E = \frac{P}{P^*} \tag{6.4}$$

그러나 절대적 구매력평가의 현실 적합성에 대해서는 부정적이다. 경제 내 모든 품목의 재화를 포괄할 수 없고, 상품바스켓과 구성 가중치는 국가별로 상이하며, 비교역재 비중도 큰 비중을 차지하고, 현실의 시장은 무역장벽과 가격차별화에 따른 독과점이 존재하는 불완전경쟁시장이어서 절대적 구매력평가가 성립할 수 없다.

절대적 구매력평가의 예로는 이코노미스트(The Economist)가 1986년부터 산출하고 있는 빅맥지수(BigMac Index)가 유명하다. 2023년 7월 현재 유로화와 원화가 각각 미 달러화에 비해 어느 정도 고평가 또는 저평가되어 있는지 〈표 6.1〉을 통해 절대적 구매력평가 기준으로 알아본다. 먼저 빅맥은 유로존에서는 5.28유로, 미국에서는 5.58달러에 팔리고 있다. 미 달러화와 유로화 간 명목환율은 PPP 기준으로 0.95(=5.28/5.58)이고 외환시장 환율은 0.91이다. 즉, 절대적 구매력으로 보면 미 달러화당 0.95단위의 유로화가 교환되어야 하는데 외환시장에서는 0.91단위의 유로화가 교환되고 있으므로 유로화는 미 달러화에 비해 4.3% 고평가(=〈0.95−0.91〉/0.91)되어 있다고 볼 수 있다. 한편 미 달러화와 원화 간 명목환율은 PPP 기준으로 931.90(=5,200/5.58)이고 시장환율은 1,274.65이다. 원화는 미 달러화에 비해 26.9% 저평가(=〈931.90−1,274.65〉/1,274.65)되어 있다고 할 수 있다. 다만, 빅맥지수는 상품바스켓이 아닌 단일상품을 기준으로 산출되고 있어 한 나라의 전반적인 물가수준을 대표하지 못하고, 세금이나 노동비용 등이 국가별로 다른 비교역재[6]인 점 등 절대적 구매력평가의 척도로써 활용되기에는 한계

표 6.1 빅맥지수(2023년 7월 기준)

	P^{*}	ε^{PPP**}	ε^{***}	고평가(+)/저평가(−)****
유로존(€)	5.28	0.95	0.91	+4.3%
미국($)	5.58	1	1	−
한국(₩)	5,200	931.90	1,274.65	−26.9%

주: * 현지통화표시가격 ** PPP환율(=현지통화표시가격/미국가격)
*** 명목환율(미 달러당 현지통화단위) **** (PPP환율 − 명목환율)/명목환율
자료: The Economist

6 빅맥 원가구성 중 교역재(밀, 깨소금, 치즈 등) 비중이 작고, 비교역재(노동, 전기, 임대료 등) 비중이 크다.

가 있다. 이에 따라 이코노미스트는 2022년 7월부터 GDP 규모를 감안하여 각국의 노동비용 차이가 반영된 빅맥지수(GDP-adjusted BigMac Index)를 추가로 발표하고 있다.

한편 세계은행(World Bank)이 운용하는 국제비교프로그램(ICP, International Comparison Program)은 1968년부터 유엔통계위원회(UNSD)의 지지하에 동일한 상품 및 서비스 바스켓과 국가별로 상이한 지출구성(expenditure components) 비중을 반영하여 세계 각국의 PPP 환율을 작성해 오고 있다.[7] 이는 빅맥과 같은 단일상품 PPP 환율의 한계를 넘어 각국의 전체 및 1인당 GDP와 지출구성을 동일한 화폐단위로 변환하는 것을 가능케 한다. 다만, 통계작성 과정이 매우 복잡하여 수년에 한 번씩 작성되고 있어 시계열 분석이 어려운 단점이 있다. 2021년도 기준 ICP PPP 환율은 2024년 5월에 공표되었다.

〈표 6.2〉를 보면, 스위스, 스웨덴, 노르웨이 등과 같은 부유한 나라는 PPP 환율과 ICP PPP 환율이 명목환율보다 높아 해당국 통화들이 상대적으로 고평가되어 있다. 이는 부유한 나라의 비교역재인 상품 및 서비스 가격이 상대적으로 비싸기 때문이다. 소득이 상대적으로 낮은 중국, 인도는 물론 일본과 한국도 빅맥 PPP 환율과 ICP PPP 환율이 명목환율보다 낮아 해당국 통화들이 상대적으로 저평가되어 있다. ICP PPP 환율에 비해 작성방법이 상대적으로 단순한 빅맥 PPP 환율도 장기 균형환율과 명목환율 간의 괴리를 잘 나타낸다는 점에서 유용한 지

표 6.2 빅맥지수(2017년 7월) 대 ICP PPP 환율(2017년)

	스위스	스웨덴	노르웨이	일본	한국	중국	인도
빅맥지수	1.44	10.9	10.9	84.4	977.8	4.40	39.6
ICP PPP	1.18	8.7	9.9	105.4	871.7	4.18	20.6
명목환율	0.98	8.6	8.3	112.1	1,130.5	6.76	65.1

주: 미 달러당 현지통화단위, 명목환율은 2017년 평균
자료: The Economist 및 세계은행(WB)

7 통계 기준연도(대상국가수): 1970(10), 1973(16), 1975(34), 1980(60), 1985(64), 1993(115), 2005(146), 2011(199), 2017(178) 및 2021(176)

표라 할 수 있다.

〈표 6.3〉과 같이 명목환율로 생활수준을 비교해 보면 스위스는 인도보다 41.3배(=80,190/1,940) 부유한데, PPP 환율로 보면 스위스의 생활수준은 인도에 비해 9.2배(=64,712/7,056) 부유한 데 그친다. 스위스에 비해 인도의 물가, 특히 비교역재의 물가가 낮기 때문이다. 이처럼 물가지수를 감안하지 않고 명목환율 1인당 GDP를 비교하면 국가 간 생활수준 비교에 왜곡이 생길 수 있으므로 PPP 환율에 의한 1인당 GDP를 작성할 필요가 있다.

표 6.3 1인당 GDP(2017년) (미 달러화 기준)

	스위스	스웨덴	노르웨이	일본	한국	중국	인도
PPP 환율 기준	64,712	50,208	61,414	43,279	38,335	16,807	7,056
명목환율 기준	80,190	53,442	75,505	38,428	29,743	8,827	1,940

자료: 세계은행(WB)

② 상대적 구매력평가

교역국 간 재화의 가격이 동일하지 않아도, 즉 일물일가의 법칙이 성립되지 않아도 양국의 물가상승률이 안정적이어서 시간의 흐름에도 불구하고 실질환율이 변하지 않으면 상대적 구매력평가가 유효하다. 이에 따라 절대적 구매력평가에서는 모든 나라와의 실질환율이 '1'이었으나, 상대적 구매력평가에서는 특정 국가와의 실질환율이 특정한 상수로 표현된다. 즉, 실질환율이 A 국가와는 0.8, B 국가와는 1.2 등으로 형성될 수 있다.

$$\text{실질환율}(e) \equiv \frac{\text{명목환율}(E_t) \times \text{외국 물가수준}(P_t^*)}{\text{국내물가수준}(P_t)} = \text{상수}(c) \qquad (6.5)$$

식 (6.5)를 변화율로 표현하여 좀 더 풀어보면 다음과 같다.

$$1 + \epsilon_t^r = \frac{(1+\epsilon_t)(1+\pi_t^*)}{1+\pi_t} \qquad (6.6)$$

: ϵ_t^r는 실질환율 변화율, ϵ_t는 명목환율 변화율

양변에 자연로그를 취하면

$$\epsilon_t^r = \epsilon_t + \pi_t^* - \pi_t \tag{6.7}$$

실질환율이 변하지 않으면 실질환율 변화율(ϵ_t^r)이 '0'이므로

$$\epsilon_t + \pi_t^* - \pi_t = 0 \ \Rightarrow \ \epsilon_t = \pi_t - \pi_t^* \tag{6.8}$$

명목환율이 양국 간 물가상승률의 차이만큼 변하면 상대적 구매력평가가 유효하다. 실질환율 변화율(ϵ_t^r)이 '0'보다 크면 실질환율이 절하된 것이므로, 기존의 외국 상품바스켓 소비량을 유지하려면 기존보다 비용이 더 많이 들게 된다. 즉, 외국 상품바스켓이 상대적으로 비싸진 것이다. 반대로 실질환율 변화율이 '0'보다 작으면 실질환율이 절상되어 기존의 외국 상품바스켓을 소비하는 데 있어 비용이 낮아진다.

〈그림 6.1〉은 유로화와 미 달러화 간 실질환율 변화율의 변동성을 나타내고 있다. 상대적 구매력평가도 비교역재의 존재, 운송비, 무역장벽 등 다양한 요인으로 인해 단기적으로는 유효하지 않다. 1970년대 이후에는 주요국의 환율제도가 고정환율에서 변동환율로 변경되면서 명목환율의 변동성이 커지면서 실질환율의 변동성도 커진 것으로 알려져 있다. 이처럼 실질환율의 변동성이 높고 PPP 환율로부터 상당 기간 이탈해 있는 것을 구매력평가 퍼즐(PPP puzzle)이라 한다.[8] 포드(Ford)와 호리오카(Horioka)는 구매력평가 퍼즐과 펠드스타인-호리오카 퍼즐(Feldstein-Horioka puzzle)[9]이 해결되려면 자본시장뿐만 아니라 상품 및 서비스 시장도 함께 무역장벽 등 마찰(friction)이 없는 시장으로 통합되어야 한다고 주장하였다.[10]

8 Rogoff (1996)

9 국제자본이 자유롭게 이동한다면 전 세계의 투자수익률이 비슷해지고 어느 한 나라의 국내저축과 국내투자의 상관관계가 낮아야 할 텐데, 실제 두 변수의 상관관계는 상당히 높다는 것이다.

10 Ford and Horioka (2016)

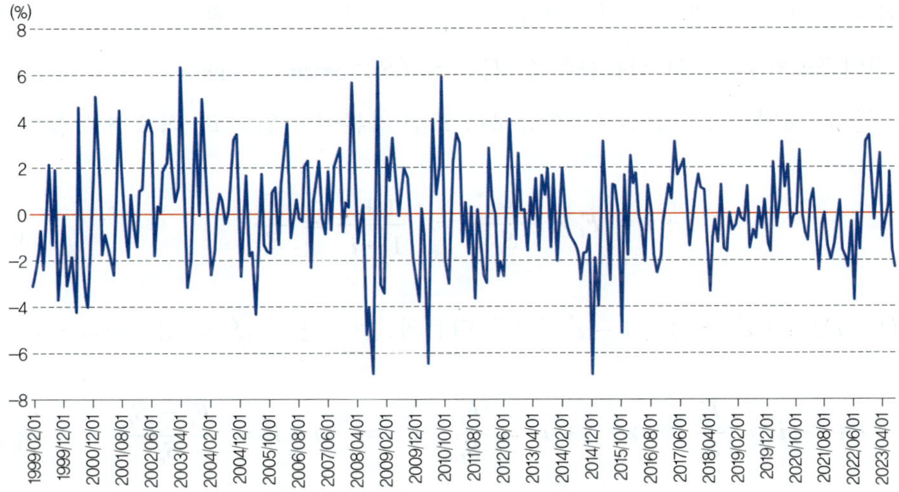

그림 6.1 EUR/USD 실질환율 변화율 추이(1999년 1월~2023년 9월)

자료: 세인트루이스 연방준비은행 (FRED)

6.2.2 이자율평가

① 무위험 이자율평가(Covered Interest Rate Parity)

무위험 이자율평가는 자본통제 등 국가 간 자본이동 제약이 없고 통화표시 외에 다른 조건이 동일한 경우, 모두 국가에서 채권의 투자수익률은 동일하다는 것이다. 통화가 다른 데 따른 환율변동 위험은 선물환 계약을 통해 헤지한다. 이렇게 선물환 계약을 통해 위험이 헤지되기 때문에 'covered'라고 한다. 만일 두 채권의 투자수익률이 다르다면 수익률이 같아질 때까지 금리재정거래가 발생하게 될 것이다.

수식으로 표현하면 식 (6.9)와 같다. i는 국내 이자율, i^*는 해외 이자율이다. '$(1+i)\times 1$원'은 국내채권을 1원 매입하는 경우 만기 시 받는 원리금이다. 한편 미국채권에 투자하기 위해 현재 환율(S_t)로 1원을 교환하면 '$1/S_t$' 달러를 얻게 된다. 이를 미국채권에 투자하면 만기 시 원리금으로 '$(1+i^*)\times(1/S_t)$달러'를 받는다. 환율변동 위험을 커버하기 위해 현시점에서 거래되는 만기 시점의 원화매입-달러화매도 선물환 계약(F_t)을 체결한다. 무위험 이자율평가가 성립하려면 원화로 표시된 두 개의 원리금이 같아야 한다. 식 (6.10)은 원리금이 같기 위해서는 내외금리차($i - i^*$)와 선물환할증($(F_t - S_t)/S_t$; forward premium)[11]이 같아야 함을 보여준다. 내외금리차가 선물환할증보다 크면 자본이 유입되고, 작으면 유출된다.

$$1+i = F_t \times \frac{1+i^*}{S_t} \Rightarrow \frac{1+i}{1+i^*} = \frac{F_t}{S_t} \tag{6.9}$$

$(1+i)/(1+i^*) \approx 1+i-i^*$이므로 다음과 같이 근사식으로 정리된다.

$$1+i-i^* = \frac{F_t}{S_t} \quad \Rightarrow \quad i-i^* = \frac{F_t}{S_t} - 1 \quad \Rightarrow \quad i-i^* = \frac{F_t - S_t}{S_t} \tag{6.10}$$

무위험 이자율평가는 채권의 발행조건이 동일하지 않거나 만기가 긴 장기채권, 직접투자 등을 이용하여 분석하면 잘 성립되지 않는다. 외환 통제, 자국 내 외국자산 동결 등과 같은 정치적 위험이 있는 경우에도 그러하다.

한편 〈그림 6.2〉를 보면, 2007년 글로벌금융위기 이후 주요 통화 간 외환베이시스 스왑(cross-currency basis swap)의 베이시스가 급등하면서 지속적으로 마이너스(−)를 보이고 있다. 무위험 이자율평가에 따르면 동 베이시스는 '0'이어야 하므로, 이러한 상황은 실제 거래가 무위험 이자율평가에서 이탈되어 있음을 보여준다. 이러한 이탈 상태가 지속되는 이유는 은행의 자산부채 구조상 통화불일치 해소, 보험사 연기금 등 기관투자자의 포트폴리오 헤지 전략, 비금융기업의 다양한 통화표시 채권발행 등으로 외환베이시스 스왑에 대한 헤지 수요가 늘어난 데 있다. 이에 따라 안전통화인 미 달러화에 대한 수요가 크게 확대된 것이다. 시장 불균형을 해소할 재정거래에 대한 제약이 심화되었다. 글로벌금융위기 이후 시장위험(market risk), 신용위험(credit risk), 상대방 위험(counterparty risk), 유동성위험(liquidity risk) 등이 급격히 증가함에 따라 위험이 수반되는 자산부채 규모의 확대를 제한하는 정부규제가 강화되고, 시장참여자 자체도 리스크 관리를 강화하였기 때문이다. 다시 말하면 글로벌 금융위기, 유로지역 재정위기, 팬데믹 위기

11 현물환율이 1달러당 1,200원인데 선물환율이 1달러당 1,300원이면 미 달러화에 대해서는 선물환할증(forward premium)이고, 원화에 대해서는 선물환할인(forward discount)이다.

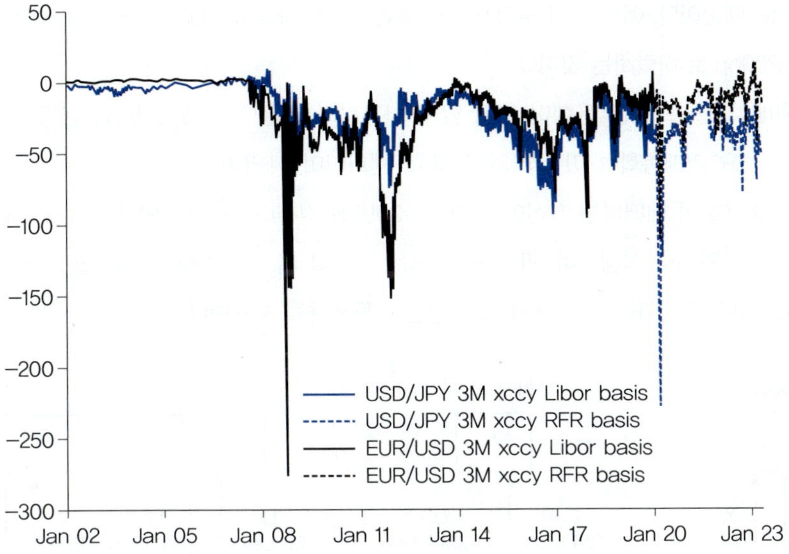

그림 6.2 EUR/USD, USD/JPY 외환베이시스 스왑 추이(단위: bp)

자료: 제이피모건(J.P.Morgan)

등이 연이어 발생하면서 헤지 수요는 크게 늘어난 반면 재정거래를 실행할 수 있는 여력이 제한되었기 때문이다.[12]

참고 외환베이시스 스왑

미 달러화가 필요한 투자자 A와 유로화가 필요한 투자자 B가 있다. 투자자 A, B는 각각 유로화와 미 달러화를 조달하여 교환하고 조달자금에 대한 이자지급 시 투자자 A는 투자자 B에게 미 달러화 이자(3M USD Libor)를 주고 투자자 B는 투자자 A에게 유로화 이자(3M EUR Libor+α)를 주기로 한다. 이 α가 베이시스(basis)이며 이론적으로는 '0'이어야 한다. 현실은 완전한 시장이 아니므로 베이시스는 약간의 플러스(+), 마이너스(−) 값을 가진다. 그런데 미 달러화 조달이 어려워지면 투자자 A가 받는 유로화 이자 중 '베이시스'가 마이너스(−)가 된다. 즉 정상 시보다 이자를 적게 받게 되는 것이다. 미 달러화 조달의 어려움이 클수록 해당 basis의 마이너스 값은 더 커진다. 위기 시 미 달러화의 희소성

12 Borio et al. (2016)

(scarcity) 때문이다. 예를 들어 투자자 A가 수취하는 이자율이 'EUR Libor-10bp'에서 'EUR Libor-200bp'로 하락하는 것이다.

외환베이시스 스왑은 은행이 가장 많이 사용하며 다음으로 헤지펀드와 금융투자회사 등이다. 주요 거래통화는 미 달러화, 유로화, 엔화이며, 계약기간은 동 거래로부터 조달한 자금을 이용하여 매매하는 자산에 따라 1~30년에 걸친다. 참고로 외환스왑(FX swap)은 1년 이내의 만기로 실행되며, 만기 시 원금을 교환할 때 계약 당시 현물환율을 사용하는 외환베이시스 스왑과는 달리 계약 당시 정한 선물환율을 사용한다.

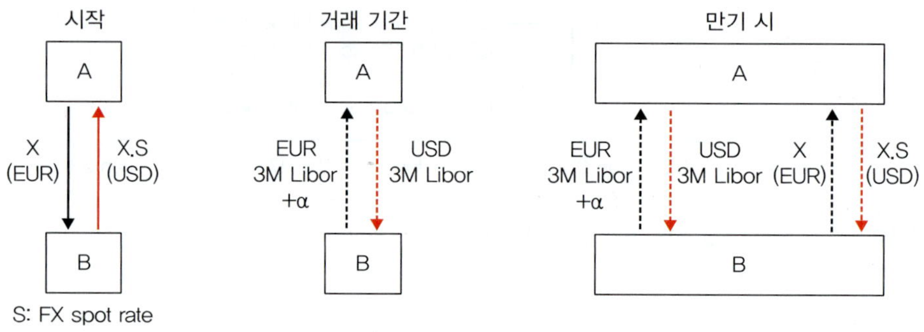

그림 6.3 외환베이시스 스왑의 구조

자료: 국제결제은행(BIS, 2008)

② 유위험 이자율평가(Uncovered Interest Rate Parity)

유위험 이자율평가는 국가 간 자본이동 제약이 없고 통화표시 외에 다른 조건이 동일한 경우, 국내 금융자산과 해외 금융자산의 기대수익률이 동일하다는 것이다. 국내외 금융자산이 완전대체재임을 전제로 하고 있고, 무위험 이자율평가와 달리 선물환 계약(forward exchange contract)을 이용한 헤지는 하지 않는다. 즉 환율변동 위험이 커버(cover)되지 않아 위험이 존재하는 것이다. 선물환율 대신 투자자의 미래환율 예상치(expected spot exchange rate: S^e_{t+1})가 들어간다. 외환시장이 효율적이어서 선물환율(F_t)과 미래환율 예상치(S^e_{t+1})가 일치한다면 무위험 이자율평가와 유위험 이자율평가는 동시에 만족된다. 이자율 차이와 미래환율과 현물환율 간 차이의 관계는 다음과 같다.

$$1+i = S_{t+1}^e \times \frac{1+i^*}{S_t} \Rightarrow \frac{1+i}{1+i^*} = \frac{S_{t+1}^e}{S_t} \tag{6.11}$$

i와 i^*가 충분히 작으면 $(1+i)/(1+i^*) \approx 1+i-i^*$이므로 다음과 같이 근사식으로 정리된다.

$$1+i-i^* = \frac{S_{t+1}^e}{S_t} \quad \Rightarrow \quad i-i^* = \frac{S_{t+1}^e}{S_t} - 1 \quad \Rightarrow \quad i-i^* = \frac{S_{t+1}^e - S_t}{S_t} \tag{6.12}$$

식 (6.12)에 따르면, 국내 이자율(i)이 해외이자율(i^*)보다 높으면 미래환율 예상치가 상승한다. 다시 말하면, 이자율이 높은 나라의 통화 가치가 하락(절하)할 것으로 기대하는 것이다. 만약 환위험할증($F_t > S_{t+1}^e$)이 발생할 것으로 예상되면, 투자자들은 미래의 환율이 선물환율보다 낮게 형성될 경우에 이익이 될 수 있는 거래를 현 시점에서 시도할 것이다.

실증분석 결과는 유위험 이자율평가가 대체로 성립하지 않는다는 것이다.[13] 오히려 이자율이 높은 국가의 통화 가치가 상승(절상)하는 것으로 나타났다. 이를 유위험 이자율평가 퍼즐(UIP puzzle)이라 한다. 실제 국제금융시장에서는 이자율이 낮은 통화를 조달하여 이자율이 높은 통화에 투자하여 수익을 얻는 캐리트레이드(carry trade)가 실행되고 있다. 엔화 캐리트레이드가 대표적이다. 지금까지도 학계에서는 리스크 프리미엄의 존재, 미래 환율예상치의 차이, 다양한 투자행태, 예상치 않은 통화정책의 영향, 비선형 모형의 도입 등 여러 시도를 통해 유위험 이자율평가의 유효성에 대해 보다 정교하게 분석해 오고 있다.[14]

③ 실질이자율평가(Real Interest Rate Parity)

실질이자율평가는 자본이 국제적으로 자유롭게 이동한다면 재정거래에 의해 국가 간 실질이자율이 동일해진다는 것이다. 상대적 구매력평가의 식 (6.8)과 유위험 이자율평가의 식 (6.12)를 결합하여 정리하면 다음과 같다. 피셔효과(Fisher

13 Chinn and Meredith (2005)
14 엄상민 (2013), Cesa-Bianchi et al. (2019)

effect)에 따르면 명목이자율은 실질이자율과 예상인플레이션의 합이므로, 국가 간 명목이자율의 차이는 국가 간 예상인플레이션의 차이로 인해 발생하게 된다.

$$\epsilon_t^e \equiv \frac{S_{t+1}^e - S_t}{S_t} = \pi_t^e - \pi_t^{*e} = i_t - i_t^* \tag{6.13}$$

$$i - \pi^e = i^* - \pi^{*e} \tag{6.14}$$

$$r = r^* \tag{6.15}$$

실질이자율평가가 유효하다면 한 국가의 통화당국이 자국의 실질이자율을 뜻대로 통제할 수 없게 되어 국내 경제에 대한 통화당국의 안정화 정책(stabilization policy)이 무력화되는 중요한 함의를 갖게 된다. 컴비와 옵스펠드(Cumby and Obstfeld, 1982), 미시킨(Mishkin, 1984) 등의 실증분석 결과는 실질이자율평가의 유효성을 지지하지 않았다. 친과 프랑켈(Chinn and Frankel, 1995)도 미국, 일본 및 환태평양 11개 국가들 간의 경제적 통합 진전을 고려하여 실증분석을 하였으나 미국-싱가포르, 미국-대만, 일본-대만 조합만 실질이자율평가가 유효하고 나머지 조합은 그렇지 않은 것으로 나타났다. 반면 바하럼샤 등(Baharumshah et. al., 2007)은 비선형 단위근 검정(nonlinear unit root test)을 활용하여 G7과 아시아 10개국을 대상으로 분석한 결과 실질이자율평가가 유효한 것으로 나타났다. 창과 수(Chang & Su, 2015)도 비선형 등 새로운 검정기법을 이용하여 G7 국가들 간의 실질이자율평가가 유효함을 확인하였다. 글로벌화로 인해 국제 금융 및 상품시장의 통합이 진행되면서 무역장벽 등 마찰요인이 약화되고 있고, 미국과 같은 금융중심국의 금융여건이 빠른 속도로 전 세계에 영향을 미치는 점을 감안하면, 검정기법의 발전과 함께 실질이자율평가의 유효성을 지지하는 분석결과들이 늘어날 것으로 예상된다.

6.3 환율결정이론

국제수지접근법은 말 그대로 국제수지가 균형을 이루는 수준에서 환율이 결정된다는 것이다. 국제수지는 일정 기간 동안의 흐름을 전제로 하기에 유량모형이라 한다. 세부적으로는 경상수지 균형으로 설명되는 케인지언 모형(Keynesian model)과 경상수지뿐만 아니라 자본수지까지 고려한 먼델–플레밍 모형(Mundell-Fleming model)이 있다. 자산시장접근법은 금융자산의 총수요와 총공급이 일치할 때 환율이 결정된다는 것으로, 일정 시점의 수요 및 공급을 전제로 하기에 저량모형이라 한다. 금융자산의 완전대체성(perfect substitutability) 및 불완전대체성(imperfect substitutability)에 따라 화폐론자 모형(monetarist model)과 포트폴리오 밸런스 모형(portfolio balance model)으로 나뉜다. 화폐론자 모형은 가격변동의 신축성 여부에 따라 다시 신축가격 모형(flexible prices model)과 경직가격 모형(sticky prices model 또는 overshooting model)으로 구분된다.

표 6.4 대표적 환율결정이론

국제수지접근법 (유량모형)	케인지언 모형		상품의 순수출
	먼델–플레밍 모형		자본이동도 반영
자산시장접근법 (저량모형)	화폐론자 모형	신축가격 모형	금융자산 간 완전대체성
		경직가격 모형	
	포트폴리오 밸런스 모형		금융자산 간 불완전대체성

6.3.1 국제수지접근법

① 케인지안 모형

1960년대 이전에는 자본의 국제적 이동이 활발하지 않아 환율은 순수출, 즉 경상수지(CA)의 흑자 또는 적자에 따라 하락(절상)하거나 상승(절하)하였다. 여기서 경상수지는 상품 및 서비스수지를 말하며 자본수지는 고려하지 않고 있다. 주지하다시피 실질국민소득(Y)은 식 (6.16)과 같이 소비(C), 투자(I), 정부지출(G)

및 국제수지(BP)로 구성된다. 식 (6.17)과 같이 저축(S)은 국민소득에서 소비를 차감한 것으로 정의한다. 소비되지 않은 재화(저축된 재화)가 투자, 정부지출, 순수출(BP = $X-IM$)로 사용되는 것이다.

$$Y = C + I + G + BP \tag{6.16}$$

$$S \equiv Y - C = I + G + BP \tag{6.17}$$

우선 소비를 보면, 정상재 재화인 경우 소득이 높아지면 소비가 증가한다. 소비는 (가처분)소득의 증가함수이다. 다음은 저축을 보자. 이자율이 높으면 현재 소비를 줄이고 미래 소비를 늘리게 되어 저축이 늘게 된다. 즉, 다른 조건들이 동일한 경우 이자율이 높아지면 소비 등 경제활동이 위축된다.[15] 투자의 경우는 어떠한가? 이자율이 높으면 투자를 위한 자금조달비용이 높은 것이다. 미래 투자 결과가 불확실하므로 이자율이 높으면 아무래도 선뜻 투자에 나서기 어렵다. 다른 조건들이 동일하다면 이자율이 높아지면 투자는 감소한다. 정부지출은 어떠한가? 정부지출은 정치적, 사회적 이유 등 다양한 원인에 의해 실행되는 까닭에 경제학적으로 그 지출의 변화를 설명하기 매우 어렵다. 따라서 정부지출은 외생변수로 취급한다.

경상수지에 영향을 미치는 가장 큰 요인은 무엇일까? 국내상품과 외국상품 간의 상품의 불완전 대체성(imperfect substitutability), 상품 차별화(product differentiation) 등으로 일물일가의 법칙에 기반한 구매력평가(PPP)가 성립되기 어렵다. 대신 시장에서 결정된 균형가격의 비율을 생각해 볼 수 있다. 바로 실질환율(real exchange rate)이다. 실질환율이 높을수록 외국 상품바스켓에 비해 국내 상품바스켓이 저렴하기 때문에 국내 상품의 가격경쟁력이 높아진다. 즉, 실질환율이 높아질수록 외국 상품가격은 비싸지고 국내 상품가격은 저렴해진다. 경상수지흑자가 발생할 가능성이 크다. 앞서 소득이 올라가면 소비가 증가한다고 했는

15 이자율–실질소득 평면에서 IS 곡선이 우하향하는 형태가 된다.

데, 그중 수입이 늘어나는 비율을 한계수입성향(marginal propensity to import)이라 한다. 그렇다면 외국의 소득이 증가하면 국내 상품에 대한 수입이 늘어 수출이 늘어야 할 것이나, 외국의 소득은 주어진 것으로 본다.

식 (6.18)을 보면 수출은 실질환율이 높아질수록 증가하고 수입은 실질환율이 낮아지면서 소득이 증가할수록 증가한다. 따라서 국내물가가 하락하면 실질환율이 상승하고 국내상품의 가격경쟁력이 높아져서 경상수지가 개선된다. 이는 외환에 대한 수요를 감소시켜 명목환율이 하락(절상)한다. 명목환율이 하락하면 실질환율도 하락하여 경상수지 균형이 달성된다. 국민소득이 상승하면 수입수요가 증가하여 경상수지가 악화된다. 외환에 대한 수요가 증가하여 명목환율이 상승한다. 명목환율이 상승하면 실질환율이 상승하여 경상수지 균형이 달성된다.

$$BP = CA = X(\underset{\oplus}{EP^*/P}) - IM(\underset{\ominus}{EP^*/P}, \underset{\oplus}{Y}) = 0 \tag{6.18}$$

참고 *IS-LM* 곡선, 총수요(*AD*)-총공급(*AS*) 곡선 복습

화폐 수요

식 (6.19)는 캠브리지 수량등식(Cambridge quantity equation)으로 좌변은 명목화폐잔고(nominal money balance), 우변은 명목소득의 배수이다. 물가를 좌변으로 옮기면 좌변은 실질화폐잔고(real money balance), 우변은 실질소득의 배수가 된다.

$$M^d \equiv kPy \cdot \ k\text{는 양의 계수} \ \Rightarrow \frac{M^d}{P} = ky \tag{6.19}$$

고전학파는 실질화폐잔고가 안정적인 것으로 생각했다. 따라서 실질화폐잔고가 안정적인데 화폐공급이 증가하면 그 증가율만큼 물가지수가 상승한다. 이를 두고 밀턴 프리드만(Milton Friedman)은 '인플레이션은 언제 어디서나 화폐적 현상이다'라고 하였다.

그런데 화폐를 수익이 발생하는 자산에 투자하지 않고 거래적 동기로만 보유한다면 기회비용(r: 이자율)이 발생한다. 따라서 실질화폐잔고는 식 (6.20)과 같이 변형할 수 있다. 실질화폐잔고에 대한 수요는 거래가 많아지면 증가하고, 기회비용이 상승하면 감소한다. 따라서 ⅰ) 이자율이 변하지 않으면 화폐공급 증가는 물가수준을 올리게 되고, ⅱ) 물가수준이 일정하면 화폐공급은 이자율을 하락시키고, iii) 물가수준과 이자율이 모두 변하는 경우에는 화폐공급은 물가수준 상승과 이자율 하락을 초래하게 된다.

$$\frac{M^d}{P} = ky - lr \quad k, l > 0 \tag{6.20}$$

화폐 공급

'화폐 공급'이란 특정 시점에 경제 내에 존재하는 화폐의 양(quantity of money)을 말한다. 중앙은행과 상업은행의 대차대조표를 통합하여 크게 정리해 보면, 자산은 중앙은행이 보유하는 외환(FX, gold and FX reserves)과 중앙은행과 상업은행이 정부[16] 및 민간 앞으로 실행한 국내신용(DC, domestic credit)이 있고, 부채로는 본원통화(MB)에서 상업은행 시재금(MB^{bank})을 제외한 유통화폐(MB^{public})와 상업은행 내 요구불 예금(D, deposits of public)이 있다. 따라서 화폐 공급은 식 (6.21)과 같다.

$$FX + DC \equiv M^s \tag{6.21}$$

***LM* 곡선**

LM 곡선은 화폐의 수요와 공급이 균형을 이루게 하는 소득과 이자율의 조합들을 연결한 선이다.

$$\frac{M^s}{P} = \frac{M^d}{P} = ky - lr \quad k, l > 0 \tag{6.22}$$

식 (6.22)에서 실질소득과 물가는 변함이 없는데 이자율만 하락하면, 즉 현금보유의 기회비용(r)이 감소하면 실질화폐잔고에 대한 수요가 공급보다 커진다. 이때 경제의 생산활동(y)이 작아져야 실질화폐잔고에 대한 수요가 감소하면서 화폐의 수요와 공급이 균형으로 회복하게 된다. 다시 말하면, 이자율이 높아지면 생산활동도 활발해져야 하고, 이자율이 하락하면 생산활동도 작아져야 한다. 따라서 *LM* 곡선은 이자율–실질소득 평면에서 우상향하는 형태가 되어야 한다.

16 정부지출(G)을 위한 재원조달은 조세수입(T), 중앙은행 차입(ΔMB) 및 채권발행(ΔB^s)으로 구성된다($G \equiv T + \Delta MB + \Delta B^s$).

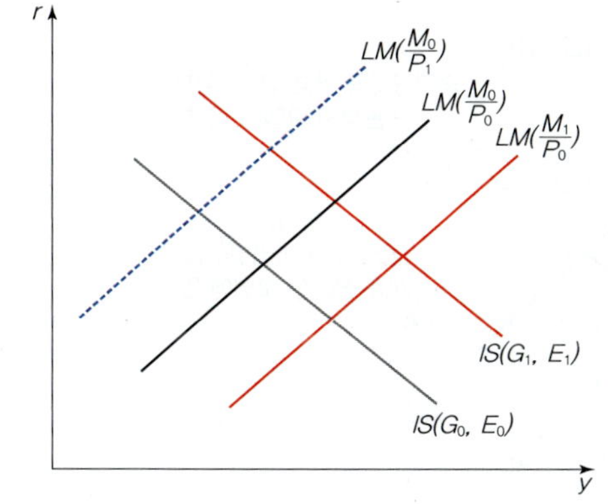

IS 곡선:
정부지출 증가 및 실질환율 상승 시 우측으로 이동

LM 곡선:
화폐공급 증가 시 우측 이동, 물가수준 상승 시 좌측으로 이동

그림 6.4 *IS–LM* 곡선의 이동

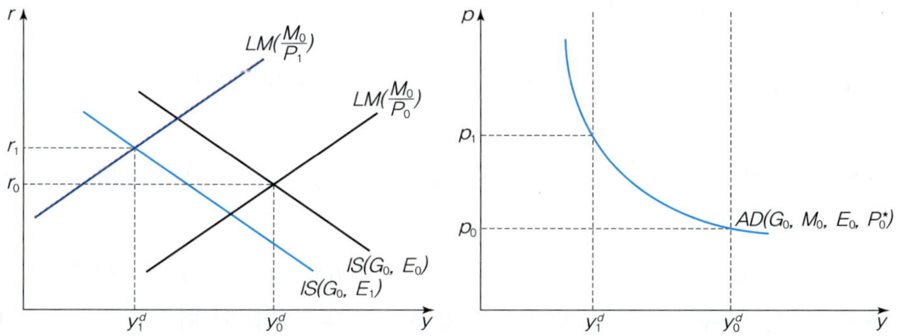

그림 6.5 *IS–LM* 곡선과 총수요 곡선(*AD*, aggregate demand curve)

총수요 곡선: 상품시장(*IS*)과 화폐시장(*LM*) 간 균형을 이루는 실질소득이 물가수준 변동에 따라 변화하는 점들을 이은 곡선(우하향)

물가수준 상승 시($\boldsymbol{P_0 \rightarrow P_1}$): 실질소득 하락

→ 실질화폐잔고 하락으로 LM곡선 좌로 이동

→ 실질환율 하락($\boldsymbol{e_0 \rightarrow e_1}$: 절상)으로 *IS* 곡선 좌로 이동

→ 이자율은 상승하고, 실질소득은 하락

정부지출, 화폐공급이 증가하거나 명목환율, 외국상품가격이 상승하면 총수요 곡선은 우측으로 이동

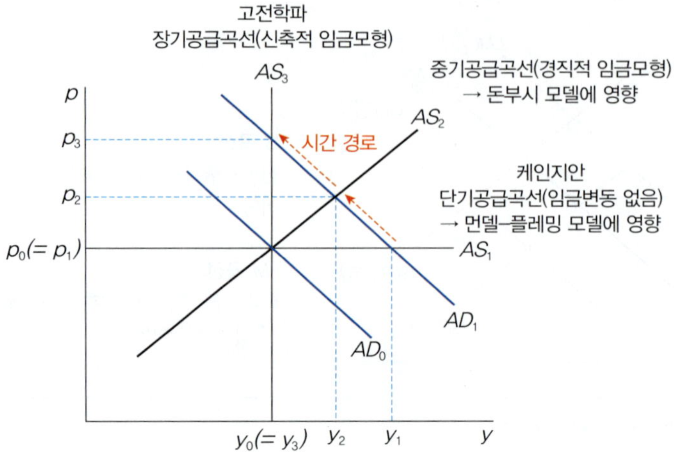

그림 6.6 임금가격 모형과 총공급 곡선(AS, aggregate supply curve)

(상황) 정부지출이 늘면서 총수요 곡선이 우측으로 이동($AD_0 \rightarrow AD_1$)

* P는 기업의 상품 공급가격(임금과 연계)

(AS_1) 수평한 공급곡선(단기). 수요 증가에 따라 일반 물가수준은 상승하였음에도 고용계약 등에 따라 단기에 임금변동이 없고(실질임금은 오히려 하락), 경쟁적 생산자들의 공급가격도 변동 없음. 고용과 생산($y_o \rightarrow y_1$)이 오로지 수요에 의해 결정

(AS_2) 우상향 공급곡선(중기). 시간의 경과에 따라 고용계약이 갱신되는 등 물가수준 상승이 임금, 공급가격에도 점차 반영. 고용과 생산($y_o \rightarrow y_2 < y_1$)이 AS_1에 비해서는 적게 증가. 현실적 모형

(AS_3) 수직인 공급곡선(장기). 물가수준 상승이 임금, 공급가격에 그대로 반영됨에 따라 실질가치에 변화가 없음. 고용, 생산($y_o = y_3$)도 원래 수준으로 회귀

② 먼델-플레밍 모형

먼델-플레밍 모형[17]은 1960년대에 큰 영향을 미친 환율결정 모형이다. 동 모형은 식 (6.23)과 같이 경상수지와 자본수지 두 부분으로 구성된다.

경상수지와 관련해서 2가지 전제가 있다. 첫째, 총공급곡선은 평평하다. 즉, 수요가 경제활동 수준을 결정하는 단기모형이다. 물가변동이 없으니 총수요-총

17 Fleming (1962), Mundell (1963)

공급 곡선은 고려할 필요 없이 *IS*–*LM* 체계만으로도 충분하다. 둘째, 구매력평가는 유효하지 않고, 경상수지는 환율(+)과 소득(–)에 달려있다.[18]

자본수지와 관련한 전제는 불완전 자본이동성(imperfect capital mobility)이다. 자본의 유입은 국내외 이자율 차이($r-r^*$)의 증가함수이지만, 재정거래의 재원이 유한하므로 리스크 프리미엄 내에서 유한한 규모의 자본이 유입된다고 할 수 있다.

국제수지(BP, balance of payments) 곡선은 우상향 형태이다.[19] 소득이 증가하면 수입수요가 늘어 경상수지가 악화된다. 자본수지로 이를 메꾸려면 국내 이자율이 상승하여야 한다.[20] 소득과 이자율이 같은 방향으로 변화해야 국제수지 균형이 성립되기 때문이다. 균형인 상태에서 환율이 상승(절하)하면 경상수지가 개선되기 때문에 균형으로 회귀하기 위해서는 국내 이자율이 하락하여 자본수지가 악화되어야 한다. 자본수지가 '0'인 경우, 소득이 증가함에 따라 환율도 상승하여야 국제수지 균형이 성립된다. 이로써 〈그림 6.7〉과 같이 국내균형과 국제수지가 일치하는 소득(Y), 이자율(r), 환율(E)의 일반균형이 성립하게 된다.

$$BP = CA + KA = X(\underset{\oplus}{E}\overline{P}^*/\overline{P}) - IM(\underset{\ominus}{E}\overline{P}^*/\overline{P},\ \underset{\oplus}{Y}) + \underset{\oplus}{k}(r-r^*) = 0 \qquad (6.23)$$

* k는 순자본유입의 이자율 탄력성

동 모형에 따르면 자유변동환율제도하에서는 환율의 자유로운 변동에 의해 국제수지가 균형에 이르게 된다. 반면, 고정환율제도하에서는 국제수지 불균형을 국내 화폐공급량을 변화시켜 조정한다. 예를 들어 국제수지 적자가 발생하는 경우, 외환의 초과수요가 발생하여 환율상승 압력을 받게 된다. 이때 중앙은행이 외화매도–국내통화매입 방식으로 외환시장에 개입하면 국내 화폐공급량이 감소하게 된다. 그러나 모형 안에 무역과 자본이동과 관련된 해외로부터의 반응이 포함되지 않아, 현실에서는 대외경제에 대한 거시정책의 효과가 도식적 설명과는

18 국내외 물가($\overline{P}, \overline{P}^*$)가 주어진 상황에서 명목환율과 실질환율, 명목소득과 실질소득이 같다.

19 *BP*곡선의 형태는 자본이동성이 완전한 경우 수평, 자본이동성이 없는 경우 수직이 된다.

20 자본유입을 위한 국내 이자율 인상 정도는 순자본유입의 이자율 탄력성(interest elasticity of net capital flows)인 k에 좌우된다. k가 탄력적일수록 *BP* 곡선은 수평에 가까워진다.

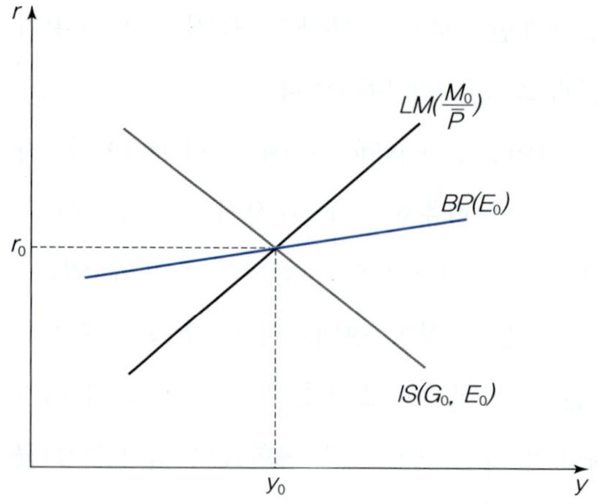

- BP 곡선이 IS–LM 곡선의 교차점 보다 아래에 위치(국제수지흑자*)하면
  - * 이자율이 BP 곡선의 균형이자율보다 높아 자본이 유입되기 때문
  - ① 고정환율제도에서는 외화유입으로 국내 통화량이 증가하면 LM 곡선이 우측으로 이동하여 IS–LM–BP 곡선이 일치
  - ② 변동환율제도에서는 환율하락(절상)으로 IS 및 BP 곡선이 좌측으로 이동하면서 IS–LM–BP 곡선이 일치
- 자본이동의 이자율 탄력성이 국내 실물경제보다 크므로, 대체로 LM 곡선보다 BP 곡선의 기울기를 더 완만하게 표시하여 정책효과를 분석

그림 6.7 IS–LM–BP 곡선

다르게 나타날 수 있음을 항상 유의하여야 한다.

케인지언 모형과 유사하나 소득, 이자율, 통화량 등 동일한 요인의 변화가 경상수지 및 자본수지에 미치는 영향에 따라 국제수지 및 환율에 미치는 영향이 다를 수 있다. 예를 들어, 확장적 재정정책은 이자율을 상승시켜 자본수지를 개선할 수 있으나, 확장적 통화정책은 이자율을 하락시켜 자본수지가 악화된다.

6.3.2 자산시장접근법

금융자산 간의 완전대체성(perfect substitutability)을 가정(신축가격 모형과 경직가격 모형)할 경우에는 화폐시장의 균형만으로 금융자산시장 균형이 자동적으로 달성되고, 불완전대체성(imperfect substitutability)을 가정(포트폴리오 밸런스 모형)할 경우에는 화폐 이외 금융자산의 수요–공급도 환율 결정에 영향을 미친다.

① 신축가격 모형(flexible prices model)

신축가격 모형은 멀리는 18세기부터 비롯되어 환율결정모형의 뿌리라 할 수 있다. 동 모형에서는 금융자산 중 통화(=화폐)만을 고려하여 국가 간 상대적 통화수요와 통화공급이 일치하는 수준에서 환율이 결정된다.

동 모형은 3가지 전제가 있다. 첫째, 총공급곡선은 수직이다. 즉, 가격이 완전 신축적인 장기모형이다. 둘째, 실질화폐잔고 수요는 소득에 비례한다. 셋째, 구매력평가가 유효하다.

식 (6.24)는 국내 및 외국 통화시장의 균형조건이다. 식 (6.25)는 상대적 통화수요와 통화공급의 비율이 동일하도록 정리한 것이다. 구매력평가가 유효하면 환율은 양국의 물가수준에 비례($S=P/P^*$)하기 때문에 식 (6.26)과 같이 정리할 수 있다. 국내 통화공급(M^s)이 상대적으로 더 확대되면 초과공급이 발생하여 환율이 상승(절하)하고, 국내 소득(y)이 상대적으로 더 증가하면 통화수요가 증가하여 환율이 하락(절상)하고[21], 국내 이자율(r)이 상대적으로 더 높아지면 통화수요가 감소하여 환율이 상승(절하)한다.[22]

$$M^s \equiv M^d = P(ky - lr),\ M^{s*} \equiv M^{d*} = P^*(k^*y^* - l^*r^*) \qquad k, l, k^*, l^* > 0 \tag{6.24}$$

$$\frac{M^s}{M^{s*}} = \frac{P(ky - lr)}{P^*(k^*y^* - l^*r^*)} \tag{6.25}$$

$$\frac{M^s}{M^{s*}} = S\frac{ky - lr}{k^*y^* - l^*r^*} \quad \Rightarrow \quad S = \frac{M^s(k^*y^* - l^*r^*)}{M^{s*}(ky - lr)} \tag{6.26}$$

② 경직가격 모형(Sticky prices model)

돈부시(Dornbush)의 오버슈팅(overshooting) 모형[23]은 물가수준의 단기적 경직성(price stickiness)으로 인해 단기 균형환율의 변동폭이 장기 균형환율의 변동폭보다 크게 나타나는 현상을 설명하고 있다. 케인지언 및 먼델-플레밍 모형의 단기 균형과 통화론자의 장기 균형을 함께 담고 있다. 물가변동이 없는 단기에는 명목화폐공급의 변화가 곧 실질화폐공급의 변화이기 때문에 통화정책이 효과(통화량 변화에 따른 이자율 변화)를 볼 수 있으나, 장기에는 물가가 변동하면서 실질화폐

---

21 케인지언 모형과 먼델-플레밍 모형에서는 국내 소득이 증가하면 수입수요가 증가하여 경상수지가 악화되면서 환율은 상승한다.

22 먼델-플레밍 모형에서는 국내 이자율이 상승하면 자본이 유입되어 환율이 하락한다.

23 Dornbusch (1976)

공급이 이전 수준으로 되돌려지면서 이자율, 총수요, 실질환율 등이 제자리로 회귀하게 된다.

돈부시의 오버슈팅 모형은 3가지 전제를 취하고 있다. 첫째, 총수요는 개방형 *IS-LM* 모형에 의해 결정된다. 이는 *IS* 곡선의 위치가 소득과 실질환율($q=SP^*/P$)에 의해 결정된다는 것이다. 먼델-플레밍 모형과 같다. 둘째, 금융시장은 즉각적으로 반응한다. 재화시장(물가수준)보다 외환시장(환율변동)의 조정속도가 빠르다는 의미이다. 투자자는 리스크 중립적(risk neutral)이며, 유위험 이자율평가(URIP)가 유효하기에 식 (6.27)과 같이 양국의 이자율 차이는 예상 환율절하율(Δs^e)과 같다. 예상 환율절하율은 식 (6.28)과 같이 현재 균형환율의 변동률과 현재 환율의 변동률 간의 차이로 정해진다. 환율이 균형환율로 회귀하고, 계수 θ는 그 민감도인데 값이 클수록 회귀속도가 빠르다. 셋째, 물가는 경직적이다. 이는 먼델-플레밍 모형과 같이 총공급 곡선이 초기에는 평평하나, 시간이 흐를수록 기울기가 가팔라지며 장기균형에 이르면 신축가격 통화론자의 총공급 곡선과 같이 수직이 된다는 의미이다.

$$r - r^* = \Delta s^e \tag{6.27}$$

$$\Delta s^e = \theta(\bar{s} - s) \quad \theta > 0 \tag{6.28}$$

〈그림 6.8〉과 같이 예상치 않은 확장적 통화정책(통화량 증가)이 실행되었다고 하자. 외환시장 참가자들은 장기적으로 균형환율의 상승(절하)을 예측한다. 단기적으로는 통화량 증가로 이자율이 하락하면 유위험 이자율평가에 따라 환율하락(절상)이 예상된다. 그런데 이자율 하락으로 자본이 유출하면서 환율이 빠르게 상승하여 오버슈팅 현상이 나타난다. 시간이 지남에 따라 물가가 상승하면서 새로운 균형으로 이동한다. 이자율 하락으로 총수요가 증가하고 물가상승으로 실질통화량이 감소함에 따라 이자율은 다시 상승하고 자본유입도 재개된다. 결국 〈그림 6.9〉와 같이 물가는 상승하고 오버슈팅했던 환율은 새로운 장기 균형환율 수준으로 하락한다.

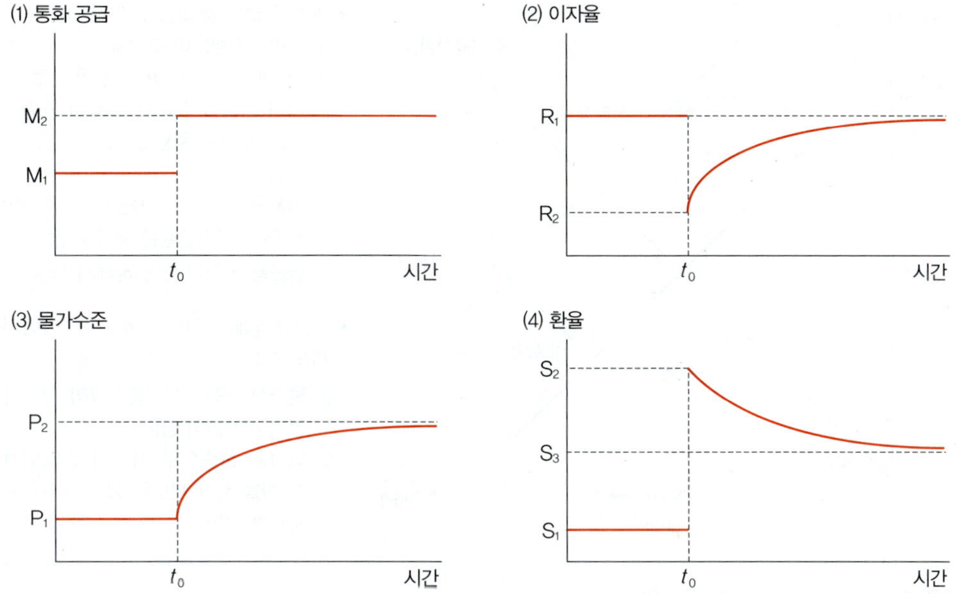

그림 6.8 시간흐름에 따른 거시변수의 변화

돈부시 오버슈팅 모형을 방정식으로 표현하면 다음과 같다. 식 (6.29)는 유위험 이자율평가, 식 (6.30)은 예상 환율절하률, 식 (6.31)은 실질화폐수요 증가율, 식 (6.32)는 국내 생산에 대한 수요 증가율, 식 (6.33)은 인플레이션율을 나타낸다.[24] $\bar{y}$는 완전고용생산(full employment output)이다.

$$r - r^* = \Delta s^e \tag{6.29}$$

$$\Delta s^e = \theta(\bar{s} - s) \tag{6.30}$$

$$m - p = ky - lr \tag{6.31}$$

$$y^d = u(s - p) \tag{6.32}$$

$$\dot{p} = \pi(y^d - \bar{y}) \tag{6.33}$$

24 m, p, s, y는 화폐공급, 물가, 명목환율 및 소득 거시변수에 자연로그를 취한 값이며, $\dot{p}$는 수요와 생산 간의 격차가 클수록 인플레이션율($d\ln P/dt$)이 높음을 나타낸다.

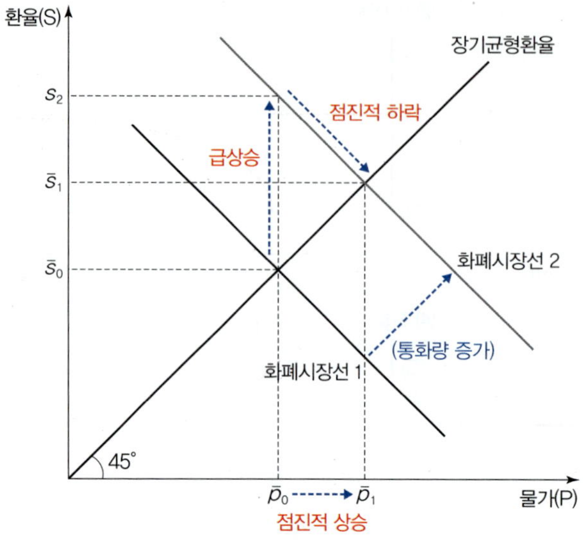

- 예기치 않은 통화량 증가로 이자율이 하락하면서 환율이 급상승
  ① 장기물가수준이 $\overline{P_0}$에서 $\overline{P_1}$으로 서서히 상승할 것이므로 장기 균형환율은 $\overline{S_0}$에서 $\overline{S_1}$으로 상승할 것으로 예상
  ② 이자율 하락으로 자본이 유출되면서 단기 균형환율은 새로운 장기 균형환율 $\overline{S_1}$보다 높은 S_2에서 형성
- 시간경과에 따라 물가수준이 $\overline{P_0}$에서 $\overline{P_1}$으로 상승
  ① 물가상승으로 실질통화량이 감소하면서 이자율이 상승
  ② 이자율 상승으로 자본이 유입되면서 환율 S_2가 새로운 장기 균형환율 $\overline{S_1}$으로 하락

그림 6.9 장기 균형환율과 환율의 오버슈팅

식 (6.29)와 식 (6.30)을 이용하여 식 (6.31)의 국내 이자율을 제거하면 식 (6.34)와 같이 된다.

$$p = m - ky + lr^* - l\theta(s - \bar{s}) \qquad (6.34)$$

장기균형에서 생산수준은 완전고용생산($\bar{y}$)이고, 예상 환율절하율은 '0'($s = \bar{s}$)이다. 이는 국내외 이자율이 동일($r = r^*$)하다는 의미이다. 따라서 장기 물가수준($\bar{p}$)은 식 (6.35)와 같다. 식 (6.34)의 단기물가(p)가 식 (6.35)의 장기물가($\bar{p}$)보다 낮으면 환율(s)은 상승해야 한다.

$$\bar{p} = m - k\bar{y} + lr^* \qquad (6.35)$$

식 (6.32)를 식 (6.33)에 대입하면 식 (6.36)과 같다. 식 (6.37)의 장기균형에서는 명목환율과 물가수준이 일정하기에, 완전고용생산($\bar{y}$)이 변해야만 인플레이션율이 변동하여 실질환율이 변할 수 있다.

$$\dot{p} = \pi[u(s-p) - \bar{y}] \tag{6.36}$$

$$0 = \pi[u(\bar{s} - \bar{p}) - \bar{y}] \tag{6.37}$$

③ 포트폴리오 밸런스 모형

포트폴리오 밸런스 모형은 돈부시(Dornbush)의 오버슈팅(overshooting) 모형과 달리 유위험 이자율평가가 유효하지 않다고 전제한다. 대신 리스크 프리미엄(risk premium)이 국내통화표시 채권과 해외통화표시 채권 간의 선택에 큰 영향을 준다고 하였다. 투자자는 분산투자하는 경향이 있고, 다른 금융상품보다 수익이 더 많이 나는 자산의 비중을 확대하는 것이다.[25] 즉, 금융자산 간 완전대체성은 성립하지 않는다. 또한 포트폴리오 밸런스 모형은 부의 축적(wealth accumulation) 과정을 포함하고 있으며, 먼델-플레밍 모형의 불완전 자본이동성(imperfect capital mobility)과 돈부시 오버슈팅 모형의 가격경직성(sticky prices)을 함께 반영하고 있다.

동 모형은 소규모 개방경제를 상정하며 다음과 같이 전제한다. 첫째, 국내 투자자는 국내화폐(M), 국내채권(B)과 외국채권(FB)으로 구성되는 자산을 보유하지만, 외국 투자자는 국내 자산을 보유하지 않는다. 둘째, 국내 투자자의 외국채권 보유 규모는 단기에는 고정되어 있으나, 장기에는 변동할 수 있다. 셋째, 외국채권 보유 규모는 국내 투자자의 선택에 따르나, 국내화폐와 국내채권의 보유 규모는 외생적으로 결정된다. 이러한 조건에서 동 경제가 보유하고 있는 명목부(名目富)는 식 (6.38)과 같다.

$$W = \overline{M} + \overline{B} + S \times FB \tag{6.38}$$

S는 환율

투자자는 국내 이자율(r) 또는 외국 이자율(r^*)이 상승하면 화폐 비중($\overline{M}/W$)을

25 투자자는 금융자산 간 이자율 차이가 있더라도 하나의 자산에 전액을 투자하기보다는 잠재적 위험 대비 기대수익률을 고려하여 포토폴리오 내 자산 비중을 적당한 수준에서 조정한다.

감소시키고, 국내(외국) 이자율이 상승하면 국내채권 비중은 확대(축소)하고 외국채권 비중($S \times FB/W$)은 축소(확대)한다.

$$\overline{M}/W = m(r, \overline{r^*} + \Delta s^e) \quad m_1 < 0, m_2 < 0 \tag{6.39}$$

$$\overline{B}/W = b(r, \overline{r^*} + \Delta s^e) \quad b_1 > 0, b_2 < 0 \tag{6.40}$$

$$S \times FB/W = f(r, \overline{r^*} + \Delta s^e) \quad f_1 < 0, f_2 > 0 \tag{6.41}$$

Δs^e는 예상환율절하율

포트폴리오 밸런스 모형 내 경제변수는 장단기 외생성 여부에 따라 3가지로 구분할 수 있다. 첫째, 환율(S)과 국내 이자율(r)은 단기에서도 내생적이어서 금융시장은 항상 즉시 청산된다. 둘째, 부(W), 외국채권잔고(FB), 국내물가(P), 예상환율절하율(Δs^e)은 단기에는 외생적이나 장기에는 내생적이다(sticky prices). 셋째, 외국의 경제변수(r^*, p^*), 화폐공급량(M) 및 국내채권잔고(B)는 언제나 외생적이다.

환율과 국내 이자율 조정에 따른 단기균형을 살펴본다. 환율이 상승(절하)하면 부가 증가하기 때문에 모든 자산에 대한 수요가 증가한다. 화폐시장부터 살펴보면 늘어난 부로 인해 화폐수요가 증가한다. 그러나 화폐공급과 외국 이자율은 단기에 고정되어 있기 때문에 환율이 상승하면 국내 이자율이 상승하여야 균형이 성립된다. 화폐시장 곡선은 우상향 형태이다. 국내채권에 대한 수요가 증가하면 초과수요 해소를 위해 국내 이자율이 하락하여야 국내채권시장의 균형이 성립한다. 국내채권시장 곡선은 우하향 형태이다. 부의 증가로 외국채권에 대한 수요도 증가하지만, 환율상승으로 외국채권의 가격이 상승하여 초과공급이 발생한다. 국내 이자율이 하락해야 외국채권으로 수요전환이 되어 외국채권의 초과공급을 해소할 수 있다. 외국채권시장 곡선은 우하향 형태이며 기울기는 국내채권시장 곡선보다 완만하다.[26] 〈그림 6.10 (a)〉와 같이 단기균형은 화폐시장 곡선, 국내채

26 국내 이자율 변화는 외국채권시장보다 국내채권시장에 더 큰 영향을 미친다고 본다.

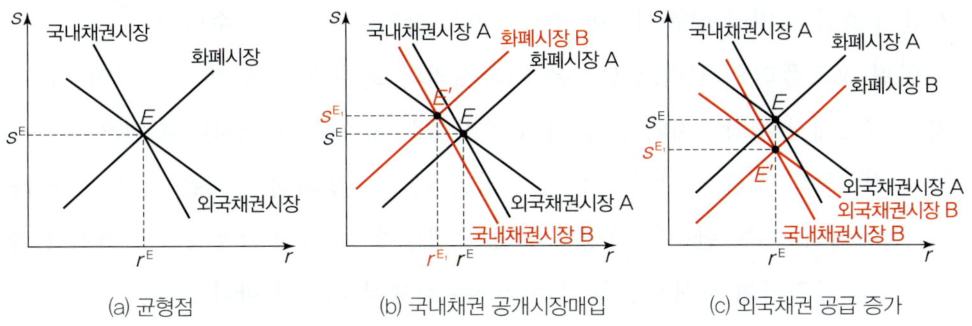

그림 6.10 포트폴리오 밸런스 모형의 단기균형

권시장 곡선, 외국채권시장 곡선의 교차점(S^E, r^E)에서 성립한다.

〈그림 6.10 (b)〉를 통해 중앙은행이 화폐를 발행하여 국내채권을 매입할 때 금융시장에 미치는 영향을 살펴본다. 화폐공급이 증가하면서 이자율은 하락하고 환율은 상승한다. 화폐시장이 미치는 직접적 영향이 국내채권시장에 미치는 간접적 영향보다 크기 때문에 화폐시장 곡선이 국내채권시장 곡선보다 크게 움직인다. 화폐공급으로 이자율이 하락($r^E \to r^{E'}$)하면 국내채권 수요가 줄고 그중 일부가 외국채권시장에 투자되기 때문이다. 외국채권에 대한 수요가 증가하면 환율은 상승($S^E \to S^{E'}$)한다.

〈그림 6.10 (c)〉를 통해 외국채권잔고가 증가할 때 금융시장에 미치는 영향을 살펴본다. 단기의 내생변수는 국내 이자율과 환율만 있다. 따라서 국내 이자율이 움직일 이유가 없는 가운데, 경상수지흑자로 인한 외국채권의 공급증가[27]를 중화시키기 위해서는 환율이 하락해야 국내 통화로 표시한 외국채권의 공급규모($S \times FB$: $S\downarrow + FB\uparrow$)가 일정해진다.

통화공급 확대가 환율에 미치는 장기적 영향은 어떻게 될까? 통화론자들의 결론에 따르면 물가와 환율이 그만큼 상승하고 다른 모든 실질변수는 처음 균형으로 되돌아갈 것이다. 다만 돈부시 모형과 같이 단기적으로는 통화량 공급이 확대되면서 환율이 장기균형환율보다 높은 수준으로 상승(절하)할 것이나, 이후에는

27 포트폴리오 밸런스 모형의 구조상 부의 축적(저축)은 경상수지 흑자를 통해 외국채권 보유규모가 증가하는 것이다.

시간이 흐름에 따라 상품시장이 조정되면서 장기균형환율로 수렴할 것이다.

한편 포트폴리오 밸런스 모형은 외국채권의 보유를 통해 부의 축적이 이루어지는 과정에서 경상수지와 환율 간의 마이너스(−) 관계를 제시하고 있으나, 미국 등 선진국들의 실증적 사례를 보면 그러한 관계는 명확하지 않은 것으로 나타난다. 데이터의 부족, 단순한 모형보다 낮은 설명력 등 실제 활용성이 떨어지나, 환율결정과 관련하여 자산시장을 고려했다는 점에서 기여한 바가 크다.

6.3.3 기타 접근방법

실증분석 결과 기존 이론들의 연역적 접근이 환율 움직임을 제대로 설명하지 못함에 따라 관찰과 통계를 활용한 귀납적 접근이 이루어지고 있다. 대표적으로 뉴스 접근법(news approach), 투기적 거품 접근법(speculative bubble approach), 외환시장의 미시구조적 접근법(FX market microstructure approach) 등이 있다. 그러나 통계와 패턴 등을 이용하여 움직임을 설명하는 접근법은 정연한 이론적 체계를 갖지 못함에 따라 환율결정이론으로서는 한계가 있을 수 있다.

뉴스 접근법의 예로 크리스 레들(Chris Redl)의 논문[28]을 살펴본다. 1986년부터 2013년까지의 미국 달러화와 영국 파운드화 간의 명목환율을 대상으로 분석하였다. 분석 결과 환율예측오차 중 1/5을 노이즈 뉴스(noisy news)가 차지하였고, 이러한 노이즈 충격이 환율변동성에 미친 영향은 미 연준의 통화정책 전환기에 특히 중요했던 것으로 나타났다.

말도나도 등(Maldonado et al.)[29]은 1999년부터 2011년까지의 미국 달러화 대비 브라질 레알화 명목환율의 거품을 분석하였다. 환율변동은 기초경제여건과 버블 충격으로 구성된 것으로 가정하였으며, 재정거래가 불가능한 시제 간 모형과 국가 리스크(country risk)를 고려한 통화론자 환율결정 모형을 활용하여 구매력평가가 유효한 것으로 평가하고 미 달러화 대비 브라질 레알화 환율의 버블이 발생하

28 Redl (2015) 참조

29 Maldonado et al. (2012) 참조

고 사라지는 동적 변화를 포착하였다.

외환시장 미시구조적 접근법에서는 주문 흐름, 경제주체의 이질성, 사적 정보의 비대칭성 등이 단기적 환율 움직임을 결정하는 중요 요인으로 보고 있다.[30] 시간대에 따른 외환거래량 및 환율변동성의 패턴, 외환시장 간 환율변동성 관계 등의 행태분석, 이러한 행태의 발생 원천과 행태가 환율에 미치는 영향 등을 분석하고 있다.

6.4 실질환율의 결정요인

아시아 국가들과 2000년대 중반 아르헨티나의 경험에 의하면, 안정적이고 가격경쟁력이 있는 실질환율정책이 경제발전에 유용한 것으로 나타났나. 구체적으로 유치산업 보호, 보조금, 관세 등 산업정책(industrial policy)과 거시경제 안정을 위한 자본이동관리(capital flows management) 등이 그 예이다.[31] 초기 비교역재 연구는 19세기에 시작되었고 1960년대에 본격화되었다. 여기서는 1970년대에 나타난 비교역재 상대가격을 이용한 시제간 교역재−비교역재 모형(TNT model, traded non−traded model)을 설명하고자 한다.[32]

6.4.1 교역재–비교역재 모형(TNT model)

① 전제

2기 모형이며 교역재(tradable good)는 국제시장에서 제한 없이 거래되고, 비교역재(non−tradable good)는 국내에서만 생산되고 소비된다. 교역재 가격은 어느 국가나 동일한데 비해, 비교역재 가격은 국가마다 다르다.

30 King et al. (2013) 참조

31 Guzman at el. (2018)

32 Brock and Turnovsky (1993)

매기 교역재 및 비교역재 부존량(Q_t^{tr}, Q_t^{nt})은 주어진다. 1기 초에는 자산도 부채도 없이 시작되고, 1기에 채권(B_1) 매매를 통해 대여 또는 차입을 할 수 있다. 채권가격은 교역재 단위로 표시되고, 1기 채권이자(r_1)는 2기에 지급된다.

② 비교역재 수요곡선

가계의 소비효용함수와 교역재 및 비교역재에 대한 콥 더글라스(Cobb Douglas) 집계소비는 각각 식 (6.42), 식 (6.43)과 같다. β는 소비효용의 주관적 할인계수이고, λ는 소비효용의 상대적 중요성을 나타내는 계수이다.

$$U(C_1, C_2) = \ln C_1 + \beta \ln C_2, \quad 0 < \beta < 1 \tag{6.42}$$

$$C_1 = (C_1^{tr})^{\lambda}(C_1^{nt})^{1-\lambda}, \quad C_2 = (C_2^{tr})^{\lambda}(C_2^{nt})^{1-\lambda} \tag{6.43}$$

식 (6.44) 예산제약식의 우변은 1기의 재원인 부존량 가치이고, 좌변은 교역재와 비교역재 소비, 채권매입 등 지출 내역을 나타낸다. 식 (6.45) 예산제약식의 재원은 2기 부존량과 1기에 매입한 채권 원리금이다. 2기에는 모든 재원이 소비되어야 하므로, 보유채권의 잔액은 없다.[33]

$$P_1^{tr} C_1^{tr} + P_1^{nt} C_1^{nt} + P_1^{tr} B_1 = P_1^{tr} Q_1^{tr} + P_1^{nt} Q_1^{nt} \tag{6.44}$$

$$P_2^{tr} C_2^{tr} + P_2^{nt} C_2^{nt} = P_2^{tr} Q_2^{tr} + P_2^{nt} Q_2^{nt} + (1 + r_1) P_2^{tr} B_1 \tag{6.45}$$

1기 및 2기 예산제약식을 각각 교역재 가격(P_1^{tr}, P_2^{tr})으로 나누고 채권(B_1)을 소거하면 식 (6.46)과 같다.

33 무한기간 최적선택 시 횡단면 조건(transversality condition)과 비슷하다. 무한시점에서의 부의 현재가치는 '0'이거나, 부의 증가 속도가 한계가치의 할인된 가치보다 빨라서는 안 된다. 부의 과잉축적이 있어서는 안 되는 것이다.

$$C_1^{tr}+p_1C_1^{nt}+\frac{C_2^{tr}+p_2C_2^{nt}}{1+r_1}=\overline{Y}\ (\equiv Q_1^{tr}+p_1Q_1^{nt}+\frac{Q_2^{tr}+p_2Q_2^{nt}}{1+r_1})\tag{6.46}$$

$$*\ p_1=\frac{P_1^{nt}}{P_1^{tr}},\ p_2=\frac{P_2^{nt}}{P_2^{tr}}$$

식 (6.42) 소비효용함수, 식 (6.43) 콥 더글라스 집계소비를 이용하여 1기 및 2기 소비(C_1, C_2)를 소거하고 시제간 예산제약식을 2기 교역재(C_2^{tr})에 대하여 풀면 가계의 최적화 문제는 식 (6.47)과 같이 1기 교역재 소비량(C_1^{tr}), 1기 및 2기 비교역재 소비량(C_1^{nt}, C_2^{nt})의 선택으로 축소된다.

$$\lambda\ln C_1^{tr}+(1-\lambda)\ln C_1^{nt}+\beta\lambda\ln[(1+r_1)(\overline{Y}-C_1^{tr}-p_1C_1^{nt})-p_2C_2^{nt}]+\beta(1-\lambda)\ln C_2^{nt}\tag{6.47}$$

식 (6.47)을 1기 교역재 소비량(C_1^{tr}), 1기 및 2기 비교역재 소비량(C_1^{nt}, C_2^{nt})에 대하여 미분하면 식 (6.48)과 같다.

$$\frac{1}{C_1^{tr}}-\frac{\beta(1+r_1)}{C_2^{tr}}=0,\ \frac{1-\lambda}{C_1^{nt}}-\frac{\lambda\beta(1+r_1)p_1}{C_2^{tr}}=0,\ \frac{1-\lambda}{C_2^{nt}}-\frac{\lambda p_2}{C_2^{tr}}=0\tag{6.48}$$

소비 오일러 방정식($C_2^{tr}=\beta(1+r_1)C_1^{tr}$)을 식 (6.48)에 대입하면, 식 (6.49)와 같은 비교역재 수요함수를 얻게 된다. 비교역재가 교역재보다 상대적으로 비싸지면 비교역재를 상대적으로 적게 소비하고, 교역재 소비가 증가하면 비교역재 수요도 증가한다.

$$C_1^{nt}=\frac{1-\lambda}{\lambda}\frac{C_1^{tr}}{p_1},\ C_2^{nt}=\frac{1-\lambda}{\lambda}\frac{C_2^{tr}}{p_2}\quad\Rightarrow\quad C_t^{nt}=\frac{1-\lambda}{\lambda}\frac{C_t^{tr}}{p_t}\tag{6.49}$$

③ 교역재의 균형관계

비교역재의 시장청산조건(market clearing condition)은 식 (6.50)과 같고, 자본이동이 자유롭다면 국내 이자율(r_1)과 국제이자율(r^*)이 식 (6.51)과 같이 동일하다고 할 수 있다.

$$C_t^{nt} = Q_t^{nt} \tag{6.50}$$

$$r_1 = r^* \tag{6.51}$$

이를 식 (6.46) 시제 간 예산제약식에 대입하면 식 (6.53)과 같다.

$$C_1^{tr} + p_1 C_1^{nt} + \frac{C_2^{tr} + p_2 C_2^{nt}}{1+r^*} = Q_1^{tr} + p_1 C_1^{nt} + \frac{Q_2^{tr} + p_2 C_2^{nt}}{1+r^*} \tag{6.52}$$

$$C_1^{tr} + \frac{C_2^{tr}}{1+r^*} = Q_1^{tr} + \frac{Q_2^{tr}}{1+r^*} \tag{6.53}$$

여기에 소비 오일러 방정식($C_2^{tr} = \beta(1+r^*)C_1^{tr}$)을 대입하면 식 (6.54)와 같고, 1기 교역재 소비량에 대한 이자율, 1기 및 2기의 교역재 부존량의 균형관계는 식 (6.55)와 같다.

$$C_1^{tr} + \frac{\beta(1+r^*)C_1^{tr}}{1+r^*} = Q_1^{tr} + \frac{Q_2^{tr}}{1+r^*} \quad \Rightarrow \quad C_1^{tr} = \frac{1}{1+\beta}\left(Q_1^{tr} + \frac{Q_2^{tr}}{1+r^*}\right) \tag{6.54}$$

$$C_1^{tr} = C^{tr}(r^{*\,-}, Q_1^{tr\,+}, Q_2^{tr\,+}) \tag{6.55}$$

1기 무역수지(TB_1)와 이자율, 1기 및 2기의 교역재 부존량 간의 균형관계는 식 (6.56)과 같다. 1기 교역재 부존량이 증가하면 1기 교역재 소비량이 증가하나, 가계는 소비를 평활화하기 위해 그 일부를 저축하므로 1기 교역재 소비량 증가분은 1기 교역재 부존량 증가분보다는 적다.

$$TB_1 = Q_1^{tr} - C_1^{tr} = Q_1^{tr} - C^{tr}(r^*, Q_1^{tr}, Q_2^{tr}) = TB(r^{*\,+}, Q_1^{tr\,+}, Q_2^{tr\,-}) \tag{6.56}$$

④ 비교역재 상대가격의 균형값

식 (6.49) 비교역재의 소비곡선, 식 (6.50) 비교역재의 시장청산조건 및 식

(6.55) 1기 교역재의 균형관계를 이용하면 식 (6.57)과 같다. 〈그림 6.11〉의 비교역재 소비곡선과 부존량이 일치하는 점(E1)에서의 교역재에 대한 비교역재의 상대가격이 균형값(p_1^{E1})이다.

$$C_1^{nt} = Q_1^{nt} = \frac{1-\lambda}{\lambda} \frac{C_1^{tr}(r^*, Q_1^{tr}, Q_2^{tr})}{p_1} \tag{6.57}$$

〈그림 6.11 (a)〉와 같이 최초 균형점에서 국제이자율이 상승하면, 저축이 증가하고 소비가 감소함에 따라 비교역재에 대한 초과공급이 발생한다. 이에 따라 균형값은 p_1^{E1}에서 p_1^{E2}로 하락한다. 〈그림 6.11 (b)〉와 같이 1기 교역재의 부존량이

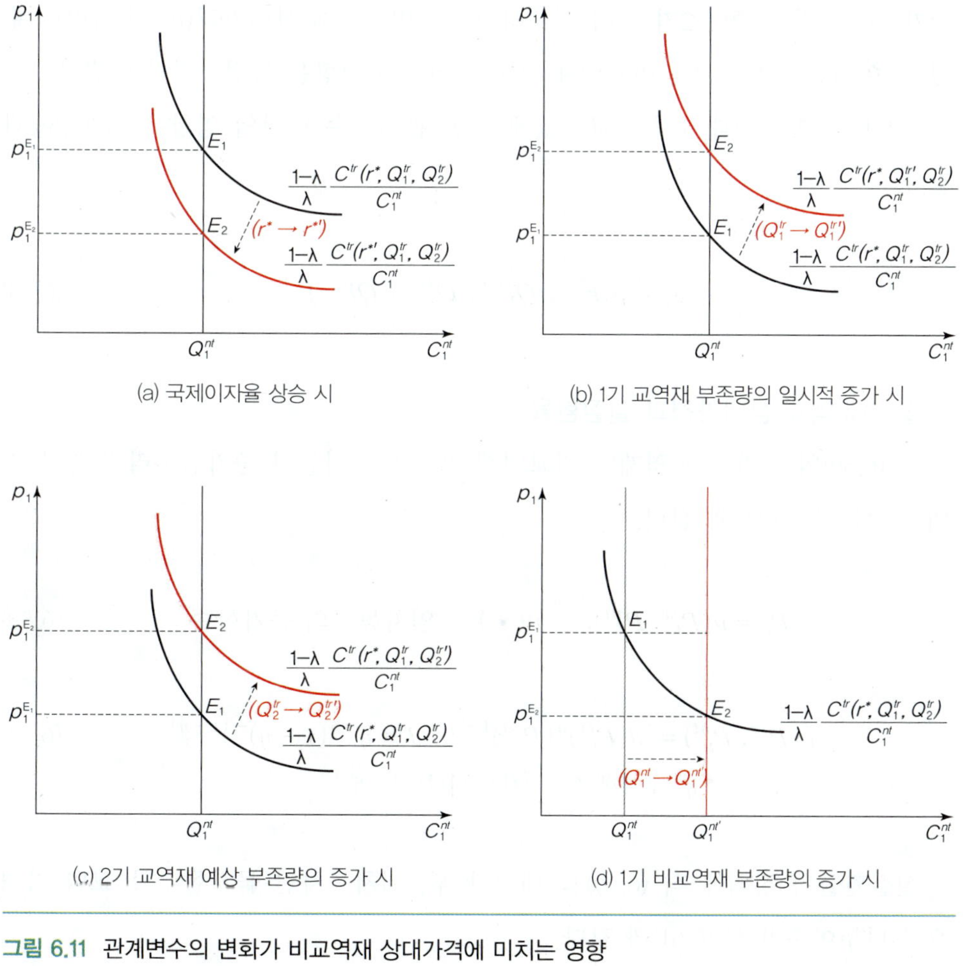

그림 6.11 관계변수의 변화가 비교역재 상대가격에 미치는 영향

일시적으로 증가하게 되면, 양(+)의 소득효과로 인해 비교역재에 대한 초과수요가 발생한다. 이에 따라 균형값은 p_1^{E1}에서 p_1^{E2}로 상승한다. 〈그림 6.11 (c)〉와 같이 2기 교역재의 부존량이 증가할 것으로 예상되면, 양(+)의 소득효과로 인해 비교역재에 대한 초과수요가 발생하여 균형값은 p_1^{E1}에서 p_1^{E2}로 상승한다. 〈그림 6.11 (d)〉와 같이 1기 비교역재의 부존량이 증가하면, 비교역재의 초과공급이 발생함에 따라 균형값은 p_1^{E1}에서 p_1^{E2}로 하락한다.

그런데 2기 비교역재 부존량(Q_2^{nt})의 변동은 어떠한 영향을 미칠 것인가? 두 가지의 상반된 효과가 나타난다. 첫째, 양(+)의 소득효과로 인해 비교역재에 대한 초과수요 발생은 1기 비교역재 상대가격(p_1)의 상승요인이 된다. 둘째, 음(−)의 대체효과가 발생하여 2기 비교역재 상대가격(p_2)의 하락을 초래함에 따라, 가계가 1기 소비를 줄여 2기 소비를 늘리면 1기 비교역재 상대가격(p_1)이 하락할 수 있다. 이러한 이유로 2기 비교역재 부존량 변화의 영향은 특정하기가 어렵다.

1기 비교역재 상대가격의 균형값에 대한 관계변수 변화의 영향은 식 (6.58)과 같다.

$$p_1 = p(r^{*\,-},\ Q_1^{tr\,+},\ Q_2^{tr\,+},\ Q_1^{nt\,-}) \tag{6.58}$$

⑤ 비교역재 상대가격과 실질환율

식 (6.59)의 물가가 교역재와 비교역재 가격의 일차동차 증가함수라면 동 물가의 함수는 식 (6.60)과 같다.

$$P_t = \nu(P_t^{tr}, P_t^{nt}), \qquad \nu(\,\bullet\,) \sim \text{일차동차의 증가함수} \tag{6.59}$$

$$\nu(P_t^{tr}, P_t^{nt}) = J(P_t^{tr})^{\eta}(P_t^{nt})^{1-\eta},\ \ J \equiv \eta^{-\eta}(1-\eta)^{-(1-\eta)} \tag{6.60}$$

* η: 교역재 소비성향을 나타내는 계수

실질환율의 정의에 식 (6.60)을 대입한 후, 일차동차인 물가함수를 교역 가격으로 나누어주면 식 (6.61)과 같다.

$$e_t = \frac{S_t \nu^* (P_t^{tr^*}, P_t^{nt^*})}{\nu(P_t^{tr}, P_t^{nt})} = \frac{S_t P_t^{tr^*} \nu^* (1, \dfrac{P_t^{nt^*}}{P_t^{tr^*}})}{P_t^{tr} \nu(1, \dfrac{P_t^{nt}}{P_t^{tr}})} \tag{6.61}$$

교역재에 대해 일물일가의 법칙이 성립($S_t P_t^{tr*} = P_t^{tr}$)한다면 식 (6.61)은 식 (6.62)로 다시 표현할 수 있다.

$$e_t = \frac{\nu^* (1, p_t^*)}{\nu(1, p_t)} \tag{6.62}$$

해외 비교역재의 상대가격(p_t^*)이 일정할 때, 국내 비교역재 상대가격(p_t)이 높아지면 실질환율은 하락(절상)하여 국내 경제가 해외 경제보다 비싸진다. 여기에 식 (6.58)의 균형관계($p_1 = p(r^{*\,-},\ Q_1^{tr\,+},\ Q_2^{tr\,+},\ Q_1^{nt\,-})$)를 감안하면 1기 실질환율과 관계변수의 균형관계는 식 (6.63)과 같다. 국제이자율 상승, 1기 비교역재 부존량 증가, 해외 비교역재 상대가격 상승 시 실질환율은 상승(절하)하고, 1기 또는 2기 교역재 부존량이 증가하면 실질환율은 하락(절상)한다.

$$e_1 = e(r^{*\,+},\ Q_1^{tr\,-},\ Q_2^{tr\,-},\ Q_1^{nt\,+},\ p_1^{*+}) \tag{6.63}$$

6.4.2 발라사-사무엘슨 모형(Balassa-Samuelson model)[34]

교역재-비교역재 모형은 교역재-비교역재 간 상대가격 변화를 단기 실질환율의 결정요인으로 본 반면, 발라사-사무엘슨 모형은 교역재-비교역재 간 상대적 생산성의 국가 간 차이를 실질환율의 장기 결정요인으로 본다.

① 선형 생산함수

장기에서 교역재와 비교역재 공급은 일정한 부존량 형태가 아니고 식 (6.64)와

34 Balassa (1964), Samuelson (1964)

같이 노동투입량에 따라 생산량이 변화는 선형 생산함수 형태이다. A_{tr}, A_{nt}는 노동생산성, L^{tr}, L^{nt}는 노동투입량이다. 생산함수가 선형이기 때문에 평균 및 한계노동생산성은 A_{tr}, A_{nt}로 동일하다. 노동자는 언제든지 임금이 높은 부문으로 이동할 수 있어 균형에서 두 부문의 임금은 동일해야 한다.

$$Q^{tr} = A_{tr}L^{tr},\ Q^{nt} = A_{nt}L^{nt} \tag{6.64}$$

② 생산이윤

교역재와 비교역재 생산이윤은 식 (6.65)와 같다. 완전경쟁시장이어서 장기이윤은 식 (6.66)과 같이 '0'이다.

$$profit^{tr} = P^{tr}Q^{tr} - WL^{tr},\ profit^{nt} = P^{nt}Q^{nt} - WL^{nt} \tag{6.65}$$

$$P^{tr}Q^{tr} = WL^{tr},\ P^{nt}Q^{nt} = WL^{nt} \tag{6.66}$$

식 (6.64) 생산함수와 식 (6.66) 장기이윤을 결합하여 Q^{tr}, Q^{nt}를 소거하면 식 (6.67)과 같다. 이를 가격 비율과 생산성 비율로 식 (6.68)과 같이 정리하면, 생산성이 높은 상품의 가격이 상대적으로 저렴해야 한다.

$$A_{tr}P^{tr} = W,\ A_{nt}P^{nt} = W \tag{6.67}$$

$$\frac{P^{nt}}{P^{tr}} = \frac{A^{tr}}{A^{nt}},\ \frac{P^{nt*}}{P^{tr*}} = \frac{A^{tr*}}{A^{nt*}} \tag{6.68}$$

③ 장기균형 실질환율

교역재에 대해 일물일가의 법칙이 성립($SP^{tr*} = P^{tr}$)하면, 장기균형 실질환율은 식 (6.69)와 같이 교역재-비교역재 간 상대적 생산성의 국가 간 차이에 따라 결정된다. 동 식에 따르면, 교역재 부문의 상대적 생산성이 높은 나라(A_{tr}/A_{nt} 〉 A^{*}_{tr}/A^{*}_{nt})의 실질환율이 하락(절상)한다.

$$e = \frac{S\nu^*(P^{tr*}, P^{nt*})}{\nu(P^{tr}, P^{nt})} = \frac{\nu^*(1, \frac{P^{nt*}}{P^{tr*}})}{\nu(1, \frac{P^{nt}}{P^{tr}})} = \frac{\nu^*(1, \frac{A^*_{tr}}{A^*_{nt}})}{\nu(1, \frac{A_{tr}}{A_{nt}})} \tag{6.69}$$

장기에는 비교역재 상대가격은 교역재 생산성의 증가함수이다. 생산성이 높은 나라의 노동자 실질임금이 높아 해당 국가의 비교역재 가격도 상승하게 된다. 따라서 선진국에서는 서비스와 같은 비교역재 가격이 저개발 국가에 비해 높게 형성된다. 이를 발라사-사무엘슨 효과(Balassa-Samuelson Effect)라 한다.

요 약

1. 환율은 결제일에 따라 현물환율과 선물환율로 구분된다. 통화의 상대가치 결정방법에 따라서는 명목환율, 실질환율 및 실효환율로 구분된다. 환율제도는 크게 고정환율제도와 변동환율제도로 나눌 수 있다.
2. 구매력평가는 상품 및 서비스거래 시 모든 국가에서 통화의 구매력이 동일하여야 한다는 것이다. 나라마다 다른 노동비용, 비교역재의 존재 등 다양한 마찰적 요인을 고려하느냐에 따라 절대적 구매력평가와 상대적 구매력평가로 구분된다. 구매력평가는 명목환율과 물가수준의 상대적 변동 간의 장기균형 관계를 설명한다.
3. 이자율평가는 자본거래 시 모든 국가에서 투자수익률이 동일하게 되어야 한다는 것이다. 투자 시 위험수반 여부에 따라 무위험 이자율평가, 유위험 이자율평가로 구분된다. 상대적 구매력평가와 유위험 이자율평가를 결합하면 실질이자율평가가 된다. 이자율평가는 명목환율과 이자율차 간의 단기균형 관계를 설명한다.
4. 대표적 환율결정이론으로는 국제수지접근법을 따르는 케인지언 모형(경상수지 기반)과 먼델-플레밍 모형(자본이동 반영), 자산시장접근법을 따르는 화폐론자 모형(금융자산 간 완전대체성을 전제로 한 신축가격 및 경직가격 모형)과 포트폴리오 밸런스 모형(금융자산 간 불완전대체성)이 있다.
5. 교역재-비교역재 모형을 이용하여 실질환율의 단기균형을 설명하고, 발라사-사무엘슨 모형을 이용하여 실질환율의 장기균형을 설명한다. 이들 모형은 단기균형은 교역

재-비교역재 간 상대가격 변화를, 장기균형은 국가 간 상대적 생산성 차이를 실질환율의 결정요인으로 본다.

연습문제

1. 환율변동이 경제에 미치는 영향을 설명하라.
2. 절대적 구매력평가의 식을 서술하고, 이코노미스트의 빅맥지수 및 세계은행의 ICP에 대하여 설명하라.
3. 상대적 구매력평가의 식을 서술하고, 구매력평가 퍼즐(PPP puzzle)과 펠드스타인-호리오카 퍼즐(Feldstein-Horioka puzzle)에 대하여 설명하라.
4. 무위험 이자율평가의 식을 서술하고, 외환베이시스 스왑에 대하여 설명하라.
5. 유위험 이자율평가 및 실질이자율평가의 식을 서술하라.
6. 국제수지접근법의 개념을 설명하고, 케인지언 모형과 먼델-플레밍 모형을 비교하라.
7. 자산시장접근법의 개념을 설명하고, 신축가격 모형과 경직가격 모형을 비교하라.
8. 교역재-비교역 모형의 식 (6.58) 비교역재 상대가격의 균형값에 대한 관계변수 변화의 영향을 설명하라.

7장

개방경제의 거시경제정책

학습목표

1. 대내균형, 대외균형 및 균형실질환율의 개념을 정확히 이해한다.
2. 거시경제균형 접근법, 균형실질환율 접근법, 대외지속가능성 접근법을 활용하여 대내외 균형을 달성하기 위한 환율 수준을 평가할 수 있다.
3. *DD* 및 *AA* 라인의 도출 과정을 이해한다.
4. *DD–AA* 모형을 이용하여 변동환율제 및 고정환율제 하의 거시경제정책 효과를 비교할 수 있다.

7.1 대내외 균형

대내균형은 잠재생산(potential output)[1]을 달성하는 것이고, 대외균형은 저축과 소비가 균형을 이루는 수준의 순자본유출입(net flow of capital)[2]을 말한다. 대내균형과 대외균형이 일치하는 지점에서 균형실질환율(ERER, equilibrium real exchange rate)이 성립한다. 대내외 균형을 달성하기 위해서는 균형점과 현 경제의 위치를 분석한 후, 통화 및 재정정책과 같은 지출조정정책[3]과 무역 및 환율정책과 같은 지출전환정책[4]을 통해 현 경제의 위치를 균형점을 향해 조정해 나가야 한다.

〈그림 7.1〉에서 Y^*는 잠재생산 수준을, CA^*는 균형 순자본유출입을 뜻한다. 대내균형선은 우하향 형태이다. 이는 실질환율이 하락(=절상)하면 국내수요의 일부가 국산품에서 수입품으로 전환되고 수출품에 대한 외국수요가 감소하기 때문에, 국내수요가 더 증가해야 잠재생산 수준을 유지할 수 있기 때문이다. 대외균형선은 우상향 형태이다. 국내수요가 증가할수록 실질환율이 상승(=절하)해야 경

1 NAIRU(non-accelerating inflation rate of unemployment) 수준에서의 실질생산이다.
2 균형 순자본유출입이 반드시 '0'일 필요는 없다. 대외균형이 국가 수준의 시제 간(intertemporal) 자원 재배분이라면 시기에 따라 흑자일 수도 있고 적자일 수도 있다.
3 국내수요(=지출)의 전체적인 규모를 변화시키는 정책이다.
4 국산품과 수입품 간의 상대가격을 변화시켜 국제적 가격경쟁력을 제고하는 정책이다.

상수지 균형을 유지할 수 있기 때문이다. 실질국내수요가 대내균형선의 우측에 존재하면 초과수요가 발생하여 인플레이션이 발생하고, 대외균형선의 우측에 존재하면 수입품에 대한 수요가 균형수준을 넘어 경상수지적자가 발생한다. 좌측에 있는 경우에는 그 반대로 각각 실업과 경상수지 흑자가 발생한다. 균형실질환율(e^*)과 균형실질국내수요(Y^{d*})는 대내외 균형선이 교차하는 지점에서 결정된다.

예를 들어, 경제 상황이 〈그림 7.1〉의 D 영역과 같이 인플레이션과 경상수지적자 조합인 경우, 대내외 균형으로 회귀하려면 지출조정정책을 긴축적으로 운영하고 지출전환정책도 적극적으로 실시하여야 한다. 반대로 B 영역과 같이 실업과 경상수지흑자 조합인 경우 지출조정정책을 확장적으로 운영하고 지출전환정책은 소극적으로 실시해야 한다.

대외 불균형을 조정하는 과정에서 실질환율이 중요한 역할을 한다. 대내외 불균형을 조정하는 방법론이 유효하려면 대내외 균형점과 현실 경제의 좌표를 정확히 포착할 수 있어야 한다.[5] 한편 방법론에 있어 거시경제변수 간의 잠재적 불안정성, 국별 특성, 데이터 및 시계열 불충분 등의 한계 요인이 있다. 또한 균형실질환율과 실제 실질환율 간의 차이(exchange rate misalignment)만을 알려줄 뿐 그 차이의 원인이 무엇인지는 알 수 없다. 재정 및 통화정책, 경기순환, 시장환율 변동성, 교역조건 및 관세 변화 등 다양한 원인이 있으므로 구체적인 경제 상황을 세밀히 분석해야 한다.

대내외 균형 달성을 위해서는 환율 수준을 제대로 평가하는 것이 핵심과제이다. 관련 방법론으로 거시경제균형 접근법(macroeconomic balance approach), 균형실질환율 접근법(equilibrium real exchange rate approach) 및 대외지속가능성 접근법(external sustainability approach)을 소개하고자 한다.[6]

5 실제로는 정확히 점(point)보다는 비교정학(comparative statics)과 거시경제모형을 통한 시뮬레이션(simulation)을 이용하여 균형점이 존재할 법한 범위(range)를 제시한다.

6 IMF (2006) 참조

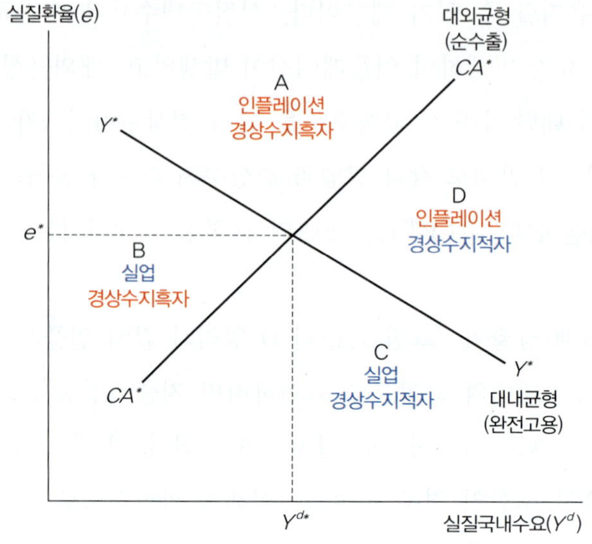

그림 7.1 대내외 거시경제 균형

7.1.1 거시경제균형 접근법

거시경제균형 접근법은 현재 환율이 중기(medium term)[7]에 걸쳐 지속할 때 예상되는 경상수지와 추정균형경상수지(current account norm) 간의 차이를 계산한 후, 균형 복귀에 어느 정도의 환율조정(exchange rate adjustment)이 필요한지를 추정하는 방법이다. 거시경제균형 접근법은 기초균형환율분석을 위해 스완(Swan)[8]이 처음 제시하였고, 이후 국제통화기금과 윌리엄슨(Williamson)[9], 아이사드(Isard), 로고프(Rogoff), 프라사드(Prasad) 등에 의해 활발히 연구되었다.

경상수지와 균형 관계를 이루는 변수로는 재정수지(+), 인구구조(−), 순대외자산(+), 석유수지(수출국 +), 상대소득(+), 상대성장률(−), 경제위기(+), 국제금융센터(+) 등이 있다. 이를 회귀분석하여 얻은 각 변수의 계수값을 이용하여 균

7 국내 및 상대국의 생산갭(output gap)이 사라지고, 과거 환율변동의 지연효과(lagged effects)가 모두 반영되는 기간을 말한다.

8 Swan (1963)

9 Williamson (1994)

표 7.1 추정균형경상수지와 예상 경상수지 수준(% GDP)

국가	추정균형경상수지	경상수지	
		2005년	2011년(예상)
선진국			
유럽	0.0	−0.1	−0.3
기타	−3.4	−4.0	−1.5
석유수출국	14.0	6.6	6.9
신흥시장			
아시아	5.0	4.0	−0.7
중남미	0.6	−1.3	−1.5
중동부유럽(CEE)	−3.2	−4.2	−3.7
기타	−2.7	−1.9	−2.2

자료: 국제통화기금(IMF) (2006)

형경상수지를 추정한다.[10, 11] 〈표 7.1〉은 1973년부터 2004년까지 기간 중 54개국을 대상으로 분석한 추정균형경상수지와 현재 환율이 지속될 때 예상되는 경상수지를 비교한 것인데, 국가군별로 추정균형경상수지가 상당히 다른 것을 알 수 있다.

추정균형경상수지에 이르게 할 환율 조정폭은 실질환율에 대한 경상수지 탄력성[12]을 이용하여 산출한다. 무역개방도가 높을수록 경상수지 탄력성이 크기 때문에 환율 조정폭도 상대적으로 적다.

7.1.2 균형실질환율 접근법

균형실질환율 접근법은 순대외자산 포지션(NFA position), 교역재 부문과 비교역재 부문 간의 상대적 생산성 차이, 교역조건 등 중기 기초경제지표

10 거시경제지표와 경상수지 간 균형 관계가 (+)는 양의 관계, (−)는 음의 관계이다.

11 시계열이 긴 국가 패널데이터를 분석하여 추정한다.

12 (수출탄력성)×(GDP 대비 수출비중)−(수입탄력성−1)×(GDP 대비 수입비중)

표 7.2 균형실질환율과 관계 변수 간 회귀계수

순대외자산	0.04***
생산성 격차	0.15**
원자재교역조건	0.46***
정부지출	2.64***
무역제한지수	0.13***
가격통제	−0.04**
결정계수(R^2)	0.60

주: **, ***는 각각 표준오차가 5%, 1%임을 뜻한다.
자료: 국제통화기금(IMF) (2006)

(fundamentals)를 이용하여 각국의 균형실질환율을 직접 추정하는 방법이다. 균형 복귀에 필요한 환율조정의 크기는 실제 실질환율과 추정균형실질환율의 차이다.

실질환율과 균형 관계를 이루는 변수로는 순대외자산(+), 생산성 격차(+), 원자재교역조건(수출국 +), 정부지출(+), 무역제한지수(+), 가격통제(−) 등이 있다. 이를 회귀분석하여 얻은 각 변수의 계수값을 이용하여 균형실질환율을 추정한다. 〈표 7.2〉는 1980년부터 2004년까지 기간 중 48개국을 대상으로 추정한 균형실질환율과 관계 변수 간 회귀계수 값이다. 동 회귀계수 값을 이용하여 현시점 및 중기 시점의 균형실질환율을 산출한다. 환율 조정폭은 현재 실질환율과 현시점 또는 중기 시점의 균형실질환율 간의 차이다.

7.1.3 대외지속가능성 접근법

대외지속가능성 접근법은 특정 수준(benchmark level)의 순대외자산 포지션(NFA position)이 안정적으로 유지되는 경상 또는 무역수지(%GDP)를 산출한 후 예상되는 중기 경상 또는 무역수지와 비교하여, 그 차이를 해소하려면 어느 정도의 환율조정이 필요한지를 추정하는 방법이다. 거시경제균형 접근법이나 균형실질환율 접근법과는 달리 계량경제모델 없이 잠재성장률, 인플레이션율, 대외자산 및 부채의 수익률 가정만으로 환율조정 폭을 구할 수 있다. 동 방법론이 시사하는

바는, 대외자산 수익률이 대외부채 지급률보다 낮은 경제가 순대외자산을 안정화하기 위해서는 반드시 큰 폭의 무역수지흑자를 실현해야 한다는 것이다.

자본이득(capital gain)이 '0'이라고 가정하면 식 (7.1)과 같이 경상수지가 안정적 순대외자산(b^s) 수준에 비례하여야 한다. 식 (7.2)를 보면 대외자산 실질수익률(r)이 성장률보다 크면 안정적 순대외자산을 유지하기 위한 무역수지가 적어도 되고, 성장률보다 작다면 무역수지가 커야 한다. 안정적 순대외자산의 수준을 결정하는 것은 어느 정도 임의적이며 대외충격 리스크, 국내 소비 및 투자 수준, 경제 발전단계, 인구구조, 재정정책, 원자재 가격 등 여러 요인을 고려해야 한다.

$$ca^s = \frac{g+\pi}{(1+g)(1+\pi)}b^s \qquad (7.1)$$

ca^s: 안정적 순대외자산 유지를 위한 경상수지(%GDP), g: 실질GDP 성장률,
π: 인플레이션율, b^s: 안정적 순대외자산(NFA) 수준(%GDP)

표 7.3 안정적 순대외자산 유지를 위한 경상수지 수준(%GDP)

국가	순대외자산 (2004년)	경상수지: 2004년 수준의 순대외자산을 유지하는 경상수지	경상수지: 현재 실질환율 지속 시 2011년 예상 경상수지
선진국			
유럽	−5.8	−0.3	−0.1
기타	−7.7	−0.6	−4.0
석유수출국	19.8	0.8	6.6
신흥시장			
아시아	18.5	1.3	4.0
중남미	−42.6	−2.5	−1.3
중동부유럽(CEE)	−53.4	−3.3	−4.2
기타	−29.5	−2.1	−1.9

자료: 국제통화기금(IMF) (2006)

$$tbst^s = -\frac{r-g}{1+g}b^s \tag{7.2}$$

$tbst^s$: 안정적 순대외자산 유지를 위한 무역수지(%GDP), 서비스 및 자본이전(transfer) 포함

〈표 7.3〉은 54개국을 대상으로 2004년 수준의 순대외자산(NFA)을 안정적으로 유지할 수 있는 경상수지 수준과 2004년 현재 실질환율이 지속될 경우 2011년에 예상되는 경상수지 수준을 보여주고 있다. 이에 따르면 유럽 이외 선진국(주로 미국)은 2004년 현재 실질환율이 유지되면 막대한 대외부채를 짊어지게 될 것으로 예상되었고, 석유수출국과 아시아는 막대한 대외자산을 축적할 것으로 예상되었다. 실제 미국의 경우 실질실효환율은 2004년말 90.9에서 2011년말 82.1로 하락(평가절하)하였음에도 불구하고, 순대외부채는 2004년말 2조 3,628억 달러에서 2011년말 4조 4,546억 달러로 증가하였다.

7.2 거시경제정책

7.2.1 DD-AA 모형

① 정의

DD 라인은 상품시장의 균형을 유지하는 환율과 생산의 조합이다. *AA* 라인은 자산시장(asset market)의 균형을 유지하는 환율(E)과 생산(Y)의 조합으로 화폐시장과 외환시장으로부터 도출된다. 두 라인이 교차하는 점에서 화폐, 외환, 상품시장이 동시에 균형을 이룬다.

② *DD* 라인의 도출

상품시장의 균형은 총수요와 총공급이 일치하는 점이다. 총공급은 생산(Y)으로 간단히 정의할 수 있으나, 총수요(AD)는 소비(C), 투자(I), 정부지출(G)과 같은 대내수요와 경상수지(CA)라는 대외수요로 다소 복잡하게 구성된다. 식 (7.3)과 같이 소비는 가처분소득($Y-T$) 및 이전지출(TR)의 증가함수이다. 경상수지

는 실질환율(EP^*/P) 상승의 증가함수이고, 가처분소득 및 이전지출의 감소함수이다. 소비는 생활유지를 위한 최소한의 소비와 소득이 증가함에 따른 한계소비성향(mpc)으로 구성되므로, 총수요 라인의 기울기는 〈그림 7.2 (a)〉와 같이 45° 보다 완만한 형태이다.[13]

$$AD = C(Y - T + TR) + I + G + CA(EP^*/P, Y - T + TR)$$
$$= D(EP^*/P, Y - T, TR, I, G) \quad (7.3)$$

T: 세금, TR: 정부의 이전지출

현재 상품시장의 균형은 A점인데, 환율(E)이 상승할 경우 경제 상태가 균형을 유지하려면 생산이 증가해야 할 것인가, 감소해야 할 것인가? 환율이 상승하면 대외수요가 증가하여 총수요 라인이 위쪽으로 이동함에 따라 초과수요 상태가 된다. 이에 따라 초과수요만큼 생산이 증가해야 균형이 회복(A점 → B점)된다. 이에 따라 〈그림 7.2 (b)〉와 같이 DD 라인은 환율–생산 공간에서 우상향 형태를

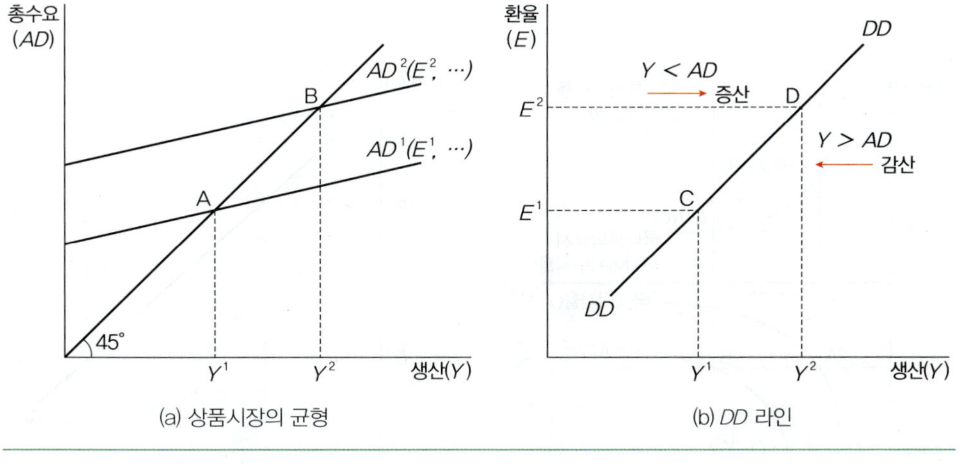

그림 7.2 *DD* **라인의 도출**

자료: Krugman et al. (2018)

13 $C = C_0 + mpcY = C_0 + mpc(Y - T + TR)$

이루게 된다. 정부지출 증가, 투자 증가, 감세, 이전지출 확대, 외국물가 상승(장기), 국내물가 하락(장기) 시 총수요 증가로 *DD* 라인은 우측으로 이동하고, 그 반대의 경우 좌측으로 이동한다.

③ *AA* 라인의 도출

외환시장의 균형은 식 (7.4)의 유위험 이자율평가(UIRP)에 따른다. 이자율(i)이 상승하면 환율(E)이 하락한다. 화폐시장의 균형은 식 (7.5)와 같이 실질화폐공급 (M^s/P)과 화폐수요(L)가 일치하는 점에서 이루어진다. 화폐수요는 이자율이 상승하면 감소하고, 생산(=소득)이 증가하면 증가한다. 이자율이 상승하면 화폐가 아닌 다른 금융상품에 투자하고, 생산이 증가하면 화폐에 대한 거래적 동기의 수요가 늘어나기 때문이다.

$$i - i^* = \frac{E^e - E}{E} \quad \Rightarrow \quad E = \frac{E^e}{(1 + i - i^*)} \tag{7.4}$$

$$M^s/P = L(i^{\ominus}, Y^{\oplus}) \tag{7.5}$$

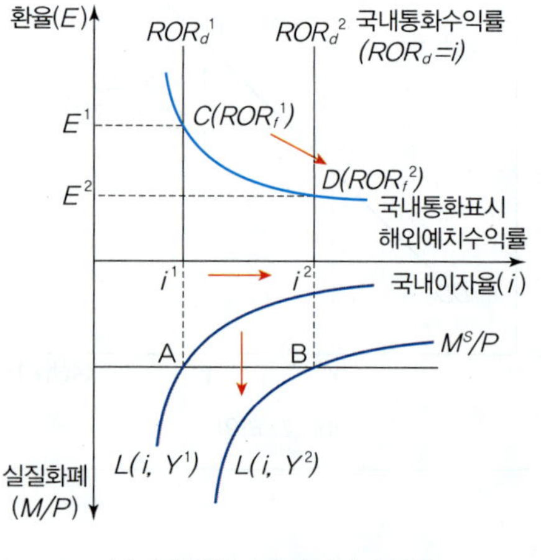

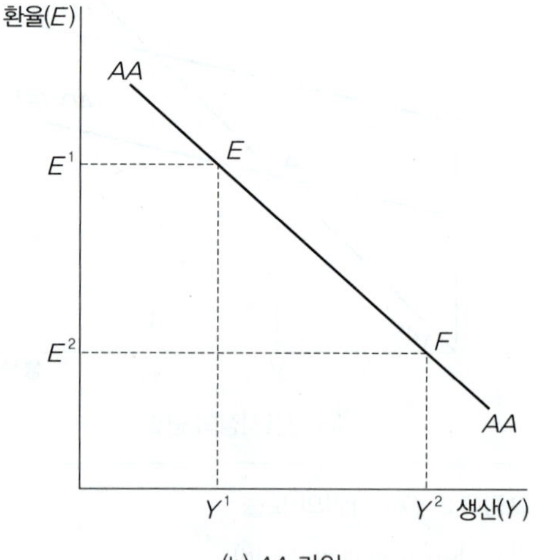

그림 7.3 *AA* 라인의 도출

자료: Krugman et al. (2018)

〈그림 7.3 (a)〉에서 생산이 증가($Y^1 \rightarrow Y^2$)하면 화폐수요가 증가($L(i, Y^1) \rightarrow L(i, Y^2)$)하고, 실질화폐공급은 변함이 없는데 화폐수요가 증가하면 이자율이 상승($i^1 \rightarrow i^2$)한다. 이자율이 상승하면 국내통화수익률이 상승($ROR_d^1 \rightarrow ROR_d^2$)한다. 수익률을 쫓는 투자자들이 국내 투자를 위해 외환을 매도하고 국내통화를 매입함에 따라 환율이 하락($E^1 \rightarrow E^2$)한다.

결론적으로 생산이 증가하면 환율이 하락(평가절상)하게 되어 *AA* 라인은 우하향하는 형태를 가진다. 화폐공급 확대, 국내물가 하락(장기), 외국이자율(i^*) 상승, 기대환율(E^e) 상승 시 *AA*라인은 위로 이동하고, 그 반대의 경우 아래로 이동한다.

④ *DD*–*AA*의 교차점

DD 라인과 *AA* 라인이 교차하는 O점에서 상품시장, 화폐시장, 외환시장이 균형을 이룬다. 상품시장에서 초과수요 또는 초과공급 시 기업은 감산 또는 증산을 통해 대응한다. 즉, *DD* 라인은 균형으로 복귀하기 위해 좌우로 이동한다. 국내외 투자수익률의 상대적 변화가 발생하면 투자자들은 외환의 매입 또는 매도를 통해 대응한다. 즉, *AA* 라인은 균형으로 복귀하기 위해 상하로 이동한다. 충격에 대한 반응 및 조정속도는 자산시장(*AA* 라인)이 상품시장(*DD* 라인)보다 빠르다. 다만 현실에서 균형점은 움직이는 목표물과 같아서 하나의 특정 균형점에 도달하는 것은 불가능하다.

〈그림 7.5〉에서는 생산시장과 자산시장이 균형점으로 조정되는 과정을 살펴본다. 〈그림 7.5 (a)〉에서는 투자가 감소하면서 *DD* 라인이 좌측으로 이동하였다. 이 과정에는 투자 감소 → 총수요 감소 → 공급 감소 → 생산 감소라는 상당한 시간이 소요된다. 생산이 감소하면 투자수요가 작아져 이자율이 하락하여 국내 수익률 하락으로 이어지면서 투자자들이 해외투자를 위해 외화를 매입함에 따라 환율이 상승하게 된다. 생산이 Y^3에 도달하기 전에 환율이 *AA* 라인으로 비교적 신속히 복귀하기 때문에 수출품 가격경쟁력이 강화되어 생산 감소가 당초보다 작아지면서 Y^2에서 균형이 이루어진다. 한편 〈그림 7.5 (b)〉에서는 해외이자율 상승으로 인해 해외투자용 외화매입이 증가한다. 이에 따라 환율이 신속히 상승

($E^1 \rightarrow E^2$: AA 라인 상향 이동)하여 수출품의 가격경쟁력이 강화되면서 생산이 증가한다. 생산 증가는 화폐수요 증가로 이어지고 이자율이 상승한다. 국내 투자수익률이 증가함에 따라 투자자의 외화매도가 증가하면서 환율이 하락한다. 이러한 과정을 반복하며 생산이 Y^3에 도달하기 전에 자산시장이 신속히 조정되어 당초 균형점(E^1, Y^1)에서 새로운 균형점(E^3, Y^2)으로 이동한다.

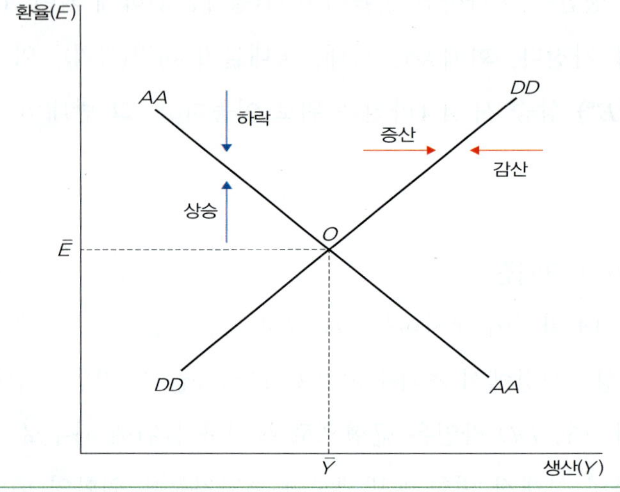

그림 7.4 *DD*–*AA* 모형의 균형점

자료: Krugman et al. (2018)

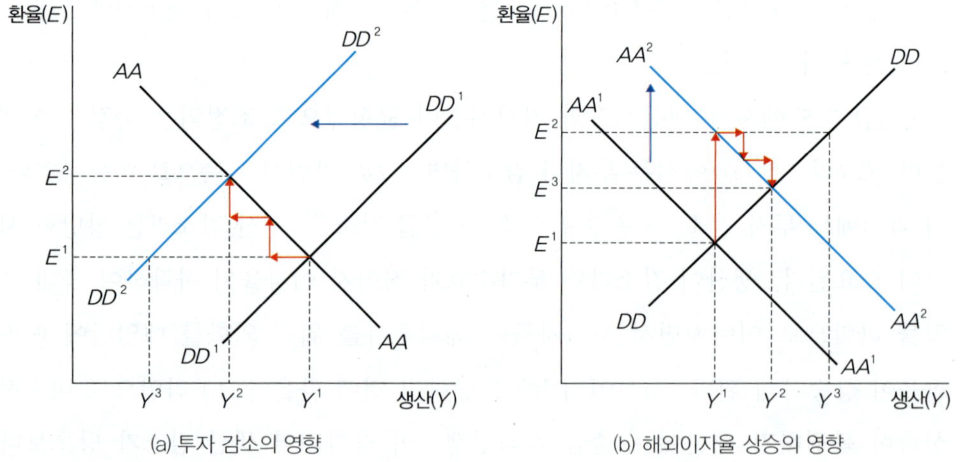

그림 7.5 균형점으로의 조정

자료: Krugman et al. (2018)

⑤ *DD*−*AA*와 경상수지

CC 라인은 동일한 경상수지를 보이는 환율과 생산의 조합이다. 생산이 증가하거나 환율이 하락하면 경상수지는 악화(*CC* 라인 하락)되고, 생산이 감소하거나 환율이 상승하면 경상수지는 개선(*CC* 라인 상승)된다. 동일한 경상수지가 유지되려면 생산이 증가(=소득 증가)할 때 환율이 상승해야 한다. 따라서 *CC* 라인은 우상향 형태를 갖는다. 경상수지는 총수요의 일부이므로 *CC* 라인의 기울기는 *DD* 라인보다 완만해야 한다. 균형점이 초기 *CC* 라인의 아래(위)로 이동하면 경상수지가 악화(개선)됨을 뜻한다.[14]

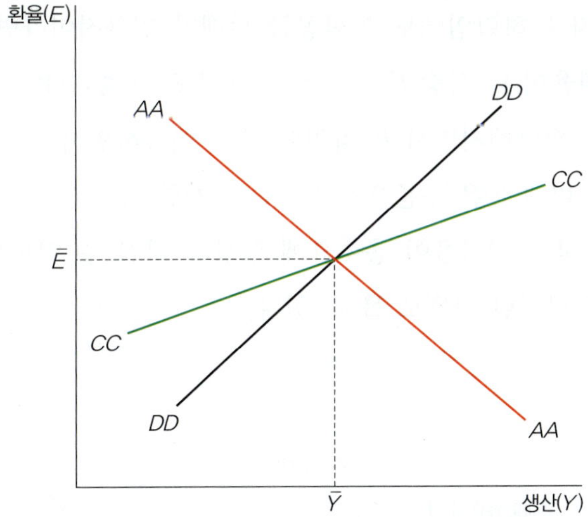

그림 7.6 *CC* 라인

자료: Krugman et al. (2018)

⑥ *IS*−*LM*과 *DD*−*AA*

국내 이자율이 하락하면 총수요가 증가한다. 하나는 식 (7.4) 유위험 이자율평가에서 보듯이 기대환율(E^e)이 주어진 가운데 이자율이 하락하면 환율이 상승(절하)하여 순수출이 증가함에 따라 생산이 증가하는 경우이다. 둘째는 이자율이 하

---

14 *CC* 라인은 경상수지를 추적하는 데 참고로 사용되는 것으로, 균형점을 결정하는 데 쓰이는 것은 아니다.

락하면 소비와 투자지출이 증가하기 때문이다. 두 번째 효과가 폐쇄경제에서의 *IS* 라인이다. 첫 번째는 환율이 상승하면 생산이 증가한다. 즉, 유위험 이자율평가에서 이자율과 환율이 역의 관계로 형성되어 있기 때문에 *DD* 라인은 우하향의 *IS* 라인과 반대로 우상향 형태를 갖게 된다. 〈그림 7.7〉을 보면 통화공급이 일시적으로 확대되면 *LM* 라인이 우측으로 이동하여 T점에서 이자율, 생산, 환율이 균형을 이루게 된다. 통화공급이 영구히 확대된다면 *LM* 라인뿐만 아니라 *IS* 라인도 우측으로 이동하여 P점에서 이자율, 생산, 환율이 균형을 이루게 된다. 단, 통화량이 영구히 증가하기 때문에 기대환율이 상승하고, 기대환율이 상승하면 식 (7.4)에 따라 동일한 이자율에서 국내통화표시 해외예치수익률 곡선이 좌로 이동한다. 동일한 이자율 하락임에도 통화공급 확대가 영구적이라면 일시적 통화공급 확대 시보다 환율이 더 상승($E^t \rightarrow E^p$)하고 생산도 더 증가($Y^t \rightarrow Y^p$)한다. 생산증가에 따라 투자가 활발해지면서 *IS* 라인이 우로 이동하면서 이자율은 일시적 통화공급 확대 시에 비해 높은 수준으로 이동($i^t \rightarrow i^p$)한다.

IS–LM 모형은 국내 이자율이 총수요에 영향을 미칠 수 있도록 설정함으로써 *DD–AA* 모형을 일반화한 것으로 볼 수 있다.

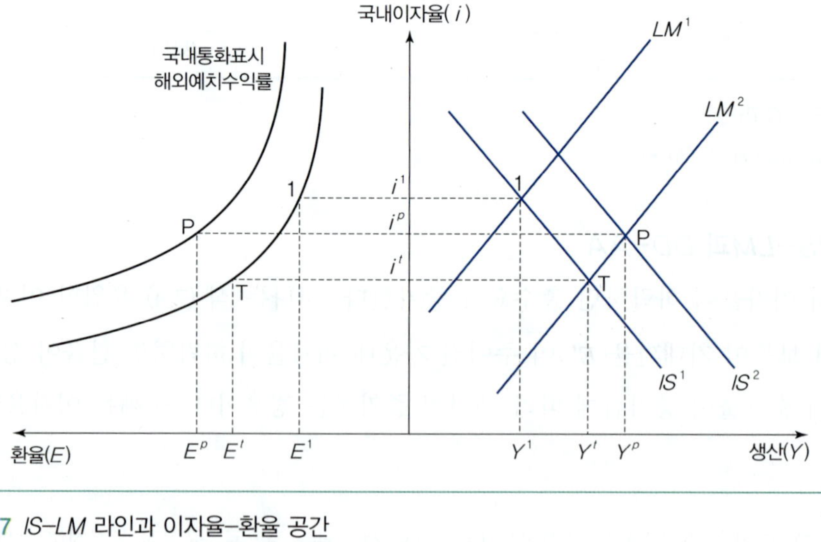

그림 7.7 *IS–LM* 라인과 이자율–환율 공간

자료: Krugman et al. (2018)

7.2.2 변동환율제와 정책효과

① 기본 메커니즘

확장적 통화정책(화폐공급 확대: $AA^1 \rightarrow AA^2$)이 실행되면 AA 라인이 위로 올라가면서 환율은 상승하고 생산은 증가한다. 반대로 긴축적 통화정책(시중화폐 회수: $AA^1 \rightarrow AA^3$)이 실행되면 AA 라인이 아래로 내려가면서 환율은 하락하고 생산은 감소한다.[15]

확장적 재정정책(정부지출 또는 소득이전 확대, 감세: $DD^1 \rightarrow DD^2$)이 실행되면 DD 라인이 오른쪽으로 이동하면서 생산은 증가하고 환율은 하락한다. 반대로 긴축적 재정정책(정부지출 또는 소득이전 축소, 증세: $DD^1 \rightarrow DD^3$)이 실행되면 DD 라인이 왼쪽으로 이동하면서 생산은 감소하고 환율은 상승한다.[16]

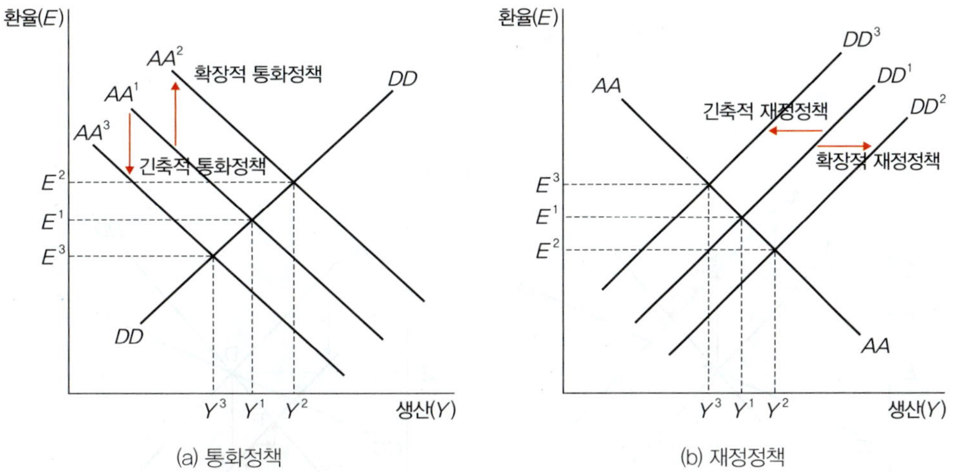

그림 7.8 통화 및 재정정책과 *DD*–*AA* 라인의 이동

자료: Krugman et al. (2018)

15 자산시장이기 때문에 환율이 상하로 이동하면서 조정된다.

16 재화시장이기 때문에 생산이 좌우로 이동하면서 조정된다.

② 통화정책

확장적 통화정책을 시행하면 AA 라인이 위로 이동하면서 환율이 A점에서 B점으로 신속히 상승(절하)한다. 환율이 상승하면서 실질환율이 절하되면 수출품 수요가 늘어나 생산이 증가한다. 생산 증가로 투자수요가 증가하면서 이자율이 상승하고 환율이 하락(절상)하는 움직임이 계속됨에 따라 AA^2 라인과 DD 라인이 만나는 C점에서 균형을 이루게 된다. 결론적으로 이전 균형점보다 환율이 상승하고 생산은 증가한다. 한편 환율 상승에 따라 경상수지가 개선되면서 새로운 균형점 C는 CC 라인의 위로 위치하게 된다.

긴축적 통화정책을 시행하면 AA 라인이 아래로 이동하면서 환율이 D점에서 E점으로 신속히 하락(절상)한다. 환율이 하락하면서 실질환율이 절상되면 수입품 수요가 늘어나 생산이 감소한다. 생산 감소로 투자수요가 감소하면서 이자율이 하락하고 환율이 상승(절하)하는 움직임이 계속됨에 따라 AA^2 라인과 DD 라인이 만나는 F점에서 균형을 이루게 된다. 결론적으로 이전 균형점보다 환율이 하락하고 생산은 감소한다. 한편 환율 하락에 따라 경상수지가 악화되면서 새로운 균형점 C는 CC 라인의 아래로 위치하게 된다.

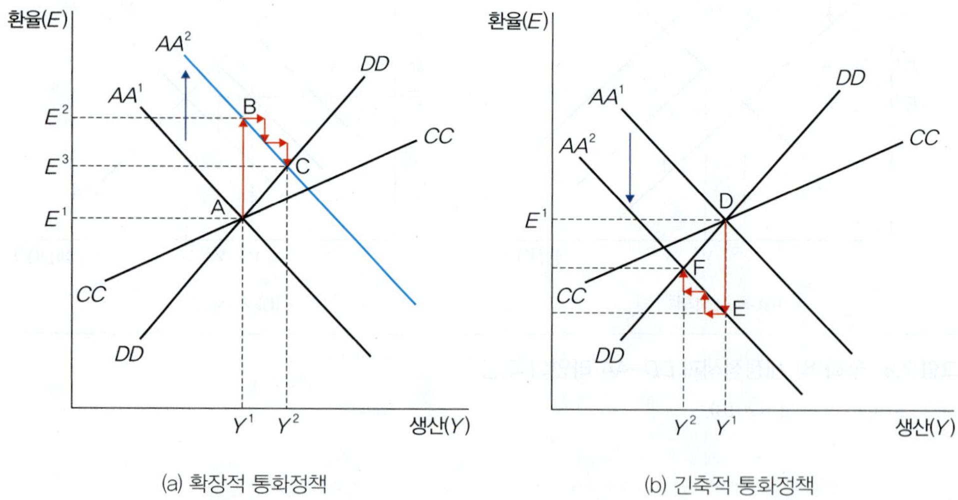

그림 7.9 통화정책의 효과

자료: Krugman et al. (2018)

③ 재정정책

정부지출 확대, 이전지출 확대, 감세 등 확장적 재정정책을 시행하면 총수요가 증가하면서 *DD* 라인이 우측으로 이동한다. 생산이 증가함에 따라 투자수요가 늘어나 이자율이 상승하고 환율은 하락한다. 균형점은 A점에서 B점으로 이동한다. 한편 환율이 하락하면서 실질환율이 하락(절상)하면 수입품 수요가 증가하여 경상수지가 악화됨에 따라 새로운 균형점 B는 *CC* 라인의 아래로 위치하게 된다.

정부지출 축소, 이전지출 축소, 증세 등 긴축적 재정정책을 시행하면 총수요가 감소하면서 *DD* 라인이 좌측으로 이동한다. 생산이 감소함에 따라 투자수요가 줄어들어 이자율이 하락하고 환율은 상승한다. 균형점은 C점에서 D점으로 이동한다. 한편 환율이 상승하면서 실질환율이 상승(절하)하면 수출품 수요가 증가하여 경상수지가 개선됨에 따라 새로운 균형점 D는 *CC* 라인의 위로 위치하게 된다.

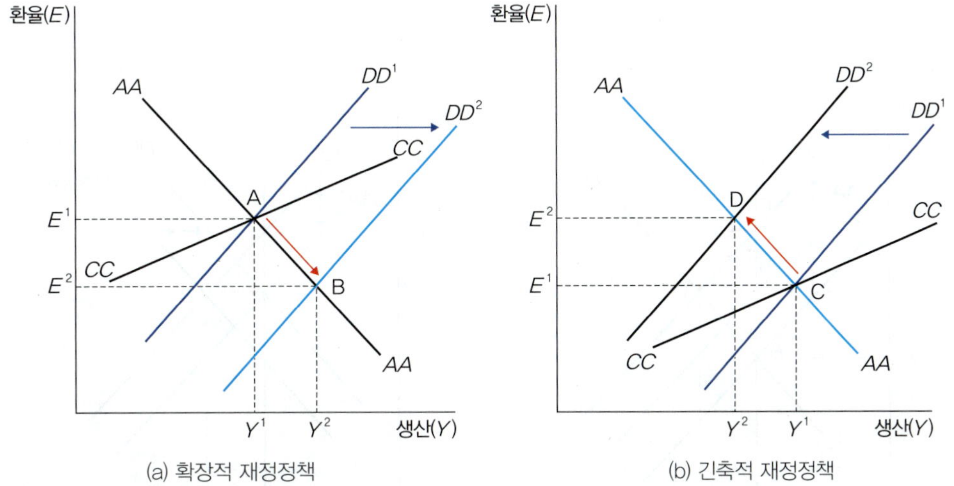

그림 7.10 재정정책의 효과

④ 확장적 통화정책의 장기적 효과

자연실업률[17]하에서 확장적 통화정책을 실행하면, 단기적으로 통화공급확대

17 인플레이션이 가속도 감속도 하지 않는 실업률을 말한다. 다시 말하면, 완전고용하에서의 생산량(Y^f)이 산출되는 경제이다.

효과(환율상승+생산증가)가 나타나지만 장기적으로는 물가상승으로 귀결된다.

확장적 통화정책으로 AA 라인이 상승($AA^1 \rightarrow AA^2$)하여 균형점이 A에서 B로 이동한다. 경제주체가 미래에 인플레이션이 상승할 것을 예상[18]함에 따라 AA 라인이 더 상승($AA^2 \rightarrow AA^3$)하여 균형점이 B에서 C로 이동한다. 이후 생산이 증가하면서 경제는 AA^3 라인을 따라 D점으로 이동한다.

장기적으로는 물가수준이 상승함에 따라 실질환율이 하락(절상)하여 대외수요가 감소하면서 DD 라인은 좌로 이동($DD^1 \rightarrow DD^2$)하고, 실질통화량이 감소하여 이자율이 상승하면서 환율이 하락함에 따라 AA 라인은 아래로 이동($AA^3 \rightarrow AA^4$)한다. 이러한 움직임은 균형점이 자연실업률 생산량(Y^f)에 이르기까지 반복된다. 생산량은 동일한 수준으로 회귀한 반면 물가수준은 높게 형성되며 환율도 당초보다 높은 수준에서 형성된다. 환율과 물가수준의 변화율이 일정한 비율로 상승하면 경상수지에 대한 영향도 없다.

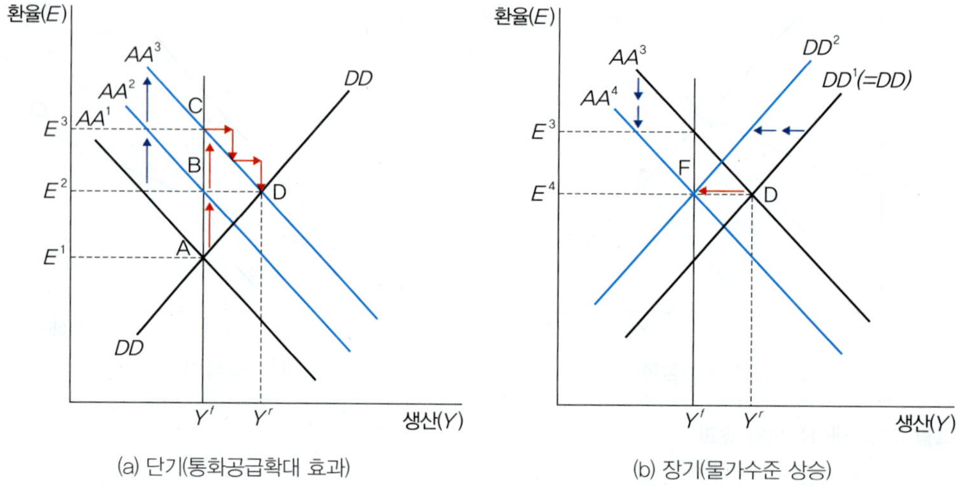

그림 7.11 확장적 통화정책의 장기적 효과

자료: Krugman et al. (2018)

18 구매력평가(PPP)가 장기적으로 유효하다면, 경제주체는 환율이 상승할 것으로 예상한다. 기대환율의 변화는 확장적 통화정책의 실행 이전에도 발생할 수 있다.

⑤ 외환시장개입과 변동환율제

외환시장개입 형태로는 통화량 공급을 조절하여 환율을 변동시키는 간접개입과 외환시장에서 매매하는 직접개입이 있다. 직접매입의 경우 외화를 매입하는 것은 발권력을 기반으로 하기에 이론상 무제한 가능하나, 외화를 매도하는 데는 재원이 외환보유액 규모에 한정되는 비대칭성이 있다. 또한 외화매입이나 매도 과정에서 통화량이 변동하는 간접적 영향도 있다.[19] 중앙은행은 이러한 직접개입의 간접적 영향을 배제하기 위해 불태화 외환시장개입을 실행하곤 한다.

〈그림 7.12〉는 변동환율제하에서의 불태화 외환시장개입의 예이다. 정책결정과 관련한 경제상황은 다음과 같다. 인플레이션이 진행되고 있어 금리를 인상할 필요성이 있는데, 한편으로 수출경쟁력을 강화해야 필요성이 있다. 후자를 위해서는 오히려 금리를 인하해야 하는 정책충돌이 존재한다. 따라서 중앙은행은 환

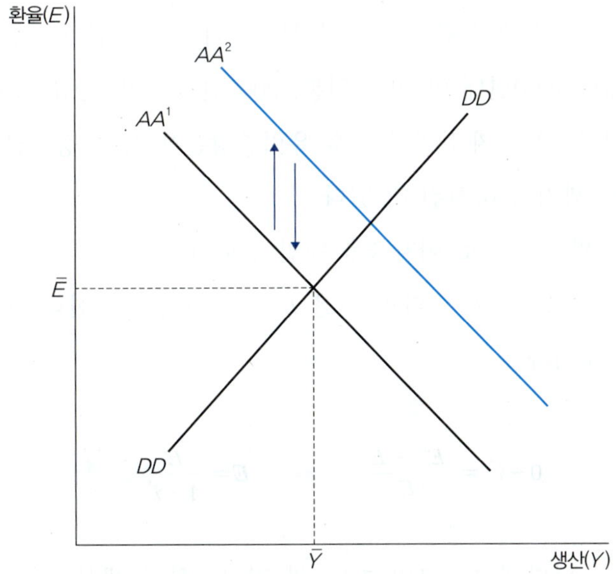

그림 7.12 불태화 외환시장개입

자료: Krugman et al. (2018)

19 예를 들어, 외환시장에서 외화를 매입하고 국내통화를 매도하면 통화량이 증가하여 이자율이 하락한다. 국내 이자율이 하락하면 투자자들이 수익을 좇아 외환을 매입함에 따라 환율이 상승한다.

율은 상승시키되 통화량과 이자율에 대한 영향을 배제하고자 한다. 우선 환율 상승을 위해 외환시장에서 외화매입을 대가로 원화를 매도한다. 이 과정에서 발생하는 통화량 증가를 불태화하기 위해 공개시장에서 채권을 매도하여 시중 통화량을 흡수한다. 그러나 통화량이 흡수되면 AA 라인이 원래의 균형점으로 복귀하게 된다. 결과적으로 환율과 생산에 영향을 미치지 못하게 된다.

실증분석에 따르면 불태화 외환시장개입의 지속적 영향은 유효하지 않으나 일시적 효과는 있는 것으로 나타났다. 외환시장개입이 투자자들의 미래 환율예상에 변화를 미칠 수 있다면 보다 더 지속적인 효과를 볼 수 있겠으나, 태화개입(통화량 변동)에 비하면 그 효과가 작다.

⑥ 유동성 함정(liquidity trap)

명목이자율이 제로하한(ZLB, zero lower bound)으로 하락하면 중앙은행이 확장적 통화정책을 통해 경제 상황을 변화시키는 것이 어려워진다. 이를 유동성 함정이라 한다. 실제로 1990년대 말 이후 일본, 2008년 글로벌 금융위기 및 2020년 팬데믹 위기 시 미국, 유로 재정위기 이후 유럽중앙은행 등은 정책금리를 제로하한 및 마이너스 금리까지 인하시킨 바 있다.

유위험 이자율평가에 제로 이자율을 대입해 보면 식 (7.6)과 같다. 기대환율(E^e)과 해외 이자율이 고정되어 있다면 환율(E)이 움직이지 못한다. 더 이상 평가절하시킬 수 없는 것이다.

$$0-i^* = \frac{E^e - E}{E} \quad \Rightarrow \quad E = \frac{E^e}{1-i^*} \tag{7.6}$$

이를 그림으로 나타내면 〈그림 7.13〉과 같다. 현재 생산량을 자연실업률 생산량(Y^F) 수준까지 끌어올리기 위해 확장적 통화정책을 실행하더라도 AA 라인이 상향 이동하지 못하고 우측으로 움직이게 된다. 이러한 상황에서는 이자율 하락–환율상승–생산증가 메커니즘이 작동하지 않아 균형점이 O점에서 머물게 된다. 생산량이 자연실업률 생산량에 미치지 못하는 함정에 빠진 것이다. 그러나 만약에 통화공급 확대가 장기간 지속된다면(permanently) 기대환율이 상승하여

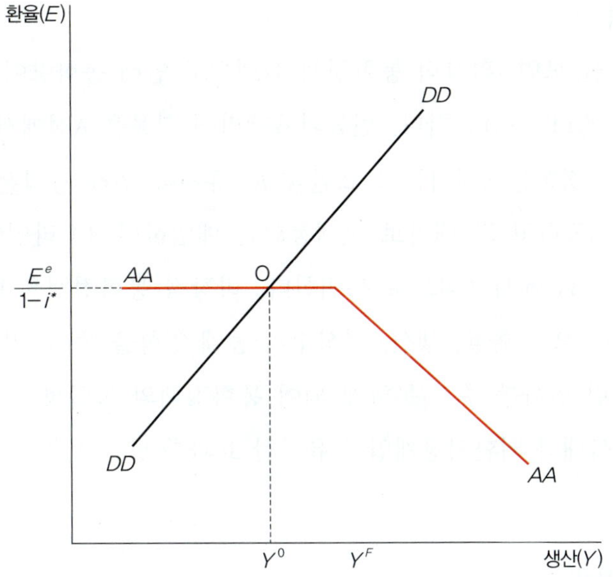

그림 7.13 유동성 함정

자료: Krugman et al. (2018)

AA 라인이 상향 이동할 수 있다.

유럽중앙은행은 제로하한금리를 2012년 7월부터 2022년 8월까지 유지하였고, 미국도 제로하한금리를 2008년부터 2015년, 2020년 3월부터 2022년 3월까지 장기간 유지하였다. 일본은행은 1999년 이후 대부분 기간 동안 정책금리를 제로에 가깝게 유지하여 왔다.

7.2.3 고정환율제와 정책효과

① 기본 메커니즘

외화 수요가 증가할 경우 목표환율을 유지하기 위해 중앙은행이 외화를 매도하고 국내통화를 매입하여 외화에 대한 초과수요를 충족시킨다. 즉, 국제수지 적자에 따른 환율상승을 상쇄할 목적이다. 반대로 외화 수요가 감소할 경우 목표환율을 유지하기 위해 중앙은행이 외화를 매입하고 국내통화를 매도한다. 즉, 국제수지 흑자에 따른 환율하락을 상쇄할 목적이다.[20]

② 통화정책

〈그림 7.14〉를 보면, 확장적 통화정책 실행으로 인해 통화량이 증가함에 따라 *AA* 라인이 상승($AA^1 \rightarrow AA^2$)한다. 변동환율제라면 환율은 A점에서 B점으로 이동하여야 하나, 고정환율제에서는 목표환율($\bar{E}$) 유지를 위해 중앙은행이 개입하게 된다. 외화를 매도하고 그 대가로 국내통화를 매입하면 *AA* 라인이 제자리로 복귀한다. 환율도 B점에서 A점으로 복귀한다. 확장적 통화정책은 변동환율제에서는 적어도 단기적으로 환율, 생산, 경상수지 등에 영향을 줄 수 있으나, 고정환율제에서는 아무런 변화를 주지 못하게 되어 통화정책의 독립성을 상실한다. 변동환율제에서의 불태화 외환시장개입도 유사한 효과를 낳는다.[21]

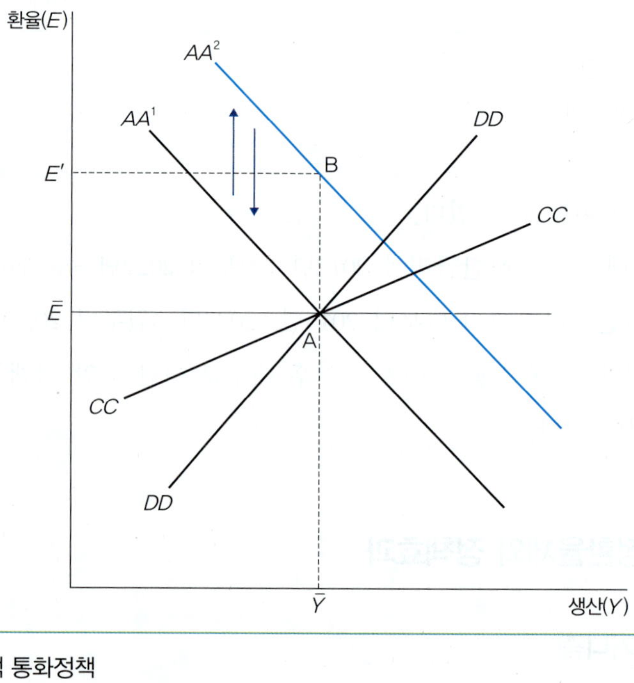

그림 7.14 확장적 통화정책

자료: Krugman et al. (2018)

---

20 외환시장개입과 관련한 중앙은행의 거래는 국제수지 금융계정의 준비자산(official reserves)에 기록된다. 동 계정이 증가(감소)하는 것은 국제수지 흑자(적자)라는 의미이다.

21 〈그림 7.12〉 참조

③ 재정정책

〈그림 7.15〉를 보면, 정부지출 확대 등 확장적 재정정책이 실행되면 *DD* 라인이 우측으로 이동(DD^1 → DD^2)한다. 생산이 증가함에 따라 실질화폐수요가 증가하여 이자율이 상승하는데 이는 환율에 대한 하락 압력으로 작용한다. 목표환율을 유지하기 위해 중앙은행이 외환시장에 개입하여 국내통화를 매도하고 외화를 매입한다. 통화량이 증가하며 *AA* 라인이 위로 이동(AA^1 → AA^2)하면서 균형점이 A점에서 B점으로 이동한다. 통화량이 증가하면서 이자율도 원래 수준으로 복귀한다. 확장적 재정정책으로 생산은 증가, 환율은 제자리, 경상수지는 악화된다.

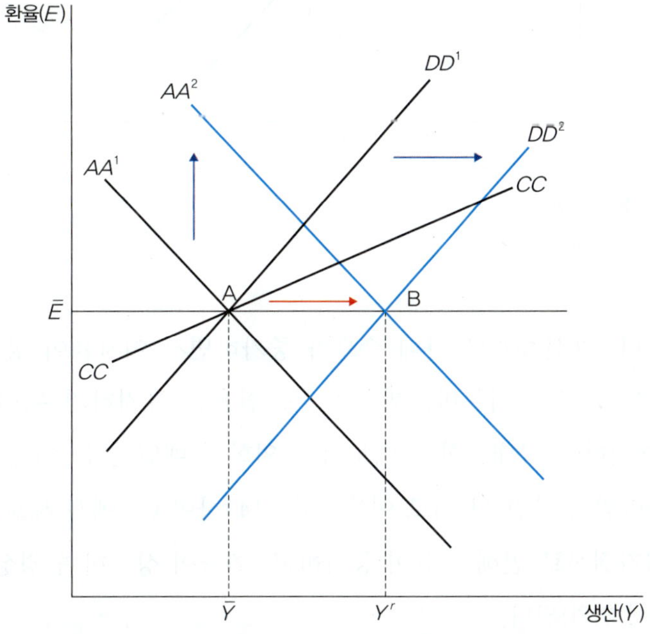

그림 7.15 확장적 재정정책

자료: Krugman et al. (2018)

④ 환율정책

〈그림 7.16〉을 보면, 정부가 수출경쟁력 강화 등을 목적으로 국내통화를 평가절하(devaluation)하여 목표환율 수준을 상향조정($\bar{E} \rightarrow E'$)한다. *AA* 라인이 위로 이동(AA^1→AA^2)하면서 초과수요가 발생(*DD* 라인 위쪽에 위치)함에 따라 생산이 증

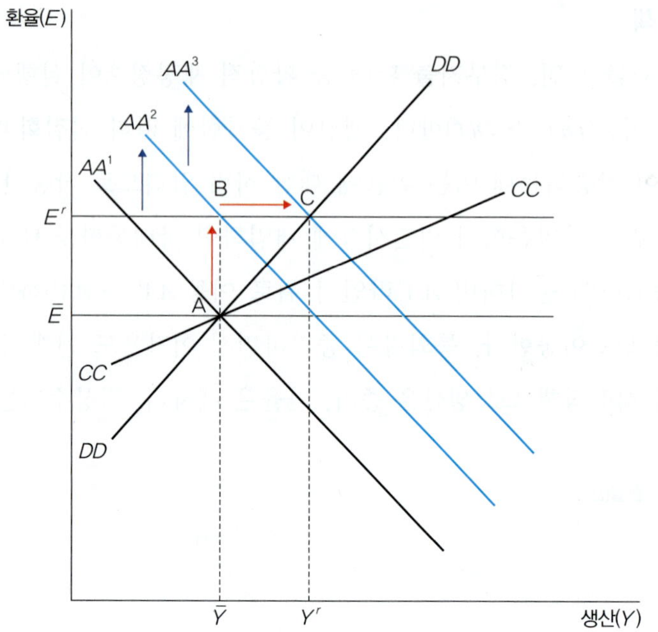

그림 7.16 정부의 평가절하

자료: Krugman et al. (2018)

가($\bar{Y} \rightarrow Y'$)한다. 생산증가로 화폐 수요가 증가하면서 이자율이 상승한다. 이는 환율하락 압력으로 작용하는바, 새로운 목표환율을 유지하기 위해 중앙은행이 외환시장에 개입하여 국내통화를 매도하고 외화를 매입한다. 이때 통화량이 증가하면서 *AA* 라인이 한번 더 위로 이동($AA^2 \rightarrow AA^3$)하여 C점에서 새로운 균형을 이루게 된다. 평가절하로 인해 생산이 증가하고, 환율이 상승하며 경상수지가 개선(*CC* 라인 위쪽에 위치)된다.

⑤ 준비통화국의 통화정책

준비통화국(예, 미국)의 중앙은행은 외환시장개입이 필요 없다. 고정환율 유지를 위한 모든 시장 압력은 해당국 중앙은행이 감당해야 한다. 이를 위해 해당국 중앙은행은 상시 일정 규모의 준비통화를 보유(외환보유액)해야 한다. 대부분의 신흥시장국들은 높은 금리로 조달한 외환보유액을 비상시에 사용하기 위하여 금리가 낮은 준비통화국 예금이나 채권에 투자하여야 하는 것이다.

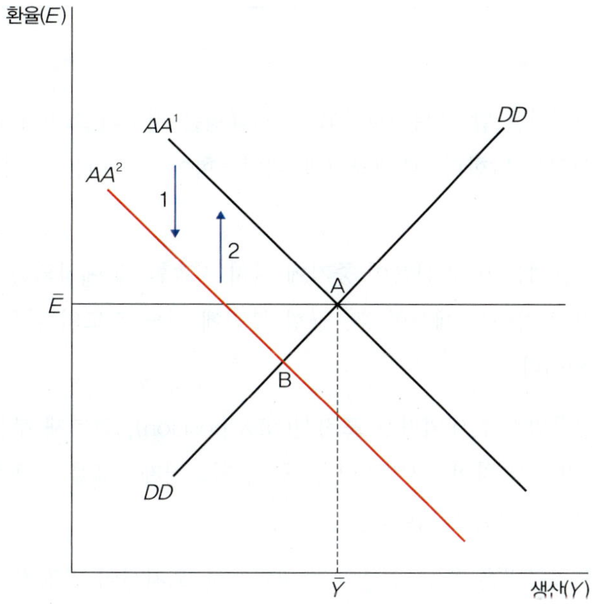

그림 7.17 준비통화국 통화정책에 대한 대응

자료: Krugman et al. (2018)

〈그림 7.17〉을 보면, 준비통화국의 중앙은행이 확장적 통화정책을 실행하면 준비통화국의 이자율이 하락한다. 수익률을 쫓는 투자자들의 해당국 통화 수요가 증가하면서 환율이 하락($AA^1 \rightarrow AA^2$) 압력을 받는다. 해당국 중앙은행은 목표 환율을 유지하기 위해 국내통화를 매도하고 외화를 매입한다. 동 개입에 의해 해당국 통화량이 증가하고 이자율이 하락한다. 이에 따라 *AA* 라인이 제자리로 복귀($AA^2 \rightarrow AA^1$)한다.

변동환율제의 가장 큰 숙제는 미국과 같은 국제기축통화국의 인플레이션 영향이 쉽게 다른 국가로 전파되는 것이다. 최근의 예로, 2022년부터 2023년까지 미국이 정책금리를 지속적으로 인상하면서 미 달러화가 강세됨에 따라 기타 국가들은 자국통화의 대(對)미 달러 환율이 상승하면서 수입물가가 급등한 바 있다. 미국의 인플레이션이 기타 국가들로 수출된 것이다. 고정환율제를 도입하면 인플레이션 압력이 완화될 수 있으나[22], 이를 위해서는 국내통화의 평가절하 없이 외환시장개입이 지속 가능할 정도로 충분한 외환보유액이 축적되어 있어야 한다.[23]

요약

1. 대내균형은 잠재생산을 달성하는 것이고, 대외균형은 저축과 소비가 균형을 이루는 수준의 순자본유출입을 말한다. 대내균형과 대외균형이 일치하는 지점에서 균형실질환율이 성립한다.
2. 거시경제균형 접근법은 현재 환율이 중기에 걸쳐 지속할 때 예상되는 경상수지와 추정 균형경상수지 간의 차이를 계산한 후, 균형 복귀에 어느 정도의 환율조정이 필요한지를 추정하는 방법이다.
3. 균형실질환율 접근법은 순대외자산 포지션(NFA position), 교역재 부문과 비교역재 부문 간의 상대적 생산성 차이, 교역조건 등 중기 기초경제지표를 이용하여 각국의 균형실질환율을 직접 추정하는 방법이다.
4. 대외지속가능성 접근법은 특정 수준의 순대외자산 포지션이 안정적으로 유지되는 경상 또는 무역수지를 산출한 후 예상되는 경상 또는 무역수지와 비교하여, 그 차이를 해소하려면 어느 정도의 환율조정이 필요한지를 추정하는 방법이다.
5. *DD* 라인은 상품시장의 균형을 유지하는 우상향 형태의 환율과 생산의 조합이고, *AA* 라인은 자산시장의 균형을 유지하는 우하향 형태의 환율과 생산의 조합으로 화폐시장과 외환시장으로부터 도출된다. 두 라인이 교차하는 점에서 화폐, 외환, 상품시장이 동시에 균형을 이룬다.
6. 확장적 통화정책이 실행되면 *AA* 라인이 상향이동하면서 환율은 상승하고 생산은 증가한다. 확장적 재정정책이 실행되면 *DD* 라인이 우측으로 이동하면서 생산은 증가하고 환율은 하락한다.
7. 고정환율제도 하에서는 외화수요가 증가(감소)할 경우, 중앙은행이 외화를 매도(매입)하고 국내통화를 매입(매도)하여 외화에 대한 초과수요(초과공급)를 충족시킨다.

---

22 [메커니즘] 재정적자 → 중앙은행이 발행시장에서 국채를 매입(재정의 화폐화) → 통화량 증가 → 인플레이션 압력 및 이자율 하락 → 경제주체의 외화매입/국내통화매도 → 환율 상승 → 중앙은행의 외환시장개입(외화매도/국내통화매입) → 통화량 감소 → 인플레이션 압력 완화

23 평가절하가 빈번해지면 통화량이 증가하고 인플레이션 통제가 곤란해진다. 이러한 이유로 통화위원회 또는 미 달러화를 사용하는 국가들이 있으며, 일부에서는 금본위제로의 회귀를 주장한다.

연습문제

1. 대내외 균형 달성을 위해 균형실질환율 수준을 평가하는 것이 왜 중요한지 설명하라.
2. 거시경제접근법, 균형실질환율 접근법 및 대외지속가능성 접근법을 간략히 설명하라.
3. *DD* 라인과 *AA* 라인의 도출 과정을 그래프를 이용하여 설명하라.
4. 변동환율제도하에서의 확장적 통화정책과 확장적 재정정책의 효과를 그래프를 이용하여 설명하라.
5. 변동환율제도하에서의 확장적 통화정책의 장기적 효과를 그래프를 이용하여 설명하라.
6. 유동성 함정 시 확장적 통화정책의 효과를 설명하라.
7. 고정환율제도 하에서의 확장적 통화정책과 확장적 재정정책의 효과를 그래프를 이용하여 설명하라.
8. 인플레이션 상승으로 인한 미국의 정책금리 인상이 다른 나라로 인플레이션을 수출하는 현상이 나타난다. 이의 메커니즘을 설명하라.

8장

외환시장

학습목표

1. 외환시장의 정의와 역할에 대해 알아본다.
2. 외환시장의 특징 및 구조, 주요 시장참가자와 역할을 살펴본다.
3. 외환시장의 안정성이란 무엇을 의미하는지 살펴보고 우리나라 외환시장은 안정성 조건을 충족하고 있는지를 환율 등 주요 지표를 통해 평가해 본다.
4. 현물환거래와 선물환거래 등 외환거래의 주요 거래를 비교해서 살펴본다.
5. 선물환거래가 외채와 환율 등 외환부문에 미치는 영향 및 메커니즘에 대해 알아본다.

8.1 외환시장의 정의

외환시장(foreign exchange market)이란 외환에 대한 수요와 공급이 연결되어 환율(exchange rate)이 결정되는 곳을 의미한다. 우리나라의 중앙은행(central bank)인 한국은행은 외환시장을 "좁은 의미에서는 외환의 수요와 공급(이하 '수급')이 연결되는 장소이며 넓은 의미에서는 이러한 장소적 개념뿐만 아니라 외환거래의 형성, 결제 등 외환거래와 관련된 일련의 메커니즘을 포괄한다"라고 정의하고 있다. 외환시장은 환율을 매개로 서로 다른 통화 간에 매매가 이루어진다는 점에서 금리를 매개로 외환을 빌려주고 빌릴 수 있는 외화자금시장(foreign currency money market)과는 구별되지만 넓은 의미로는 외환시장에 외화자금시장이 포함되는 것으로 볼 수 있다.

참고 외환이란 국제간의 채권과 채무를 결제하는 수단이다

국제금융 거래에서는 외환(foreign exchange)이란 용어가 많이 등장하는데 외환이란 환(exchange)의 국제 버전(version) 정도로 이해하면 된다.

먼저 환(exchange)이란 국내에서 멀리 떨어진 곳에 있는 사람들끼리 현금을 보내는 불편과 위험을 피하기 위해 제3자인 은행을 이용하여 결제하는 수단이다. 환이 국내 결제수단이라면 외환이란 국제간의 채권과 채무를 결제하는 수단이다. 현행 「외국환거래법」에서는 외환을 대외지급수단, 외화증권, 외화파생상품 및 외화채권으로 정의하고 있다. 여기서 대외지급수단이란 외국통화 또는 외국통화로 표시된 지급수단을 말하며 외화증권은 외국통화로 표시된 증권을, 외화채권은 외국통화로 표시된 채권을 각각 의미한다.

8.2 외환시장의 역할

외환시장은 한 나라의 경제 내에서 다양한 역할을 수행한다. 첫째, 외환시장은 한 나라의 통화(currency)가 갖는 구매력(purchasing power)을 다른 나라의 통화로 이전(transfer)시키는 역할을 한다. 가령 한국의 수출업자가 미국에 수출하고 받은 미국 달러화를 외환시장에서 원화로 환전하면 달러의 구매력이 원화의 구매력으로 바뀌게 된다.

둘째, 외환시장은 외환의 수요자와 공급자를 연결시켜 대외거래의 결제(settlement)나 청산(clear)을 가능하게 한다. 가령 국내에서 외환의 주요 공급자인 수출업자는 수출대금으로 획득한 외환을 외환시장에 공급(매도)하고 이를 대가로 원화를 수취함으로써 대외거래를 청산할 수 있다.

수출업자가 외환시장에 원화를 대가로 달러를 공급(매도)하면 외환의 주요 수요자인 수입업자는 수입대금 결제에 필요한 외환을 매입하여 대외거래를 결제할 수 있게 된다.

셋째, 변동환율제도하에서는 환율이 외환시장에서 외환의 수급에 따라 자유롭게 변동함으로써 국제수지[1]를 자동적으로 조절하는 기능을 한다고 알려져 있다.

1 국제수지(BOP, Balance of Payment)란 일정기간 동안 한 나라의 거주자와 비거수자 산에 발생한 경제적 거래에 따른 수입과 지급의 차이를 말한다.

환율의 국제수지 자동조절 기능이란 환율이 양국 간 거래에서 발생하게 되는 국제수지 적자나 흑자를 조정하여 다시 균형을 회복하도록 만드는 리밸런싱 메커니즘(rebalancing mechanism)을 의미한다. 즉, 국제수지 적자국 통화는 가치가 하락(절하)하고 흑자국 통화는 가치가 상승(절상)하면서 양국 간 가격경쟁력이 조정됨에 따라 국제수지 적자국은 수출증가와 수입감소가, 흑자국은 수출감소와 수입증가 현상이 각각 나타나게 된다. 가령 우리나라에서 국제수지 적자가 지속되고 있다고 가정해 보자. 이는 일반적으로 우리가 외국과의 교역에서 벌어들인 외환의 수입보다 외환의 지출이 많다는 것을 의미한다. 외환의 수입보다 지출이 많으면 외환시장에서는 대체로 외환의 수요가 공급을 상회하게 되어 원/달러 환율이 상승하면서 원화가치는 하락하게 된다. 미 달러 등 외국통화 대비 원화의 가치가 하락하면 수출상품의 해외 판매가격 하락 → 가격경쟁력 상승 → 수출 증가를 통해 국제수지가 흑자로 전환되는데 이를 '환율의 국제수지 자동조절기능'이라고 한다.

참고 환율의 국제수지 조절기능은 항상 작동된다?

원/달러 환율은 2022년 5월말 1,246원에서 2022년 9월말에는 1,435원으로 크게 상승하였으나 같은 기간 중 상품수지[2]는 적자가 지속되면서 이른바 환율의 국제수지 자동조절 기능은 잘 작동되지 않은 것으로 나타났다. 이는 환율이 큰 폭으로 상승(원화가치 하락)하면서 주요 수출품인 반도체의 해외 수출가격은 하락하였지만 글로벌 경기침체 등으로 반도체 수요가 크게 늘어나지 않은 점 등이 영향을 미친 것으로 보인다. 이처럼 환율의 국제수지 자동조절기능이 경제이론과 같이 항상 작동하지 않는 것은 국제수지가 환율 외에도 글로벌 경기나 특정제품에 대한 수요, 지정학적 위험 등 다양한 요인의 영향을 받기 때문으로 보인다.

2 한 나라가 다른 나라와 각종 상품을 사고파는 과정에서 발생한 수입과 지출의 차이를 말한다.

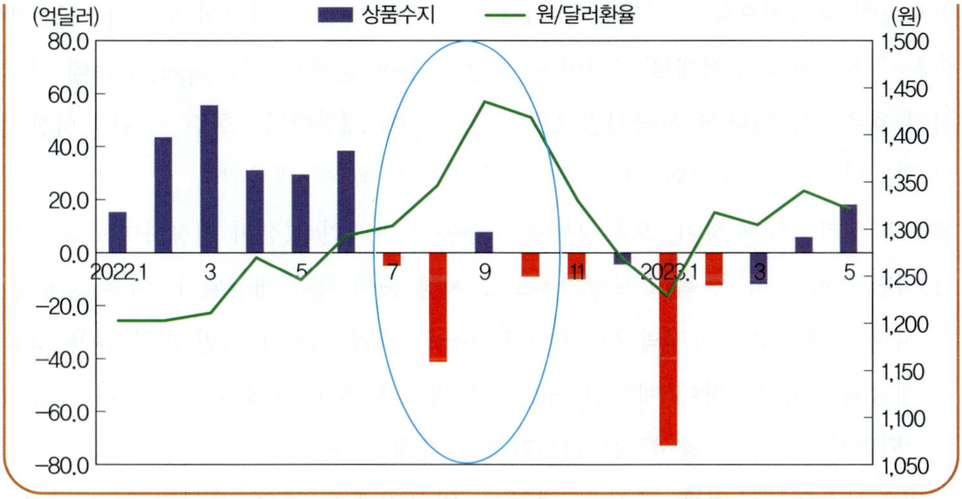

넷째, 가계, 기업, 금융기관 등 경제주체들은 외환시장을 이용하여 외환거래 시 발생하게 되는 환리스크를 자신의 필요에 따라 효율적으로 관리할 수 있다. 예를 들어 외환시장에서 거래되는 선물환, 통화옵션 등 다양한 파생상품(derivatives)을 이용하여 환리스크를 줄이거나 회피하는 등 소극적으로 환리스크를 관리할 수도 있고, 보다 적극적으로는 환차익을 목적으로 하는 투기적 거래도 가능하다.

8.3 외환시장의 특징

외환시장의 첫 번째 특징은 세계 각국의 다양한 시장참가자들이 참여하는 글로벌시장이라는 점이다. 외환시장이 글로벌시장의 특징을 갖게 된 것은 국제교역 규모가 확대되면서 미 달러화, 유로화, 일본 엔화 등 외국통화에 대한 수요와 공급이 크게 늘어났기 때문이다. 또한 경제발전에 따른 부(wealth)의 축적이 선진국에서 신흥시장국으로 확산되면서 투자수익률의 제고나 위험회피 목적으로 외국의 주식, 채권 등 금융자산에 대한 투자가 늘어난 점도 외환시장의 글로벌시장화에 영향을 미친 것으로 보인다.

글로벌화된 외환시장은 정보통신(IT)기술의 발달 등에 힘입어 세계 각국의 외환시장이 유기적으로 연결되면서 24시간 거래가 가능한 시장이 되었다. 글로벌 외환시장은 시간 순서대로 아시아 → 유럽 → 뉴욕 순으로 개장(open)하는데 가장 먼저 호주 시드니에서 한국시간으로 오전 7시에 개장한다. 호주 시드니 시장이 열리고 나면 일본 도쿄와 서울 외환시장이 오전 9시에 개장된다. 오전 10시에는 홍콩과 싱가포르 시장이, 오후 2시에는 중동의 바레인 시장이 개장하며 오후 4시가 되면 프랑스 파리, 독일 프랑크푸르트 시장 등이 각각 개장된다. 이후 영국 런던 시장이 개장되고 마지막으로 한국시간으로 저녁 10시가 되면 미국 뉴욕 시장이 개장되며 뉴욕시장이 폐장(closing)될 무렵이 되면 다시 호주의 시드니 시장이 개장되면서 글로벌 외환시장은 24시간 돌아가게 된다.

외환시장의 두 번째 특징은 대규모 외환거래가 주로 장외거래(over-the counter)로 이루어진다는 점이다. 장외거래는 특정 장소에서 이루어지는 거래소 거래와는 달리 거래소를 거치지 않고 외환의 매수자와 매도자 간에 직접거래가 이루어지는데 주로 은행 딜러의 딜링룸에서 전화나 컴퓨터 등을 이용해 외환거래가 이루어진다. 외환거래를 할 때 장내거래가 아닌 장외거래를 이용하는 주요

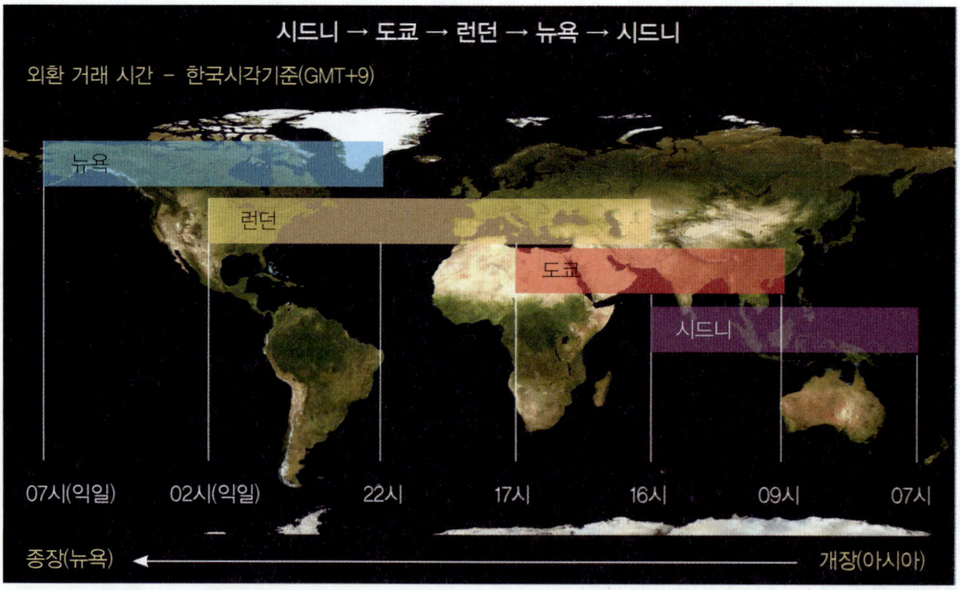

그림 8.1 글로벌 외환시장의 거래시간

목적은 대규모 거래 시 발생할 수 있는 시장리스크(market risk)[3]의 영향을 최소화하기 위해서이다.

세 번째 특징은 외환시장에서는 외환매매가 보통 소매(retail)거래보다는 도매(whole sale)거래 위주로 이루어진다는 점이다. 외환거래는 은행과 고객 간에 소액 단위로 거래가 이루어지는 대고객 거래와 은행 간 외환포지션 조정 등을 위해 도매거래 위주로 이루어지는 은행 간 거래로 구분되는데 대부분의 거래는 은행 간 거래이다. 한편 외환포지션[4]이란 일정 시점에서 은행, 기업 등이 보유하고 있는 외화표시 자산과 부채의 차액을 말하는데 외화자산과 외화부채 규모가 일치하지 않을 경우 환리스크에 노출되므로 환율변동 시 손익(profit & loss)이 발생하게 된다.

참고 장외거래를 이용한 시장리스크 축소

외환시장이나 주식시장에서는 대규모 매수나 매도주문이 가격에 미치는 불리한 영향을 회피할 목적으로 장외거래를 많이 이용하는 것으로 알려졌다.

가령 국내 A기업이 미국에 반도체 공장을 설립하기 위해 상당한 규모의 미 달러화를 국내 외환시장에서 조달하기로 결정하였다고 가정해 보자. A기업이 국내 외환시장에서 달러를 대규모로 조달하게 되면 달러 수요가 일시적으로 크게 늘어나면서 가격(환율)이 급등하게 되므로 A기업은 당초 예상보다 달러의 조달비용이 더 많이 들 수 있다. 따라서 대규모로 달러를 매입할 경우 발생할 수 있는 시장위험(market risk)을 줄이기 위해 외환시장 밖(장외)에서 외환의 매도자를 찾아 직접거래를 하는 경우가 종종 발생하게 된다.[5]

주식시장에서도 시장위험을 줄이기 위해 장외거래를 이용한다.[6] 예를 들어 대기업 오너(owner)가 상속세를 내기 위한 재원 마련을 위해 보유주식을 주식시장에서 대규모로 매도할 경우 주가가 하락하면서 당초 매도하려고 계획한 주식 수보다 더 많은 주식을 매도해

3 시장리스크(market risk) 또는 가격리스크(price risk)란 자산이나 부채의 가치가 시장상황의 변화로 인해 불리하게 변동될 가능성을 말한다.

4 우리나라의 외환포지션 관리제도는 10장 외환정책을 참조한다.

5 한국은행과 국민연금 간 통화스왑도 국민연금 입장에서는 시장위험 등을 축소하기 위해 장외거래를 이용한 대표적인 사례로 볼 수 있다. 10장 외환정책을 참조한다.

6 삼성 오너 일가가 상속세 마련을 위해 삼성전자 등 계열사 주식 약 2조6천억원어치를 처분한다(연합뉴스, 2023.11.5.).

야 할 수도 있다. 따라서 시장가격에 불리한 영향을 미치지 않도록 사전에 자신의 주식매도 물량을 인수할 수 있는 매수자를 구해 주식시장 시작 전이나 시장이 끝난 후 시간외매매로 주식을 넘기는 거래를 하기도 하는데, 이를 block deal이라고 한다.

8.4 외환시장의 구조

외환시장은 외국환은행[7]을 중심으로 거래당사자에 따라 은행간시장과 대고객시장으로 구분된다. 은행간시장은 좁은 의미의 외환시장을 의미하는데, 일반적으로 은행과 중앙은행, 은행과 은행 등 거래당사자 간의 외환거래가 외국환중개회사를 통해 이루어지며 도매시장(whole sale market)의 성격을 갖는다. 반면 대고객시장은 정부, 기업, 개인 등 고객과의 외환거래가 외국환중개회사가 아닌 은행

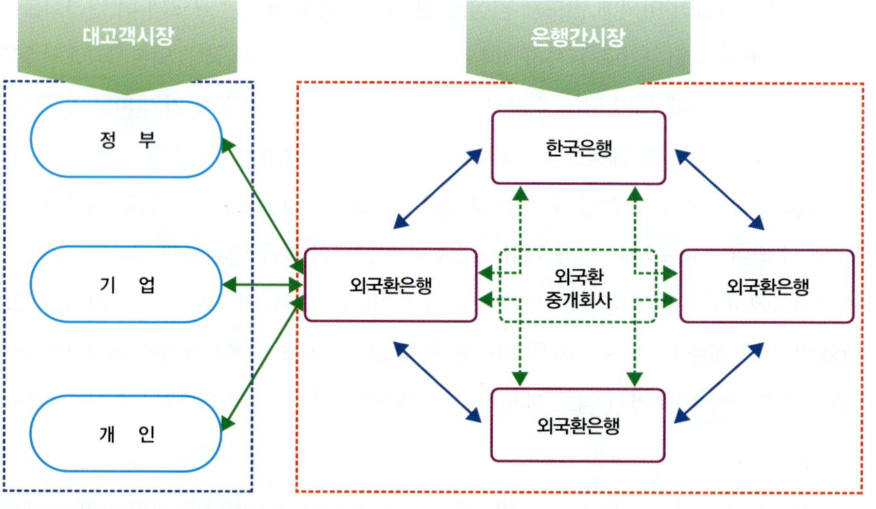

그림 8.2 외환시장의 구조

7 외국환은행이란 「외국환거래법」에 의거 정부로부터 인가를 받아 외국환업무를 영위하는 은행을 말하며 외국환거래의 신고 및 사후관리를 위해 외국환거래를 위한 은행을 사전에 지정해야 하는데 이를 '거래외국환은행 지정'이라고 한다.

을 통해 직접 이루어지는 시장으로 일종의 소매시장(retail market)이다. 앞서 살펴보았듯이 은행은 기업 등 대고객거래의 결과 외환포지션에 변동이 발생하게 되는데 이때 한국은행이 정한 외환포지션 한도를 초과하게 되면 은행간시장을 통해 외환포지션을 축소·조정하면서 대고객시장과 은행간시장의 연계가 자연스럽게 이루어지게 된다.

8.4.1 외환시장의 참가자와 역할

외환시장에는 개인, 기업, 금융기관, 외국환중개회사, 정부, 한국은행 등 다양한 경제주체들이 참여하고 있다. 2023년 9월말 현재 외환시장(은행 간 현물환시장 기준)에 참여하고 있는 외국환은행은 국내은행 17개 기관(시중은행 6개, 특수은행 5개, 지방은행 6개) 및 외국은행 국내지점 30개 기관이 있다. 외국환은행 외에도 증권사(13개)와 종금사(1개)가 은행 간 현물환시장에 참여하고 있다. 은행 간 시장은 외국환은행의 딜러[8] 간에 직접 거래하는 시장과 외국환중개회사를 통한 거래시장으로 구분된다. 우리나라의 외국환중개회사는 2023년 9월말 현재 국내 중개회사 4개, 외국계 중개회사 6개 등 총 10개 기관이 있다.

외환시장 참가자들의 주요 역할을 살펴보자. 먼저 기업은 수출입 등 국제교역을 위해 외환시장에 참가하는데 대체로 수출업체들은 수출대금으로 수취한 외환을 국내에서 사용할 목적으로 외환시장에 매도하게 되므로 외환의 주요 공급자 역할을 한다. 반면 원유 등 주요 원자재를 해외에서 수입하는 수입업체들은 수입대금 결제를 위해 필요한 외환을 외환시장에서 매입하는 수요자들이다. 개인은 대체로 유학이나 해외여행 또는 해외 금융자산(주식, 채권 등) 투자 등을 위해 외환을 필요로 하는 수요자이다.

은행은 외환시장의 핵심 참가자로 외환거래 시 거래상대방의 필요에 따라

8 외환딜러는 은행 간 딜러와 대고객딜러로 구분된다. 은행 간 딜러는 보통 단기매매를 통한 시세차익을 목적으로 외환시장에 참여하는 사람을 말하며 대고객딜러는 수출입 등 외환매매 수요가 있는 기업이나 외환시장에 직접 참여할 수 없는 금융기관을 대상으로 거래를 수행하는 사람이다.

매수나 매도자 역할을 모두 하게 된다. 또한 은행은 외환시장에서 시장조성자(market maker) 역할을 하기도 하는데 이는 은행이 특정 통화에 대한 매입가격과 매도가격을 같이 제시(two-way quote)하면서 매수자와 매도자 역할을 함께 수행하는 것을 말한다. 은행이 제시하는 매도가격과 매입가격의 차이를 스프레드(spread)라고 하는데 스프레드는 은행의 주요 수입원인 동시에 외환시장 내 가격 결정을 선도하는 기능을 한다.

한국은행과 정부(외국환평형기금)는 외환당국으로서 함께 외환시장 안정 업무를 수행하면서 외환시장이 불안정해지면 시장안정을 위해 외환시장에서 외환을 매매한다. 또한 외환시장 활성화를 위해 외환시장에서 외환의 매입 또는 매도 등 양방향 거래 활성화에 기여한 은행을 선도은행(FX Leading Bank)으로 지정하고 외환당국의 외환시장 개입을 대신 수행하는 '대행은행(agent bank)'으로 지정하는 등 인센티브를 제공한다.

외환당국은 2023년 3월 올해 외환시장의 선도은행으로 산업은행, 신한은행, 우리은행, 제이피모간체이스은행, 크레딧아그리콜은행, 하나은행 등 6개 외국환은행을 선정했는데 이중 외국계 은행인 제이피모간체이스은행[9]과 크레딧아그리콜은행은 글로벌 투자은행(IB, Investment Bank)으로 불린다. 글로벌 투자은행은 고객의 유가증권 발행 및 매각을 통한 중장기 자금조달과 중계, 기업의 인수합병(M&A)에 대한 자문이나 직접투자 등을 통해 수익을 창출한다. 이들 투자은행은 국내에서 주로 선물환 등 외환파생상품 거래에 주력하면서 외환시장 및 외화자금시장에 상당한 영향을 미치고 있다.

9 제이피모건체이스은행(J.P.Morgan Chase Bank)은 국내 최초의 외국계 은행으로 1967년 서울지점을 개설하였으며 기업금융, 투자은행, 투자자문에 걸쳐 다양한 금융서비스를 제공하고 있다.

참고 투자은행(IB, Investment Bank)의 변천

투자은행은 상업은행[10]과 대비되는 용어로 주요 업무는 유가증권 발행 및 매각을 통한 중장기 자금조달과 중개이지만 기업의 인수합병(M&A)에 대한 자문이나 직접투자 등을 통해 수익을 창출하기도 한다. 투자은행의 탄생은 미 의회가 1929년 발생한 주가폭락 사태와 뒤이은 대공황의 원인이 당시 은행의 위험한 투자행위에 있다고 보고 1933년 상업은행과 투자은행의 업무를 엄격히 분리하는 글래스-스티걸법(Glass-Stegal Act)을 제정한 데 기인한다.

글래스-스티걸법 제정 전에는 은행이 고객으로부터 받은 예금으로 무분별한 투자행위를 한 결과 많은 금융기관이 파산하면서 결국 대공황으로 이어졌다. 이 법으로 인해 상업은행과 투자은행의 업무가 엄격히 구분되면서 상업은행은 증권발행과 인수, 증권 관련 자회사 보유가 금지되었으며 투자은행은 일반인으로부터 예금을 받을 수 없고 상업은행과 투자은행의 임직원 겸직이 금지되었다. 글래스-스티걸법은 금융산업 안정화에 기여했다는 긍정적 평가가 있으나 은행의 경쟁을 제한시켜 금융산업을 활성화시키지 못한다는 점에서 부정적 평가도 공존하였다. 결국 1999년 11월 금융산업의 경쟁력 강화를 기조로 내세운 클린턴 정부수립과 상업은행들의 로비력이 맞물려 이 법은 폐지되었고 두 은행 간 경계를 지우는 그램-리치-블라일리법이 제정되었다. 이로 인해 은행 간 경쟁이 격화됨에 따라 결국 글로벌 금융위기를 초래한 서브프라임 모기지[11] 사태로 이어지게 되었다.

서브프라임 모기지 사태란 미국의 과잉유동성과 저금리기조 지속으로 서브프라임 모기지 대출이 크게 늘어나면서 주택가격이 급등하였다가 폭락하면서 발생한 미국발 금융위기가 전 세계로 확산한 것을 말한다. 2008년 9월 미국 내 주택시장 붕괴로 투자은행들이 서브프라임 모기지 대출에서 막대한 손실을 기록함에 따라 미국 정부는 투자은행의 상업은행으로의 재편을 허용하게 되었다. 투자은행은 상업은행으로의 전환으로 예금을 통한 자금조달이 가능해지고 정부지원을 받을 수 있게 되었으나 정부로부터 더욱 엄격한 규제를 받게 되었다.

10 상업은행(commercial bank)은 개인, 기업 등 자금의 잉여자로부터 예금을 받고 자금이 필요한 수요자에게 돈을 빌려주는 은행으로 주요 수익원은 대출금리에서 예금금리를 차감한 예대마진이다.

11 서브프라임 모기지란 신용등급이 낮은 저소득층에게 주택자금을 빌려주는 미국의 주택담보대출상품이다.

외국환중개회사(foreign exchange broker)란 중개수수료를 받고 은행 간 현물환, 선물환 및 외환스왑 거래 등 각종 외환거래를 중개해 주는 기관이다. 중개사는 보통 현물환 및 선물환거래 중개를 많이 하지만 시장 상황에 따라 고객의 needs에 맞춰 스왑션(swaption) 같은 파생상품 거래를 중개하기도 한다.

참고 외국환중개회사의 스왑션 중개 거래[12]

2007년 A외국환중개회사는 외은지점과 국내 은행 간 스왑션(swaption)* 거래를 중개하였다. 당시 외은지점은 향후 금리변동성이 확대될 가능성이 높다고 예상하고 금리 리스크 헤지를 목적으로 스왑션을 매입한 반면 국내 은행은 옵션프리미엄(수익)을 얻기 위해 스왑션을 매도하였다.[12]

* 보통 스왑션이란 계약기간 동안 금리가 계약시 약정수준 이상으로 상승하는 경우 변동금리를 고정금리로 스왑(swap)할 수 있는 권한을 부여하는 금리스왑 옵션이다.

당시 중개사가 중개한 스왑션 거래는 ① 고정금리수취자 스왑션(receiver swaption: 변동금리 지급, 고정금리 수취)과 ② 고정금리지급자 스왑션(payer swaption: 변동금리 수취, 고정금리 지급)을 혼합한 스트레들*(①+②) 구조로 금리변동 방향과 관계없이 금리의 변동성이 확대되면 스왑션 매입자에게 이익이 발생하게 되는 구조이다.

* 스트레들(straddle)은 행사가격과 만기일이 같은 콜옵션과 풋옵션을 동시에 매입하여 주가, 금리 등 기초자산의 변동성(volatility)이 확대되면 이익이 발생하게 된다.

스왑션의 손익구조(payoff 구조)는 금리가 하락할 경우 ① 고정금리수취자 스왑션(receiver swaption) 실행권을 행사하여 변동금리를 지급하고 고정금리를 수취하고, 반대로 금리 상승 시에는 고정금리지급자 스왑션(payer swaption) 실행권을 행사하여 고정금리를 지급하고 변동금리를 수취하면 '금리차(변동금리−고정금리)×계약금액옵션프리미엄'만큼 이익이 발생하게 된다.

---

12 스왑션거래는 옵션 등 파생상품 관련 지식이 없으면 이해하기 어렵지만 파생상품 거래가 중개사 등 금융기관에서 실무적으로 어떻게 활용되는지를 보여주기 위해 소개한다.

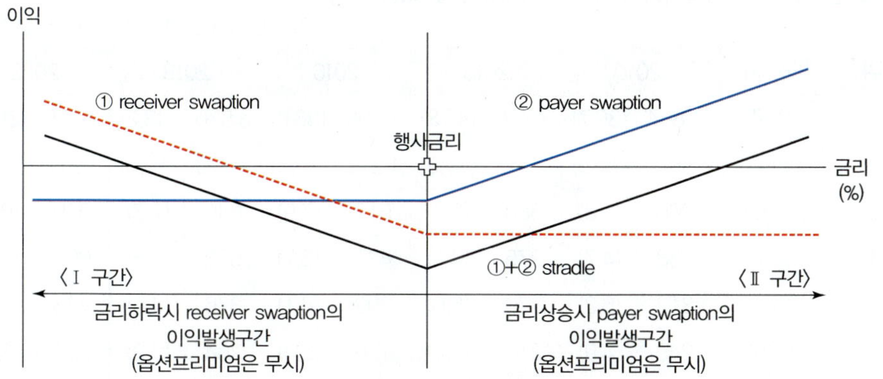

스트레들을 이용한 스왑션 손익구조(옵션매입 시)

8.5 외환거래의 국제비교

국내 외환시장의 거래규모는 꾸준히 증가하고 있으나 우리 경제규모에 비해서는 여전히 낮은 수준으로 보인다. 2022년 4월 전 세계 외환상품시장의 통화별 거

표 8.1 전 세계 외환상품시장의 주요 통화별 거래비중 추이* (2022년 4월 일평균 기준) (%)

순위**	통화	2010		2013		2016		2019		2022	
1	미국 달러화	84.9	(1)	87.0	(1)	87.6	(1)	88.3	(1)	88.5	(1)
2	유로화	39.0	(2)	33.4	(2)	31.4	(2)	32.3	(2)	30.5	(2)
3	일본 엔화	19.0	(3)	23.0	(3)	21.6	(3)	16.8	(3)	16.7	(3)
4	영국 파운드화	12.9	(4)	11.8	(4)	12.8	(4)	12.8	(4)	12.9	(4)
5	중국 위안화	0.9	(17)	2.2	(9)	4.0	(8)	4.3	(8)	7.0	(5)
6	호주 달러화	7.6	(5)	8.6	(5)	6.9	(5)	6.8	(5)	6.4	(6)
7	캐나다 달러화	5.3	(7)	4.6	(7)	5.1	(6)	5.0	(6)	6.2	(7)
12	원 화	1.5	(11)	1.2	(17)	1.7	(15)	2.0	(12)	1.9	(12)

주: * 국내외 조사대상 금융기관간 중복거래(double-counting) 제외, ( ) 내는 해당연도 순위
** 2022년 거래비중 기준
자료: 한국은행

표 8.2 전 세계 외환상품시장의 국가별 거래규모 및 비중 추이*, **

(2022년 4월 일평균 기준) (10억달러, %)

순위***	국 가	2010		2013		2016		2019		2022	
1	영국	1,854	(36.7)	2,726	(40.8)	2,406	(36.9)	3,576	(43.2)	3,755	(38.1)
2	미국	904	(17.9)	1,263	(18.9)	1,272	(19.5)	1,370	(16.5)	1,912	(19.4)
3	싱가포르	266	(5.3)	383	(5.7)	517	(7.9)	640	(7.7)	929	(9.4)
4	홍콩	238	(4.7)	275	(4.1)	437	(6.7)	632	(7.6)	694	(7.1)
5	일본	312	(6.2)	374	(5.6)	399	(6.1)	376	(4.5)	433	(4.4)
6	스위스	249	(4.9)	216	(3.2)	156	(2.4)	264	(3.2)	350	(3.6)
15	한국	44	(0.9)	48	(0.7)	48	(0.7)	55	(0.7)	68	(0.7)

주: * 국내 조사대상 금융기관간 중복거래(double-counting) 제외
** ( )안은 전체거래 대비 비중(%),
*** 2022년 거래비중 기준
**** 합산 과정, 자리수 조정 등으로 전체 외환파생상품시장 합계와 차이 발생
자료: 한국은행

래비중은 미국 달러화 개재 거래비중이 88.5%로 가장 높은 수준을 지속하고 있으며 같은 기간 동안 우리나라의 원화 개재 거래비중은 1.9%(12위)로 나타났다.

국가별로도 전 세계 외환상품시장의 거래(2022년 4월 중)가 영국(38.1%), 미국(19.4%), 싱가포르(9.4%), 홍콩(7.1%), 일본(4.4%) 등 국제금융시장이 발달한 국가에 집중되어 있으며 우리나라의 외환상품시장이 전 세계 외환상품시장에서 차지하는 비중은 0.7%로 미미한 수준으로 나타났다.

8.6 외환시장의 안정성

외환시장의 안정성(stability)이란 무엇을 의미할까? 먼저 안정성의 사전적 의미를 살펴보면 "바뀌어 달라지지 아니하고 일정한 상태를 유지하거나 유지하려는 성질" 또는 "외부에서 힘이 가해지는 등 환경의 변화가 있으면 상태가 변하지만, 영향이 사라지고 나면 원래 상태로 복귀하려는 경향"을 말한다.

외환시장의 안정성을 외환의 초과수요를 이용하여 정의해 보자. 외환은 「외국

환거래법」상 대외지급수단, 외화증권, 외화파생상품 및 외화채권을 포괄하는 개념이지만 여기서는 여러분들의 이해를 돕기 위해 미 달러화(이하 '달러')로 한정한다. 예를 들어 외환시장에서 달러의 초과수요가 '0(zero)'보다 클 경우(달러 수요가 공급을 상회) 환율이 상승(달러가치 상승)하고 이로 인해 달러 공급이 늘어나면서 달러의 초과수요 상태가 해소되며, 반대로 달러의 초과수요가 '0'보다 작을 경우(달러 공급이 수요를 상회)에는 환율이 하락(달러가치 하락)하고 이에 따라 달러 공급이 줄어들면서 달러의 초과공급 상태가 자연스럽게 해소된다면 외환시장은 안정성을 지니고 있다고 평가할 수 있다.

즉, 외환시장의 안정성이란 외환의 수요와 공급에 따라 환율의 가격기능이 잘 작동하면서 외환의 초과수요나 초과공급 상황이 오래 지속되지 않고 비교적 단기간 내에 자연스럽게 해소되는 상태를 말한다. 그러나 어떤 이유로든지 환율이 균형수준(equilibrium level)을 벗어나게 되면 균형수준으로부터 계속 멀어지고, 시장의 자동조절 기능인 가격(환율) 변동을 통해 다시 균형점으로 복귀하지 못한다면 외환시장은 안정성 조건(stability condition)을 갖추지 못한 것으로 평가할 수 있다.

이번에는 외환당국의 시각에서 외환시장의 안정성을 정의해 보자. 외환당국은 대체로 환율이 경제의 기초경제여건(펀더멘털)을 반영하여 결정되고, 외환의 수요와 공급이 매수나 매도 등 일방향(one way)으로 쏠리지 않고 균형을 이루면서 환율의 변동성도 크지 않다면 외환시장이 안정적이라고 판단하는 것 같다.

그렇다면 국내 외환시장은 안정성 조건을 갖추고 있다고 말할 수 있을까? 다음과 같은 점들을 고려해 보면 국내 외환시장이 안정성 조건을 갖추었다고 말하기는 쉽지 않아 보인다. ⅰ) 우리나라는 과거 외환위기를 경험(낙인효과[13])한 바 있고, ⅱ) 원화가 국제통화[14]가 아닌 데다 ⅲ) 외환시장의 규모가 작은 상황에서 ⅳ) 자본시장 개방도 및 대외의존도가 매우 높은 구조적 취약성을 갖고 있기 때문이다. 국내 외환시장은 이와 같은 구조적 취약성으로 인해 국제금융시장, 글로

13 낙인효과(stigma effect)란 부정적으로 낙인이 한번 찍히면 부정적 인식이 지속되는 현상으로 미국의 하워드 베커(Howard S. Becker) 교수가 만든 용어이다.

14 국제통화(international currency)란 국제 간의 결제나 금융거래의 중심이 되는 통화를 지칭한다.

벌 경기 등 대외환경 변화의 영향을 크게 받게 된다. 가령 국제금융시장이 안정적이면 은행, 기업 등 민간의 해외차입, 외국인투자자금의 국내 유입(inflow)이 원활하게 이루어지면서 외환시장도 안정적인 모습을 보인다. 그러나 국제금융시장의 불안이 심화되면 민간부문의 해외차입(외화조달)이 어려워지고 외국인투자자금이 급격히 유출(Sudden Stop)[15]되면서 외화유동성 부족이 더욱 심화되고 환율이 급등하는 등 국내 외환시장도 불안정한 모습을 보인다.

국내 외환시장이 안정성 조건을 충분히 갖추지 못했다는 것은 국제금융시장의 불안이나 글로벌 금융위기와 같은 대외충격 발생 시 원화의 변동성이 다른 신흥국들에 비해 상대적으로 크다는 점에서도 잘 나타난다. 우리나라는 대외충격 발생 시 신흥국 가운데 가장 먼저 외국인투자자금이 해외로 유출된다고 해서 '아시아의 ATM(자동현금인출기)'이라는 오명도 생겼다.[16] 이처럼 우리나라가 '아시아의 ATM'이라는 오명을 얻게 된 데에는 외국인투자자 입장에서 한국이 자본자유도가 높고 외화유동성도 다른 신흥국들에 비해 풍부하기 때문에 국제금융시장의 충격 발생 시 상대적으로 적은 가격위험(price risk)으로 투자자금의 회수가 가능한 점 등이 영향을 미친 것으로 보인다. 〈표 8.3〉은 대외충격 발생 시 원화의 환율 변동성이 다른 신흥국 통화보다 컸다는 점을 잘 보여주고 있다.

한국은행[17]에서는 원화의 환율 변동성이 큰 이유로 우리나라의 높은 자본시장 개방도, 과도한 외국자본의존도, 미성숙한 외환시장의 하부구조, 은행 등 민간부문의 높은 해외차입 비중 등을 들고 있다. 이들 요인들에 대해 각각 살펴보자.

첫째, 높은 자본시장 개방도란 우리나라의 경우 제도적(de jure), 실질적(de facto) 측면에서의 자유화 정도가 모두 커서 외국인투자자금의 유출입이 빈번하게 발생하고 그 결과 환율 변동성이 확대된다는 것이다. 자본시장 개방으로 국내 증권시장에서 외국인투자규모가 대폭 확대되면서 외국인의 증권보유 규모도 크게 확대되었다. 2023년 10월말 현재 외국인은 국내 상장주식 624.8조원(시가총액

15 Sudden Stop이란 통상 '예상하지 않은 자본유입 중단과 이에 뒤이은 대규모 자본유출'로 정의하고 있다. 자세한 내용은 10장 외환정책을 참조한다.

16 외국인의 ATM된 한국증시… 코로나 이후 아시아서 순매도 1위 (한국경제, 2020.3.15.).

17 BOK경제브리프(2011.1)

표 8.3 대외충격에 따른 한국과 신흥국 반응 비교

글로벌 충격	기간	주가(%)		환율(%)		CDS 프리미엄(bp)	
		한국	신흥국	한국	신흥국	한국	신흥국
리만쇼크	2008.9~2009.3	−14.7	−33.7	−19.3	−17.7	210.5	223.3
그리스 구제금융	2010.5~2010.6	−2.5	−7.0	−9.3	−3.0	47.0	24.3
미국 신용등급 강등	2011.8~2011.9	−18.5	−13.3	−10.8	−7.8	105.2	102.5
버냉키 쇼크, 신흥국 쇼크	2013.5~2013.8	−1.9	−0.7	−0.8	−5.8	13.0	58.6
중국 위안화 쇼크	2015.7~2015.9	−6.4	−6.7	−5.7	−3.4	26.7	45.3
미국 금리인상, 중국발 글로벌 경제불안	2015.11~2016.2	−5.6	−4.5	−7.8	−1.7	7.6	16.1
미국 금리인상	2016.10~2016.12	−0.8	2.1	−8.7	−3.2	1.9	2.6
북한리스크	2017.8~2017.9	−1.2	2.2	−2.1	−0.3	17.0	−4.4
미국주가 폭락	2018.2	−5.5	−2.3	−1.0	−1.0	2.4	2.6
미국 금리인상, 미·중 무역분쟁	2018.5~2018.6	−7.5	−7.2	−4.1	−3.7	5.8	16.7

주: * 음영은 신흥국보다 한국에 충격이 컸던 경우
** 신흥국은 분석대상 26개국 중 한국을 제외한 중간값
자료: LG 경제연구원(2018.7.2.)

의 27.2%), 상장채권 241.6조원(상장 잔액의 9.7%) 등 총 866.4조원의 증권을 보유하고 있다. 특히 외국인의 국내증권투자는 그 규모가 크게 늘어나면서 우리 경제 전반에 걸쳐 긍정적 영향과 부정적 영향을 모두 미치고 있다. 먼저 외국인 증권투자자금의 긍정적 역할을 살펴보자. 외국인이 국내 증권을 매입할 경우 매입자금은 대부분 해외에서 외화(달러)로 조달해 국내 외환시장에서 원화로 환전하여 사용하게 된다.

따라서 외환시장에서는 원/달러 환율 하락요인으로 작용하고 국내에 부족한 외화유동성을 공급하는 한편 주식시장에서는 주가 상승요인으로 작용하게 된다. 한편 외국인이 국내 증권투자시 채권을 매입하거나 환리스크 헤지를 위해 선물환거래를 하게 되면 외채 증가를 유발하게 된다. 반면 외국인이 국내 보유증권을 매도해서 이를 본국으로 송금할 경우 외환시장에서는 외환(달러) 수요가 증가함

에 따라 원/달러 환율 상승, 국내 외화유동성 흡수(감소) 및 주가 하락 등 주로 부정적 영향을 미치게 된다. 이처럼 외국인의 국내증권투자는 평상시에는 우리 경제에 대체로 긍정적인 영향을 미치지만 국제금융시장의 불안이 심화되거나 글로벌 금융위기가 발생하게 되면 디레버리징(deleveraging) 등으로 투자자금이 대규모로 국외로 유출(Sudden Stop)되면서 우리 경제에 대체로 부정적 영향을 크게 미치게 된다.

둘째, 과도한 외국자본 의존도란 우리나라가 소규모 개방경제(small open economy)라는 점 때문에 무역의존도[18]가 지나치게 높다는 점을 말한다. 이로 인해 국제금융시장의 불안이나 글로벌 경기변동에 따라 수출입 규모가 크게 변동하게 되고 이는 국내 외환의 수요와 공급에 즉각적인 영향을 미치게 된다. 즉, 외환의 수요와 공급(이하 '수급')이 대외 환경변화에 따라 민감하게 반응할 수밖에 없기 때문에 환율 변동성도 커지게 된다. 환율 변동성이 큰 이유를 반도체 수출 사례를 통해 알아보자. 우리나라의 주력 수출상품인 반도체 수요가 글로벌 경기둔화의 영향으로 2022년 이후 크게 줄어들면서 수출부진의 주요 요인으로 작용하였는데 이는 외환의 수급에 영향을 미치게 된다. 특히 반도체 수출은 국내 전체 수출에서 차지하는 비중이 높기 때문에 세계 반도체 경기변동에 따라 국내로 유입되는 외환(미 달러화 등)의 양도 크게 변동하게 되므로 환율 변동성 확대 요인으로 작용할 수도 있다. 국내 전체 수출에서 반도체가 차지하는 비중은 2018년 21.1%로 사상 최고 수준을 기록하였다가 이후 감소세를 보이면서 2022년에는 18.9%로 하락하였다. 한 국가의 경제에서 반도체, 자동차 등 특정 부문의 수출비중이 과도하게 높으면 해당 업종의 글로벌 경기변동에 따라 국내로 유입되는 외환(미 달러화 등)의 양(amount)이 크게 변동하면서 환율 변동성을 확대하는 요인으로 작용하게 된다.

셋째, 환율 변동성 확대는 글로벌 금융위기 등으로 외화유동성 부족이 심화될 경우 국내 은행[19]의 해외차입 의존도가 높아지는 데에도 기인한다. 우리나라의

18 무역의존도란 한 나라의 경제가 무역에 얼마나 의존하고 있는가를 나타내는 지표로 국내총생산(GDP)에 대한 무역액(수출+수입)의 비율 등으로 표시한다.

19 본서에서 국내 은행은 외국은행 국내지점(외은지점)을 제외한 한국계 은행만을 의미한다.

경우 대외의존도가 높고 원화가 국제금융시장에서 통용되는 국제통화가 아니어서 금융위기나 외환위기 발생 시에는 외화유동성 부족이 심화되는 경향이 있다. 외화유동성 부족이 심화될 경우 국내 은행은 예금을 통해 충분한 외화를 조달하기가 어려워 해외차입(overseas borrowing)에 주로 의존하게 되는데, 문제는 국제금융시장 불안이 심화될 경우 국내 은행들이 해외에서 외환을 안정적으로 조달하기가 쉽지 않다는 점이다. 이는 앞서 설명한 대로 우리나라가 외환위기를 경험(낙인효과)하였고, 원화가 국제통화가 아니며 대외의존도가 매우 높은 구조적 취약성을 갖고 있기 때문에 국제금융시장에서는 우리나라를 평상시에는 경제성장, 개방화 진전 등을 들어 선진국으로 간주하지만 금융위기나 외환위기가 발생하면 이 같은 대외충격에 매우 취약한 국가로 인식하는 경향이 존재하기 때문으로 보인다.

8.7 외환거래의 형태

외환거래는 전통적 외환거래와 파생적 외환거래로 구분할 수 있다. 전통적 외환거래에는 현물환거래, 선물환거래, 외환스왑 등이 있으며 파생적 외환거래에는 통화스왑, 통화옵션 등이 포함된다. 파생적 외환거래는 9장 외화자금시장에서 살펴보기로 한다.

8.7.1 현물환거래

① 정의

현물환(spot)거래는 보통 외환거래의 계약일로부터 2영업일 이내에 외환의 교환과 결제가 이루어진다. 즉 계약일을 기준으로 당일 결제(value today), 익일 결제(value tomorrow), 익익일 결제(value spot) 등 2영업일 이내에 외환의 교환과 결제가 이루어지면 현물환거래이며 계약일로부터 3영업일 이후 교환과 결제가 이루어지면 선물환거래로 분류한다. 현물환거래의 계약일(transaction date)은 거래당사자 간 거래금액, 만기, 계약 통화 등 주요 거래조건이 결정되는 날이며, 결제일

(value date 또는 settlement date)은 거래계약 후 실제로 외환의 교환과 결제가 일어나는 날을 말한다.

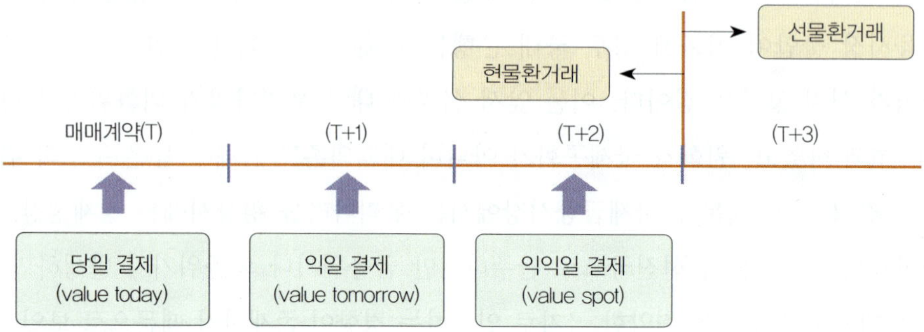

그림 8.3 현물환거래와 선물환거래

참고 현물환거래는 어떻게 이루어지는가?

2023년 10월 16일(월요일) A은행이 B은행으로부터 미 달러화 1백만달러를 현물환율 1,349원에 거래발생일로부터 제2영업일 결제기준(value spot)으로 매입한다고 가정해 보자. 그러면 2영업일 후인 10월 18일(수요일)에 B은행은 A은행 계정에 1백만달러를 이체하며, A은행은 1백만달러를 받는 대가로 B은행 계정에 원화 1,349,000,000원(1,349원×1백만달러)을 이체함으로써 현물환거래는 종결된다.

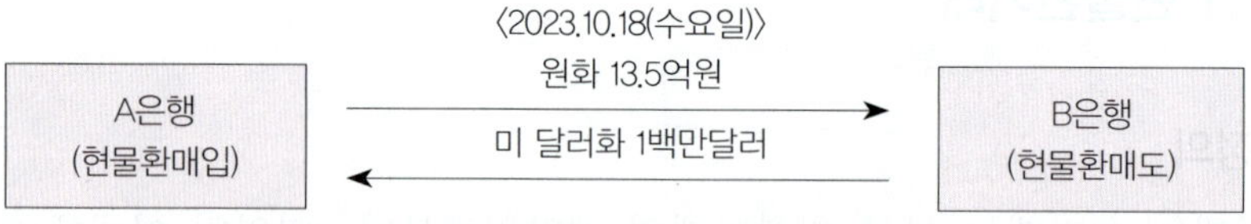

현물환거래의 동기는 실수요 매매, 환리스크 관리(hedging), 투기적 목적(speculation) 등으로 다양하다. 첫째, 실수요 매매란 기업, 개인 등이 투기적 목적이 아닌 수출이나 수입, 해외직접투자 또는 해외여행 등을 통해 수취하거나 지급

할 외환을 매각하거나 매입하는 것을 말한다. 예를 들어 수출업체가 수출대금으로 받은 외환을 국내에서 사용하기 위해 은행에 매각하거나 수입업체가 해외에서 구입한 수입물품대금 결제를 위해 외환을 매입하는 경우 등이 실수요 매매에 해당한다.

둘째, 현물환거래는 은행이 외환포지션을 조정하는 과정에서 일어날 수도 있다. 앞서 설명하였듯이 수출업체가 은행에 외환을 매각하면(다른 조건은 일정하다고 가정) 은행은 외화자산이 외화부채를 상회하는 매입초과포지션이 발생하게 되므로 환리스크에 노출된다. 이때 은행은 은행간시장에서 매입초과규모만큼 외환을 매도하여 포지션을 스퀘어(외화자산-외화부채=0) 상태로 만들면 환리스크를 회피할 수 있다.

셋째, 투기적 목적으로도 현물환거래를 할 수 있다. 이는 미래의 환율에 대한 기대를 바탕으로 적극적으로 차익을 추구하기 위해 외환을 매매하는 것을 말한다. 향후 원/달러 환율이 상승할 것으로 예상한다고 가정해 보자. 환율이 상승한다는 것은 원화가치는 떨어지고 미 달러화 가치가 높아지는 것을 의미한다. 따라서 이 경우 원화를 대가로 달러를 매입하고 향후 환율이 예상대로 상승하면 반대거래를 통해 차익을 얻을 수 있다. 가령 한 개인이 향후 환율이 상승할 것으로 예상하고 달러당 1,300원에 1,000달러를 매입하였다고 가정하자. 이때 원화는 130만원(1,000달러×1,300원)이 소요된다. 이후 예상대로 환율이 1,400원으로 상승하면 1,000달러를 매도해서 140만원을 받을 수 있으므로 10만원의 차익을 얻을 수 있다. 만약 차익이 적다고 생각되면 1백만달러를 매입하였다고 가정해 보자. 그러면 차익은 1억원으로 크게 늘어나게 된다. 반면 원/달러 환율이 하락할 것으로 예상하면 이는 미래에 원화가치가 높아지고 달러 가치는 떨어지는 것을 의미하므로 원화를 대가로 달러를 매도한 후 환율이 예상대로 하락하게 되면 차익을 얻을 수 있다. 한 개인이 향후 환율이 하락할 것으로 예상하고 달러당 1,300원에 보유하고 있던 1,000달러를 매도하였다고 가정하면 달러 매도로 원화가 130만원이 생긴다.

이후 환율이 예상대로 1,200원으로 하락(원화가치 상승)하게 되면 1,000달러를 120만원에 다시 매입할 수 있으므로 10만원의 차익이 생기게 된다. 미래의 환율에 대한 기대를 바탕으로 외환을 매매해서 차익을 추구하는 방법은 여러 가지가 있으나 그중 대표적인 것이 FX 마진(Margin)거래[20]이다. FX 마진거래는 Forex Margin Trading의 약어로 서로 다른(이종) 통화 간 환율변동을 이용하여 시세차익을 추구하는 거래를 말한다. FX 마진거래는 환율 전망에 베팅(betting)하는 비교적 단순한 거래구조라 일본에서는 가정주부들도 많이 참여하였고, 이를 반영하듯 와타나베 부인이라는 표현이 국제금융시장에서 FX 마진거래를 하는 일본인을 지칭하는 대명사처럼 사용되었다. 국내에서도 일반인들이 FX 마진거래에 많이 참여했으나 높은 위험으로 투자손실[21]이 커지면서 2020년 이후 거래가 크게 위축되었다.

참고 FX 마진거래를 이용한 외환매매 거래

1. FX 마진거래의 개념

FX 마진거래는 일정 증거금을 예치한 후 통화를 매매하고 환율변동 차액 등을 정산하는 거래로 1990년대 중반 외환거래가 자유로운 영국, 미국, 홍콩 등에서 개인의 외환투자수요를 충족하기 위해 자생적으로 생성·발달되었다. 현물환거래가 은행간시장에서 시장조성자(market maker)인 대형은행이 주도하는 일반적인 거래유형인 반면, FX 마진거래는 소매외환시장에서 고객이 주도하는 투기적 거래유형이다.

2. FX 마진거래의 성격

FX 마진거래는 외환거래와 선물거래의 특성을 결합한 외환파생거래이다. 먼저 외환거래 특성이란 두 종류의 통화(현물환)를 한 쌍으로 하여 서로 반대방향으로 매매(강세 예상 통화를 매입하고 약세 예상통화는 매도)하고 이 과정에서 매입통화와 매도통화간 금리차이를 정산한다(고금리통화 매입 시 이자 수취, 저금리통화 매입 시 이자 지급). 선물거래 특성이란 표준거래 단위(1lot=1만 또는 10만 기준통화), 증거금(margin)에 의한 높은 leverage(통상 20~100배), 일일정산(mark-to-market)을 통한 차액정산 및 마진콜(margin

20 장외에서 이루어지는 외국환거래로, 표준화된 계약단위(100,000단위), 소액의 증거금(거래대금의 5%) 등을 적용하며 이종통화 간 환율변동을 이용하여 시세차익을 추구하는 거래를 말한다(금융투자협회).

21 금융투자협회는 신한·하나·한국투자·키움증권 등 4개 증권사의 2023년 2분기 평균 손실계좌비율을 73.2%로 집계했다(2023년 8월 3일 대한금융신문).

call: 증거금 부족 시 추징) 등의 특성을 보유한 것을 말한다.

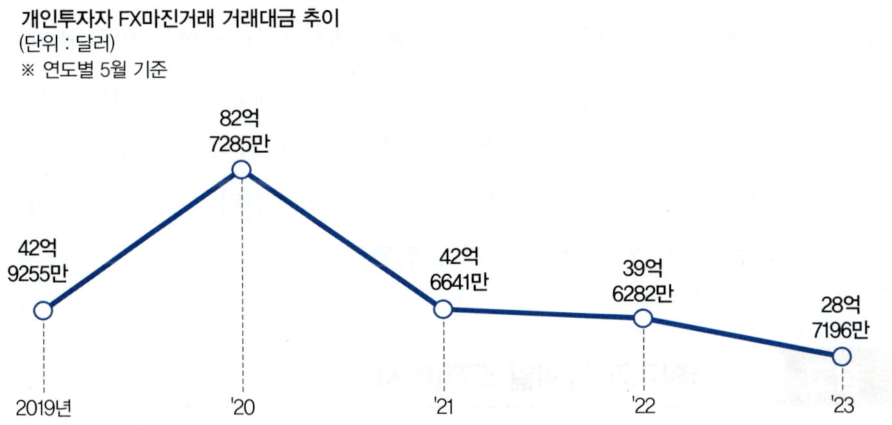

자료: 금융투자협회

② 거래구조

현물환시장은 은행간시장 및 대고객시장으로 구분된다. 은행간시장은 대부분의 거래가 외국환중개회사를 통해 이루어지는데 거래 과정은 다음과 같다. 먼저 은행이 중개사에 전화 또는 전자중개시스템을 이용하여 현물환의 매입 또는 매도 주문을 하면 중개사는 은행들로부터 받은 주문 중 최고 매입환율(best bid rate)과 최저 매도환율(best offer rate)을 거래에 참가한 은행들의 컴퓨터를 통해 제공한다. 이후 은행의 주문 내용대로 거래가 체결되면 은행은 중개사로부터 거래체결 통보를 받고 거래상대방에게 거래성립 확인 및 결제를 함으로써 거래가 종결된다.

③ 결제일 결정방법

현물환 등 외환거래의 결제는 신용위험(credit risk)[22]을 축소하기 위해 거래당사자들이 같은 날에 결제를 하는 것이 일반적이지만 결제업무를 수행하는 은행이

22 신용위험은 보통 계약에서 채무자의 지급불능 또는 지급거절에 의해 지급이 이행되지 않는 거래상대방 위험(counterparty risk)을 말한다. 한편 국제결제은행(BIS, Bank for International Settlements)은 신용위험을 "차입자가 통상 약정된 조건에 따라 채무를 이행할 수 없게 될 가능성"이라고 정의하고 있다.

소재한 국가들이 서로 다르고 나라마다 영업일 또는 휴일이 다를 수 있어 결제일을 조정할 필요가 발생하게 된다. 원화와 달러를 교환하는 원/달러 현물환거래 계약의 경우 일반적으로 원화는 한국 소재 은행에서 미 달러화는 미국 소재 은행에서 각각 결제되므로 두 나라 간 휴일을 고려하여 결제일이 조정된다. 가령 원/달러 현물환거래를 계약한 이후 결제일 이전에 우리나라의 휴일이 있는 경우에는 영업일에서 제외하지만 미국 휴일은 영업일로 산입한다. 다만 결제일이 미국 휴일인 경우에는 다음 영업일로 결제가 순연된다.

참고 현물환거래 결제일 조정(예시)

2024년 8월 29일(목)에 원/달러 현물환 계약을 체결한다고 가정하면 8월 31일과 9월 1일(일)은 우리나라 휴일이고 9월 2일(월)은 미국 휴일(Labor day)이므로 결제일은 9월 3일(화)로 순연된다.

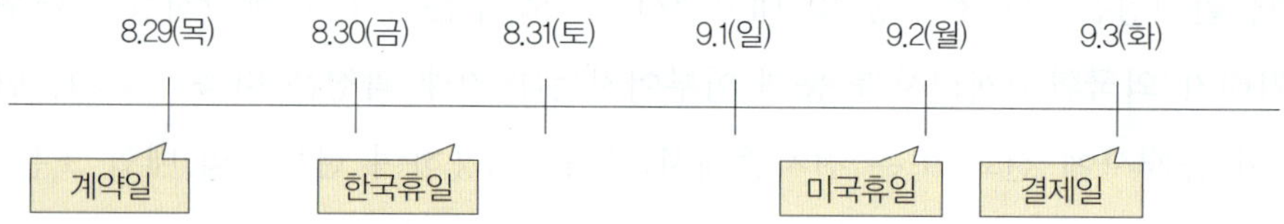

8.7.2 선물환거래

① 정의

선물환(Forwards)거래란 계약일로부터 통상 2영업일 경과 후 특정일에 외환의 교환과 결제가 이루어지게 된다. 즉, 현재 시점에서 가격을 약정하고 결제는 미래에 하게 되므로 선물환계약을 체결하면 약정된 결제일까지 매입과 매도 쌍방의 결제가 모두 이연된다. 선물환거래는 선물환매입 또는 선물환매도 거래만 발생하는 Outright Forward 거래와 선물환거래가 스왑거래의 일부분으로 현물환거래와 같이 일어나는 Swap Forward 거래로 구분된다. 그리고 Outright Forward 거래는 다시 만기 시점에 외환을 실제로 교환해야 하는 일반 선물환거래와 만기 시

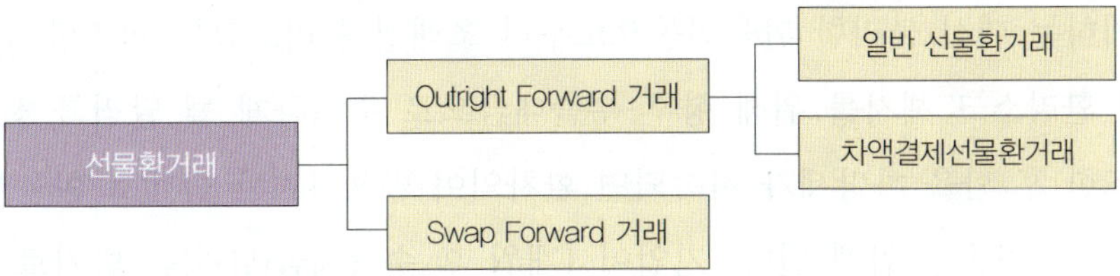

그림 8.4 선물환거래의 종류
자료: 한국은행

점에 외환의 원금을 교환하지 않고 외환거래의 차액만 정산하면 되는 차액결제선물환(NDF, Non-Deliverable Forward) 거래로 나뉜다.

참고 일반 선물환 거래과정

2023년 8월 4일(금) A은행이 B은행으로부터 미화 1백만달러를 선물환율 1,300원에 1개월 후 매입하기로 하는 계약을 체결했다고 가정하자. 선물환 결제일은 현물환거래 결제일+선물환만기이므로 이 계약의 결제일은 9월 8일(화)이 된다. 따라서 A은행은 2023년 9월 8일 B은행에 원화 13억원(1,300원×1백만달러)을 지급하고 B은행은 A은행에 1백만달러를 지급하면 선물환거래는 종결된다.

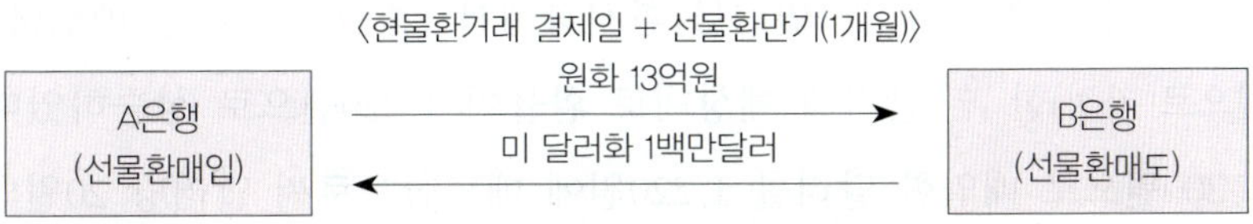

② 거래동기

선물환거래의 동기는 환리스크 관리 목적, 투기적 목적, 금리차익 목적 등 앞서 살펴본 현물환거래 동기와 대체로 비슷하다. 첫째, 환리스크 관리 목적이란 주로 수출입 등 경상거래 시 발생하는 환리스크 헤지를 위해 선물환거래를 이용하는 것을 말한다. 기업은 선물환거래를 통해 미래 결제일에 적용할 환율을 선물환계약 당일인 현재 시점에 확정시킴으로써 유리한 환율변동 시 발생하는 이익을 포기하는 대신 불리한 환율변동으로부터 초래될 환리스크를 회피할 수 있다. 기업이 환리스크 헤지를 위해 향후 수출대금으로 수취하게 될 달러를 선물환으로 매도한 후 환율 하락세가 지속되면 환차익이 발생하지만 반대로 환율이 계속 상승하면 환차손을 입게 된다. 기업이 1개월 후 수출대금(달러)을 받기로 예정되어 있고 현재 1개월물 선물환율은 1,200원이라고 가정해 보자. 이 경우 기업이 1개월 후 받게 될 달러를 선물환율인 1,200원에 매도하는 선물환매도 계약을 체결하면 1개월 후 현물환율이 어떻게 변화하더라도 달러당 1,200원에 매도할 수 있다. 반면 선물환매도 거래를 하지 않고 1개월 후 현물환율이 1,300원을 상회하게 되면 선물환매도 시와 비교해 환차익이 발생하지만 1,200원을 하회하면 환차손이 발생한다.

둘째, 선물환거래는 투기적 목적으로도 자주 이용된다. 향후 원/달러 환율이 상승(달러 강세)할 것으로 예상될 경우 선물환시장에서 달러를 매입(선물환매입)하고 만기에 예상대로 환율이 상승하면 선물환시장에서 매입한 달러를 현물환시장에서 더 높은 가격으로 매도할 수 있기 때문에 환차익을 얻을 수 있다. 반대로 원/달러 환율이 하락(달러 약세)할 것으로 예상하면 보유 중인 달러를 선물환으로 매도한 후 만기에 예상대로 환율이 하락하면 현물환시장에서 더 낮은 가격으로 달러를 매입하는 방식으로 환차익을 얻을 수 있다. 예를 들어 향후 원/달러 환율이 상승할 것으로 예상하면 선물환시장에서 1개월물 달러를 매입(선물환율은 1,200원으로 가정)한 후 만기에 예상대로 환율이 1,220원으로 상승하였다고 가정하면 1,200원으로 매입한 달러를 1,220원에 매도함으로써 달러당 20원의 차익을 얻을 수 있다.

참고 조선업체의 선물환거래를 이용한 환리스크 헤지

국내 조선업체들은 선박수출계약을 체결한 후 수출대금(주로 미 달러)을 대체로 선박건조기간(2~3년)에 걸쳐 분할해서 받는 것으로 알려졌다. 조선업체는 선박수출계약 체결 이후 원/달러 환율이 하락(원화 강세)하면 미래에 받게 될 수출대금(달러)의 원화환산금액이 줄어들어 환손실이 발생하게 되므로 환리스크를 줄이기 위해 선물환거래를 이용한다. 조선업체가 미래에 받을 수출대금을 현재시점에서 선물환으로 매도하면 미래 수출대금 수취일에 적용할 환율을 현재시점의 선물환율로 확정시키는 효과가 발생한다. 즉, 선물환매도를 통해 미래에 받게 될 수출대금의 원화환산금액을 현재시점의 선물환율로 확정시킴으로써 환율변동이 경영성과에 영향을 주는 것을 회피할 수 있기 때문에 경영자들은 환리스크 헤지 방법으로 선물환거래를 선호한다고 한다.

선물환 거래 시 환차익 및 환차손

(1) 환율 하락 시(원화 강세기)

국내 조선업체가 2003년말에 선박수출계약(1억달러)을 체결하고 동시에 환리스크 헤지를 위해 2006년말 받게 될 선박수출대금 1억달러를 선물환으로 매도(선물환율은 1,200원으로 가정)한 사례이다. 이 사례에서 조선업체는 2006년말 수취할 수출대금 1억달러를 2003년말 선물환 계약을 통해 원화 1,200억원(1억달러×1,200원〈선물환율〉)으로 확정시켰다. 반면 선물환매도를 하지 않고 2006년말에 수취한 수출대금 1억달러를 2006년말 현물환율인 930원으로 매도할 경우 원화 환산금액은 930억원(1억달러×930원)으로 크게 줄어들게 되므로 선물환매도시와 비교해 270억원의 환손실이 발생하게 된다.

(2) 환율 상승기(원화 약세기)

이번에는 조선업체가 2006년말 선박건조계약을 체결하고 수출대금 1억달러를 2년 후인 2008년말에 받았던 사례이다. 조선업체는 2006년말에 1억달러(2008년말에 수취할 수출대금)를 2008년말에 인도하는 조건으로 선물환으로 매도(선물환율 1,000원으로 가정)함으로써 수출대금 1억달러가 원화 1,000억원(1억달러×1,000원)으로 확정되었다. 반면 선물환매도를 하지 않고 2008년말 현물환율인 1,258원으로 매도했다면 원화 환산금액은 1,258억원(1억달러×1,258원)으로 크게 늘어나게 된다. 따라서 이 경우에는 조선업체가 선물환매도를 통해 환리스크를 헤지함으로써 오히려 258억원 규모의 환차익을 얻을 기회를 상실하게 되었다.

원/달러 환율 추이* (원)

2002	2003	2004	2005	2006	2007	2008
1,200	1,198	1,044	1,013	930	938	1,258

주. * 연도말 기준
자료: 한국은행

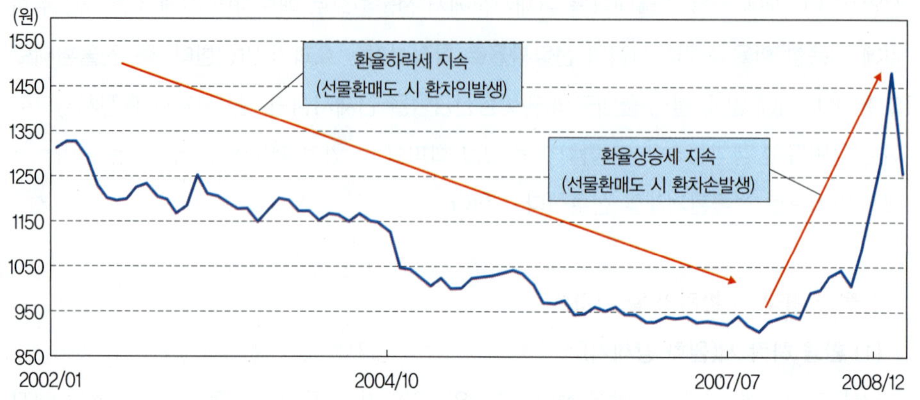

셋째, 선물환거래는 금리차익(interest arbitrage)을 얻을 목적으로도 이용된다. 무위험 금리평가이론(covered interest rate parity)에 따르면 국가 간 자본이동이 자유로울 경우 선물환율은 현물환율을 기준으로 양 통화 간 금리 차이에 의해 결정된다. 따라서 스왑레이트(swap rate)가 양 통화 간 금리 차이와 괴리될 경우 금리차익거래를 통해 환리스크 없이 무위험 이익, 즉, 재정거래 차익을 얻을 수 있다. 스왑레이트(swap rate)란 선물환율과 현물환율의 차이를 연율(%)로 표시((선물환율−현물환율)/현물환율)한 것으로 선물환율에 내재된 두 통화 간 금리 차이를 말하며 원화보유자가 미 달러를 조달할 때 소요되는 일종의 환헤지 비용이다.

국내에서는 금리재정거래 유인이 지정학적 위험이나 정부의 선물환 규제, 국제금융시장의 불안 등 다양한 요인들에 따라 확대·축소되는 상황이 반복되고 있다. 가령 2006~2008년 중에는 국내외 금리차와 스왑레이트 간 격차(1년물 기준)가 확대됨에 따라 금리재정거래 유인이 장기간 지속되면서 외은지점들이 해외(본지점차입 등)에서 조달한 외화자금을 국내은행과의 스왑을 통해 원화로 전환하여 이를 국고채, 통안증권 등 국내 유가증권에 투자하는 방법 등으로 금리재정거래 차익을 획득한 바 있다.[23]

23 9장 외화자금시장을 참조한다.

③ 결제방식

선물환거래의 결제방식은 대체로 현물환거래와 비슷하다. 은행간시장에서 선물환거래는 보통 만기가 계약일로부터 3영업일 이상이고 거래주문 시 제시가격은 선물환율과 현물환율의 차이인 스왑포인트(swap point)로 호가하며 실제 거래에 적용되는 환율은 직전에 체결된 현물환율을 기준으로 결정된다는 점 등이 현물환거래와 다른 점이다. 반면 대고객거래 및 은행 간 장외시장은 결제조건이 정형화되어 있지 않다. 선물환거래 결제일은 현물환 결제일(spot date)을 기준으로 여기에 선물환거래 기간을 더하여 결정된다. 예를 들어 2023년 11월 15일(수)에 1개월물 선물환거래 계약을 체결했다면 기산일은 2영업일 후인 11월 17일(금)이 되며 1개월물 선물환거래의 결제일은 현물환거래 결제일인 11월 17일을 기준으로 한 달 후인 12월 17일(일)이 된다. 다만 12월 17일이 휴일(일요일)이므로 결제는 익영업일인 12월 18일(월)에 이루어지게 된다.

8.7.3 차액결제 선물환거래

차액결제 선물환(NDF, Non-Deliverable Forward)거래란 계약만기에 원금의 교환 없이 계약 당시 약정한 환율과 만기 시 현물환율인 지정환율(fixing rate) 간의 차액만큼만 사전에 정한 통화로 결제하는 방식을 말한다. NDF 거래는 차액만 결제하기 때문에 총액으로 결제하는 일반 선물환거래에 비해 결제위험이 작아 레버리지(leverage) 효과가 크다. 또한 NDF의 결제통화는 주로 미 달러화이기 때문에 원화처럼 국제통화가 아니라도 비거주자가 해당 통화를 보유하거나 환전할 필요 없이 자유롭게 거래할 수 있다는 장점이 있다. NDF의 거래동기도 일반 선물환거래처럼 환리스크 관리, 투기거래, 차익거래 등으로 다양하다. NDF 거래는 차액만 결제하는 특성 때문에 국내 증권에 투자하는 외국인투자자들이 환리스크 헤지는 물론 투기적 목적으로도 많이 활용한다고 알려져 있다.

참고 레버리지란 차입(borrowing)을 통해 투자수익률을 높이는 것

레버리지란 보통 타인 자본을 빌려 투자수익률을 높이는 것을 말한다. 가령 자기자본 1억원으로 주식을 매입한 뒤 한 달 후 주가가 20% 상승한 1억 2천만원에 매도하였다면 자기자본 1억원에 대한 투자수익률은 주가상승률과 같은 20%가 된다. 그러나 투자자금 1억원 중 60%인 6천만원을 대출로 조달하고 나머지 4천만원만 자기자본인 경우 자기자본 수익률은 더욱 높아지게 된다. 즉, 자기자본을 4천만원만 투자하여 2천만원의 수익을 올렸기 때문에 자기자본 수익률은 50%로 높아지게 된다.

레버리지 효과

1) 자기자본 100%로 주식 매입 시 자기자본 투자수익률은 B/A×100= 20%

2) 자기자본 40%로 주식 매입 시 자기자본 투자수익률은 B/A×100= 50%

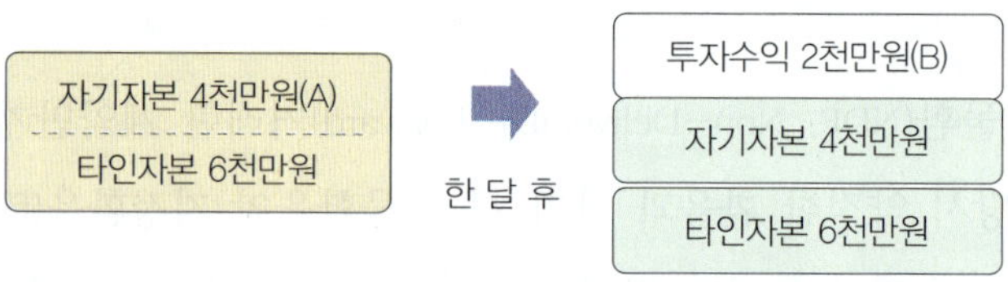

NDF의 거래구조는 일반 선물환거래와 달리 만기에 현물을 인수도 하지 않고 계약환율과 지정환율(fixing rate) 간의 차액만을 결제하는 방식이다. 가령 NDF 매도계약을 체결한 후 만기일에 환율이 상승하여 지정환율이 계약환율을 상회하면 지정환율과 계약환율 간 차액을 상대방에게 지급하고 반대로 만기일에 지정환율이 계약환율을 하회하면 상대방으로부터 지정환율과 계약환율 간 차액을 받게 된다. NDF의 만기는 주로 정형화된 기간물(1개월물~3년물)의 형태로 이루어지고 있으며 건별 거래금액은 제한이 없으나 대체로 1백만달러 단위로 거래된다. 차액정산 시 기준이 되는 지정환율은 원/달러 NDF 거래의 경우 대체로 직전 영업일의 매매기준율을 이용하며 차액정산 시 교환되는 통화는 미 달러화이다.

참고 NDF 거래 메커니즘

국내은행이 달러당 1,300원의 계약가격(환율)으로 1개월 후 외국인에게 1백만달러를 매도하는 NDF 계약을 체결한 후 ⅰ) 환율이 상승한 경우와 ⅱ) 환율이 하락한 경우 은행의 손익이 어떻게 변하는지를 살펴보자.

NDF 거래 시 은행의 정산차액 = NDF 매매금액×[(계약환율-만기 시 현물환율)/만기 시 현물환율)]이 되며 은행 입장에서 -는 손실, +는 이익을 의미한다.

ⅰ) 1개월 후 현물환율이 1,400원으로 상승하면 은행은 계약환율(1,300원)과 만기 시 현물환율인 지정환율(1,400원) 간의 차이에 해당하는 -71,428달러[1백만달러×(1,300-1,400)÷1,400=-71,428]를 외국인에게 지급해야 한다. 즉, 은행은 NDF 거래에서 손실이 발생한다.

ⅱ) 1개월 후 현물환율이 하락하여 1,200원이 되었다면 은행은 계약환율(1,300원)과 만기 시 현물환율인 지정환율(1,200원)의 차이에 해당하는 +83,333달러[1백만달러×(1,300-1,200)÷1,200=+83,333]를 외국인으로부터 수취한다. 즉, 은행은 NDF 거래에서 이익이 발생한다.

〈현물환거래 결제일 + NDF 만기(1개월)〉

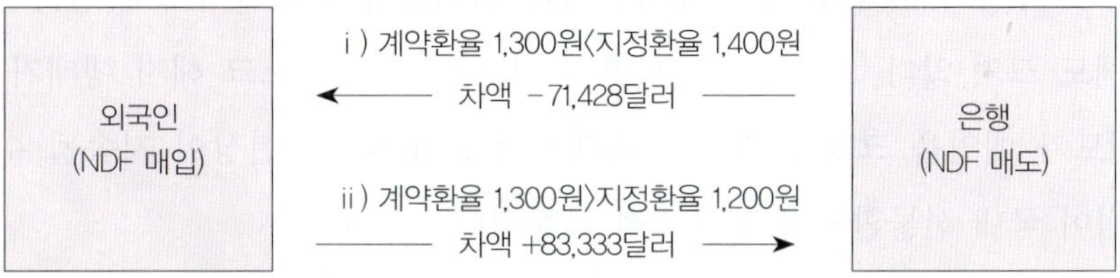

8.8 우리나라 선물환시장의 특징

국내 선물환시장에는 개인, 기업, 금융기관, 외국인 등 다양한 참가자들이 환리스크 헤지, 차익거래 목적 등을 위해 활발하게 참여하고 있다. 이들 시장참가자 중 기업의 선물환거래 규모가 상대적으로 크며 수출업체와 수입업체 간 환리스크 헤지 행태도 서로 다르다. 수출기업은 주로 price taker로서 환리스크에 민감하고 주로 선물환거래(매도)를 통해 환리스크를 헤지하는 반면 수입업체들은 price setter로서 환리스크를 적극적으로 헤지하기보다는 이를 국내 판매가격에 전가(transfer)하는 경향이 강하다.

국내 선물환거래는 원/달러 환율이 급락하기 시작한 2004년 10월 이후 조선·중공업체 등 주요 수출업체들이 환리스크 헤지를 본격화하면서 크게 늘어나기 시작하였다. 조선·중공업체는 해외에서 선박수주 후 인도까지 장기간이 소요되고 건당 수주액도 수억달러에 달해[24] 환리스크를 효율적으로 관리할 필요성이 큰데다 선물환거래의 경우 다른 금융상품과 비교해 환리스크 회피가 확실하고 사후관리가 용이하기 때문에 선호하는 것으로 알려졌다.

반면 주요 수입업체인 정유업체의 경우 국제유가 상승 시와 마찬가지로 환율 변동분을 대체로 국내 판매가격에 전가하는 경향이 강해 환리스크를 헤지할 유인이 적어 선물환거래보다는 현물환거래를 선호한다고 알려졌다. 또한 정유업체들은 원유수입 계약 시기에 대해서는 리딩앤래깅(leading & lagging)[25] 방법을 이용하여 결제시기를 탄력적으로 조정하는 한편 수입결제 대금 중 수출금액을 초과한 순익스포저(net exposure)에 대해서만 현물환시장에서 조달하므로 선물환매입 수요 자체도 크지 않다. 이처럼 수출 및 수입업체 간 환리스크 헤지 행태가 달라 선물환매도가 매입을 크게 초과하는 비대칭적(asymmetric) 현상이 지속될 수밖에 없다는 점이 국내 선물환시장의 구조적 특징이다.

8.8.1 선물환거래와 외채

조선업체, 자산운용사 등은 각각 미래에 받을 수출대금 또는 해외펀드 투자

24 수출대금 회수는 작업공정 단계별로 5회 균등분할 정산이 일반적이나 top heavy(최초 계약 시 70~90% 결제) 또는 heavy tail(최종 인도 시 70~90% 결제) 방식도 상당한 것으로 알려졌다.

25 환율하락이 예상되는 경우 원유도입 시점을 늦추고 환율상승이 예상되는 경우 원유도입 시점을 앞당기는 방법이다.

에서 발생하는 환리스크를 회피하기 위해 미래 적용할 환율을 현시점에서 확정하는 선물환매도계약을 은행과 체결한다. 이때 조선업체 등에서 선물환을 매입한 은행[26]은 선물환매입으로 발생하는 환리스크를 회피(외환포지션 조정)하기 위해 현물환시장에서 현물환(달러)을 매도하는데 이 과정에서 외채가 늘어나게 된다. 이는 국내은행이 환리스크 회피를 위해 필요한 현물환(달러)을 주로 외은지점들이 해외 본점에서 단기 차입(단기 외채)을 통해 조달하기 때문이다. 외은지점은 법상 국내 금융기관으로 분류되므로 외은지점이 해외 본점 등에서 외화를 차입하면 우리나라의 외채(외화표시 부채)로 분류된다.

한편 외은지점이 조선업체 등으로부터 직접 선물환을 매입하는 경우에도 외은지점 역시 환리스크 회피를 위해서는 현물환(달러)을 매도해야 하는데 이때 필요한 달러를 해외 본점 등에서 차입을 통해 조달하게 된다. 결국 수출업체 등의 선물환매도를 국내은행이 매입하든 외은지점이 매입하든 은행의 환리스크 헤지에 필요한 현물환(달러)은 상당 부분 외은지점이 해외 본점에서 단기차입을 통해 조달하게 되므로 단기 외채가 크게 늘어날 수밖에 없다. 즉, 개별경제 주체(조선업체, 자산운용사, 국내은행, 외은지점)의 합리적 경제행위가 경제 전체적으로는 시스템 리스크요인으로 작용(fallacy of composition)하게 되는 대표적 사례이다.[27] 정부도 2006~2007년 중 단기 외채 급증이 조선·중공업체의 선박수주 호조와 해외증권투자 활성화 등으로 환리스크 헤지수요(선물환매도)가 크게 증가한 데 기인한 것으로 평가한 바 있다.[28]

26 선물환을 매입한 은행은 환율변동 위험에 노출되므로 선물환매입 규모만큼 현물환(달러)을 매도하여 외환포지션을 스퀘어(square) 상태로 만들면 환리스크를 상쇄시킬 수 있다. 10장 외환정책을 참조한다.

27 조선·중공업체 등의 선물환매도는 미래 환율하락을 예상하고 이에 따른 환리스크를 헤지하기 위한 합리적 행위이나 환율하락을 가속화시키는 요인으로 작용하면서 기업의 수익성을 악화시킬 뿐만 아니라 금리재정거래 유인을 확대시켜 금융기관의 단기 외화차입 증가를 초래하였다.

28 단기외채: 2005년말 651억달러 → 2006년말 1,156억달러 → 2007년말 1,632억달러

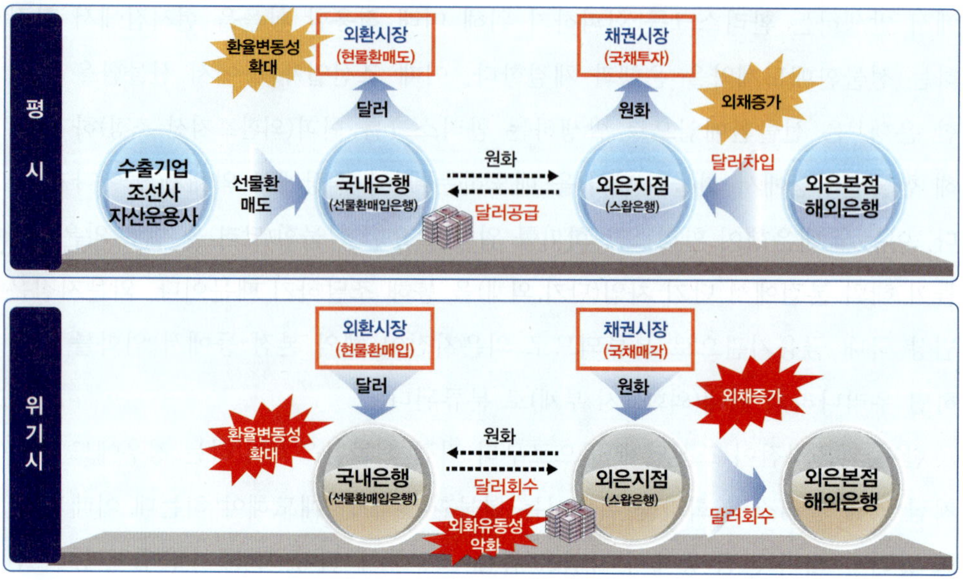

(a) 국내은행이 선물환을 매입하는 경우

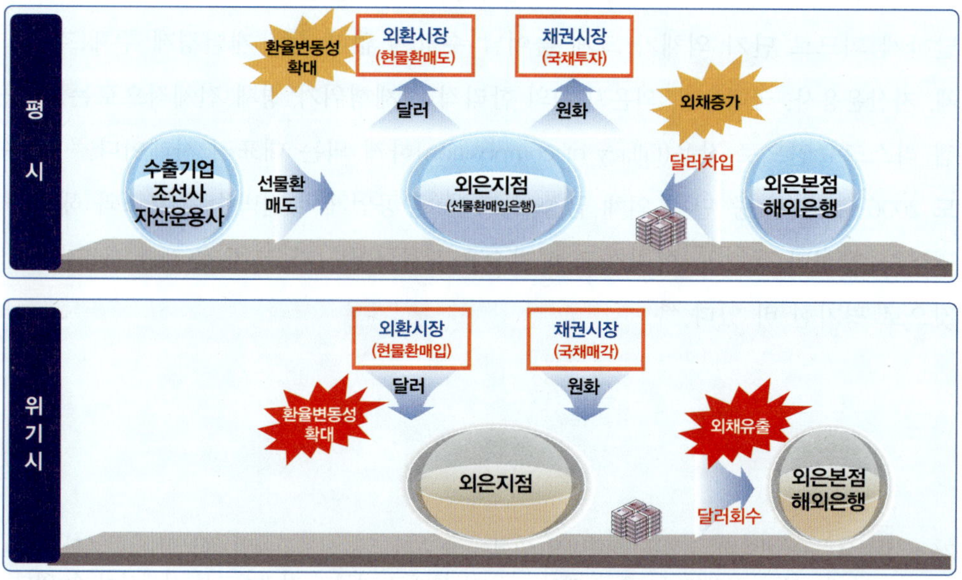

(b) 외은지점이 선물환을 매입하는 경우

그림 8.5 선물환매도에 따른 단기외채 증가 메커니즘

자료: 한국은행(2010)

8.8.2 선물환거래와 환율

조선업체나 자산운용사의 환리스크 헤지 목적의 선물환매도는 국내은행의 선물환매입과 이에 따른 외환포지션 조정을 위한 현물환매도 과정을 통해 외채증가는 물론 원/달러 환율 하락(원화가치 상승) 요인으로 작용하게 된다. 또한 은행은 선물환거래에서 발생하는 환리스크 헤지를 위해 외화자산 또는 부채를 조정하게 되는데 이 과정에서도 외환시장의 수요와 공급을 통해 환율에 영향을 미치게 된다.

예를 들어 수출기업은 환리스크 헤지를 위해 장래에 받을 수출대금을 은행에 선물환으로 매도하는데, 이때 선물환을 매입한 은행은 선물환 매입초과포지션이 되어 환위험에 노출된다. 은행이 환리스크 헤지를 위해 선물환 매입초과포지션을 조정하는 방법은 ① 매입한 선물환을 다른 은행에 선물환으로 다시 매도하거나 ② 스왑 또는 외화차입을 통해 현물환(달러)을 조달하고 이를 다시 현물환으로 매도해서 종합포지션을 스퀘어(square)로 만드는 방법이 있다. 은행은 주로 스왑 또는 외화차입을 통해 조달한 현물환(달러)을 매도하여 종합포지션을 스퀘어로 만들기 때문에 외화차입 규모만큼 외채가 늘어나고 외환시장에서는 현물환매도(미 달러화)가 늘어남에 따라 환율하락(원화가치 상승) 요인으로 작용하게 된다. 한편 선물환 만기 시에는 기업이 수취한 수출대금을 은행에 매도하여 선물환매도 거래를 이행하고 은행은 선물환으로 매입한 외환(기업의 수출대금)으로 외화차

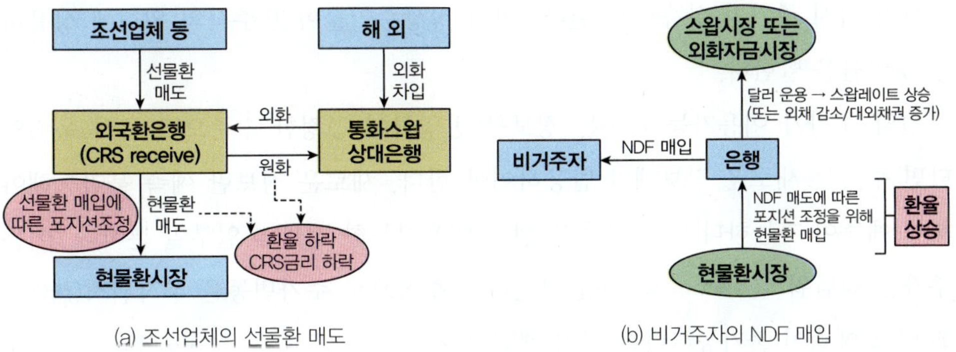

(a) 조선업체의 선물환 매도

(b) 비거주자의 NDF 매입

그림 8.6 선물환거래가 현물 환율에 영향을 미치는 메커니즘

입금을 상환하게 된다. 즉, 만기 시에는 은행이 수출기업으로부터 수취한 외환으로 외화차입금을 상환함으로써 외채가 줄어들게 되며 이때 환율에 미치는 영향은 거의 없다.

한편 NDF 거래는 원금교환 없이 차액만 결제하는 특성 때문에 국내 증권에 투자하는 비거주자(외국인증권투자자 등)가 환리스크 헤지 목적으로 많이 이용하는 것으로 알려져 있다. 비거주자가 국내은행으로부터 NDF(차액결제선물환)를 매입하면 대체로 환율 상승요인으로 작용한다. 이는 비거주자에게 NDF를 매도한 국내은행이 NDF 매도에 따른 포지션 조정을 위해 현물환(달러)을 매입해야 하기 때문이다.

8.9 외환시장의 효율성

효율적 시장(efficiency market)이란 시장참가자들이 이용가능한 모든 정보가 가격에 즉각적으로 완전히 반영된다는 것을 의미한다. 따라서 시장참가자들이 추가적으로 어떤 정보를 입수하더라도 그 정보는 이미 가격에 반영되었기 때문에 초과수익(excess return)을 얻을 수는 없다. 효율적 시장가설에 따르면 주식(stock)의 성과예측에 사용되는 이용가능한 모든 정보는 이미 주가(stock price)에 반영되어 있다. 만약 어떤 주식이 저평가되어 있다는 정보가 있으면 해당 주식에 대한 투자자들의 수요가 급증하면서 정상수익률(ordinary rate)만을 기대할 수 있을 정도까지 즉시 주가가 상승하게 된다. 이때 정상수익률이란 주식의 위험에 상응하는 수익률을 말한다.

만약 주가가 이용가능한 모든 정보를 반영하여 공정한 수준으로 즉시 움직인다면 주가는 새로운 정보에만 반응하여야 한다. 새로운 정보란 예측 불가능해야 하며 예측이 가능하다면 그 예측은 현재 이용가능한 정보의 일부일 뿐이다. 이는 주가는 랜덤워크(random walk)를 따른다는 주장으로 주가변동은 무작위적(無作爲的)이고 예측이 불가능하다는 점이 핵심이다.

이처럼 주가가 이용가능한 모든 정보를 완전하게 반영하고 있다는 개념을 효율적 시장가설(EMH, efficient market hypothesis)이라고 한다. 반면 시장이 비효율적이라면 모든 정보가 시장가격에 즉각적으로 완전하게 반영되지 못하다는 것을 의미하므로 특정 정보를 이용하여 다른 투자자들보다 더 높은 수익을 얻는 투자자가 있을 수도 있다.

이와 같은 시장의 효율성(market efficiency) 개념은 시카고대학교의 유진 파마(Eugene Fama) 교수에 의해 정립되었는데, 외환시장에도 그대로 적용할 수 있다. 가령 외환시장이 효율적이라면 모든 정보가 즉각적으로 시장가격인 환율에 반영되기 때문에 기대수익률(환율 예상치)과 실제수익률(실제 환율)은 평균적으로 일치하게 된다. 따라서 실제수익률과 기대수익률 간 차이의 평균값, 즉 초과수익(excess return)의 기댓값(expected value)은 0(zero)이 된다. 〈그림 8.7〉은 외환시장이 효율적인 경우를 상정해 환율의 움직임을 표시한 것으로, 환율변화율이 0(zero) 주변에 무작위로 흩어져 있으며 기댓값(평균)은 0이다.

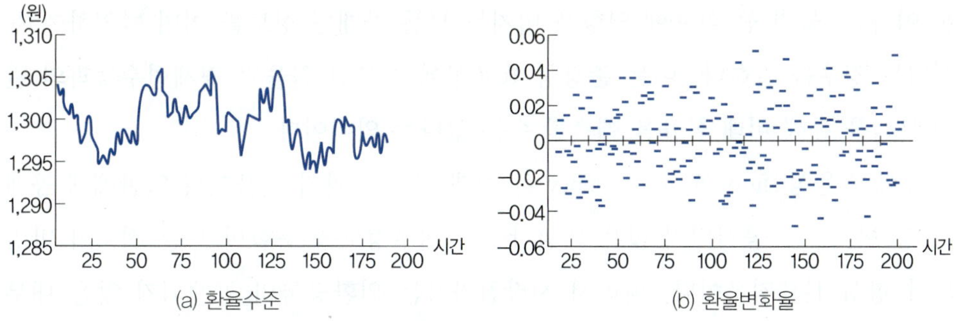

그림 8.7 외환시장이 효율적인 경우 환율의 움직임

8.9.1 효율성의 종류

외환시장의 효율성은 다른 금융시장과 같이 정보가 가격에 반영되는 정도에 따라 약형 효율성, 준강형 효율성 및 강형 효율성으로 각각 나뉜다.

약형 효율성(weak form efficiency)은 현재 환율이 과거의 환율에 관련된 모든 정보를 완전히 반영하여 형성되는 경우이다. 따라서 외환시장이 약형 효율적이라

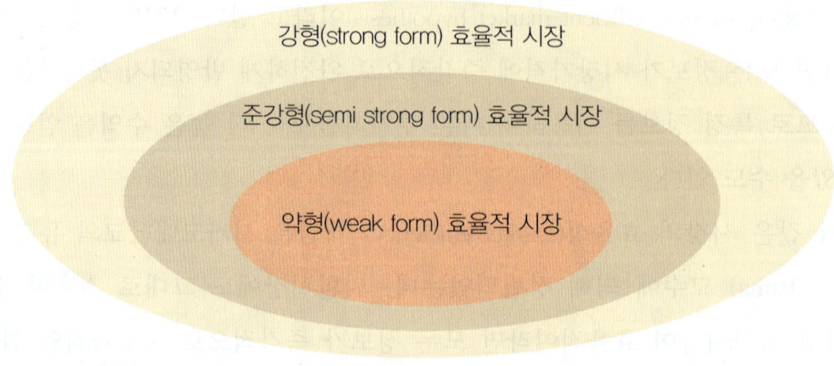

그림 8.8 효율적 시장의 분류

면 과거의 환율정보로부터 어떤 규칙성이나 정보를 발견하여 미래의 환율을 예측할 수는 없다.

준강형 효율성(semi strong form efficiency)은 현재 환율이 과거의 환율정보는 물론 이자율, 물가 등 환율에 영향을 미치는 모든 공개된 정보를 이미 반영하여 형성되는 경우를 말한다. 이는 준강형 효율성에 따르면 환율과 경제변수들과의 관계 분석을 통해 미래 환율을 예측할 수는 없다는 의미이다.

강형 효율성(strong form efficiency)은 현재 환율이 과거 환율이나 일반에게 공개된 정보는 물론 공개되지 않은 외환당국의 내부정보를 포함한 모든 정보가 반영되어 형성되는 경우이다. 따라서 시장참가자는 외환당국의 공개되지 않은 내부정보를 이용하여 미래의 환율을 예측하더라도 초과수익을 올릴 수는 없다. 그러나 현실적으로 내부정보는 모든 사람이 아닌 일부 소수의 사람만 이용할 수 있으므로 내부정보를 입수하는 시장참가자는 초과수익을 얻는 경우가 있을 수 있기 때문에 강형 효율성 가설은 대체로 성립하지 않는다. 따라서 외환시장 등 금융시장의 효율성 논쟁은 강형 효율성보다는 약형 또는 준강형 가설의 성립 여부를 중심으로 이루어져 왔다.

요 약

1. 외환시장이란 좁은 의미에서 외환의 수요와 공급이 연결되는 장소를 의미하나 넓은 의미에서는 이러한 장소적 개념뿐만 아니라 외환거래의 형성, 결제 등 외환거래와 관련된 일련의 메커니즘을 포괄한다.
2. 외환시장은 한 나라의 통화가 갖는 구매력을 다른 나라의 통화로 이전시킬 수 있으며, 외환의 수요자와 공급자를 연결시켜 대외거래의 결제를 가능하게 하고, 변동환율제도 하에서는 국제수지를 자동으로 조절하는 순기능을 수행한다.
3. 외환시장의 안정성이란 외환의 수요와 공급에 따라 환율의 가격기능이 잘 작동해서 초과수요나 초과공급 상황이 오래 지속되지 않고 단기간에 해소가 되는 상태를 의미한다. 그러나 어떤 이유로든지 환율이 일단 균형수준(equilibrium level)을 벗어나게 되면 균형점으로부터 계속 멀어지게 되고 시장의 자동조절 기능인 가격(환율) 변동을 통해 다시 균형점으로 복귀하지 못한다면 외환시장은 안정성 조건(stability condition)을 갖지 못한 것으로 평가할 수 있다.
4. 현물환거래란 통상 외환거래 계약일로부터 2영업일 이내에 외환의 교환과 결제가 이루어지는 거래를 말하며 계약일로부터 3영업일 이후 교환이 이루어질 경우 선물환거래로 분류한다. 한편 차액결제 선물환(NDF)거래란 만기에 계약원금의 교환 없이 계약 당시 약정환율과 만기 시 현물환율인 지정환율 간 차액만큼만 거래당사자 간에 사전에 정한 통화로 결제하는 거래이다.
5. 기업 등에서 선물환을 매입한 은행은 선물환매입으로 발생하는 환리스크를 회피하기 위해 현물환시장에서 현물환(달러)을 매도하게 되는데 이 과정에서 외채가 증가할 수 있다. 이는 국내은행이 환리스크 회피를 위해 필요한 현물환(달러)을 주로 외은지점이 해외 본점에서 차입을 통해 조달하기 때문이다. 즉, 개별경제 주체(조선업체, 은행, 외은지점)의 합리적 경제행위가 경제 전체적으로는 시스템적 위험 요인으로 작용(fallacy of composition)하게 되는 대표적 사례이다.

연습문제

1. 외환시장을 정의하고 외환시장의 주요 특징 및 역할에 대해 설명하라.
2. 외환시장의 주요 참가자를 열거하고 각각의 역할에 대해 설명하라.
3. 현물환거래와 선물환거래를 각각 정의하고 두 거래의 차이점을 비교 설명하라.
4. NDF(차액결제선물환거래) 거래를 정의하고 NDF 거래가 원/달러 환율에 어떻게 영향을 미치는지 그 메커니즘을 설명하라.
5. 조선업체 등 수출업체의 환위험 헤지는 개별 기업 입장에서는 합리적 경제행위이지만 국가경제 전체적으로는 부정적 영향을 미칠 수 있는데 그 이유에 대해 설명하라.
6. 선물환거래의 동기는 환리스크 관리 목적, 투기적 목적, 금리차익 목적 등이 있는데 각각의 목적에 대해 설명하라.
7. 향후 미 달러화가 강세 또는 약세가 될 것으로 전망할 경우 선물환거래를 이용하여 환차익을 얻을 수 있는 방법에 대해 각각 설명하라.

9장

외화자금시장

학습목표

1. 외화자금시장의 정의와 역할에 대해 이해한다.
2. 외화자금시장의 특징 및 구조를 파악해 본다.
3. 외화자금시장의 잠재적 리스크란 무엇이며 이들 잠재적 리스크가 환율, 외채 등 주요 외환 지표에 미치는 영향에 대해 과거 금융위기 사례 등을 통해 알아본다.
4. 외환스왑, 통화스왑 등 스왑시장의 주요 상품들과 특징 및 거래 목적 등을 살펴보고 KIKO 통화옵션 사례를 통해 통화옵션거래가 갖고 있는 위험을 이해한다.
5. 외화자금시장의 수급불균형이란 무엇이며 외채, 환율 등 외환부문의 주요 지표와 외환건전성에 미치는 영향에 대해 알아본다.

9.1 외화자금시장의 정의

외화자금시장은 금리를 매개로 외환을 빌리거나 빌려주는 대차거래와 통화파생상품(스왑, 선물환 등)의 거래가 이루어지는 곳이다. 외화자금시장에서는 시장참가자들이 외국과의 거래를 통해 자체적으로 해결하지 못한 외화자금의 부족분(shortage)이나 잉여분(surplus)이 은행에 집중되어 조정되는 거래가 이루어지게 된다. 이는 우리나라의 경우 「지정거래외국환은행」 제도로 인해 모든 외화자금 거래가 결국 은행으로 집중되기 때문에 외화자금의 수요와 공급이 최종적으로 은행을 통해 조절되기 때문이다.

참고 「지정거래외국환은행」 제도란 무엇인가?

정부는 효율적인 외환관리를 위해 해외유학생 경비 지급, 해외체재비 지급, 외국인의 국내소득 지급, 증여성 송금, 해외직접투자, 해외부동산 취득 등과 같이 「외국환거래규정」에서 별도로 정한 거래들의 경우 거래당사자가 특정 외국환은행[1]을 통해서만 거래하도록 하

1 외국환은행이란 정부의 인가를 받고 외국환 업무를 영위하는 은행 또는 특별법에 의해 동 업무를 영위할 수 있도록 허용된 은행을 말한다. 10장 외환정책을 참조한다.

고 있는데 이를 「지정거래외국환은행」 제도라 한다. 「지정거래외국환은행」은 거래당사자가 선택하는 은행이 지정되며 지정거래외국환은행은 고객과의 거래내역을 보관하고 사후관리를 담당함으로써 외환관리업무를 효율적으로 수행하게 된다.

외화자금시장은 스왑시장과 콜시장, 단기대차시장 등으로 구성되어 있다. 스왑거래의 경우 외환을 사고파는 매매 형식을 취하고 있으나 실질적으로는 금리(스왑레이트)[2]를 매개로 하여 여유 통화를 담보로 제공하고 필요한 통화를 차입한다는 점에서 대차거래로 볼 수 있다. 한편 콜시장에서는 은행 간 초단기로 외화의 차입과 대출이 이루어지며 단기대차시장에서는 주로 1년 이내의 대차거래가 이루어진다.

9.2 외화자금시장의 구조

외화자금시장에는 기업, 개인, 외국인, 외환당국(외평기금과 한국은행) 등 다양한 참가자들이 활동하고 있다. 외화자금시장에서 자금의 주요 수요자는 개인, 기업 등이며 외국인과 은행은 주로 공급자 역할을 한다. 외환당국은 국내 외화유동성 사정에 따라 수요자 및 공급자 역할을 모두 하지만 주로 공급자 역할을 하게 된다. 이는 우리나라의 경우 소규모 개방경제(small open economy) 구조인 데다 원화가 국제금융시장에서 교환성(convertibility)이 높은 국제통화가 아니기 때문에 국제금융시장의 불안이 심화될 경우 외화유동성이 부족한 상황이 종종 발생하는데, 이런 대외충격에 적절하게 대처하기에는 국내 은행의 외환공급 능력이 취약하기 때문이다.

외화자금시장의 주요 참여자들의 역할을 살펴보자. i) 가계, 기업 등 민간부문은 해외결제나 해외투자 시 필요한 외환을 외환시장이나 외화자금시장 등을

2 스왑레이트(swap rate)는 선물환율과 현물환율의 차이를 연율(%)로 표시(선물환율−현물환율)/현물환율)한 것이다.

통해 조달한다. ii) 외국인은 국내 직접투자(FDI, Foreign Direct Investment)나 증권투자(FPI, Foreign Portfolio Investment) 과정에서 외화자금을 공급하는 역할을 한다. 또한 외국인은 금리재정거래(interest arbitrage transaction)[3]나 환리스크 헤지를 위해 국내 은행과 외환스왑 또는 차액결제선물환(NDF, Non-deliverable Forward) 거래를 하는데 이 과정에서도 국내에 외화자금을 공급하게 된다. iii) 외환당국은 국내 외화유동성이 크게 부족한 상황이 발생하면 은행 등에 외환을 공급하며, 반대로 외화유동성이 풍부해 원화가치가 과도하게 급등하면 환율 안정을 위해 외환을 매입하기도 한다. iv) 국내 은행들은 외화자본금이 없고 핵심예수금(core

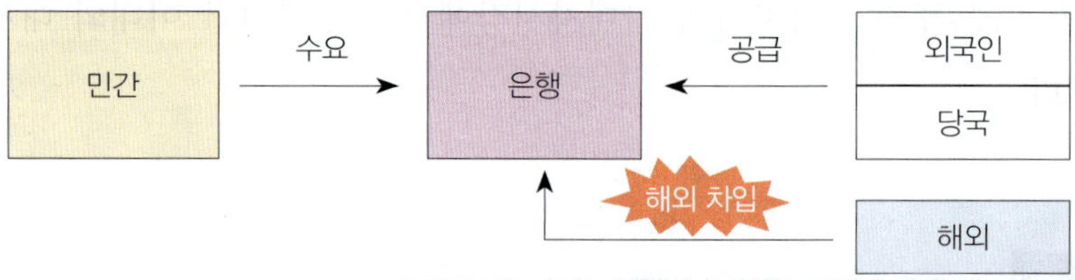

주요 주체		수요 거래동기	수요 거래유형*	공급 거래동기	공급 거래유형*
민간	기업	• 무역대금 결제 • 해외직접투자 • 수출대금 환헤지	무역금융 외화대출 선물환매입	• 무역결제 대비	외화예수금
민간	기관투자자·개인	• 해외증권투자	스왑매입 선물환매입		
외국인				• 금리재정거래 국내증권투자환헤지	스왑매도 선물환·NDF매도
외환당국		• 외환정책 수행	스왑매입	• 외환정책 수행	스왑매도
은행				• 외화자금 중개 및 포지션조정	해외차입

주: * 거래은행의 계정과목으로 수요는 외화자산 항목, 공급은 외화부채 항목을 의미

그림 9.1 외화자금시장 수급 개요

3 재정거래(arbitrage)란 동일한 상품 간에 가격 차이가 발생할 경우 그 차이를 이용해 비싼 것을 팔고 싼 것을 사서 매매차익을 얻는 거래행위를 말하는데, 이 중 금리 차이를 이용해 매매차익을 얻는 거래를 금리재정거래(interest arbitrage transaction)라고 한다.

liabilities) 비중이 매우 낮아 자체 외환보유 규모가 크지 않기 때문에 주로 민간의 외화자금 수요에 맞춰 해외차입(외채)을 통해 외환을 공급하는 역할을 하게 된다.

우리나라의 경우 국내 은행이 자체적으로 외환을 조달할 수 있는 능력이 취약하기 때문에 금융위기나 외환위기 등으로 외화유동성이 크게 부족해지면 주로 외국은행 국내지점이 부족한 외환을 국내에 공급하는 역할을 하고 있다.

참고 외국은행 국내지점 현황

외국은행 국내지점(이하 '외은지점')은 1967년 5월 미국 체이스맨해턴은행의 국내 지점 설치를 시작으로 같은 해 미국의 퍼스트내쇼날시티은행과 뱅크오브아메리카은행, 일본의 도쿄은행과 미쓰비시은행의 국내 지점이 설치되었다. 1968년 2월에는 영국의 차타드은행 국내 지점이 설치되는 등 외국은행의 국내 진입이 빠르게 진행되면서 2022년말 현재 35개 외은지점이 국내에서 영업활동을 하고 있다.

외은지점은 주로 본점으로부터의 차입이나 자기자본 등을 통해 자금을 조달하고 이를 대기업 및 금융기관에 대한 여신, 파생상품 등으로 운용하고 있다. 2022년말 기준 외은지점 전체 당기순이익은 1조 4,941억원이며 이중 파생상품 관련 이익은 9.9조원에 달한다.

외은지점은 그동안 기업 및 금융기관 등에 외화유동성을 공급하고 선진금융기법을 전

최근 3년간 외은지점 당기순이익 현황* (단위: 억원)

구분		2020년	2021년	2022년
이자이익		14,791	17,777	16,130
비이자이익		9,834	5,194	12,931
	유가증권이익	−2,186	−10,434	−27,594
	외환이익	39,239	−35,419	−60,048
	파생이익	−25,863	51,702	98,717
	수수료이익	239	−351	−72
총이익		24,625	22,970	29,061
당기순이익		11,673	10,644	14,941

주: * 3월 결산은행(일본계 4개, 스테이트뱅크오브인디아)은 해당 회계기간 중 4~12월 실적
자료: 금융감독원

수하면서 국내 경제성장 및 금융시장 발전에 기여했다는 긍정적 평가가 있지만 과도한 파생상품 영업 등을 통해 금융시장의 혼란을 초래했다는 부정적 평가도 존재한다. 현재 국내 금융기관은 선진국 수준으로 발전해 가고 있지만 소규모 개방경제, 원화가 국제통화가 아니라는 태생적 한계 등으로 인해 위기 시마다 외화유동성 확보에 어려움을 겪고 있다. 이런 점을 고려하여 외은지점을 우리 경제에 도움이 되는 방향으로 적절하게 관리·육성해 나갈 필요가 있어 보인다.

9.3 외화자금시장의 잠재적 리스크

외화자금시장의 잠재적 리스크란 평상시에는 경제에 별다른 부정적 영향을 미치지 않지만 국제금융시장의 불안 심화, 글로벌 금융위기 같은 대외충격이 발생하면 대규모로 외환이 국외로 유출(outflow)되고 환율이 급등하는 등 경제에 부정적인 영향을 미치는 위험 요인들을 말한다. 외화자금시장의 잠재적 리스크는 국내외 경제 및 금융시장 상황, 글로벌 유동성[4], 지정학적 위험(geopolitical risk) 등에 따라 다양하다.

먼저 대외적 요인으로는 글로벌 경기침체, 국제금융시장의 신용경색(credit crunch) 및 이에 따른 자산가격(주식, 채권 등) 폭락, 엔-캐리트레이드 청산, 러시아-우크라이나 간 전쟁 같은 지정학적 위험(geopolitical risk), 신흥시장국(이하 '신흥국') 금융위기(외채위기) 등을 들 수 있다. 이 중 신흥국의 금융위기란 국제자본이 신흥국으로 과도하게 유입되었다가 급격히 유출되면서 발생한 신흥국의 위기가 주변 국가로 전염(contagion effect)되는 것을 말한다. 국제자본이 과도하게 유입되면 자본이 유입된 국가의 자산가격이 기초경제여건(이하 '펀더멘털') 이상으로 상승하면서 자산가격의 버블(bubble)을 초래하고 통화가치를 절상(appreciation)시

4 글로벌 유동성(global liquidity)이란 전 세계적으로 공급·유통되고 있는 국제통화의 총량을 말한다.

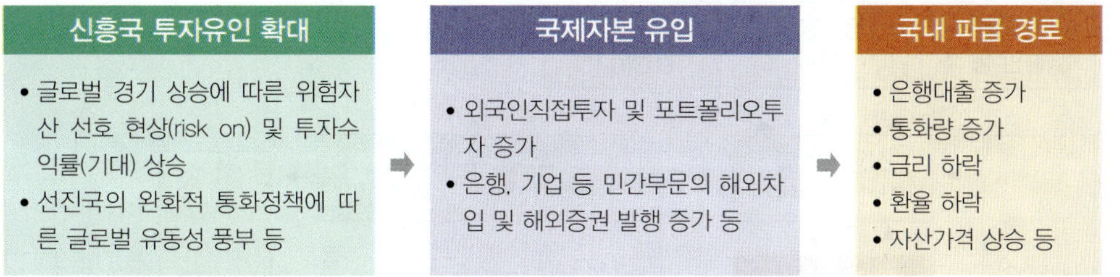

그림 9.2 국제자본이 신흥국 경제에 영향을 미치는 파급 경로

켜 수출경쟁력을 저하시키는 등 경제에 여러 부정적 영향을 미치게 된다.

국제자본은 대부분 해외차입을 통해 신흥국으로 유입됨에 따라 외채(foreign debt) 및 금융기관 대출 증가를 통해 신용규모를 팽창시켜 경기순응성 리스크[5]를 확대시키게 된다. 이후 신흥국으로의 자본유입이 갑자기 중단되거나 급격히 유출되면(Sudden Stop)[6] 주식, 부동산 등 자산가격이 급락하고 대규모 외환유출에 따른 외화유동성 악화와 통화가치 하락을 통해 금융위기나 외환위기로 이어질 수 있다. 실제로 신흥국으로 유입되었던 국제자본이 급격하게 유출되는 Sudden Stop이 발생하면서 1997년 아시아 외환위기와 2008년 글로벌 금융위기를 초래한 바 있다.

이들 리스크들은 평소에는 잠재해 있다가 글로벌 금융위기와 같이 어떤 이벤트가 발생하면 각자 독립적으로 발생하거나 동시에 나타나기도 한다. 가령 미국에서 경기침체로 주택가격이 크게 하락할 경우 이는 투자자들의 투자심리를 악화시켜 국제금융시장에서 주식, 채권 등 자산가격의 하락요인으로 작용할 수도 있다. 이로 인해 국제자본이 신흥국에 투자한 자금을 회수하는 디레버리징(de-leveraging)이 발생하면 신흥국의 위기를 초래하게 되고 위기가 주변 국가들로 확

5 국제자본이동은 대부분의 국가에서 호황기에 자본유입이 증가하고 불황기에 자본유입이 감소하는 경기순응성을 나타내며(Contessi et al., 2008), 자본유입 이후 GDP 성장률이 크게 높아졌다가 갑자기 하락하는 패턴을 보인 것으로 나타났다(Cardarelli et al., 2009).

6 Sudden Stop은 통상 '예상하지 않은 자본유입 중단과 이에 뒤이은 대규모 자본유출'로 정의한다. 이는 외환·금융위기의 직접적 원인이며 외환·금융위기에 따른 실물경제의 침체는 Sudden Stop을 지속시키는 요인으로 작용한다.

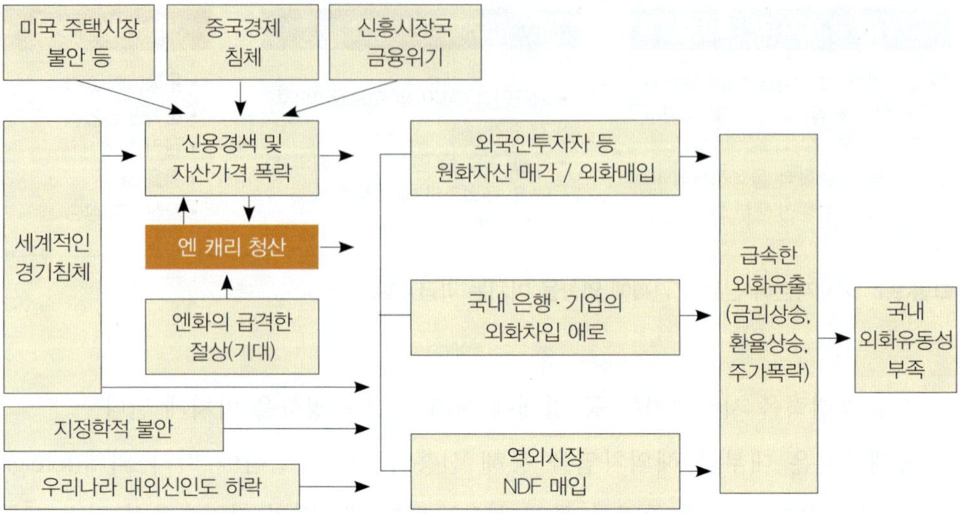

그림 9.3 잠재적 리스크 요인들이 국내 경제에 영향을 미치는 메커니즘

산(전염)되면서 글로벌 금융위기로 이어지게 된다. 이 경우 국내에서도 외국인투자자금이 대규모로 유출되면서 외화유동성이 부족해지고 환율이 급등하는 등 경제에 부정적 영향을 미치게 된다.

외화자금의 급격한 유출을 초래하는 잠재적 리스크 중 대내적 요인으로는 국내 경제상황 악화, 정치불안, 북핵 위기 고조와 같은 지정학적 위험을 들 수 있다. 이외에 특히 주목해야 할 잠재적 리스크로는 외화자금시장의 구조적 불안요인을 들 수 있는데, 민간부문의 과도한 해외투자가 그 대표적인 예이다. 가령 민간의 과도한 해외투자 증가로 외화자금 수요가 크게 늘어나면 외화자금시장에서 외환의 수요가 공급을 상회하는 수급불균형이 커지게 되는데, 우리나라의 경우 은행이 안정적으로 조달할 수 있는 외화예금이 부족[7]해서 해외차입(외채)에 의존할 수밖에 없다는 점이 외환부문의 주요 잠재적 리스크로 제기된다. 이는 국내 은행이 해외차입을 통해 외화를 조달할 경우 국제자본의 높은 유출입 변동성과

7 국내 예금은행의 외화예금은 2023년 9월말 기준 126조원으로 은행의 총수신(2,483조원)에서 차지하는 비중은 5.1%로 매우 낮은 수준이다.

금융중개에 내포된 충격전파 메커니즘[8]으로 인해 해외충격을 증폭·파급하는 주요 경로로 작용할 수 있기 때문이다.

특히 민간의 불요불급한 외화자금수요 증가는 은행의 외채증가를 유발할 뿐만 아니라 스왑레이트(swap rate) 상승을 통해 재정거래 투자 유인을 확대시켜 외채증가[9] 속도를 가속화시킨다. 또한 민간의 신용 및 시장위험의 확대를 통해 외환부문의 잠재적 리스크를 과도하게 누증시킴으로써 금융위기나 외환위기로 이어질 수도 있다.

참고 금융·외환·국가채무 위기

금융위기란 일반적으로 "금융기관의 채무불이행 가능성 등에 기인한 금융불안이 지속되면서 금융시장의 자금중개기능이 약화되고 금융시스템의 붕괴 가능성이 크게 높아짐에 따라 실물경제에도 커다란 부정적 효과가 파급되는 상황"으로 정의하고 있다. 이에 반해 외환위기는 주로 통화가치 하락에 주목하고 있어 금융위기보다는 좁은 개념으로 사용된다.

구분	정의
금융위기 (Banking crisis)	• 금융기관의 폐업, 인수 및 합병을 야기하는 대규모 예금인출 또는 정부에 의한 대규모 금융구조조정이 발생한 경우(Demirguc–Kunt and Detragiache 2005)
외환위기 (Currency crisis)	• 외환시장압력지수*가 장기평균치에 비해 표준편차의 3배 이상 벗어나는 경우(Kaminsky and Reinhart 1999) * 통화가치가 25% 이상 하락하고 해당연도의 절하율이 전년의 절하율을 10%p 상회한 경우(Frankel and Rose 1996)
국가채무위기 (Sovereign debt crisis)	• S&P 등 국제신용평가사의 국가신용평가에서 지급불능상태로 분류되거나 비양허성 IMF 융자를 쿼터의 100% 이상 이용한 경우(Manasse et al. 2003)
외환·금융위기 (Twin crisis)	• 금융위기 발생 이후 48개월 이내에 외환위기가 발생한 경우(Kaminsky and Reinhart 1999)

8 Mishikin (2006)은 국제자본의 충격 전파 메커니즘을 다음과 같이 설명하였다. 국제자본 이동 ⇒ 국내 신용팽창, 금융기관의 과도한 위험 추구 ⇒ 부실채권 축적, 금융기관 대차대조표 악화 ⇒ 개별 금융기관의 충격이 금융시스템 전체로 전이 ⇒ 금융위기 및 급격한 경기침체 초래.

9 재정거래유인이 확대되면 차익을 노린 외국인채권투자가 증가하는데 채권은 주식과 달리 상환의무가 있는 부채이므로 외국인이 국내 채권을 매입하게 되면 우리나라의 외채로 분류된다.

9.4 스왑시장

스왑시장(swap market)의 주요 상품은 교환대상 및 만기에 따라 외환스왑, 통화스왑 및 금리스왑으로 크게 구분된다. 예를 들어 원화와 미 달러화 등 서로 다른 이종통화 간 원금이 교환될 경우 만기에 따라 외환스왑(FX swap)과 통화스왑(cross currency swap)으로 구분하며 원화 등 동종 통화 간 이자 차액만을 교환하는 경우 금리스왑(interest rate swap)으로 정의한다.

표 9.1 스왑 상품별 주요 특징 비교

	외환스왑	통화스왑	금리스왑
대상 통화	이종통화	이종통화	동종통화
거래 형태	현물환율 ≠ 선물환율 원금교환 : O 이자교환 : X	현물환율 = 선물환율 원금교환 : O (초기 원금교환 여부 선택 가능) 이자교환 : O	(환율 관련 없음) 원금교환 : X 이자교환 : O
만기	1년 이하	1년 이상	1년 이상
거래목적	단기자금 대차/ 환위험 헤지/trading	중장기자금 대차/ 환위험 헤지/trading	금리변동 위험 헤지/ trading

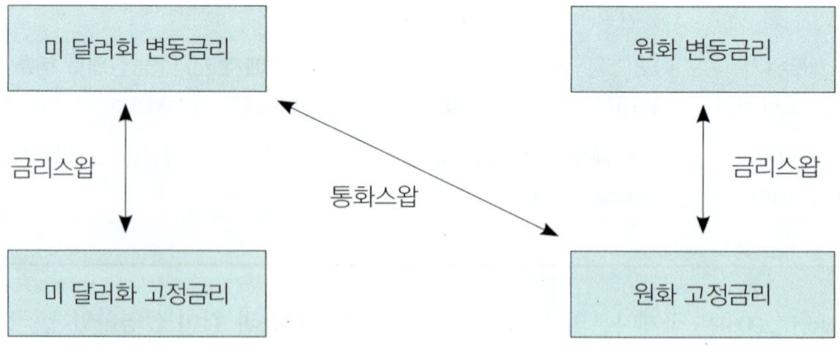

그림 9.4 스왑 상품별 금리 교환 방식

9.4.1 외환스왑시장

① 정의

외환스왑(FX swap)이란 거래당사자 간에 현재 시점의 계약환율에 따라 서로 다른 통화를 교환하고 일정 기간이 지난 후 계약 당시에 정했던 선물환율에 따라 원금을 다시 교환하는 거래를 말한다. 외환스왑 거래는 동일한 거래상대방 간에 현물환과 선물환 또는 만기가 서로 다른 선물환과 선물환, 현물환과 현물환을 서로 반대 방향으로 동시에 매매(교환)하는 거래이다.

외환스왑 거래에서 매입과 매도는 원일물(far date)거래를 기준으로 구분된다. 예를 들어 외환스왑 매입은 근일물인 현물환을 매도하고 원일물인 선물환을 매입하는 sell(현물환) & buy(선물환) swap 거래를 말하며, 외환스왑 매도란 근일물인 현물환을 매입하고 원일물인 선물환을 매도하는 buy(현물환) & sell(선물환) swap 거래를 의미한다.

예를 들어 A은행은 미 달러화는 풍부하지만 원화가 부족하고 B은행은 원화가 풍부한 반면 미 달러화가 부족한 경우, 외환스왑 거래를 이용하면 두 은행 모두 서로 필요한 통화를 용이하게 조달할 수 있다. 가령 A은행이 현물환율 1,200원, 1개월 만기 선물환율 1,230원에 1백만달러를 sell(현물환매도) & buy(선물환매입)하는 외환스왑 거래계약을 B은행과 체결하였다고 가정해 보자. 이 경우 거래시점에 A은행은 B은행에 1백만달러를 현물환으로 매도하고 그 대가로 원화 12억원

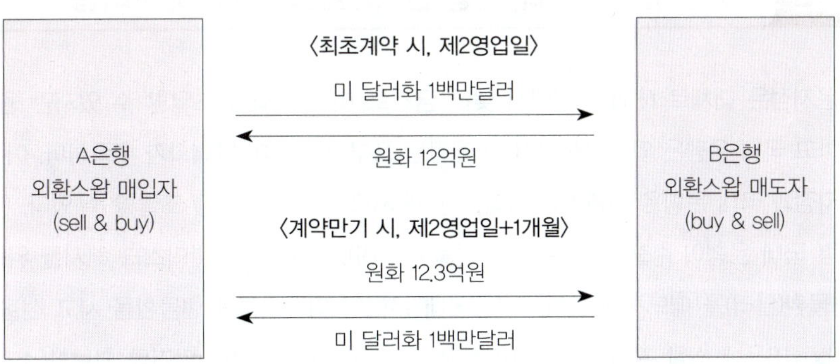

그림 9.5 외환스왑거래(예시)

(1,200원×1백만달러)을 받게 된다. 이후 스왑계약 만기 시에 A은행은 B은행으로부터 1백만달러를 매입(선물환매입)하고 그 대가로 원화 12.3억원(1,230원×1백만달러)을 지급함으로써 스왑거래는 종결된다. A은행은 외환스왑 거래를 통해 여유가 있는 달러를 현물환으로 매도하고 그 대가로 B은행으로부터 필요한 원화를 조달할 수 있으며, B은행은 A은행에 여유가 있는 원화를 주고 부족한 달러를 현물환으로 매입(조달)함으로써 필요한 외화유동성을 확보할 수 있게 된다.

② 거래동기

외환스왑의 거래동기는 다양하지만 크게 자금조달, 환리스크 관리, 금리차익 획득 또는 금리변동을 이용한 투기적 목적 등으로 구분할 수 있다. 첫째, 자금조달 목적이란 현재 여유가 있는 통화(currency)를 빌려주는 대가로 필요하거나 부족한 통화를 조달하기 위한 거래를 말한다. 가령 미 달러화는 여유가 있으나 원화가 필요한 외은지점과 원화는 풍부하지만 미 달러화가 부족한 국내 은행 간에 서로 필요한 통화를 조달하기 위한 방법으로 외환스왑 거래를 이용할 수도 있다. 예를 들어 국내 은행이 수출기업으로부터 선물환을 매입하면 환리스크에 노출되므로 환리스크 헤지를 위해 외환포지션을 조정하기 위해서는 현물환(달러)을 매도해야 하는데, 이때 필요한 현물환(달러)을 조달하기 위해 외은지점과 buy(현물환매입) & sell(선물환매도) 스왑거래를 하기도 한다.

참고 외은지점과 국내 은행 간 외환스왑 거래 메커니즘

외은지점은 대체로 해외 본점에서 낮은 금리로 미 달러화를 조달할 수 있지만 원화가 부족하고 국내 은행은 외은지점에 비해 원화는 풍부하지만 미 달러화가 부족하다. 이 경우 외은지점과 국내 은행은 외환스왑 거래를 통해 서로 필요한 통화를 조달할 수 있다.

가령 국내 은행이 수출기업으로부터 선물환(달러)을 매입하면 환리스크 헤지를 위해 통상 현물환(달러)을 매도하게 된다. 이때 국내 은행이 외은지점과 현물환을 사고 선물환을 파는 buy & sell 스왑 거래를 하게 되면 환리스크 헤지에 필요한 달러를 확보할 수 있다. 반면 외은지점은 국내 은행과 현물환을 매도하고 선물환을 매입하는 sell & buy swap을 하게 되면 ① 국내 은행에 달러를 공급하면서 수익을 얻을 뿐만 아니라 ② 국내 은행과의 스왑을 통해 조달한 원화를 다시 국내 유가증권에 투자함으로써 추가 수익을 올릴 수 있게 된다.

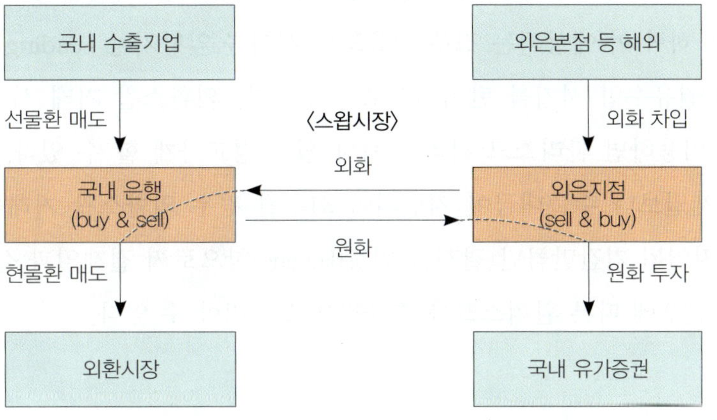

은행의 외환스왑 거래를 통한 자금 조달 및 운용

둘째, 외환스왑거래는 외화자금의 흐름(cash flow)을 일치시키거나 외환거래 결제일을 연장 또는 단축함으로써 환리스크를 관리하기 위한 목적으로도 이용된다. 이처럼 외환거래 결제일을 의도적으로 앞당기거나(leading) 지연(lagging)시키는 Leading & Lagging은 외환거래가 많은 기업들이 환율변동에 따른 환차손을 최소화(minimize)하거나 환차익을 극대화(maximize)하기 위해 사용하는 환리스크 관리기법 중 하나이다.

수출입업체의 Leading & Lagging 활용 방법을 살펴보자. 먼저 수출업체는 장래 자국통화가 약세가 될 것으로 전망할 경우 수출상품의 선적이나 수출환어음[10]의 매도시기를 가급적 지연시킴으로써 수출대금 결제시점에서 자국통화표시 수

10 수출환어음은 수출업자가 수출대금을 받기 위해 수입업자의 송금에 의한 결제를 기다리지 않고 수입업자가 지정하는 은행을 지급인으로 발행하는 환어음이다. 수출업체가 물품 선적 후 대금회수를 위해 환어음을 발행하고 거래 은행에 선적서류, 신용장과 함께 환어음을 제시하면 은행은 어음 금액을 수출업체에 지급하게 되는데 이것을 수출환어음 매입(Negotiation, Nego)이라 한다.

출대금 수입을 증대시키려고 한다. 반면 자국통화가 약세될 것으로 전망되는 경우 수입업자는 수입대금 결제를 가급적 앞당김으로써 결제시점에서 자국통화표시 수입대금의 지급부담을 경감시킬 수 있다. 가령 대표적인 수입업체인 정유업체는 환율하락(원화가치 상승)이 예상되는 경우 원유도입 시점을 늦추고 환율상승(원화가치 하락)이 예상되는 경우 원유도입 시기를 앞당기는 Leading & Lagging을 이용해 원유수입 시기를 탄력적으로 조정한다. 외환스왑 거래 시 Leading & Lagging을 이용하면 환리스크 관리를 보다 쉽고 정교하게 할 수 있다. 가령 당초 예상한 결제일보다 수출대금이 지연되어 회수될 경우 외환스왑 거래를 통해 대금회수가 지연된 기간만큼만 결제를 연장(lagging)함으로써 결제일과 실제 현금흐름 간 시차발생에 따른 환리스크를 효율적으로 관리할 수 있다.

참고 수출대금이 지연되어 회수되는 경우 환리스크 헤지(예시)

A기업은 2023년 11월 1일 수출대금으로 받게 될 1억달러를 2023년 11월 29일에 선물환으로 매도하는 계약을 체결하였는데 수입업체의 사정으로 수출대금 유입이 11월 30일로 하루 지연되었다고 가정해 보자. 이 경우 A기업은 11월 29일에 1일물 buy(현물환매입) & sell(선물환매도) 스왑거래를 통해 자금결제일을 하루 연장함으로써 늘어난 환리스크를 효율적으로 헤지할 수 있다.

11월 1일	• 수출대금으로 받게 될 1억달러를 11월 29일에 매도하는 선물환매도계약 체결 (11월 1일 현물환율은 1,200원, 11월 29일 선물환율은 1,230원으로 가정).
11월 29일	• 11월 29일 1억달러를 현물환으로 매입하고 하루 후인 11월 30일 1억달러를 선물환으로 매도하는 1일물 buy & sell 스왑 계약 체결. 스왑거래를 통해 확보한 1억달러로 11월 1일 체결한 선물환매도 자금 1억달러를 상환.
11월 30일	• 당초 계약일보다 하루 늦은 11월 30일 입금된 수출대금 1억달러로 11월 29일 체결한 1일물 buy & sell 스왑거래의 선물환매도 자금 1억달러를 상환.

외환스왑을 이용해서 환리스크를 헤지하는 또 다른 사례를 살펴보자. B기업은 수출자금 유입(inflow)과 수입대금 유출(outflow)이 빈번하게 발생하고 있는데 이

경우 각각의 거래에 대해 건별로 환리스크를 관리하기보다는 외화자금의 공급 및 수요시점을 예상하고 결제시점의 차이 동안만 외환스왑거래를 이용하면 보다 쉽게 환리스크를 헤지할 수 있다.

참고 외환스왑거래를 이용한 환리스크 헤지

수출입거래가 빈번하게 발생하는 경우 외환스왑거래를 이용하면 미래 수취할 수출대금과 수입결제 자금을 현재 시점에서 선물환율을 이용하여 확정하는 방식으로 환리스크를 효율적으로 헤지(또는 관리)할 수 있다.

가령 2023년 7월 31일 현재 B기업이 1개월 후 수출대금으로 1억달러가 유입되고 3개월 후에는 수입대금 결제를 위해 1억달러가 필요하다고 가정해 보자. 이때 B기업은 7월 31일에 1개월 후 유입되는 수출대금 1억달러를 선물환으로 매도하고 3개월 후 수입대금 결제에 필요한 1억달러는 선물환으로 매입하는 sell & buy 스왑 계약을 체결하면 7월 31일 현재 시점의 선물환율로 수출대금과 수입결제 자금을 모두 원화로 확정할 수 있기 때문에 환율변동 위험을 용이하게 헤지할 수 있다.

7월 31일	• sell & buy 스왑(1개월 후 선물환매도×3개월 후 선물환매입) 1억달러 계약(현물환율은 1,200원, 1개월 선물환율은 1,230원, 3개월 선물환율은 1,250원으로 각각 가정한다)
8월 31일	• 수취한 수출대금 1억달러를 계약시점(7월 31일)에서 정한 1개월물 선물환율인 1,230원에 매도한다.
10월 31일	• 수입자금 결제에 필요한 자금 1억달러를 계약시점(7월 31일)에서 정한 3개월물 선물환율인 1,250원으로 매입한다.

셋째, 외환스왑거래는 스왑레이트와 국내외 금리차이를 이용하는 금리재정거래를 통해 환리스크 없이 차익을 얻는 금리재정거래 목적은 물론 투기적 목적으로도 활용된다. 우리나라의 경우 금리재정거래 유인은 지정학적 위험이나, 정부의 선물환 규제, 국제금융시장의 불안 등 국내외 다양한 요인들에 따라 확대되었다가 축소되는 모습을 보이고 있다.

참고 주요 금리재정거래 유인 확대 사례

- 2003년 1월 북한의 핵확산금지조약 탈퇴에 이어 2월에는 SK글로벌 분식회계 사건이 표면화되면서 외화차입 여건이 크게 악화된 국내 은행들의 외화자금 조달을 위한 buy & sell 스왑 확대로 선물환율과 스왑레이트가 급락하였다.
- 2004년 1월에는 정부의 은행에 대한 NDF 포지션 규제로 NDF 환율이 급락하면서 스왑레이트가 크게 하락하였다. 이는 당시 재경부(현 기획재정부)가 2004년 1월 15일 비거주자와의 NDF 거래에 따른 선물환매입초과포지션 한도를 규제(1월 14일자 동 포지션의 110/100 이하)한 데 이어 1월 19일에는 매도초과포지션 한도를 규제(1월 16일자 동 포지션의 90/100 이상)하자, 은행들이 매도초과포지션 한도 준수를 위해 NDF를 일시에 매도하였기 때문이다.
- 2004년 11월에는 미 달러화 약세의 영향으로 원화절상 기대심리가 심화되면서 선물환율이 하락함에 따라 스왑레이트가 단기간에 급락하였다.
- 2007~2008년 중에는 조선·중공업체 등의 환헤지 수요 증가에 따른 선물환시장의 매도우위와 스왑시장에서 국내 은행의 외화자금 수요(buy & sell 스왑 및 CRS Receive 거래) 우위 지속으로 국내외금리차와 스왑레이트 간 격차가 커지면서 금리재정거래(차익거래) 유인이 크게 확대되었다.

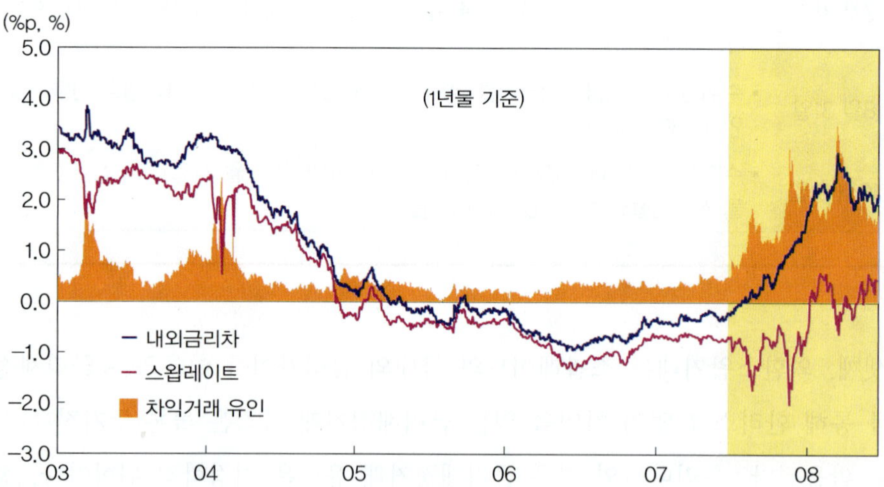

스왑레이트 및 내외금리차*

주: * 통안증권 수익률(1년물) − LIBOR(1년물)

③ 금리재정거래 유인

국내에서는 금리재정거래 유인이 선물환시장의 수급불균형으로 인해 종종 발생한다. 이는 국내 선물환시장의 경우 수출업체와 수입업체 간 환헤지 행태가 달라 선물환매도가 선물환매입을 크게 초과하는 수급불균형 상황이 장기간 유지되기 쉽기 때문이다. 선물환시장의 수급불균형은 외환스왑시장(단기)에서의 buy & sell 스왑 및 통화스왑시장(장기)에서의 CRS receive[11] 거래의 우위를 유발하게 된다. 기업 등으로부터 선물환을 매입한 은행은 환리스크 헤지를 위해 주로 외화차입 또는 스왑을 이용해 외환(달러)을 조달하고 이를 현물환으로 매도하기 때문에 스왑시장에서의 buy & sell 수요 우위를 유발하는데, 이에 따라 스왑레이트(F-S/S)가 하락하면서 스왑거래 상대방(sell & buy 스왑)에게 금리재정거래 유인을 제공하게 된다.

● 스왑레이트와 외화자금사정

스왑레이트는 금융기관의 외화자금사정을 파악할 수 있는 좋은 지표 중 하나이다. 예를 들어 국내 금융기관은 외화자금사정이 악화되면 외화조달을 위해 외환스왑(buy[현물환] & sell[선물환]) 거래를 많이 이용한다. 금융기관의 외환수요 증가로 buy & sell 스왑 수요가 늘어나면 현물환(달러) 수요가 증가하면서 현물환율이 상승하게 되고 선물환매도 증가로 선물환율은 하락하게 되므로 스왑레이트가 하락하게 된다. 즉, 스왑레이트$=\frac{F-S}{S}$에 따라 현물환율(S)이 상승하고 선물환율(F)이 하락하면 분모는 커지고 분자는 작아지면서 스왑레이트가 하락하게 된다. 스왑레이트는 선물환율과 현물환율의 차이를 연율(%)로 표시[(선물환율−현물환율)/현물환율]한 것으로, 무위험 금리평가이론(covered interest rate parity)에 따라 국내외금리차와 일치해야 한다.

$$\text{스왑레이트}[(F - S)/S] = \text{국내외금리차}(i - i^*)$$

F: 선물환율, S: 현물환율, i: 국내금리, i*: 해외금리

---

11 CRS 금리는 외화변동금리와 교환되는 원화고정금리를 말하며 원화고정금리 지급 시 CRS pay, 원화고정금리 수취 시 CRS receive로 각각 표시한다.

따라서 스왑레이트가 국내외금리차를 하회하면 외화자금사정이 악화되었다고 평가할 수 있다. 반대로 금융기관의 원화자금사정이 악화되면 원화조달을 위해 현물환을 매도하고 선물환을 매입하는 sell & buy 스왑이 증가하면서 스왑레이트의 상승요인이 된다.

● 금리재정거래 메커니즘

스왑레이트와 국내외금리차를 이용한 금리재정거래 메커니즘을 살펴보자. 외화자금시장은 스왑레이트를 매개로 외환의 대차가 이루어지는데 스왑레이트란 원화보유자가 달러를 조달할 때 달러공급자에게 지급하는 일종의 환헤지 비용이다.

스왑레이트가 '플러스(+)'이면 선물환율이 현물환율보다 높은 상태로, 미 달러화가 원화에 대해 선물환 프리미엄 상태에 있다고 한다. 반면 스왑레이트가 '마이너스(−)'이면 현물환율이 선물환율보다 높은 상태로, 미 달러화가 원화에 대해 선물환 디스카운트 상태에 있다고 한다. 스왑레이트가 국내외금리차를 하회하는 경우에는 ① 미 달러화를 차입(차입금리는 Libor로 가정)하고 ② 차입한 달러를 sell & buy 스왑 거래를 이용해 원화를 조달해서 ③ 이를 국내에서 채권 등 유가증권으로 운용하면 재정거래차익을 얻을 수 있다. 이때 달러 차입자의 비용은 차입금리(Libor)와 스왑레이트(환헤지 비용)가 되며, 수익은 채권수익률이 된다.

거래차익(무위험차익) = 수익−비용
= 채권수익률−(외화자금조달 비용+환헤지 비용)
= 채권수익률−(Libor+스왑레이트)

참고 외은지점의 금리재정거래 사례

스왑레이트가 국내외금리차를 하회하는 경우 외은지점은 ① 미 달러화를 차입하고 ② 차입한 달러를 현물환으로 매도하고 이후 선물환으로 다시 매입하는 외환스왑(sell & buy) 거래를 통해 원화를 조달한 후 ③ 조달된 원화를 CD(양도성 예금증서) 등 국내 채권으로 운용하면 무위험 재정거래 차익을 얻을 수 있다.

〈금리재정거래 시기 2004년 8월 20일〉

- 현물환율: 1,154.3원, NDF 선물환율(3개월): 1,159.7원
- 국내금리 : CD(91일물)금리 연 3.73%, 미국의 Libor(3개월물)금리 연 1.74%

→ 스왑레이트가 연 1.87%*로 이론가격인 국내외금리차인 연 1.99%를 하회하므로 아래와 같이 재정차익을 획득할 수 있다.

$$* \text{ swap rate}(\%) = \frac{F-S}{S} = [(1,159.7-1,154.3)/1,154.3]\times 4\times 100$$

〈거래 절차〉

① 미 달러화를 차입(Libor 금리: 1.74%)하고 차입한 달러를 현물환으로 매도하고 선물환으로 매입하는 sell & buy 스왑계약 체결(스왑 실행으로 스왑레이트[1.87%]만큼 환리스크 헤지 비용이 발생)

② 외환스왑을 통해 조달한 원화를 원화 CD로 운용(CD운용 수익: 3.73%)

③ 외환스왑 만기 시에는 선물환으로 매입한 달러로 8월 20일 차입한 달러를 상환

$$\Rightarrow \underbrace{3.73\%}_{\text{(운용수익)}} - \underbrace{(1.74\%\langle\text{조달금리}\rangle + 1.87\%\langle\text{스왑레이트}\rangle)}_{\text{(비용)}} = \underbrace{0.12\%}_{\text{(무위험 재정거래 차익)}}$$

9.4.2 통화스왑 시장

① 정의

통화스왑(currency swap)이란 스왑의 양 당사자 간 서로 다른 통화를 교환하고 일정 기간 후 원금을 재교환하기로 약정하는 거래를 말한다. 통화스왑도 자금의 대차거래라는 점에서 외환스왑과 비슷하지만 이자지급 방법과 스왑기간이 외환스왑과는 다르다. 외환스왑이 주로 1년 이하의 단기자금 조달과 환리스크 헤지수단으로 이용되는 반면 통화스왑은 주로 1년 이상의 중장기 환리스크 및 금리 리스크의 헤지수단으로 이용된다. 이자지급 방법도 외환스왑은 스왑기간 중 해당 통화에 대해 이자를 교환하지 않고 만기 시점에 양 통화간 금리차이를 반영한 환율(계약시점의 선물환율)로 원금을 재교환하지만 통화스왑은 계약기간 동안 이자(매 6개월 또는 매 3개월)를 교환하고 만기 시점에 처음 원금을 교환했을 때 적용했

던 환율로 다시 원금을 교환한다. 통화스왑의 종류로는 currency swap(고정금리와 고정금리 교환), cross-currency swap(고정금리와 변동금리 교환), cross-currency basis swap(변동금리와 변동금리 교환) 등이 있다.

② 거래 메커니즘

다음 참고내용은 A은행이 B은행과 현물환율 1,300원에 1억달러를 지급하고 원화를 수취한 후 만기 시점에 원금을 재교환하는 통화스왑계약을 체결한 사례(예시)이다. 이 거래의 경우 원화와 미 달러화의 최초 교환은 계약체결일인 2023년 10월 23일+제2영업일인 10월 25일에 이루어진다. A은행은 B은행에 1억달러를 지급하는 대가로 원화 1,300억원을 수취하고 이후 계약기간 동안 원화금리(고정금리, CRS금리)를 지급하며 달러 금리(변동금리, libor 6M)를 수취한다. 2년 후 계약만기가 되면 A은행은 B은행으로부터 1억달러를 돌려받고 원화 1,300억원을 상환함으로써 스왑거래가 종결된다.

참고 통화스왑거래(예시)

A은행이 2023년 10월 23일 B은행과 현물환율 1,300원에 미 달러화 1억달러를 지급하고 원화를 수취한 후, 2년 후인 2025년 10월 25일 원금을 재교환하는 통화스왑(6M Libor, CRS 금리[원화고정금])) 계약을 체결하였다고 가정하면 원금 및 이자교환은 다음과 같이 일어난다.

③ 거래 동기

통화스왑의 거래동기는 장기자금 조달, 외환 및 금리 리스크 관리, 금리차익 및 금리변동을 이용한 투기적 거래 등으로 나누어 볼 수 있다. 첫째, 장기자금 조달이란 외화자금이 부족한 국내 은행과 원화자금이 부족한 외은지점이 서로 필요한 통화를 조달하기 위해 통화스왑을 이용하는 경우이다. 특히 국내 금융기관들은 해외로부터 외화장기차입이 어렵거나 외화조달 금리가 상승할 경우 장기차입에 대한 대체수단으로 통화스왑 거래를 이용하는 것으로 알려졌다.

참고 은행 간 통화스왑을 이용한 자금조달 및 차익거래 사례

국내 은행은 기업으로부터 선물환을 매입하면 환리스크 헤지를 위해 보통 현물환(달러)을 매도해서 종합포지션을 square로 만드는데, 이때 필요한 현물환 조달 방법의 하나로 외은지점과 통화스왑 거래를 하기도 한다. 한편 외은지점은 해외에서 조달한 외화(달러)를 국내 은행과의 통화스왑을 통해 원화로 교환하고 이를 국내 채권에 투자하여 차익거래 기회를 만드는데 그 메커니즘은 다음과 같다.

① 국내 은행: 수출업체 등으로부터 선물환 매입 → 환리스크 헤지를 위해 현물환 매도(종합포지션 square) → 외은지점과의 통화스왑(CRS receive[외화변동금리 지급, 원화고정금리 수취]) 거래를 통해 환리스크 헤지에 필요한 외화자금(달러) 조달

② 외은지점: 해외 본점 등에서 외화차입 → 국내 은행과의 통화스왑(CRS pay, 외화변동금리 수취, 원화고정금리 지급) 거래를 통해 원화자금 조달 → 국내 채권시장에 투자*

* 외은지점은 통화스왑 거래를 통해 국내 은행에 달러를 공급하면서 수익을 얻으며 스왑을 통해 확보한 원화를 국내 채권에 투자함으로써 추가 수익을 얻는다. 아래 과거 사례에서 외은지점의 차익은 0.47%p[(수익(5.17%+Libor)−비용(4.70%+Libor)]였다.

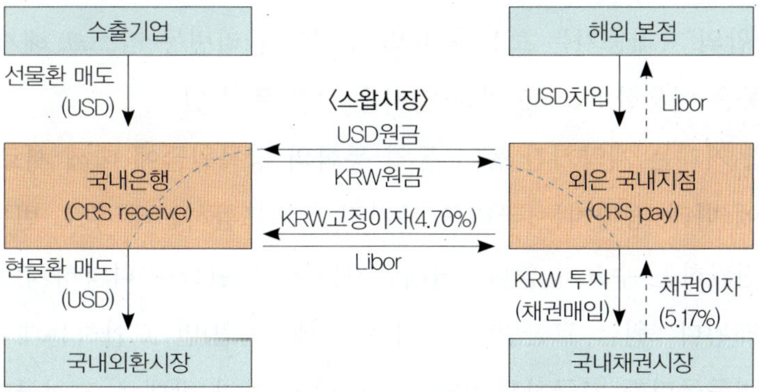

둘째, 환리스크 헤지 목적이란 특정 통화표시 자산이나 부채를 다른 통화표시 자산이나 부채로 전환함으로써 환리스크를 회피하는 것을 말한다. 예를 들어 해외에서 채권을 발행하여 미 달러화를 조달한 보험회사는 조달한 달러를 통화스왑 거래를 통해 원화로 교환하여 국내에서 사용하고 해외에서 발행한 외화채권의 만기 시에는 통화스왑 거래에서 상환받게 되는 달러로 외화채무를 상환함으로써 환리스크를 헤지할 수 있다. 또한 통화스왑 거래를 이용하면 변동금리부 외화자산을 고정금리부 원화자산으로 전환하여 금리위험도 회피할 수 있어 생명보험회사들이 많이 이용하는 것으로 알려졌다.

셋째, 금리차익 목적의 거래는 특정 통화로 자금을 조달하고 이를 통화스왑 거래를 통해 다른 통화로 전환한 후 채권에 투자함으로써 차익을 얻는 것을 말한다. 가령 미 달러화를 조달한 후 통화스왑 거래를 이용하여 이를 원화로 전환하는 데 발생하는 비용보다 원화 채권에 투자할 경우 수익률이 더 높다면 달러차입 → 통화스왑거래(달러지급 및 원화수취) → 원화채권 투자를 통해 무위험 재정거래 차익을 얻을 수 있다. 앞서 살펴본 보험회사의 통화스왑 거래는 금리차익 목적이 아니라 해외장기채권 투자 시 발생하는 금리 리스크 회피가 주요 목적이지만 이 과정에서 유리한 금리환경으로 인해 추가로 수익을 올리게 된 사례이다.

9.4.3 금리스왑시장

금리스왑(IRS, Interest Rate Swap)은 금리상품의 가격변동으로 인한 손실을 회피하기 위해 고정금리와 변동금리를 일정 기간 서로 교환하기로 약정하는 거래이다. 금리스왑의 거래동기는 보유자산 및 부채의 금리변동 리스크 헤지, 금리차익 및 금리변동을 이용한 trading 및 차입비용 절감 등이 있다.

금리스왑 거래는 계약기간 동안 동일 통화의 명목원금에 대해 서로 다른 이자지급 기준에 따라 정해지는 금리를 주기적으로 교환하는데 주로 변동금리를 고정금리로 전환하는 수요가 많다. 거래만기는 1~10년물로 다양하지만 주로 1~5년물이 거래된다. 원금 교환없이 금리(주로 매 3개월)만 교환하는데 고정금리를 수취하고 변동금리를 지급하면 IRS receive라고 하며 반대로 고정금리를 지급하고 변동금리를 수취하면 IRS pay라고 한다(즉 receive 또는 pay는 고정금리 수취 또는 지급을 의미).

금리스왑은 금리변동 리스크를 헤지하기 위한 수단으로 알려지면서 거래위험이 적은 안전한 파생금융상품이라고 생각할 수 있으나 미래의 금리수준을 잘못 예측할 경우 큰 손실을 입을 수도 있다는 점에 유의해야 한다. 실제로 1994년 미국에서는 오렌지카운티[12]에서 재정상황이 악화되자 재정담당자가 재원확보를 위해 금리스왑 등 파생상품 투자에 적극적으로 나섰다가 파산한 사례가 있다.

참고 과도한 금리스왑 거래로 파산한 미국의 오렌지카운티(county)

오렌지카운티는 미국의 캘리포니아에 소재한 군(county)으로 미국 내 가장 부유한 지역으로 알려졌으나 1994년 파산하였다. 당시 오렌지카운티는 재정상황이 크게 악화되었으나 보수적인 공화당이 장기간 장악하고 있어 부유층 인구가 다수임에도 불구하고 세금을 올릴 수 없었다. 이에 따라 오렌지카운티의 재정담당자는 금융시장에서 세수를 잘 운용해서 부족한 예산을 충당하려는 위험한 생각을 갖게 되었다. 당시 상당 규모의 세수 자금을 관리하던 재정담당자에게 미국의 M투자은행은 고수익·고위험 파생상품을 소개하였다.

오렌지카운티의 재정담당자가 M투자은행과 계약한 파생상품의 대부분은 금리스왑 상품(변동금리 지급, 고정금리 수취)이었는데 이 상품은 미국의 기준금리가 유지되거나 하락할 경우 수익이 발생하지만 반대로 금리가 오르기 시작하면 큰 손실을 보게 된다.

오렌지카운티는 금리스왑 외에도 당시 금리 하락세가 지속되고 있는 점을 고려하여 초단기로 자금을 빌려 장기채권에 투자하였다. 미국 내 금리가 하락세를 보이면서 오렌지카운티의 재정담당자는 1990년대 초반까지는 뛰어난 운용실적을 기록하였다. 그러나 1993년 말 미 연준(FRB)이 금리를 급격히 올리면서 상황이 급변하였다.

이미 대부분의 투자자금은 장기채권에 묶여 있었던 반면 장기채권 매입을 위해 단기자금시장에서 빌려온 자금의 만기는 매일 돌아왔기 때문에 장기채권의 가격하락에 따른 손실과 단기금리 상승에 따른 차입비용 급등이라는 두 가지 손실을 동시에 겪게 되면서 오렌지카운티는 결국 파산하게 되었다.

12 오렌지카운티 파산신청 여파 확산(연합뉴스, 1994.12).

9.5 통화옵션

9.5.1 옵션의 기본개념

옵션(option)이란 미래의 특정 시점(만기일 또는 만기 이전)에 미리 정해진 가격(행사가격)으로 옵션거래의 대상인 특정 자산을 매입하거나 매도할 수 있는 권리를 말한다. 옵션의 매입자는 옵션 프리미엄(option premium)을 옵션 매도자에게 지급하는 대가로 특정 자산을 매입 또는 매도할 수 있는 권리를 보유하게 된다. 옵션 계약은 약정된 계약이 자신에게 유리할 때만 권리를 행사하고 불리할 때는 권리를 행사할 필요가 없으며 권리를 행사하지 않으면 옵션은 자연히 소멸된다. 반면 옵션 매도자는 옵션 프리미엄을 받는 대가로 옵션 매입자가 권리행사를 하면 이에 반드시 응해야 한다.

옵션은 콜옵션과 풋옵션으로 나뉜다. 콜옵션(call option)은 만기일(expiration date) 또는 만기일 이전에 행사가격(strike price)으로 특정 자산을 매입할 수 있는 권리이다. 이때 행사가격이란 옵션을 행사할 때 기준으로 정해진 가격을 말하며 만기일이란 옵션계약이 종료되는 날이다. 반면 풋옵션(put option)은 만기일 또는 그 이전에 정해진 행사가격으로 특정 자산을 매도할 수 있는 권리를 말한다. 옵션의 매입자와 매도자의 손익은 zero-sum이 되는데 이는 매입자의 손익과 매도자의 손익을 더하면 0(zero)이 된다는 의미이다. 특히 옵션거래의 손익은 비대칭적(asymmetric)이라는 특징을 갖는다. 이는 옵션 매입자의 최대 손실은 옵션을 매입하기 위해 지불한 옵션 프리미엄으로 제한되지만 이익은 무한대로 커질 수 있으며, 옵션 매도자의 최대 이익은 옵션프리미엄으로 제한되지만 최대 손실은 무한대로 커질 수도 있다는 점을 의미한다.

콜옵션(매입 기준)을 행사할 경우 행사가격이 기초자산 가격보다 낮으면 옵션 보유자가 양(+)의 지급금을 얻을 수 있으며 이때 그 옵션을 내가격(in the money)이라고 한다. 행사가격이 기초자산 가격보다 높으면 외가격(out of the money), 행사가격과 기초자산 가격이 같으면 등가격(at the money)이라고 한다.

옵션거래의 대부분은 조직화된 거래소를 통해 이루어짐에 따라 거래가 용이하고 만기가 다양하며 행사가격이 표준화되어 있어 유동성이 비교적 풍부하다. 옵션은 권리행사 방식에 따라 미국식 옵션(American Option)과 유럽식 옵션(European Option)으로 구분되는데 미국식 옵션은 만기일 이전에 언제나 권리행사가 가능하지만 유럽식 옵션은 만기일에만 권리행사가 가능하다. 콜옵션을 매입한 경우 옵션 만기 시 콜옵션(기초자산은 주식 가격으로 가정)의 가격은 다음과 같이 결정된다.

$$\text{콜 옵션가격(만기일)} = MAX\begin{cases} S_T - X, & S_T > X\text{인 경우} \\ 0, & S_T \le X\text{인 경우} \end{cases} \tag{9.1}$$

위 식 (9.1)에서 s_T는 옵션만기일의 주식 가격, X는 옵션의 행사가격인데 식 (9.1)은 콜옵션 보유자의 손익이 마이너스(−)가 되지 않는다는 옵션의 특성을 보여준다.[13]

콜옵션을 매입한 경우 주가(stock price)가 행사가격보다 높다면($S_T > X$) 콜옵션 보유자는 옵션을 행사해서 주가와 행사가격의 차이($S_T - X$)만큼 이익을 얻을 수 있다. 만약 주가가 행사가격보다 낮으면($S_T < X$) 주식시장에서 행사가격보다 낮은 가격으로 주식을 매입할 수 있기 때문에 옵션을 행사할 필요가 없다. 옵션을 행사하지 않으면 옵션은 가치없이 소멸되며 옵션보유자의 손실은 옵션매입 시 지불한 옵션프리미엄으로 제한된다. 반면 콜옵션을 매도한 경우 옵션 매도자의 손실은 주가의 변동에 따라 무한대로 커질 수 있지만 최대 이익은 옵션 프리미엄으로 제한된다. 〈그림 9.6〉을 참고한다.

이제 콜옵션의 가치가 기초자산인 주식 가격의 변동에 따라 어떻게 변화하는지를 살펴보자. 〈그림 9.7〉에서 옵션의 행사가격은 90달러, 옵션프리미엄은 10달러이며 실선은 만기 시 콜옵션의 가치를, 점선은 옵션 프리미엄 지불을 감안한 손익을 각각 나타낸다. 콜옵션을 매입한 경우 옵션 보유자의 순이익은 옵션을 행

13 옵션 매입 시 지불해야 하는 옵션프리미엄을 고려하면 옵션보유자의 손실은 마이너스(−)가 될 수도 있다. 다만 옵션프리미엄은 콜옵션의 가치 변동에 따른 손실이 아니라 옵션을 매입하기 위해 지불한 비용으로 봐야 하기 때문에 옵션의 진정한 가치를 산정할 경우 제외하는 것이 바람직하다.

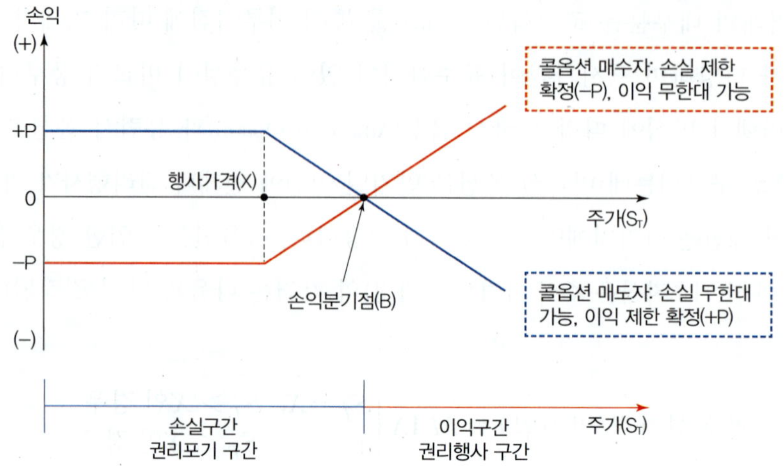

그림 9.6 콜옵션 매수자 및 매도자의 손익그래프

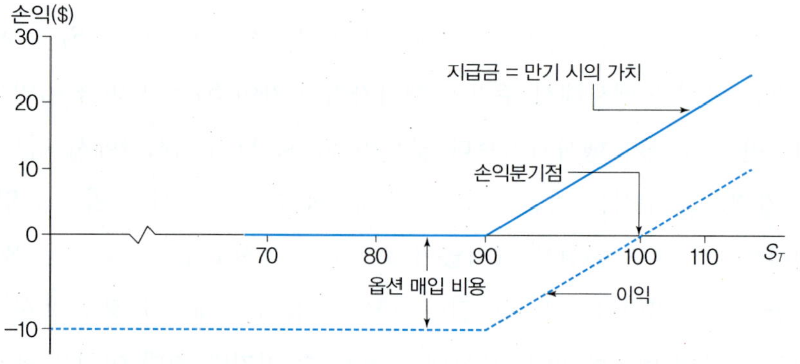

그림 9.7 콜옵션 매입 시 지급금과 손익

사하면 받게 될 총지급금에서 옵션을 매입할 때 지불한 옵션프리미엄을 차감한 값이 된다. 콜옵션의 매입가격인 옵션프리미엄이 10달러이므로 콜옵션 보유자의 순이익은 주가에서 옵션의 매입 시 지불한 옵션 프리미엄 10달러를 차감한 아래쪽 점선으로 표시된다. 만약 주가가 90달러 이하인 경우 투자자는 10달러(옵션프리미엄)만큼 손실을 보게 된다.

한편 콜옵션 보유자의 손익분기점은 옵션의 행사가격 90달러에 옵션프리미엄 10달러를 더한 100달러가 된다. 즉 주가가 100달러인 경우 콜옵션을 행사하면 이익은 10달러($S_T - X = 100 - 90 = 10$)가 되지만 옵션프리미엄으로 10달러를 지불했기 때문에 손익은 정확하게 0(zero)이 된다. 한편 주가가 손익분기점인 100달러를 상회하면 할수록 이익은 무제한으로 커지게 되지만 주가가 폭락해서 0(zero)이 되어도 손실은 옵션프리미엄인 10달러로 제한되는데 이는 콜옵션의 손익이 비대칭적이라는 점을 잘 보여준다.

반면 콜옵션 매도자의 손익은 콜옵션 매입자와는 정반대가 된다. 즉, 콜옵션을 매도하였기 때문에 주가가 행사가격 이상으로 상승하면 손실은 무제한으로 커지게 되지만 주가가 행사가격 이하로 하락하면 콜옵션 매입자가 옵션을 행사하지 않기 때문에 옵션프리미엄만큼 이익이 발생하게 된다.

한편 풋옵션(put options)은 콜옵션과 달리 특정 자산(주식 가격으로 가정)을 행사가격으로 팔 수 있는 권리를 부여한 것으로 풋옵션을 매입한 경우 옵션 만기 시 풋옵션의 가치는 다음 식 (9.2)와 같다.

$$\text{풋 옵션가격(만기일)} = MAX\begin{cases} 0, & S_T \geq X\text{인 경우} \\ X - S_T, & S_T \leq X\text{인 경우} \end{cases} \tag{9.2}$$

풋옵션은 주가가 행사가격보다 낮은 경우($S_T < X$) 풋옵션(매입) 보유자는 옵션을 행해서 주가와 행사가격 차이($X - S_T$)만큼 이익을 얻을 수 있으나 만약 주가가 행사가격보다 높으면($S_T > X$) 주식시장에서 행사가격보다 높은 가격으로 주식을 매도하면 되므로 옵션을 행사할 필요가 없다. 옵션을 행사하지 않으면 옵션은 자동으로 소멸되며 이때 옵션보유자의 손실은 옵션을 매입하기 위해 지불한 옵션프리미엄으로 제한된다. 풋옵션을 매도한 경우에는 콜옵션 매도와는 달리 풋옵션 매도자의 최대 손실은 [행사가격−주가−풋옵션 프리미엄]로 제한되며 최대 이익은 옵션프리미엄이 된다. 자세한 내용은 〈그림 9.8〉을 참조하라.

이제 풋옵션의 가치가 주가의 변동에 따라 어떻게 변화하는지를 살펴보자. 〈그림 9.9〉에서 옵션의 행사가격은 90달러, 옵션프리미엄은 10달러이며 실선은 만기 시 풋옵션의 가치를, 점선은 옵션프리미엄 지불을 감안한 풋옵션의 손익을 각각 나타낸다. 풋옵션 보유자의 순이익은 옵션을 행사하면 받게 될 총지급금에서 풋옵션을 매입할 때 지불한 옵션프리미엄을 차감한 값이다. 풋옵션의 매입가격

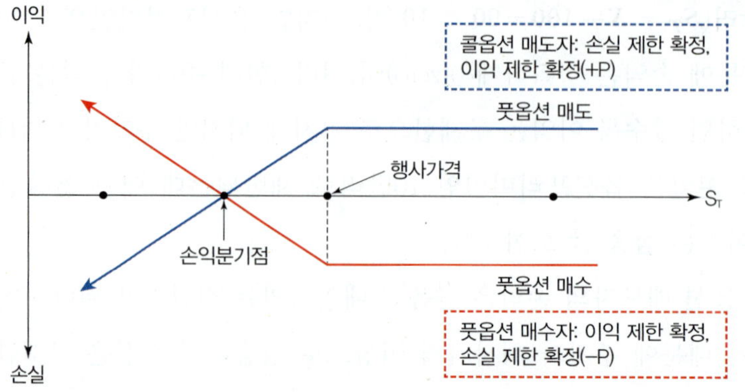

그림 9.8 풋옵션 매수자 및 매도자의 손익

(옵션 프리미엄)이 10달러이므로 풋옵션 보유자의 순이익은 옵션 매입가격인 10달러를 차감한 아래쪽 점선으로 표시된다. 만약 주가가 행사가격인 90달러를 상회하면 옵션보유자는 옵션을 행사할 필요가 없으므로 10달러(옵션프리미엄)만큼 손실을 보게 된다.

〈그림 9.9〉에서 풋옵션 매입자의 손익분기점은 옵션의 행사가격 90달러에 옵션프리미엄 10달러를 차감한 80달러가 된다. 즉, 주가가 현재 80달러인 경우 풋옵션을 행사하면 행사가격인 90달러에 매도할 수 있으므로 이익은 10달러($X - S_T = 90 - 80 = 10$)가 되지만 옵션프리미엄으로 10달러를 지불했으므로 손

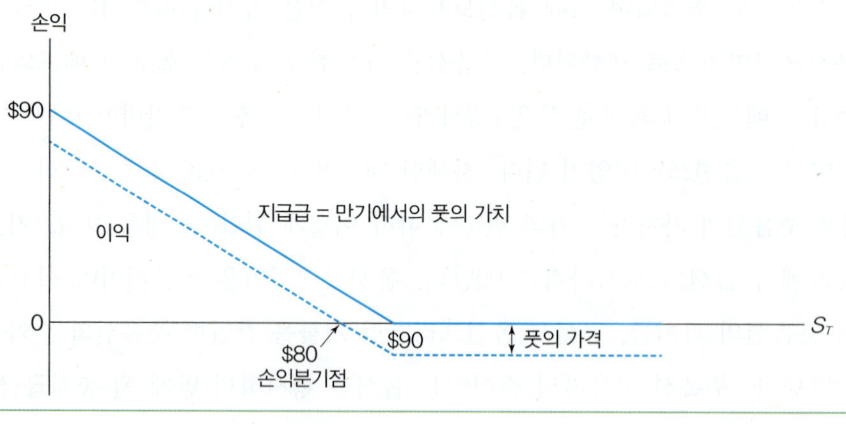

그림 9.9 풋옵션 매입 시 지급금과 이익

익은 정확하게 0(zero)이 된다. 콜옵션과 달리 풋옵션 보유자는 주가가 0(zero)으로 폭락해도 옵션 보유자의 최대 이익은 80달러(행사가격−주가−옵션프리미엄)로 제한된다. 반면 풋옵션 매도자는 주가가 행사가격(90달러) 이상으로 상승해도 최대 이익은 10달러(옵션프리미엄)로 제한되며 주가가 행사가격 이하로 하락하면 손실이 발생하는데 이때 손실의 최대 규모도 행사가격−주가−풋옵션 프리미엄으로 제한된다.

9.5.2 통화옵션

통화옵션이란 미래의 특정 시점에 특정 통화를 미리 약정한 가격(행사가격)으로 사거나 팔 수 있는 권리를 부여한 계약으로 거래의 기본적인 메커니즘은 앞서 설명한 옵션의 내용과 동일하지만 옵션의 대상이 미 달러화, 일본 엔화 등 통화(currency)이기 때문에 통화옵션이라고 부른다. 콜옵션 매입자는 기초자산 가격(현물환율)이 행사가격을 상회하면 권리를 행사하고, 하회할 경우에는 지불한 프리미엄만큼만 손실을 보고 권리를 포기하면 된다.

이와 달리 풋옵션 매입자는 기초자산가격(현물환율)이 행사가격을 하회하면 권리를 행사하고, 상회할 경우에는 권리를 포기함으로써 지불한 프리미엄만큼만 손실을 부담하게 된다. 통화옵션거래는 선물환거래에 비해 비용이 적게 들고 여러 가지 옵션을 합성하여 고객의 리스크 헤지 수요나 투기적 목적을 충족시키

표 9.2 통화옵션 거래의 손익구조

		시장(현물)환율 〉 행사가격	시장(현물)환율 〈 행사가격
콜옵션	매입자	권리 행사 이익: (시장환율−행사가격)−프리미엄	권리 포기 손실: 프리미엄
	매도자	의무 이행 손실: 프리미엄−(시장환율−행사가격)	의무 소멸 이익: 프리미엄
풋옵션	매입자	권리 포기 손실: 프리미엄	권리 행사 이익: (행사가격−시장환율)−프리미엄
	매도자	의무 소멸 이익: 프리미엄	의무 이행 손실: 프리미엄−(행사가격−시장환율)

는 다양한 형태로의 상품개발이 가능하다는 특징 때문에 많은 상품들이 개발되었다(표 9.2).

환리스크(환율 변동위험) 헤지를 위해 통화옵션을 활용하는 사례를 살펴보자. 앞서 선물환시장에서 설명하였듯이 수출업체들은 환리스크 헤지를 위해 주로 선물환거래를 이용하지만 일부 업체들은 Knock-In Forward, Target Forward, KIKO와 같은 통화옵션들도 이용하는 것으로 알려졌다. 첫째, Knock-In Forward[14] 옵션이란 기업이 행사가격과 Knock-In[15]가격이 동일한 풋옵션(매입)과 콜옵션(매도)을 1:1로 동시에 매입·매도하는 상품으로 거래비용이 발생하지 않으며 계약기간 동안 환율이 하락하면 보다 유리한 가격으로 미 달러화를 매도할 수 있다. 그러나 기업은 계약기간 동안 항상 행사가격으로 달러를 매도해야 하므로 환율상승 시에는 손실이 발생하게 된다. 특히 특정 시점의 환율이 행사가격을 상회하게 되면 거래가 Knock-In 되면서 계약기간 및 계약금액이 종전의 2배로 늘어나도록 옵션계약을 체결할 수도 있는데, 이 경우 옵션을 매입한 기업의 손실이 크게 확대될 수 있다.

둘째, Target Forward 통화옵션은 행사가격이 동일한 풋옵션(매입)과 콜옵션(매도)을 동시에 매입·매도함으로써 거래비용이 발생하지 않으며, 행사가격을 선물환율보다 높게 설정하는 대가로 풋옵션 매입금액과 콜옵션 매도금액을 보통 1:2로 거래하는 것이 특징이다. 가령 옵션만기일에 원/달러 환율(예: 930원)이 행사가격(예: 960원)보다 낮으면 기업은 행사가격으로 달러를 매도할 수 있어 이익이지만, 옵션만기일에 환율(예: 980원)이 행사가격(예: 960원)을 상회하게 되면 기업은 풋옵션 매입금액의 2배에 달하는 달러를 옵션만기일 환율보다 낮은 행사가격(환율)으로 매도(콜옵션매도)해야 하므로 손실이 가중된다. 자세한 내용은 이어지는 [참고]의 거래 사례를 참조한다.

14 기업은 풋옵션 매입으로 달러를 행사가격으로 매도할 수 있는 권리를 갖게 되지만, 콜옵션 매도로 행사가격으로 달러를 매도할 의무도 발생하게 된다. 풋옵션 매입과 콜옵션 매도를 합성하면 그 구조가 달러를 매도하는 선물환거래에 가까워 Forward라는 명칭을 사용한다.

15 옵션거래에서 Knock-In은 옵션 보유자가 옵션을 행사할 수 있는 조건이 충족된 것을 의미한다.

참고 Knock-In Forward 거래 사례

Knock–In Forward 옵션이란 기업이 행사가격과 Knock–In 가격이 동일한 풋옵션(매입)과 콜옵션(매도)을 1:1로 동시에 매입·매도하는 상품이다.

ㅁ 계약 조건

· 계약기간: 1년(2008년 1월 1일~12월 31일), 매월 정산
· 계약금액: 매월 2백만달러
· 행사가격(=Knock–In 가격): 960원
· Knock–In 조건: 2008년 12월 17일 11시 로이터 고시 환율이 960원(행사가격)을 상회하면 계약기간이 2년간 연장(2009년 1월 1일~2010년 12월 31일)되고 계약금액은 매월 4백만달러로 이전에 비해 2배로 증액
· 옵션만기일: 매월 28일(2영업일 후 정산)

ㅁ 옵션계약 손익

· 기업은 계약기간 동안 매월 행사가격(960원)으로 2백만달러를 매도할 수 있다.

① 매월 옵션만기일에 환율이 960원을 하회할 경우 행사가격(960원)과 옵션만기일 환율(예 : 940원) 간의 차이만큼 이익이 발생*하게 된다.

* 예: [960원(행사가격) – 940원(옵션만기일 환율) × 2백만달러] = +4천만원(매월)

② 반면 매월 옵션만기일에 환율이 960원을 상회하면 행사가격(960원)과 옵션만기일 환율(예: 980원) 간 차이만큼 손실이 발생*한다.

* 예: [960원(행사가격) – 980원(옵션만기일 환율) × 2백만달러] = –4천만원(매월)

ㅁ Knock–In 조건

· 2008년 12월 17일 11시 로이터 고시 환율이 행사가격(960원)을 상회하여 Knock–In 되는 경우 사전에 약정한 조건대로 계약기간이 2년간 연장되고 계약금액도 2배로 증액된다.

– 기업은 Knock–In 조건에 따라 계약금액의 2배에 해당하는 4백만 달러를 매도해야 하므로 매월 옵션만기일의 환율에 따라 손익이 크게 변동*하게 된다.

* 매월 옵션만기일 환율이 행사가격(960원)을 상회하면 손실이 계약기간 연장 前보다 2배로 증가하는 반면 환율이 행사가격을 하회하면 이익도 2배로 증가하게 된다.

참고 Target Forward 거래 사례

Target Forward 옵션은 행사가격이 동일한 풋옵션(매입)과 콜옵션(매도)을 동시에 매입·매도함으로써 거래비용이 발생하지 않으며, 보통 행사가격을 선물환율보다 높게 설정하는 대가로 풋옵션 매입금액과 콜옵션 매도금액을 1:2로 거래한다.

□ 계약 조건

· 계약기간: 1년(2008년 1월 1일~12월 31일), 매월 정산

· 계약금액: 매월 풋옵션 1백만달러 매입, 콜옵션 2백만달러 매도*

* 옵션만기일 환율이 행사가격(960원)을 하회하면 기업은 은행에 1백만달러를 행사가격으로 매도하며, 환율이 행사가격(960원)을 상회하면 기업이 은행에 2백만달러를 행사가격으로 매도해야 함

· 행사가격: 960원

□ 기업의 손익

· 옵션만기일에 환율이 940원인 경우 1백만달러를 행사가격(960원)으로 매도할 수 있어 행사가격과 옵션만기일 환율의 차이만큼 이익*이 발생한다.

* [960원(행사가격) – 940원(옵션만기일 환율) × 1백만달러 = + 2천만원(매월)

· 옵션만기일에 환율이 980원으로 행사가격(960원)을 상회할 경우 2백만달러를 행사가격(960원)으로 매도해야 하므로 손실규모는 환율이 행사가격을 하회할 경우 발생하는 이익 규모에 비해 2배로 확대*된다.

* [960원(행사가격) – 980원(옵션만기일 환율) × 2백만달러 = – 4천만원(매월)

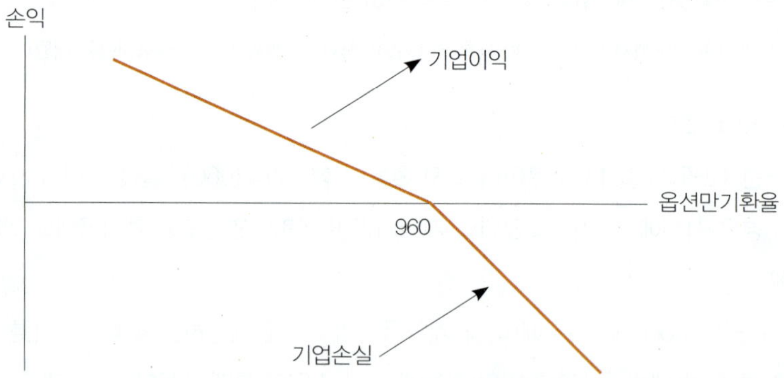

Target Forward의 손익구조*

주: * 옵션만기일 환율이 행사가격(960원)을 상회할 경우 당초 계약금액의 2배를 매도하여야 하므로 손실 구간이 더 가파른 기울기로 나타나게 된다.

이번에는 통화옵션이 투기적 목적으로 활용된 사례를 소개한다. 통화옵션은 비대칭적인 손익구조와 여러 종류의 옵션을 합성하여 다양한 형태의 상품개발이 가능하다는 특성 때문에 투기적 목적으로도 자주 활용된다. 통화옵션 중 투기적 성격이 강해 사회적으로 크게 물의를 일으킨 상품으로는 2008년경 유행했던 키코(KIKO) 통화옵션이 있다. KIKO는 Knock-In(KI) 옵션과 Knock-Out(KO)[16] 옵션을 결합(KIKO)하여 만든 파생통화 상품이다. 키코라는 이름은 우리나라에서 명명한 것으로 학문적 용어는 아니다.

① KIKO 통화옵션의 등장

원/달러 환율(매매기준율)이 2005년말 1,013원 → 2006년말 929.6원 → 2007년 10월말 907.4원으로 빠르게 하락하자 당시 상당수 환율 전망기관들은 이 같은 환율 하락세가 향후에도 지속될 것으로 예상하였다. 수출업체는 원/달러 환율이 하락하면 장래에 받게 될 수출대금(주로 미 달러화)의 원화 환산가치가 줄어들기 때문에 환율하락 위험(환위험)을 회피할 수 있는 금융상품에 대한 수요가 많다. 이런 점을 이용하여 국내 은행들은 주로 중소기업을 대상으로 KIKO 통화옵션(이하 'KIKO')을 환리스크 헤지에 유용한 상품으로 적극 권유하면서 KIKO 거래가 크게 늘어나게 되었다.

② KIKO의 메커니즘

KIKO는 약정환율(계약환율)과 환율변동의 상한(Knock-In) 및 하한(Knock-Out)을 정해놓고 환율이 그 구간 안에서 변동하면 약정환율을 적용받지만 환율이 하한(lower limit) 이하로 떨어지면 계약을 무효(knock out)로 하며, 환율이 상한(upper limit) 이상으로 올라가면(Knock In) 현재 환율보다 낮은 가격에 2배의 외환(달러)을 팔아야 하는 구조가 일반적이었다. 즉, KIKO는 보통 풋옵션매입과 콜옵션매도를 1:2의 비율로 결합한 통화옵션 상품으로 계약기간 중 환율이 상한 및

16 옵션거래에서 Knock-out은 옵션 보유자가 옵션을 행사할 수 있는 조건이 소멸되는 것을 말한다.

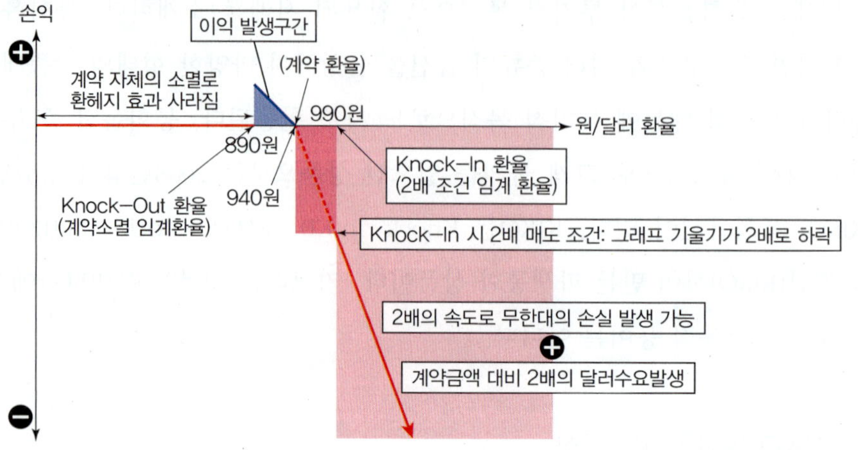

그림 9.10 KIKO 옵션의 구조

하한의 barrier 내에서 제한적으로 변동하는 경우에는 환리스크 헤지에 유용하지만 barrier를 벗어나는 경우, 특히 환율급등 시에는 기업의 환손실이 크게 확대되는 구조를 갖고 있었다.

③ KIKO 관련 민원 발생

2006년 이후 환율 하락세가 지속되면서 주로 중소기업을 중심으로 KIKO 통화옵션(이하 'KIKO') 매입이 크게 늘어난 가운데 글로벌 금융위기 발생으로 원/달러 환율(매매기준율)이 2008년 2월말 937.3원에서 2008년 11월말에는 1,482.7원으로 급격히 상승하였다. 당시 원/달러 환율 하락세가 지속되면서 향후 환율이 상승할 가능성이 낮다고 판단한 일부 기업들은 계약금액의 2배를 시장환율보다 낮은 환율로 매도하는 내용이 포함된 KIKO 계약을 체결하였지만 글로벌 금융위기 발생으로 환율이 당초 예상과 달리 급격한 상승세로 전환하면서 KIKO를 매입한 기업들의 손실이 크게 확대되었다. 특히 수출금액을 크게 상회하는 과도한 규모의 KIKO 옵션을 계약(over-hedge)한 기업들은 수출금액을 상회하는 달러를 시장에서 높은 가격(환율)으로 매입해서 KIKO 결제를 해야 했기 때문에 거액의 손실이 발생하게 되었다.[17]

이처럼 KIKO 거래에서 손실이 크게 발생하자 기업들은 KIKO를 판매한 은행들이 환율하락 전망을 강조한 반면 환율상승 가능성과 환율상승 시 손실발생 위험에 대한 설명은 상대적으로 미흡한 이른바 '불완전판매'를 하였다고 주장하면서 청와대 등에 민원을 제기하고 법적소송을 확대하는 등 집단적으로 대응하였다.

참고 수출기업의 KIKO 옵션거래(예시)

□ A사(월수출액 200만 달러)는 수출금액의 50%에 대해 환리스크를 헤지하기 위하여 B은행과 KIKO 옵션계약을 체결하였다.

- 풋옵션 매입 1계약(50만달러) 및 콜옵션 매도 2계약(100만달러) 체결
- knock–out 환율 : 890원, 계약환율 : 940원, knock–in 환율: 990원

원/달러 환율

〈콜옵션 효력 빌생〉

· 계약기간 내에 환율이 상승하여 Knock–In 환율을 넘어가면 콜옵션 효력 발생

→ 콜옵션은 풋옵션의 2배이므로, 풋옵션 계약금액의 2배(100만달러)를 계약환율(940원)로 매도함에 따른 손실 발생

→ 향후 수출대금 입금 시, 수출대금에서 발생하는 환차익으로 통화옵션의 손실 상쇄

Knock–In 환율 ———— 990원

〈콜옵션 효력 발생하지 않음〉

계약환율 ———— 940원

〈풋옵션 효력 발생〉

→ 계약금액(50만달러)을 계약환율(940원)로 매도함에 따른 이익 발생

Knock–Out 환율 ———— 890원

〈풋옵션 효력 소멸〉

· 계약기간 내에 환율이 하락하여 Knock–Out 환율을 넘어가면 풋옵션 효력 소멸

→ 헤지가 되지 않아 환차손 발생

자료: 한국은행

---

17 KIKO 옵션의 계약 규모가 장래에 받게 될 수출대금보다 많은 경우 환율이 계약환율보다 높게 상승하여 Knock In이 되면 기업은 수출대금을 초과하는 달러를 시장에서 계약 환율보다 높게 매입해서 은행에 매도해야 하므로 손실이 커지게 된다.

참고 금융시장에서 불완전판매란 무엇인가?

불완전판매란 금융회사가 금융상품을 판매할 때, 소비자가 알아야 할 중요한 정보를 제대로 알리지 않거나, 허위 또는 과장된 정보를 제공하여 소비자가 잘못된 판단을 내리게 만드는 행위로 금융기관에서 금융상품을 판매할 때 자주 발생하고 있다. 최근(2023년 12월 기준)에도 홍콩의 H지수(HSCEI)가 1년 만에 6,000선이 붕괴되면서 이와 관련된 주가연계증권(ELS)에 대거 투자한 개인들이 대규모 원금손실이 발생할 가능성이 높아지자 동 상품을 판매한 금융기관들이 불완전판매를 하였다고 주장하고 있다. 2008년 KIKO 통화옵션 사태와 유사한 상황이 최근에도 반복되고 있는 것이다.

한편 KIKO 관련 법적소송에서는 스티븐 로스(Stephen A. Ross) MIT 경영대학원 석좌교수와 로버트 엥글(Robert Fry Engle) 뉴욕대학교 교수 등 당대 최고의 경제학자들이 각각 은행과 기업 측 증인으로 참여하였다. 은행 측 증인인 스티븐 로스 교수는 KIKO에 대해 수출기업의 환리스크 헤지 수요에 따라 합리적으로 설계된 상품이라고 주장한 반면 기업 측 증인으로 나선 로버트 엥글 교수는 기업이 손해를 볼 수밖에 없는 불공정한 계약이라고 각각 주장하였다.

KIKO 통화옵션을 둘러싼 기업과 은행 간 오랜 법적소송 결과 2013년 9월 대법원은 KIKO 옵션 계약이 불공정한 상품이 아닌 정상적인 상품이라고 판결함으로써 사실상 은행의 손을 들어줬다.[18]

참고 KIKO 옵션 관련 법률 소송

〈2심 재판 주요 내용〉

- 2010년 12월 21일 서울중앙지법에서 KIKO 2심 재판이 시작
  - 동 재판에서 MIT 경영대학원 석좌교수인 스티븐 로스, 뉴욕대 스턴 경영대학원 석좌교수인 로버트 엥글이 각각 은행과 기업 측 증인으로 나섰다.

18 "대법 키코계약행위 불공정 행위 아냐"(머니투데이, 2013.9.26.)

KIKO 관련 양쪽 증인 주장

스티븐 로스
MIT 경영대학원 석좌교수
(은행 쪽)

자료: MIT News, L. Barry Hetherington

- 수출 기업의 환헤지 수요에 따라 설계된 합리적 상품
- 기업에 유리한 조건과 불리한 조건이 대등하게 교환된 상품
- 은행 마진은 국제 금융관행에 비춰 적정한 수준

로버트 엥글
뉴욕대 스턴경영대학원 석좌교수
2003년 노벨경제학상 (기업 쪽)

자료: Jon Demske, wikimedia Commons

- 환헤지에 부적합하고 기업이 손해를 볼 수밖에 없는 불공정한 계약
- 환율 변동성이 커 기업이 KIKO 계약으로 이익을 볼 가능성은 0%에 가깝다
- 기업이 입은 누적 손실은 이론적인 것보다 훨씬 크고, 그 결과가 은행의 마진으로 직결

9.6 외화자금시장과 외환건전성

우리나라는 소규모 개방경제(small open economy) 구조이고 원화가 국제통화가 아니라는 태생적 한계(original sin)로 인해 국제금융시장의 불안, 글로벌 금융위기와 같은 대외충격이 발생할 경우 외환의 수요가 외환의 공급을 상회하는 현상이 종종 발생한다. 특히 외환의 주요 조달 창구인 국내 은행의 경우 안정적으로 조달할 수 있는 외화예금이 부족하기 때문에 민간의 외환수요가 빠르게 늘어나면 외화자금시장에서 외환수요가 공급을 크게 상회하는 수급불균형이 확대되고, 이에

따라 환율이 상승하고 외채가 급증하면서 외환건전성에 부정적 영향을 미치게 된다.

우리나라의 경우 경상수지 흑자가 지속되더라도 민간부문의 외환수요가 크게 늘면 은행부문의 외채가 증가하는 구조적 취약성을 갖고 있다. 그 이유는 다음과 같다. 민간의 무역거래 및 해외투자가 늘어나면 외환의 수요도 증가하는데 이 중 상당부분을 국내 은행이 외화예금을 통해 조달하게 된다. 그러나 은행은 외화예금을 통해 충분한 외환을 조달하기 쉽지 않다. 이는 외화예금의 대부분을 차지하는 기업이 주로 수·출입을 위한 거래적 동기에 의해 외환을 보유하고 있어 교역규모 증가분을 크게 상회하는 외화예금의 증가는 사실상 어렵기 때문이다. 이에 따라 은행은 필요한 외환의 상당부분을 비거주자로부터의 차입(외채)에 의존할 수밖에 없는 상황이다.[19] 은행의 외환조달 재원이 민간부문에서 수출 등으로 벌어들인 외환을 기반으로 한 외화예금이라면 외채증가 요인이 크지 않고 안정적으로 자금을 사용할 수 있지만, 해외 차입을 통해 조달하게 되면 조달 규모만큼 외채증가를 수반하게 되므로 외환건전성에 부정적 영향을 미칠 수밖에 없다.

개방경제구조하에서는 경제성장이나 국제교역을 위해 외환수요가 외환공급을 상회하는 수급불균형이 발생하고 이 과정에서 외채가 어느 정도 증가하게 되는 것은 다소 불가피한 측면이 있다. 그러나 외환의 수급불균형이 무역대금 결제와 같이 실물과 연계되지 않고 고수익 목적의 해외증권투자 같은 비실물연계 수요가 주도할 경우 외채가 크게 늘면서 우리 경제의 리스크로 잠재해 있다가 대외충격 발생 시 디레버리징(deleveraging)으로 외채가 급격히 상환되는 Sudden Stop이 발생하면서 위기를 초래할 수 있다.

실제로 외채 증가는 글로벌 신용경색 시 외화유동성 위기를 촉발시키는 주된 요인으로 작용하며 국가신인도에도 부정적 영향을 미친다는 점이 1997년 외환위기와 2008년 글로벌 금융위기를 통해 잘 나타난 바 있다. 특히 글로벌 금융위기 시에는 자산운용사를 중심으로 해외증권투자(비실물연계 수요)가 크게 늘어나면

19 2023년 10월말 현재 거주자외화예금 잔액은 943.0억달러로 기업예금이 797억달러(전체 외화예금의 84.5%), 개인예금 146억달러로 각각 구성되어 있다. 예금은행의 외화예금은 2023년 9월말 기준 126조원으로 은행의 총수신(2,483조원)에서 차지하는 비중은 5%로 매우 낮은 수준이다.

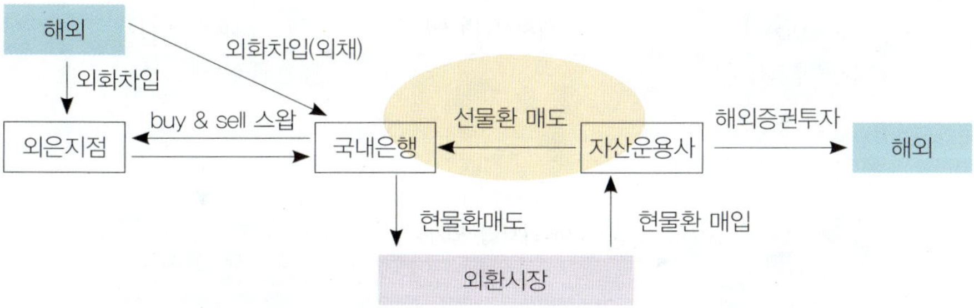

그림 9.11 해외증권투자에 따른 외화자금 흐름도

서 단기외채[20]가 큰 폭으로 늘어난 바 있다.

당시 단기외채는 2005년말 651억달러에서 2006년말 1,156억달러 → 2007년말 1,632억달러로 빠른 속도로 늘어난 데 이어 글로벌 금융위기 직후인 2008년 9월말에는 분기 말 기준으로 사상 최대 규모인 1,878억달러를 기록하였다. 이처럼 글로벌 금융위기 시 단기외채 규모가 급증하였던 점이 국제금융시장에서 우리 경제를 부정적으로 평가한 주요 요인의 하나로 작용하였다.

글로벌 금융위기 이후에도 국내외 금리수준, 국제금융시장의 상황 변화 등에 따라 실물과 연계되지 않은 해외증권투자가 자산스왑(asset swap) 방식을 통해 늘어나기도 한다. 자산스왑이란 기관투자자(비은행금융기관, 국민연금, 연기금 등)들이 원화자산을 은행과 스왑거래 등을 통해 외화로 교환한 후 외화자산에 투자하는 자산운용 형태를 말한다. 과거 자산스왑은 국내 저금리 상황이 지속됨에 따라 기관투자자들이 환리스크를 헤지하면서 고수익을 추구(searching for yield)할 목적으로 스왑거래가 동반된 외화자산투자를 확대한 데 기인한다. 이처럼 실물과 연계되지 않은 자산스왑(asset swap) 방식을 통한 해외증권투자가 크게 늘어날 경우 앞서 살펴보았듯이 외화자금시장에서 외환의 수급불균형을 초래하고 외채가 급증하면서 외환건전성[21]에 부정적 영향을 미치게 된다.

20 IMF(2010.2)는 금융위기 시에는 자본의 급격한 유출을 통해 자본수혜국(피투자국)의 금융시스템이 취약해지는데, 자본형태 중에서도 주식보다는 차입(borrowing)과 같은 채무(debt) 형태의 자본유입이 특히 위험하다고 분석하였다.

21 외환건전성이란 환율, 외환보유액, 순대외채권, 외채비율 등 주요 외환 부문 지표들의 상태가 건전한(sound) 상태라는 것을 의미한다. 자세한 내용은 10장 외환정책을 참조한다.

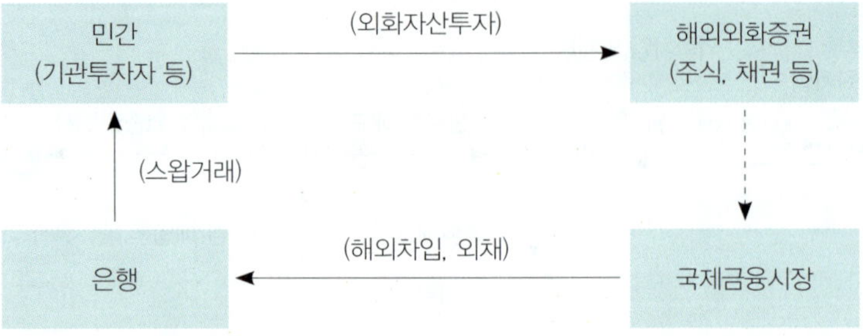

그림 9.12 자산스왑연계 외화자산투자 구조

요 약

1. 외화자금시장은 금리(스왑레이트)를 매개로 외화의 대차거래(무역금융, 외화대출 등) 및 통화파생거래(스왑, 선물환 등)가 이루어지는 곳이다. 외화자금시장에서는 기업, 개인, 외국인 등 시장참가자들이 해외와의 거래를 통해 자체적으로 해결하지 못한 외화자금의 잉여나 부족분이 은행에 집중되어 조정되는 거래가 이루어진다.

2. 우리나라는 국내 은행이 안정적으로 조달할 수 있는 외화예금이 크게 부족하기 때문에 외화자금 수요가 빠르게 증가할 경우 외화자금시장에서 수요가 공급을 크게 상회하는 수급불균형이 커지면서 외환건전성이 악화될 가능성이 높다.

3. 외환스왑거래란 거래당사자 간 현재의 계약환율에 따라 서로 다른 통화를 교환하고 일정 기간이 지난 후 최초 계약시점에 정했던 선물환율에 따라 원금을 다시 교환하는 거래를 말한다. 즉, 외환스왑거래는 동일한 거래상대방 간에 현물환과 선물환 또는 만기가 상이한 선물환과 선물환, 현물환과 현물환을 서로 반대 방향으로 동시에 매매하는 거래이다.

4. 통화스왑이란 스왑의 양 당사자 간 서로 다른 통화를 교환하고 일정 기간 후 원금을 재교환하기로 약정하는 거래를 말한다. 외환스왑이 주로 1년 이하의 단기자금 조달 및 환리스크를 헤지하는 수단으로 이용되는 반면, 통화스왑은 주로 1년 이상의 중장기 환리스크 및 금리리스크의 헤지수단으로 이용된다. 이자지급 방법도 외환스왑은 스왑기간 중 해당 통화에 대해 이자를 교환하지 않고 만기 시점에 양 통화 간 금리차이를 반영한 환율로 원금을 재교환하지만 통화스왑은 계약기간 동안 이자를 교환하고 만기 시점에 처음 원금을 교환했을 때 적용했던 환율로 다시 원금을 교환한다.

5. 선물환시장의 수급불균형은 수출업체와 수입업체 간 환헤지 행태가 달라 선물환매도가 매입을 크게 초과하는 상황을 의미한다. 선물환시장의 수급불균형은 외환스왑시장(단기)에서의 buy & sell 및 통화스왑시장(장기)에서의 CRS receive 거래 우위를 유발한다. 기업으로부터 선물환을 매입한 은행은 환리스크 헤지를 위해 외화차입 또는 buy&sell 스왑으로 달러를 조달하여 이를 현물환으로 매도함에 따라 스왑시장에서의 buy&sell 수요 우위를 유발하고, 이에 따라 스왑레이트(F−S/S)가 하락하면서 스왑거래 상대방(sell & buy 스왑)에게 금리재정거래 유인을 제공하게 된다.

연습문제

1. 외화자금시장의 정의, 주요 시장참가자 및 시장참가자별 역할에 내해 설명하라.

2. 외화자금시장의 잠재적 위험요인이란 무엇이며 잠재적 위험요인들이 환율, 외채 등 외환부문의 주요 지표에 미치는 영향 및 메커니즘에 대해 설명하라.

3. 외환스왑을 정의하고 외환스왑의 거래 동기에 대해 외은지점과 국내 은행 간 외환스왑 거래를 이용하여 설명하라.

4. 스왑레이트란 무엇이며 스왑레이트를 이용해 외화자금사정을 평가하는 방법에 대해 설명하라.

5. 스왑레이트와 국내외금리차를 이용한 금리재정거래 메커니즘에 대해 설명하라.

6. KIKO 옵션을 정의하고 KIKO 옵션이 등장하게 된 배경과 KIKO 옵션 거래와 관련하여 판매자(은행)와 KIKO 옵션 매입자(기업 등) 간에 법정소송이 발생하게 된 이유에 대해 각각 설명하라.

10장

외환정책 및 외환건전성 규제

학습목표

1. 외환정책의 정의와 목적, 필요성에 대해 알아본다.
2. 외환정책에 대한 감독 및 검사란 무엇이며 정부, 한국은행 등 주요기관의 감독 및 검사 업무내용을 알아본다.
3. 외환건전성 규제란 무엇인지 알아보고 규제의 필요성 및 중요성을 이해한다.
4. 미시외환건전성 규제, 거시외환건전성 규제 등 규제 수단별 주요 내용과 도입 배경에 대해 알아본다.
5. 역외금융이란 무엇이며 외채 및 대외신인도 등 외환부문에 미치는 영향에 대해 구체적인 사례를 통해 알아본다.

10.1 외환정책

10.1.1 외환정책의 정의

외환정책(Foreign Exchange policy)이란 용어는 경제 관련 뉴스 등을 통해 종종 들어 볼 기회가 있지만 외환정책이 무엇인지 명확한 정의를 찾기는 쉽지 않다. 이에 반해 통화정책[1]은 많은 국가에서 운용하고 있고 운용수단도 나라마다 별다른 차이가 없어 상세한 정의를 찾기가 어렵지 않다. 특히 외환정책의 경우 통화정책의 일부로 운용하는 국가들이 많은 반면 외환정책을 통화정책과 독립적으로 운용하는 국가들은 많지 않고 외환정책을 독립적으로 운용하고 있는 국가들 간에도 정책내용과 수단들이 서로 다르다. 이는 경제구조, 외환사정 등에서 국가별로 차이가 있기 때문이다.

1 통화정책이란 통화의 대내적 가치가 안정되도록 정책금리, 공개시장조작 등의 정책수단을 사용하여 통화량이나 시장금리를 조절하는 것을 말하며 일반적으로 중앙은행이 담당한다.

선진국은 대체로 자국 통화(domestic currency)가 해외에서 별다른 제한 없이 통용되는 국제통화(international currency)이므로 외환정책을 통화정책과 별도로 운용할 필요성(실익)이 크지 않다. 실제로 미국, 영국 등 주요 선진국의 경우 외환거래가 자유화되고 자유변동환율제도를 채택하고 있어 환율이 대체로 외환시장에서 외환의 수요와 공급에 따라 자유롭게 결정되며 통화도 해외에서 별다른 제한 없이 통용되고 있다.

그러나 우리나라와 같이 소규모 개방경제(small open economy) 구조에 통화가 국제통화가 아닌 신흥시장국들은 국제금융시장의 불안과 같은 대외 리스크가 국내 금융 및 외환시장에 쉽게 전이(contagion)되어 경제에 부정적 영향을 미칠 가능성이 높다. 따라서 이러한 대외 리스크에 효율적으로 대처하기 위해서는 외환정책을 독립적으로 수립하고 이를 대외 환경변화에 맞춰 적절하게 운용할 필요성이 크다.

우리나라는 소규모 개방경제 구조이고 원화가 국제통화가 아닌 태생적 한계(original sin)를 갖고 있어 대외충격(external shock)에 취약하다는 평가를 받기도 한다. 정부가 대외충격에 효율적으로 대처하기 위해 통화정책과 별도로 외환정책을 수립·운용하고 있지만 외환정책이 무엇인지에 대한 명확한 정의를 찾기는 쉽지 않다.

정부가 추구하는 외환정책의 정의를 「외국환거래법」[2]을 통해 유추해 보면 국제수지의 균형, 통화가치의 대외적 안정 등을 목표로 외환부문의 정책을 수립하고 이를 수행할 정책수단을 마련하는 한편 필요시 이들 정책수단을 효율적으로 운용하는 일련의 행위들을 모두 넓은 의미에서 외환정책으로 볼 수 있다. 한편 중앙은행인 한국은행은 외환정책을 환율정책과 외환제도에 관한 정책을 포괄하는 개념으로 보고 있다. 이때 환율정책은 환율제도의 선택과 외환시장의 안정적 운영에 관한 정책을, 외환제도에 관한 정책은 경상거래 및 자본거래와 관련한 외환거래 제도의 수립과 운영 등에 관한 정책을 각각 의미한다.

2 「외국환거래법」은 외국환거래의 자유를 보장하고 시장기능을 활성화하여 국제수지의 균형과 통화가치의 안정을 위해 제정한 법률이다.

참고 국제통화의 정의와 결정 요인

1. 국제통화의 정의

국제통화(international currency)란 국제 간의 결제나 금융거래의 중심이 되는 통화를 지칭한다. 국제통화와 비슷한 개념으로 기축통화(key currency)가 있지만 국제통화와는 그 성격이 다르다. 기축통화란 국제통화 중 세계 각국이 외환보유액 구성이나 외환시장 개입 시에 널리 사용하는 통화를 말한다.

역사적으로 보면 영국의 파운드화와 미국의 달러화를 국제통화로 부른다. 파운드화는 19세기 중반 이후 국제금융의 중심지로서 영국이 가진 강력한 국력을 배경으로 국제통화의 역할을 담당하였다. 그러나 제1차 세계대전 이후에는 미 달러화가 미국의 강력한 경제력과 군사력을 배경으로 국제통화로 자리 잡게 되었다.

최근 들어 국제통화로서 미국 달러화의 지위가 흔들리면서 달러를 대신할 통화로 유로화, 중국 위안화 등이 거론되지만 국제통화가 갖추어야 할 주요 조건인 신뢰도나 거래량 등에서 아직 달러와는 비교가 안 된다는 평가가 많다.

2. 국제통화 결정 요인

국제통화를 결정하는 주요 요인으로는 대규모 경제, 발전된 금융시스템, 통화가치 및 정치적 안정 그리고 네트워크 외부성(network externalities) 등을 들 수 있다.

이 중 네트워크 외부성이란 사용자가 많을수록 상품 및 사용가치가 높아지는 현상을 말한다. 통화의 경우에도 특정 통화의 사용자가 많아지면 유동성이 증가하여 신규사용자에게 동 통화의 매력이 더욱 커지게 되며, 사용량이 많아질수록 평균비용이 절감되는 효과도 발생한다.

국제통화의 지위는 관성(inertia)을 가지고 천천히 변하는 경향이 있는데 네트워크 외부성이 이런 강한 경로의존성(path-dependence)을 만들게 된다. 또한 다른 통화로 변경할 때 발생하는 높은 전환비용(higher switching costs)은 다른 경쟁통화들이 국제통화가 될 가능성을 더욱 억제하는 요인으로 작용한다. 그 결과 네트워크 외부성은 국제통화의 수를 제한하는 집중화(centralisation) 현상을 촉진시켜 어떤 통화라도 일단 국제통화가 되면 그 지위를 계속 유지하게 만드는 자연독점현상(natural monopoly)이 발생하게 된다(Greenspan, 2001).

가령 전 세계적으로 N개의 국가별 통화가 있다고 가정하면 N(N−1)/2개의 양자 간 시장(bilateral market)이 존재하게 되지만 국제금융시장에서 특정 통화를 매개통화(vehicle currency)로 선택하면 시장의 수는 N-1개로 대폭 줄어든다.

현재 전 세계에 150개의 국가별 통화가 있다고 가정하면 국제통화는 전 세계 외환시장의 거래통화를 11,175개에서 149개로 크게 줄여 거래비용을 대폭 절감하게 만드는 역할을 한다.

10.1.2 외환정책의 변천

우리나라의 외환정책은 경제성장, 자본자유화[3] 등에 따른 자본시장의 대외개방 확대, 금융 및 외환시장의 양적·질적 발전 등 국내외 경제 및 금융상황 변화 등에 맞춰 과거 규제 위주의 정책에서 벗어나 시장원리(market principles)를 중시하면서 점차 자유화를 확대하는 방향으로 발전해 왔으며, 그 결과 현재는 원칙적으로 모든 외환거래를 자유화하였다. 과거 「외국환관리법」은 국내외 자금이동을 수반하는 자본거래 등을 원칙적으로 금지하되 동 법의 목적에 비추어 필요하다고 인정되는 경우만을 예외적으로 허용하는 방식인 열거주의(positive system)였다. 그러나 현행 「외국환거래법」은 원칙적으로 모든 외환거래를 자유롭게 허용하되 국민경제의 건전한 발전에 저해된다고 판단되는 경우에만 예외적으로 규제하는 포괄주의(negative system) 방식을 채택하고 있다.

외환정책의 주요 변천 과정을 시기별로 살펴보면 다음과 같다. 먼저 1990년대에는 자본자유화가 본격적으로 추진되는 가운데 1997년 외환위기를 겪으면서 환율정책의 목표도 국제수지의 균형 달성에서 환율의 변동성 완화로 시장안정에 맞춰졌다. 이에 따라 환율제도를 고정환율제도에서 자유변동환율제도로 변경하고 「외국환거래법」 체계를 정비하는 등 외환부문의 자유화를 빠르게 추진하였다.

2000년대 이후에는 세계 각국의 자본자유화 조치 등의 영향으로 자본이동이

3 자본자유화란 한 나라의 거주자와 다른 나라의 비거주자 간의 자본거래가 정부의 간섭이나 제한 없이 자유롭게 이루어지는 것을 의미한다.

한결 자유로워지면서 외국인의 국내증권투자 및 내국인의 해외증권투자가 크게 늘어남에 따라 이들 자본의 유출입이 국내 금융 및 외환시장에 미치는 영향이 크게 확대되었다. 자본자유화는 경제성장, 금융시장 발전 등 우리 경제에 많은 기여를 하였으나 이 과정에서 국제자본이 국내에 급격히 유입되면서 통화팽창, 자산가격(주가, 부동산 등) 급등과 같은 부작용을 생산·누적시키는 등 경제에 부정적 영향도 함께 미쳤다. 국제자본의 국내유출입은 경기순응성이 강해 호황기에는 해외에서 자본이 과도하게 유입되고 불황기에는 유입된 자본이 해외로 다시 급격하게 유출(Sudden Stop)되는 모습을 보여왔다. 즉, 경기순응성 등으로 인해 자본유출입의 변동성이 확대되면서 실물경제보다 더욱 큰 폭으로 금융·외환시장이 변동되고, 이에 따라 실물경제가 다시 영향을 받는 악순환이 반복되면서 경제 전반에 부정적 영향을 미치게 된다.

참고 경기순응성의 원인

1. **금융가속기(financial accelerator) 모형**: Bernanke 등(1996)은 신용시장이 실물부문인 투자 및 생산의 변동을 증폭시키는 역할을 하며 금융부문의 작은 충격이 실물부문으로 확대될 수 있다고 주장하였다. 동 이론에 따르면 정보의 비대칭성(information asymmetry)으로 인해 차주에 대한 정보가 부족한 금융기관이 신용공급 규모를 차주의 자산가치에 연동시킴에 따라 금융 및 실물부문의 연결고리가 형성된다. 즉, 금융부문이 경기활황기에는 신용공급 확대를 통해 투자 등 실물경제 활동을 촉진시키지만 하강기에는 신용여건 악화로 투자가 위축되는데, 이런 상호작용이 경기순응성의 원인으로 작용하게 된다.
2. **리스크 평가 오류**: 글로벌 금융시장의 불확실성 증가 등으로 리스크의 정확한 측정이 어려운 상황에서 경제주체들이 활황기에는 리스크를 과소평가하여 과도한 리스크를 감수하는 반면, 하강기에는 리스크를 과대평가하여 신용공급을 과도하게 축소시키는 경향이 있다. 이렇게 불확실성하에서 초래되는 리스크 평가 오류로 인해 금융기관들이 과도한 반응을 보이면서 경기순응성이 확대된다.
3. **군집행위(herding behavior)**: 금융시장에서 다수의 투자자들이 동시에 동일 자산군을

매매하는 행위를 말한다. 즉, 투자여건이 양호한 경우에는 위험선호(risk-on) 현상이 증가하면서 대다수 투자자들이 동시에 자산매입을 늘리게 되지만 예기치 않은 금융불안 요인이 부각될 경우에는 집단적으로 민감하게 반응하면서 자산투매(fire-sale)에 나서는 현상이 나타나게 된다. 이러한 군집행위에 따른 금융시장의 변동성이 거시-금융 연계성을 통해 경기순응성의 요인으로 작용하게 된다.

자료: 한국의 거시건전성 정책(한국은행, 2015)

국내에서도 2008년 글로벌 금융위기 시 디레버리징(deleveraging)의 영향 등으로 그동안 대규모로 유입되었던 국제자본(외국인증권투자자금 등)이 급격하게 해외로 유출됨에 따라 환율이 급등하고 주가가 폭락하는 등 잠재되어 있던 리스크가 현재화되면서 우리 경제에 부정적 영향을 크게 미쳤다. 이에 따라 외환당국은 글로벌 금융위기 이후 거시경제 안정, 외환보유액 확충 등을 통해 일차적인 위기방지(first line of defense)를 위해 노력하는 한편 외환정보시스템[4]을 활용하여 국제자본은 물론 국내자본의 국외 유출입에 대한 상세한 정보를 수집하고 이를 면밀하게 분석하여 2010년 6월 「자본유출입 변동 완화방안」을 마련하였다.

이처럼 정부와 한국은행 등이 「자본유출입 변동 완화방안」을 마련하게 된 것은 우리나라가 겪었던 지난 두 차례 위기의 주요 요인이 높은 자본유출입 변동성에 기인한다고 판단하였기 때문이다. 이에 따라 자본자유화의 정책기조는 유지하되, 시스템 리스크를 축소시키기 위한 자본유출입 관리 및 대응능력 확충방안 마련을 위해 「선물환포지션 한도 제도」, 「외화대출 관리 강화」, 「외환건전성 관리 강화」 등을 핵심 내용으로 하는 「자본유출입 변동 완화방안」을 마련하여 시행하고 있다.

4 금융기관 등이 실행한 외환거래 관련 정보가 한국은행에 집중되어 외환거래 및 시장정보를 신속하게 수집·분석할 수 있는 정보시스템이다. 13장 국제자본이동을 참조한다.

참고 글로벌 금융위기는 우리 경제에도 부정적 영향을 크게 미쳤다

글로벌 금융위기란 2008년 9월 15일 미국의 투자은행인 리먼브라더스(Lehman Brothers)가 서브프라임 모기지 부실과 파생상품 손실에서 비롯된 대규모 부채를 감당하지 못해 파산하면서 시작된 미국발 위기가 전 세계로 확산된 것을 말한다. 리먼브라더스는 당시 골드만삭스, 모건스탠리, 메릴린치에 이은 세계 4위의 투자은행(IB)으로 1850년 설립 이후 전 세계 주식, 채권의 인수 및 중개, 글로벌 기업의 인수·합병(M&A) 중개, private banking 등의 업무를 담당해 왔다. 글로벌 금융위기는 전 세계적인 금융위기를 초래하였는데 국내에서도 금융위기 전 대규모로 유입된 외국인투자자금이 해외로 급격히 유출되면서 주가 폭락, 환율 급등, 외화유동성 부족을 초래하는 등 우리 경제에 부정적 영향을 크게 미친 바 있다.

리먼브라더스 파산 전후 주가 등락

자료: 한국거래소

2020년 3월에는 코로나19의 발생으로 외환수요가 크게 늘면서 원/달러 환율이 2009년 7월 이후 처음으로 1,280원대까지 급등하는 등 외환 및 외화자금시장에서 글로벌 금융위기 수준의 불안정한 모습이 나타났다. 이에 정부는 2021년 1월 외화유동성 모니터링 강화 및 외환건전성 규제 정비를 주요 내용으로 하는 「외화유동성 관리제도 및 공급체계 개선방안」을 마련하여 시행하는 등 국제금융시장 및 국내 외환시장의 상황변화에 신속하게 대처하고 있다.

● 위기 시 자본유출입 규제 장치

정부는 급격한 자본유출입으로 국가 비상사태가 발생할 경우 기획재정부장관이 안전(safeguard) 조치를 취할 수 있도록 「외국환거래법」에 관련 규정을 마련해 두었다. 현행 「외국환거래법」에서는 기획재정부장관으로 하여금 국제수지 및 국제금융상 심각한 어려움에 처하는 경우와 국내외 자본이동으로 인하여 통화정책, 환율정책 및 기타 거시경제정책을 수행하는 데 있어서 심각한 지장을 초래하는 경우 자본거래에 대한 허가의무를 부과하거나 해당 거래와 관련하여 취득하는 지급수단의 일부를 한국은행·외국환평형기금 또는 금융회사 등에 예치하도록 하는 의무를 부과할 수 있음을 밝히고 있다.

또한 기획재정부장관은 천재지변, 전시·사변, 국내외 경제 사정의 중대하고도 급격한 변동 및 이에 준하는 사태의 발생으로 인하여 부득이하다고 인정되는 경우에는 대외지급 또는 수령의 일시정지, 지급수단 또는 귀금속의 한국은행·정부기관·외국환평형기금·금융회사 등에의 보관·예치 또는 매각의무 부과 등의 조치를 할 수 있다. 다만 이러한 조치는 특별한 사유가 없는 한 6개월 내에서만 실시할 수 있고 그 조치 사유가 소멸된 경우에는 즉시 해제하여야 하며 외국인직접투자에 대해서는 이를 적용하지 않는다.

참고 「외국환거래법」상 유사시 안전 장치

「외국환거래법」은 외환의 급격한 유출입 발생 등 비상시에는 기획재정부장관이 다음의 safeguard(안전) 조치를 취할 수 있도록 규정해 두고 있다.

<table>
<tr><th colspan="2">유 형</th><th>주요 내용</th><th>시행 요건</th></tr>
<tr><td colspan="2">대외결제·거래의 일시정지 (제6조 1항 1호)</td><td>• 외국환거래법의 적용을 받는 지급·수령, 거래의 전부 또는 일부에 대한 일시 정지</td><td rowspan="2">• 천재지변, 전시·사변, 국내외 경제사정의 중대하고도 급격한 변동, 기타 이에 준하는 사태의 발생으로 인해 부득이하다고 인정되는 경우</td></tr>
<tr><td colspan="2">외환집중제 (제6조 1항 2호)</td><td>• 지급수단 또는 귀금속의 한국은행·정부기관·외국환평형기금·금융회사 등에의 보관·예치 또는 매각 의무 부과</td></tr>
<tr><td colspan="2">자본거래허가제 (제6조 2항)</td><td>• 자본거래 시 정부 허가를 받도록 의무화</td><td rowspan="2">• 국제수지·국제금융상 심각한 어려움에 처하거나 처할 우려가 있는 경우
• 자본이동으로 인해 통화정책·환율정책, 기타 거시정책 수행에 있어 심각한 지장을 초래하거나 초래할 우려가 있는 경우</td></tr>
<tr><td colspan="2">가변예치의무제 (제6조 2항)</td><td>• 자본거래 시 당해거래와 관련해 취득하는 지급수단의 일부를 한은·외평기금 또는 금융기관에 예치토록 의무화</td></tr>
<tr><td rowspan="3">공통조항</td><td>시행기간 (제6조 3항)</td><td colspan="2">• 특별한 사유가 없는 한 6개월 이내에서 시행 가능하며, 그 조치사유가 소멸된 경우에는 즉시 해지해야 함</td></tr>
<tr><td>제외대상거래 (제6조 4항)</td><td colspan="2">• 외국인투자촉진법 제2조 1항 4호에서 정하는 외국인직접투자에 대해서는 적용하지 않음</td></tr>
<tr><td>시행방법 (시행령 제11조)</td><td colspan="2">• 대상거래 및 기간, 허가절차, 예치대상·예치비율·예치금리·예치기간·예치기관 등 구체적 내용을 정하여 기획재정부장관 고시로 시행</td></tr>
</table>

10.1.3 외환정책의 수립 및 운용

외환정책의 수립과 운용에 관한 최종 권한은 「외국환거래 법령」에 의거 정부(기획재정부장관)에 있으며 외환정책 중에서 외환건전성 규제에 관한 권한은 한국은행 총재와 금융위원회[5]에 위탁한다고 명시되어 있다. 한국은행은 「한국은행법」

5 금융위원회는 금융정책, 외국환업무취급기관의 건전성 감독 및 금융감독에 관한 업무를 관장하는 중앙행정기관이다.

제83조[6]에 따라 정부의 환율정책에 대해 협의하는 기능을 수행하는 한편 필요하다고 판단되는 경우 외환시장에 개입하며 평상시에는 일상적인 외환시장 관리업무를 담당한다. 이처럼 환율정책의 최종 권한은 정부가 갖지만 '일상적인 시장관리(daily operation)'는 한국은행이 담당하는 상호협조 방식을 통해 환율정책을 운용하는 체제가 오래전부터 시행되고 있다.

외환정책에 관한 법령체계를 살펴보면 기본사항은 「외국환거래법」에서 규정하고 세부사항은 「외국환거래법」 시행령, 「외국환거래규정」, 한국은행의 각종 외환 관련 규정, 금융위원회의 관련 규정 등에서 각각 기술하고 있다.

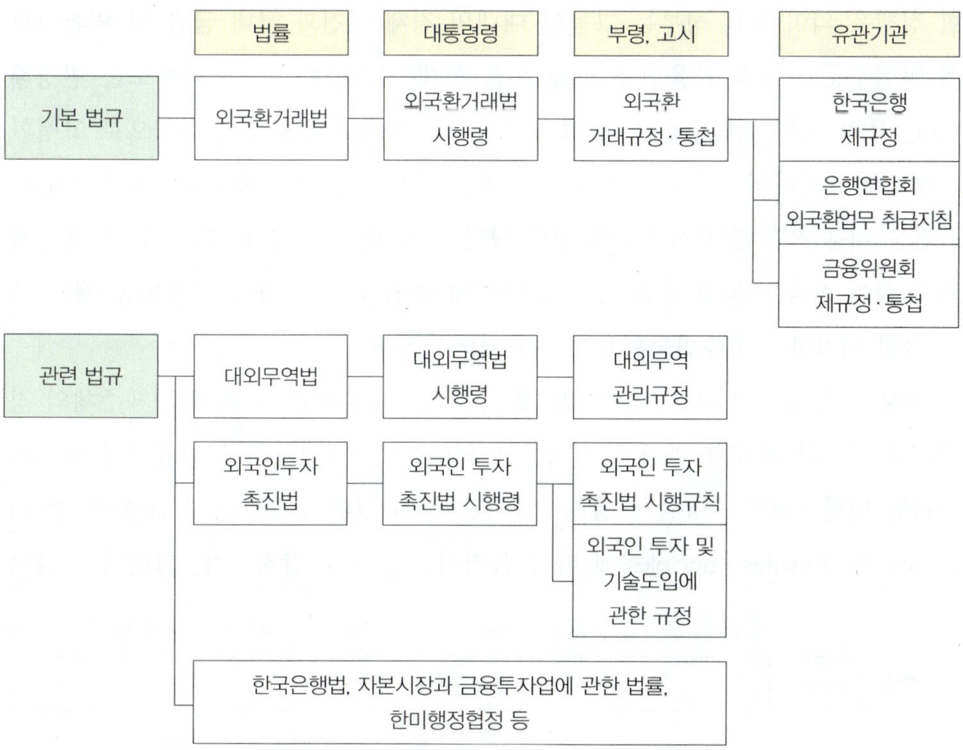

그림 10.1 우리나라의 외환 관련 법령체계

자료: 한국은행

6 「한국은행법」 제83조(환율정책 등에 대한 협의)에는 "한국은행은 정부의 환율정책, 외국환은행의 외화 여·수신업무 등에 관한 정책에 대하여 협의하는 기능을 수행한다"로 명시되어 있다.

10.1.4 외환정책의 목적

외환정책의 목적을 「외국환거래법」의 취지에 비추어 유추해 보면 대외거래의 원활화, 국제수지의 균형과 통화가치의 대외적 안정을 통해 국민경제의 건전한 발전에 기여하는 것으로 볼 수 있다. 이에 따라 정부는 외환정책이 국민경제의 건전한 발전에 기여할 수 있도록 「외국환거래법」 등을 통해 대외거래의 자유를 보장하는 한편 시장기능을 활성화하기 위해 노력해 왔다.

이번에는 외환정책의 목적을 환율정책과 외환제도에 관한 정책으로 구분하여 살펴보자. 첫째, 환율정책이란 환율제도의 선택과 외환시장의 안정적 운영에 관한 정책을 의미한다. 정부는 그동안 대내외 경제 여건과 국내 금융 및 외환시장의 발전수준에 맞춰 환율변동 허용 폭을 확대하는 방향으로 외환제도를 변경해 왔다. 우리나라의 환율제도는 1970년대까지는 국제수지 균형을 목적으로 고정환율제도를 채택하여 운용하였으나 이후 자본자유화 등 시장원리를 중시하면서 환율변동 허용 폭을 점진적으로 확대해 왔다. 1997년 외환위기 이후에는 환율정책의 목적이 환율 변동성 축소 등 시장안정에 중점을 둠에 따라 환율변동 제한 폭을 완전 폐지하고 자유변동환율제도를 채택하였다.

둘째, 외환제도에 관한 정책이란 개인, 기업, 금융기관 등 개별 경제주체의 경상거래 및 자본거래와 관련된 정책들을 의미한다. 대외거래가 원활하게 이루어지려면 외환거래의 자유를 보장하고 외환시장이 외환의 수요와 공급(이하 '수급') 등 시장원리(market principles)에 따라 움직이는 것이 바람직하다. 그러나 외환거

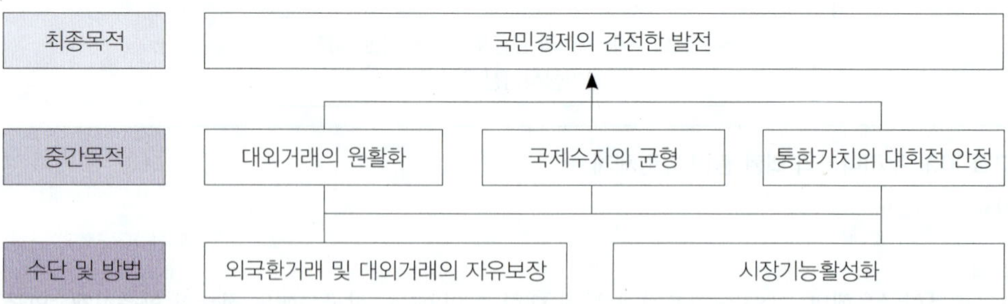

그림 10.2 외국환거래법의 목적
자료: 한국은행

래의 자유를 과도하게 허용하면 경기순응성이 강한 자본유출입의 변동성이 증가하여 오히려 외환시장의 불안을 초래할 수도 있다. 또한 불필요한 외환수요 증가로 인해 외환의 수요가 공급을 상회하는 수급불균형 상태가 심화될 경우 외채 증가, 외화유동성 악화를 통해 위기[7]를 초래할 수도 있다. 따라서 외환제도의 목적은 외환거래의 자유를 보장하고 시장기능을 활성화하는 한편 외환거래에 대한 직·간접 규제[8]를 통해 위기를 예방할 수 있도록 외환부문과 관련된 제도를 수립·개선하는 것을 모두 포함한다고 볼 수 있다.

10.1.5 외환정책 대상기관에 대한 감독 및 검사

외환정책 대상기관에 대한 감독 및 검사업무는「외국환거래법」에 의거하여 기획재정부 장관이 수행한다. 기획재정부 장관은 외국환업무취급기관에 대한 감독 및 검사업무를 금융위원회 및 금융감독원장에게 각각 위탁하며 한국은행 총재, 관세청장 등에도 일부 공동검사 또는 검사업무를 위탁하거나 위임한다.「외국환거래법」상 외환정책 대상기관은 외국환업무취급기관, 외국환중개회사 및 환전영업자이며 이 중 외국환중개회사는 9장에서 설명하였으므로 여기서는 외국환업무취급기관과 환전영업자에 대해서 살펴본다.

첫째, 외국환업무취급기관이란「외국환거래법」 제8조(제1항)에 의거 외국환업무를 업으로 하기 위해 기획재정부장관에게 등록한 금융기관[9]과 대통령령으로 정하는 자[10]를 말한다. 한편 외국환업무취급기관 중 외국환은행이란 은행법에 따

7 위기는 금융위기, 외환위기 등 다양한 형태로 나타날 수 있다. 11장 환율정책을 참조한다.

8 우리나라는 1997년 외환위기 이후 IMF의 권고를 수용하여 규제·관리 위주의「외국환관리법」을 폐지하고 외환거래 지원을 골자로 하는「외국환거래법」을 제정하였다. 이에 따라 현행「외국환거래법」은 민간부문의 경상거래 및 자본거래를 전면 자유화하고 국가 경제 측면에서 필요한 최소한의 사항만을 제한하고 있다.

9 은행, 금융투자업자, 증권금융회사, 종합금융회사 및 명의개서대행회사, 상호저축은행과 그 중앙회, 신용협동조합 및 그 중앙회, 여신전문금융회사 및 겸영여신업자, 농협은행, 수협은행 등을 말한다.

10 한국산업은행, 한국수출입은행, 중소기업은행, 체신관서, 새마을금고 및 중앙회, 한국해양진흥공사.

른 「은행」, 「농업협동조합법」에 따른 농협은행, 「수산업협동조합법」에 따른 수협은행, 「한국산업은행법」에 따른 한국산업은행, 「한국수출입은행법」에 따른 한국수출입은행, 「중소기업은행법」에 따른 중소기업은행을 말하며 「외국환거래법」 제3조에서 정한 모든 외국환업무를 취급할 수 있다. 외국환은행을 제외한 기타 취급기관은 당해 기관의 고유업무와 직접 관련되는 범위 내에서 기획재정부장관이 정하여 고시하는 업무를 취급할 수 있다.

참고 「외국환거래법」[11]상 외국환업무

- 외국환의 발행 또는 매매
- 우리나라와 외국 간의 지급·추심 및 수령
- 외국통화로 표시되거나 지급되는 거주자와의 예금, 금전의 대차 또는 보증
- 비거주자자와의 예금, 금전의 대차 또는 보증
- 비거주자와의 내국통화로 표시되거나 지급되는 증권 또는 채권의 매매 및 매매의 중개
- 거주자 간의 신탁·보험 및 파생상품 거래(외국환과 관련된 경우에 한정) 또는 거주자와 비거주자 간의 신탁·보험 및 파생상품거래
- 외국통화로 표시된 시설대여(여신전문금융업법에 따른 시설 대여)
- 그 밖에 위의 업무들에 딸린 업무

둘째, 환전영업자란 외국환거래법 제8조(제3항)에 의거 환전업무만을 업으로 하기 위해 기획재정부장관에게 등록한 자를 말한다. 환전업무는 외국통화를 매입하거나 매도하는 업무 또는 외국에서 발행한 여행자수표를 매입하는 업무를 말한다. 2023년 10월말 현재 환전영업자 수는 1,495개이다.

11 「외국환거래법」 제3조 제1항 16호 및 동법 시행령 6조

참고 원화를 외화로 환전할 때 환전수수료는 어디가 제일 저렴할까?

여러분이 해외여행을 위해 미화 1,000달러를 환전(매입)한다고 가정해 보자. 달러를 매입하려면 환율에 따른 원화 외에도 환전수수료를 추가로 지불해야 한다. 환전수수료는 공시된 매매기준율과 은행 자체적으로 고시한 매매기준율 간의 차이인데, 이는 은행이 외국환중개사에서 공시한 매매기준율에 환전서비스에 들어가는 비용을 더한 일종의 마진(margin)인 셈이다. 다음에서 보듯이 은행은 공시된 매매기준율에 환전 스프레드를 더하거나 빼고 환전을 해준다.

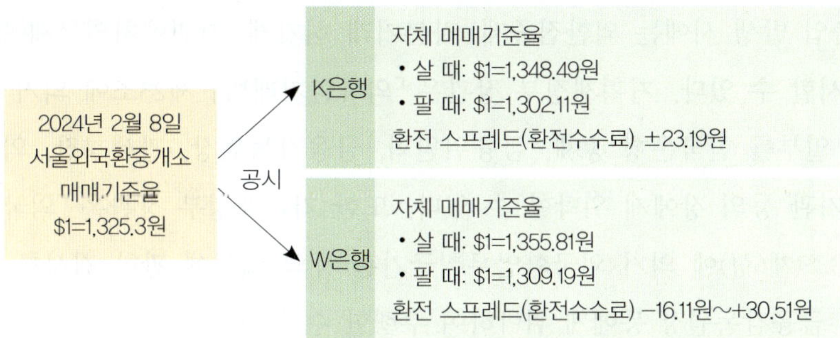

원화를 미 달러로 환전할 수 있는 곳은 은행 외에도 환전영업소가 있다. 이 중 어느 곳의 환전수수료가 가장 저렴할까? 결론부터 말하자면 은행보다는 환전영업소의 환전수수료가 가장 저렴하다. 은행은 인건비 등 고정비가 환전영업소보다 더 많이 들기 때문이다. 인터넷을 이용하여 2024년 2월 9일 기준으로 미 달러화를 가장 저렴하게 살 수 있는 곳을 찾아보니 A환전센터로 나타났다. 이곳에서는 1달러를 1,335원에 살 수 있으며 가장 불리한 환전소와 비교 시 절약되는 금액은 25.39원으로 적지 않은 금액이다.

환전소	환율	절약금액*	절약률
A환전센터	1,335원	25.39원	1.87%
B환전	1,335원	25.39원	1.87%
C환전	1,336원	24.39원	1.79%
D환전	1,336원	24.39원	1.79%
E환전	1,337원	23.39원	1.72%
F환전	1,337원	23.39원	1.72%
G환전소	1,337원	23.39원	1.72%
H환전소	1,337원	23.39원	1.72%

주: * 가장 불리한 환전소와 비교 시 절약되는 금액
자료: 마이뱅크(2024.2.9.)

① 주요 기관별 감독 및 검사 업무

● 기획재정부

외환정책의 수립 및 운용과 외환정책 대상기관의 감독 및 검사업무에 관한 권한은「정부조직법」및「외국환거래법」에 따라 기획재정부장관에게 있다. 기획재정부장관은 외국환거래나 대외거래가 원활하게 이루어지도록「외국환거래법」에 따른 제한을 필요·최소한의 범위에서 실시해야 한다. 또한 외환의 수급이 안정적으로 이루어질 수 있도록 외환시장 안정에 힘써야 하며 이를 위한 정책수단들을 선제적으로 마련해야 한다. 예를 들어 국제수지의 심각한 어려움 또는 급격한 자본유출입 발생 시에는 외환집중제·자본거래 허가제·가변예치의무제 등의 조치를 실시할 수 있다. 기획재정부 장관은「외국환거래법」제23조에 의거 자신의 권한 중 일부를 한국은행 총재, 금융위원회, 금융감독원장, 관세청장, 외국환업무 취급기관 등의 장에게 위탁할 수 있다. 또한 기획재정부 장관은「외국환거래법」제20조(제6항)에 의거 외국환업무취급기관 등의 업무에 관한 검사를 한국은행 총재, 금융감독원장 등에게 위탁하여 수행할 수 있다.

참고 외환정책 수립·운용 관련 기획재정부장관의 주요 업무

- 외국환거래에 관한 기준환율, 외국환의 매도율·매입률 및 재정환율의 결정
- 외국환평형기금의 조성과 운용 및 관리
- 국내외 경제사정의 급격한 변동 발생 시 대외거래·결제의 일시 정지
- 국제수지의 심각한 어려움 또는 급격한 자본유출입 발생 시 외환집중제·자본거래 허가제·가변예치의무제 실시
- 외국환업무취급기관, 환전영업자 및 외국환중개회사의 등록 또는 인가, 등록 또는 인가의 취소, 과징금 부과
- 외국환업무취급기관 등의 업무 감독 및 건전성 규제 등

● 한국은행

한국은행은「한국은행법」제82조 및「외국환거래규정」제2-25조에 따라 외국

환의 매매 및 파생금융거래, 외화자금 및 외국환의 보유와 운용 등의 업무를 수행하며 「한국은행법」 제83조에 따라 정부의 환율정책, 외국환은행의 외화여·수신업무 및 외국환 매입·매도 초과액의 한도 설정에 관한 정책에 대해 협의하는 기능을 수행한다. 또한 한국은행 총재는 「외국환거래법」 제23조 및 제20조(제6항) 등에서 정하는 바에 따라 기획재정부장관의 권한과 검사업무를 위탁받아 수행한다.

● 금융위원회 및 금융감독원

기획재정부장관은 「외국환거래법」 제23조 등에 의거 금융위원회와 금융감독원장에게 「외국환거래법」에서 정한 업무수행과 관련하여 권한을 위탁할 수 있다. 금융위원회는 기획재정부장관의 권한을 위탁받아 외국환업무취급기관에 대한 감독 및 감독상 필요한 명령 등의 업무를 수행한다. 금융감독원장도 기획재정부장관의 권한을 위탁받아 외국환업무취급기관의 국내 영업소의 신설·폐지 또는 변경에 관한 신고의 접수 등과 관련한 업무를 수행한다.

참고 가변예치의무제

가변예치의무제(VDR, Variable Deposit Requirement)란 해외에서 유입되는 외화자금 중 일부를 중앙은행에 무이자 또는 낮은 이자로 예치토록 의무화하는 제도로 국제자본의 유입 급증 또는 단기성 국제투기자본의 환투기 등으로 인한 국내 외환시장 혼란을 방지하기 위한 정책수단이다. 외환당국은 급격한 자본유출입시 예치대상, 예치비율 조정 등을 통해 과도한 국제자본의 유입을 통제한다.

우리나라는 1999년 4월 1일 시행된 「외국환거래법」에서 제도적으로는 이미 가변예치의무제를 도입하였다. 외환위기 이후 제1차 외환자유화 조치시 자본거래를 종전의 원칙규제·예외자유(positive system)에서 원칙자유·예외규제(negative system)로 전환하면서 자유화에 따른 안전장치(safeguard)의 하나로 동 제도를 도입하게 되었다. 가변예치의무제의 발동 주체는 기획재정부 장관으로 예치대상, 예치비율, 예치금리, 예치기간 및 예치기관을 결정한다.

우리나라는 가변예치의무제 도입 후 현재까지 동 제도를 실제로 시행한 적은 없는데 이는 OECD 규약에 따라 발동 요건이 ① 국제수지 및 국제금융상 심각한 어려움에 처하거나 처할 우려가 있는 경우, ② 국내외 자본이동으로 인해 통화정책, 환율정책, 기타 거시경제 정책을 시행하는 데 있어 심각한 지장을 초래하거나 초래할 우려가 있는 경우 등으로 제한되어 있는 데다 동 조치를 시행하더라도 6개월 이내에서 시행해야 하는 등 시행조건이 매우 까다롭기 때문이다.

OECD 규약 준수

우리나라는 OECD 회원국으로서 OECD 규약을 준수해야 한다. OECD 규약(article 7)상 가변예치의무제도는 자유화의 철회(withdraw) 또는 일시 정지(temporary suspend)에 해당되므로 동 조치를 실행할 경우 객관적인 사유를 OECD에 통보하고 사후 승인을 받아야 한다. 또한 자유화의 철회 및 일시 정지 시에는 6개월마다 OECD의 재검토를 받아야 하는 등 시행이 매우 까다롭다.

10.2 외환건전성 규제

10.2.1 외환건전성 규제의 정의

외환건전성이란 환율, 외환보유액, 외화유동성, 외채비율 등 외환부문의 주요 지표들이 안정적이고 적절한 상태인지를 나타내는 개념이다. 이에 따라 외환건전성 규제란 과도한 외화차입, 급격한 자본유출입, 환율 변동성 확대 등으로 외환부문의 건전성이 악화되면서 금융시스템 전체의 불안정을 초래하는 시스템 리스크(system risk)[12]가 발생하지 않도록 외환당국이 취하는 일련의 조치 또는 정책

12 시스템 리스크란 '금융시스템의 전부 또는 일부의 장애로 금융기능이 정상적으로 수행되지 못함에 따라 실물경제에 심각한 부정적인 파급효과를 미칠 수 있는 위험'을 말한다. 한편 G10(2001)은 시스템 리스크를 금융시스템의 중요 부문의 가치 또는 신뢰 저하 등으로 불확실성이 높아져 실물경제에 중대한 부정적 영향을 미칠 수 있는 사건이 발생할 위험으로 정의하고 있다.

수단이라고 정의할 수 있다.

외환건전성 규제는 크게 거시건전성 규제와 미시건전성 규제로 구분할 수 있다. 먼저 거시건전성(macro-prudential) 규제는 금융시장의 리스크 관리를 개별 금융기관 차원이 아닌 금융시스템 전체 차원에서의 관점(systemic-wide perspective)으로 보며, 규제 목표는 시스템 리스크 억제를 통해 실물경제를 보호하는 데 있다. 이는 개별 금융기관이 자체적으로 리스크를 최적으로 관리하거나 외환당국이 강도 높은 미시건전성(micro-prudential) 규제를 실시하더라도, 전체 금융시스템의 관점에서는 최선의 결과를 낳지 못하는 구성의 오류(fallacy of composition)가 발생할 수 있기 때문이다. 반면 미시건전성 규제란 개별 금융기관의 리스크를 각각 독립적으로 인식하고 개별 금융기관의 건전성을 확보하면 전체 금융시스템도 안정될 수 있다고 판단하고 있으며, 개별 금융기관의 도산(bankruptcy) 방지를 규제목표로 하고 있다.

참고 거시건전성 규제와 미시건전성 규제

	거시건전성 규제	미시건전성 규제
규제목표	• 시스템 리스크 억제를 통한 실물경제 보호	• 도산 방지 등 개별 금융기관의 건전성 확보
기본시각	• 금융위기는 전체 금융시스템에 영향을 미치는 공통적인 위험 요인에 의해 주로 발생 → 전체 금융시스템의 리스크 관리에 중점(top-down 방식)	• 개별 금융기관의 건전성이 확보되면 전체 금융시스템도 안정 → 개별 금융기관의 리스크 관리에 중점(bottom-up 방식)
리스크 특징	• 금융기관 간 상호연관성을 중시	• 개별 금융기관을 독립적으로 인식

자료: Claudio Borio, Towards a macroprudential framework for financial supervision and regulation?, Bis working paper No128. (2003), 한국은행 재인용

10.2.2 우리나라의 외환건전성 평가

2024년 3월말 현재 외환보유액, 단기외채비중, 순대외채권 규모 등 외환부문

의 주요 지표들을 1996년 외환위기 직전, 2008년 글로벌 금융위기 당시와 비교해 보면 외환부문의 건전성은 전반적으로 크게 개선된 것으로 평가된다. i) 외환보유액은 외환위기 직전인 1996년말 332.4억달러에 불과했으나 2024년 3월말 현재 4,192.5억달러로 12배 이상 증가하였다. ii) 2008년 금융위기를 초래한 주요 요인 중 하나인 단기외채 비중도 1996년말 48.5%, 2008년말 47.2%에서 2024년 3월말 현재 21.1%로 크게 낮아졌다. iii) 한편 외환위기 직전인 1996년말에는 대외채무가 대외채권보다 415억달러 많은 순채무국이었으나 2024년 3월말에는 순대외채권이 3,846억달러로 크게 확대된 가운데 2006년 이후 순채권국 지위를 유지하고 있다. 이처럼 외환부문의 주요 지표가 크게 개선됨에 따라 국가신용등급(S&P기준)도 2008년 금융위기 시 A+에서 2016년 8월 AA로 상향된 이후 2023년말 현재까지 AA를 유지하고 있다.

표 10.1 주요 외환건전성 지표 비교

항 목	외환위기 이전 (1996년)	금융위기 당시 (2008년)	최근 상황
외환보유액(억달러, 기말)	332.4	2,012.2	4,192.5 (2024년 3월말)
단기외채비중(총외채대비, %, 기말)	48.5	47.2	21.1 (2024년 3월말)
단기외채비율(외환보유액대비, %, 기말)	211.7	74.0	33.6% (2024년 3월말)
순대외채권(억 달러, 기말)	−415.0	276.7	3,846.0 2024년 3월말
국가신용등급(기말, S&P 기준)	AA−	A+	AA (2023년말)

자료: 한국은행, 통계청

10.2.3 외환건전성 규제의 필요성

앞서 살펴보았듯이 우리나라는 소규모 개방경제구조이고 원화가 국제통화가 아니라는 태생적 한계(original sin)로 인해 국제금융시장의 불안과 같은 대외 리스크에 취약하다는 평가가 많다. 가령 국제금융시장의 불안이나 글로벌경기 침체 또는 신흥국 금융위기 발생 등 대외충격 발생으로 외국인투자자금이 급격히 국외로 유출될 경우 외환부문의 건전성이 악화되면서 시스템 리스크를 초래하고 금융위기나 외환위기로 이어질 수도 있다.

1997년 외환위기, 2008년 글로벌 금융위기 등 과거 두 차례 위기를 통해 경험하였듯이 국제금융시장에서는 우리나라를 평상시에는 경제성장, 개방화 진전 등을 들어 선진국으로 간주하지만 위기가 발생하면 대외충격에 매우 취약한 국가로 인식하는 경향이 있다.

이는 우리나라가 ① 외환위기를 경험(stigma effect)하였고 ② 원화가 국제통화가 아니며 ③ 외환시장이 협소한 상황에서 ④ 무역·외환·자본시장 개방도 및 대외의존도가 매우 높은 구조적 취약성을 가지고 있기 때문이다. 따라서 대외 리스크가 금융·외환 위기로 이어지지 않도록 선제적으로 대비하기 위해서는 외환부문의 건전성을 유지할 수 있도록 적절한 외환건전성 정책을 수립하고 이를 국내외 금융 상황 및 국제금융시장의 환경변화 등에 맞춰 효율적으로 운용할 필요성이 크다.

10.2.4 우리나라의 외환건전성 규제

외환당국은 대외충격 발생 시 외환부문의 건전성 유지 및 위기 예방을 위해 외환건전성 규제 수단들을 적절히 활용하면서 효율적으로 대처해 왔다. 특히 과거 두 차례 위기(외환위기, 글로벌 금융위기)를 겪으면서 나타난 외환부문의 취약성을 보완하기 위해 2010년에는「선물환포지션 한도 제도」를 근간으로 하는「자본유출입 변동 완화방안」을 마련하였으며 2012년에는「거시건전성부담금 제도」를 도입하였다. 또한 2020년 3월에는 코로나19가 발생하면서 외환 및 외화자금시장이 불안정한 모습을 보임에 따라 2021년 1월 외화유동성 모니터링 강화 및 외환건전성 규제 정비를 주요 내용으로 하는「외화유동성 관리제도 및 공급체계 개선방안」을 마련하여 시행하는 등 관련 제도를 대내외 금융환경 변화 등에 맞춰 정비·보완하는 노력을 지속하고 있다.

외환건전성 규제는 규제 대상을 금융시스템 전체의 리스크로 할지 아니면 개별 금융기관의 리스크만 규제할지에 따라 거시외환건전성 규제 및 미시외환건전성 규제로 구분할 수 있다. 거시외환건전성 규제 수단으로는 「외화지급준비금 제도」, 「선물환포지션 한도 제도」, 「외화대출 관리」, 「거시건전성분담금 제도」 등이 있다. 미시외환건전성 규제 수단에는 「외화자산 및 외화부채의 비율 설정」, 「역외계정관리」, 「외국환업무에 따른 위험관리기준 설정」 등이 포함된다. 이러한 외환건전성 규제 수단들은 금융시스템 전체의 건전성을 제고하여 금융안정을 달성하는 것이 주된 목적이라는 점에서 자본유출입을 직접적으로 규제하는 자본통제(capital controls)[13]와는 구별된다.

참고 금융안정과 중앙은행

금융안정이란 금융시스템이 불안하지 않은 상태를 의미한다. 금융불안을 해소하기 위해서는 금융시스템 전체를 대상으로 하는 대규모 자금공급이 필요한 경우가 종종 발생한다. 이와 관련하여 중앙은행은 독점적인 화폐발행 권한(발권력)을 바탕으로 유동성을 즉각적으로 공급할 수 있는 능력을 보유하고 있기 때문에 금융안정 업무는 역사적으로도 자연스럽게 독점적인 발권력을 보유한 중앙은행의 책무로 여겨졌다.[14] 한국은행도 중앙은행에 부여된 책무에 따라 금융불안 발생 시 충분한 유동성을 적시에 공급하는 최종대부자(Lender of Last Resort) 기능을 충실히 수행해 왔다.

최종대부자란 금융위기 등으로 개별 금융기관 또는 전체 금융시장에 유동성부족 사태가 발생할 경우 최종적으로 자금을 공급해 주는 기관을 말하는데 이는 현실적으로 화폐의 독점적 발행권과 자금의 무제한 공급능력을 갖고 있는 중앙은행만이 가능한 일이다. 최종대부자 기능이 필요한 이유는 한 금융기관의 파산이 다른 금융기관들의 연쇄도산을 유발

13 자본통제란 일반적으로 외국인의 주식 또는 채권투자 시 가격(price)이나 수량(quantity) 변수를 직접 통제하는 정책으로 자본거래세, 가변예치제 등이 대표적인 예이다.

14 영국의 중앙은행인 영란은행의 역할에 대해 Walter Bagehot(1826~1877)은 유동성(money)을 확보할 방법이 없다고 판단되는 상황에서는 초기의 금융불안이 공황(panics) 그리고 광기(madness)로 악화될 수 있다고 주장하면서 이를 예방하기 위한 중앙은행의 역할을 강조하였다(한국은행).

하여 경제에 큰 피해를 가져올 수 있기 때문이다.

중앙은행은 위기 발생 시 충분한 자금을 적시에 공급해 줌으로써 사람들의 불안심리를 진정시키고 위기의 확산을 방지하여 전체 금융시장의 안정을 도모하게 된다. 그러나 중앙은행이 위기 시마다 금융기관들을 도와줄 경우 금융기관들이 고수익·고위험자산을 더욱 선호함으로써 불건전한 경영전략을 택하게 되는 이른바 도덕적 해이(moral hazard)의 문제도 발생하게 된다. 또한 예금자들도 자신들이 거래하는 금융기관의 경영과 재무상태의 건전성에 대한 감시(모니터링)나 합리적인 판단 없이 고금리를 제시하는 금융기관에 자금을 맡기게 된다. 이 같은 도덕적 해이를 방지하기 위해 중앙은행은 금융기관의 경영실태 분석 및 업무지도 등을 통해 금융기관이 건전하게 경영될 수 있도록 유도하는 일을 하게 된다.

한국은행은 금융안정기능 수행의 법적근거를 보다 명확하게 하기 위해 2011년 8월 「한국은행법」 개정을 통해 설립목적(제1조)에 금융안정을 명시하였다.

① 거시외환건전성 규제

- **외화예금에 대한 지급준비금 제도**

지급준비금 제도란 금융기관으로 하여금 지급준비금 적립대상 채무의 일정비율(지급준비율)에 해당하는 금액을 중앙은행에 지급준비금으로 예치하도록 의무화하는 제도이다. 원래 이 제도는 은행들이 예금자의 채무(예금)지급 요구에 응할 수 있도록 유동성이 높은 자산을 보유하게 함으로써 은행의 재무건전성 유지와 예금자 보호를 위한 취지로 도입되었다. 그러나 1930년대에 지급준비율을 변경할 경우 통화량에 영향을 미칠 수 있다는 사실을 알게 되면서 유동성 조절수단으로도 활용되고 있다. 중앙은행은 지급준비율 조정을 통해 금융기관의 자금사정을 변화시킴으로써 시중의 유동성 조절은 물론 이를 통해 금융안정을 도모할 수 있다. 가령 지급준비율을 올리면 은행들은 더 많은 자금을 지급준비금으로 예치해야 하므로 대출 취급이나 유가증권 매입 여력이 축소되기 때문에 통화량(시중에 유통되는 돈의 양)이 줄어들게 된다.

우리나라의 외화지급준비금 제도는 1967년 한국외환은행의 설립으로 국내 은행의 외국환업무가 본격화되면서 금융기관의 외화자금 운용이 국내 외화유동성

사정에 미치는 영향에 대처하기 위해 도입되었다. 「외국환거래법」상 외화예금지급준비금을 한국은행에 예치하여야 하는 자는 외국환은행이며 지급준비 대상 외화예금은 외국환은행의 모든 외화예수금 및 양도성 예금증서이다. 외화예금의 계정은 계좌를 개설하는 주체에 따라 거주자가 개설하는 거주자계정, 비거주자가 개설하는 대외계정, 해외이주자가 개설하는 해외이주자 계정으로 각각 구분된다.

우리나라는 한국은행 금융통화위원회[15]가 금융기관의 원화예수금과 외화예수금에 대한 지급준비금의 최저한도를 설정한다. 지급준비금 예치통화는 미국 달러화로 하되, 엔화 예금의 경우 엔화로 예치할 수 있으며 지급준비금으로 예치된 자금에 대해서는 이자를 지급하지 않는다. 금융기관은 외화예금 지급준비금이 필요 예금지급준비금에 미달하면 평균 부족액의 1%에 해당하는 과태금을 한국은행에 납부하여야 한다.

한국은행은 금융안정 역할 수행을 위해 「한국은행법」 제88조 등에 의거 금융기관에 대한 검사업무를 수행하고 있는데, 이때 금융기관이 규정에 맞게 외화예금에 대한 지급준비금을 적립했는지를 확인하고 만약 부족한 경우 과태금을 부과한다. 실제로 한국은행은 2019년 모 은행이 그동안 매월 제출하는 지급준비금 보고서에서 증권사·금융투자회사·종금사로부터 받은 당좌예금에 대해서는 7%의 지급준비율을 적용해야 하나 외국환은행으로부터 받은 당좌예금으로 잘못 분류해 1%의 지급준비율을 적용함에 따라 규정보다 지급준비금이 적게 적립된 것을 확인하고 상당 규모의 과태금을 부과한 바 있다.

외화지급준비율

외화예금 지급준비율(이하 '외화지준율')은 외화예금 수요 및 원화예금 지급준비율(이하 '원화지준율') 변경 등에 따라 수시로 조정되었다. 2023년말 현재 지급준비 대상 외화부채는 외국환은행의 저축성예금, 요구불예금, 양도성예금증서(CD) 등

15 금융통화위원회는 한국은행의 통화신용정책에 관한 주요 사항을 심의·의결하는 정책결정기구로서 한국은행 총재 및 부총재를 포함하여 총 7인의 위원으로 구성된다.

이며 외국환은행이 한국은행에 예치하여야 할 외화예금의 지급준비율은 예금종류별로 1~7%로 되어 있다. 각각의 예금별로 적용되는 외화지준율은 〈표 10.2〉와 같다.

표 10.2 계정별, 예금종류별 외화예금 지급준비율(2023년말 현재)

대상채무(예금)	지급준비율
• 대외계정, 해외이주자 계정 및 외국환은행이 개설한 거주자계정 예금과 동 계정 개설대상 해당자의 외화양도성예금증서	1%
• 만기 1개월 이상 외화정기예금, 만기 30일 이상 외화양도성예금증서 및 만기 6개월 이상 외화정기적금	2%
• 기타예금(보통예금, 당좌예금 등)	7%

● 금융기관에 대한 외환포지션 한도 설정

금융기관의 외화자산과 외화부채의 규모가 서로 다를 경우 환위험에 노출되어 환율변동에 따른 손익이 발생하게 된다. 이에 따라 외환당국은 i) 금융기관이 환율변동 위험에 과도하게 노출되는 것을 방지하여 건전경영을 유도하는 한편 ii) 금융기관이 환율 전망에 따라 외환포지션을 과도하게 변경시킴에 따라 유발될 수 있는 외환시장의 교란을 사전에 방지하기 위해 외환포지션 한도를 규제하고 있다.

외환포지션 규제는 1964년 11월 현물환을 대상으로 처음 도입되었으며 1980년 7월 선물환거래를 허용하면서 현물환포지션과 선물환포지션 한도를 각각 구분하여 관리하였다. 1981년 4월에는 종합포지션 관리제도가 도입되었지만 현물환포지션과 선물환포지션 한도를 별도로 관리해 오다가 1998년 7월 국내 금융기관의 외화자산 운용상의 제약을 완화하기 위해 종합포지션 한도로 일원화하였다. 한편 2010년 10월에는 은행 등의 선물환포지션(선물외화자산 – 선물외화부채)에 자기자본 대비 상한을 설정하는 선물환포지션 한도 제도가 도입되었다.

참고로 외환포지션이란 외화자산과 외화부채의 차이를 말한다. 외화자산 잔액이 외화부채 잔액을 초과하면 매입초과포지션(over-bought position), 반대로 외화부채 잔액이 외화자산 잔액을 초과하면 매도초과포지션(over-sold position)이라

하며 외화자산 잔액과 외화부채 잔액이 같으면 스퀘어포지션(square position)이라고 한다. 외환포지션은 포지션 산정에 포함되는 자산의 범위에 따라 현물환포지션, 선물환포지션 및 종합포지션으로 각각 구분된다. 현물환포지션은 현물외화자산과 현물외화부채의 차이이며, 선물환포지션은 선물외화자산과 선물외화부채의 차이이다. 종합포지션은 현물과 선물외화자산의 합계와 현물과 선물외화부채의 합계 간 차이를 말한다. 그리고 종합매입초과포지션은 해당 외국통화의 현물자산 잔액 및 선물자산 잔액의 합계액이 현물부채 잔액 및 선물부채 잔액의 합계액을 초과하는 경우 그 차액을 의미한다. 반면 종합매각초과포지션은 해당 외국통화의 현물부채 잔액 및 선물부채 잔액의 합계액이 현물자산 잔액 및 선물자산 잔액의 합계액을 초과하는 경우 그 차액을 말한다.

종합포지션 한도

외국환업무취급기관에 대한 종합포지션 한도는 2023년말 현재 전월말 자기자본의 50% 이내로 되어 있다. 종합 매입초과포지션 한도[16]는 각 외국통화별 매입초과액의 합계액 기준으로 전월말 자기자본의 50% 이내이며 종합 매도초과포지션 한도도 각 외국통화별 매도초과액의 합계액 기준으로 전월말 자기자본의 50% 이내이다. 종합포지션한도의 기준이 되는 자기자본 범위는 국내 은행은 납입자본금, 적립금 및 이월이익잉여금의 합계로 하며 외은지점의 경우 갑기금, 을기금, 적립금 및 이월이익잉여금의 합계로 한다. 갑기금은 외은지점이 본점으로부터 들여오는 영업자금을 의미하며 을기금은 외은지점의 지급보증한도, 동일인 여신한도 등 은행법상의 영업규제와 관련하여 자기자본을 확대해줌으로써 여신기능이 원활히 수행될 수 있도록 하기 위한 명목상의 자본금이다.

16 다만 한국수출입은행의 경우는 외화자금 대출잔액의 150% 이내이다.

참고 외은지점의 갑기금과 을기금

	갑기금	을기금
성격	• 자본금을 가질 수 없는 외은지점이 본점에서 들여온 자본금 성격의 자금(B/S 상 자본)	• 외은지점이 은행법상의 영업규제와 관련하여 여신기능을 원활히 수행할 수 있도록 명목상 자기자본으로 금융위가 인정하는 자금(B/S상 부채)
범위	• 외은지점 신설 및 영업행위를 위해 본점이 한국은행에 외화자금을 매각하여 지점에 공급한 원화자금 등	• 본지점으로부터 상환기간이 1년을 초과하는 조건으로 차입한 자금 중 국내에서 운용하는 자금
기능	• 영업기금, 자본금으로 의제	• 영업기금, 자본금으로 의제

종합포지션한도의 산정방법은 모든 외국통화의 현물자산·부채 포지션과 선물자산·부채 포지션을 합산한 순합산포지션(net aggregate position) 방식과 각 외국통화별 종합매입초과포지션의 합계와 종합매각초과포지션의 합계 중 큰 금액으로 하는 간편포지션(shorthand position) 방식이 있다. 우리나라는 현재 간편포지션 방식을 채택하고 있으며 외국환은행은 일별(매일) 외국환포지션 상황을 매월 한국은행에 보고한다.

종합포지션 한도 제도의 문제점

종합포지션 한도 제도는 금융기관이 환율변동 위험에 과도하게 노출되는 것을 방지하여 건전 경영을 유도하는 한편 외환시장의 교란을 사전에 방지하기 위한 목적으로 도입되었다. 그러나 금융기관들이 환리스크 관리를 강화하면서 종합포지션 한도 제도가 금융기관의 외환포지션 관리에 있어 실질적인 제약요인으로 작용하지 못하고 오히려 외채 증가를 유발함으로써 외환부문의 잠재적 리스크를 누증시키는 것으로 나타났는데, 그 메커니즘은 다음과 같다.

종합포지션 한도 제도하에서 금융기관은 현물환과 선물환을 합한 종합포지션 한도만 관리하면 된다. 이에 따라 종합포지션은 대체로 균형을 유지해 왔으나 선물환 및 현물환 각각의 포지션은 대규모 매입초과 및 매도초과를 보이는 등 종합포지션과는 극단적인 괴리를 보였다. 즉, 금융기관은 해외차입이 가능한 한 자기자본 규모와 관계없이 거액의 선물환을 매입할 수 있었는데, 이러한 과도한 선물환매입이 선물환시장과 스왑시장의 불균형을 초래하였고, 이를 통해 재정거래유인이 확대되면서 외국인의 국내채권투자가 크게 늘어남에 따라 외채 증가를 초래하였다.

또한 은행이 기업 등으로부터 선물환을 매입하게 되면 환리스크 헤지를 위해 선물환매입과 동시에 현물환(미 달러화)을 매도(공급)해야 하기 때문에 과도한 선물환매입은 외환시장에 현물환 공급(미 달러화)을 크게 늘리게 되므로 원/달러 환율 하락(원화가치 상승) 압력을 증가시키는 요인으로 작용하게 된다.

실제로 2006~2007년에는 조선·중공업체와 자산운용사 등이 환헤지 목적으로 은행에 대규모로 선물환을 매도하면서 원/달러 환율이 크게 하락했는데, 당시 환율은 우리 경제의 기초경제여건을 감안한 균형환율 수준에 비해 크게 고평가된 것으로 나타났다.

이처럼 종합포지션 한도 제도의 허점을 이용한 은행들의 대규모 선물환매입으로 현물환율의 하락 압력이 증대되면서 환율이 큰 폭으로 하락하고 스왑시장에서의 수급불균형으로 재정거래 목적의 외국인채권투자가 크게 늘면서 외채가 급증하게 되었다. 이로 인해 외환시장 및 외화자금시장이 불안정한 모습을 보임에 따라 정부와 한국은행 등은 2010년 7월 외환 부문의 거시건전성 제고를 위해 종합포지션 한도 제도를 유지하면서 선물환포지션 한도 제도를 별도로 도입하게 되었다.

선물환포지션 한도 제도

선물환포지션 한도 제도는 은행 등의 선물환포지션(선물외화자산 – 선물외화부채)에 자기자본 대비 상한을 설정하는 것을 의미한다. 외환당국은 은행의 선물환매입 증가가 2006~2007년 단기외채 증가를 주도하면서 2008년 글로벌 금융위기 시 우리 경제의 시스템 리스크를 확대시킨 주요 요인으로 작용하였다고 판단하였다. 이에 따라 정부와 한국은행 등은 「자본유출입 변동 완화방안」의 하나로 은행 등 금융기관의 선물환거래를 적극적으로 관리하기 위해 선물환포지션 제도를 도입하였다.

당시 외환당국은 선물환포지션 한도 제도가 대규모 선물환매도 → 단기외채 증가 → 시스템 리스크 축적 → 위기 발생으로 이어지는 연결고리를 선제적으로 차단함으로써 자본유출입 변동성을 완화하는 데 기여할 것으로 기대하였다. 선물환포지션 한도는 최초 도입 시 국내 은행은 현행 종합포지션 한도와 동일하게 전월말 자기자본의 50%(잠정)를 적용하고 외은지점의 경우 당시 외은지점의 선물환포지션 평균 수준(2010년 4월말 301%)이 매우 높았던 점을 감안하여 우선 250%(잠정)로 한도를 설정하였다가 이후 시장 상황에 맞춰 한도를 탄력적으로 조정하여 운용하고 있다. 2023년말 현재 선물환포지션 한도는 국내 은행의 경우 50%, 외은지점[17]에 대해서는 250%를 각각 적용하고 있다.

표 10.3 선물환포지션 한도 조정 추이

(도입 · 조정)	제도 도입 ('10년 10월)	1차 조정 ('11년 7월)	2차 조정 ('13년 1월)	3차 조정 ('16년 7월)		4차 조정 ('20년 3월 19일)
국내 은행	50.0%	40.0%	30.0%	40.0%	⇨	50.0%
외은지점	250.0%	200.0%	150.0%	200.0%		250.0%

● **외화대출 관리 강화**

외화대출이란 외국환은행 등이 국내 거주자에게 물품의 수입이나 용역대금 지급, 해외직접투자자금, 외화차입금의 원리금 상환 등 주로 해외에서 사용할 목적의 자금을 미 달러화, 엔화 등 외화표시로 대출하는 것을 말한다.

외화대출은 경제성장에 긴요하지만 민간의 불필요한 외환수요가 과도하게 늘어날 경우 은행 등의 해외차입(외채)이 급증하게 되고 늘어난 외채는 국제금융시

17 외은지점의 선물환포지션 한도가 국내 은행에 비해 큰 이유는 제도 도입 당시 외은지점의 선물환매입초과포지션이 300%에 달해 국내 은행과 같이 한도를 50%로 적용할 경우 외은지점이 대규모로 선물환을 매도해야 하는 부담을 갖게 되고, 이로 인해 시장에 큰 혼란이 발생할 가능성을 외환당국이 우려했기 때문이다.

장의 불안이 심화될 경우 디레버리징을 통해 급격한 자본유출(sudden stop)을 초래하면서 경제에 부정적 영향을 미치게 된다. 또한 과도한 외화대출은 기업을 환리스크에 노출시키며 대외충격 발생 등으로 환율이 급등할 경우 대출원리금에 대한 상환부담이 커질 수도 있다.

이에 따라 한국은행은 외화대출이 급증할 경우 외채 증가, 환율 급등 시 원리금 상환부담 증가 등으로 시스템 리스크가 커지는 것을 선제적으로 억제하기 위해 외화대출에 대한 용도를 대내외 여건 변화에 맞춰 적절하게 규제하고 있다. 외화대출의 용도규제란 원칙적으로 외화대출은 원자재 수입 등 대외결제, 해외직접투자, 외화차입금 상환 등과 같이 경제성장에 긴요한 해외사용 용도로만 허용하는 것을 말한다.

참고 경제성장 과정에서 외채가 증가하게 되는 것은 우리나라의 숙명이다

우리나라는 부존자원이 부족하고 축적된 금융자본이 부족해서 지속적인 경제성장을 위해서는 상당 규모의 외화가 필요하다. 보통 기업은 필요한 외화의 상당 부분을 은행의 외화대출을 통해 조달하며 은행은 해외차입(외채)을 통해 외화대출 재원을 마련한다.

외화대출이 급증한 시기를 대상으로 경제성장과 외채와의 관계를 분석해 본 사례가 있다. 경제성장(GDP), 환율, 국내외금리차 및 외채 간 인과관계를 바탕으로 벡터자기회귀(Vector Autoregressive) 모형을 구축(분석 대상 기간은 2002년 4/4분기~2010년 1/4분기)하고 경제성장에 따른 외화차입(외채) 유발 규모를 추정해 본 결과 분석대상 기간 중 경제(GDP)가 1% 성장하면 외화차입(외채) 규모는 6.4% 증가하는 것으로 나타났다.

물론 경제성장에 영향을 미치는 주요 변수들과 그 영향력은 계속 변화하고 있기 때문에 위의 분석 결과를 현재 시점에 그대로 적용하기는 어렵다. 그러나 대외의존도가 높은 우리나라의 경제구조를 감안하면 경제성장 과정에서 외채가 일정 부분 늘어날 수밖에 없다는 점은 현재에도 변함이 없는 사실일 것 같다.

한국은행은 외화유동성 상황, 외채 규모 등을 고려하여 외화대출 용도를 제한하거나 완화하고 있는데 주요 사례는 다음과 같다. 먼저 2005~2006년에는 엔-캐리자금의 국내 유입 증가 등으로 저금리·환차익을 노린 외화대출이 크게 늘어나면서 외채 급증, 자본유출입 변동성 증가 등과 같은 부작용에 대한 우려가 높아짐에 따라 2007년 8월 외화대출 용도를 해외사용자금 및 제조업체의 국내 시설자금으로 제한한 바 있다.

또한 건전성 규제 차원에서 원화사용 목적자금(국내 제조업체의 시설자금은 제외)과 기타 해외에서 사용함을 목적으로 하지 않는 자금에 대한 외화대출은 금지하였다. 한국은행이 외화대출 용도를 제한하게 된 배경은 다음과 같다. 당시 국내 은행들은 엔화를 차입해서 주로 기업을 대상으로 원자재 구입과 같은 실수요 목적의 외화대출을 실시하였으나 은행 간 대출경쟁이 과열되면서 일부 은행들이 전문직 개인을 대상으로 불법 엔화대출을 실시하였다. 은행으로부터 불법 엔화대출을 받은 전문직 개인들은 엔화대출을 통해 확보한 자금을 주로 부동산투기에 사용한 것으로 나타나면서 사회적으로도 문제가 되었다.[18] 이후 외화대출 용도 제한의 영향으로 외화대출 증가세가 점차 둔화되고 글로벌 금융위기의 여파로 외화대출 잔액 자체가 감소함에 따라 비제조업체의 국내 시설자금에 대해서는 외화대출을 허용하는 등 용도제한을 일부 완화하였다.

그러나 2010년 들어 국내 경기가 회복되면서 외화대출이 증가세로 전환됨에 따라 자본유출입 변동성 확대와 외채 증가 우려가 다시 제기되었다. 이에 따라 한국은행은 2010년 7월부터 국내 시설자금 허용대상을 중소 제조업체로 한정하고 은행별 대출한도를 설정하였다. 2023년말 현재 외화대출 용도제한은 외국환은행, 보험사, 종금사, 여신전문금융기관 등 모든 외국환업무취급기관에 적용되고 있다.

참고 엔-캐리 자금과 국내 외화대출

국내 외화대출은 2006년에만 159.5억달러가 증가하였는데, 이는 엔-캐리 거래의 영향이 컸던 것으로 평가된다. 엔-캐리 거래(yen-carry trades)란 저금리로 엔화를 조달하여 수익률이 높은 해외의 유가증권 등에 투자하는 것으로, 일본의 제로금리 정책이 지속되면

18 초저금리 엔화로 부동산 투기 의-약사 적발(약사공론, 2006.2.7).

서 나타났다. 당시 일본은 제로금리 정책의 영향으로 금리수준이 낮았던 반면 우리나라는 일본에 비해 고금리 수준이 유지됨에 따라 엔화를 차입해 국내에서 외화대출로 운용하면 금리차이에 따른 수익 획득이 가능하였다.

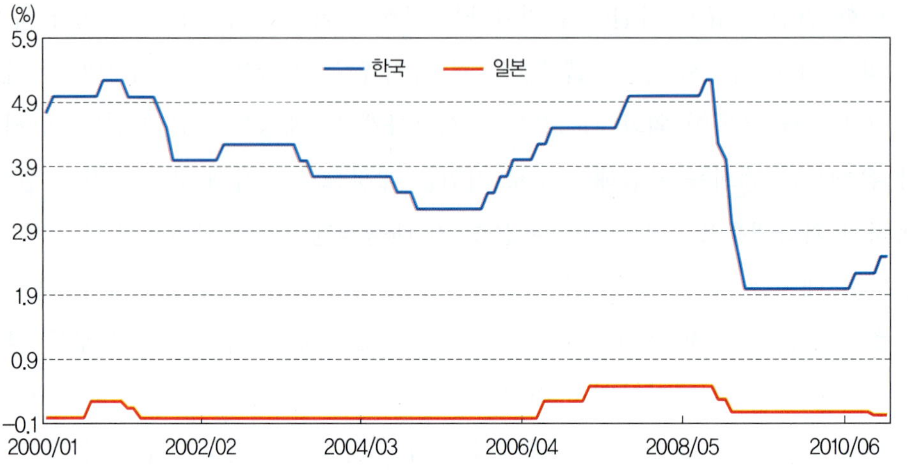

한국과 일본의 기준금리 추이

자료: 한국은행(ECOS)

거시건전성부담금 제도 도입

정부는 금융기관의 과도한 외화차입을 억제하고 외채[19]구조의 장기화[20]를 유도하기 위해 2011년 8월부터 「거시건전성부담금 제도」를 도입하여 시행하고 있다. 거시건전성부담금 제도는 당초 영어 명칭인 bank levy를 우리말로 옮긴 은행세로 불렸으나 거시건전성을 제고하고 금융시스템의 안정을 도모하는 차원에서 「거시건전성부담금(Macro-prudential Stability Levy)」으로 명명한 것으로 알려졌다.

정부가 거시건전성부담금 제도를 도입하기로 결정한 것은 1997년 외환위기, 2008년 글로벌 금융위기 시 국내로 유입된 국제자본이 해외로 일시에 유출되는

19 외채란 "일정 시점에 일국의 거주자가 비거주자에 대해 미래 특정 시점에 차입한 자금의 원금 또는 이자를 지급해야 하는 확정채무잔액"을 말하며, 공식 명칭으로는 "대외채무"라고 한다.

20 외환위기 및 글로벌 금융위기 직전 우리나라는 은행의 단기외채가 급증하였다가 대외충격 발생으로 단기차입 차환율이 급속히 하락하면서 시스템 리스크로 전이된 경험이 있다.

급격한 자본유출입이 위기의 주요 원인으로 작용하였다고 판단하였기 때문이다. 특히 국내에서는 국제자본이 호황기에 과도하게 유입되고 불황기에는 급격히 유출되는 경기순응성이 강하게 나타나면서 실물경제보다 더 큰 폭으로 금융 및 외환시장이 변동하고 이에 따라 실물경제가 다시 영향을 받는 악순환이 반복되면서 경제에 부정적인 영향을 미치는 상황이 반복되는 경향이 있다.

참고 글로벌 금융위기 전후 외국인투자자금 흐름

외국인증권투자자금은 1998년 4월~2008년 8월 중 모두 2,219억달러가 국내에 유입되었으나, 2008년 9월~2008년 12월 중에는 불과 4개월 만에 695억달러(이 중 단기 외화차입이 70%를 차지)가 해외로 유출되었다.

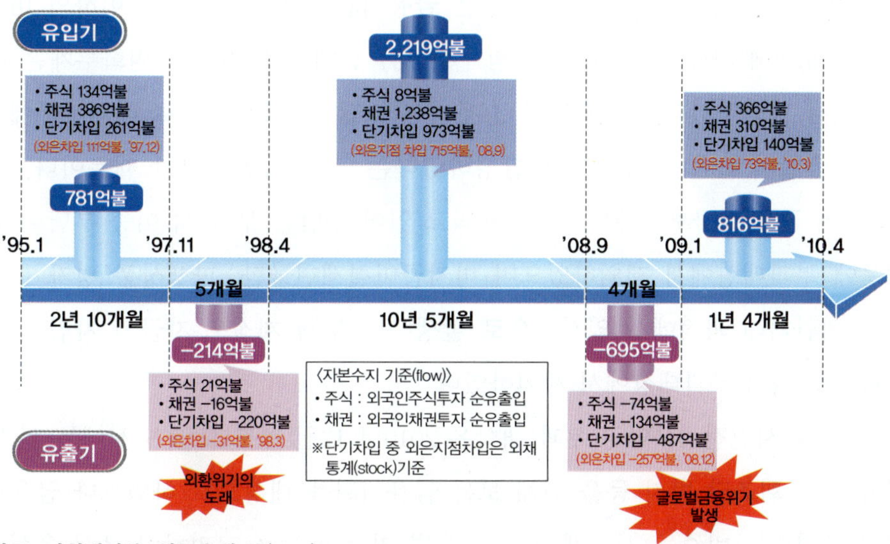

자료: 기획재정부, 한국은행 등(2010)

한편 정부는 거시건전성부담금 제도 도입에 앞서 2010년 6월 「자본유출입 변동 완화방안」을 마련하여 시행하였다. 자본유출입 변동 완화방안은 리먼사태 이후 우리 경제가 빠른 회복세를 보이면서 안정적인 투자처로 인식되면서 외국인투자자금의 국내 유입이 급격히 확대됨에 따라 향후 급격한 자본유출입에 대응하기 위한 선제적 조치였다. 한편 외환당국은 「자본유출입 변동 완화방안」만으로는 향

표 10.4 국제자본의 국내 유입 현황 (억달러)

	2005	2006	2007	2008	2009	2010년 1~3분기
외국인 증권투자	2	−113	73	−294	404	286
은행의 해외차입	89	531	563	−235	108	49

자료: 기획재정부, 한국은행 등(2010.12)

후 급격한 자본유출입에 따른 위험에 적절하게 대처하기가 미흡하다고 보고 상시적·선제적인 거시건전성 확보장치로서 거시건전성부담금 제도를 도입하게 되었다.

거시건전성부담금 제도의 주요 내용

첫째, 거시건전성부담금 부과대상은 금융기관의 잔존만기 1년 이하의 비예금 외화부채(전체 외화통화표시 부채−외화예수금) 잔액으로 비예금 원화부채는 부과대상에서 제외하였다. 이는 우리 경제의 시스템 리스크가 주로 대외부문에서의 자본유출입의 높은 변동성으로 발생하였다는 점을 감안하였기 때문이다. 한편 외화예수금은 예금보험제도[21]가 적용되고 있어 부담금 부과 시 이중 부담이 되기 때문에 부과대상에서 제외하였으며 미지급미결제현물환, 파생상품 평가 손실과 같이 외환거래 과정에서 일시적으로 발생하는 부채 계정도 자금의 차입 성격이 아니므로 역시 부과대상에서 제외하였다.

둘째, 거시건전성부담금 부과 대상은 2010년 12월 제도 도입 당시에는 업권 간 형평성, 우회조달 방지 등을 위해 모든 금융기관을 대상으로 하였으나 금융시장에서 차지하는 비중[22], 시스템 리스크 유발 가능성 등을 고려하여 우선 은행권에 부과하였다. 2015년 7월에는 은행·비은행 간 형평성과 부담금 제도의 실효성 제고를 위해 부과대상을 은행에서 증권·카드·보험사로 확대하였다. 부담금 부과

21 금융기관이 경영부실이나 파산 등으로 예금자의 예금을 지급할 수 없을 때 제3자인 예금보험기관이 정해진 원칙에 따라 금융기관을 대신하여 예금을 지급해 주고 금융기관은 이러한 서비스의 대가로 예금보험기관에 예금보험료를 지급하는 제도이다.

22 2010년 9월 기준 은행권의 비예금 외화부채가 전체 금융기관이 보유한 비예금 외화부채의 대부분(96.2%)을 차지하고 있었다(기획재정부, 한국은행 등, 2010.12).

요율은 자본유출입 변동성이 큰 단기외채의 축소 또는 외채구조 장기화를 유도하기 위해 부과요율을 차등화하였는데 은행은 10bp, 증권·카드·보험사 및 지방은행은 5bp였다.

셋째, 부담금 징수 방식은 외화로 징수하며 새로운 기금의 신설 없이 기존 외국환평형기금에 엄격히 구분계리하여 재원을 적립하기로 하였다. 한편 부담금 부과를 통해 적립된 재원은 위기시 금융기관에 대한 외화유동성 공급 용도로 활용하며 평상시에는 원칙적으로 외환보유액에 준하는 방식으로 해외의 안전자산 등에 운용하기로 하였다. 부담금 업무는 기획재정부가 주관하되 한국은행이 부담금 징수 및 운용 업무를 정부로부터 위탁받아 처리하고 있다.

② 미시외환건전성 규제

주요 미시외환건전성 규제 수단으로는 「외화자산 및 부채의 비율 설정」(「외화유동성 비율」, 「외화자산 및 외화부채의 만기불일치 비율」, 「중장기 외화대출 재원조달 비율」 등), 「역외계정 관리」 등이 있으며 동 규제는 금융위원회가 기획재정부장관으로부터 위탁받아 시행하고 있다.

● 외화유동성 비율 규제

정부는 은행 및 비은행 금융회사에 대해 3개월 외화유동성 비율 규제를 적용하고 있다. 3개월 외화유동성 비율이란 잔존만기 3개월 이내 외화부채에 대한 잔존만기 3개월 이내 외화자산의 비율을 말한다. 기관별 규제비율은 국내 은행과 종합금융회사는 85% 이상, 금융투자업자, 보험회사, 여신전문회사 등은 80% 이상을 유지하여야 한다.

$$\text{3개월 외화유동성비율} = \frac{\text{잔존만기 3개월 이내 외화자산}}{\text{잔존만기 3개월 이내 외화부채}} \times 100$$

또한 정부는 글로벌 유동성 악화에 대비한 은행 자체의 방어벽 구축과 외화유동성 규제의 국제적 정합성 제고를 위해 외화유동성 커버리지비율(LCR, Liquidity

Coverage Ratio, 이하 '외화 LCR') 제도도 도입하였다. 외화 LCR이란 '시스템위기' 상황에서 30일간의 외화순현금유출액을 감내할 수 있는 외화 고유동성자산의 비율로 은행의 외화유동성 충격에 대한 대응능력을 측정하는 대표적인 규제 지표이다.

외화 LCR 산정방법은 아래 식에 따라 계산되는데 분자인 고유동성자산은 현금, 지급준비금, 고신용채권에 대해 신용등급·발행주체별로 적용비율을 차등해서 반영하며, 분모인 순현금유출액(현금유출액 – 현금유입액)은 조달 및 운용 항목별 적용비율을 차등 반영하여 산출된다.

$$\text{외화 } LCR = \frac{\text{고유동성자산}}{\text{향후 30일간 순현금유출액}} \times 100 \geq 80\%\,(\text{월평균})$$

외화 LCR은 2015년부터 모니터링 지표로만 활용되다가 2017년 규제 목적으로 정식 도입되었다. 외화 LCR 도입 이후 규제 비율이 점진적으로 상향되어 2019년부터는 80%로 적용되었으나, 코로나19 초기 은행들의 외화유동성 사정이 악화됨에 따라 2020년 3월에는 규제비율이 10%p 하향 조정된 70%로 적용되었다가 2022년 7월부터 당초 수준인 80%로 환원되었다.

표 10.5 외화 LCR 규제비율 조정 추이

시기	2015년 1월	2017년 1월	2018년 1월	2019년 1월	2020년 3월	2022년 7월
	(모니터링)	← (규제 적용) →				
일반은행*	40%	60%	70%	80%	70%	80%
특수은행**	30%	40%	60%	80%	70%	80%

주: * 외화부채 규모 5억달러 이하 은행 적용 제외
** 수출입은행은 적용 제외

● 외화자산 및 외화부채의 만기불일치 비율 규제[24]

정부는 외국환업무취급기관이 외화유동성 위험에 빠지지 않도록 외국환업무취급기관의 외화자산 및 외화부채의 만기불일치 비율을 규제하고 있다. 기간별로 외화자산과 외화부채의 차이를 총 외화자산으로 나눈 값을 외화자산 및 외화부채의 만기불일치비율 또는 갭(gap)비율이라고도 한다. 국내 은행의 경우 7일 이내 갭비율(잔존만기 7일 이내 자산이 잔존만기 7일 이내 부채를 초과하는 비율)은 −3% 이내로, 1개월 이내 갭비율은 −10% 이내로 각각 유지하여야 한다.

● 중장기 외화대출 재원조달 비율 규제

상환기간이 1년 이상인 외화대출에 대한 상환기간이 1년 초과인 외화자금조달 잔액 비율을 중장기 외화대출 재원조달 비율이라고 한다. 중장기 외화대출 재원조달 비율은 은행의 과도한 단기차입을 억제하고 외화조달 만기의 장기화를 유도함으로써 만기불일치 문제를 해소하기 위해 1991년에 도입되었다. 국내 은행은 상환기간이 1년 이상인 외화대출의 100% 이상을 상환기간이 1년을 초과하는 외화자금으로 조달하여야 한다. 다만 외화대출잔액이 5천만 달러 미만인 경우 제외한다.

$$\frac{\text{1년초과외화조달 잔액}}{\text{1년 이상외화대출잔액(외화만기보유증권포함)}} \times 100 > 100\%$$

● 역외금융관리

역외금융(offshore banking)이란 외국환은행이 비거주자[24]로부터 자금을 조달하여 비거주자를 대상으로 자금을 운용하는 것을 말한다. 역외금융계정의 자금조달 방법은 비거주자 또는 다른 역외금융계정으로부터의 차입, 비거주자 또는 다른 역외금융계정으로부터의 예수, 외국에서의 외화증권발행 및 비거주자에 대한 외화채권의 매각으로 제한된다. 역외금융은 자금운용 방법도 비거주자 또는 다른 역외금융계정에 대한 대출 및 예치, 비거주자가 발행한 외화증권의 인수 및

23 외국환업무취급기관은 외화유동성 리스크 관리를 위해 외화자산 및 외화부채를 각각 잔존만기별로 구분하여 관리하고 일정비율을 유지하여야 하는데 잔존만기의 구분방법, 자산·부채의 범위 및 비율의 산정 방법은 금융위원회의 위탁을 받은 금융감독원장이 정한다.

24 거주자란 국내에 주소를 두거나 183일 이상 거소를 둔 개인을 말하며, 비거주자는 거주자가 아닌 자를 말한다.

매입으로 제한된다. 외국환은행이 역외금융을 취급하려면 「외국환거래법」에 따라 역외계정을 설치하고 이를 일반계정과 구분하여 계리하여야 한다. 다만 직전 회계연도 중 역외외화자산 평잔의 10% 범위에서의 자금이체는 허가 없이 가능하다. 이처럼 역외금융에서 조달한 자금의 용도를 해외 즉 역외에서만 사용하도록 엄격히 제한하고 있는 것은 해외차입에 대한 규제를 면제받고 차입한 외화자금이 국내로 들어와 외환시장을 교란시키는 것을 방지하기 위해서이다.

역외금융은 역외에서 자금을 조달하고 자금의 운용도 역외에서 이루어짐에 따라 국내 금융 및 외환시장에는 별다른 영향을 미치지 않는다고 생각할 수 있으나 우리 경제에 부정적 영향을 미치는 사례가 종종 발생하고 있다. 가장 최근의 예로는 2018~2020년 상당수 외국계 외은지점들이 본국의 외화유동성 부족이 심각해지자 역외에서 미 달러화를 조달하여 이를 본국이나 해외 자국기업을 대상으로 운용하면서 국내 외환건정성 및 우리나라의 대외신인도에 상당한 부정적 영향을 미친 것으로 나타났는데[25] 그 메커니즘은 다음과 같다. i) 국내에서 영업하는 외은지점은 법상 한국계 은행으로 간주된다. 따라서 국내에서 영업 중인 외은지점이 해외에서 외화조달(외채)을 늘리게 되면 국내 금융기관의 외채 규모가 늘어나게 되므로 우리 정부 및 국내 금융기관의 대외신인도 저하를 초래하게 된다. ii) 특히 외국계 은행들이 국내 외환시장을 자국계 기업 지원을 위한 자금조달

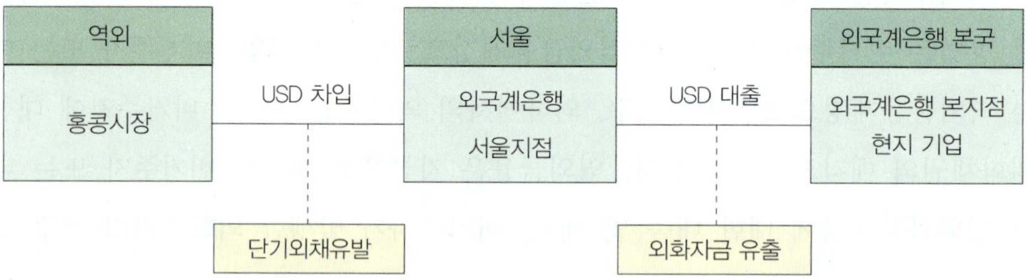

그림 10.3 외국계은행 서울지점의 외화자금 조달 및 운용 구조

자료: KIEP (2020)

25 「[단독] 달러 급했나…韓지점서 달러 모아 본토로 보냈다.」 2019, 『이데일리』(11월 28일).

창구로 적극적으로 활용할 경우 국내 외화유동성 부족 심화, 외채 및 채무불이행 위험 증가 등의 각종 부작용을 초래할 수도 있다.

요 약

1. 외환정책은 환율정책과 외환제도에 관한 정책을 포괄하는 개념으로, 이때 환율정책은 환율제도의 선택과 외환시장의 안정적 운영에 관한 정책을, 외환제도에 관한 정책은 경상거래 및 자본거래와 관련한 제반 외환거래 제도의 수립과 운영 등에 관한 정책을 각각 의미한다.
2. 외환건전성 규제란 금융기관의 과도한 외화차입, 글로벌 금융불안 등에 따른 급격한 자본유출입, 환율변동성 확대 등 외환부문의 건전성 악화가 국내 금융시장에 전이되면서 시스템 리스크를 초래하지 않도록 외환당국이 취하는 일련의 조치들을 의미한다.
3. 거시건전성(macro-prudential) 규제의 목표는 시스템 리스크 억제를 통해 실물경제를 보호하는 데 있으며, 금융시장의 리스크 관리를 개별 금융기관 차원이 아닌 금융시스템 전체 차원에서의 관점(systemic-wide perspective)으로 본다.
4. 미시건전성(micro-prudential) 규제는 개별 금융기관의 리스크를 독립적으로 인식하고 개별 금융기관의 부실화 또는 개별 금융기관의 건전성이 확보되면 전체 금융시스템도 안정될 수 있다고 본다.
5. 선물환포지션 제도는 은행 등의 선물환포지션에 자기자본 대비 상한(upper limit)을 설정하는 것이다. 정부가 선물환포지션 제도를 도입한 것은 은행의 선물환 매입 증가가 2006~2007년 단기외채 증가의 주요 요인으로 작용하면서 글로벌 금융위기 시 우리 경제의 시스템적 리스크를 증가시켰다고 판단하였기 때문이다.

연습문제

1. 외환정책의 정의와 목적 그리고 외환정책의 수립 및 운용과 관련하여 정부와 한국은행의 역할에 대해 각각 설명하라.

2. 소규모 개방경제를 가진 국가의 경우 외환정책을 통화정책과 독립적으로 운용하여야 할 필요성은 무엇인지 우리나라를 예로 들어 설명하라.

3. 외환건전성 규제란 무엇이며 그 필요성(중요성)에 대해 설명하라.

4. 거시외환건전성 규제와 미시외환건전성 규제의 목표, 기본시각, 리스크 특징을 서로 비교해서 설명하라.

5. 국제금융시장에서는 우리나라를 평상시에는 경제성장, 개방화 진전 등을 들어 선진국으로 간주하지만 위기가 발생하면 대외충격에 매우 취약한 국가로 인식하는 경향이 있다. 그 이유에 대해 설명하라.

11장

환율정책

학습목표

1. 환율정책이란 무엇인지 알아보고 환율정책과 관련한 정부와 한국은행의 법적 권한과 책임을 살펴본다.
2. 우리나라 환율정책의 목표를 알아보고 환율정책 목표가 대내외 경제환경 변화에 따라 어떻게 변경되어 왔는지를 파악한다.
3. 외환당국이 어떻게 환율정책을 운용하고 있는지 한국은행의 스왑시장 참여 등 구체적 사례를 통해 알아본다.
4. 외환시장 개입이란 무엇이며 시장개입의 장단점 및 효과를 한국과 일본의 사례를 통해 살펴본다.

11.1 환율정책

우리나라는 현재 자유변동환율제도를 채택하고 있어 환율이 원칙적으로 외환시장의 수요와 공급(이하 '수급'), 기초경제여건(이하 '펀더멘털'), 국내외 외화유동성 상황 등이 종합적으로 반영되어 결정된다. 따라서 정부가 별도로 환율정책(FX policy)을 수립하고 운용할 필요가 없다고 생각할 수도 있다. 그러나 환율이 펀더멘털과 크게 괴리되어 결정되거나 환율 변동성이 크게 확대되는 상황이 지속되면 시장참가자들의 위험회피(risk averse) 성향이 커지게 되고, 이로 인해 외국인 투자자금이 해외로 급격히 유출됨에 따라 시스템 리스크가 커지면서 외환위기를 초래할 수 있다.

이에 따라 외환당국은 환율이 경제의 불안요인으로 작용하지 않도록 국제금융시장 동향을 면밀히 모니터링하면서 경제의 펀더멘털을 반영한 균형환율[1] 수준을 추정하고 환율이 가급적 균형환율과 크게 괴리되지 않도록 필요시 외환시장 개입(외환시장 안정화 조치) 등 다양한 조치들을 취하고 있는데, 이러한 일련의 활동들을 넓은 의미에서 모두 환율정책으로 정의할 수 있다.

참고 **외환위기란 대외지급능력에 문제가 발생하는 상황이다**

외환위기에 대해서는 다양한 정의가 가능하지만 학계의 주요 정의는 다음과 같다. 먼저 Frankel and Rose (1996)는 외환위기를 통화의 연간 절하율이 25% 이상이면서 전년도 평가절하율보다 절하율이 10%p 높은 경우라고 정의하였다. Goldstein (1997), Kaminsky and Reinhart (1996)는 환율과 외환보유액의 변동을 동시에 고려하는 외환시장압력지수(Index of Exchange Market Pressure)가 평균으로부터 표준편차의 3배 이상 괴리되는 경우를 외환위기로 보았다. 이 같은 정의를 종합해 보면 **외환위기란 대체로 외환의 유출이 지속되는 가운데 자국 화폐에 대한 투기적인 공격으로 통화가치가 급격하게 절하되고 외환보유액이 크게 감소하면서 대외지급능력에 문제가 발생하는 상황이라고 정의할 수 있다.**

11.1.1 법적 권한과 책임

우리나라의 환율정책과 외환시장의 안정에 대한 최종 권한과 책임은 「외국환거래법」 제4조(제2항)에 의거 정부에 있다.

우리나라의 중앙은행(central bank)인 한국은행은 「한국은행법」 제83조에 의거 정부의 환율정책 운용에 대한 협의 기능을 수행하는 한편 환율정책 운영을 위한 외환시장 개입 등 일상적인 외환시장 관리(daily operation) 업무를 담당하고 있다.

한국은행은 환율안정을 위한 외환시장 운영을 위해 정부와 환율정책을 협의하는 것 외에도 환율 동향 분석, 외환시장 개입 등 다양한 업무를 수행하는데, 이를 위해 수시로 두 기관의 실무자 간 외환시장 상황 및 대응 방향 등에 관하여 의견을 교환하고 있다.

1 균형환율(FEER, Fundamental Equilibrium Exchange Rate)이란 한 나라의 대내외 균형이 동시에 이루어지는 환율 수준을 말한다. 대내균형이란 물가상승을 가속화하지 않으면서 잠재 GDP 수준의 생산활동을 달성하는 상태를, 대외균형은 경상수지가 기조적 수준을 유지하는 상태를 각각 의미한다. 이때 기조적 수준이란 경상수지가 균형이거나 적자 상황이라도 그 규모가 크지 않고 외국으로부터의 자본유입으로 뒷받침될 수 있어 지속가능한(sustainable) 수준을 의미한다.

참고 환율정책 관련 주요 법률 및 규정

- 외국환거래법 제4조(대외거래의 원활화 촉진 등) ② 기획재정부장관은 안정적인 외국환 수급의 기반 조성과 외환시장의 안정을 위하여 노력하여야 하며, 이를 위한 대책을 마련하여야 한다.
- 외국환거래법 제5조(환율) ① 기획재정부장관은 원활하고 질서 있는 외국환거래를 위하여 필요하면 외국환거래에 관한 기준환율, 외국환의 매도율·매입률 및 재정환율(이하 '기준환율 등'이라 한다)을 정할 수 있다.
- 외국환거래법 제13조(외국환평형기금) ① 외국환거래를 원활하게 하기 위하여 「국가재정법」 제5조에 따른 기금으로서 외국환평형기금을 설치한다. ⑥ 외국환평형기금은 기획재정부장관이 운용·관리한다.
- 외국환거래법시행령 제37조(권한의 위임·위탁) ③ 법 제23조 제1항의 규정에 의하여 다음 각호에 관한 기획재정부장관의 권한은 이를 한국은행 총재에게 위탁한다.
- 법 제13조 및 법 제14조에 따른 외국환평형기금의 운용 및 관리에 관한 사무
- 외국환거래규정 제2-27조(한국은행의 외환시장개입 및 보유 외환의 운용) 한국은행총재는 외환시장의 안정을 위하여 필요하다고 인정될 때에는 한국은행 및 외국환평형기금의 자금으로 외환시장에 개입할 수 있으며 기획재정부장관은 외환시장 개입, 외화자금의 조달 및 운용에 대하여 필요한 지시를 할 수 있다.
- 한국은행법 제83조(환율정책 등에 대한 협의) 한국은행은 정부의 환율정책, 외국환은행의 외화 여·수신업무 및 외국환 매입·매도초과액의 한도설정에 관한 정책에 대하여 협의하는 기능을 수행한다.

11.2 환율정책의 목표

우리나라의 환율제도와 그에 따른 정책목표는 1945년 해방 이후 우리 경제의 발전 정도, 금융 및 외환시장의 발전, 국내외 외화유동성 사정 등을 종합적으로 고려하여 변경되어 왔다. 먼저 우리나라가 관리변동환율제도[2]를 채택했던

1980~1997년에는 환율정책의 목표가 명목환율의 안정보다는 경상수지의 균형 달성에 더 큰 비중을 두었는데, 이는 당시 경상수지 적자가 장기간 지속되고 있었기 때문으로 보인다. 1997년 12월 외환위기 이후에는 환율변동 제한폭을 완전히 폐지하는 자유변동환율 제도로 이행하였다. 이는 관리변동환율제도가 외환위기 시 외환의 급격한 유출과 환율의 급격한 변동을 억제하는 데 한계를 나타냈던 것이 주요 요인으로 작용하였다.

자유변동환율제도는 환율이 외환시장에서 외환의 수급에 따라 결정되는 환율의 가격기능 활성화를 통해 대외충격의 일부를 환율로 흡수할 수 있게 할 뿐만 아니라, 환율이 시장상황에 맞추어 변동되므로 해외투기자본(환투기세력 등)의 국내 유출입을 억제하는 데에도 기여하는 장점이 있다. 환율제도가 관리변동환율제도에서 자유변동환율제도로 이행함에 따라 환율정책의 목표도 가격기능 활성화를 통해 환율이 원칙적으로 경제의 펀더멘털, 외환수급 및 국제금융시장의 흐름 등을 반영하여 시장에서 자율적으로 결정되도록 시장환경을 조성하는 것으로 바뀌었다. 다만 환율이 급격하게 상승 또는 하락하는 등 한 방향(one way)으로 쏠

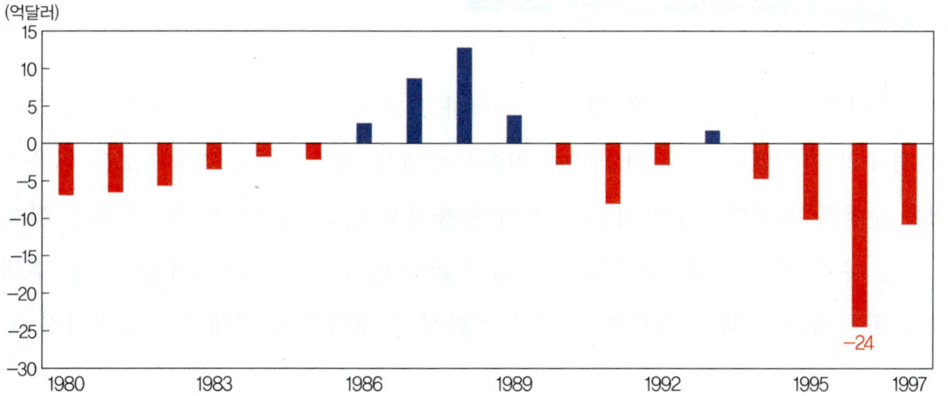

그림 11.1 1980~1997년 경상수지 추이

자료: 한국은행(ECOS)

2 고정환율제와 변동환율제의 중간 형태로서 각국이 적정하다고 판단하는 수준에서 환율을 안정시키기 위해 중앙은행이 외환시장에 개입하는 제도이다.

리면서 단기간에 급격히 변동하는 경우 외환당국은 이를 완화하기 위해 제한적인 미세조정(smoothing operation)[3]을 실시하게 된다.

또한 환율의 시장기능(가격기능)을 원활히 하기 위해 외환시장의 양적·질적 발전을 도모해 나가는 것도 환율정책의 목표라고 할 수 있는데 이는 외환시장의 발전이 환율안정, 시장참가자들에 대한 다양한 환리스크 헤지 수단 제공, 은행의 대외경쟁력 제고 등에 중요하기 때문이다. 우리나라의 경우 높은 대외의존도 및 자본시장 개방도 등으로 환율변동이 경제 전반에 미치는 파급효과가 크지만[4] 선진국에 비해 외환시장 규모가 상대적으로 작고 원화가 국제통화가 아니기 때문에 국제금융시장의 불안 등 대외충격 발생 시 환율이 민감하게 반응(환율의 변동성이 크다는 의미)하는 경향이 있다.

이에 따라 외환당국은 일시적인 외환의 수급불균형이나 대외충격에 따른 시장불안으로 환율이 급등락하는 경우 경제에 미치는 부정적 영향을 최소화하기 위해 외환시장 개입(시장안정화 조치)에 나서게 된다.

11.3 환율정책의 운용

우리나라는 자유변동환율 제도를 채택하고 있어 외환당국은 환율이 원칙적으로 경제의 펀더멘털 등을 반영하여 외환시장에서 자율적으로 결정되도록 환율정책을 운용하고 있다. 이는 다른 나라의 환율정책 관련 사례들을 볼 때 특정 환율수준을 유지하려 하거나 환율의 방향성 전환(통화의 절상 또는 절하 유도) 등 추세를 전환하려는 정책적 의도가 포함된 외환시장 개입들이 대체로 성공적이지 못

3 미세조정이란 환율이 변동할 때마다 수시로 시장에 개입하는 것이 아니라 환율이 상승 또는 하락 등 한 방향으로의 지나친 쏠림현상 심화, 대내외 일시적 충격, 주요국의 환율 움직임 등에 비추어 환율이 경제의 펀더멘털과 크게 괴리되는 경우에 한해 제한적으로 실시하는 것을 말한다.

4 환율변동은 수입 가격의 변동을 통하여 물가에 직접적인 영향을 줄 뿐만 아니라 교역재와 비교역재의 상대가격 변화를 통하여 국내 총수요를 변화시킴으로써 간접적으로도 물가에 영향을 미친다.

한 데다, 교역상대국과의 통상마찰을 초래하는 등 부작용이 컸기 때문으로 보인다.

학계의 연구결과도 개방경제(open economy)하에서는 어떤 환율제도를 채택하여 운용하더라도 통화정책의 자율성, 자본자유화, 환율안정 등 세 가지 정책목표를 동시에 만족시키는 것이 어렵다는 것이 밝혀졌는데, 이를 삼불원칙(impossible trilemma)이라고 한다. 특히 세계 경제의 글로벌화, 자본시장 개방 등에 따른 국제교역 규모 확대 등으로 외환거래량이 크게 늘어남에 따라 환율관리 비용은 대체로 확대되고 있으나 교역상대국과의 통상마찰 가능성 등으로 외환당국이 시장개입에 적극적으로 나서기는 쉽지 않기 때문에 외환시장 개입(관리)의 효율성은 점차 저하되는 추세이다. 이 같은 상황에서 외환당국이 특정 환율수준을 유지 또는 지지하기 위해 경직적으로 환율정책을 운용할 경우에는 **환투기 유발 → 외환위기** 등을 초래할 수 있다.

실제로 외환위기를 경험한 국가 중 상당수가 실질적(de facto)으로 환율을 고정시키거나 관리변동환율제도 등을 통해 환율을 경직적으로 운용했던 것으로 나타났다. 예를 들어 1970~1980년대 중남미국가들은 재정적자 누적 등으로 통화량이 크게 확대되었음에도 불구하고 정부가 환율을 고정시킴에 따라 향후 급격한 통화가치 하락을 예상한 국제환투기세력의 공격을 받았다.

또한 1992~1993년 중 유럽통화제도(ERM)의 위기 역시 영국 등 일부 유럽국가들이 경기후퇴를 가져올 수 있는 높은 통화가치(환율)를 더 이상 유지할 수 없을 것으로 예상한 국제환투기세력에 의해 촉발된 것으로 알려졌다. 참고로 유럽통화제도란 유럽의 화폐통합에 대비하기 위해 1979년 유럽 국가들이 채택한 일종의 환율안정화장치이다.

유럽통화 제도하에서는 통화가치 안정을 위해 국가별 환율변동 폭을 정해진 범위 안에서 제한하기 때문에 고정환율제도의 한 종류라고 볼 수 있다. 1994년 멕시코 페소화 위기[5], 1997년 아시아 외환위기, 1998~1999년의 러시아 및 브라질의 외환위기도 고정환율제도를 채택하고 있는 국가들에서 발생하였으며 고

5 페소화 위기는 농민폭동, 대통령 후보 암살 등으로 정치적 불확실성이 증대되고 정부의 방만한 재정 운영 등으로 외국자본 유입이 중단되면서 외환보유액이 급격히 감소함에 따라 발생하였다.

정환율제도를 채택하지 않은 칠레, 콜롬비아, 싱가포르 등은 외환위기에 전염(contagion)되지 않은 것으로 나타났다.[6]

참고 주요 위기 발생 사례

주요 사건	기간	발생 계기	내부 불안 요인	발생 국가
유럽재정 (ERM) 위기	1992~1993	영국의 ERM 탈퇴	유럽 각국의 준고정 환율제	프랑스, 포르투갈, 스페인, 스웨덴
멕시코 페소화 위기	1994~1995	페소화 폭락	중남미 주요국의 경상수지 적자	아르헨티나, 브라질, 칠레, 에콰도르, 멕시코
아시아 외환위기	1997~1998	바트화 폭락	아시아 주요국의 외채급증, 통화 및 만기 불일치	인도네시아, 한국, 말레이시아, 필리핀, 태국
러시아 모라토리엄[7] /LTCM 위기	1999~2000	모라토리엄/ LTCM 파산[8]	러시아 및 남미 주요국의 외채급증, 통화 및 만기 불일치	러시아, 아르헨티나, 브라질, 칠레, 콜롬비아, 에콰도르, 페루, 터키

자료: 주요국의 Sudden Stop 및 정책대응사례 분석과 시사점(2009, 한국은행)

우리 정부도 1997년 외환위기 당시 경직적인 환율정책인 관리변동환율제도가 외환의 급격한 유출과 환율의 급격한 변동을 막는 데 한계를 보였다고 평가하고 이에 효율적으로 대처하기 위해 외환위기 이후 자유변동환율 제도로 이행하였다. 한편 외환당국이 경직적으로 환율을 운용한다는 것은 특정 환율 수준을 사전에 염두에 두고 이를 달성하고자 필요한 조치(외환시장 개입 등)를 취하는 것을 의미한다.

6 유재원, 김태준 (2000)을 참조한다.

7 모라토리엄(moratorium)은 전쟁·공황 등으로 채무이행이 어려워질 경우 국가의 공권력에 의해서 일정 기간 채무이행을 연기 또는 유예하는 것을 말한다. 러시아는 아시아 외환위기 등의 영향으로 국제자본이 유출되고 주가와 루블화 가치가 폭락하면서 1998년 8월 모라토리엄을 선언했었다.

8 LTCM(Long-Term Capital Management)은 미국계 헤지펀드로 대규모 투자처인 러시아가 1998년 모라토리엄을 선언하면서 막대한 손실을 입고 파산하게 되었다.

11.4 환율정책 운용 수단

외환당국의 환율정책 운용 수단은 크게 환율 변동성 축소를 위한 일상적인 외환시장 관리업무와 국내 외화유동성 부족 시 외화유동성 공급을 위해 외화대출 또는 스왑시장에 참여하는 것으로 나눠 볼 수 있다. 먼저 일상적인 외환시장 관리업무란 일시적인 외환의 수급불균형이나 대외충격[9]에 따른 시장불안으로 환율이 급등락하거나 환율이 상승 또는 하락하는 식으로 한 방향으로의 쏠림현상이 나타날 경우 이를 완화하기 위해 외환시장에서 외환을 매입 또는 매도하는 제한적인 미세조정을 실시하는 것을 말한다. 둘째, 외화대출 또는 스왑시장 참여란 국제금융시장의 불안 등으로 국내 외화유동성 부족이 심화될 경우 외환당국이 외환시장 안정을 위해 은행 등을 대상으로 외화대출이나 스왑(외환스왑, 통화스왑)을 통해 외화유동성을 공급하는 것을 말한다.

11.4.1 스왑시장 참여

한국은행의 스왑시장 참여는 외부에 알려지지 않다가 2007년 9월 11일 한국은행 국제국장이 스왑시장 참여 사실을 공개함으로써 외부에 알려졌다고 한다.[10] 한국은행의 스왑시장 참여 방식은 1차로 한국은행이 스왑거래 대행 은행과 거래를 하고 2차로 스왑거래 대행 은행이 외국환은행과 거래를 하는 형태이다(그림 11.2).

한국은행이 스왑시장에 참여한 주요 목적은 스왑시장의 불균형을 완화하고 외채증가를 억제하기 위한 것으로 알려졌다. 스왑시장의 불균형이란 외환스왑시장(단기)에서 buy & sell 거래 우위와 통화스왑시장(장기)에서의 CRS receive 거래(원화고정금리 수취/달러화 변동금리 지급) 우위가 지속되고 있는 현상을 말한다.[11]

당시 한국은행은 스왑시장의 불균형이 선물환시장에서의 선물환매도 우위, 즉

9 대외충격이란 국제금융시장 불안 등 해외에서 발생하는 충격(shock)을 말한다.
10 안병찬 (2011)을 참조한다.
11 9장 외화자금시장을 참조한다.

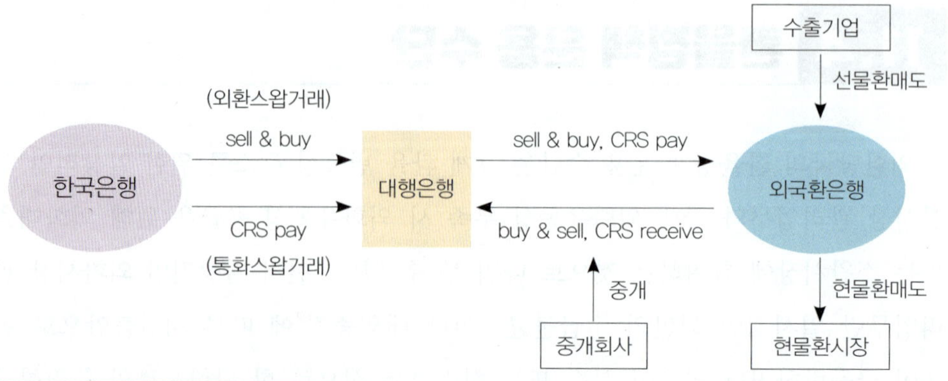

그림 11.2 한국은행의 스왑시장 참여 메커니즘

자료: 경쟁입찰방식 스왑거래 실시(2008.10.17, 한국은행)

선물환시장의 구조적 불균형[12]에 주로 기인한다고 판단하였다. 한국은행은 스왑시장의 불균형이 지속될 경우 외화자금시장에서 외환의 수요 우위를 유발하고 이로 인해 외채, 특히 단기외채가 크게 늘어나면서 금융 및 외환시장의 잠재적 불안요인으로 작용하는 상황을 우려하였다. 실제로 2006~2007년 중 국내 선물환시장의 수급불균형은 조선·중공업체의 해외 선박수주 호조와 거주자의 해외증권투자 증가 등으로 환리스크 헤지를 위한 선물환매도가 크게 늘어난 데 주로 기인한다. 각 요인별 선물환시장의 수급불균형을 초래하는 메커니즘은 아래와 같다.

첫째, 조선·중공업체가 환리스크를 헤지하는 과정에서 선물환시장의 수급불균형을 초래하게 된다. 조선·중공업체의 해외 선박수주는 세계 조선업이 선진국간 교역량 증대, 중화학공업 발전에 따른 원자재 및 원유수요 급증 등으로 2000년대 들어 사상 최고의 호황을 지속한 데 힘입어 크게 증가하였다. 이에 따라 조선·중공업체의 해외 수주량은 1990년대 연평균 7.6백만톤(GT)에 불과하였으나 2000년대 들어 급증하면서 2006년에는 38.1백만톤으로 크게 늘었다(그림 11.3).

해외선박 수주가 크게 늘어남에 따라 조선·중공업체들은 환리스크 헤지를 위해 선물환, 환변동보험, 통화옵션 등 다양한 방법들을 적극적으로 이용하였으나 이중 환리스크 회피가 확실하고 사후관리가 용이한 선물환거래(매도)를 가장 선

12 9장 외화자금시장을 참조한다.

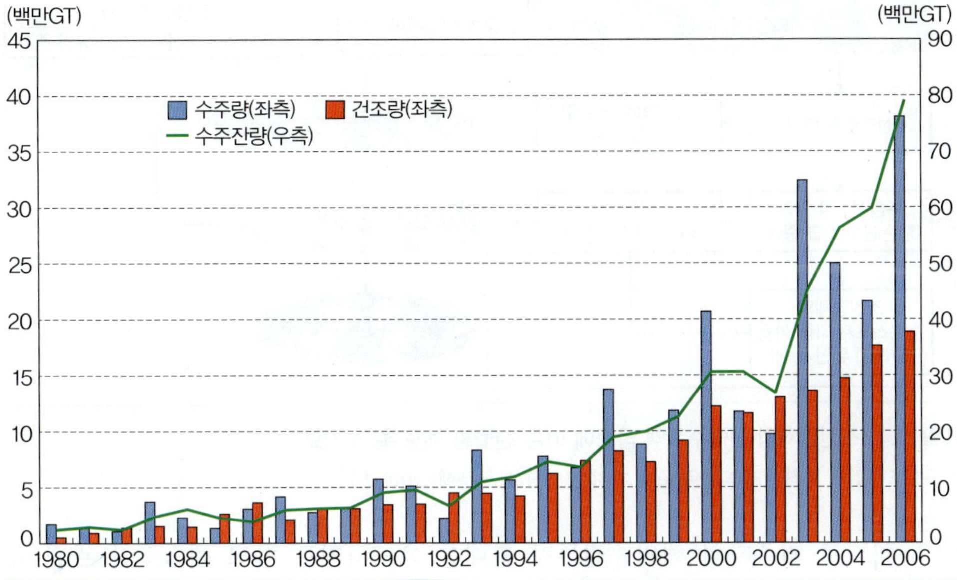

그림 11.3 우리나라의 신조선 수주량, 건조량 및 수주잔량 추이

자료: 조선업 경기 동향 및 중장기 전망(2007, 한국은행)

호하면서 선물환매도가 크게 늘어나게 되었다. 2006~2007년 중 상당수의 조선·중공업체들은 선박수주 계약체결 당일 또는 2주일 이내에 수주물량의 전액(100%)을 헤지하는 등 적극적으로 환리스크를 관리하였다. 해외 선박수주 급증에 따른 조선·중공업체의 선물환매도 확대 경로는 〈그림 11.4〉를 참조한다.

둘째, 거주자의 해외증권투자는 국내 저금리기조 지속, 글로벌 증시 강세 등 당시 국내외 금융환경이 정부의 「해외투자활성화 대책」과 맞물리면서 2006~2007년 중 크게 늘어났다. 이에 따라 당시 증권사를 중심으로 해외투자자금의 환리스크 헤지 목적의 선물환거래(매도)가 크게 늘어나게 되었다.

참고로 정부의 해외투자 활성화 대책이란 조선·중공업체의 해외 선박수주 호조, 외국인의 채권투자 증가 등으로 국내에 외화가 큰 폭으로 유입되면서 환율이 크게 하락(원화가치 상승)하자 정부가 원화절상 압력을 완화하기 위해 마련한 대책이다. 당시 정부는 국내에 외화(달러)가 대규모로 유입되면서 환율이 크게 하락하였기 때문에 유입된 외화를 다시 국외로 유출(퍼내면)하면 환율하락 억제에 도움이 될 것으로 판단하였다. 이에 따라 국내 유입된 외화를 국외로 유출하는 방

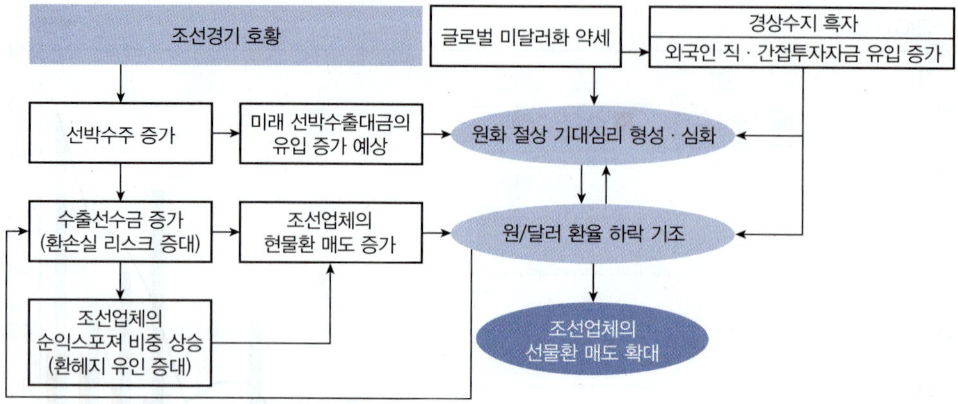

그림 11.4 조선업체의 선박수주액 급증에 따른 선물환 매도 확대 경로

자료: 조선업체 환헤지가 외환부문에 미치는 영향(한국은행, 2010.2.)

안의 하나로 거주자의 해외증권투자 확대를 유도하기로 하고 해외투자 관련 규제를 지속적으로 완화하는 한편 세제지원을 강화하였다. 당시 정부의 주요 지원 내용은 일반투자자의 투자대상 외화증권 제한 폐지, 해외증권투자에서 발생한 양도차익 분배금 비과세 등이었다.

앞서 살펴본 바와 같이 조선·중공업체와 자산운용사의 환리스크 헤지 목적의 선물환매도 증가로 스왑시장에서는 국내 은행들의 buy(달러 현물환매입) & sell(달러 선물환매도) 거래가 늘어나고 이에 상응한 외은지점의 sell(달러 현물환매도) & buy(달러 선물환매입) 거래가 크게 늘어나게 되었다. 이처럼 스왑시장에서의 선물환매도 증가로 2006~2007년 중 스왑레이트(swap rate)가 마이너스(−) 수준으로 크게 하락하고 스왑레이트가 국내외 금리차를 하회하면서 재정거래 유인이 크게 확대됨에 따라 외국인채권투자자금 유입이 크게 늘어나게 되었다.

참고로 스왑레이트가 국내외금리차를 하회할 경우에는 달러를 차입(차입금리는 libor로 가정)하여 sell & buy 스왑을 통해 원화를 조달하고 이를 국내에서 채권 등 유가증권으로 운용하면 재정거래 차익을 얻을 수 있다.

한편 조선·중공업체와 자산운용사 등의 환리스크 헤지 수요 증가로 은행의 외환포지션조절 목적의 외화차입이 늘어나고 여기에 재정거래 차익을 노린 외국인채권투자자금[13] 유입이 가세하면서 외채가 크게 늘어나게 되었다. 특히 단기외채[14]가 큰 폭으로 증가하면서 단기외채 비중이 2005년말 40.6%에서 2006년말에는 51.0%로

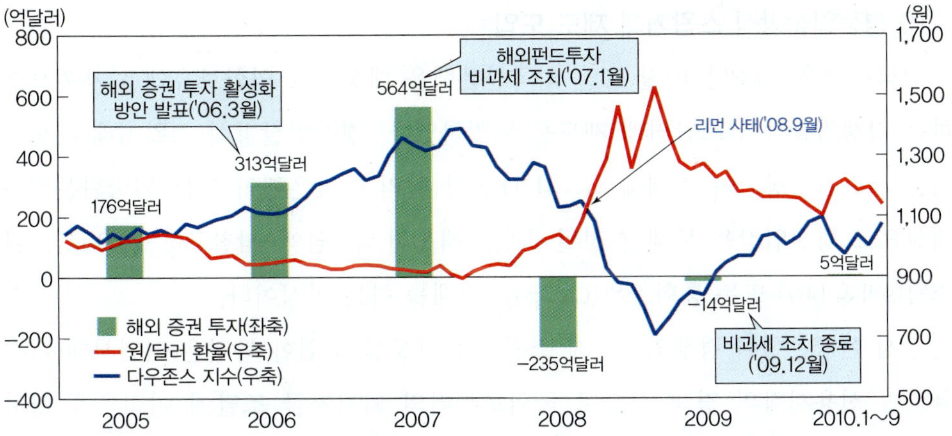

그림 11.5 해외증권투자*, 원/달러 환율 및 美 다우존스지수** 추이

주: * 국제수지 기준('+'는 순투자, '−'는 순회수)
** 원지수/10

표 11.1 스왑레이트 및 차익거래 유인 (%, %p, 억달러)

	2004	2005	2006	2007
국내외금리차(A)*, ***	2.06	−0.02	−0.81	−0.15
스왑레이트(B)**, ***	2.17	0.00	−0.92	−1.40
차익거래유인(A−B)	−0.11	−0.03	0.10	1.26
외국인채권투자 규모	15.7	2.6	16.6	365.1

주: * CD 유통수익률(91물)−미 달러화 Libor(3개월물), ** 3개월물, *** 기간 내 평균 기준

크게 높아졌다. 이처럼 스왑시장의 불균형 심화 등으로 크게 늘어난 단기외채는 외환부문의 불안요인으로 잠재해 있다가 2008년 글로벌 금융위기 시 디레버리징의 영향으로 급격히 국외로 유출(sudden stop)되면서 국내 금융불안을 심화시키는 주요 요인의 하나로 작용하게 된다.

13 주식은 자기자본이므로 외국인이 국내 주식을 매입할 경우 외채가 증가하지 않지만 채권은 타인자본, 즉 부채이므로 외국인이 국내 채권을 사게 되면 채권을 발행한 국내 금융기관의 외국인에 대한 부채, 즉 외채가 증가하게 된다.

14 외채란 '일정 시점에 일국의 거주자가 비거주자에 대해 미래 특정 시점에 금융원금 또는 이자를 지급해야 하는 확정채무잔액'을 말하며, 공식명칭으로는 '대외채무'라고 한다. 원래 만기(original maturity) 혹은 계약만기 기준으로 1년 이내 및 1년 초과를 각각 단기(short term) 및 장기(long term)로 구분한다.

① 경쟁입찰방식 스왑거래 제도 도입

한국은행은 2008년 10월 20일 외국환은행을 대상으로 외환보유액을 재원으로 하는 경쟁입찰방식 스왑거래 제도를 도입하였다. 경쟁입찰방식 스왑거래 제도는 기존의 스왑시장참여 거래제도(그림 11.2)와 달리 한국은행이 모든 외국환은행을 대상으로 경쟁입찰을 통해 결정된 스왑거래조건(낙찰금액, 낙찰금리 등)으로 외환스왑(sell & buy) 또는 통화스왑(CRS pay) 거래를 하는 방식이다.

당시 한국은행이 경쟁입찰방식 스왑거래 제도를 도입한 목적은 리먼사태 이후 글로벌 신용시장의 경색 심화로 국외로부터의 외화자금 조달에 어려움을 겪고 있는 외국환은행에 대해 효율적인 방법으로 외화자금을 공급해 줌으로써 외화자금 시장의 안정을 도모하는 데 있었다. 한국은행은 2008년 10월 21일 처음으로 외국환은행들을 대상으로 경쟁입찰방식 외환스왑 거래를 통해 2008년 12월 16일까지 7차례에 걸쳐 102.7억달러를 공급하였으며 이후 국내 외화유동성 사정이 호전됨에 따라 2009년 8월 6일자로 전액을 회수하였다.

한국은행의 스왑시장 참여는 한국은행이 스왑시장에서 sell & buy(외환스왑) 또는 CRS pay(통화스왑) 거래자 역할을 하는 것을 말한다. 당시 한국은행은 스왑시장 참여를 통해 선물환매도 우위의 스왑시장의 수급불균형을 완화하고 스왑레이트 상승을 유도하여 재정거래 유인을 축소함으로써 외국인채권투자 증가 등으로 야기된 외채 증가를 억제하는 데 긍정적인 효과가 나타나기를 기대하였다.

그림 11.6 신규 경쟁입찰방식 스왑거래

자료: 경쟁입찰방식 스왑거래 실시(2008.10.17, 한국은행)

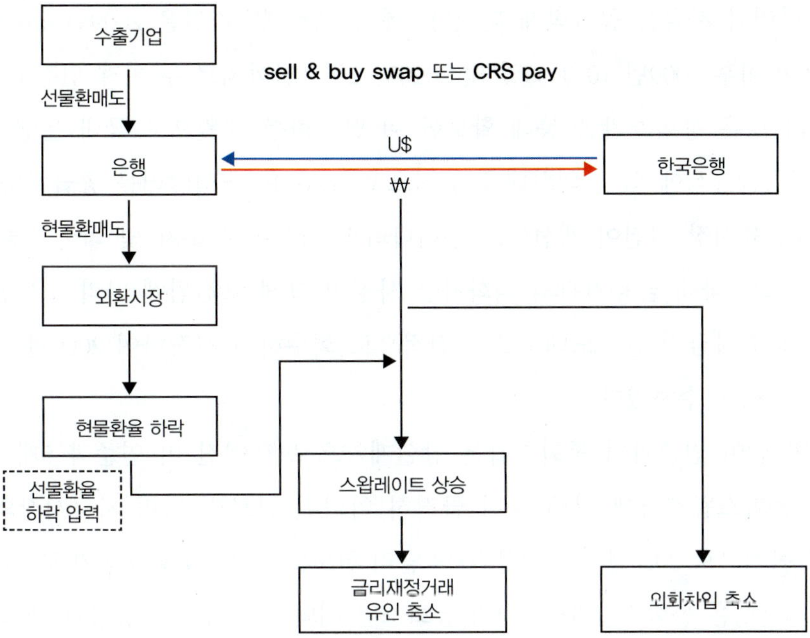

그림 11.7 한국은행의 스왑시장 개입 시 기대효과

② 경쟁입찰방식 외화대출 제도 도입

외환당국이 외환위기 시 국내 외화유동성 공급을 위해 외환보유액을 적극적으로 사용하면 외환보유액이 급격히 감소하면서 IMF(국제통화기금) 등 국제기구나 국제금융시장에 우리나라의 위기대응 능력이 축소되었다는 부정적 신호를 줄 수 있다. 외환당국은 이를 종합적으로 고려하여 국제금융시장의 불안 심화 등으로 금융기관의 외화조달이 어려워져 외환당국이 직접 외화유동성을 공급할 필요가 있다고 판단되면 외환보유액의 무리한 사용을 최대한 자제하면서 미국의 풍부한 달러 유동성을 활용하기 위해 미 연준과의 통화스왑[15]을 적극적으로 추진해왔다.

한국은행은 2008년 이후 미 연준과 두 차례 통화스왑 계약을 체결하였다. 한국은행과 미 연준과의 첫 번째 통화스왑은 2008년 10월 30일 체결되었으며 동 스왑계약에 따라 한국은행은 미 연준으로부터 원화를 대가로 최대 300억달러 이내에

15 미 연준과의 통화스왑 체결 소식이 알려진 후 한국은행 내에서는 미 연준과의 통화스왑이 미국의 풍부한 달러 유동성에 straw를 꽂는 것에 비유할 정도로 기대가 컸던 기억이 난다.

서 미 달러화 자금을 공급받게 되었다. 통화스왑 계약기간은 2009년 4월 30일까지였으며 이후 2009년 10월 30일 및 2010년 2월 1일까지로 두 차례 연장되었다.

한국은행은 통화스왑을 통해 확보한 미 달러화를 재원으로 국내 은행들에 대해 경쟁입찰방식에 의한 외화대출 방식으로 모두 163.5억달러를 공급하였다. 이후 국제금융시장 여건이 개선되고 우리나라의 경상수지 흑자 및 외국인투자자금 유입 등으로 국내 금융기관의 외화자금 사정이 크게 호전됨에 따라 그동안 공급하였던 외화자금의 만기도래분을 점진적으로 회수하기 시작하여 2009년 12월 17일자로 전액 회수하였다.

두 번째 미 연준과의 통화스왑은 상설계약으로 맺어진 미 연준과 5개국 중앙은행[16] 통화스왑계약에 더해 당시 급격히 악화된 글로벌 달러 자금시장의 경색 해소를 목적으로 2020년 3월 19일 600억달러 한도(2020년 9월 30일 만기)로 체결되었다. 한국은행은 통화스왑자금을 1차 통화스왑 때와 마찬가지로 경쟁입찰방식 외화대출로 모두 198.72억달러를 공급하였다가 2020년 7월 30일자로 모두 회수하였다.

③ 통화스왑과 원/달러 환율

미 연준과의 통화스왑이 외환시장 안정에 미친 효과는 원/달러 환율의 움직임만으로 평가해 보면 1차 통화스왑과 2차 통화스왑이 다소 달랐던 것으로 평가된다. 먼저 2008년 10월 30일 체결한 1차 통화스왑의 경우 외환시장 안정 효과는 비교적 단기에 그쳤던 것으로 보인다. 이는 원/달러 환율이 통화스왑 계약 직전인 10월 29일 1,478.5원에서 계약체결일 이후 하락세가 지속되면서 11월 6일에는 1,265.9원으로 급락하였지만 11월 21일에는 환율이 1,488.4원으로 다시 급등함으로써 불과 20여일 만에 통화스왑 이전 수준으로 되돌아갔기 때문이다.

반면 2차 통화스왑은 1차 통화스왑 때와 달리 외환시장은 물론 금융시장에서도 시장안정 효과가 두드러지게 나타났던 것으로 평가된다. 이는 통화스왑 계약 체결 직후 미 달러화 조달에 대한 불안감이 완화되면서 주가가 반등하고 원/달러 환율이 하락하는 등 국내 금융 및 외환시장이 즉시 반응(2020.3.20 코스피는 7.4%

16 미 연준과 상설 스왑계약을 체결한 국가는 캐나다, 영국, 유럽, 일본, 스위스 등 5개국이다.

상승, 원/달러 환율은 3.1% 하락)한 데다 단기차입 가산금리, CDS 프리미엄 등 외환부문의 주요 지표들이 통화스왑발표 이후 큰 폭으로 개선되었기 때문이다. 특히 1차 통화스왑 때와는 달리 2차 통화스왑의 경우 원/달러 환율이 스왑계약 체결 이후에도 하락세가 상당 기간 지속되었던 점에 비추어 볼 때 외환시장의 안정에 기여한 것으로 평가할 수 있다. 한국은행[17]에서도 통화스왑 계약 체결 이후 환율이 스왑계약 체결 전인 2월 하순 수준으로 하락한 후 안정세를 보이고 있는 점 등을 들어 미 연준과의 통화스왑이 환율안정에 효과가 있었다고 평가하였다.

참고 미 연준과의 2차 통화스왑 전후 외환 부문의 주요 지표 추이

	2020년 2월	3월 19일*	3월	4월
• 원/달러 환율(기말)	1,213.7	1,285.7	1,217.4	1,218.2
– 전일 대비 변동률(월평균, %)	0.43	–	1.12	0.46
• 단기차입가산금리(마지막주, bp)	2.24	–	105.4	36.1
• CDS프리미엄**(기말, bp)	35.4	52.6	37.8	34.3

주: * 미 연준과의 2차 통화스왑계약 체결일

** CDS(Credit Default Swap, 신용부도스왑) 프리미엄은 채권의 부도 시 원금 회수를 보장받는 대가로 채권보유자가 원금 보장자에게 지급하는 수수료로 채권의 부도 위험에 대한 일종의 보험료 성격이다. CDS 프리미엄이 낮을수록 채권발행자의 신용위험이 낮음을 의미하므로 채권발행자의 신인도를 나타내는 대표적인 지표 중 하나로 통용된다.

자료: 한국은행(2021.12.16.)

연도별 우리나라 CDS 프리미엄 최고/최저

(bp)	'08	'10	'12	'14	'15	'16	'17	'18	'19	'20
최저 (일자)	47 (1.2)	73 (4.14)	56 (11.29)	48 (12.5)	46 (5.25)	39 (9.8)	42 (3.17)	36 (10.1)	27 (11.5)	20 (12.3)
최고 (일자)	699 (10.27)	170 (5.25)	171 (1.9)	75 (2.4)	83 (9.28)	82 (2.11)	76 (9.27)	59 (2.9)	41 (1.3)	57 (3.23)

자료: 기획재정부(2021.5.6.)

17 코로나19 충격에 대응한 중앙은행 간 통화스왑의 국내 외환시장 안정효과 (윤영신, 2021.6.).

11.5 외환시장 개입

11.5.1 외환시장 개입의 의의

외환시장 개입[18]이란 외환당국이 환율정책 목표를 달성하기 위해 민간부문의 외환거래에 인위적으로 개입하는 행위로서 외환시장에서 자국통화(원화)를 대가로 외화자산(미 달러 등)을 매입 또는 매도하는 것을 말한다. 우리나라는 환율이 원칙적으로 외환시장에서 자율적으로 결정되도록 하는 변동환율제도를 채택하고 있으나, 일시적인 수급불균형이나 시장참가자들의 불안심리 등으로 환율이 한 방향으로 쏠리거나 단기간에 환율 변동성이 크게 확대될 경우 외환당국은 환율 변동 속도를 조절하기 위해 미세조정을 실시하기도 한다. 또한 외환당국은 정책목표 달성이나 외환시장 안정을 위해 필요하다고 판단될 경우 자체적으로 외환시장에 개입하지만 국제공조 차원에서 시장개입에 나설 수도 있다.

참고 | 환율 변동성의 특징 및 외환시장에 미치는 영향

환율 변동성은 환율이 움직이는 정도로 시장참가자들 간에는 미래 불확실성에 따른 투자위험으로 인식된다. 학계에서는 환율 변동성이 시간에 따라 변하고(time-varying volatility) 군집 현상(volatility cluster)을 나타내며 지속성(persistency)을 보이는 특성을 갖고 있다는 연구 결과를 발표한 바 있다.

① 군집 현상이란 현재 환율의 수익률(또는 변동성)이 크면 다음 기의 수익률도 커지고 반대로 현재의 수익률이 작으면 다음 기의 수익률도 작아지는 현상을 말한다. 이는 현재의 환율 변동성이 커지면 다음 기의 환율 변동성도 커지고 반대로 현재의 변동성이 작으면 다음 기의 변동성도 작아지게 된다는 것을 의미한다.

② 환율 변동성이 지속성을 갖는다는 것은 제곱을 취한 수익률 또는 절대치를 취한 수

18 외환당국은 외환시장개입을 외환시장 안정화 조치로 부르고 있으나 외환시장 개입이 일반인들에게 친숙한 표현이기 때문에 본서에서는 외환시장 개입이라는 표현을 사용하기로 한다.

익률의 자기상관함수가 서서히 감소하는 현상을 말하는데 이는 환율 변동성이 일단 확대되면 상당 기간 지속된다는 의미이다.

환율 변동성이 갖는 이런 독특한 특성들로 인해 단기간에 환율 변동성이 급격하게 확대될 경우 시장참가자들의 불안심리가 커지면서 환율 변동성이 더욱 확대되는 등 외환시장이 불안정해질 수 있다. 이에 따라 외환당국은 환율 변동성이 확대되지 않도록 필요하다고 판단될 경우 외환시장에 개입하게 된다.

외환당국이 외환시장에 개입하게 되는 사례를 살펴보자. 첫째, 국제금융시장에서의 엔-캐리트레이드 청산 등으로 외환시장에서 미 달러화 수요가 크게 늘어나면서 원/달러 환율이 급등(원화가치 급락)할 경우 외환당국은 외환시장에서 원화를 대가로 달러를 매각(공급)함으로써 달러의 초과수요를 흡수하는 방식으로 원화가치의 절하 속도를 조절할 수 있다.

반면 환율이 급락(원화가치 급등)할 경우에는 외환당국이 원화를 대가로 달러를 매입하면서 원화의 절상 속도를 조절하게 된다.

한편 캐리트레이드(carry trade)란 통상 저금리 통화(funding currency)를 차입하여 고금리 통화(target currency) 자산에 투자함으로써 수익을 추구하는 거래를 말하는데, 이때 조달통화가 엔화이면 엔-캐리트레이드라고 한다. 실제로 2007년 8월경에는 미국의 서브프라임 모기지 부실[19] 여파로 엔-캐리트레이드 자금[20]의 청산 우려가 확산되면서 글로벌 금융시장의 불안이 지속됨에 따라 2007년 8월 17일 원/달러 환율이 5개월 만에 950원대로 상승하는 등 불안정한 모습을 보이기도 하였다.

19 서브프라임 모기지(sub-prime mortgage)란 신용등급이 낮은 저소득층에게 주택자금을 빌려주는 미국의 주택담보대출상품이다. 서브프라임 모기지 사태란 과잉유동성과 저금리기조 지속으로 서브프라임 모기지 대출이 크게 늘어나면서 주택가격이 급등하였다가 이후 주택가격이 폭락하면서 발생한 미국발 금융위기가 금융의 글로벌화 진전으로 우리나라 등 전 세계로 확산한 것을 말한다.

20 2005~2006년 중 국내 유입된 엔-캐리 자금은 60억달러로 추정되었다(전북일보, 2007년 8월 24일).

외환시장 개입은 외환의 매매에 대한 반대급부로 원화가 개재되어 국내 통화량에 영향을 미치게 되므로 중앙은행은 공개시장조작 등의 방법을 통해 통화량을 흡수(또는 중화)하게 된다. 이처럼 외환시장 개입에 의한 통화량 증감을 중앙은행이 흡수할 경우 불태화 외환시장개입(sterilized intervention)이라 하며 흡수하지 않는 경우를 태화 외환시장개입(non-sterilized intervention)이라고 하는데 일반적으로 우리나라 등 세계 각국은 불태화 외환시장개입 정책을 취하고 있다.

참고 캐리트레이드의 의의

국제금융시장에서 캐리트레이드(Carry Trade)란 통상 저금리 통화를 차입하여 고금리 통화 자산에 투자함으로써 수익을 추구하는 거래를 말한다. 저금리 통화로는 일본 엔화 및 스위스 프랑화 등이 있으며 고금리 통화로는 호주 및 뉴질랜드 달러와 신흥국 통화가 대표적이지만 선진국이 초저금리 정책을 채택한 시기에는 미 달러화, 유로화, 파운드화 등도 차입통화(funding currency)로 활용되었다.

캐리트레이드의 투자수익은 주로 두 통화 간 금리 차이와 환율변동에 따라 결정된다. 예를 들어 고금리 통화의 환율이 절상될 경우 금리차익 이외에 환차익을 얻게 되며, 반대로 절하될 경우 금리차익에도 불구하고 환차손이 발생하게 되면 총투자수익률은 마이너스가 될 수도 있다.

일반적으로 캐리트레이드의 포지션 구축(build-up)은 점진적으로 이루어지지만, 국제금융시장의 불안 등 대외충격에 따른 포지션 청산(un-winding)*은 급격하게 발생한다. 이에 따라 캐리트레이드 포지션 구축기와 청산기 사이에는 투자수익률, 환율 및 환율 변동성 등에서 비대칭성(asymmetry)이 나타나는 경향이 있다.

* 예상치 못한 급격한 자산 가격 하락(투자통화 절하) → 담보가치 하락 → 마진콜(margin call) → 강제적인 포지션 청산(fire sale)

엔-캐리트레이드라고 하면 흔히 일본의 와타나베 부인을 연상하게 된다. 와타나베(渡邊)는 일본에서 흔한 성(姓)의 하나인데 국제금융시장에서는 고수익을 찾아 해외 고금리 자산에 투자하는 일본의 가정주부 투자자를 의미한다. 1990년대 일본의 저금리 상황이 지속되자 가정주부들이 조금이라도 수익을 올리기 위해 미 달러 등 해외의 고금리 자산에 투자하게 되었는데 그 규모가 커지면서 일본 가정주부를 상징하는 와타나베 부인이 국제금융시장에서 엔-캐리트레이드를 이용하는 일본인 투자자로 인식되었다.

〈엔-캐리트레이드 개시 및 청산〉

엔-캐리트레이드는 일본은행[21]의 제로(zero)금리 정책 등의 영향으로 국제금융시장에서 엔화 조달금리가 급격히 하락함에 따라 1990년대 중반에서 2000년대 중반까지 활발하게 이루어졌는데 현재도 글로벌 금융시장이나 일본 내 금융상황 변화에 따라 청산과 재개가 반복되고 있다.

주요 엔-캐리트레이드 개시 및 청산 시기

1995년 5월 ~ 1998년 8월	• 1995년 일본의 자산가격 거품 붕괴, 고베 지진 등의 영향으로 정책금리가 인하(1995년 4월 1.75% → 1%)됨에 따라 엔-캐리트레이드가 개시되었다. • 1998년 LTCM 파산, 러시아 모라토리엄 이후 엔-캐리트레이드가 급격히 청산되었다.
2000년 1월 ~ 2001년 7월	• 일본은행이 경기침체 지속으로 제로금리 정책을 시행(1999년 2월 0.25% → 0%)함에 따라 엔-캐리트레이드가 재개되었다. • 미 연준의 금리인하(2001년 1월 5.5% → 2001년 12월 1.75%)로 미·일 사이의 정책금리 갭(gap)이 축소되면서 엔-캐리트레이드가 청산되었다.
2005년 2월 ~ 2007년 10월	• 미 연준의 금리인상(2004년 5월 1% → 2006년 6월 5.25%)과 일본의 제로금리 정책 지속으로 미·일 사이의 정책금리 갭이 확대되면서 엔-캐리트레이드가 재개되었다. • 미국의 서브프라임 사태, 리먼브라더스 파산 등의 영향으로 엔-캐리트레이드가 급격히 청산되면서 엔/달러 환율이 100엔 이하로 하락하였다.

11.5.2 외환시장 개입 방법

외환시장 개입 방법에는 '구두개입'과 '직접개입(실탄개입)'이 있는데, 구두개입은 외환당국이 실제 외환의 매매 없이 외환시장에 "개입할 것이다"라고 말로만, 즉 구두로만 하는 것을 지칭한다. 이에 비해 직접개입은 구두개입이 통하지 않을 경우 직접 외환시장에서 외환을 매매하는 실질적인 행동을 하는 것을 말한다. 외환당국은 일반적으로 외환시장 개입 시 자신을 대신하는 대행은행(agent bank, 외환거래를 담당하는 주요 외국환은행)을 지정해 놓고 이들 은행을 통해서 외환매매

21 일본은행(Bank of Japan)은 일본의 중앙은행이다.

를 하게 된다.

외환매매 주문은 특정 대행은행 한 곳에 주문을 낼 수도 있고 상황에 따라 여러 은행에 나누어 주문을 낼 수도 있는데 이는 외환당국이 외환시장에 개입한 사실이 알려지면 환율에 영향을 미칠 수 있기 때문에 개입 사실을 비밀로 하기 위해서이다.

외환당국이 대행은행에 외환(미 달러화로 가정)의 매도주문을 내면 대행은행(A)은 외국환중개회사에 다시 동일한 내용의 매도주문을 낸다. 외국환중개회사는 대행은행(A)으로부터 의뢰받은 매도주문거래를 다른 외국환거래은행(B)의 매수주문과 연결시키는 방식으로 매매를 체결해 준다. 외환매매가 완결되면 한국은행은 대행은행(A)의 '외환거래은행'에 미 달러화를 지급하고 A은행의 지준계좌에서 BOK wire(한국은행이 운영하는 금융결제망)를 통해 미 달러화 매도금액에 해당하는 원화를 인출한다.

외환시장 개입 시에는 속칭 '도시락 폭탄'이라는 방식도 사용된다. 이는 외환딜러가 점심 식사를 위해 자리를 비워 비교적 거래 물량이 적어진 틈을 타 집중적으로 달러를 매도하거나 매수하는 것을 말한다. 외환당국은 시장개입 효과를 높이기 위해 도시락 폭탄 방식의 개입을 종종 사용하는 것으로 알려졌다. 실제로 2022년 9월 환율 급등세가 지속되면서 외환당국이 여러 차례 구두 개입에 나섰으나 환율 급등세를 억제하지 못하자 외환거래량이 적은 점심시간에 대규모로 달러를 매도하는 도시락 폭탄 방식을 이용하여 환율 급등세를 진정시켰다는 언론보도[22]도 있었다.

11.5.3 외환시장 개입 목적

외환시장개입 목적은 정책목표 달성, 외환시장 안정, 외환거래 활성화, 국내외 외화유동성 상황 등에 따른 외환보유액의 조정 필요성 등으로 다양하다. 하나씩 살펴보자.

22 당국, 환율 1,400원선 가까스로 방어… '도시락 폭탄' 관측도(동아일보, 2022.09.15)

첫째, 정책목표 달성이란 중앙은행이 물가안정 및 완전고용과 같은 경제의 안정이나 국제수지 균형을 달성하기에 유리한 균형환율 수준을 추정하고 이를 달성하기 위한 수단으로 외환시장에 개입하는 경우를 말한다. 다만 균형환율 수준을 잘못 추정하면 경제의 안정을 해치거나 국제수지 불균형을 심화시켜 오히려 국민경제 전반에 부정적 영향을 초래할 수도 있다.

두 번째 목적은 외환시장의 안정이다. 앞서 살펴보았듯이 환율은 국내외 경제 상황 변화 등에 따라 단기간에 급격히 변동하는 특성이 있다. 환율이 급등락할 경우 시장참가자들의 불안심리가 커지면서 환율에 대한 기대가 상승 또는 하락 등 한 방향으로 움직이는 쏠림현상이 심화되면서 환율 변동성을 더욱 확대시킬 수 있다. 환율 변동성 확대는 실물경제[23]를 교란시켜 경제적 손실을 초래함으로써 국민경제 전반에 걸쳐 부정적인 영향을 미치게 된다. 따라서 외환당국은 환율 변동성이 단기간에 과도하게 확대될 경우 외환시장 안정을 위해 환율변동 속도를 조절하는 미세조정을 실시하게 된다. 외환당국은 과거에는 외환시장 개입 규모(시장안정조치 내역)를 비공개하였으나 2018년부터 분기별 개입 규모를 공개하고 있다.

참고 외환시장 개입 규모 공개

외환당국은 과거에는 외환시장의 폭과 깊이, 외환정책의 효과성 등을 감안하여 외환시장 개입 규모(이하 '외환시장 안정조치 내역')를 비공개하였다. 그러나 외환시장 안정조치 내역을 비공개함으로써 특정 정책목표를 위해 인위적으로 원화 가치의 저평가를 유도하고 있다는 불필요한 오해 및 투명성 부족이 꾸준히 제기된 데다 IMF, 미국 정부 등 국제사회[24]에서도 외환시장 안정조치 내역 공개 등 외환정책의 투명성 제고를 지속적으로 요구하였다. 이에 따라 외환당국은 주요국 사례를 참고하여 외환정책의 투명성을 국제적 수준에 부

23 실물경제란 일반적으로 재화(財貨)나 서비스(service)의 생산에 사용되는 공장이나 설비, 기술, 재고자산, 인적자산 등 실물자산과 관련된 분야를 지칭한다.

24 IMF는 2016년 한국과의 연례협의 보고서에서 적절한 시차를 두고 시장안정조치 내역을 공개할 것을 권고했으며 2017년 이사회에서도 관련 내역 공개를 권유하였다.

합하게 제고하되, 시장에 미칠 영향을 감안해 외환시장 안정조치내역의 공개를 단계적으로 추진해 왔다. 주요 내용은 다음과 같다.

① 공개대상은 외환당국(외평기금, 한국은행)이 실시한 외환거래로서, 해당 기간 중 총매수에서 총매도를 차감한 외환순거래내역이다. ② 공개주기는 시장안정조치내역 공개에 따른 외환시장의 적응 기간이 필요한 점을 감안하여 (1단계) 반기별 공개 → (2단계) 1년 후 분기별 공개 등 단계적으로 추진한다. ③ 공개시차는 대상 기간 종료 후 3개월 이내로 한다. ④ 공개방식은 한국은행 홈페이지(www.bok.or.kr)에 게재한다.

또한 외환당국은 외환수요가 일시적으로 급증하면서 환율 변동성이 확대될 가능성이 높다고 판단되는 경우 외환시장 안정을 위해 외환시장에 개입하는데, 이 경우 시장에 미치는 영향이 최소화되도록 외환수요가 큰 시장참가자와 직접 외환거래를 하기도 한다. 예를 들어 국민연금과 같이 대규모 기관투자가가 해외투자에 필요한 외환을 국내 외환시장에서 일시에 조달할 경우 외환의 수급 부담을 가중시켜 환율이 한 방향으로 쏠리거나 환율 변동성이 확대되는 등 외환시장에 부정적 영향을 크게 미칠 수도 있다. 이런 점을 감안하여 한국은행은 2023년 4월 13일 국민연금과 2023년말까지 350억달러 한도로 외환스왑거래(만기 1년)를 실시하기로 합의하였다.

국민연금은 한국은행과의 스왑거래를 통해 해외투자에 필요한 외환을 거래상대방 위험이나 가격위험 없이 안정적으로 확보할 수 있으며 외환당국도 외환시장에서 국민연금의 현물환 매입 수요가 완화됨에 따라 외환시장의 수급안정이라는 정책목표를 달성할 수 있게 된다.

셋째, 외환당국은 교역상대국과의 통상마찰[25]을 피하기 위해 필요하다고 판단되는 경우 외환시장에 개입하기도 한다. 가령 우리의 주요 교역상대국인 미국 정부가 원/달러 환율이 지나치게 높아 자국의 수출기업이 불이익을 겪고 있다면서

25 미국 정부는 상대 국가가 시장개입을 통해 통화가치를 인위적으로 낮게 유도하는 것을 막기 위해 사전에 허용되는 시장개입 규모를 정하고 이를 상회할 경우 환율조작국으로 지정하고 무역보복에 나서고 있다.

우리 정부가 환율을 조작한다고 의심할 경우에는 무역보복을 피하기 위해 외환시장에 개입할 수도 있다.

넷째, 외환당국은 국제금융시장 및 국내 외환시장의 외화유동성 상황 등에 따라 외환보유액의 규모를 늘리거나 줄여야 할 유인이 발생하거나 외환보유액의 수익률 제고 또는 위험분산(diversification) 목적을 위해 외환보유액의 구성항목을 변화시킬 필요성이 있는 경우에도 외환거래를 한다.

11.5.4 외환시장 개입 재원

정부는 외환시장 개입 시 주로 외국환평형기금(Exchange Equalization Fund)을 활용한다. 외국환평형기금(이하 '외평기금')이란 투기적 목적의 외환유출입에 따른 외환시장의 혼란을 방지하고 자국 통화가치의 안정을 위해 정부가 직·간접적으로 외환시장에 개입해서 외환을 매매하기 위해 조성한 기금으로 미국, 영국 등 다른 나라들도 우리와 비슷한 성격의 기금을 보유하고 있다. 기획재정부 장관은 외환시장 안정을 위해 필요하다고 판단되는 경우 외평기금을 사용하여 외환시장에 개입하며 이와 관련하여 한국은행 총재에게 외평기금의 운용과 관리에 관한 사무의 처리를 위탁한다.

외평기금의 재원은 주로 외환시장 안정용 국고채를 발행해서 조성한다. 이때 발행 규모의 경우 매년 국회의 동의를 받아야 하므로 정부가 외환시장 개입 재원을 조달하는 데에는 예산상의 제약이 따르게 된다. 이에 따라 정부는 환율정책 운용과 관련하여 필요한 경우 한국은행의 협조를 요청한다. 한국은행은 현행 법령상으로는 환율정책 관련 권한과 책임을 보유하고 있지는 않으나 정부와의 정책협조 차원에서 외환시장 동향, 통화사정 등을 감안해 필요시 외환시장개입 재원의 일부를 분담하고 있는 것으로 알려졌다. 한국은행의 외환시장개입 재원은 원화는 본원통화를, 외화는 외환보유액을 활용한다.

11.5.5 외환시장개입 메커니즘

중앙은행의 외환시장 개입은 환율 또는 외환보유액의 규모나 구성에 영향을 주기 위해 자국통화를 지급하거나 수취하는 대가로 미 달러화 등 외화자산을 매입하거나 매각하는 행위를 말한다. 중앙은행이 외환시장에 개입할 경우 자산 쪽에서는 순외화자산(외화자산－외화부채)이 변동되고 부채의 경우 본원통화[26]가 변동된다.

이때 중앙은행이 외환시장 개입 과정에서 발생하는 본원통화의 변동분을 그대로 둘지 아니면 공개시장 조작을 통해 본원통화의 변동분을 상쇄(흡수)할지에 따라 태화 외환시장개입과 불태화 외환시장개입으로 각각 구분된다.

① 태화 외환시장개입

태화 외환시장개입이란 중앙은행의 외환시장 개입에 의한 순외화자산의 변동분만큼 본원통화 규모가 늘어나거나 줄어드는 것을 말한다. 중앙은행이 민간부문과의 외환거래를 모두 자국통화로 지급하거나 수취한다면 중앙은행의 외환시장 개입에 따른 순외화자산의 변동은 같은 규모만큼 자국통화인 본원통화가 변동하게 된다. 이러한 태화 외환시장개입은 외화자산을 이용하여 통화량을 조절하는 것과 같은 효과가 있기 때문에 통화정책의 하나로 간주된다. 예를 들어 중앙은행이 외환시장에서 미 달러화를 1억달러 매입하면 중앙은행의 순외화자산(NFA)이 1억달러 증가하게 되며 이때 달러 매입대가로 원화를 1,000억원(원/달러 환율은 1,000원으로 가정) 지급하게 되면 본원통화가 1,000억원 증가하게 된다. 이처럼 중앙은행의 외환시장개입은 외환매입 규모만큼 본원통화 규모를 증가시키게 된다.

26 통화는 일차적으로 중앙은행 창구를 통해 공급되는데, 이를 통화량의 원천이 되는 통화라 하여 본원통화(RB, Reserve Base)라고 한다. 본원통화는 민간이 보유한 현금과 금융기관의 지급준비금의 합계로, 이는 중앙은행 대차대조표상 화폐발행액과 금융기관의 지급준비예치금의 합계와 같다.

② 불태화 외환시장 개입

불태화 외환시장개입이란 외환시장 개입으로 초래되는 본원통화의 변동을 중앙은행이 공개시장조작 등을 통해 부분적으로 또는 완전히 상쇄(흡수)하는 것을 말한다. 공개시장조작(open market operation)이란 중앙은행이 공개시장(open market)에서 금융기관과의 유가증권 거래를 통해 이들의 자금사정을 변화시킴으로써 통화량과 금리를 조절하는 것을 말한다. 예를 들어 중앙은행이 외환시장에서 외환을 매입하는 대가로 원화를 지급한다면 본원통화가 증가하게 된다. 이에 대응하여 중앙은행이 공개시장 조작을 통하여 통화안정증권(이하 '통안증권')[27] 등 원화표시채권을 매각하고 이에 대한 대가로 원화를 수취하거나 국내 여신을 감소시킨다면 본원통화의 증가를 부분적으로 또는 완전히 상쇄시킬 수 있다. 이러한 불태화 외환시장개입은 외환시장개입시 통화량 변동으로 인한 부작용, 즉 통화량 증가로 인한 인플레이션이나 통화량 감소로 인해 실물경제가 위축되는 부작용을 최소화하기 위해 사용된다.

한편 완전불태화 외환시장 개입이란 중앙은행이 외환을 매입하면 순외화자산의 증가가 국내 자산 감소에 의해 완전히 상쇄되어 본원통화의 변동을 전혀 초래하지 않는 것을 말한다. 반대로 중앙은행이 외환을 매각할 경우에는 외환매각 규모만큼 국내 자산을 매입하는 방식을 통해 본원통화가 줄어들지 않도록 한다. 예를 들어 한국은행이 외환시장에서 미 달러화를 1억달러 매입하면 다른 조건이 일정하다면 한국은행의 순외화자산(NFA)이 1억달러 증가한다. 이때 한국은행이 외환의 매입 대가로 1,000억원(원/달러 환율은 1,000원으로 가정)을 지급하게 되면 시중에 본원통화가 1,000억원 늘어나게 된다. 이때 한국은행이 증가한 순외화자산 규모(1,000억원)만큼 보유 중인 원화표시채권인 통화안정증권을 매도(1,000억원)하면 시중에 풀린 본원통화가 1,000억원만큼 한국은행으로 환수된다. 따라서 한국은행의 외환시장 개입으로 순외화자산이 1억달러 늘어났지만 보유 중인 원화표시채권을 동일 규모(1,000억원)만큼 매각하여 이를 환수하였기 때문에 총자산

27 통화안정증권(monetary stabilization bond)이란 중앙은행인 한국은행이 시중에 풀린 유동성을 흡수하기 위해 금융기관과 일반인을 대상으로 발행하는 증권으로 줄여서 통안증권이라 불린다.

의 변동은 없다. 또한 한국은행이 외환의 매입 대가로 늘어난 본원통화 변동분을 보유 중인 채권(통화안정증권)을 본원통화 변동분만큼 매각해서 다시 흡수했으므로 본원통화(부채) 규모도 변동하지 않는다.

참고 한국은행의 공개시장운영

공개시장운영(Open Market Operation)이란 중앙은행이 금융기관을 상대로 유가증권 등을 거래하여 시중의 유동성이나 시장금리 수준에 영향을 미치는 통화정책 수단으로 콜금리가 기준금리 수준에서 크게 벗어나지 않도록 관리하는 주요 통화정책수단이다.

한국은행은 공개시장운영을 통해 금융기관의 지급준비금(이하 '지준') 규모를 변동시킴으로써 콜금리가 기준금리에서 크게 벗어나지 않도록 조정한다. 법률에 의해 지준예치의무가 있는 금융기관은 지준 적립대상 채무에 대해서 필요지급준비금(이하 '필요지준')만큼을 한국은행에 예치하여야 하며 지준의 과부족이 발생할 경우 주로 콜시장을 통해 자금을 조달하거나 운용한다. 즉 금융기관은 보유하고 있는 지준이 필요지준에 미치지 못할 경우에는 콜머니(초단기 차입)를 통해 부족한 지준을 조달하고 보유지준이 필요지준을 초과할 경우에는 콜론(초단기 대출)으로 잉여 지준을 운용한다.

한편 금융기관 전체의 지준 부족으로 콜머니가 증가하고 콜금리 상승압력이 증대될 경우 한국은행은 RP[28] 매입 등을 통해 유동성을 공급하여 콜금리의 상승을 제한하며, 반대로 지준 잉여로 콜론이 증가하고 콜금리 하락 압력이 증대될 경우는 RP 매각, 통화안정증권 발행 등을 통해 유동성을 흡수하여 콜금리의 하락을 제한하게 된다.

한국은행의 공개시장운영을 통한 유동성 조절

		유동성 조절 방법
기조적 유동성 조절	흡수	장기물 통화안정증권 발행, 증권 매각
	공급	잔존만기가 장기인 통화안정증권 중도환매, 증권 매입
일시적 유동성 조절	흡수	RP 매각, 통화안정계정 예치, 단기물 통화안정증권 발행
	공급	RP 매입, 잔존만기가 단기인 통화안정증권 중도 환매

자료: 한국은행

28 RP(Repurchase Agreements, 환매조건부 매매)란 유가증권을 매수(또는 매도)하고 일정 기간 후에 사전에 정해진 가격으로 다시 매도(또는 매수)하는 거래로 법적으로는 유가증권의 매매거래로 분류하지만 거래의 실질은 담보부 소비대차거래의 성격을 갖고 있다.

11.5.6 외환시장 개입 효과

외환시장 개입 효과에 대해서는 대체로 과도한 시장개입은 긍정적 효과보다 부작용이 더 크다는 점을 이유로 한계가 있다고 보는 시각이 많아 보인다. 외환시장개입 효과는 태화 외환시장개입과 불태화 외환시장개입의 경우가 각각 다르다. 태화 외환시장개입은 통화량 변동이 환율에 미치는 영향 때문에 시장개입에 따른 환율변동 효과가 크게 나타나게 된다. 반면 불태화 외환시장개입은 통화량의 변동(증감)이 없으므로 외환시장 개입이 국내 통화량 변동을 통하여 환율에 미치는 경로가 제약을 받게 된다. 따라서 외환당국의 시장개입이 환율에 영향을 미칠 수 있는지에 대한 반론도 있지만 불태화 외환시장개입 옹호론자들은 포트폴리오 밸런스효과(portfolio balance effect)나 신호효과(signaling effect) 등으로 인해 단기적으로는 환율 변동에 효과가 있다고 주장한다.

참고 외환시장 개입 효과[29]

1. 포트폴리오 밸런스 효과

포트폴리오 밸런스 접근법에 의하면 환율은 해외자산의 순공급에 의해 결정되며 외환시장개입은 국내 자산과 해외자산이 서로 불완전대체재인 경우 환율변동에 영향을 미친다고 주장한다. 동 이론에 따르면 투자자들은 자산의 기대수익 및 수익의 분산(risk)을 고려해 최적 포트폴리오를 구성하고자 하며 선호도가 낮은 자산을 선택할 경우 이에 대한 대가로 리스크 프리미엄(risk premium)을 요구한다. 이는 한국은행이 원화를 대가로 미 달러화를 매입하는 경우 시장에 원화공급이 늘어나면서 원화에 대한 리스크 프리미엄을 증가시켜 환율이 상승하게 된다는 의미이다.

2. 신호효과

신호효과란 중앙은행이 시장개입을 통해 시장참가자들에게 향후 통화정책에 관한 정보를 일관되게 전달하면 환율 변동에 영향을 미칠 수 있다는 것을 의미한다. 그러나 신호효

29 한국의 외환제도와 외환시장(2016, 한국은행)

과가 환율에 영향을 미치기 위해서는 중앙은행이 시장참가자들이 모르는 정보를 가지고 있다고 기대되어야 하며 또한 시장참가자들이 중앙은행의 향후 통화정책이 일관된 방식으로 이루어질 것이라는 신뢰를 갖고 있어야 한다.

① 외환시장 개입의 긍정적 효과

외환시장 개입의 첫 번째 긍정적 효과는 수출기업의 가격경쟁력 확보를 통해 수출, 고용 및 경제성장에 기여할 수 있다는 점이다. 가령 원/달러 환율이 상승하여 원화가 약세가 되면 수출제품의 미 달러화 환산금액(수출시장은 미국으로 가정)이 저렴해짐에 따라 수출제품의 가격경쟁력이 높아지게 되며 반대로 환율이 하락하여 원화가 강세가 되면 수출제품의 달러 환산금액이 비싸지게 되므로 가격경쟁력이 저하된다.

외환시장개입의 두 번째 긍정적 효과는 환율 변동성을 축소시켜 외환 및 금융시장 안정에 기여한다는 점이다. 환율 변동성이 확대될 경우 외환거래의 기대수익을 높임으로써 외환시장의 거래 규모를 증가시키고 경제의 대외충격 흡수능력을 제고하는 등의 긍정적인 측면도 있지만 환율 변동성이 과도한 수준으로 확대되면 다음과 같은 부작용이 발생하게 된다.

i) 첫째, 환율 변동성 확대는 수출 감소, 투자 위축 등 실물경제에 부정적 영향을 초래한다. 이는 환율 변동성이 커지면 수익 및 비용 관련 불확실성이 커지기 때문으로 보인다.

ii) 둘째, 환율 변동성이 확대되면 인플레이션 관련 불확실성을 증가시켜 기대인플레이션을 상승시키는 효과가 있기 때문에 물가상승 압력도 커진다.

iii) 셋째, 환율 변동성 확대는 시장참가자들의 불안심리를 악화시키고 국제금융시장에 우리 경제 상황에 대해 잘못된 신호를 보냄으로써 국가신인도와 기업의 신용등급에도 부정적 영향을 미친다.

iv) 넷째, IMF와 학계에서는 환율 변동성 확대는 외환시장압력(EMP, exchange market pressure)을 증대시켜 외환위기를 초래할 수 있다는 연구결과를 발표하였다. 외환시장 압력이란 외환의 초과수요 또는 초과공급이 존재할 경우 자국 통화의 가치에 가해지는 하락 또는 상승 압력의 정도를 말하는데 중앙은행은 필요시 외환시장압력지수를 측정하여 외환시장개입 의사결정 등에 활용하는 것으로 알려졌다. 급격한 환율 상승이나 대규모 자본유출 등으로 외환시장 압력이 급등할 경우 우리 경제의 실물 및 금융부문 모두에 심각한 영향을 미칠 수 있다. 예를 들어 환율 급등은 원자재 등 수입가격 상승을 통해 인플레이션 악화로 이어질 수 있다. 특히 환율 급등세가 지속될 경우 외채 상환 부담을 가중시키고 국제금융시장에서 우리 경제의 펀더멘털에 대한 우려가 확산되면서 외국인투자자금이 급격히 유출되는 Sudden Stop 현상이 나타날 수도 있다.

참고 외환시장압력지수

IMF(2007)*는 외환시장압력을 분기별 실제 환율절상(절하)률과 외환보유액 증감의 합으로 정의하고 외환시장압력지수(EMPI, exchange market pressure index)는 환율절상(절하)률과 외환보유액 증감의 각 항목을 표준편차로 나누어 한 항목이 전체 지수를 좌우하지 않도록 표준화하는 방식을 통해 산출한다. IMF는 연간기준 EMPI가 대상 기간 중의 평균치에 비해 표준편차 이상으로 크게 상승 또는 하락한 경우 외환부문의 압력이 크게 높아진 것으로 평가한다. 다만, 임계치는 별도로 제시하지 않았다.

*World Economic Outlook, Chapter Ⅲ. Managing Large Capital Inflows(p.105~134)

$$EMPI = \frac{1}{\sigma_{\Delta\%er}}\Delta\%er + \frac{1}{\sigma_{\Delta res}}\Delta res$$

외환시장 개입의 세 번째 긍정적 효과로는 외환보유액 확충에 따른 대외지급능력의 개선을 들 수 있다. 다만 외환보유액이 확충되는 경우는 외환을 매입하는 경우이며 반대로 국내 외화유동성 부족으로 중앙은행이 보유 중인 외환을 매도하는 시장개입의 경우에는 외환보유액이 감소하게 된다. 특히 금융위기 발생 시 국내에 외화유동성을 공급하는 과정에서 외환보유액이 크게 감소하는 경우에는 IMF 등 국제기구나 국제금융시장 및 글로벌 투자자들에게 우리 정부의 위기대처

능력이 충분하지 못하다는 잘못된 신호(signal)를 보낼 수도 있다는 점에 유의해야 한다.

② 외환시장 개입의 부정적 효과

이번에는 외환시장 개입의 부정적 효과를 살펴보자. 첫째, 환율을 특정 수준에서 유지하기 위해 지속적으로 외환(달러)을 매입하는 시장개입을 할 경우 막대한 원화자금이 소요된다. 반대로 외환(달러)을 매도하는 시장개입을 할 경우에는 외환보유액이 대규모로 감소하게 되어 대외신인도 저하로 이어질 수 있다. 특히 환율 변동성(급등)을 완화하기 위한 외환의 매도개입으로 외환보유액이 급감하게 될 경우 대외신인도 하락이 우려되고 이로 인해 **환율 변동성이 확대되는 악순환(환율급등 → 미 달러화 매도개입 → 외환보유액 감소 → 대외신인도 하락 우려 → 환율급등)**이 반복될 가능성이 있다.

둘째, 환율하락 및 환차익을 겨냥한 국제투기자본의 유입이 확대될 가능성이 크고 향후 대외충격 발생 시 국내 유입되었던 외환이 일시에 대량으로 유출(sudden stop)될 경우 금융·외환위기로 이어질 수도 있다. 또한 시장개입 확대로 인해 외환당국의 시장개입 여력이 약화될 것이라는 인식이 국제금융시장에 확산될 경우 국제환투기세력의 자금유입이 더욱 확대되면서 외환부문의 잠재리스크로 작용할 가능성도 있다.

셋째, 우리 정부의 환율정책에 대해 IMF, 국제신용평가사(S&P, Moody's, Fitch 등)들이 부정적으로 평가할 수도 있으며 교역상대국의 무역보복을 초래할 수도 있다.

③ 국내외 주요 외환시장 개입 효과 평가

우리나라와 일본의 외환시장 개입 사례를 보면 외환당국이 특정 환율 수준 방어를 위해 외환시장에 개입해서 인위적으로 환율을 억제하는 것은 장기적으로 볼 때 큰 효과를 거두지는 못한 것으로 보인다.

이런 점들을 고려하여 외환당국은 환율의 시장결정 메커니즘을 존중하면서 외환시장을 운용하고 있다. 환율의 가격기능 활성화는 대외충격의 일부를 환율로 흡수할 수 있게 할 뿐만 아니라, 환율이 시장 상황에 맞추어 움직이게 되어 국제 환투기자본의 유출입을 억제하는 데에도 기여하는 장점이 있다.

다만 외환시장에 일방적 기대나 쏠림현상이 나타날 경우에는 시장안정화 차원에서 미세조정을 실시하고 있다.

참고 2022년 중 외환당국의 외환시장 개입 사례

외환당국은 2018년부터 외환순거래 내역(외환시장개입 내역)을 공표하고 있다. 외환순거래 내역이란 외환당국이 매분기중 실시한 외환의 총매수에서 총매도를 차감한 것으로 사실상 외환시장개입 규모를 의미한다. 원/달러 환율이 급락(원화가치 급등)하면 시중에 미 달리 공급이 수요를 상회하는 상황이므로 중앙은행은 환율급락세 완화를 위해 달러를 매입하는 시장개입을 실시한다.

반대로 환율이 급등(원화가치 급락)하면 시중에 달러 수요가 공급을 상회하는 상황이므로 중앙은행은 달러 공급을 늘리기 위해 달러를 매도하는 시장개입을 한다. 예를 들어 환율이 급락한 2020년 4분기의 경우 외환시장 개입규모는 +115억달러였는데, 이는 한국은행이 원화가치 절하 속도를 완화하기 위해 원화를 대가로 115억달러를 외환시장에서 매입했다는 의미이다.

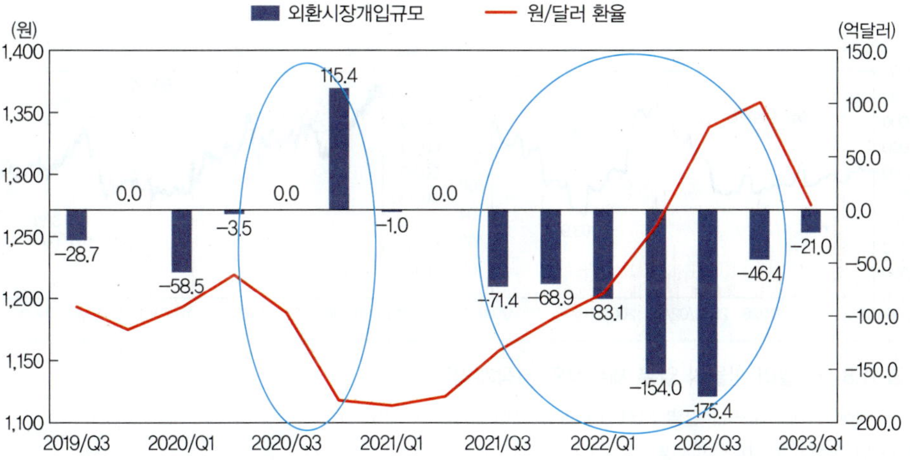

자료: 한국은행(ECOS)

● 일본의 외환시장 개입 사례

일본 정부도 엔화 강세를 저지하기 위해 2003~2004년간 GDP의 약 3~4.2%, 2011년에는 GDP의 2.8%를 외환시장개입에 투입하였으나 이러한 대규모 시장개입에도 불구하고 당시 엔화 강세라는 기조적 흐름을 바꾸는 데에는 성공적이지 못했던 것으로 보인다.

또한 2016년 들어서는 엔/달러 환율이 하락세를 지속하자 당시 재무상인 아소 다로(麻生太郎)가 엔고(엔화 강세) 저지를 위해 필요한 시기에 확실하게 대응할 방침임을 시장에 표명하는 등 직접적인 시장개입보다는 구두 개입을 실시하였다. 이는 외환시장에 직접 개입할 경우 미국의 무역보복이 우려되는 데다 현실적으로도 외환시장 개입에는 한계가 있기 때문이었다. 즉, 당시 미국의 외환시장 개입 허용 기준[30]인 GDP 2% rule을 적용 시 일본 정부의 시장개입 가능 규모는 941

표 11.2 일본 재무성의 외환시장개입 규모*

(100억엔, %)

	2000	2001	2002	2003	2004	2010	2011
외환시장개입	317	321	402	2,043	1,483	212	1,430
(GDP 대비 비중)	(0.7)	(0.7)	(0.8)	(4.2)	(3.0)	(0.4)	(2.8)

주: * 엔화 매도 개입기준, GDP는 실질 기준
자료: 일본 재무성

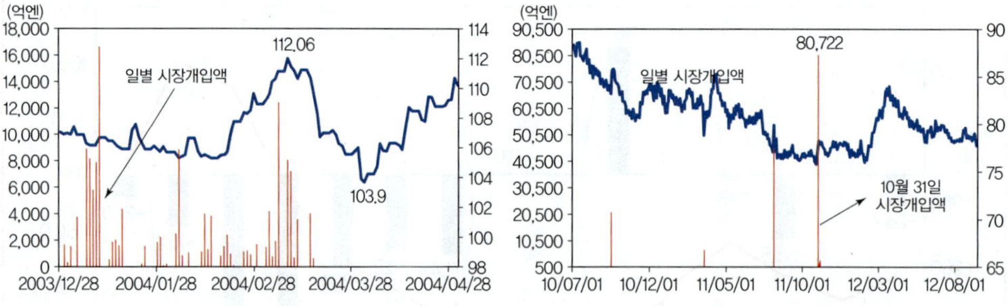

그림 11.8 엔/달러 환율과 일본 재무성의 시장개입*

주: * 적색 막대그래프는 일별 외환시장개입(달러 매입, 엔 매도 기준)
자료: 일본 재무성, Bloomberg

30 미 재무부의 외환시장 개입 허용 기준은 2015년 개정되었다.

억달러(2015년도 일본 GDP 4조 7,060억달러(OECD 기준) × 2%) 정도에 불과해 글로벌 외환시장의 엔/달러 거래량[31]에 비추어 볼 때 엔/달러 환율에 영향을 미치기에는 매우 적은 수준이기 때문이다.

참고 일본의 외환시장 구두 개입과 미국 정부의 대응

일본 정부는 엔/달러 환율이 하락세를 지속하면서 2016년 5월 3일 106.4엔까지 하락하자 당시 재무상인 아소다로(麻生太郎)가 엔고 저지를 위해 필요한 시기에 확실하게 대응할 방침임을 시장에 수차례 표명하는 등 사실상의 구두 개입에 나섰다.

엔화가 110엔대 아래로 하락하면서 일본의 외환시장개입 가능성이 제기되자 제이콥 루(Jacob Joseph "Jack" Lew) 미 재무장관은 현재의 외환시장 움직임이 질서 있다(orderly)라고 하는 등 일본 정부의 외환시장개입 움직임을 견제하였다.

미 재무부는 일본 등 주요 교역국들을 대미 무역수지(+150억달러), 경상수지(GDP 대비 +3%), 외환시장개입(GDP 대비 +2%) 등 3가지 기준으로 평가하고 이 중 2가지 기준을 초과하는 국가를 심층분석대상국으로 지정하였다. 당시 일본은 미 재무부의 분류기준 중 대미 무역수지(+686억 달러) 및 경상수지(+3.3%)의 2가지 기준을 초과하여 심층분석 대상국으로 이미 지정된 상황이라 직접적인 시장개입은 미국의 무역 보복조치를 초래할 수 있었다.

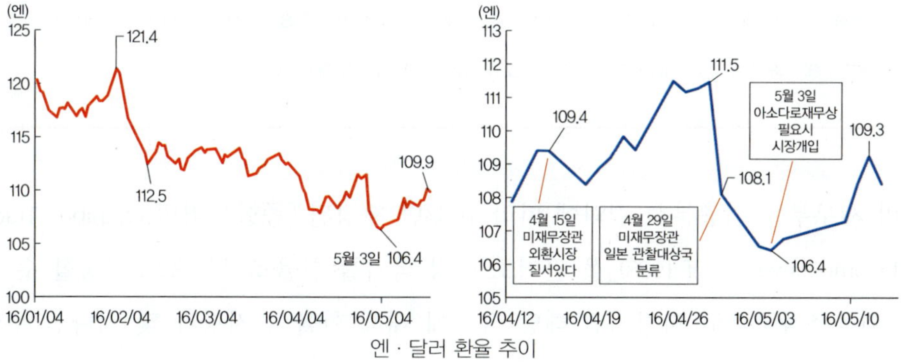

엔 · 달러 환율 추이

자료: 한국은행(ECOS)

31 BIS의 세계 외환시장 조사 결과에 따르면 2013년 4월 일평균 엔/달러 거래 규모는 9,780억달러 수준이었다.

④ 미국 재무부의 환율조작국 지정

미 재무부는 무역촉진법(2015)에 따라 자국과 교역 규모가 큰 상위 20개 국가의 거시정책 및 환율정책을 평가하고 일정 기준에 해당할 경우 관찰대상국 또는 심층분석국으로 지정하고 있다. 구체적 요건으로는 ① 대미 무역흑자(trade surplus) 150억달러 이상, ② 경상수지 흑자가 국내총생산(GDP) 대비 3% 이상, ③ 미 달러화 순매수 규모가 GDP 대비 2% 이상이며, 12개월 중 8개월 이상 시장개입 등 3가지이다. 이상 3가지 요건을 모두 충족하면 심층분석국으로 분류하며, 2개를 충족하거나 대미 무역흑자 규모와 비중이 과다한 경우 관찰대상국(currency watch list)으로 분류하고 '심층분석(enhanced analysis)'을 실시하게 된다.

참고 재무부의 관찰대상국 또는 심층분석국 지정 기준[32]

(1) A significant bilateral trade surplus with the United States is a goods and services trade surplus that is at least $15 billion.

(2) A material current account surplus is one that is at least 3% of GDP, or a surplus for which Treasury estimates there is a material current account "gap" using Treasury's Global Exchange Rate Assessment Framework (GERAF).

(3) Persistent, one-sided intervention occurs when net purchases of foreign currency are conducted repeatedly, in at least 8 out of 12 months, and these net purchases total at least 2% of an economy's GDP over a 12-month period.

미 재무부는 심층분석 결과에 따라 1988년 제정된 「종합무역법(Omnibus Trade and Competitive Act of 1988)」을 근거로 해당 국가를 환율조작국으로 지정할 수 있다. 환율조작국으로 지정되면 해당 국가에 대해 환율의 저평가 및 지나친 무역흑자 시정을 요구하고 이후 1년이 지나도 개선되지 않을 경우 해당국에 대한 미국 기업의 투자 제한, 해당국 기업의 미 연방정부 조달계약 체결 제한, 국제통화

32 U.S. DEPARTMENT OF THE TREASURY. (2023)

기금(IMF)에 추가적인 감시 요청 등의 구체적인 제재 조치를 취하게 된다. 한편 미 재무부는 2016년 4월 우리나라를 관찰대상국으로 지정하였으나 7년여만인 2023년 11월 7일 관찰대상국에서 제외하였다.[33]

요 약

1. 외환당국은 국제금융시장 동향을 모니터링하는 한편 우리 경제의 펀더멘털을 반영한 균형환율 수준을 추정하고 환율이 가급적 동 범위 내에서 유지되도록 외환시장개입 등을 포함한 여러 조치들을 취하고 있는데 이런 일련의 활동들을 환율정책이라 한다.
2. 정부의 환율정책 목표는 가격기능 활성화를 통해 환율이 원칙적으로 우리 경제의 펀더멘털, 외환시장의 수급 및 국제금융시장 흐름 등을 반영하여 시장에서 자율적으로 결정되도록 하는 것이다. 다만 지나친 쏠림현상 등으로 환율이 단기간에 급격히 변동하는 경우 외환당국은 이를 완화하기 위해 제한적인 미세조정(smoothing operation)을 실시한다.
3. 외환시장 개입(시장안정화 조치)이란 외환당국이 정책목표 달성, 외환시장 안정, 외환거래 활성화 또는 국내외 외화유동성 상황 등에 따른 외환보유액의 조정 필요성 등의 정책목표를 달성하기 위해 민간부문의 외환거래에 인위적으로 개입하는 행위로서 외환시장에서 자국통화를 대가로 외화자산을 매입하거나 매도하는 것을 말한다.
4. 태화 외환시장개입(non-sterilized intervention)이란 중앙은행의 외환시장개입에 의한 순외화자산의 변동분만큼 본원통화 규모가 변동하는 것을 말하며 불태화외환시장개입(sterilized intervention)이란 외환시장개입으로 초래되는 본원통화의 변동을 중앙은행이 공개시장조작 등을 통하여 부분적으로 또는 완전히 상쇄하는 것을 말한다.

33 Korea and Switzerland have been removed from the Monitoring List in this Report, having met only one out of three criteria for two consecutive Reports. (U.S. DEPARTMENT OF THE TREASURY, 2023)

연습문제

1. 환율정책의 정의와 목표는 무엇이며 환율정책의 목표는 어떻게 변화해 왔는지 각각 설명하라.

2. 외환시장개입의 정의, 외환시장개입의 목적 및 종류, 외환시장개입의 긍정적 효과와 부정적 효과에 대해 각각 설명하라.

3. 태화 외환시장개입과 불태화 외환시장개입의 정의와 외환시장 및 물가에 미치는 영향에 대해 각각 설명하라.

4. 한국은행의 스왑시장 참여를 통한 유동성 공급 방법과 스왑시장 참여 배경에 대해 설명하라.

5. 한국은행과 국민연금은 2023년 외환스왑거래를 실시하기로 합의하였다. 한국은행과 국민연금이 외환스왑 거래를 실시하기로 한 목적은 무엇이며 동 스왑거래의 문제점은 무엇인지 각각 설명하라.

6. 엔–캐리트레이드란 무엇이며 엔–캐리 자금이 국내에 대규모 유입될 경우 금융 및 외환시장에 미치는 영향에 대해 설명하라.

12장

외환보유액

학습목표

1. 외환보유액의 정의, 필요성 및 역할 등에 대해 알아본다.
2. 우리나라 외환보유액의 규모, 구성내역 등에 대해 알아본다.
3. 외환보유액의 구체적 활용 사례를 살펴본다.
4. 적정 외환보유액이란 무엇이며 학계 등에서 제시한 주요 적정 외환보유액 추정 모형을 살펴본다.

12.1 외환보유액의 정의

IMF(국제통화기금)는 외환보유액(international reserves)을 교환성이 있고 유동성과 시장성이 높은 자산으로서 국제수지 불균형의 직접적인 보전이나 환율에 영향을 미치는 외환시장 개입을 통한 간접적인 국제수지 불균형 조절 등의 목적으로 통화당국에 의해 즉시 사용이 가능하고 통제되는 '대외지급준비자산'으로 정의하고 있다. 이때 대외지급준비자산이란 비거주자에 대한 청구권(claims to non-residents)으로 필요시 즉각 활용이 가능해야 하므로 유동성과 시장성을 갖춘 자산으로써 일반적으로 신용등급이 적격투자등급(investment grade) 이상인 자산을 의미한다.

한국은행도 IMF와 비슷하게 외환보유액을 중앙은행이나 정부가 국제수지 불균형을 보전하거나 외환시장 안정을 위해 언제든지 사용할 수 있도록 보유하고 있는 대외지급준비자산으로 정의하고 있다.

12.2 외환보유액의 역할

외환보유액은 금융·외환위기 등 국가 비상시에 정부가 사용할 수 있는 외화표시 최종 비상금(lender of last resort)으로 환율을 안정시키고 국가신인도를 높임으로써 위기를 예방하는 등 다양하고 중요한 역할을 한다.

IMF[1]는 외환보유액의 보유 목적(역할)으로 다음의 6가지 항목을 제시하고 있다. i) 통화정책 및 환율정책 수행의 신뢰도 제고, ii) 금융·외환위기 대응능력 확충을 통한 외부취약성 제한(limit external vulnerability), iii) 한 국가의 현재와 미래의 외채상환 능력에 대한 시장의 신뢰 구축, iv) 자국통화가치(domestic currency)의 유지 및 관리, v) 정부의 외환 소요 및 외채상환 지원, vi) 국가적 재난 또는 긴급상황 발생 시 사용할 목적의 외화표시 비상금.

참고 금융위기의 본질과 정책 대응

1. 금융위기의 정의

금융위기는 일반적으로 "금융기관의 채무불이행 가능성 등에 기인한 금융불안이 지속되면서 금융시장의 자금중개기능이 약화되고 금융시스템의 붕괴가능성이 높아짐에 따라 실물경제에 커다란 부정적 효과가 파급되는 상황"으로 정의할 수 있다.

거시적 관점에서 케인지 학파는 금융위기가 "경기상승기에 형성된 자산가격의 버블(bubble)이 경기수축기에 급격히 붕괴되는 과정"이라고 정의하여 금융위기와 경기변동과의 관계를 중요시하였다. 반면 통화론자는 금융위기는 "결제수단으로서의 화폐 수요가 크게 증가하면서 은행 대출이 감소하고, 통화량이 급격하게 줄어드는 현상"으로 정의하였다. 미시적 관점에서는 금융위기를 다수 은행에서 예금인출 요구가 갑자기 쇄도(bank-run)하여 은행의 자금 지급 능력이 부족해짐에 따라 중앙은행 등이 유동성(자금)을 공급할 필요가 있는 상황으로 정의하고 있다.

2. 금융위기의 본질(anatomy of a typical crisis)[2]

미국의 경제학자인 민스키(Minsky) 교수는 경기순환과 함께 변동하는 신용공급의 확대 및 축소가 금융의 취약성을 초래하고 금융위기의 가능성을 증대시킨다고 주장하였다. 민스키 모델에서 금융위기는 다음의 과정을 거쳐 진행된다.

1 Revised Guidelines for Foreign Exchange Reserve Management (IMF, 2014) 참조.

2 Kindleberger와 Aliber의 "Manias, Panics, and Crashes – A History of Financial Crises" (2005) 중 금융위기의 본질(anatomy of a typical crisis)과 정책대응(policy reponses) 참조.

① 외부충격*으로 수익 창출 또는 수익 증대 기회가 확대

* 1920년대 미국의 전력 및 전화 보급 증대, 1980년대 일본의 금융 자유화, 1980년대 노르딕 3개국의 금융 자유화, 1990년대 미국의 IT산업 발달 등에 따른 급격한 생산성 증가 등

② 투자수요 증가에 따른 신용공급 확대

* 선행 투자를 쫓아 대규모 투자가 이어지고(follow-the-leader), 거래 규모가 증가하면서 자산가격이 상승

③ 이후 자산 매수세가 점차 감소하면서 자산가격 하락이 시작

④ 시장참가자들의 신뢰 상실(loss of confidence)에 따른 금융불안(financial distress)*으로 자산가격이 폭락하고 기업 및 금융기관이 파산하면서 금융위기가 발생

* 1987년 미국의 주가 폭락, 1990년대 일본의 장기 불황, 1998년 LTCM 파산, 2001년 아르헨티나 채무불이행 등

한편 민스키 교수는 금융위기와 관련하여 금융 불안정 가설(Financial Instability Hypothesis)을 주장하였는데 주요 내용은 다음과 같다. 금융시장은 일반 재화 시장과 달리 불안정성을 내포하고 있으며, 금융시장에서 활동하는 경제주체들의 행동은 비합리적인 심리와 기대에 영향을 받기 때문에 자산가격의 거품(bubble)과 붕괴를 주기적으로 겪게 된다는 것이다.

또한 투자자들은 금융시장의 호황기에는 호황이 계속 지속될 거라는 믿음에 따라 투자와 관련된 리스크를 낮게 평가하고 과도한 대출을 받아 고위험 상품에 투자한다. 이에 따라 금융시장에서 자산가격이 크게 상승하면서 시장이 과열된다. 그러나 투자가 과열되고 실물경제와의 괴리가 커지면서 투자자들이 기대만큼의 수익을 얻지 못하게 되면 은행에서 대출을 받아 무리한 투자를 한 투자자들은 부채 상환에 어려움을 겪게 되고, 이 때문에 시장에 불안심리가 급속히 커지게 된다. 결국 투자자들은 자신이 보유한 자산을 처분해서 부채를 상환할 수밖에 없는데 이에 따라 자산가격이 급속하게 하락하면서 금융위기를 초래하게 된다는 것이다.

민스키 교수는 역사적으로 볼 때 한 나라에서 발생한 금융위기는 재정거래 → 소득변화 → 자본흐름 → 심리적 연계 경로를 통해 다른 나라로 파급되었다고 주장하였다.

① 재정거래(arbitrage): 동일한 자산의 가격이 지역 또는 국가마다 다를 경우 이를 이용한 재정거래가 발생하게 되므로 다른 국가에도 동일한 가격변화가 발생한다.

② 소득변화: 금융위기의 영향으로 한 나라의 국민소득이 감소할 경우 수입상대국의 수출을 감소시켜 수입상대국의 국민소득 또한 감소하게 된다.

③ 자본흐름(통화가치): 외국인투자자금의 유출입이 환율에 영향을 미치면서 금융위기가 다른 나라로 전염된다(contagion effect).

④ 심리적인 연계(psychological connections): 금융위기가 위에서 거론된 재정거래, 소득변화 및 자본흐름 등으로는 설명될 수 없는 심리적 요인에 의해 빠른 속도와 규모로 주변 국가들로 확산된다.

이제 외환보유액의 주요 역할들을 하나씩 살펴보자. i) 외환보유액은 국제금융불안, 국내외 경제상황 악화 등으로 금융기관, 기업 등 민간부문에서 외환을 조달하지 못해 수입대금 결제 등 대외결제가 어려워질 경우 또는 국내 유입된 외국인투자자금이 급격히 유출되는 Sudden Stop이 발생하면서 국내 외화유동성 부족이 심각해질 경우 정부가 외환을 공급할 수 있게 만드는 외화표시 비상금(재원)의 역할을 한다.

실제로 외환당국은 국내 외화유동성이 부족해서 금융불안이 심화되면 외환보유액을 재원으로 주로 은행을 통해 기업 등 민간부문에 외화유동성을 공급한다. 2008년에 실시한 경쟁입찰방식 스왑거래 등이 대표적인 사례이다. 당시 외환당국은 리먼사태에 따른 글로벌 신용시장 경색으로 해외로부터의 외화자금 조달에 어려움을 겪고 있는 국내 은행들을 대상으로 2008년 10~12월 중 총 102.7억달러를 공급한 바 있다.

둘째, 외환보유액은 외환시장에서 국제금융 불안 등으로 환율 변동성이 일시적으로 크게 확대되는 상황이 지속될 경우 외환시장 안정을 위한 재원으로 사용된다. 예를 들어 2023년 3월에는 미국의 SVB 사태, 미 연준의 금리인상 속도에 대한 기대 변화[3], 러시아-우크라이나 간 전쟁, 글로벌 경기둔화 우려 등으로 전

3 소비자물가지수, 고용지표 등 미국의 주요 지표발표 내용에 따라 미 연준의 정책금리 인상에 대한 기대가 변화(금리인상 지속, 금리동결 등)하면서 글로벌 금융시장이 크게 반응하였다.

세계적으로 미 달러화 수요가 급증하면서 국내에서도 원/달러 환율이 급등하고 환율 변동성도 크게 확대되었다.

참고 SVB는 미국 국채에 대한 과도한 투자가 파산의 요인이 되었다

SVB(Silicon Valley Bank)는 자산규모가 2022년말 기준 2,090억달러로 미국 내 16위 규모의 대형 은행이었다. SVB는 코로나19 이후 바이오 및 첨단기술기업들의 거액 예금을 바탕으로 자산규모가 급증하였다. 2020년 3월말 기준 620억달러 규모였던 예금수신 규모가 2022년말에는 1,754억달러로 급성장하였는데, SVB는 코로나19 대응을 위한 초저금리 환경하에서 수익성 제고를 위해 조달자금을 상대적으로 금리가 높은 미국의 장기국채에 대규모로 투자하였다.

그러나 미 연준이 코로나19 이후 급격한 인플레이션에 대응하기 위해 기준금리를 빠르게 인상함에 따라 SVB는 거액의 미 국채 평가손실에 직면하게 되었다. 이에 따라 시장에서 SVB의 재무건전성 악화 우려가 커짐에 따라 예금주들의 예금인출 요구가 급증하면서 SVB는 뱅크런 사태를 극복하지 못하고 결국 파산절차에 돌입(2022.3.10.)하였다. SVB가 파산하게 된 주요 요인은 자금조달 측면에서 소수의 벤처기술기업에 대한 거액 예금 의존도가 높아 뱅크런에 취약했으며, 자금운용 측면에서도 지나치게 높은 미 국채에 대한 집중도로 인해 위험분산이 제대로 이루어지지 않아 미 연준의 금리가 지속적으로 인상됨에 따라 대규모 손실 발생이 불가피해졌기 때문이다.

SVB 사태의 영향으로 국내에서도 주가가 하락하고 원/달러 환율이 상승하였지만 다행히 금융불안 현상이 오래 지속되지는 않았다. 이는 미 연준이 예금보호대상이 아닌 예금까지 전액 보호하는 조치를 발표하는 등 신속한 개입을 통해 금융시장 충격을 최소화하였기 때문이다.

당시 원/달러 환율 상승세가 지속됨에 따라 외환당국은 외환시장 안정을 위하여 미 달러를 순매도(외환시장에 달러 공급)하는 외환시장 개입(시장안정화조치) 조치를 실시하였다. 외환시장의 환율 변동성이 확대되었던 2022년 외환당국의 외환순거래액은 1분기 −83.1억달러, 2분기 −154.1억달러, 3분기 −175.4억달러,

표 12.1 외환당국의 순거래 내역* (억달러)

시기	금액
22년 1/4분기	−83.1
22년 2/4분기	−154.1
22년 3/4분기	−175.4
22년 4/4분기	−46.0
2022년 합계	−458.6

주: * 기간 중 총매수에서 총매도를 차감한 순거래 내역
자료: 한국은행

4분기 −46.0억달러 등 모두 −458.6억달러에 달했다. 이는 외환당국이 외환시장에 외환보유액을 재원으로 달러를 458.6억달러 순공급(순매도)했다는 의미이다. 이와 같은 외환당국의 신속한 노력으로 외환시장의 수급불균형과 쏠림현상이 완화되면서 원/달러 환율의 상승압력도 크게 경감된 것으로 나타났다.

셋째, 외환보유액을 많이 보유하고 있다는 것은 그만큼 한 국가의 대외지급능력이 충실하다는 것을 의미하므로 국제금융시장에서 국가신인도는 물론 기업과 금융기관의 대외신인도를 높여 해외에서의 자본조달 비용을 낮추고 외국인의 국내 투자를 촉진하는 긍정적 역할을 하게 된다.

2008년 9월 리먼 사태로 촉발된 글로벌 금융위기 발생에도 불구하고 당시 우리나라의 국가신용등급이 투자적격 단계인 A(S&P 기준)를 유지할 수 있었던 것은 2008년말 기준 2,000억달러가 넘는 외환보유액에 힘입은 것이라는 평가도 있다.[4] 다만 외환당국이 외환을 과다하게 보유하게 되면 민간부문에서의 더 높은 수익창출 기회가 상실되는 이른바 구축효과(crowding-out effect)[5]가 발생할 수 있기 때문에 자금운용의 효율성 측면에서 기회비용이 커지는 부작용이 발생할 수 있다

4 글로벌 금융위기 이후 외환정책 (2011, 안병찬) 참조.

5 구축효과란 정부지출 증가로 민간부문의 투자가 감소하는 현상을 말한다. 가령 정부가 경기부양을 위해 세금을 걷지 않고 지출을 늘리려면 국채를 발행해서 자금을 빌려야 하는데, 만약 정부가 국채를 발행할 경우 민간이 빌릴 수 있는 자금이 줄어들게 되므로 이자율이 상승하면서 민간투자가 감소한다.

는 점에도 유의해야 한다.

넷째, 학계의 실증분석 결과 외환보유액이 많을수록 금융위기(financial crisis)가 발생할 가능성이 크게 낮아지는 것으로 나타났다. Soto (2004) 등은 외환보유액/단기외채 비율 또는 외환보유액/M2 비율이 금융위기 발생에 통계적으로 유의한 영향을 미친다면서 외환보유액이 증가할수록 금융위기가 발생할 확률은 감소한다고 주장하였다(표 12.2).

표 12.2 외환보유액과 금융위기 발생 확률

연구자	대상 국가	위기 지표	유동성 지표	위기 발생 확률*
Radelet and Sachs (1998)	22개 신흥시장국	자본유출입의 급격한 변동	외환보유액/단기외채	40 bp (from 7%)
Bussiere & Fratzscher (2002)	20개 신흥시장국	외환시장압력 지수	외환보유액/단기외채	10 bp (from 6.5%)
Milesi-Ferretti & Razin (1998)	105개 신흥시장국	환율절하 (15%)	외환보유액/M2	51 bp
Berg and Patillo (1999)	100개 신흥시장국	환율절하 (25%)	외환보유액/M2	69 bp
Kamin and Babson (1999)	아르헨티나, 브라질, 칠레, 콜롬비아, 멕시코, 베네수엘라	외환시장압력 지수	외환보유액/단기외채	9 bp

주: * 외환보유액 10억 달러 증가 시 금융위기 발생 확률 감소 폭.
자료: Soto et al. (2004), 한국은행 재인용.

외환보유액이 많으면 국가신인도 제고, 금융위기 예방 등 장점이 많은 것은 사실이지만 외환보유액이 충분하지 못하거나 금융위기 발생 시 이에 대처하는 과정에서 외환보유액 규모가 급격히 감소할 경우에는 경제에 부정적 영향을 미치게 된다. 정부도 글로벌 금융위기 당시 국내 외화유동성 공급과정에서 외환보유액이 급격히 감소할 경우 국제금융시장이나 국제기구 등에 정부의 위기대처 능력이 미흡하다는 부정적 신호(signal)를 줄 수 있다는 점을 우려하였다.

가령 국내외 언론을 통해 우리나라의 외환보유액이 급격히 감소함에 따라 정부의 금융위기 대처능력이 약화될 것이라는 부정적 보도가 국제금융시장에서 확산할 경우 우리 경제의 취약성이 실제 이상으로 과장되면서 시장참가자들의 투자심리가 크게 악화될 수 있다. 국제금융시장에서 투자자들의 불안심리가 확산될 경우 환율 변동성이 확대되고 환율 변동성을 완화하기 위한 외환시장 개입(매도)으로 외환보유액이 급감하게 되면 대외신인도가 하락하면서 환율 변동성이 더욱 확대되는 악순환(**환율급등 → 외환시장 개입(매도개입) → 외환보유액 감소 → 대외신인도 하락 → 환율급등**)이 반복되면서 위기로 이어질 수 있다. 실제로 글로벌 금융위기가 확산된 2008년 7월 초부터 국내외 언론 등을 통해 우리나라의 대외취약성이 집중적으로 제기되면서 위기설이 확산된 바 있다.

참고 글로벌 금융위기 시 우리나라에 대한 언론의 부정적 보도 내용

글로벌 금융위기가 확산된 2008년 7월 초부터 국내외 언론 등을 통해 우리나라의 대외취약성 및 각종 위기설이 집중적으로 제기되었는데, 이런 루머(rumor)를 나른 언론 등이 인용하여 보도하고 이를 토대로 국제신용평가기관 등이 부정적 평가 보고서를 발표하면서 위기설이 확산된 바 있었다.

	2008년 9월 위기설	외화유동성 우려 확산	2009년 3월 위기설
시기	2008년 7월~2008년 9월	2008년 10월~2008년 12월	2009년 1월~2009년 3월
주요 제기 기관	(국내) 헤럴드경제(08.7), 이데일리(08.7), (해외) 파이낸셜타임즈(08.8), 더 타임즈(08.9)	(해외) 무디스(08.10), 월스트리트저널(08.10), 파이낸셜타임즈(08.10) (국내) 김광수경제연구소(08.11)	(국내) 미네르바(08.12), 김광수경제연구소(09.3) (해외) 무디스(09.2), 씨티그룹(09.2), 이코노미스트(09.2)
주요 내용	– 외국인 채권투자자금(9월 만기집중)의 대거 유출 우려 – 외채상환능력 의문	– 리먼사태 및 동유럽 금융위기로 국내 외화 유동성 악화 우려 – 신용등급 하향 조정 – 외채상환능력 매우 취약	– 일본계 자금(3월 만기집중 및 결산도래)의 대거 유출 우려 – 가용외환보유액 부족

2008년 7월~2009년 3월 중 우리나라에 대한 언론의 부정적 보도와 환율 추이

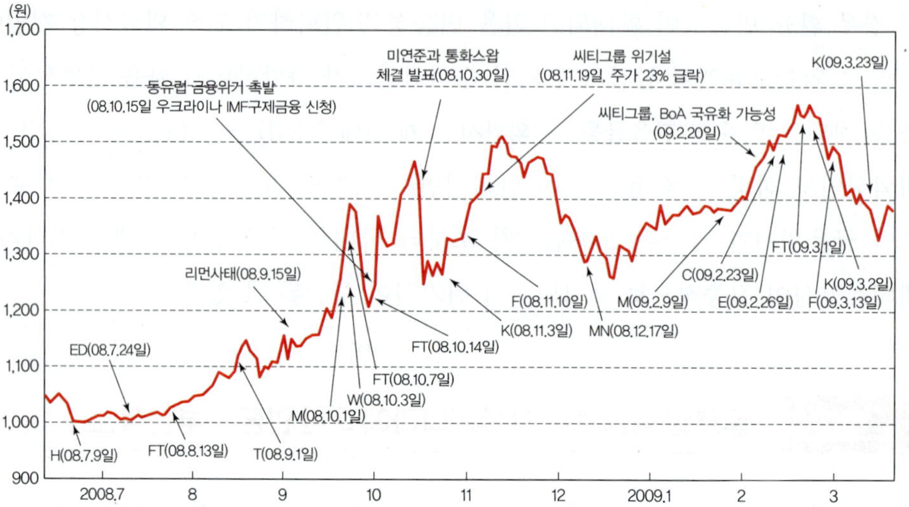

FT: 파이낸셜타임즈, T: 더 타임즈, E: 이코노미스트, C: 씨티그룹, F: Fitch社, M: Moody's社, W: 월스트리트 저널, K: 김광수경제연구소, H: 헤럴드경제, ED: 이데일리, MN: 미네르바

12.3 외환보유액의 운용목표

한국은행은 2024년 1월말 현재 4,157.6억달러의 외환보유액을 보유하고 있는데, 이는 전 세계 9위(2023년 12월말 기준)에 해당하는 큰 규모이다. 한국은행은 외환보유액의 운용목표를 안전성(safety)과 유동성(liquidity) 확보를 최우선으로 하

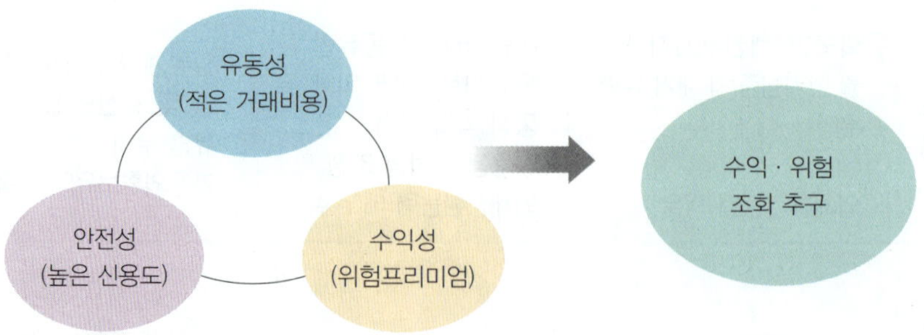

그림 12.1 외환보유액의 운용목표

되 적정한 범위 내에서 수익성(profitability)을 제고하는 것이라고 밝히고 있다. 이는 외환보유액이 위기 시 사용할 수 있는 우리나라의 최종적인 대외지급준비자산이라는 점을 고려하였기 때문이다.

12.3.1 안전성

안전성은 금리, 환율 등 시장가격의 변동으로 발생하는 자산가격 하락 위험(market risk)과 투자기업의 부도와 같은 신용 이벤트로 인한 손실위험(credit risk)으로부터 외환보유액의 가치를 보전하는 것을 말한다. 한국은행은 그동안 외환보유액의 운용목표를 안전성에 두고 주로 미국의 단기국채 등 안전자산(safety asset)[6] 위주로 운용해 왔다. 그러나 2023년 초 발생한 미국의 SVB(Silicon Valley Bank) 사태는 안전자산을 많이 보유한다고 반드시 안전해지는 것은 아니라는 사실을 보여줌으로써 분산투자(diversification)의 중요성이 외환보유액 운용 시에도 적용된다는 사실을 여실히 보여주었다.

국제금융시장에서는 일반적으로 선진국 국채, 국제통화와 금 등을 대표적인 안전자산으로 간주한다. 이에 따라 미국의 SVB도 보유자산 중 상당 부분을 안전자산 중에서도 최고로 안전하다는 평가를 받는 미 국채에 대규모로 투자했는데, 미국 내 금리상승세가 지속되면서 대규모 손실을 입고 결국 파산하게 되었다. SVB의 파산은 국내외 금융기관은 물론 외환보유액을 운용하는 중앙은행들에게 안전자산이라도 보유비중이 과도하게 높을 경우 위험할 수 있다는 과유불급(過猶不及)의 의미와 분산투자(diversification)의 중요성을 일깨워 준 귀중한 사례가 되었다.

6 안전자산이란 일반적으로 경제상황의 변화에 무관하게 또는 반대 방향의 상관관계가 유지되는 고유동성 자산을 의미한다고 볼 수 있다.

참고 안전자산의 특성과 역할

1. 안전자산의 특성

자산은 보통 위험의 유무나 위험수준에 따라 '위험자산(risky asset)'과 '안전자산(safety asset)'으로 구분하는데 안전자산은 보통 위험이 없다고 해서 무위험자산(risk-free asset)이라고도 한다. 학계에서는 안전자산의 특성을 크게 가치저장 수단으로의 안정성과 포트폴리오의 위험관리 측면에서의 효용성으로 분류하고 있다.

첫째, 가치저장 수단으로서의 안정성의 경우 정보둔감성(information insensitiveness)을 안전자산의 중요한 속성으로 보고 있는데, 이는 자산가치의 낮은 변동성이 안전자산이 갖추어야 할 중요한 요소라는 점을 의미한다. 둘째, 포트폴리오의 위험관리 측면에서 효용성이란 안전자산이 위험자산에 대응한 헤지수단이나 금융불안시 위험회피처로서의 역할을 적절하게 수행할 수 있어야 한다는 점을 의미한다.

2. 글로벌 안전자산의 종류

국제금융시장에서는 일반적으로 미국 등 선진국 국채와 국제통화, 금 등을 안전자산으로 간주한다. 미 국채는 미국 정부가 발행한 채권으로 만기에 따라 단기 재정증권(Treasury-bill; 1년 이하), 중기 재정증권(T-Note; 1~10년)과 장기 재정증권(T-Bond; 10~30년)으로 구성되어 있다. 이들 재정증권은 미국 정부가 발행한 국채라는 점에서 사실상 부도위험이 없는 무위험(risk free) 채권이기 때문에 국제금융시장에서 가장 안정성이 높고 유동성이 뛰어난 안전자산으로 평가한다.

미 재정증권 중에는 단기 재정증권(T-bill)이 시장에서 가장 관심이 높다고 알려졌다. 수익률은 낮지만 만기가 상대적으로 짧아 유동성이 높은 반면 이자율 변동 위험은 낮기 때

미국 내 주요 투자자산의 위험과 수익률(1927~2018)

	단기 재정증권	장기 재정증권	보통주
산술평균	3.38	5.83	11.72
위험프리미엄	n/a	2.45	8.34
표준편차	3.12	11.59	20.05
최댓값	14.71	41.68	57.35
최솟값	-0.02	-25.96	-44.04

자료: Bodie, Kane, Marcus(Essentials of Investments 12e, 2021)

문이다. 실증분석 결과도 단기 재정증권은 장기 재정증권이나 주식(보통주)에 비해 수익률은 낮지만 위험도 크게 낮은 것으로 나타났다. 이 때문에 미국의 금융기관은 물론 외국 정부와 금융기관 등에서도 단기 재정증권을 금융위기 등에 대비한 제2선 준비자산(secondary reserve)으로 많이 보유하고 있다.

2023년 9월말 현재 외국인의 미 국채 보유 비중은 30%이다. 국가별 미 국채 보유 규모는 일본이 1조 88억달러로 가장 많고 다음이 중국(7,781억달러), 영국 (6,689억달러) 등의 순이며 우리나라는 1,129억달러를 보유하여 18위를 기록하였다.

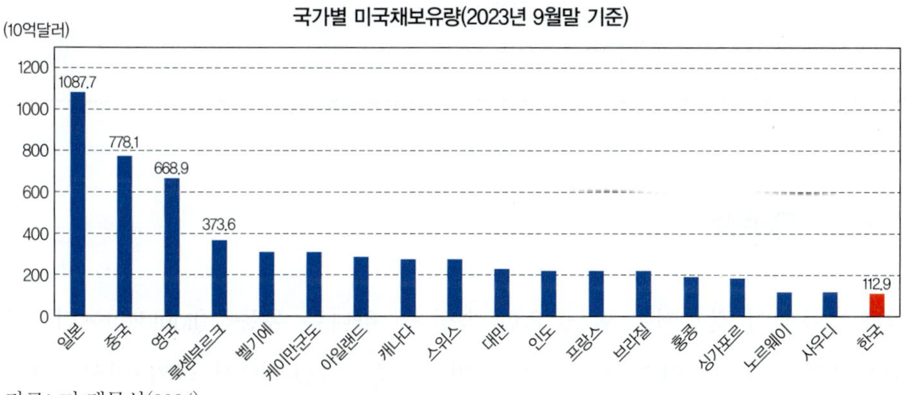

자료: 미 재무성(2024)

3. 안전자산의 역할

안전자산은 평상시에는 투자자들에게 안정적인 투자수단을 제공하며 금융불안 시에는 위험자산에 대응한 위험회피처를 제공하는 역할을 한다. 그러나 국제금융시장의 불안 등으로 국제투자자금이 주요 투자처인 신흥국 등에서 미국 등 선진국으로 이동하는 Money move 현상이 심화되면 신흥국의 금융위기를 초래할 수 있다. 우리나라에서도 2008년 글로벌 금융위기 당시 외국인투자자금이 급격히 유출하면서 주가가 폭락하고 환율이 급등하면서 금융 및 외환시장이 불안정한 모습을 보인 바 있다. 당시 국내에서는 외국인들이 보유주식을 대거 매도하면서 외국인주식보유 규모가 2007년말 344.2조원에서 2008년말 169.6조원으로 크게 감소하였으며 외국인 주식보유비중도 동 기간 중 32.7%에서 27.2%로 크게 하락하였다. 또한 외국인투자자들이 주식매도자금을 본금으로 송금하면서 미 달러화 수요가 크게 늘어남에 따라 원/달러 환율도 급등하였다.

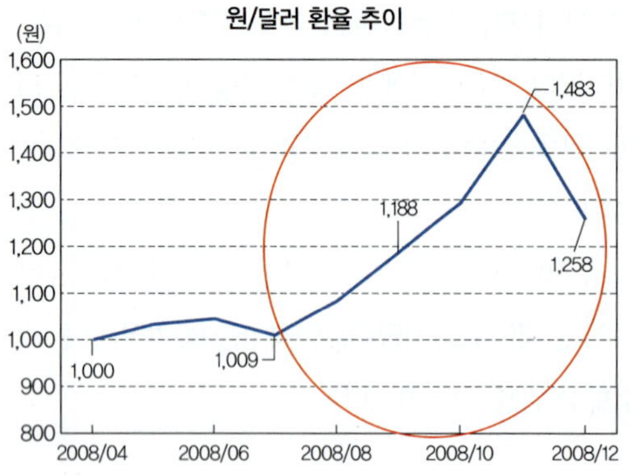

	2007	2008
외국인주식보유액(조원)*	344.2	169.6
유가증권시장	325.7	165.8
코스닥시장	18.5	3.8
외국인주식보유비중(%)*	32.7	27.2
유가증권시장	34.2	28.7
코스닥시장	18.5	8.2

주: * 기말 기준
자료: 한국은행(ECOS), 금융감독원

12.3.2 유동성

외환보유액이 갖추어야 할 중요한 속성 중 하나는 유동성(liquidity)이다. 이는 외환보유액이 우리나라의 최종적인 대외지급준비자산으로서 국가 비상시 등 필요시 언제든지 사용할 수 있어야 한다는 것으로 외환보유액을 국제금융시장에서 현금화가 용이한 자산에 투자함으로써 높은 수준의 유동성을 유지하여야 한다는 의미이다. 특히 외환보유액은 글로벌 신용경색(credit crunch)이나 금융위기 또는 외환위기 시에 사용될 가능성이 높기 때문에 극단적인 시장 상황을 가정하여 투자상품의 유동성 수준을 보수적으로 낮게 평가하는 것이 바람직하다.

12.3.3 수익성

과거 외환보유액의 규모가 크지 않았던 시기에는 외환보유액을 수익성보다는 안전성과 유동성에 중점을 두고 운용해 왔다. 그러나 1990년대 후반 이후 외환보유액 규모가 크게 늘어나면서 외환보유액의 운용수익 규모도 커짐에 따라 안전성과 유동성을 유지하면서 수익성을 높이는 방안에도 관심을 갖게 되었다.

이는 외환보유액을 축적하고 유지하는 데에는 자금조달 비용은 물론 수익성이 낮은 상품으로 운용하면서 발생하게 되는 기회비용을 모두 감안할 경우 상당한 비용이 들기 때문이다. 우리나라의 경우 외환보유액의 재원은 주로 통화안정증권이나 외국환평형기금채권을 발행해 조달하는데, 조달된 자금의 상당 부분을 수익성보다는 안전성과 유동성이 높은 미 국채 등 안전자산 위주로 운용하는 것으로 알려졌다. 예를 들어 통화안정증권의 발행금리가 미 국채 발행금리보다 높은 상황에서 통화안정증권을 발행해 미 국채에 투자하게 되면 손실, 즉 역마진이 발생하게 되는데 이러한 손실도 외환보유액의 유지비용에 모두 포함된다.

한편 정부는 외환보유액의 수익성 제고와 위험분산을 위해 2005년 한국투자공사(KIC, Korea Investment Corporation)를 설립하고 한국은행이 운용하고 있는 외환보유액의 일부를 위탁하여 운용하고 있다. KIC는 국부펀드[7]로서 수익성 제고를 위해 국제금융시장에서 주식, 채권은 물론 부동산과 같은 대체 자산에도 투자하고 있으며 KIC의 2005년 설립 이후 2022년까지 연 환산 수익률은 4.12%이다.

표 12.3 KIC의 운용자산 수익률(%)

구분	2018	2019	2020	2021	2022
운용자산수익률(수수료 차감 전)	−3.66	15.39	13.71	9.13	−14.36
운용자산수익률(수수료 차감 후)	−3.80	15.21	13.52	8.94	−14.46
최초투자 이후 연환산수익률	3.76	4.60	5.22	5.47	4.12

자료: KIC

12.4 외환보유액 현황

외환보유액은 외환위기의 영향으로 1997년 12월 18일 39.4억달러까지 감소하였으나 이후 외환당국의 지속적인 확충 노력에 힘입어 2001년 9월 1,000억달러

7 국부펀드에 대해 OECD는 "국가의 정책목표를 달성하기 위해 정부가 직·간접적으로 소유하고 관리하는 기금"으로 정의하고 있다.

를 상회한 데 이어 2005년 2월에는 2,000억달러를 넘어섰다. 이는 외환위기 이후 경상수지 흑자 및 외국인투자자금 유입이 지속되면서 외화자금 사정이 크게 호전됨에 따라 금융기관들이 한국은행으로부터 예탁받았던 외화자금(외화예탁금)을 대부분 상환한 데다 외환보유액 규모가 확대되면서 운용수익도 꾸준히 늘어났기 때문이다.

참고 외화예탁금과 가용외환보유액

외화예탁금이란 한국은행이 용도를 지정하여 외국환은행에 예치한 외화예금의 한 종류이다. 정부는 1980년대말 경상수지 흑자가 급증하면서 외환보유액이 크게 늘어나자 이의 효율적인 운용방안으로 외환보유액 중 일부를 은행에 예탁해 단기외채의 조기상환과 기업의 시설재수입을 위한 외화대출 등에 활용하도록 하였다. 한국은행이 시중은행에 달러를 예탁하면 은행은 기업에 사전에 정해진 용도에 맞춰 외화대출의 형태로 다시 빌려주기 때문에 만기 전 회수는 사실상 어렵다.

IMF(1998)는 한국은행이 외환위기 직전 공적 외환보유액 외에 국내 은행에 상당 규모의 외화를 예탁하고 있었으나 이를 인출할 수 없어서 외환위기 상황에 적절히 대처할 수 없었다고 평가한 바 있다.

다음 표에서 보듯이 외환위기 직전인 1997년 6월말 외환보유액은 333.2억달러에 달하였으나 즉시 인출이 불가능한 해외점포예치금[8]을 제외할 경우 실제 인출이 가능한 가용외환보유액은 253.1억달러로 크게 줄어들게 된다. 이후에도 해외점포예치금이 늘어나면서 1997년말에는 가용외환보유액이 88.7억달러로 사상 최저수준(기말 기준)을 기록하였으나 1998년부터 한국은행이 외화예탁금을 집중적으로 회수하면서 1998년 7월말에는 가용외환보유액이 392.6억달러로 크게 증가하였다.

8 국내 금융기관이 국외 점포에 예치한 외화자산이다. 이는 해당 점포에서 대출 등으로 외화자금을 운용하고 있어 갑자기 회수하기가 어렵기 때문에 가용외환보유액 산정 시에는 제외한다.

외환보유액 추이 (단위: 억달러)

	'97년 6월말	12월말	'98년 1월말	2월말	3월말	4월말	5월말	6월말	7월말
외환보유액(A)	333.2	204.1	235.2	267.2	297.5	355.4	387.6	409.0	430.2
해외점포예치금(B)	80.1	113.3	109.5	79.8	54.0	45.8	42.1	36.6	35.6
기타(C)	—	2.0	2.0	2.0	2.0	2.0	2.0	2.0	2.0
가용외환보유액 A−(B+C)	253.1	88.7	123.6	185.4	241.5	307.6	343.5	370.4	392.6

자료: 한국은행

2005년 2월 이후에도 한국은행은 경상수지 흑자 지속, 외국인의 주식 및 채권 투자자금 유입 등을 배경으로 외환보유액을 지속적으로 확충하여 2008년 3월말에는 외환보유액 규모가 2,642억달러로 크게 증가하였다. 그러나 2008년 4월부터 국제금융시장 불안에 따른 환율급등 완화를 위해 외환당국이 외환시장관리 및 국내 금융기관에 대한 외화유동성 공급을 늘리면서 2008년말에는 외환보유액이 2,012억달러까지 감소하였다.

글로벌 금융위기가 완화된 2009년말에는 그동안 민간에 공급한 외화유동성을 다시 회수함에 따라 외환보유액이 2,700억달러로 다시 증가하였으며 이후 선진국의 양적완화정책[9] 실시 등으로 풍부해진 글로벌 유동성 유입이 지속되고 외화자산 운용수익 발생 등에 힘입어 2021년 10월말에는 4,692억달러로 사상 최대 규모를 기록하였다. 2024년 1월말 현재 외환보유액은 4,157.6억달러로 전년말(4,201.5억달러)에 비해서는 소폭 감소하였다.

2024년 1월말 현재 외환보유액(4,157.6억달러)은 유가증권 3,686.8억달러(88.7%), 예치금 227.8억달러(5.5%), SDR 149.4억달러(3.6%), 금 47.9억달러(1.2%), IMF 포지션 45.6억달러(1.1%) 등으로 구성되어 있다.

9 양적완화정책(QE, Quantitative Easing)이란 중앙은행이 경기침체 방지 및 금융시장 안정을 위해 금융회사로부터 국채 매입 등을 통해 시중에 유동성을 공급하는 정책을 말한다.

표 12.4 외환보유액 추이 (억달러, %)

	2008년말	2010년말	2020년말	2021년말	2022년말	2024년 1월말	
외환보유액	2,012.2	2,915.7	4,431.0	4,631.2	4,231.6	4,157.6	(100.0)
유가증권*	1,803.8	2,679.3	4,098.4	4,216.9	3,696.9	3,686.8	(88.7)
예치금	201.0	189.9	202.8	166.3	293.5	227.8	(5.5)
SDR**	0.9	35.4	33.7	153.7	148.4	149.4	(3.6)
IMF 포지션***	5.8	10.2	48.2	46.3	44.9	45.6	(1.1)
금	0.7	0.8	47.9	47.9	47.9	47.9	(1.2)

주: * 국채, 정부기관채, 회사채, 자산유동화증권(MBS, 커버드본드) 등, ** IMF) 특별인출권, *** IMF 회원국이 출자금 납입, 융자 등으로 보유하는 IMF 관련 청구권
자료: 한국은행

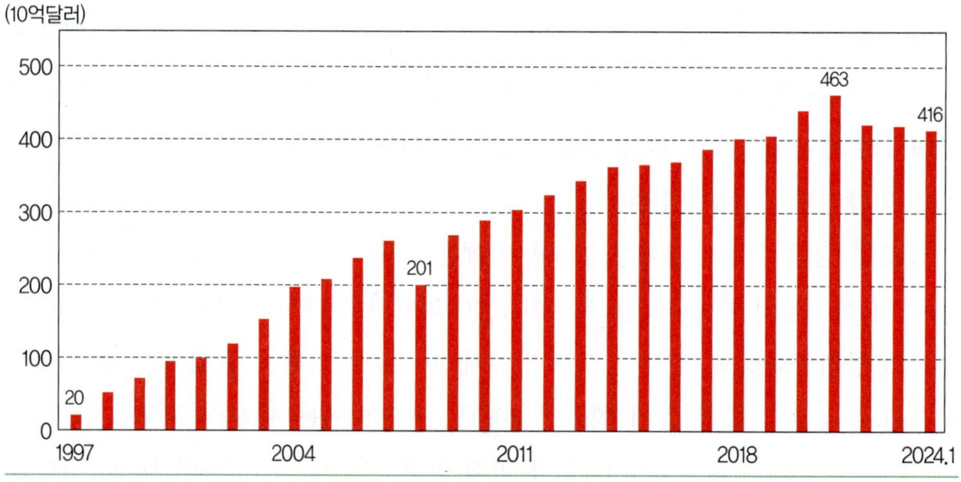

그림 12.2 외환보유액 추이
자료: 한국은행(ECOS)

12.4.1 외환보유액의 통화별 구성

일반적으로 외환보유액의 통화별 구성은 외환보유액이 최종적인 대외지급준비자산이라는 점을 고려하여 국제거래 통화, 외채구성 통화 등 국별 특성은 물론 투자대상국의 자본시장 발달 정도 등을 종합적으로 고려하여 결정한다. 한국

은행은 외환보유액의 통화를 구성할 때 정량적 요소(우리나라 외채통화구성, 경상지급 통화구성, 세계정부채시장 통화구성, 외국중앙은행의 외환보유액 통화구성)와 정성적 요소(국제통화질서의 장기적 개편 방향)를 모두 감안해서 결정하는 것으로 알려졌다. 특히 지난 2008년 금융위기 이후 미 달러화의 위상 약화에 대한 우려가 확산되면서 외환보유액의 통화구성을 보다 다변화할 필요성이 제기됨에 따라 미 달러화 외에 유로화, 일본 엔화, 영국 파운드화, 호주 달러화 및 캐나다 달러화 등 주요 6개 통화를 중심으로 분산투자하고 있다. 또한, 2012년에는 중국의 국제적 위상 제고와 우리나라와의 경제적 연계성 증대 등을 고려하여 중국 위안화에 대한 투자를 시작하였다.

2022년말 현재 보유외환 중 미 달러화 비중은 72%를 차지하고 있으며 나머지 28%는 유로화, 일본 엔화, 중국 위안화 등 기타 통화로 다변화되어 있다. 한편

표 12.5 우리나라 외환보유액의 통화별 구성 (%)

	2020	2021	2022
미 달러화	67.7	68.3	72.0
기타 통화	32.3	31.7	28.0

자료: 한국은행

표 12.6 전 세계 외환보유액의 통화별 구성

	2016Q4	2018Q4	2020Q4	2021Q4	2022Q4	2023Q2
세계외환보유액*	10,721	11,433	12,700	12,919	11,916	12,055
미 달러화*	65.4	61.8	58.9	58.9	58.6	58.9
유로	19.1	20.7	21.3	20.6	20.4	20.0
일본 엔화	3.9	5.2	6.0	5.5	5.5	5.4
영국 파운드화	4.3	4.4	4.7	4.8	4.9	4.9
중국 위안화	1.1	1.9	2.3	2.8	2.6	2.5
스위스 프랑화	0.2	0.1	0.2	0.2	0.2	0.2
기타 통화	2.3	2.5	2.7	3.1	3.5	3.8

주: * 세계외환보유액은 10억 달러, 미 달러화 등은 세계외환보유액대비 각 통화별 비중(%)
자료: IMF COFFER

외환보유액의 미 달러화 비중(2022년말 기준 72%)이 전 세계 외환보유액의 구성 통화비중(2023년 2분기말 기준 58.9%)에 비해 높은 것은 우리나라가 미 달러화 경제권으로서 주요 결제통화, 외채통화 구성, 국내 외환시장 여건 등을 종합적으로 감안한 결과로 보인다.

12.4.2 외환보유액 중 금 보유 현황

외환당국은 외환보유액의 통화별 구성이 미 달러화로 편중될 경우 예상되는 부작용[10]을 최소화하기 위해 외환보유액의 구성 통화를 미 달러화 외에 유로화, 엔화, 위안화 등 기타 통화들로 다변화해 왔으며 금(gold)도 일부 보유하고 있다. 2022년말 현재 금 보유량은 104.4톤, 외환보유액 대비 금 보유량 비중은 1.1%이며 한국은행의 금 보유량은 전 세계 127개 국가 중 38위에 해당한다.

표 12.7 외환보유액 중 금 보유 현황 (기말, 톤, %)

	2013	2014	2015	2016	2017	2018	2019	2020	2021	2022
금 보유량*	104.4 (+20)	104.4 (0)	104.4 (0)	104.4 (0)	104.4 (0)	104.4 (0)	104.4 (0)	104.4 (0)	104.4 (0)	104.4 (0)
외환보유액대비 보유비율	1.4	1.3	1.3	1.3	1.2	1.2	1.2	1.1	1.1	1.1
금 보유순위	32	32	32	32	33	35	35	34	34	38

주: * ( )내는 금매입량, ** 장부가 기준, *** World Gold Council의 국가 순위(시가 기준), **** 2023년 5월 기준

자료: 한국은행

한편 우리나라를 포함해 대부분의 중앙은행이 외환보유액 중 일부를 금으로 보유하고 있는데 이는 금이 국가나 민간이 보유하는 금융자산과 달리 신용리스크가 없고, 긴급한 위기 상황에서 담보나 결제 등에 현금처럼 활용될 수 있는 등 유동성이 높기 때문이다.

10 2023년 3월 발생한 미국의 SVB 파산은 미 달러화 표시자산(미국채)에 대한 지나친 편중의 결과라는 점을 이미 살펴보았다.

금은 실물 안전자산으로서 국제금융환경 변화에 효과적으로 대응이 가능하고 외환보유액의 안전판으로서 신뢰도가 제고되는 등 긍정적인 효과가 있다는 점에는 이론의 여지가 없다. 다만 금이 외환보유액의 보유 목적인 안전성, 유동성 기준을 충족하고 있지만 다른 금융상품에 비해 수익성은 낮기 때문에 일부 국가들은 금을 적극적으로 늘리거나 줄이지 않고, 상징적인 수준으로 유지하는 것으로 알려졌다. 한국은행도 금이 국제통화제도의 불안정과 인플레이션에 대한 유용한 헤지수단으로 인식되고는 있으나 채권과 달리 이자가 없어 안정적인 현금흐름(cash flow)을 만들기 어렵고 가격변동성도 높다는 점 등을 고려하여 금 보유 확대에는 다소 신중한 입장으로 알려졌다.

참고 한국은행은 금을 어디에 보관하고 있을까?

한국은행은 보유 중인 금을 어디에 보관하고 있을까? 필자가 한국은행에 입행하기 훨씬 전에는 S 백화점 앞 분수대 지하에 한국은행 지하금고가 있는데 그곳에 금을 보관하고 있다는 확인되지 않은 이야기가 떠돌았다. 한국은행에 따르면 과거에는 한국은행 내 금고, 미국 뉴욕연준, UBS 은행 등에 분산해서 보관하였으나 현재는 금의 유동성 제고, 금 대여를 통한 추가수익 창출 등을 위해 보유 중인 금 104.4톤 전부를 영국의 중앙은행인 영란은행[11]에 보관하고 있다고 한다. 한국은행은 런던시장에서의 원활한 거래를 위해 런던금시장협회(LBMA)에서 지정한 순도, 무게 등으로 규격화된(Good Delivery) 형태로 금을 보유하고 있다.

11 영란은행(영국의 중앙은행)은 전 세계에서 미국의 뉴욕 연준에 이어 두 번째로 큰 금 보관기관으로 2023년 4월말 현재 1.68억 트로이온스(약 40만 개의 골드바)를 보관 중이라고 한다.

12.5 외환보유액의 주요 증감 요인

외환보유액은 경상수지, 외국인의 국내투자나 내국인의 해외투자 등에 따른 외환의 국내 유출입, 외환당국의 외환시장 또는 스왑시장 개입, 미 달러화, 유로화 등 외환보유액의 주요 구성통화 가치의 변동 및 외환보유액의 운용 손익 등에 따라 그 규모가 증가하거나 감소한다.

외환보유액의 주요 증감 요인은 다음과 같다. 첫째, 경상수지 흑자가 발생하거나 외국인의 국내투자가 증가하면 외환시장에 외환공급이 늘어나게 되어 원/달러 환율(이하 '환율') 하락(원화가치 상승) 요인으로 작용하게 된다. 이때 외환당국이 원화가치 상승 속도가 지나치게 빠르다고 판단하고 이를 억제하고자 하면 외환시장에서 외환(미 달러)공급을 줄여야 하므로 원화를 대가로 미 달러화를 매입하는 시장개입을 하게 되는데 그 결과 외환보유액이 증가하게 된다. 반대로 경상수지 적자가 발생하거나, 외국인투자자금이 국외로 유출되면 외환시장에서 외환공급이 줄고 수요는 늘어나게 된다. 즉 외환시장에서 외환수요가 공급을 상회하는 상황이 발생하면서 환율 상승(원화가치 하락)요인으로 작용하게 된다. 이때 외환당국이 원화가치 하락을 억제하려고 하면 외환시장에서 원화를 대가로 달러를 매도하는 시장개입을 하게 되므로 외환보유액이 감소하게 된다.

두 번째 증감 요인은 외환당국의 스왑시장 참여인데, 이는 국제금융시장의 불안 등으로 국내 외화유동성 부족이 심각해지면 외환시장 안정을 위해 외환당국이 스왑시장에 외환의 공급자로 참여하는 것을 말한다. 외환당국은 스왑시장 참여 시 외환보유액을 재원으로 외화유동성을 공급(달러 매도)하게 되므로 외환보유액이 감소하게 된다.

반면 스왑 회수의 경우에는 스왑시장 참여와 반대로 외환유동성을 흡수(달러 매입)하는 것이므로 외환보유액이 증가하게 된다.

세 번째 증감 요인은 환율이다. 외환보유액은 환율변동에 따라 증가하기도 하고 감소하기도 한다. 이는 외환보유액의 통화구성이 미 달러화 외에 유로화, 일본 엔화 등 기타 통화들로 다변화되어 있기 때문이다. 2022년말 현재 외환보유액을 구성하는 통화 중 미 달러화 비중은 72.0%를 차지하고 있으며 나머지 28%는 유로화, 일본 엔화, 중국 위안화 등 기타 통화로 구성되어 있다. 외환보유액은 미 달러화 표시로 공표하기 때문에 달러가 강세가 되면 기타통화 표시 외화자산의 미 달러화 환산액이 줄어들게 되므로 외환보유액이 감소하게 된다. 반대로 달러가 약세가 되면 기타통화 표시 외화자산의 미 달러화 환산액이 늘어나게 되므로 외환보유액이 증가하게 된다.

이상 설명한 요인들 외에도 외환보유액의 증감에 영향을 미치는 요인으로는 외환보유액 운용에 따른 손익발생을 들 수 있다. 예를 들어 외환보유액을 재원으로 투자한 주식, 채권 등 자산가격이 상승할 경우에는 수익이 발생하지만 반대로 투자자산의 가격이 하락하게 되면 손실이 발생하게 되므로 외환보유액의 증감에 영향을 미치게 된다.

참고 외환보유액의 주요 증감 요인

증가(+)	감소(−)
• 경상수지 흑자 • 자본수지 흑자 – 외국인 투자자금 유입	• 경상수지 적자 • 자본수지 적자 – 외국인 투자자금 유출
• 외환시장에서의 외화 매입 – 미 달러화 매입 / 원화 매도 • 외환보유액 운용수익 • 기타통화표시 자산가치 증가 • 외환당국의 스왑 회수 – 미 달러화 매입 / 원화 매도	• 외환시장에서의 외화 매도 – 미 달러화 매도 / 원화 매입 • 외환보유액 운용손실 • 기타통화표시 자산가치 감소 • 외환당국의 스왑 참여 – 미 달러화 매도 / 원화 매입

12.6 외환보유액의 전 세계대비 비교

우리나라의 외환보유액은 2023년 12월말 기준 4,201억달러로 중국, 일본, 스

표 12.8 주요국의 외환보유액 (2023년 12월말 현재) (억달러)

순위	국가	외환보유액		순위	국가	외환보유액	
1	중국	32,380	(+662)	6	대만	5,706	(+31)
2	일본	12,946	(+249)	7	사우디아라비아	4,369	(−11)
3	스위스	8,642	(+478)	8	홍콩	4,256	(+10)
4	인도	6,225	(+183)	9	한국	4,201	(+31)
5	러시아	5,986	(+62)	10	브라질	3,550	(+66)

주: ( )는 전월말 대비 증감액
자료: 한국은행

위스, 인도, 러시아 등에 이어 세계에서 9번째로 큰 규모이다. 일반적으로 선진국들은 국가신인도가 높고 자국통화가 국제금융시장 등에서 널리 사용되는 국제통화이므로 외환보유액을 축적할 필요성이 적다. 반면 대외의존도가 높고 자국통화가 국제통화가 아닌 신흥국들은 금융위기 시 국제금융시장에서 외화차입이 어렵고 경제의 대외의존도가 높아 국가안전 차원에서 외환보유액을 가급적 넉넉히 보유하려는 경향이 있다.

12.7 외환보유액의 리스크 관리[12]

한국은행은 외화자산의 리스크를 시장위험, 신용위험, 유동성위험 및 운영위험 등으로 각각 구분하고, 이를 효율적으로 관리하기 위해 국제적인 관행에 부합하는 리스크관리 체계를 구축하여 운영하고 있다. 첫째, 시장위험(market risk)이란 금리, 주가, 환율 등 시장가격 변동에 따라 손실이 발생할 위험이다. 시장위험 관리를 위해 통화 및 상품, 투자만기 등의 운용기준 대비 변동 허용 폭을 설정하고, 추적오차(tracking error) 한도를 두어 운용부서가 운용기준과 달리 운용할 수 있는 리스크 수준을 직접 통제하고 있다.

12 한국은행의 설명자료를 참조하였다.

둘째, 신용위험(credit risk)은 거래상대방이 유가증권, 파생상품 등의 계약에 명시된 의무를 불이행함으로써 손실이 발생할 위험을 말한다. 한국은행은 적격투자자산 및 거래상대방의 신용등급을 일정 수준 이상으로 제한하고 각각에 대해 투자 및 거래한도를 설정함으로써 동 위험을 관리하고 있다. 아울러 투자 및 거래한도 설정 과정에서 주가, 부도확률, CDS 프리미엄 등의 시장지표를 활용함으로써 국제신용평가사의 신용등급에 대한 의존도를 낮추고 신용위험 확대에 선제적으로 대처하기 위해 노력하고 있다.

셋째, 유동성위험(liquidity risk)은 보유상품이 시장에서 거래가 활발하지 않거나 시장가격이 형성되지 않아 매매 과정에서 비정상적인 거래비용이 발생할 위험이다. 이를 관리하기 위해 시장 규모가 크고 거래가 활발한 금융상품으로 투자대상을 제한하고 정부채 등 고유동성자산의 비중이 일정 수준 이상이 되도록 하고 있다.

넷째, 운영위험(operation risk)은 부적절하거나 잘못된 내부절차, 직원, 시스템 또는 외부사건 등으로 인해 직·간접적인 손실이 발생할 위험을 말한다. 이를 관리하기 위해 한국은행은 외화자산 운용조직을 견제와 균형의 원칙에 따라 투자운용부(front office, 자산운용), 외자기획부(middle office, 자산배분·리스크관리) 및 운용지원부(back office, 결제·IT)로 분리하여 운영하고 있다. 또한 내부통제를 담당할 준법감시인을 별도로 두고 있고, 핵심리스크 지표 모니터링 등을 통해 위험 발생 가능성을 점검하고 있다.

12.8 외환보유액의 활용

외환당국은 외환보유액을 재원으로 외환시장에서 환율이 급등 또는 급락하는 등 한 방향으로의 지나친 쏠림현상이 나타나거나 단기간에 급격히 변동하는 경우 이를 완화하기 위해 제한적인 미세조정을 실시한다. 또한 외환당국은 국제금융시장의 신용경색 등으로 국내 외화유동성 부족 상황이 심각해지면 외환시장에서의 외환매매, 스왑시장 참여 등 다양한 방법을 통해 시중에 외환을 공급한다.

특히 외환시장에서 일시적으로 외환수요가 크게 증가하면서 환율이나 외화유동성에 부정적 영향을 미칠 것으로 예상될 경우에는 외환수요가 큰 기관(국민연금 등)과 직접 외환스왑 계약을 체결하는 방식으로 외환시장을 안정적으로 관리하고 있다.

한국은행이 외환시장 안정을 위해 외환보유액을 어떻게 활용하고 있는지 실제 활용사례를 살펴보자. 첫째, 한국은행은 외환시장 안정을 위해 필요하다고 판단되는 경우 외환보유액을 재원으로 외환을 국민연금에 공급하는 대신 국민연금으로부터는 원화를 받고 만기에 이를 재교환하는 방식의 외환스왑거래를 실시하고 있다. 한국은행은 국민연금과의 외환스왑을 통해 대규모 외환수요를 외환시장 밖에서 흡수함으로써 원/달러 환율 상승 압력을 완화할 수 있으며 국민연금은 해외투자 시 필요한 외환을 가격위험(price risk) 없이 안정적으로 확보할 수 있는 장점이 있다.

둘째, 한국은행은 2005년 7월 유동성관리 부담을 완화하고 외국환은행의 외화영업 활성화와 기업의 투자 촉진을 도모하기 위해 외국환은행과 50억달러 규모의 외화대출연계 통화스왑거래[13]를 실시한 바 있다. 이 외에도 한국은행은 글로벌 금융위기 이후 외화유동성 경색을 완화하기 위해 경쟁입찰방식 스왑거래, 경쟁입찰방식 외화대출, 수출환어음 담보대출[14] 등 다양한 방법을 통해 외화유동성을 공급하였다. 또한 한국은행은 2005년 7월 설립된 한국투자공사(KIC)에 외환보유액의 수익성 제고와 위험분산을 목적으로 외환보유액 중 일부를 위탁하여 운용하고 있다.

13 외화대출연계 통화스왑거래란 한국은행이 외국환은행에게 원화를 대가로 외화자금을 주면 외국환은행은 이를 자본재수입자금 대출, 해외점포 영업자금 등에 사용한 후 만기에 환매하는 방식이다.

14 한국은행이 국내에 본점을 둔 외국환은행을 대상으로 중소기업이 발행한 수출환어음을 담보로 한 외화대출제도를 말한다.

12.8.1 외환보유액의 평상시 민간부문 지원의 적정성 여부

외환보유액의 효율적 운용을 위해 금융·외환위기가 아닌 평상시에도 기업이나 금융기관 등 민간부문 지원에 외환보유액을 적극적으로 활용하자는 주장이 자주 제기되고 있으나 다음과 같은 점을 고려할 때 바람직하지 않아 보인다.

첫째, 외환보유액은 국가의 비상금으로서 위기 시 사용할 수 있도록 평상시에는 안전성과 유동성이 높은 대외자산으로 보유해야 한다. 하지만 기업이나 금융기관 등 민간부문에 지원하게 되면 필요시 유동성 확보에도 어려움이 발생할 수 있다. 이는 앞서 살펴보았듯이 외환보유액의 상당 부분을 국내 은행에 예탁했다가 외환위기 시 회수하지 못했던 사례를 떠올리면 쉽게 이해할 수 있을 것이다.

둘째, 외환보유액을 특정 기업이나, 산업 등 일부 이해관계자만을 위해 사용할 경우 국내에서는 형평성 문제가 제기될 수 있으며 국제적으로는 WTO(World Trade Organization)[15] 협정상 보조금 지급으로 간주될 수 있어 국가 간 통상마찰 문제를 야기할 수 있다.

셋째, 국내 금융기관이 필요한 외화자금을 자력으로 조달하지 않고 외환보유액 지원에 의존하게 되면 도덕적 해이(moral hazard) 문제가 발생하고 국가신인도에도 부정적 영향을 줄 수 있기 때문이다.

12.9 외환보유액을 둘러싼 주요 이슈

외환보유액을 둘러싼 주요 이슈는 외환보유액의 적정수준(adequacy level)이다. 학계나 IMF 등 국제기구에서는 외환보유액의 적정수준 산정방법에 대해 여러 가지 기준을 제시하고 있지만 아직까지 국제적으로 통용되는 보편적 기준은 없어 보인다. 그렇다면 외환보유액의 적정수준이 국제적으로 큰 이슈가 되는 이유는

15 WTO는 무역 자유화를 통한 전 세계적인 경제발전을 목적으로 하는 세계무역기구로, 1995년 1월 1일 출범하였다. WTO의 역할은 국가 간 발생하는 경제분쟁에 대한 판결권을 가지고, 판결의 강제집행권을 통해 국가 간 발생하는 마찰과 분쟁을 조정한다.

무엇일까? 그 해답은 바로 외환보유액의 보유 목적과 이로 인한 낮은 수익성에 있다.

외환보유액은 국가 위기 시에 정부가 사용할 수 있는 외화표시 최종 비상금(lender of last resort)으로 환율을 안정시키고 국가신인도를 높임으로써 위기를 예방하는 등 다양하고 중요한 역할을 한다.

특히 외환보유액은 비상시(위기 시)에 즉시 사용할 수 있어야 하므로 중앙은행들의 외환보유액 운용목표는 대체로 수익성보다는 안전성과 유동성 확보에 중점을 두고 있다. 따라서 우리나라 등 태생적 한계(original sin)를 갖고 있는 국가들은 위기 시 국제금융시장에서 외화차입이 어렵기 때문에 국가안전 차원에서 외환보유액을 가급적 많이 보유하려는 경향이 강하다.

외환보유액의 속성상 수익성이 낮을 수밖에 없어 외환보유액을 많이 보유할수록 민간부문에서의 더 높은 수익창출 기회가 상실되는, 즉 자금운용의 효율성 측면에서 기회비용이 커지는 문제가 발생한다. 즉, 외환보유액의 규모가 확대될수록 낮은 수익성으로 인해 기회비용은 더욱 커질 수밖에 없기 때문에 위기에 대비하기 위한 필요 최소한의 규모(minimum)로서의 적정수준(또는 최적 수준)이 얼마인지 고민하게 되는 것이다.

외환당국은 외환보유액을 평상시에는 환율 변동성 축소 등 외환시장 관리에, 위기 시에는 외화유동성 공급 등에 활용하면서 외환시장 안정과 위기 예방 등을 위해 적극적으로 활용하고 있지만 외환보유액의 낮은 수익성으로 인해 적정수준을 둘러싼 논란이 끊이지 않고 있다. 앞서 살펴보았듯이 외환보유액은 우리나라의 최종적인 대외지급 준비자산으로서 언제든지 사용할 수 있도록 높은 수준의 유동성을 유지해야 하므로 수익성이 낮은 자산으로 운용할 수밖에 없는 한계가 분명히 존재한다.

특히 외환보유액 규모가 외환위기 이후 계속 증가하면서 언론이나 정치권을 중심으로 외환보유액의 적정수준이나 활용방안에 대해 많은 관심을 보이고 있으나 대체로 외환보유액의 보유목적이나 우리 경제의 태생적 한계에 대한 이해가 부족한 데에서 기인한 것으로 보인다. 가령 국내외 경제 및 금융상황이 안정되어 외환보유액을 활용할 필요성이 적어지면 언론이나 정치권에서 외환보유액의 수익성이 낮다는 점을 이유로 "외환보유액 규모가 과다하다", "수익성을 제고해야 한다", 또는 "외환보유액을 민간부문 지원에 적극적으로 활용해야 한다" 등 다양한 주장이 어김없이 나온다. 예를 들어 2018년 국정감사 시에는 외환보유액이 과도한 수준은 아닌지에 대한 질의에 당시 외환당국은 현재 외환보유액 수준은 과도하지 않으며 적절하게 투자하고 있다고 답변한 바도 있다.[16]

반면 국제금융 상황이 조금만 악화되면 외환보유액이 충분한지에 대한 우려의 목소리도 여기저기서 나온다. 2023년 10월 7일 한 언론사는 달러 강세 심화로 국가 '외화비상금'인 외환보유액이 최근 1년 새 30조원 넘게 증발했다면서 한국의 외환보유액이 국제통화기금(IMF)이 권고하는 적정 수준을 3년째 밑돌고 있다는 우려 섞인 내용의 기사를 게재하기도 하였다.[17]

12.10 외환보유액의 적정수준

외환보유액의 적정수준 산정과 관련하여 아직까지 국제적으로 통용되는 보편적 기준은 없어 보인다. 이는 국가별로 경제발전 정도, 수출입 및 외채구조, 경상수지 규모 등이 서로 달라 적정 외환보유액 수준이 동일하지 않고, 이에 따라 모든 나라에 일률적으로 적용할 수 있는 보편적인 산정기준을 마련하기 어렵기 때문이다. 이러한 이유로 IMF도 외환보유액의 적정수준을 결정하기 위해서는 각국의 특수사정을 고려해야 한다고 강조하고 있다.

이처럼 모든 국가에 일률적으로 적용할 수 있는 적정 외환보유액 산정기준을 마련하기가 사실상 어렵기 때문에 적정 외환보유액 수준 산정 시 자본의 급격한 유출 가능성에 대한 외환보유액의 위기 예방 역할을 강조하는 동시에 민간의 단기외채 규모, 금융위기발생 확률에 근거한 자본 순유출 규모 및 정책당국의 위험회피 정도에 주목해야 한다는 주장들도 나타났다. 그러나 이런 주장들도 선진국

16 현 외환보유액 과유불급 수준 아니다(연합인포맥스, 2018.10.18.)
17 한국 "외화비상금" 30조 증발…3년째 빨간불인데 더 빠나간다고?.(매일경세, 2023.10.7.).

과 신흥국에 차별 없이 일률적으로 적용하기는 어렵다. 이는 선진국들은 국가신인도가 높고 자국통화가 국제시장에서 결제통화로 널리 사용되므로 외환보유액을 축적할 필요성이 적은 반면 신흥국들은 위기 시 국제금융시장에서 외화차입이 어렵고 대외의존도가 높아서 외환보유액을 가급적 넉넉히 보유하려는 경향이 크기 때문이다.

따라서 한 국가의 적정 외환보유액 수준이 얼마인지는 외환보유액이 국민경제에 기여하는 편익(benefit)과 외환보유액 유지에 소요되는 비용(cost)을 종합적으로 감안한 외환보유액의 순유지비용이 최소화되도록 결정될 필요가 있다(표 12. 9).

표 12.9 외환보유액의 편익 및 비용

비용	편익
불태화개입비용 (A) (통화안정증권 발행 비용 등)	외환보유액 운용수익 (C) (미 국채에 투자시 투자수익 등)
대체투자 상실비용 (B) (고위험·고수익 투자기회 상실)	외환보유액의 유·무형 이익 (D) (국가신인도 상승, 외환위기 예방 등)

→ 외환보유액의 순유지비용(비용–편익 = A+B–C–D)을 최소화

12.10.1 적정 외환보유액 수준 추정 방법

국제금융기구 및 학계 등에서 제시하고 있는 적정 외환보유액 수준 추정을 위한 방법들은 대체로 지표접근법, 최적화 접근법, 행태방정식 접근법 등으로 구분해 볼 수 있다. 각 접근법의 주요 추정 방법을 살펴보면 다음과 같다.

① 지표접근법

지표접근법이란 통화수요 이론의 거래적·예비적 동기에 기초하여 금융위기 등으로 외환지급 수요가 발생할 것으로 예상되는 주요 지표들의 일정 비율을 합계하여 이를 적정 외환보유액 수준으로 간주하는 방법이다. 동 접근법은 국제수지가 일시적으로 불균형을 보일 경우 균형을 다시 회복하는 데 소요되는 기간 동안 해외로부터의 자본유입을 대체하는 유동성수단으로서의 외환보유액 기능(역

할)을 강조하고 있다.

지표접근법은 금융위기와 같은 국가적 긴급상황 발생 시 외환의 지급수요가 발생할 것으로 예상되는 경상지급액이나 유동외채의 일정 비율을 과거 금융위기 시 유출경험 등을 고려하여 각각 산출하고 이를 합산한 금액을 적정 외환보유액 수준으로 파악하는 방법이다. 지표접근법은 유사시 대외지급 수요 및 과거 위기발생 시 경험을 고려할 수 있고 추정이 간편한 장점이 있으나 외환보유액의 기회비용을 반영하지 못하는 단점이 있다. 대표적인 추정 방법으로는 IMF (1953), Greenspan−Guidotti rule (1999), BIS (2004) 등이 있으며, 추정 방법별 주요 내용은 다음과 같다.

첫째, IMF (1953)는 적정 외환보유액으로 연간 경상지급액의 25%(혹은 3개월 수입액)를, Triffin (1960)은 외환보유액/연간 수입액 비율이 40%가 되는 수준을 각각 외환보유액의 적정수준으로 제시하였다.

둘째, Greenspan−Guidotti (1999)는 신흥국은 과거 위기발생 시 외채의 만기연장이 되지 않았다는 점을 근거로 신흥국의 경우 외환보유액을 최소한 유동외채 규모 이상으로 보유해야 적정하다고 주장하였다.

셋째, BIS (2004)는 한 국가의 연간 수입액의 3~6개월 치에 유동외채 잔액, 외국인보유주식 시가총액의 1/3, 거주자외화예금 잔액 및 현지금융 잔액을 합계한 규모를 적정 외환보유액으로 제시하면서 지표별 반영비율은 국가별로 처한 경제여건을 고려하여 각기 다른 비율을 적용할 수 있다고 주장하였다.

② 최적화 접근법

최적화접근법은 정책당국의 목적함수(Object Function)를 극대화 또는 최소화(효용 극대화 또는 비용 최소화)하거나 외환보유의 한계편익과 한계비용을 일치시키는(비용·편익 접근법) 조건으로부터 외환보유액의 적정수준을 도출하는 방식이다.

첫째, 효용극대화 접근법은 외환위기 발생에 따른 자본유입 중단(Sudden Stop)으로 국내총생산(GDP)이 감소하는 상황을 상정하여 정책당국의 목적함수를 설정하고 이를 극대화하는 조건으로부터 적정 외환보유액 수준을 추정하는 방법이다. 이 접근법은 외환보유액 규모가 확대될수록 민간부문에서는 더 높은 수익창출 기회가 상실되면서 국민소득수준의 감소폭이 확대(효용 감소)되지만 대외불균형 해소를 위해 국제수지 조정 정책에 의존할 가능성은 낮아지게 되므로 국민소득의 불안정성이 완화(효용 증대)된다는 점에 착안하였다.

즉, 외환보유에 따른 국민소득의 감소와 보유외환의 부족으로 초래될 국민소득 불안정성간의 선호구조(preference structure)에 기초하여 정책당국의 목적함수를 정의한다.

둘째, 비용최소화 접근법은 외환보유에 따른 기회비용에 외환보유액이 부족한 경우 발생할 수 있는 위기비용을 더해 총비용을 산정한 후 이를 최소화(minimize)하는 조건으로부터 적정 외환보유액을 추정하는 방법이다. 총비용함수는 외환보유의 기회비용과 외환보유액 부족 시 대외불균형 해소를 위해 부담하는 정책조정 비용의 합으로 정의[18]한다. 여기서 외환보유의 기회비용은 국내 실물부문 투자로부터의 수익과 외환보유액 운용수익 간의 차이로, 정책조정비용은 외환보유액이 부족할 경우 대외불균형을 해소하는 과정에서 초래되는 국민소득 감소분으로 각각 추정한다.

셋째, 비용·편익 접근법에서는 외환보유에 따른 한계비용이 한계편익을 하회(상회)할 경우 정책당국은 외환보유액을 증가(감소)시킨다는 "외환보유액과 기회비용·수익 간의 상관관계"를 이용[19]하여 적정 외환보유액 수준을 추정한다. 이 경우 편익은 외환보유액 부족으로 대외불균형이 발생할 경우 부담해야 하는 잠재적 비용(외환위기 발생으로 인한 GDP 감소분)으로 정의한다.

이상 소개한 적정 외환보유액 추정 방법들은 외환보유에 따른 비용과 편익을 종합적으로 고려한다는 장점이 있으나 추정방법이 어렵고 목적함수의 설정 방법, 설명변수의 포괄 범위 등에 따라 모형별로 추정 결과의 편차가 크다는 단점이 있다.

이에 따라 최적화 접근법은 자본의 급격한 유출 가능성과 그에 따른 외환보

18 Frenkel·Jovanovic (1981), Ben-Bassat·Gottlieb (1992) 등 참조.

19 Heller (1966) 등 참조.

유액의 위기 예방 역할을 강조하는 방향으로 발전하는 모습을 보이고 있다. 최적화접근법의 대표적인 추정 방법으로는 Ben–Bassat · Gottlieb 모형 (1992), Garcia · Soto 모형 (2004), Jeanne · Ranciére 모형 (2006) 등이 있다. 모형별 주요 내용은 다음과 같다.

첫째, Ben–Bassat · Gottlieb 모형 (1992)은 외환보유에 따른 기회비용, 외환보유액 부족시 위기비용 및 위기발생 확률로 총비용을 구성하고 총비용을 최소화(minimize)하는 조건으로부터 적정 외환보유액을 도출한다. 이때 총비용함수는 위기발생 확률을 가중치로 하여 외환보유시 기회비용과 위기비용을 합계한 기대비용함수의 형태로 설정하며 위기발생 확률은 연간수입액/외환보유액, 외환보유액/총대외부채, 한계 수입성향, 1인당 GDP 등을 설명변수로 하여 설정한 모형을 통해 각각 추정한다.

둘째, Garcia · Soto 모형 (2004)은 Ben–Bassat · Gottlieb 모형 (1992)을 기초로 하여 적정 외환보유액 도출 과정에서 민간부문 유동외채의 중요성을 강조하는 방향으로 모형을 확장시킨 모델이다. Garcia · Soto 모형에서는 민간부문의 유동외채가 늘어날수록 위기발생 확률이 높아지고 잠재적 위기비용도 증가하면서 적정 외환보유액 규모가 커지게 되는데 이는 반대로 외환보유액이 충분할수록 위기발생 확률이 낮아진다는 것을 의미한다.

셋째, Jeanne · Ranciére 모형 (2006)은 외환위기 발생에 따른 자본유입 중단(Sudden Stop)으로 국내 총생산이 감소하는 경제를 상정하여 정책당국의 목적함수를 설정한 다음 이를 극대화하는 조건으로부터 외환보유액의 적정수준을 도출한다.

동 모형은 위기발생에 따른 자본의 순유출 규모가 클수록, 정책당국의 위험회피도가 높을수록 한 나라의 적정 외환보유액은 더 큰 규모로 산출되는 방식이다.

넷째, 행태방정식 접근법은 외환보유액의 수요함수를 기초로 한 축약형(reduced form) 방정식의 추정을 통해 적정 외환보유액 규모를 산출한다. 적정 외환보유액 추정에 이용되는 변수로는 국제수지 변동성, 국내외 금리, GDP 등이 포함되며 패널자료를 이용하여 외환보유액 수요에 대한 각국의 행태를 비교 분석함으로써 적정 외환보유액을 추정하기도 한다. 한편 행태방정식 접근법 중에는 국가신용도 모형이 있다. 국가신용도 모형은 외환보유액을 포함한 개별 국가의 신용도 결정요인을 설명변수로 하는 행태방정식을 추정한 다음 신용등급을 특정 수준으로 유지하는 외환보유액을 적정규모로 판단한다.

참고 국가신용도 모형(예시)

적정 외환보유액 산정을 위한 국가신용도 모형은 국제 신용평가기관이 각국의 신용도를 평가하면서 고려하는 1인당 GDP, 외환보유액/월간 경상지급액, 소비자물가상승률, 경제성장률, 순대외채무 지정학적 위험요인 등 다양한 변수들을 설명변수에 포함하여 구축한다.

〈추정모형 예시〉

$$Cred_i = \alpha + \beta_1 \log(PGDP)_i + \beta_2 Rsvcp_i + \beta_3 CPI_i + \beta_4 Growth_i + \beta_5 Debtcr_i + \beta_6 Tension_i + \epsilon_i$$

Cred: S&P 국가신용등급, PGDP: 1인당 GDP, Rsvcp: 외환보유액/월간경상지급액,
CPI: 소비자물가상승률, Growth: 성장률, Debtcr: 순대외채무/연간경상수입액,
Tension: 지정학적 리스크 더미변수(지정학적 위험이 있으면 = 1, 지정학적 위험이 없으면 = 0)

요 약

1. IMF(국제통화기금)는 외환보유액(international reserves)을 교환성이 있고 유동성과 시장성이 높은 자산으로서 국제수지 불균형의 직접적인 보전 또는 환율에 영향을 미치는 외환시장 개입을 통한 간접적인 국제수지 불균형 조절 등의 목적으로 통화당국에 의해 즉시 사용이 가능하고 통제되는 대외지급준비자산으로 정의하고 있다.
2. IMF는 외환보유액의 보유 목적(역할)으로 다음의 6가지 항목을 제시하고 있다. ⅰ) 통화정책 및 환율정책수행의 신뢰도 제고, ⅱ) 위기 대응능력 확충을 통한 외부취약성 제한(limit external vulnerability), ⅲ) 국가의 현재와 미래의 외채상환 능력에 대한 시장의 신뢰 구축, ⅳ) 자국통화가치(domestic currency)의 유지 및 관리, ⅴ) 정부의 외환소요 및 외채상환 지원, ⅵ) 국가적 재난 또는 긴급상황 발생 시 사용할 목적의 비상금.

3. 외환보유액은 국가 비상시에 정부가 사용할 수 있는 외화표시 최종 비상금(land of last resort)으로 환율을 안정시키고 국가신인도를 높임으로써 위기를 예방하는 등 다양하고 중요한 역할을 한다. 외환보유액은 비상시에 즉시 사용할 수 있어야 하므로 세계 각국 중앙은행들의 외환보유액 운용목표는 대체로 수익성보다는 안전성과 유동성 확보를 최우선으로 하고 있다. 이에 따라 외환보유액의 수익성은 낮을 수밖에 없으므로 외환보유액을 많이 보유할수록 민간부문에서의 더 높은 수익 기회가 상실되는 자금운용의 효율성 측면에서 기회비용이 커지는 문제가 발생한다.

4. 외환보유액은 경상수지, 외국인의 국내증권투자나 내국인의 해외증권투자 등에 따른 외화의 국내 유출입, 외환당국의 외환시장 또는 스왑시장 개입, 미 달러화, 유로화 등 외환보유액의 주요 구성통화 가치의 변동 및 외환보유액의 운용 손익 등에 따라 그 규모가 증가하거나 감소하게 된다.

연습문제

1. 외환보유액의 정의와 보유목적에 대해 각각 설명하라.
2. 외환보유액의 주요 증감 요인에 대해 각각 설명하라.
3. 외환보유액의 편익 및 비용은 무엇인지 각각 설명하라.
4. 외화예탁금이란 과거 한국은행이 용도를 지정하여 외국환은행에 예치한 외화예금의 한 종류이다. 외환보유액 운용목표로 유동성이 중요한 이유를 과거 한국은행의 외화예탁금 운용 사례를 이용하여 설명하라.
5. 외환보유액을 자동차 등 특정 산업에 지원하는 방안의 장·단점에 대해 자신의 의견을 제시하라.

13장

국제자본이동

학습목표

1. 국제자본이동이란 무엇인지 이해한다.
2. 국제자본이동의 규모와 특징을 살펴본다.
3. 국제자본이동의 동인(factor), 국제자본이동의 편익과 비용을 살펴본다.
4. 국제자본이동이 피투자국(자본유입국) 경제에 미치는 영향을 살펴보고 메커니즘을 이해한다.
5. 국제자본의 유출입 규제 방법에 대해 알아본다.

13.1 국제자본이동의 정의

국제자본이동(international capital flows)이란 국가 간의 자본이동을 의미한다. 국제자본이동의 유형을 투자 주체별로 살펴보면 크게 거주자[1]의 국외 투자로 나타나는 '자본유출(capital outflows)'과 비거주자의 국내 투자로 나타나는 '자본유입(capital inflows)'으로 구분할 수 있다.

국제자본이동을 다시 형태별로 구분하면 직접투자(direct investment), 포트폴리오투자(portfolio investment), 그리고 기타 투자(other investments)로 분류할 수 있다. i) 직접투자란 다국적 기업과 같이 주로 경영에 참여할 목적으로 외국 기업의 지분을 취득하거나 새로운 기업을 설립하는 것을 말한다. ii) 포트폴리오투자(또는 증권투자)란 배당금(dividend)이나 이자(interest) 수취를 목적으로 주식, 채권 등 외국의 금융자산을 취득하는 것을 말한다. iii) 기타 투자란 직접투자, 포트폴리오투자 등에 포함되지 않는 금융거래로 주로 대출이나 차입, 무역신용 등으로 구성되어 있다.

이처럼 국제자본이동의 형태는 다양하지만 자본이동의 결과는 해당 국가의 국제수지표(BOP, balance of payment)의 금융계정에 기록된다.

1 거주자란 대한민국에 주소 또는 거소를 둔 개인과 대한민국에 주된 사무소를 둔 법인을 말하며 비거주자란 거주자 외의 개인 및 법인을 말한다. 다만 비거주자의 대한민국에 있는 지점, 출장소, 그밖의 사무소는 거주자로 본다(「외국환거래법」 제3조).

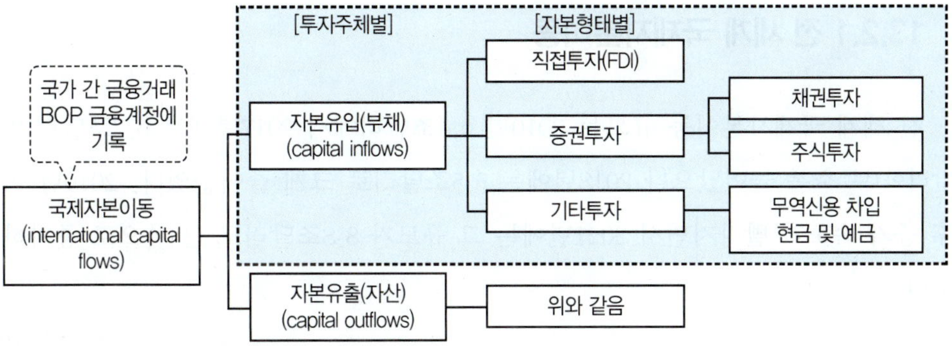

그림 13.1 해외자본 유출입

자료: 한국은행

13.2 국제자본이동의 규모

국제자본은 전 세계를 무대로 글로벌 경기, 국제금융시장의 유동성 상황, 지정학적 위험(geopolitical risk) 등 다양한 요인에 따라 끊임없이 실시간으로 이동하고 있어 그 규모를 정확하게 파악하기는 쉽지 않다. 국제자본이동은 크게 선진국 자본의 신흥시장국(Emerging and Developing Economies)으로의 이동(downhill flow of capital)과 신흥시장국 자본의 선진국으로의 이동(uphill flow of capital)으로 구분할 수 있다.

본서에서는 국제자본이동 규모를 IMF의 국제수지[2] 편제기준(BMP6)에 따른 비거주자의 직접투자, 포트폴리오투자 및 기타 투자의 합계로 정의하고 전 세계 국제자본 이동, 선진국 자본의 신흥시장국(이하 '신흥국')으로의 이동 및 신흥국 자본의 선진국으로의 이동으로 구분해서 각각의 규모를 살펴본다. 분석 기간은 2010년 1월부터 2021년 12월까지이다.

2 국제수지 통계는 일정 기간 한 나라의 거주자와 비거주자 사이에 발생한 경제적 거래를 체계적으로 기록한 통계로, IMF의 국제수지매뉴얼(BPM6)에 따라 작성된다. 일정 기간 국내에 들어온 외화가 유출된 외화보다 많으면 국제수지는 흑자, 적으면 적자가 발생한다.

13.2.1 전 세계 국제자본이동

전 세계 국제자본이동 규모는 2010년 6.4조달러에서 2017년에는 6.7조달러(미달러화)로 소폭 늘어났으나 2018년에는 3.5조달러로 크게 줄어들었다. 2019년 이후 증가 속도가 빨라지면서 2021년에는 그 규모가 8.8조달러로 큰 폭으로 증가하였다.

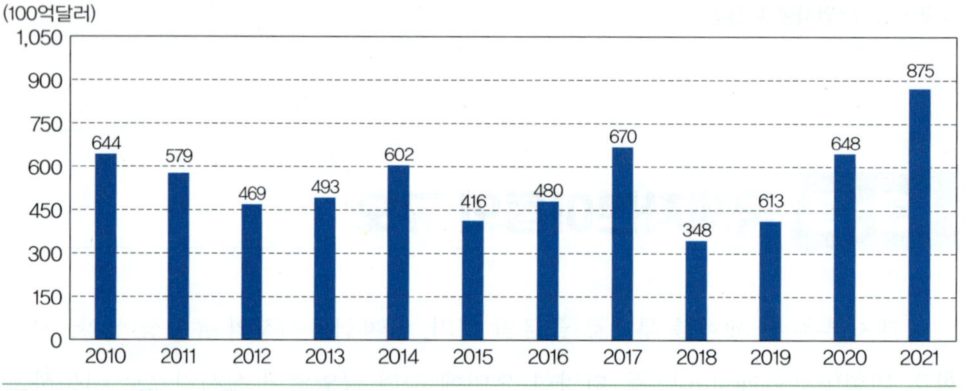

그림 13.2 전 세계 국제자본이동* 추이

주: * 비거주자의 직접투자, 간접투자 및 기타 투자의 합계
자료: IMF (2023)

13.2.2 선진국 및 신흥국으로의 국제자본이동

먼저 선진국(Advanced Economies)[3]으로의 자본이동(국제자본이 선진국으로 순유입됨을 의미) 규모는 2010년 4.9조달러에서 2018년 2.3조달러로 크게 축소되었다가 이후 빠르게 늘어나면서 2021년에는 6.9조달러로 확대되었다. 반면 신흥국(Emerging and Developing Economies)[4]으로의 자본이동 규모는 2010~2014년에는

3 선진국은 미국, 영국, 유로(Euro), 한국, 일본, 홍콩, 마카오 등(IMF의 Advanced Economies 기준)

4 신흥국은 중국(본토), 러시아, 인도, 인도네시아, 말레이시아 등(IMF의 Emerging and Developing Economies 기준)

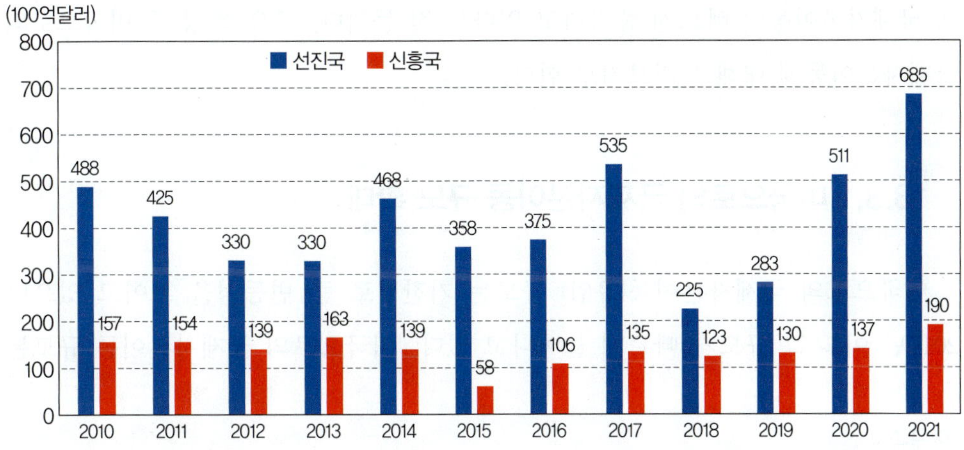

그림 13.3 경제 규모별 국제자본이동*

주: * 비거주자의 직접투자, 간접투자 및 기타 투자의 합계(국제수지 기준)
자료: IMF(World and Regional Data Reports, 2022)

대체로 1.6조달러 내외에서 변동하다가 2015년 0.6조달러로 크게 축소되었으나 이후 완만한 증가세를 보이면서 2021년에는 1.9조달러로 늘어났다.

〈그림 13.3〉에서 보듯이 2018년 이후 선진국으로의 자본이동(자본유입) 규모는 빠르게 증가하고 있으나 신흥국으로의 자본이동 규모는 상대적으로 완만한 증가세를 보이고 있다. 이에 따라 선진국과 신흥국 간 자본이동 규모 격차도 2018년에는 크게 축소되었다가 2019년 이후 다시 확대되고 있다. 특히 2021년 선진국으로의 자본이동 규모는 신흥국으로의 자본이동 규모의 3.6배로 2017년(3.9배) 이후 가장 큰 격차를 나타냈다.

13.3 국제자본이동의 주요 특징

2010~2021년 중 국제자본이동의 주요 특징은 다음과 같다. 첫째, 선진국인 미국으로의 국제자본이동(uphill flow of capital)이 지속되고 있는 가운데 그 규모도 확대되고 있다. 둘째, 시기별로 국제자본이동의 변동성(volatility)이 매우 크다. 셋째, 최근 들어 국제자본이동의 형태 중 부채성 자본의 비중이 큰 기타 투자 목적

의 국제자본이동이 빠르게 증가하고 있다는 점 등이다. 주요 특징 중 미국으로의 국제자본이동에 대해 살펴보기로 한다.

13.3.1 미국으로의 국제자본이동 규모 확대

미국으로의 국제자본이동(유입) 규모는 기간별로 큰 변동성을 보이고 있으나 2019년 이후 그 규모가 빠르게 늘어나고 있다. 미국으로의 국제자본이동 규모는

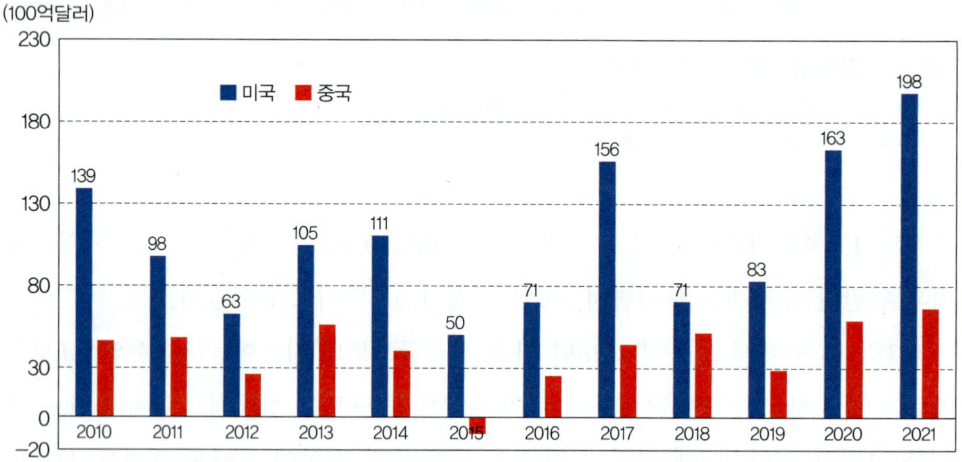

그림 13.4 미국 및 중국으로의 국제자본 유입

그림 13.5 미국 및 중국으로의 국제자본 유입 비율 추이

2015년에는 0.5조달러로 크게 축소되었지만 2019년 이후 빠른 속도로 늘어나면서 2021년에는 자본이동 규모가 2.0조달러를 기록하였는데, 이는 2010년 이후 사상 최대 규모이다. 이에 따라 전 세계 국제자본 중 미국으로의 국제자본이동 비율도 2015년 12%를 저점으로 대체로 상승세를 보이면서 2020년에는 25%(2010년 이후 가장 높은 수준)로 상승하였다가 2021년에는 23%로 소폭 하락하였다.

13.3.2 미국으로의 국제자본이동 요인

미국으로의 국제자본이동은 아시아 국가를 중심으로 한 과잉저축 자금이 미국으로 대규모 유입되고 또한 신흥국의 외환보유액이 글로벌 안전자산(safety asset)으로 간주되는 미 국채 등에 대규모로 투자되고 있기 때문으로 보인다. 미국의 연방준비제도(FRB)의 의장이었던 Ben Bernanke는 중국 등 신흥국의 저축-투자 갭 확대로 인해 미국 등 선진국으로의 국제자본유입이 증가했다고 지적(global saving glut)하였으며 일부 경제학자들은 신흥국이 외환보유액을 안전자산에 투자하는 과정에서 미국 등 선진국으로 국제자본 유입이 확대된다는 '안전자산 선호설'을 제기하였다.

미국은 1990년 이후 대규모 경상수지 적자가 지속되고 있는데 이것이 가능한 것은 세계 각국의 다양한 성격의 투자자들이 국채(treasury), 주식 등 미국의 금융

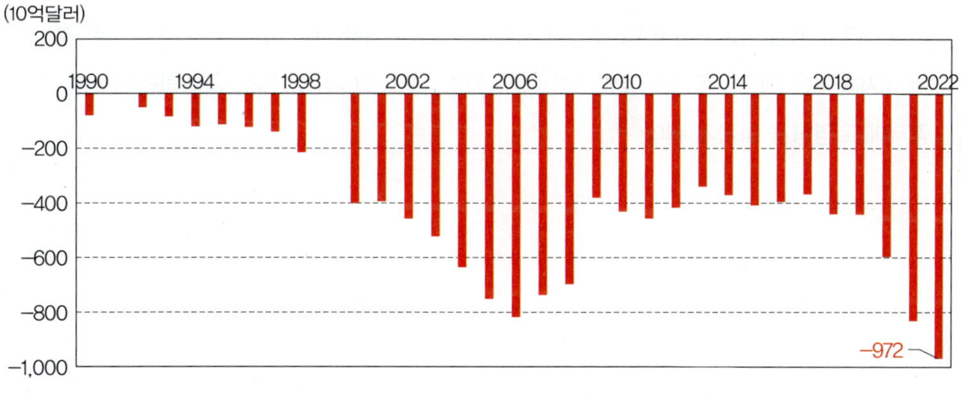

그림 13.6 미국의 경상수지

자료: IMF(Balance of Payments Analytic Presentation by Country, 2022)

자산에 대규모로 투자하면서 미국으로의 국제자본유입이 지속되고 있기 때문이다. 만약 미국으로의 국제자본 유입이 갑자기 멈추면 미국의 경상수지 적자는 더 이상 지속될 수 없으며, 이 경우 발생할 범세계적 되돌림현상(global unwinding)이 세계 경제와 국제금융시장의 안정을 저해할 수 있다는 우려가 오래전부터 제기되어 왔다.

참고 외국인의 미국 국채 투자현황

미 연방 부채(미 정부 발행 국채) 보유 상위 국가들의 보유 비중을 보면 영국, 벨기에 등의 보유 비중은 늘어난 반면 일본, 중국 등의 보유 비중은 줄어든 것으로 나타났다.

일본은 2018년말 기준 미 국채 보유 규모가 1조 397억달러에서 2022년말에는 1조 763억달러로 소폭 증가하였으나 보유 비중은 16.58%에서 14.71%로 소폭 감소하였다. 반면 중국의 경우 2018년말 기준 미 국채 보유 규모가 1조 1,243억달러로 전 세계 1위를 기록하였지만 2022년말에는 보유 규모가 8,671억달러로 크게 줄어들면서 보유 비중도 2018년 17.93%에서 11.85%로 크게 축소되었다.

세계 각국의 미 국채 투자 증가는 미국 경제에는 장기금리 하락으로 소비 증가를 유발하고 미 달러화 강세를 통해 경상수지를 악화시키는 요인으로 작용하게 된다. 특히 미국은 1990년 이후 대규모 경상수지 적자가 지속되고 있는데 이 같은 대규모 경상수지 적자가 유지될 수 있는 것은 세계 각국의 투자자들이 미 국채 등 미국의 금융자산에 적극적으로 투자하면서 국제자본의 미국 내 유입이 지속되고 있기 때문이다. 미국 등 선진국으로 유입된 국제자본은 과잉유동성을 유발하여 다시 신흥국으로의 자본유입을 확대하면서 신흥국 경제에도 영향을 미치게 된다.

국가별 상위 10개 외국인의 미국 연방 부채 보유자*

2022년 12월			2018년 12월		
국가	보유 금액 (10억달러)	연방 부채에 대한 전체 외국인 보유 비율(%)	국가	보유 금액 (10억달러)	연방 부채에 대한 전체 외국인 보유 비율(%)
일본	1,076.3	14.71	중국	1,124.3	17.93
중국	867.1	11.85	일본	1,039.7	16.58
영국	654.5	8.94	브라질	303.1	4.83
벨기에	354.3	4.84	영국	288.0	4.59
룩셈부르크	329.4	4.50	아일랜드	279.9	4.46
케이맨 제도	283.8	3.88	룩셈부르크	230.5	3.68
스위스	269.7	3.69	스위스	229.9	3.67
아일랜드	254.8	3.48	케이맨 제도	225.6	3.60
타이완	225.5	3.08	홍콩	196.3	3.13
인도	224.1	3.06	벨기에	185.1	2.95
미국 연방 부채 보유 상위 10개국	4,539.5	62.0	미국 연방 부채 보유 상위 10개국	4,102.4	65.4
미국 연방 부채에 대한 외국인 투자 총액	7,318.7	100	미국 연방 부채에 대한 외국인 투자 총액	6,270.1	100

주: 연방 부채는 미국 정부가 발행한 채권(국채)을 의미한다.
자료: 미 재무부, https://ticdata.treasury.gov/Publish/mfh.txt, https://www.treasury.gov/resource-center/data-chart-center/tic/Documents/mfhhis01.txt

13.3.3 우리나라로의 국제자본이동

① 전체 국제자본이동 규모

2010~2022년 중[5] 우리나라로의 국제자본이동 규모를 살펴보면 2015년(−131억달러)을 제외하고는 매년 상당 규모의 국제자본이 국내로 순유입된 것으로 나타났다. 특히 2021년에는 국제자본이동 규모가 1,075억달러로 사상 최대 규모를 기

5 전 세계 자본이동 규모는 IMF의 국제수지 통계(2021년까지 공표)를 이용하였으며 한국으로의 자본이동 규모는 한국은행의 국제수지 통계(2022년까지 공표)를 이용하여 분석 기간이 서로 다르다.

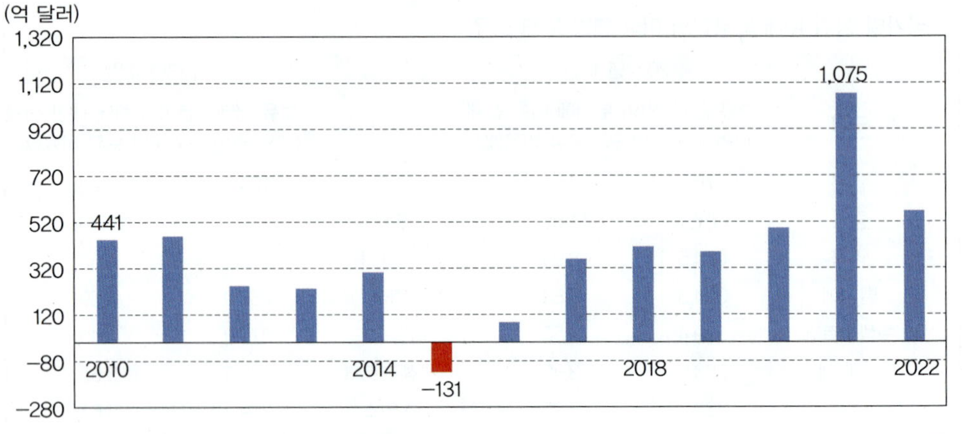

그림 13.7 국제자본의 국내 이동(순유입) 규모*

주: * 비거주자의 직접투자, 간접투자 및 기타 투자의 합계(+는 순유입, −는 순유출을 각각 의미)
자료: 한국은행(ECOS)

록하였는데 이는 2010년 441억달러의 2배가 넘는 수준이다.

② 자본 형태별 이동(순유입) 규모

직접투자자금은 2010년 이후 매년 국내에 순유입되고 있으며 포트폴리오투자자금도 2015년(−77억달러), 2016년(−38억달러)을 제외하고는 대체로 순유입 기조

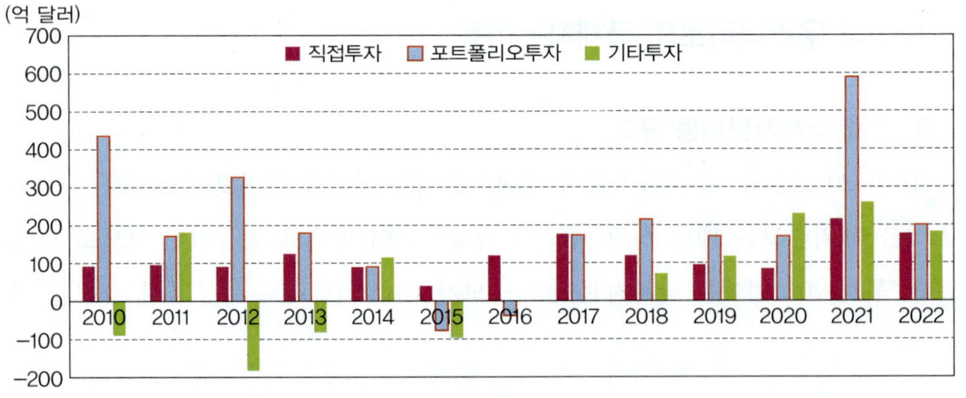

그림 13.8 국제자본의 투자유형별 국내 이동(순유입) 규모*

주: * 비거주자의 직접투자, 간접투자 및 기타 투자의 합계((+는 순유입, −는 순유출을 각각 의미)
자료: 한국은행(ECOS)

가 지속되는 가운데 2021년에는 순유입 규모가 591억달러로 사상 최대 규모를 기록하였다. 기타 투자자금은 2018년 이후 순유입 규모가 빠르게 늘어나고 있다.

13.4 국제자본이동의 결정요인

국제자본이동은 세계경제의 글로벌화, 금융의 세계화 등 국제적 흐름에 맞춰 대체로 빠르게 늘어나는 모습을 보이고 있다. 국제자본이동은 거시적으로는 글로벌 경기, 국제금융시장 동향 등 국내외 경제 및 금융 상황 등의 영향을 받으며 미시적으로는 투자자산의 수익률이나 리스크에 영향을 주는 요인들에 의해 결정된다. 학계에서는 자본이동에 영향을 미치는 요소(factor)들을 크게 대외적 동인과 대내적 동인으로 구분하고 있다.

먼저 대외적 동인(push factor)이란 여러 국가에 공통된 영향을 미치는 요인으로

참고 자본이동 결정요인

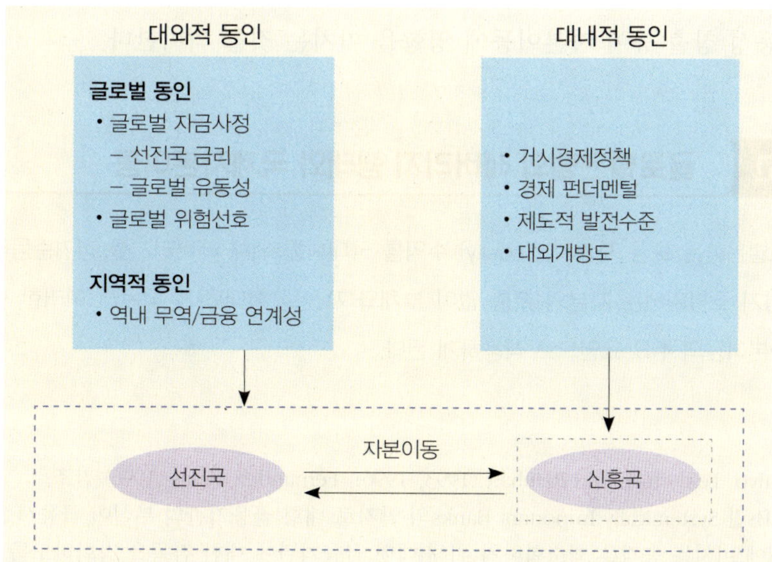

글로벌 자금사정(선진국 금리, 글로벌 유동성 등)이나 위험선호(risk appetite)와 같은 글로벌 동인과 역내 무역·금융 연계성과 같은 지역적 동인을 들 수 있다. 신흥국 입장에서는 대외적 동인들을 정책적으로 통제할 수 없다. 반면 대내적 동인(pull factor)으로는 각 국가가 지닌 개별적 요인(country-specific factor)으로 국내 거시경제정책, 국내 경제의 기초경제여건(펀더멘털), 제도적 발전 수준 및 대외개방도 등을 들 수 있다. 이들 요인들은 신흥국이 정책적 노력으로 일정 수준 통제가 가능하다는 점에서 대외적 동인과는 차이가 있다.

13.4.1 대외적 동인

자본이동에 영향을 미치는 첫 번째 대외적 동인은 글로벌 자금사정으로, 가격지표인 선진국의 금리와 양적지표인 글로벌 유동성이 각각 다른 경로를 통해 자본이동에 영향을 미친다. ⅰ) 선진국의 금리는 전통적으로 국제자본이동의 주요 동인(factor)의 하나로 인식되어 왔는데, 대체로 '선진국 금리 변화 → 신흥국 투자자산의 상대적 수익률 변화'의 경로(path)를 통해 자본이동에 영향을 미친다.[6]

ⅱ) 글로벌 유동성은 국제금융시장의 유동성 사정, 선진국의 시스템상 중요은행(SIBs)[7]이나 글로벌 은행 또는 그림자금융(shadow banking)의 레버리지 변화를 통한 유동성 창출 등이 자본이동에 영향을 미치는 것을 의미한다.

참고 글로벌은행의 레버리지 행태와 국제자본이동

글로벌은행은 보통 자기자본(equity) 수익률 극대화를 위해 레버리지를 경기순응적으로 조정(경기 호황기에는 자본의 확충 없이 부채와 자산을 확대)하게 되는데 이러한 행태가 국제자본이동의 주요 요인으로 작용하게 된다.

6 Calvo, Leiderman and Reinhart (1993, 1996), Fernandez-Arias (1996) 참조.

7 SIBs란 Systemically Important Banks의 약자로 대형 금융기관의 부실이 금융시스템 및 경제에 미치는 충격을 최소화하기 위해 대형 금융기관에 대한 감독을 강화하도록 금융안정위원회(FSB) 및 바젤위원회(BCBS)가 권고한 제도이다.

가령 유럽계 글로벌은행들은 2000년대 들어 미국에서 단기로 조달한 미 달러화 자금을 미국의 그림자금융을 통해 다시 미국에 재투자하고 일부는 신흥국에 투자하였다. 유럽계 은행들의 이러한 행태가 미국 모기지(mortgage) 시장[8]의 과잉유동성을 초래하고 이것이 금융위기의 한 원인으로 작용한 것으로 알려졌다(global banking glut). 특히 이들 유럽계 은행의 경우 글로벌 차원에서 자금을 조달하고 운용하므로 이들 은행들의 디레버리징(deleveraging; 부채 축소)은 선진국과 신흥국 모두에 부정적인 영향을 미친다.

한편 글로벌 금융위기 이후 그림자금융[9]이란 용어가 전 세계적으로 광범위하게 사용되고 있으나 그 개념이 명확히 정립된 것은 아니다. 그림자금융을 용어 그대로 해석하면 규제 영역 밖에 있는 신용중개활동으로 이해할 수 있다. 즉 은행과 유사한 신용중개기능(credit intermediation)을 수행함에도 불구하고 은행과 같은 엄격한 규제를 받지 않으며 중앙은행의 유동성 지원이나 예금자 보호도 원활하게 받을 수 없어 시스템 리스크를 초래할 가능성이 높은 기관 및 금융상품을 총칭한다.

두 번째 대외적 동인은 글로벌 위험선호(global risk appetite)인데 이는 국제금융시장의 불확실성의 정도에 따라 선진국에서 신흥국으로 자본이 이동하는 경로를 말한다. 일반적으로 글로벌 위험선호가 높아지면 신흥국에 대한 투자 유인(pull factor)[10]이 커지면서 신흥국 자산에 대한 위험선호(risk-taking)가 늘어난다. 이에 따라 신흥국으로의 자본이동이 확대된다.

세 번째 지역적(domestic) 동인인 역내 무역 및 금융의 연계성은 역내 통합이 진전될수록 강화되어 역내 국가 간 자본이동을 원활히 하는 효과가 있다.

8 모기지(mortgage)란 금융거래에서 부동산을 담보로 할 경우 그 부동산에 설정되는 저당권 또는 그 저당권을 나타내는 증서를 말하며, 모기지론(주택저당대출)은 저당증권을 발행하여 장기주택자금을 대출해주는 제도를 말한다.

9 한국은행(2012) 참조.

10 신흥시장국의 높은 성장잠재력, 빠른 경제성장, 양호한 기업수익 등.

13.4.2 대내적 동인

첫 번째 대내적 동인은 거시경제정책과 경제의 펀더멘털인데 금리나 경제성장을 통해 투자자의 수익률을 변동시키면서 자본이동에 영향을 주는 경로를 말한다. 두 번째 대내적 동인은 각종 제도적 발전 수준으로 금융제도, 환율제도, 투자환경 등이 대외충격에 대한 복원성을 통해 자본이동에 영향을 미치는 경로를 의미한다. 세 번째 대내적 동인은 대외개방도로 특정 국가의 무역이나 금융시장의 개방 정도에 따라 대외충격이 주변 국가로 확산(spill-over)되면서 자본이동에 영향을 주는 경로를 말한다.

참고 대외 및 대내적 동인의 요소별 신흥국 자본이동 파급경로

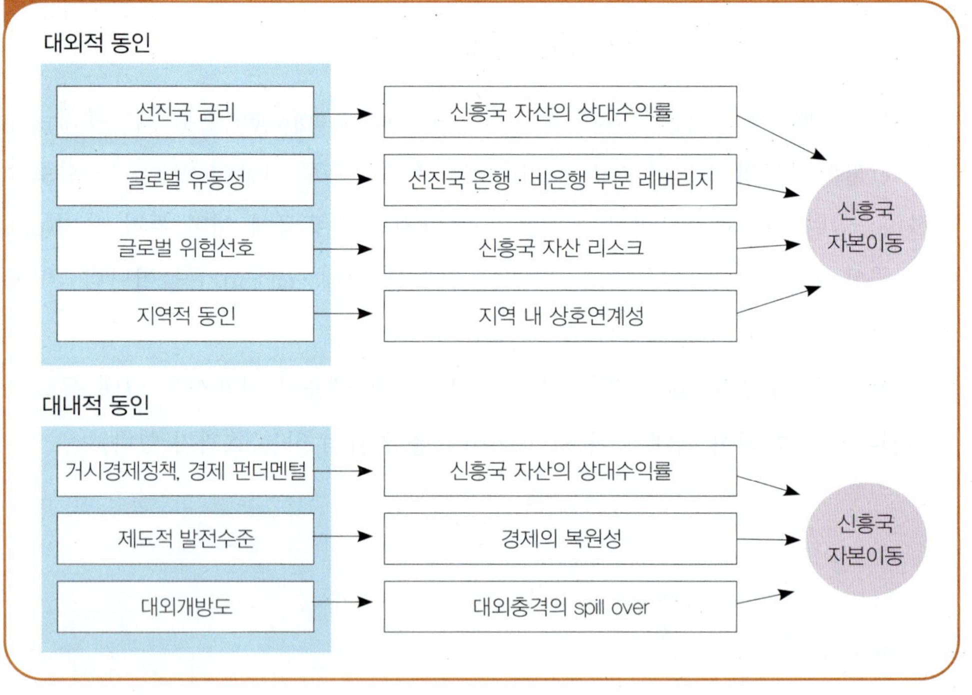

13.5 국제자본이동의 편익과 비용

학계에서는 국제자본이동의 발생 원인을 주로 자본이동의 편익(benefit)과 비용(cost)으로 설명하며 모든 형태의 국제자본이동 현상을 설명하기 위해서는 거시적 접근이 필요하다. 거시적 접근은 크게 전통적 견해와 새로운 견해로 구분되는데 전통적 견해란 자본이동의 편익을 강조하는 것이며 새로운 견해는 편익과 비용 모두에 주목한다.

13.5.1 전통적 견해

전통적 견해는 자본이동의 편익을 이용해서 자본이동을 설명하는 접근법이다. 현재와 미래 간 경상수지 최적화 접근법(intertemporal approach to the current account)에서는 시장에 왜곡이나 마찰적 요인이 존재하지 않고 경제주체들이 시장상황에 대해 완전한 정보를 얻을 수 있으며 국제자본이동은 경제주체가 평생에 걸쳐 효용을 극대화하기 위하여 저축과 투자를 조정하는 과정에서 발생하게 된다고 주장한다.[11]

전통적 견해가 국제자본이동의 편익으로 제시하는 바는 다음과 같다. 첫 번째 국제자본이동의 편익은 소비변동성(consumption smoothing)의 완화이다. 경제주체는 기간별로 일정한 소비수준을 유지하기 위해 현재 소비와 미래 소비(저축)를 조정하는데, 이때 국가 간에도 자본이동을 이용해서 소비변동성을 완화할 수 있다는 점을 의미한다. 일시적 경기침체를 경험하는 국가는 해외차입 등을 통해 소비를 평활화(smoothing)할 기회를 가질 수 있으며 경기가 좋은 국가 역시 해외저축을 통해 소비를 미래로 이연시킬 수 있기 때문에 소비변동성을 완화시킬 수 있다.

두 번째 편익은 선진국에서 신흥국으로의 국제자본이동(downhill)이다. 국제자

11 Obstfeld and Rogoff (1996) 참조.

본은 일반적으로 경제성장률이 낮고 자본이 풍부한 선진국에서 경제성장률은 높지만 자본의 희소성이 높은 신흥국으로 이동하게 된다. 신흥국의 경우 보통 투자수요가 많고 경제성장률이 높기 때문에 국제자본은 신흥국으로의 자본이동을 통해 자산의 수익성을 높이거나 투자위험을 전 세계에 걸쳐 분산(diversification)시킬 수 있다.

세 번째 편익은 경제성장의 촉진[12]이다. 신흥국의 자본자유화 및 금융시장의 개방은 전 세계적으로 효율적인 자원배분을 통해 신흥국의 경제성장과 금융제도의 발전을 촉진시킬 수 있다.[13] 또한 국제자본의 유입은 자본유입국(피투자국)의 금융부문의 발전, 거시경제정책의 규율 강화, 지배구조 개선, 경쟁촉진 등의 간접적 편익(collateral benefits)을 통해 경제성장에 기여한다.

그러나 현실 경제에서는 전통적 견해로는 국제자본이동의 원인을 설명하기 어려운 현상들도 나타난다.

국제자본이동의 주요 기대효과가 기간 간 소비의 평활화(변동성 완화)임에도 불구하고 국제자본이동이 경기순응성으로 인해 높은 변동성을 보이면서 국제자본이 많이 유입된 신흥국의 소비변동성이 오히려 확대되는 모습을 보이는 것이 대표적인 예이다. 또한 2000년대 이후 국제자본이동이 선진국에서 신흥국으로의 흐름이 아니라 역으로 신흥국에서 선진국으로 발생(uphill 또는 South → North flows)하고 있는 것도 전통적 견해의 주장과는 다르다. 특히 국제자본의 자유로운 이동이 자본유입국 금융·외환시장의 불안정성과 금융위기 발생 가능성을 높이거나 실제 위기를 초래하는 사례도 발생하고 있다.

---

12 자본이동이 경제성장에 부정적인 영향을 미친다는 주장도 있다. Bhagwati (1998)는 자본유출입은 재화 및 서비스 교역과는 달리 불확실성을 증대시켜 경제성장에 부정적 효과를 야기한다고 주장하였다. Rodrik (1998) 역시 자본유출입의 증가는 금융불안을 야기하여 경제성장을 저해할 가능성이 크다고 주장하였다(한국은행, 2011).

13 Mishkin (2009) 참조.

표 13.1 자본유입과 경제성장 간의 관계에 대한 기존 연구

관련 연구	주요 내용
Rogoff (1999), Fihser (1988, 2003), Quinn (1997), Klein and Loivei (1999) Edwards (2001).	● 자본유입이 성장에 긍정적 영향을 미침 – 자본유입 → 자원의 효율적 배분, 위험분산 → 투자증가 → 성장 촉진
Summers (2000), Kose et al. (2009), Bekaert et al. (2005), 김승원 (2010), 김홍기, 김봉환 (2010).	● 자본유입이 성장에 긍정적 영향을 미치기 위한 선결조건 연구 – 금융시스템, 법령·제도 수준, 거시건전성, 기업경영환경, 자본수익률 등의 문턱효과 – 자본이동의 형태가 중요함(직접투자 혹은 주식)
Bhagwati (1998), Rodrik (1988), O'Donnell and Barry (2001).	● 자본유입이 성장에 부정적 영향을 미침 – 자본유입 → 금융불안 → 성장유발효과 미미 – 저개발국 투자기회 부족 → 자본유입 확대는 환율하락, 수출경쟁력 악화 야기 → 투자수익률 하락 → 성장에 부정적 영향

자료: 한국은행(2011.11)

13.5.2 새로운 견해

전통적 견해가 실제 현실 경제에서 나타나는 자본이동 현상을 충분히 설명하지 못하면서 현실에서 나타나는 현상을 이론적으로 설명하거나 자본이동의 편익을 향유하기 위한 조건을 제시하는 이른바 '새로운 견해'들도 나타났다.

이들 새로운 견해는 신흥국에서 선진국으로의 자본이동을 주로 경기순응성을 가지고 설명하는데 신흥국의 과다차입론(over-borrowing syndrome)[14] 또는 원죄가설(original sin hypothesis)[15] 등이 국제자본이동의 경기순응성을 발생시키는 기저

14 과다차입론이란 정보의 비대칭성에 의해 호황기에는 미래의 생산성을 과대평가한 신흥국 금융기관이 국제금융시장에서 지속불가능한 수준의 차입을 추구하는 것을 말한다(McKinnon, 1997).

15 원죄가설에서는 신흥국의 경우 국제금융시장에서 자국통화표시 차입이 불가능하므로 불가피하게 외채의존도가 높아지고 이에 따라 외부적 충격에 따른 거시경제 불안정성도 동반상승하게 된다고 주장한다(Eichengreen and Hausmann, 1999).

(base)로 작용할 수 있다고 주장한다.

한편 국제자본이동이 전통적 견해대로 선진국에서 신흥국으로 이동하는 것과는 달리 신흥국에서 선진국으로 이동(uphill)하는 요인에 대해서는 다음과 같이 주장하고 있다. i) 선진국은 정보의 비대칭성(information asymmetry)이 상대적으로 약해 신흥국보다 대리인비용(agency cost)이 적게 들기 때문에 자본이 선진국으로 이동한다.[16] ii) 신흥국에서는 선진국에 비해 부채(debt)계약에 대한 강제이행 제도가 미흡하므로 이를 우려한 국제투자자들의 소극적 투자나 국내 투자자들의 capital flight(자본의 해외도피) 시도로 자본이 신흥국에서 선진국으로 이동한다.[17] iii) 전통적 견해에서는 신흥국의 자본생산성이 높다고 가정하고 있으나 신흥국의 낮은 총요소생산성, 미흡한 인적자본, 생산재에 비해 높은 자본재 가격 등을 감안할 때 실질적인 자본생산성은 오히려 선진국이 더 높을 수도 있다.[18] 특히 루카스(1990)는 자본이동이 선진국에서 신흥국으로 이루어지기보다는 선진국 사이에 더욱 활발하게 일어난다고 주장하였는데 이를 루카스 역설(Lucas paradox)이라고 한다.

참고 **루카스 역설**

Lucas paradoxo 또는 Lucas puzzle이란 전통적 경제이론의 예측과 달리 국제자본이동이 선진국 → 신흥국보다는 선진국 → 선진국 간에 더욱 활발하게 일어나는 현상을 지칭하며 1995년 노벨경제학상을 받았던 Robert Lucas 미국 시카고대 교수가 주장하였다.

Lucas paradoxo는 다음 두 가지 이유로 설명이 가능하다(Alfaro et al., 2008).

첫째, 신흥국의 낮은 기술 수준, 일부 생산요소의 결여, 정부정책 및 제도적 기반 미비 등 생산구조에 영향을 미칠 수 있는 펀더멘털이 취약하다는 점이 선진국에서 신흥국으로의 자본이동을 제약하는 요인으로 작용하게 된다.

둘째, 신흥국 자본의 기대수익률이 상대적으로 높다고 하더라도 신흥국의 높은 국가위험도, 비대칭적 정보 등 금융시장의 불완전성으로 인해 기대수익에 대한 불확실성도 높기 때문이다.

16 Gertler and Rogoff (1990) 참조.
17 Broner and Ventura (2010) 참조.
18 Caselli and Feyrer (2007) 참조.

한편 자본시장 개방이 경제성장의 제고로 이어지기 위해서는 해당국의 제도적, 경제적 여건이 일정 수준을 넘어야 한다는 문턱효과(threshold effect)에 대한 주장도 제시되었다. 국제자본이 생산적인 부문으로 효율적으로 중개되기 위해서는 자본유입국 금융부문의 충분한 발전과 적절한 규제가 선행되어야 하며, 그렇지 못하면 자본자유화는 오히려 자산가격의 거품과 위기발생 가능성을 높인다는 주장이다.[19] 또한 보다 안정적이고 편익이 높은 형태의 자본을 유치하고 유입된 자본이 생산적인 부문으로 배분되기 위해서는 민간·공공부문의 지배구조 개선, 부패방지, 재산권 보호 등 제도발전이 필요하다는 의견도 있다.

13.5.3 국제자본이동의 비용

국제자본이동으로 편익만 발생하는 것은 아니다. 경제의 펀더멘털이 취약하고 금융시장이 미발달한 신흥국의 경우 국제자본이 대규모로 유입될 경우 오히려 금융시스템의 불안 등 경제에 여러 가지 부작용을 야기할 수도 있다.[20]

학계의 연구결과에 따르면 일반적으로 국제자본의 이동(유입)은 자본유입국의 저축부족을 보완하는 역할을 함으로써 자본축적과 경제성장의 속도를 높일 수 있다고 알려져 왔다. 그러나 전통적 경제이론과 달리 많은 신흥국들이 대규모 자본유입으로 심각한 부작용을 경험한 것으로 나타났다. 즉, 과도한 자본유입은 국내 유동성의 팽창, 실질환율 절상에 따른 경상수지 적자, 부동산과 주식을 비롯한 자산가격 급등(인플레이션), 저축률 감소 등 자본유입국(피투자국)에 다양한 부작용을 초래하는 것으로 나타났다.

특히 신흥국의 투자부진이 과소저축보다는 투자수요 부족에 기인할 경우 유입된 자본이 실물투자를 증대시키기보다는 국내소비 증가 및 환율절상과 환율절상에 따른 국제경쟁력 약화를 초래해 거시경제의 취약성을 높이게 된다. 또한 금융기관의 해외자금 조달(외채)은 국제자본의 높은 변동성과 금융중개에 내포된 충

19 Aghion and Banerjee (2005) 참조.

20 국제자본 유입은 국내은행의 민간신용 및 외화대출 증가와 강한 상관관계를 보였으며 급격한 자본유입은 대부분 국내신용의 boom–bust를 동반하게 된다(Otrsy et al. 2011).

격전파 메커니즘[21]으로 인해 대외충격을 증폭·파급시키는 주요 경로로 작용한다. 물론 대규모 자본유입을 경험한 국가들은 불태화 외환시장개입, 재정긴축, 선별적 자본자유화 등을 통해 자본유입이 초래하는 문제들을 완화하려고 노력하지만 일정 수준의 문제 발생은 불가피하다는 것이 다수 국가들의 사례에서 나타났다.

자본이동(유입)의 문제는 여러 형태로 나타날 수 있는데, 그중 하나가 실질환율의 절상이다. 해외로부터의 국제자본이 유입되면 국내 금리가 하락하고 이에 따라 국내 소비도 증가한다. 소비, 투자, 정부지출 등 국내 지출의 증가는 곧 교역재와 비교역재에 대한 수요증가를 의미한다. 이 중 교역재에 대한 수요는 해외로부터의 수입으로 충족될 수 있지만 비교역재 수요는 단기적으로는 국내 공급능력의 한계에 부딪히게 된다. 결국 비교역재에 대한 초과수요로 인해 비교역재의 가격이 교역재 가격에 비해 상대적으로 상승하는 실질환율의 절상이 발생하며 이에 따라 자본과 노동 등 생산요소가 교역재 부문으로부터 비교역재 부문으로 이동한다. 결과적으로 실질환율의 절상은 비교역재 부문을 성장시키는 반면 교역재 부문을 위축시킨다. 이처럼 수출산업과 수입대체산업으로 구성된 교역재 부문이 위축됨에 따라 경상수지 적자는 더욱 확대되고 외채규모가 증가하는 불균형이 발생한다.

대규모 국제자본 이동이 초래하는 가장 큰 문제는 무엇보다도 금융위기나 외환위기를 초래할 수 있다는 점이다. 국제자본이 급격히 유입되었다가 국제금융시장의 불안 심화 등으로 단기간에 급격하게 유출되는 Sudden Stop이 발생할 경우 위기가 발생할 수도 있는데 위기를 극복하는 과정에서 상상하기 어려울 정도의 막대한 비용이 소요된다.

국제자본의 대규모 유입으로 외채규모가 크게 확대된 상태에서 교역조건의 악화나 국제금리 상승으로 인해 신흥국의 경제상황에 대한 낙관론이 불확실한 미래에 대한 비관론으로 대체될 경우 이와 같은 투자심리의 반전은 Sudden Stop을

21 자본이동 자유화 ⇒ 국내신용 팽창, 금융기관 과도한 위험 추구 ⇒ 부실채권 축적, 금융기관 대차대조표 악화 ⇒ 개별 금융기관 충격이 금융시스템 전체로 전이 ⇒ 금융위기 및 급격한 경기침체.

초래할 수 있다. 이러한 Sudden Stop은 금융·외환위기의 직접적 원인이며 금융·외환위기에 따른 실물경제의 침체는 Sudden Stop을 지속시키는 요인으로 작용하게 된다.

참고 국제금융시장 불안 시 국제자본 흐름

국제금융환경	불확실성 고조
투자심리	↓ 투자심리 위축, 관망세
투자패턴	↓ 안전자산 선호, 단기투자 성향, 변동성 투자
자금흐름	↓ 위험자산 → 안전자산, Sudden Stop 발생 장기투자 → (초)단기투자, 레버리지 축소

13.5.4 Sudden Stop 사례

세계적인 자본자유화 추세에 따라 자본시장을 개방한 동아시아 국가로의 국제자본이동이 1980년대 후반부터 크게 확대되었다. IMF (1998)에 따르면 동아시아를 포함한 전체 신흥국으로의 자본이동 규모는 1990년의 532억달러에서 동아시아 외환위기가 발생하기 직전인 1996년에는 2,311억달러로 크게 증가하였다. 1994년 페소화 위기를 경험한 멕시코, 1997년 바트화 위기를 경험한 태국과 뒤이어 외환위기를 겪은 인도네시아, 말레이시아, 한국 등 동아시아 국가들, 1998년 외환위기를 겪은 러시아와 브라질은 모두 1980년대 후반부터 1990년대 중반까지 국제자본이 크게 유입되었다가 급격히 유출된 국가들이다. 이들 국가에서 발생한 Sudden Stop은 다양한 형태의 위기로 발전하였다.

신흥국에서의 대규모 자금유출 요인은 ① 글로벌 위기, ② 신흥시장국 위기, ③ 글로벌 포트폴리오 리밸런싱(rebalancing) 등 크게 세 가지 유형으로 구분할 수 있다.

참고 신흥국의 국제자본 유출 시기 및 주요 요인

구 분	과거 사례 및 시기	주요 자금유출 요인
글로벌 위기	• 글로벌 금융위기: 2008.9~2009.2 • 닷컴버블 붕괴 및 세계경기 침체: 2000~2002	• 세계경기 침체로 인한 투자심리 악화, 선진국 금융기관의 디레버리징
신흥시장국 위기	• 멕시코 페소화 위기: 1994~1995 • 아시아 외환위기: 1997~1998 • 러시아 모라토리엄: 1999~2000	• 위기발생 국가의 경상수지 적자, 외채 급증, 통화 및 만기불일치 심화
포트폴리오 리밸런싱	• 성장모멘텀 이동: 2004년, 2006년	• 성장모멘텀, 신흥국에서 선진국으로 이동 • 원자재가격 상승, 신흥국 인플레이션 우려

13.5.5 Sudden Stop과 대내 충격

자본유입의 급반전, 즉 Sudden Stop이 발생하는 경우 대내 충격과 관련된 정형화된 사실로는 생산(GDP) 감소, 통화가치 하락에 따른 수출 증가, 그리고 자산가격 하락 등이 있다. Sudden Stop이 주변국으로 파급(spill-over)되는 경로에는 Irving Fisher의 고전적인 Debt-deflation 경로와 이를 발전시킨 내생적 담보제약(Endogenous collateral constraint) 경로를 들 수 있다.

먼저, Debt-deflation 경로란 경제에 과도한 채무가 누적되면 경제에 부정적 영향을 미치는 마이너스(-)의 대외충격이 발생하는데, 이때 경제주체의 재무상태 악화 → 부채 상환을 위한 경제주체들의 동시 자산매각(fire sale) → 이로 인한 자산가격(담보가치) 하락 및 채무상환에 따른 유동성 감소 → 디플레이션 → 자산가격 추가 하락 → 재무상태 더욱 악화→ 추가자산 매각이 발생하는 것을 말한다.

다음으로, 내생적 담보제약 경로란 가계나 기업 등이 과다채무로 인해 차입과 관련한 담보의 제약상태에 있을 때 자본유입의 급반전 같은 외부충격은 차입프리미엄 경로와 Debt deflation 경로를 통해 실물 부문으로 전파된다. 차입프리미엄 경로란 차입 프리미엄 상승[22]으로 운전자금 조달이 곤란해짐에 따라 투자 및 생산이 감소하는 과정이며, Debt deflation 경로는 부채 상환 압력에 직면한 가계나 기업의 자산매각으로 자산가격 및 담보가치가 하락하여 생산활동이 위축되는 과정을 의미한다.

13.6 자본유출입 규제

국제자본이동은 금융시장에서 기업의 자금조달 비용을 낮춰 투자를 활성화하는 긍정적인 측면이 있다. 다만 국제자본이 과도하게 유입되면 피투자국(자본유입국)에서는 환율 하락, 경상수지 악화, 자산가격 급등 같은 부작용이 나타난다.

반대로 국제자본의 급격한 유출은 환율과 금리의 급등을 초래하여 피투자국의 금융 및 외환시장을 교란시키면서 경기침체는 물론 최악의 경우 금융위기 등으로 이어질 수 있다. 이에 따라 세계 각국의 정책당국은 국제자본이동의 급격한 유출입이 초래하는 부정적 영향을 완화하기 위해 국제자본의 유출입 규모와 속도를 적절하게 조절하기 위해 다양한 정책들을 시행하고 있는데, 이를 자본유출입 규제 또는 자본통제(capital controls)라고 한다. 자본유출입 규제는 대규모 자본유입 발생 시 환율절상 용인, 외환보유액 축적, 통화 및 재정정책과 같은 전통적 방법을 통한 정책대응이 곤란한 경우 유용한 대안이 될 수 있다.

그러나 자본유출입 규제는 규제회피 거래 발생 시 규제의 유효성 저하, 효율적 자본배분 왜곡 등의 부작용이 나타날 수 있으며 특정 국가의 규제도입으로 규제차익이 발생하면 주변 국가들의 연쇄적 규제 도입을 유발할 가능성 등이 부작용으로 지적된다.

자본유출입 규제방법은 크게 직접규제(administrative of direct)와 간접규제(market-based or indirect)로 구분할 수 있다. 먼저 자본거래 자체에 대한 직접규제 방법은 거주자의 해외차입 제한, 외국인의 국내 증권투자 시 사전승인 필요, 국

22 차입 프리미엄의 상승이란 기업이 과다채무로 인해 더 이상 담보 제공이 어려운 상황에서 자금을 추가로 차입하려고 하면 금융기관은 기업의 채무불이행 시 대출금을 모두 돌려받을 가능성이 낮아짐에 따라 높아진 위험을 반영하여 이전보다 더 높은 금리를 요구하게 되는 것을 의미한다.

내 금융기관의 비거주자에 대한 대출 제한 등이 있다. 이에 비해 간접규제 방식은 자본유출입에 대해 세금이나 외화예치의무 등을 부과하여 국내외 금리차 등에 따른 이익을 흡수함으로써 자본유출입을 억제하는 방식이며, 직접규제에 비해 투명성 및 예측 가능성이 크다는 장점이 있다. 금융거래세(토빈세), 투자자금의 만기규제, 가변예치의무제도[23], 한계지준제도 등이 대표적인 예이다.

13.6.1 금융거래세(토빈세)

금융거래세(토빈세)란 국제투기자금(hot money)을 규제하기 위해 단기성 외환거래에 부과하는 일종의 세금으로 노벨경제학 수상자인 제임스 토빈(James Tobin)이 외화채권, 파생상품, 재정거래(arbitrage) 등으로 과도한 수익을 올리는 국제투기자본을 규제하기 위해 1978년에 제시하였다. 금융거래세는 무역거래 등 실물경제와 장기자본이동에는 영향을 주지 않으면서 단기적 투기자금의 이동만 규제할 수 있다는 장점이 있으나 세율(tax rate) 등 구체적 시행방안을 마련하기 위해서는 국제공조가 필수적이기 때문에 도입이 쉽지 않다는 단점이 있다. 금융거래세는 1990년대 말 아시아 외환위기 시 제안된 바 있으나 국제적 합의 실패로 무산된 바 있다.

13.6.2 투자자금의 만기 규제

투자자금의 만기 규제는 거주자의 해외차입에 대한 최소 만기요건 부과, 비거주자의 국내 금융자산 매입 시 최소 보유기간 의무화, 투자자금의 일정 기간 본국 송금 금지 등을 통해 피투자국에 유입된 국제자본의 장기투자를 유도하는 방식이다. 브라질은 1993년 단기자본 유입을 억제하기 위해 해외차입에 대해 최소 만기요건을 부여(36개월)하였다. 콜롬비아는 2008년 직접투자자금의 원금에 대해 본국 송금을 2년간 금지하였으며 말레이시아는 1998년 외국인증권투자자금의 본

23 10장 외환정책 참조.

국 송금을 1년간 금지한 바 있다.

13.6.3 한계지준제도

한계지준제도(marginal reserve requirement)란 일정 한도를 초과하는 예금에 대해 중앙은행이 지급준비의무를 부과하는 제도로 정책효과를 높이기 위해 예금에 대한 금리인하를 함께 실시하는 것이 일반적이다.

13.7 국제자본이동 규제에 대한 이론적 근거

자본이동 규제에 대한 이론적 근거로는 외부효과와 외부비용 절감 효과 등이 있다.

첫째, 외부효과(external effect)[24]란 개별 경제주체는 해외차입을 결정할 때 자신의 선택이 전체 금융시스템의 안정에 미치는 효과를 고려하지 않기 때문에 부채성 차입(외채)이 과도하게 늘어나는 부(−)의 외부성(externality)이 발생하게 되는 것을 말한다. 즉, 금융시장의 불완전성에 따른 외부성으로 인해 가격 메커니즘의 효율적 자원배분 기능이 상실되므로 경제주체들이 사회적 비용을 내부화하도록 하기 위해서는 적절한 규제가 필요하다고 본다. 외부성의 정도는 자본유입의 행태는 물론 호황과 불황기 등 경기 상황별로 다르므로 각각의 경제상황에 맞는 차별화된 규제가 필요하다고 주장한다.

둘째, 위기비용 절감 효과 이론에서는 통화·재정정책을 통한 금융위기 방지에는 한계가 존재하므로 규제정책을 통해 부족한 점에 대한 보완이 필요하다고 주장한다.[25] 가령 특정 부문의 금융 불균형 축적이 문제가 되는 상황에서 통화정책만으로 대응할 경우에는 그 파급영향이 지나치게 광범위하므로 해당 부문에 집

24 한 경제주체의 행위가 다른 경제주체에게 기대되지 않은 혜택이나 손해를 발생시키는 효과.
25 Angeloni & Faia (2009), N'Diaye (2009) 참조.

중할 수 있도록 적절한 규제정책이 필요하다는 입장이다. Ostry et al. (2011)은 38개 신흥국을 대상으로 한 분석결과 자본이동을 규제할 경우 자본유입 대비 외채 비중, 외화차입 및 국내 신용규모 등이 축소되었으며 자본이동 규제를 실시한 국가들의 경우 글로벌 금융위기 기간 중 경제성장률 하락 폭이 상대적으로 적었던 것으로 나타났다고 주장하였다.

13.8 우리나라의 자본유출입 규제

정부는 자본이동이 국내 경제에 미치는 부정적 영향을 완화하거나 금융·외환위기로 이어지는 것을 선제적으로 예방하기 위해 자본이동의 모니터링을 강화하는 한편 각종 자본유출입 규제방안을 마련해 시행하고 있다.

13.8.1 외화자금 유출입 모니터링

정부는 1997년 외환위기 이후 금융시장 개방 및 외환거래의 자유화 추진 속도가 빨라지면서 우리 경제가 국제금융시장 동향에 더욱 민감하게 반응하는 등 대외취약성이 더욱 확대될 것으로 예상하였다. 이에 따라 외환거래 정보를 한국은행(외환정보집중기관)에 집중하고 이를 관련 기관들이 공유함으로써 상시적인 외환모니터링 기능을 강화할 수 있도록 외환전산망을 구축하였다. 외환전산망의 구축으로 외환거래의 국세청 및 관세청 통보제도가 한층 강화되었다. 또한 국제금융시장 동향에 대한 모니터링 강화를 위해 국제금융센터가 설립되었다.

① 외환전산망 구축

외환전산망은 외환거래법규상 외환정보집중기관인 한국은행이 국내 보고기관, 국제기구 등으로부터 입수한 보고서 및 통계정보를 집중하여 처리한 후 이용기관에 제공하는 우리나라 특유의 외환정보시스템(Foreign Exchange Information System, 외환전산망이라고도 한다)을 말한다. 외환전산망은 기획재정부장관의 「외환정보 집중기관의 운영에 관한 규정」에 따라 1999년 4월에 구축되었다. 한국은행은 외환전산망 집중기관으로서 외환전산망을 유지 및 관리하며 외환전산망을 통해 외환거래 등에 관한 자료의 중계·집중·교환을 담당하고 있다.

외환전산망은 외환거래에 관한 정보를 신속히 수집하고 이를 여러 정책기관이 원활하게 이용할 수 있도록 함으로써 ① 국내외 외화자금 유출입 동향 등 제반 외환거래 및 시장 움직임에 관한 신속한 모니터링과 대처방안 마련, ② 국제수지 등 주요 외환통계 작성, ③ 외환거래 사후관리(불법적인 외환거래 조사 등)에 필요한 정보의 제공 등의 목적 달성이 용이하게 되었다. 또한 기획재정부, 한국은행, 금융감독원 등 여러 정책기관들이 개별적으로 수집하던 외환거래 관련 보고서들을 통폐합하여 외환전산망으로 보고토록 단일화함으로써 보고기관들의 업무부담을 경감시키는 것은 물론이고 정책기관 간 자료공유를 확대하고 정보 활용도를 높일 수 있게 되었다.

② 국세청 및 관세청 통보제도

국세청 및 관세청 통보제도란 외환거래의 자유화를 확대하는 대신 일정 규모 이상의 외화입출금 내역을 조세당국에 제공함으로써 불법자금의 해외유출을 방지하기 위해 도입되었다. 현재 외국환은행은 건당 미화 1만달러를 초과하는 외환의 매입 또는 매도 시 및 연간 10만달러 초과 해외 여행경비 송금 시 등에는 이를 국세청장에게 통보하여야 한다. 또한 외국환은행은 수출입대금의 지급 또는 수령 시, 용역대가 지급 또는 수령 시 및 건당 미화 1만달러를 초과하는 해외 이주비의 지급 등의 경우에는 이를 관세청장에게 통보하여야 한다.

③ 국제금융센터 설립

1999년 4월 정부는 은행, 기업 등 민간부문의 국제금융 전문가를 중심으로 국제금융센터를 설립하여 국제금융시장 동향을 신속히 파악하고 이에 대한 대응방안을 정부에 제시하도록 하였다. 국제금융센터는 국내외 다양한 통신매체와 외환전산망을 활용해 외환시장 및 국제금융시장 동향을 실시간으로 모니터링하고 수집된 정보와 분석자료를 관련 정부와 한국은행 등 정책기관에 제공하고 있다.

참고 외환전산망(FEIS) 구조

ㅁ 외환전산망은 외환거래법규상 외환정보집중기관인 한국은행이 국내 보고기관, 국제기구 등으로부터 보고서 및 통계정보를 집중하여 처리한 후 이용기관에 제공하는 우리나라 특유의 외환정보시스템이다.

• 보고기관은 외환거래를 취급하는 모든 금융기관(2015년 1월 기준 818개)이며, 보고서는 수출환어음매입 등 총 106종으로 구성되어 있다.

– 시스템에서 제공하는 정보는 BIS, IMF, World Bank가 제공하는 주요 국제금융시장 정보(국제수지, 외채, 국제상업은행 통계 등)와 한국은행이 생산하는 통계정보 등이다.

ㅁ 이용기관은 한국은행, 정부, 금융감독원 등 9개 기관으로서 외환전산망을 통하여 시장 동향에 대한 모니터링 업무는 물론 각 기관의 고유 정책수행에 필요한 기초자료로 활용하고 있다.

ㅁ 또한 일부 외환거래의 경우 고객이 거래은행을 지정해야 하는데, 이와 관련된 정보를 실시간으로 관리하는 거래외국환은행 지정시스템도 운영하고 있다.

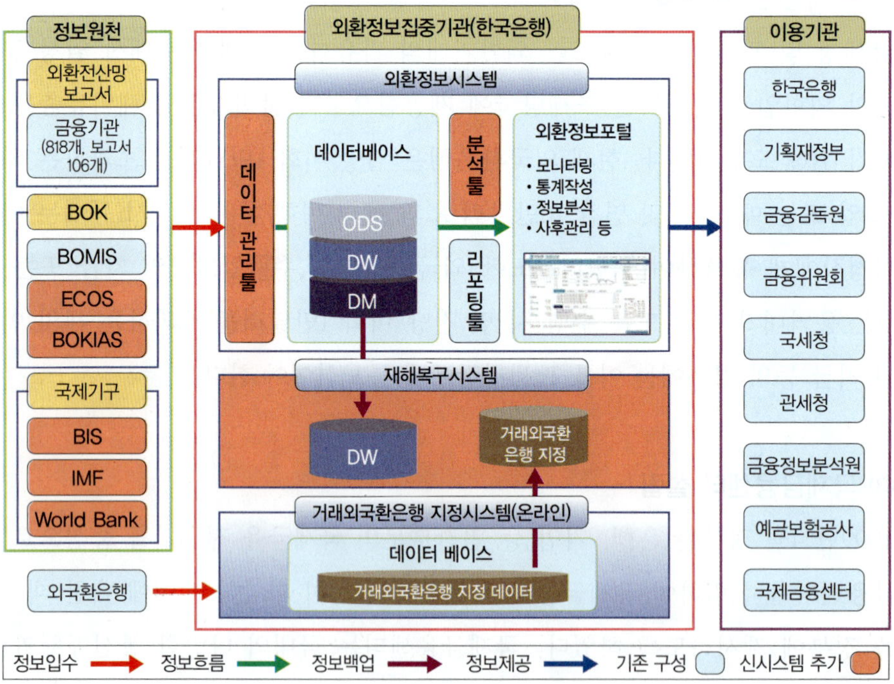

자료: 한국은행

요 약

1. 국제자본이동이란 국가 간의 자본이동을 의미한다. 국제자본이동의 유형을 투자 주체별로 살펴보면 거주자의 국외 투자로 나타나는 자본유출과 비거주자의 국내 투자로 나타나는 자본유입으로 구분할 수 있다. 또한 국제자본이동을 형태별로 구분하면 직접투자, 포트폴리오투자 그리고 기타 투자로 분류할 수 있다.

2. 국제자본이동은 거시적으로는 글로벌 경기, 국제금융시장 동향 등 국내외 경제 및 금융상황의 영향을 받으며 미시적으로는 투자자산의 수익률이나 리스크에 영향을 주는 요인들에 의해 결정된다. 학계에서는 자본이동에 영향을 미치는 요소들을 크게 대외적 동인과 대내적 동인으로 구분하고 있다. i) 대외적 동인(push factor)은 여러 국가에 공통된 영향을 미치는 요인으로 글로벌 자금 사정이나 위험선호 등을 들 수 있다. ii) 반면 대내적 동인(pull factor)으로는 각 국가가 지닌 개별적 요인으로 국내 거시경제정책, 기초경제여건, 제도적 발전 수준 및 대외개방도 등을 들 수 있다.

3. 일반적으로 국제자본의 이동(유입)은 자본유입국의 저축부족을 보완하는 역할을 함으로써 자본축적과 경제성장의 속도를 높일 수 있다고 알려져 왔으나, 많은 신흥국들이 대규모 자본유입으로 심각한 부작용을 경험한 것으로 나타났다. 즉, 과도한 국제자본유입은 국내 유동성의 팽창, 실질환율 절상에 따른 경상수지 적자, 부동산과 주식을 비롯한 자산가격 급등 등 자본유입국에 다양한 부작용을 초래한 것으로 나타났다.

4. 자본유출입 규제방법은 크게 직접규제와 간접규제로 나눌 수 있다. 직접규제방법은 거주자의 해외차입 제한, 국내 금융기관의 비거주자에 대한 대출 제한 등이 있다. 간접규제 방식은 자본유출입에 대해 세금이나 외화예치의무 등을 부과하여 국내외금리차에 따른 이익을 흡수함으로써 자본유출입을 억제하는 방식인데 직접규제에 비해 투명성 및 예측 가능성이 높은 점이 장점이다. 금융거래세(토빈세), 가변예치의무제도, 한계지준제도 등이 간접규제의 대표적인 예이다.

연습문제

1. 국제자본이동이란 무엇인지 정의하고 국제지본이동의 유형을 투자자 주체별, 형태별로 나누어 설명하라.

2. 국제자본이동의 동인(factor)을 대내적 동인, 대외적 동인으로 구분하여 설명하라.

3. 국제자본이동의 편익과 비용에 대해 각각 설명하라.

4. 국제자본이동이 전통적인 견해대로 선진국에서 신흥국으로 이동(down hill)하는 것과는 달리 신흥국에서 선진국으로 이동(uphill)하는 요인에 대해 설명하라.

5. 자본이동 규제에 대한 이론적 근거로는 외부효과와 위기비용 절감 효과가 있다. 각각의 주장들에 대해 설명하라.

6. 우리나라의 자본유출입 규제 방안에 대해 설명하라.

14장

글로벌 금융위기의 원인과 대응

학습목표

1. 금융위기의 역사와 미국 연방준비제도의 설립배경을 이해한다.
2. 대공황 당시 금융위기의 발생, 정책대응 및 후속조치를 파악한다.
3. 1990년 이후 발생한 외환위기의 이론과 사례를 비교한다.
4. 글로벌 금융위기의 원인과 배경을 분석한다.
5. 글로벌 금융위기의 영향과 정책대응이 무엇인지를 확인한다.

14.1 금융위기의 정의

금융시스템의 역할은 투자수익성이 우수한 경제주체로 자금을 이동시키는 것이지만 금융위기가 발생하면 금융시장의 마비로 자금의 이동이 효율적으로 이루어지지 않는다. 따라서 금융위기로 금융시장의 기능이 효율적으로 작동하지 않으면 경제활동이 급격하게 위축되는 현상을 초래한다.

금융위기의 성격과 대응에 대해 좀 더 구체적으로 이해하기 위해 Frederic Mishkin의 정의를 살펴볼 필요가 있다. 금리 상승, 주식시장 급락, 불확실성 증가, 은행위기 및 예기치 않은 물가하락의 5가지 요인이 금융시장에서 정보의 비대칭성으로 인해 역선택(adverse selection)[1]과 도덕적 해이(moral hazard)[2]를 악화시켜서 금융위기를 초래하고 경제활동의 위축을 가져온다는 것이다.

반면 통화론자인 Milton Friedman은 통화공급의 감소가 심각한 경제활동의 위

1 대출수요의 증가와 통화공급의 감소 그리고 은행 부문의 공황 상태 발생으로 인해 자금공급의 감소와 금리 상승이 발생하면 신용 상태가 양호한 기업은 차입을 줄이는 반면 신용상태가 좋지 않거나 자금 사정이 어려운 기업은 여전히 차입을 늘리게 되어 은행이 대출을 중단하거나 급격하게 감소시킴으로써 투자 및 경제활동이 위축된다.

2 정보의 비대칭성으로 인하여 정보를 가진 한쪽이 정보를 갖지 못한 다른 한쪽의 이익에 반하는 행동을 취하는 현상이다. 일례로 주식시장의 급락으로 기업의 자산가치가 하락하면 자금을 차입하는 기업이 더 위험한 투자를 늘리게 됨으로써 은행이 대출을 줄이고 경제는 위축된다.

축을 가져오기 때문에 통화공급 감소의 주요인이 은행위기라는 점을 들어서 금융위기는 은행위기와 관련이 있는 것으로 해석하고 있다. 즉, 자산가격이 크게 하락하고 기업의 도산이 늘어나더라도 은행위기로 발전하지 않고, 급격한 통화공급의 축소가 없다면 금융위기로 여기지 않는다는 것이다.

대부분의 금융위기는 전형적으로 금리 상승, 주식시장 붕괴, 기업 및 은행의 도산으로 인한 불확실성 증가로 시작되어 은행위기로 이어지는데, 이러한 과정에서 역선택과 도덕적 해이는 악화된다. 그리고 은행위기로 인한 금융위기가 예상치 못한 물가하락으로 발전하면 기업의 부채부담이 늘어나고 자산가치는 그대로인 상황에서 기업의 가치가 감소하여 역선택과 도덕적 해이가 더 악화된다.

따라서 금융혼란은 물론 금융 이외의 부문으로부터 발생하는 혼란으로부터 발생하는 피해를 막기 위해 유동성을 충분히 공급하도록 중앙은행의 최종대부자 기능을 확대하고 중앙은행의 할인율을 이용한 차별적인 금리정책을 활용해야 한다는 것이다. 물론 중앙은행의 최종대부자 기능의 확대는 금융기관으로 하여금 더 많은 리스크를 취하도록 하여 사회적비용을 초래하므로 중앙은행의 정책에 대해 적절한 규제 장치의 마련은 필요하다.

일반적으로 금융위기는 국가의 채무과다로 인한 부도, 정부의 정책실패, 은행위기, 외환위기 등으로 인해 주가폭락, 신용경색 및 예금인출사태가 발생하여 금융시스템이 마비되는 현상이다. 금융위기는 하나의 요인에 의해 발생하기보다는 과거의 여러 사례에서 볼 수 있었던 것처럼 주요인에 더해서 거시경제 상황, 외부로부터의 영향 등이 함께 작용하여 증폭되는 특징이 있다.

이번 장에서는 중앙은행의 기능이 매우 취약한 시대의 유럽과 중앙은행의 기능이 없던 시대의 미국에서 발생한 금융위기를 먼저 살펴본다. 또한 미국의 중앙은행인 연방준비제도 설립 후에 발생한 대공황시기의 금융위기에 대해 알아본다. 그리고 1980년대부터 컴퓨터와 정보통신기술이 크게 발전하고 세계적으로 금융의 자율화와 금융시장의 개방이 추진되던 1990년대에 발생한 금융위기의 사례를 살펴본 후 마지막으로 2008년의 글로벌 금융위기에 대해 상세하게 분석한다.

14.2 초창기의 금융위기

금융위기는 금융의 역할이 시작된 이후 오래전부터 다양한 형태로 발생했지만, 본격적인 금융위기는 유럽에서 금융산업이 발전하면서부터 발생하였다. 따라서 금융위기의 역사는 16~17세기 유럽의 국가채무 위기와 18세기 프랑스의 미시시피주식회사 버블과 영국의 남해(South Sea)주식회사 버블의 붕괴로 거슬러 올라간다.

16~17세기 스페인, 포르투갈, 이탈리아, 영국을 중심으로 무역이 확대되면서 유럽에서 금융업이 발전하는 한편 이들 국가는 식민지 건설 및 각종 전쟁에 따른 자금조달, 절대왕정의 경비지출 증가 등으로 국가부채가 늘어나면서 채무불이행 사태가 발생했다. 스페인, 프랑스, 영국을 중심으로 유럽의 여러 나라에서 발생한 채무불이행으로 인해 대부업자들이 파산하고 신용경색과 금융위기, 더 나아가 이웃 나라의 채무불이행으로 이어졌다.

14.2.1 18세기 프랑스 및 영국의 금융위기

17세기 초반에 네덜란드에서 자본시장이 먼저 발전하였으며, 17세기 후반부터 영국은 재정혁명[3]과 금융시장의 발전으로 자본의 동원력이 크게 제고됨에 따라 17~18세기에 유럽의 식민지경쟁을 주도하였다. 반면 프랑스는 잦은 전쟁으로 18세기 초에 국가재정이 파탄상태로 경제활동이 극도로 침체되어 있었다. 이러한 상황에서 18세기 초에 유럽에서는 프랑스의 미시시피(Mississippi)회사와 영국의 남해(South Sea)회사의 주식버블 붕괴로 대형 금융위기가 발생하였다.

프랑스의 국왕 루이 15세 시대에 프랑스는 막대한 정부부채 해소 및 경제 활성

3 영국은 1688년 명예혁명 이후 사유재산권과 계약 존중, 법에 의한 왕실의 독단 견제 그리고 과세 관련 의회의 권한 강화로 재정혁명의 기반을 마련하고 세원 확대, 세금에 의한 국가부채 및 이자 지급, 정부채 발행을 통한 자금조달 등으로 재정을 혁신함으로써 자본 동원력을 높이고 채무불이행이 사라지는 재정혁명을 이룩하였다.

화를 위해 설립한 미시시피회사[4]의 주식 발행, 주식과 국가부채의 교환, 왕립은행의 발권력을 이용한 주가 부양 등을 통해서 국가채무를 줄이는 데 성공하였다.

그러나 통화공급 확대에 따른 인플레이션과 주식투자 열기로 미시시피회사 주식의 버블이 심각해짐에 따라 은행권 공급 축소, 왕립은행 은행권의 동전 전환 불가, 지폐의 유통 중단 등 일련의 조치로 화폐가치와 주식가치가 동시에 하락하면서 결국 미시시피회사 주식의 버블은 붕괴되었다. 버블붕괴로 프랑스에서는 주식시장, 은행, 교역에 대한 불신이 팽배하여 금융제도의 발전과 경제개발이 지연되고 100여 년간 민간기업이 출현하지 않을 정도로 그 후유증은 극심했다.

18세기에 발생한 또 하나의 금융위기는 영국에서 발생한 남해회사[5]의 버블붕괴로, 이 회사의 설립 초기에는 국채와 주식의 교환을 통해 정부는 국채를 쉽게 정리하고 투자자는 주가상승에 만족하였다.

그러나 주가상승은 영국은 물론 유럽의 주식투자 광풍을 초래하였다. 결국 1720년에 의회에서 반버블법이 통과됨으로써 투자심리의 위축으로 버블이 붕괴되고 많은 투자자가 파산하였으며 의회 의원, 재무부 장관이 수감되는 사태로 발전되었다.

프랑스에서 미시시피회사의 버블붕괴로 발생한 금융위기와 달리 영국에서 남해회사의 버블붕괴로 발생한 금융위기는 상대적으로 덜 심각하였다. 프랑스에서는 투자자의 자산이 미시시피회사에 집중되어 버블붕괴의 피해가 심각했지만, 영국에서는 투자자의 자산이 여러 회사에 분산되어 타격이 크지 않았던 것이다. 또한 프랑스와 달리 정부가 재빨리 개입하여 금융안정을 도모하고 남해회사를 구제하는 조치를 취했기 때문이기도 하다.

---

4 북미지역의 토지개발과 캐나다에서 비버 가죽 거래의 특권을 보유하고 있던 루이지애나 회사를 인수한 후 주식회사로 전환하여 설립한 회사로 미시시피 지역의 개발을 추진하였다. 프랑스의 국왕 루이 15세 시대에 막대한 정부부채를 해소하고 경제를 활성화하기 위해 고용한 영국인 화폐론자 존로(John Law)는 동인도회사, 중국회사 등을 인수하여 유럽 외부 지역과의 교역독점을 시도하였다. 이 과정에서 미시시피회사의 주식 발행으로 자금을 조달하였으나 사업은 실패로 이어지고 유럽에서 주식투자의 열기만 확대시켰다.

5 남해(South Sea)회사는 프랑스 등과의 전쟁으로 재정상태가 악화된 영국의 국채 문제를 해결하는 방안으로 남아메리카에 대한 무역독점권 및 노예무역독점권을 부여받고 1711년에 설립된 회사이다.

14.2.2 19세기~20세기 초 미국의 금융위기

1776년에 독립을 선언하였지만 1789년에야 실질적으로 국가체제를 갖춘 미국은 1915년에 미국 연방준비제도(Federal Reserve System)가 설립되기 전까지 1819년의 금융위기[6]를 시작으로 8번 이상의 금융위기를 겪었다.

이후 미국은행의 존속 여부와 관련된 은행 논쟁과 무역수지 적자에 따른 과다차입 문제로 인한 1837년 금융위기, 미국의 자금공급원으로서 영국 금융시장의 자금경색과 금리상승 여파로 인한 1857년 해외발 금융위기, 남북전쟁 전비조달과 관련하여 발행한 연방지폐의 퇴장 및 연방채권 상환, 국제수지 적자 확대에 따른 유동성부족 사태로 인한 1873년 금융위기가 이어졌다.

1890년대에는 국법은행체제(The National Banking System)[7]의 한계와 은화매입조치(The Silver Purchase Act)[8] 및 금본위제 고수정책과 관련한 통화논쟁으로 유동성부족사태를 야기하면서 몇 차례 금융위기가 발생하였다. 외국인의 미국에 대한 투자자금 회수를 위한 자본유출로 1891년에 은행의 도산이 속출하면서 은행위기로 발전하였다. 또한 1893년 초 철도회사의 도산은 5월의 주가폭락 사태로 이어지고, 미국에 대한 주요 투자국인 영국의 투자은행 도산은 미국으로부터 자본유출을 야기하여 1893년에 금융위기가 발생하였다.

1897년 이후 무역수지 흑자 및 자본거래의 증대, 비은행금융기관 중심의 금융산업 발전, 1900년의 금본위제 채택으로 화폐제도의 불안이 해소되었지만 이 기

6 민간은행으로서 미국의 중앙은행 역할을 하던 미국은행(The Bank of the United States)의 자산건전성 제고 조치와 민간은행의 은행권 남발, 국제무역 여건 악화 등으로 개인 및 은행의 예금인출과 은행의 연쇄도산이 발생하였다.

7 1863년에 제정한 국가통화법(The National Currency Act)과 이를 보완하여 1964년에 제정한 국법은행법(The National Banking Act)은 남북전쟁의 원활한 전비조달, 은행권 남발에 따른 물가불안과 금융기관 도산으로 인한 금융위기 방지를 위한 조치를 담고 있는 국법은행체제의 근간으로서 1913년 12월 연방준비법(Federal Reserve Act)이 통과되기 전까지 약 50년 동안 연방정부 주도로 유지된 금융체제로 연방정부에 지폐 발행권과 동 지폐에 대한 법화성을 부여하였다.

8 1890년에 의회가 정부의 월간 은 구매량을 4백만달러로 늘리도록 하고 그 대가로 금 또는 은으로 태환이 보장되는 새로운 법화인 연방지폐를 지급하도록 의결한 법이다.

간에 금융시장의 안정을 위한 미국 재무부의 적극적인 역할은 또 다른 금융위기를 가져오는 배경이 되었다. 미국 재무부는 민간은행의 해외 금 매입을 독려하고 이를 위해서 금융기관에 대한 정부자금의 단기융자를 확대[9]하였다.

미국 금융기관의 적극적인 금 매입으로 영국 등 유럽 국가는 금 유출을 막기 위해 공정할인율을 인상하였다. 예를 들어 영란은행은 1906년 9월부터 1906년 10월까지 1개월 사이에 공정할인율은 3.5%에서 6.0%로 인상하였다. 유럽 국가의 금리인상 조치로 인해 미국으로부터 자금유출, 뉴욕시장의 자금경색과 함께 예금인출사태 그리고 주가의 대폭락이 이어지면서 대부분의 은행이 예금인출을 중단하는 금융위기가 1907년 10월에 발생하였다.

1907년에 발생한 금융위기의 교훈은 충분한 유동성을 신속하게 공급할 수 있는 체제의 구축이 필요하다는 것이었다. 따라서 1908년에 제정한 법에 근거하여 상·하 양원으로부터 각각 9명의 의원을 선발하여 구성한 국가통화위원회(The National Monetary Commission)에서 통화제도를 연구하였다. 동 위원회의 연구 결과를 바탕으로 1913년 12월에 연방준비제도법(The Federal Reserve Act)을 제정하고 이 법에 따라 1915년 6월에 연방준비제도를 설립하였다.

위에서 살펴본 것처럼 미국의 연방준비제도가 설립되기 전에 발생한 금융위기는 주로 정부의 정책 한계 및 유럽과의 대외여건 악화로 발생했다는 것을 알 수 있다.

14.3 대공황과 금융위기

1929년 10월 29일 주식의 대폭락으로 시작되어 1935년까지 지속된 미국발 대공황[10] 시기에 발생한 금융위기는 이전의 위기에 비해 훨씬 더 심각하여 세계

9 1906년의 금 수입 권장조치(The Gold Import Arrangements of 1906)로 미국 재무부가 지원한 자금은 9천2백만달러에 달하였다.

10 1929년 여름까지 산업생산이 연율로 45% 감소하고 1929년 9월에 381까지 올랐던 다우존스 지수는 10월 28일과 29일(Black Tuesday)의 이틀 동안 25%가 폭락하고 11월 중순에 198로 떨어져서 정점으로부터 45%까지 하락하였다. 대공황 이전 실업률 3.2%는 대공황을 거치면서 25%까지 상승하였다.

적인 경제위기로 발전하였다. 1929년부터 1933년 사이에 미국의 상업은행 약 10,000개가 문을 닫는 등 은행위기가 지속되었으며, 1929년 8월부터 1933년 3월까지 43개월간의 경기침체에 따른 소득 감소, 실업률 증가 및 물가 폭락으로 실물경제도 크게 위축되었다.

유럽에서 18세기에 발생한 금융위기와 미국 연방준비제도 설립 전 미국에서 발생한 금융위기와 달리 대공황 시기에 발생한 금융위기는 더 복잡하고 위기의 지속기간도 길기 때문에 상세하게 살펴보고자 한다.

14.3.1 대공황의 배경

1914년까지 대부분의 선진국은 자국 통화와 금의 교환을 고정환율로 유지하는 금본위제도[11]를 채택하고 있었으나, 1914년에 1차 세계대전이 유럽에서 발발하면서 유럽 국가들은 금본위제를 폐지하고 통화를 발행하기 시작하였다. 통화증발에 따른 극심한 인플레이션으로 세계의 금은 미국 달러화 가치와 금의 교환비율이 일정하게 유지되는 미국의 은행으로 몰려들었다. 1차 세계대전 후에 미국의 호경기 지속으로 해외에서 유입된 자금이 부동산과 주식에 대한 투기적 대출로 이어져 1920년대 중반에 부동산의 버블 그리고 1920년대 후반에 주식의 버블이 발생했다.

한편, 1차 세계대전을 겪으면서 세계금융의 중심이 런던에서 미국의 뉴욕으로 바뀜에 따라 옛 명성을 되찾고자 영국이 1925년에 금본위제로 복귀하고 몇몇 나라가 뒤따르기도 했지만, 미국의 금 보유량은 계속 증가하여 통화로서 전 세계 금의 40% 이상을 보유하게 되었다.

그러나 1928년 6월에 프랑스가 금본위제로 복귀할 때 프랑화가 저평가되어 있었기 때문에 프랑스로 금이 유입되기 시작하였다. 이에 따라 미국의 연방준비제도는 미국으로부터 금 유출을 막기 위해 금리를 올리는 정책, 즉 연방준비제도

11 금화본위제(金貨本位制)와 금지금본위제(金地金本位制)를 모두 포함하는 개념으로 1870년대부터 1920년대 초반까지, 그리고 1944년부터 미국이 금태환을 정지하며 브레튼 우즈 체제가 끝나게 된 1971년까지 국제 통화체제의 기반으로서 역할을 하였다.

가입은행에 대한 할인율을 3.5%에서 5%로 인상하였다. 미국을 비롯한 일부 국가에서 금 유출을 방지하고자 긴축정책을 실행함으로써 결국 세계적인 대공황이 시작된 것이다.

14.3.2 금융위기의 발전과 대응

대공황이 발생했지만 미국을 제외한 영국, 프랑스, 캐나다 등 다른 선진국은 공황이 심각하지 않았으며 은행위기와 금융위기를 겪지 않고 대부분 1931년까지는 상황이 종료되었다. 그러나 미국은 1929년부터 1933년까지 4년간이나 경기위축이 지속되면서 실업률이 치솟았으며 특히 제조업의 산업생산이 급감하였다. 이처럼 다른 나라와 달리 미국에서 대공황 상태가 지속된 배경은 당시 미국 대통령인 Herbert Hoover의 임금 및 배당 관련 정책 그리고 보호관세에 기인한다.

Hoover 대통령은 고임금 정책으로 근로자의 구매력을 유지하여 경기위축을 막는 데 필수적인 시장기능을 꾸준하게 제공하고자 하였다. 또한 임금을 삭감하지 않고 정책을 따르는 기업을 보호하고 미국의 농업을 지원하고자 고율의 관세를 부과하는 Smoot-Hawley Tariff를 1929년에 제안하여 1930년 중반에 통과시켰다. 그러나 경기악화로 많은 대기업이 임금을 크게 삭감하기 시작하였으며 미국의 보호관세에 대해서 다른 나라의 보복관세 조치를 촉발하였다.

한편, Hoover 대통령은 소비를 진작하고자 기업들의 유보이익이 줄더라도 배당을 일정하게 유지하도록 요청함으로써 기업들의 유보이익이 급감하였다. 1930년에도 기업들이 1929년과 동일한 배당금을 지급함에 따라 1929년말에 28억달러였던 기업의 유보이익이 1930년에는 마이너스 26억달러가 되었다. 결국 기업의 주가가 폭락하면서 은행들의 포트폴리오를 심각하게 훼손하는 상황으로 발전하였으며, 은행들의 영업손실까지 증가하여 1930년 11월부터 예금인출사태가 발생하고 도산하는 은행이 늘어나는 은행위기가 1931년까지 지속되었다.

1931년 9월에 영국이 금본위제를 포기한 후 금본위제를 유지하는 국가의 해외투자자들이 미국도 영국처럼 금본위제를 포기하거나 미국 달러화 가치를 절하할지도 모른다는 우려를 하게 되었다. 따라서 미국으로부터의 금 유출을 방지하기 위해 미국 연방준비제도는 비교적 큰 폭으로 할인율을 인상하였다. 미국의 금리 인상은 해외 투자자들에게 미국이 금본위제를 유지할 것이라는 신뢰는 주었지만 결과적으로 많은 기업이 도산하고 은행들의 도산도 크게 늘어나는 요인이 되었다.

연방준비제도는 경기침체를 극복하기 위해 1929년 10월에 6%까지 인상하였던 재할인율을 1931년 7월까지 1.5%로 인하하였으나, 금본위제에서 유럽지역으로 금이 유출되는 것을 방지하기 위해 1931년 10월 3.5%로 인상하였다. 또한 유동성 공급을 위한 공개시장조작 규모를 확대하여 국채 보유량을 1929년 10월의 1.5억 달러 수준에서 1931년 10월까지 약 7.3억달러까지 확대하였다.

1932년 봄과 여름 사이에 미국 연방준비제도는 공개시장매입을 통해 잠시 유동성을 공급했지만, 정부에서 재정적자를 보전하기 위해 1932년에 큰 폭으로 세율을 인상함으로써 가계소비의 감소 및 경기위축의 심화를 초래하였다. 1932년에 대통령으로 당선된 Roosevelt가 1933년 취임과 함께 금에 대한 미국 달러화의 평가절하 조치를 취할 것인지에 대해 부인하지 않음에 따라 금의 유출이 재개되면서 예금인출과 은행도산이 다시 발생하기 시작했다.

14.3.3 금융위기 후속 조치

1933년 1월과 2월에 금융 상황이 더 악화됨에 따라 각 주정부는 7일간 은행 영업을 하지 않는 은행 휴무일(Bank Holiday)을 선포하여 예금인출사태 및 은행도산을 막았다. 이후 당시에 살아남은 은행 14,000개 중에서 6,000개 이상의 은행에 10억달러에 달하는 공적자금을 투입하여 은행의 회생을 지원하여 은행위기는 끝나고 경기위축도 막을 내렸다. 은행 및 경제에 대한 대중의 신뢰가 시작되었으며, 1933년 4월부터 경기가 회복되는 모습을 보였다.

1933년에 은행법(Banking Act: Glass-Steagall Act)을 제정하여 상업은행과 투자은행의 기능을 분리하였으며 이 법에 근거하여 1934년에 연방예금보험공사(FDIC, Federal Deposit Insurance Corporation)를 설립하여 예금자에 대한 예금보장금액을 2,500달러로 설정하였다. 또한 은행법에서는 각 주의 연준 가입은행은 해당 지역의 연방준비은행(FRB, Ferderal Reserve Bank) 및 연방준비이사회(Federal Reserve Board)에, 그리고 전국적으로 영업하는 시중은행은 재무부의 통화감독청(OCC, Office of the Comptroller of the Currency)에 보고서를 의무적으로 제출하도록 명시하였는데, 이때부터 연방준비제도의 은행에 대한 감독권이 시작되었다.

또한 1933년에 증권법(Securities Act)을 제정하여 신규로 주식을 발행하는 기업은 증권신고서를 제출하여 투자자에게 기업정보를 투명하게 공개하도록 하였다. 그리고 1934년에는 증권거래법(Securities Exchange Act)을 제정하여 정보의 공시 대상을 시장에서 유통되는 모든 증권으로 확대하고 오늘날의 미국 증권거래위원회(SEC, Securities Exchange Commission)도 설립하였다. 이후 Roosevelt 대통령의 New Deal 정책에 따른 친노동조합정책과 임금상승정책, 1936년과 1937년에 도입한 사회보장세금, 그리고 미처분이익이영금에 대한 과세를 통한 배당장려정책으로 실질임금이 크게 오르면서 기업이 생산을 줄이고 근로자를 해고함으로써 경기회복은 지연되었다.

한편, 경기위축이 끝나자 은행들은 대공황 초기에 경험했던 예금인출사태에 대한 대비책으로 초과지급준비금을 대규모로 보유하기 시작했는데, 연방준비제도는 은행의 초과지급준비금을 줄이기 위해 1936년과 1937년에 걸쳐 3단계 조치

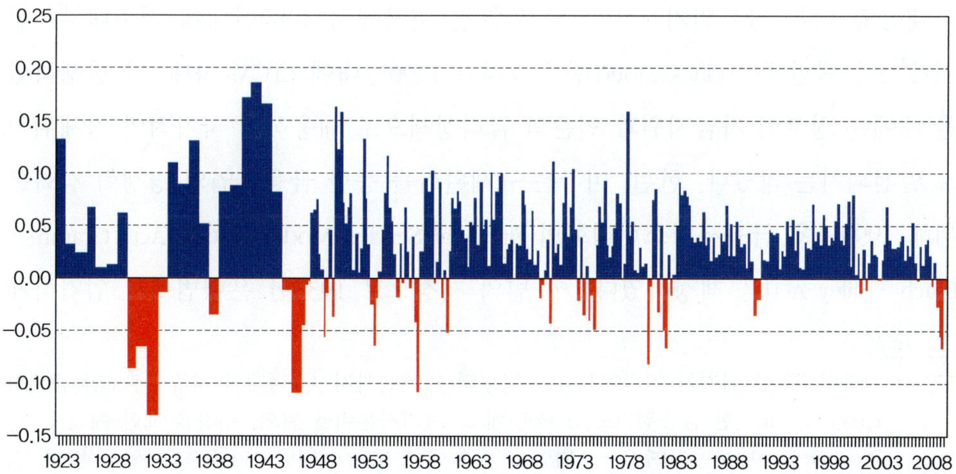

그림 14.1 미국의 GDP 성장률 추이(1923~2009)

자료: List of recession in the United States, Wikipedia

를 실행하였다. 연방준비제도 가입은행의 지준예치율을 2배로 인상하여 은행 특히 대형은행이 보유하고 있는 초과지급준비금을 크게 줄였다.

대공황으로 25%까지 상승했던 실업률은 12%로 떨어지면서 마침내 1937년 6월에 경기가 회복되기 시작하였으나 임금상승과 긴축적인 통화정책으로 경기가 또 다시 위축되었다. 결국 1938년 6월에 경기위축은 끝났지만, 연간실업률은 1937년 14.3%에서 1938년 19.1%로 높아졌으며 대공황에서 완전히 벗어난 1940년에도 연간실업률은 14.6%로 높은 수준을 유지했다.

14.4 1990년대 이후 외환위기

대공황 시기에 혹독한 금융위기를 겪은 후 미국에서 여러 차례의 경기침체와 몇 차례의 은행위기가 있었지만 감독 당국의 철저한 감독 및 유사시 적극적인 대응으로 금융시스템은 대체로 안정적이었다. 그렇지만 1960년대 말부터 예금에 대한 금리상한, 지역 간 영업 제한 등과 관련하여 은행법의 규제가 완화되기 시작하고 1980년대부터 정보기술과 통신망이 급격하게 발달함에 따라 미국을 중심으로 세계의 금융시장이 통합되기 시작하였다.

대공황 이후 금융위기가 발생하지 않던 미국에서 1980년대에 저축대부조합 위기[12], 블랙먼데이(Black Monday)[13] 그리고 1990년대에 LTCM 사태[14]가 발생하였을 때에는 정부의 자금지원과 연준의 금리정책으로 대응하여 국가적인 경제위기로 발전되지는 않았다. 한편, 미국은 규제완화를 통한 금융산업의 경쟁력 강화를 위해 1999년에 금융서비스현대화법(Financial Service Modernization Act: Gramm-Leach-Bliley Act)을 제정하였다. 이 법의 제정으로 1933년 은행법에서 엄격하게

12 저축대부조합 위기는 미국에서 1986년부터 1995년까지 3,234개의 저축대부조합 중에서 1,043개가 도산한 금융위기로, 1980년대 초 자기자본비율 완화, 이자율 제한 폐지 등 규제 완화에서 비롯된 고수익-고위험 투자에 대한 유혹이 원인이며 특히 텍사스지방의 저축대부조합이 부동산투기에 많은 자금을 공급하면서 시작되었다. 1983년부터 부실채권이 급증하기 시작하였으며 이후 많은 저축대부조합이 파산하면서 정부의 자금지원과 연준의 금리인하를 초래하였다.

규정한 상업은행과 투자은행 간의 경계가 허물어지고 상업은행, 투자은행, 보험회사 등 금융기관 간에 영업의 통합, 상호투자, 합병이 허용됨으로써 금융위기의 씨앗이 자라는 계기가 되었다.

미국과 달리 1980년대와 1990년대에 남미, 유럽, 동아시아, 러시아 등에서는 외환위기와 은행위기가 동시에 발생하여 국가적인 경제위기로 발전하였다. 금융규제의 완화 및 금융시장의 개방이 본격적으로 진전되는 1990년대에는 세계 금융시장의 통합이 가속화되고 국가 간의 자본이동이 크게 증가하여 고정환율제도나 관리변동환율제를 채택하고 있는 국가는 환율정책 관련 어려움에 직면하게 되었다. 특히 만성적으로 국제수지가 적자이거나 외환보유액이 충분하지 못한 국가의 외환시장에서 투기적인 공격으로 자국의 통화가치가 하락하여 환율이 상승하고 외환보유액이 고갈되는 외환위기로 이어졌다.

14.4.1 외환위기 이론

외환위기는 외환시장에서 통화가치가 폭락하여 환율이 급등하고 외환보유액이 고갈되는 상황이다. 고정환율제도하에서 경제 기초여건이 부실하여 외환시장에서 투기적인 공격으로, 그리고 특정 국가에 자금을 빌려준 대부자가 동시에 자금을 회수하거나 또는 만기연장을 하지 않아서 발생한다. 외환위기는 은행위기 및 외채위기와 연계되어 금융위기로 발전하고 궁극적으로는 경제위기로 확대되는 경향이 있다.

---

13 1987년 10월 19일 월요일에 뉴욕 증권시장에서 일어난 주가 대폭락 사건으로 이날 다우존스 산업평균지수는 508포인트(22.61%) 하락한 1,738.74포인트로 마감하였다. 재정적자와 경상수지 적자가 악화되는 가운데 금융시장의 과열과 금리상승으로 투자자들의 우려가 커지면서 주가가 대폭락한 것으로 Black Monday를 전후로 세계적인 주가 하락상태가 발생하였다. 연준의 Greenspan 의장이 금리를 낮추고 통화량을 증가시킴으로써 경제위기를 피할 수 있었다.

14 고도의 차입에 의존하던 헤지펀드 LTCM(Long-Term Capital Management)가 아시아 외환위기 및 러시아 금융위기로 큰 손실을 입으면서 1998년에 이 헤지펀드에 자금을 공급한 14개 은행을 대상으로 연준이 36억달러의 자금을 공급하여 금융위기로 이어지는 것을 막았다.

1980년대에 남미에서 외채위기가 발생한 이래 외환위기와 외채위기의 발생이 늘어나면서 위기의 원인에 대한 많은 연구가 이루어져 외환위기 이론으로 발전하였다.

① 고전적인 이론

금 시장에서 금 가격의 변동과 관련하여 Stephen Salant and Dale Henderson (1978)이 제시한 투기적 공격 모형에서 통찰력을 얻은 Paul Krugman (1979)이 주장한 이론이다. 고정환율제도를 채택하고 있는 국가에서 경제의 기초여건에 부합하지 않은 환율이 인위적으로 유지될 때 외환시장에서 투기적 공격이 나타나면서 외환위기가 발생한다는 것이다. 고정환율제를 채택하고 있는 국가에서 경상수지의 적자 누적이 재정적자로 이어져서 유동성이 있는 자산이나 고정환율로 매각할 수 있는 외환이 부족하면 투기적 공격의 대상이 된다.

투자자는 고정환율이 유지될 수 있다고 기대하면 고정환율제도를 채택하고 있는 국가의 통화를 보유하지만 고정환율제 유지가 불가능하다고 판단하면 대량으로 해당 통화를 매도한다는 것이다. 1960년대와 1970년대에 외국으로부터 자금을 조달하여 경제발전을 이루던 멕시코, 칠레, 브라질 등 남미 국가에서 1970년대 말과 1980년대 초에 걸쳐 미국의 금리인상, 국제원자재가격의 하락, 아시아 국가의 부상 등으로 외국의 투자자금이 빠져나가면서 외환위기가 발생했다.

1세대 이론은 1980년대의 중남미 및 1993~1994년의 멕시코 외환위기를 설명할 수 있다.

② 2세대 이론

Maury Obstfeld (1986)가 제시한 이론으로, 경제의 기초여건에 문제가 없더라도 투자자들의 예상에 따라 외환시장에서 환율에 대한 투기적 공격이 발생하여 외환위기가 나타날 수도 있다는 이론이다. 고정환율제를 채택하고 있는 국가에서 투기적 공격에 대응할 수 있는 외환보유액이 충분하거나 자본유출을 막기 위해 금리인상으로 대응하더라도 큰 충격이 발생하지 않을 정도로 경제의 기초여건이 튼튼하다면 투기적 공격이 성공하지 못한다.

고전적인 이론과 2세대 이론은 장기간의 고정환율제도 유지에 맞지 않는 정책으로 인해 외환위기가 초래된다는 공통점이 있다. 고전적인 이론에서는 투기적 공격이 발생할 때 환율제도와 통화정책을 고수하지만, 2세대 이론에서는 상황에 따라 고금리정책과 외환보유액 매각으로 대응한다. 이때 환율 유지에 따른 실익과 실업률 상승이라는 문제점과 상충(trade-off)관계를 고려하여 고정환율제 유지 여부를 결정한다.

투기적 공격을 실행하는 투자자의 기대와 실제 정책 대응과의 상호작용에 따라 자기실현적인 위기(self-fulfilling crisis)로 발전한다. 즉, 경제의 기초여건이 좋지 않아서 환율방어를 포기할 가능성이 높다고 예상하면 투자자의 투기적 공격이 확대되면서 외환위기가 발생하므로 2세대 이론은 자기실현적 위기(self-fulfilling crisis)이론[15]이다.

1992년에 유럽에서 발생한 ERM 위기는 2세대 이론으로 설명할 수 있는 외환위기이다.

③ 3세대 이론

재정수지, 고용 등 거시경제변수들이 비교적 양호한 상황에서 발생한 1997년의 동아시아 외환위기는 복잡하고 특수한 위기로서 고전적 이론 및 2세대 이론으로 설명하는 데 한계가 있다.

우선 재정적자, 통화팽창정책 및 높은 인플레이션 등 고전적인 1세대 이론에서 다루는 어떠한 요인도 아시아 외환위기 이전의 금융시장에서 나타나지 않았다. 둘째, 아시아 국가의 정책당국은 2세대 이론에서처럼 정치적 그리고 경제적인 정책목표 사이의 상충(trade-off)관계에 직면하지 않았다. 셋째, 아시아의 국가에서는 외환위기에 앞서 주식시장, 부동산시장과 같은 자산시장의 여러 분야에서 거품의 형성과 붕괴(boom and bust)가 나타났다. 넷째, 아시아 외환위기는 실물경제의 위축과 함께 금융기관의 도산, 예금인출 사태 및 기업의 도산을 포함하

15 외환보유액, 재정수지, 고정환율제에 대한 정부의 의지와 같은 기초여건이 약화되면 투기적 공격으로 외환위기가 발생하고 정부에서 환율을 확실히 효과적으로 방어할 수 있는 경우에는 투기적 공격의 대상이 되지 않는다는 것이다.

는 광범위한 금융위기이다.

3세대 이론은 은행 및 금융시스템의 문제가 외환위기와 어떻게 상호작용을 하는지 그리고 외환위기가 실물경제에 어떤 영향을 미치는지에 대해 설명하는 이론이다. 다시 말해서 3세대 이론은 금융시스템의 취약성이 외환위기의 중요한 원인이며 외환위기로 인해 고용, 생산 등 실물경제의 침체가 초래된다는 것이다.

따라서 3세대 이론은 외환위기가 은행위기와 함께 발생하기 때문에 외환위기의 원인을 대차대조표의 불균형, 도덕적 해이, 금융공황 및 전염효과 등으로 설명한다.

● 대차대조표 불균형

대차대조표의 불균형 분석에 기반한 3세대 이론은 자본계정의 변동이 어떻게 외환위기와 금융위기를 초래하는지를 설명하는 이론이다.

국내통화 표시 자산과 해외통화 표시 부채로 인한 통화의 불일치로부터 발생하는 대차대조표 불균형은 외화부채가 있는 상황에서 해당 통화에 대한 큰 폭의 평가절하가 발생하면 부채가치가 증가한다. 충분히 환리스크를 헤지하지 못한 차입자는 곤경에 처하게 되고 사업의 부진과 생산량의 감축으로 이어진다.

이러한 통화의 불일치는 개발도상국이 국제금융시장에서 외국통화로 자금을 조달하는 경우에 나타나는 현상이다. 자산과 부채의 통화불일치 상황에서 환율이 절하되면 기업이 도산하고 자본의 급격한 유출이 발생한다.

한편, 대차대조표에서 자산은 장기이고 부채는 단기로 만기불일치가 있는 경우, 환율이 상승함으로써 부채에 대한 차환위험(rollover risk)과 금리상승으로 부채상환부담이 늘어나는 금리위험(interest rate risk)이 발생한다. 이렇게 되면 기업은 순자산의 감소, 담보 능력의 저하로 인한 신용축소, 경제의 위축으로 이어지고 금융기관의 부실 대출이 늘어나면 은행위기로 발전할 수 있다.

● 과다차입과 도덕적 해이

McKinnon and Phil (1996) 그리고 Krugman (1998, 1999)은 과다차입 모형으로 외환위기의 원인을 설명하였으며, Corsetti, Pesenti, Roubini (1998)는 도덕적 해이

가 외환위기의 원인이라고 주장하였다. 규제를 받지 않는 금융기관의 도덕적 해이로 인한 대출이 투자자에게 일종의 보조금을 제공하는 것으로, 금융기관의 과다대출에 대해 정책당국에서 암묵적인 보증을 철회하게 되면 금융시스템의 붕괴는 필연적이라고 강조하였다.

Burnside, Eichenbaum and Rebelo (2001, 2004)도 은행시스템에 대한 정부의 보증이 은행으로 하여금 외국으로부터 자금을 차입하게 하는 유인을 제공함으로써 통화 및 은행시스템이 외부의 공격에 대해 취약하게 된다고 주장하였다.

● 외국자본의 유출 및 금융공황

Radelet and Sachs (1998)는 외국자본의 자기실현적인 비관주의가 아시아 국가의 금융위기를 발생시킨 원인이라고 주장하였다. 아시아 경제 내에서 거시경제 및 미시경제 차원에서 심각한 문제가 있었지만, 이러한 불균형이 아시아의 대형 금융위기를 발생시킨 원인으로 보기에는 충분하지 않다고 보는 견해이다.

외국자본의 유출이 금융공황으로 발전하는 과정에서 외국투자자의 공황 상태, 국내 정책당국의 초기대응 실패, 엉성한 국제 구조프로그램과 같은 몇 가지 요인이 복합적으로 작용하여 외환위기, 예금인출, 대규모의 기업도산 및 정치적인 혼란을 초래했다고 강조하였다.

한편, Chang and Velasco (1998)는 예금인출 그리고 금융중개기관으로 하여금 조기에 투자자금을 회수토록 하는 자기실현적인 신뢰의 상실을 외환위기의 원인으로 설명하였다. 아시아 국가로부터 외국의 대출금과 예금이 빠져나감으로써 은행에서는 유동성 경색과 자본의 잠식이 발생했다. 자본적정성과 엄격한 대출기준의 실행으로 은행폐쇄와 금융공황이 발생하고 이러한 현상이 한 나라에서 다른 나라로 확산되었다. 결과적으로 국제금융기구가 막을 수 없는 대규모의 경제적 및 정치적 혼란을 초래했다는 것이다.

● 전염효과

외환위기의 원인을 대리인문제의 관점에서 설명하는 이론이다. 대리인인 자금관리자가 주인인 자금투자자로부터 다른 자금관리자와의 비교로 보상을 받는다면 시장에서 올바르게 리스크를 취하기보다는 리스크가 잘못되었다고 하는 식으로 군중을 따르려는 강한 유인을 갖게 된다는 것이다.

전염효과는 환율에 대한 투기적 공격이나 외국자본의 회수 등으로 한 나라에서 위기가 발생하면 다른 나라로 위기가 파급되는 것이다. 1992~1993년의 영국 파운드화 위기가 아일랜드 외환위기로 전이된 사례, 1997년 태국의 외환위기가 한국의 외환위기로 전이된 사례는 전염효과로 설명할 수 있다.

14.4.2 주요 외환위기 사례

1980년대부터 발생한 중남미 외환위기를 시작으로 그동안 여러 나라 또는 지역에서 다양한 외환위기가 발생하였다. 1998년의 러시아 금융위기 및 1999년의 브라질 외환위기는 비교적 규모가 작지만 1992~1993년의 유럽의 ERM[16] 위기, 1994~1995년 멕시코 페소화 위기, 1997~1998년 아시아 외환위기 및 한국의 외환위기, 2004년의 아르헨티나 페소화 위기는 지속 기간도 길고 파급효과도 상당하였다. 이러한 4가지 외환위기 사례에 대해 살펴본다.

① ERM 위기

ERM(Exchange Rate Mechanism) 위기는 1992년 9월 16일 수요일에 George Soros의 퀀텀펀드와 다른 헤지펀드가 영국 파운드화를 투매하여 영국 정부가 유럽통화제도(European Monetary System)의 환율조정메커니즘(ERM) 탈퇴를 선언함으로써 초래된 금융위기이다.

16 Exchange Rate Mechanism의 약자로 환율조정메커니즘으로 불리며, 유럽통화제도(EMS, European Monetary System)의 일환으로 도입한 것이다. 유로화의 출범(1999년 1월 1일) 전에 EU의 결제 및 회계를 위해 사용한 유럽의 통화단위인 ECU(European Currency Unit)에 대해 가맹국 간의 상호합의하에 각 통화의 중심환율과 각 통화 간의 기준환율을 설정한 후, 환율의 변동폭을 기준환율의 상하 2.25% 내로 제한하고 환율이 상한과 하한 수준에 도달할 경우 통화당국이 외환시장에 개입하여 환율안정을 도모하도록 하는 고정환율제도이다.

● EMR 위기의 원인

1990년 10월 3일 서독과 동독이 통일함으로써 독일 정부에서 천문학적인 통일비용을 지출하고, 독일의 중앙은행인 Bundesbak는 물가상승을 억제하고 경제를 안정화시키기 위해 초고금리정책을 유지하였다. 영국은 1979년에 ERM이 도입될 당시에 가입하지 않고 고정환율제(pegged exchange rate)에 대한 논란을 이어오다가 마가렛 대처 수상의 임기 말기인 1990년 10월 8일에 ERM에 가입[17]하였다. ERM에 가입할 당시에 독일 마르크에 대해 영국 파운드화의 기준환율은 2.95마르크였으며, 협약에 따라 영국 파운드화는 독일 마르크화에 대해 ±6%의 변동허용범위에서 움직일 수 있었다.

ERM에 가입하기 전인 1989년에 영국은 독일보다 3배나 높은 인플레이션과

표 14.1 1990년(영국 ERM 가입) 유럽 각국의 주요 경제지표

	인플레이션 (%)	외환보유액 (10억 달러)	경제성장률 (%)	실업률 (%)	재정적자 비율(%)
독일	2.70	64.24	5.24	–	19.73
영국	8.00	33.59	0.56	6.83	–
프랑스	3.19	34.75	2.92	9.37	–
이탈리아	6.46	61.39	2.05	8.87	92.77
스페인	6.72	50.39	3.78	15.46	36.54
네덜란드	2.45	16.35	4.18	6.08	58.42
포르투갈	13.63	14.54	4.77	4.80	51.74
그리스	20.43	3.37	0.00	..	..
벨기에	3.45	11.35	3.15	6.55	106.73
덴마크	2.64	10.60	0.97	7.18	62.39
아일랜드	3.32	4.95	8.47	13.45	86.81

자료: 외환보유액은 IMF, 기타자료는 OECD 통계

17 1980년대말에 과도한 통화팽창 정책의 결과로 발생한 인플레이션에 대한 우려가 큰 상황에서 ERM 가입은 물가하락에 대한 신뢰성을 주고 실업률이 크게 늘어나지 않고도 인플레이션을 낮추는 데 도움이 될 것이라는 기대가 있었다.

15%의 고금리 그리고 프랑스나 독일보다 훨씬 낮은 생산성으로 인해 영국은 다른 ERM 가입국에 비해 경제적으로 매우 어려운 상황에 처해 있었다.

독일의 고금리정책에 따른 마르크화의 강세로 ERM에 가입한 국가들이 협약에 따라 변동폭 유지를 위해 금리를 올림으로써 실업률 증가와 불황으로 이어졌다. 따라서 유럽 국가의 통화는 투기적 공격의 대상이 되었다. 그리고 덴마크의 마스트리히트 조약[18] 가입과 관련하여 실시한 국민투표에서 부결이 선택되었고 같은 해 9월 20일에 치러질 프랑스 국민투표에서도 부결이 될 것이라는 기대로 ERM에 대한 투기적인 공격이 증가하고 있었다.

한편, ERM 위기가 발생하기 전에 두 가지 전조현상이 있었다. 첫째는 국제 자본이동이 크게 증가하면서 투기적인 자금흐름을 증폭시켰다. 1988년 유럽공동체(EC) 장관회의에서 1992년말까지 자본이동의 완전자유화를 결의함에 따라 환율변동에 대한 각국의 외환통제수단이 줄어들면서 각국 통화의 환율은 자본이동과 투기적인 공격으로부터 취약해졌다. 둘째는 외환시장에서 미국 달러화와 독일 마르크화 간의 긴장 관계는 유럽통화제도(EMS)의 긴장으로 이어졌다. 단기적인 포트폴리오 자금이 미국 달러화에서 독일 마르크화로 옮겨가면서 다른 ERM 통화 대비 독일 마르크화의 가치가 상승하여 독일의 통화가 EMS 내에서 특별한 지위를 갖게 된 것이다.

● ERM 위기의 경과

1992년 9월 8일에 핀란드가 독일 마르크화와의 연동제를 폐기하면서 핀란드 마르카(Markka)화가 15%나 하락하였다. 당시 ERM 국가가 아닌 스웨덴도 투기적 공격을 방어하기 위해 금리를 75%까지 올렸는데, ERM 가입국이 아닌 북유럽 국가의 통화가치 하락은 ERM 위기의 촉매 역할을 하였다. 한편, 독일과 이탈리아의 중앙은행이 협력하여 방어하던 이탈리아 리라화의 환율도 폭락을 지속함에 따라 1992년 9월 14일에 평가절하를 실시하여 7%나 하락하였다.

18 마스트리흐트 조약(Maastricht Treaty, 공식적으로는 유럽연합에 관한 조약)은 1992년 2월 7일, 네덜란드 마스트리흐트에서 유럽공동체(EC) 가입국이 서명하고 1993년 11월 1일부터 발효한 조약으로 유럽연합의 및 유로화 출범의 기초가 되는 조약이다.

영국은 불과 2년 전에 가입한 ERM에서 탈퇴하지 않고 하락하는 파운드화를 지지[19]하기 위해 외환보유액을 사용하여 시장에 개입하도록 대처 수상의 후임인 John Major 총리가 승인하였다. 지속적으로 투기적인 공격을 받아온 파운드화의 환율 하락을 방어하기 위해 외환시장에 개입하면서 ERM 위기가 발생하기 전 8월과 9월에만 160억달러의 외환보유액을 소진하였다. 반면 George Soros는 ERM하에서 영국 파운드화 환율의 고평가, 영국의 높은 인플레이션 그리고 고금리로 인한 자산가치의 하락에 따라 파운드화에 대해 대규모의 매도포지션을 취하고 있었다.

1992년 9월 15일 밤에 독일 중앙은행 총재의 독일 마르크화 고평가 발언[20]이 전해지면서 George Soros가 100억 달러를 동원하여 영국 파운드화를 투매하기 시작하였다. 다른 헤지펀드들도 가담하여 파운드화를 매도함에 따라 파운드화 환율은 ERM 병동허용범위의 하한선까지 떨어졌다. 이에 영국 중앙은행(Bank of England)은 외환보유액의 절반인 약 200억달러를 동원하여 파운드화를 매입하고 9월 16일 하루에 두 차례나 단기 이자율을 인상[21]하였는데도 환율 하락이 지속되자 영국은 환율방어를 포기하였다.

검은 수요일(Black Wednesday)로 기록된 1992년 9월 16일에 영국은 ERM에서 탈퇴하였다. 결국 영국 파운드화의 위기로 영국에는 치욕적인 날로 기록되고 George Soros는 투기적인 공격으로 10억파운드 이상의 이익을 남겼다. 이외에도 검은 수요일에는 이탈리아 리라화와 스페인 페세타화의 환율이 폭락하면서 이탈리아는 ERM에서 탈퇴하고 스페인은 평가절하와 함께 자본통제를 실시하였다.

19 파운드화의 하락은 인플레이션을 촉진한다고 믿고 파운드화의 환율을 방어하는 조치를 취하였다.

20 독일 중앙은행 총재가 Wall Street Journal과 인터뷰에서 이탈리아 리라화의 대폭락 이후 환율에 대한 더 종합적인 조정이 필요하다고 언급한 사실이 독일 신문에 보도되었다.

21 1992년 9월 16일에 파운드화 환율을 떠받치기 위해 10%이던 단기금리를 1차로 12%로 인상하고 다시 15%로 인상한 조치이다. 이날 저녁 7시경 ERM 탈퇴를 발표한 시각에 12%로 내렸다가 다음 날 원래의 환율인 10%로 인하하였다.

표 14.2 1992년(영국 ERM 탈퇴) 유럽 각국의 주요 경제지표

	인플레이션 (%)	외환보유액 (10억 달러)	경제성장률 (%)	실업률 (%)	재정적자 비율(%)
독일	5.06	99.45	1.92	6.57	19.38
영국	4.60	41.41	0.25	9.85	..
프랑스	2.36	53.34	1.60	10.64	29.03
이탈리아	5.27	50.82	0.83	8.79	102.24
스페인	5.92	49.72	0.93	17.02	38.12
네덜란드	3.18	35.65	1.71	5.76	60.23
포르투갈	9.56	24.32	1.90	4.13	50.52
그리스	15.88	5.54	0.70	..	..
벨기에	2.43	22.12	1.53	7.09	111.31
덴마크	2.10	11.62	1.98	8.60	67.83
아일랜드	3.07	3.55	3.34	15.39	82.59

주: 재정적자비율은 GDP 대비 정부부채 비율
자료: 외환보유액은 IMF, 기타자료는 OECD 통계

- **ERM 위기의 결과**

마스트리히트 조약 가입 관련 덴마크의 국민투표 부결 및 프랑스의 부결가능성이 ERM 탈퇴에 영향을 주었으며, ERM 탈퇴로 영국의 Major 수상은 인플레이션을 잡기 위한 정책이 약화되면서 정치적으로 큰 패배를 당하였다. ERM 탈퇴 후 파운드화의 평가절하와 인플레이션목표제로의 통화정책 변경이 영국경제의 회복에 기여했지만 1997년 선거에서 보수당의 정권이 노동당으로 넘어가는 것을 막지는 못했다.

영국을 비롯한 일부 가입국가의 ERM 탈퇴 후에도 영국에 비해 상대적으로 경제 상황이 양호한 프랑스의 프랑화도 투기적인 공격을 받았다. 프랑스 중앙은행은 9월 23일에 단기금리를 10%에서 13.5%로 인상하고 독일 중앙은행과의 공조를 통한 대규모의 외환시장개입으로 대응하였다. 프랑스 프랑화의 환율방어에는 성공하였지만 프랑스의 금리인상, 그리고 프랑스와 독일의 대규모 외환보유액 소진[22]이라는 결과를 초래하였다.

프랑스에 이어 노르웨이와 덴마크의 통화가 1992년말에 투기적인 공격을 받았으며 스페인, 포르투갈, 벨기에, 아일랜드의 통화도 1993년에 투기적인 공격으로 평가절하를 단행하였다. ERM 위기가 지속되는 가운데 독일 마르크화에 대한 투기적 공격이 나타나면서 독일 중앙은행은 외환시장 개입으로 대응하였으나 위기가 진정되지 않음에 따라 1993년 8월에 ERM 가입국의 환율조정폭을 기존의 ±2.25%에서 ±15%로 확대함으로써 실질적으로는 변동환율제를 채택하였다.

- ERM 위기의 교훈

독일의 통일에 따른 독일 마르크화의 강세가 유지되는 상황에서 소폭의 ERM 변동허용범위는 투기적 공격에 취약했고 결국 ERM 위기로 이어졌다. ERM 위기로부터 얻은 교훈은 다음과 같이 몇 가지로 정리할 수 있다.

첫째, ERM 위기는 국가 간의 자유로운 자본이동, 고정환율제 그리고 중앙은행의 독립적인 통화정책의 3가지 중에서 하나 혹은 기껏해야 두 가지를 선택할 수 있는 trilemma[23] 현상을 확인시켰다. 마스트리히트 조약의 승인으로 자본이동이 자유로운 상황에서 통화페그제는 본질적으로 취약할 수밖에 없는 상황이다. 통화페그를 유지하기 위해 중앙은행은 금리를 인상하거나 외환시장개입으로 대응할 수밖에 없다.

둘째, 통화페그제에서 개별 통화의 변동허용폭이 작은 경우에 경제 기초여건이 부실한 국가는 투기적 공격에 취약하다는 것을 확인시켜주었다. 투기적 공격이 없었다면 영국 파운드화의 변동허용범위 ±6%에서 파운드화 환율은 방어될 수 있었을 것이다. 그러나 George Soros가 보여주었듯이 경제의 기초여건에 부합하지 않은 국가의 통화가치는 자본이동이 자유로운 상황에서 투기적인 공격의 대상이 될 수밖에 없다.

영국이나 이탈리아는 경제의 기초여건이 부실한 상황에서 ERM에서 탈퇴하고

22 1992년 9월 18일부터 23일 사이에 시장개입을 위해 프랑스 중앙은행은 335억달러, 독일 중앙은행은 67억달러 내지 200억달러의 외환보유액을 사용한 것으로 알려졌다.

23 tri + dilemma의 합성어로 세 가지 각각의 문제가 서로 영향을 주어 어떤 선택을 해도 남은 두 가지 혹은 한 가지의 문제를 악화시키는 결과를 초래하는 것을 말한다.

환율을 평가절함으로써 투기적인 공격의 대상에서 벗어나고 실업률 감소와 경기회복이라는 긍정적인 효과를 얻었다. 반면 프랑스를 통해서 알 수 있듯이 ERM 가입국 조건을 유지하기 위해서는 고용 및 성장과 관련하여 경제정책의 희생이 불가피하여 실업률 증가와 경기후퇴라는 대가를 치러야 했다.

셋째, EMR 위기는 경제의 기초여건보다는 독일의 통일과 유럽단일시장이 복합적으로 만들어낸 것으로 자기실현(self-fulfilling)적인 공격이 외환위기를 초래했다는 것을 보여주었다. George Soros는 ERM하의 준고정환율제에서 성공할 수 있다고 보고 파운드화를 공격해서 영란은행이 금리를 올리도록 함으로써 변동금리로 대출을 받은 주택소유자에게 타격을 주었다. 결국 영란은행이 금리인상 정책기조를 바꾸도록 하면서 파운드화가 붕괴되는 결과를 초래한 것이다.

② 멕시코 페소화 위기

멕시코 페소화 위기는 포트폴리오 자본의 국제간 이동으로 촉발된 첫 번째 글로벌 금융위기라는 점에서 중요한 의미를 지니고 있다. 페소화 위기 이전 3년 동안 국제 뮤추얼펀드는 450억달러 이상의 자금을 멕시코 증권에 투자하고 있었다.

페소화의 폭락으로 펀드매니저들이 멕시코 증권에 투자한 자금과 다른 신흥시장국에 투자한 자금을 빠르게 환수함으로써 자금환수의 영향이 세계의 국제금융시장으로 전염되었다. 결과적으로 세계금융시스템이 매우 불안해지는 금융위기를 초래하였다.

● 페소화 위기의 원인

1982년에 대외채무에 대한 모라토리엄을 선언하면서 외환위기를 겪은 후 IMF, 미국, 국제결제은행(BIS) 등의 차관으로 외환위기를 극복하던 중인 1985년에 긴축정책 불이행으로 IMF에서 자금지원을 중단하면서 2차 외환위기를 겪었다. 그 후 1990년대초에 외국자본 유치를 위해 고금리정책을 유지함으로써 미국을 중심으로 외국의 자본이 많이 유입되었다. 1990년대초에 미국 국채의 수익률이 5~6%이던 시기에도 멕시코의 국채수익률은 10~12%로 2배를 보장함으로써 외국자본의 유입이 크게 늘어났다.

표 14.3 페소화 위기 전후 멕시코 주요 경제지표

	1993년	1994년	1995년	1996년
경제성장률(%)	2.0	4.4	-6.2	5.2
물가상승률(%)	9.7	7.0	35.0	34.4
실업률(%)	3.4	4.4	7.1	5.5
기준금리(%)	17.4	16.5	60.9	33.6
환율(Peso/USD)	3.1	5.3	7.6	7.9
외채총액(10억 달러)	131.5	142.1	169.6	163.6
외환보유액(10억 달러)	25.1	6.3	16.9	19.4

자료: IMF, World Bank

1994년에 북미자유무역협정(NAFTA)이 발효되고 그해에 OECD에 가입하면서 시장을 개방함으로써 무역적자는 크게 증가하였다. 무역수지는 1993년에 134억 달러, 1994년에는 184억달러까지 증가하였으며 외채 규모도 약 1,400억달러까지 늘어났다. 또한 1994년 8월의 총선에 앞서서 대통령 후보 및 야당 당수의 피살로 인해 정치적 혼란이 증대하면서 외국자본의 유출이 크게 증가하였다. 1994년 2월에 약 280억달러의 외환보유액이 12월초에는 100억달러까지 감소하였다.

한편 미국의 연방준비제도이사회(FRB)는 인플레이션에 선제적으로 대응하기 위해 1994년초부터 1995년 1월까지 7차례에 걸쳐 3%이던 금리를 6%로 두 배나 인상하였다. 이에 따라 신흥시장국에 투자되었던 자금이 미국으로 유입되면서 인접 국가인 멕시코는 직접적인 타격을 받았다.

● **페소화 위기의 경과**

경상수지 적자가 늘어나고 외채도 크게 증가한 상황에서 멕시코의 신임 대통령으로 선출된 Ernesto Zedillo가 1994년 10월 20일에 미국 달러화에 대한 멕시코 페소화 환율의 14% 평가절하를 발표하였다. 그러나 이러한 조치는 멕시코의 주식 및 채권은 물론 멕시코 페소화 매각을 촉발하였다.

페소화의 급격한 붕괴는 퇴임하는 살리나스 행정부가 멕시코 경제의 진정한 상황 즉 급속한 외환보유액의 고갈과 심각한 무역적자를 공개하지 않은 결과가

반영된 것이다. 1995년 1월초까지 페소화 가치는 미국 달러화 대비 40% 정도 하락함에 따라 멕시코 정부는 할 수 없이 페소화에 대한 변동환율제를 실시하게 되었다. 우려가 현실로 나타나 국제금융시장의 투자자는 신흥시장국 투자를 축소하였으며 페소화 위기는 남미 및 아시아 시장으로 급속하게 확산[24]하였다.

멕시코 정부의 채무이행 불능과 글로벌 금융시장의 폭락에 직면한 클린턴 행정부가 IMF 및 BIS와 함께 멕시코에 대한 530억달러의 구제금융패키지를 제안하였다. 미국 200억달러, IMF 178억달러, BIS 100억달러, 민간은행 30억달러, 캐나다 10억달러 등으로 구성되는 구제금융계획이 1월 31일에 발표됨에 따라 세계의 금융시장과 멕시코 금융시장은 안정을 찾기 시작했다.

● 페소화 위기의 교훈

멕시코 페소화 위기는 고정환율제와 함께 경제의 기초여건과 괴리된 환율의 고평가 유지, 자본시장의 급속한 개방에 따른 외국자본의 급격한 유입과 유출, 정치적 불안정 등이 복합적으로 작용하여 발생한 외환위기이다.

세계의 금융시장이 더욱 통합됨에 따라 금융위기의 전염효과가 더 빈번하게 발생하는 가운데 멕시코 페소화 위기로부터 얻은 교훈은 다음과 같은 2가지로 요약할 수 있다.

첫째, 페소화 위기와 같은 유형으로부터 글로벌 금융위기를 방어하기 위해서는 여러 국가가 참여하는 안전망을 갖추는 것이 필수적이다. 한 국가나 한 기관이 잠재적인 금융위기에 대처할 수는 없다. 그리고 정치적인 결정은 복잡하고 지역적인 사정을 고려하여야 하므로 급변하는 시장 여건에 대처할 수 없다.

둘째, 멕시코는 경제개발을 위한 자금을 조달하기 위해서 외국의 포트폴리오 자본에 지나치게 의존하였다. 국내 저축을 늘리고 외국자본의 단기투자보다는 장기투자를 중시했어야 했다. 외국자본의 유입은 멕시코의 물가상승으로 이어지

24 1994년 12월에 외환위기가 발생한 멕시코의 외환위기가 남미의 아르헨티나와 브라질 등으로 확산되었다. 이처럼 독한 술에 이웃 나라들이 모두 취한 것처럼 외환위기 또는 경제위기가 전염되는 현상을 멕시코의 독한 술의 이름을 따서 데킬라 효과(Tequila effect)라고 한다.

고 페소화 가치의 절상 즉, 통화가치의 상승을 초래하여 멕시코의 무역수지를 악화시킨 원인으로 작용하였다.

③ 동아시아 외환위기

미국 달러화에 고정되어오던 태국의 바트화가 1997년 7월 2일 자율변동환율제의 채택으로 크게 평가절하되면서 태국의 외환위기가 인도네시아, 한국, 말레이시아, 필리핀으로 확산되었다. 더 나아가 멀리 러시아와 라틴아메리카, 특히 브라질로 퍼져나가면서 국제금융시장의 광범위한 혼란으로 발전하였다. 특히 위기의 정점에서 한국의 원화와 인도네시아의 루피화 환율은 위기 전에 비해 미국 달러화 대비 각각 50%와 80%까지 하락하였다.

1997년에 발생한 아시아 외환위기는 1992년 유럽통화제도(EMS, European Monetary System) 위기 및 1994~1995년 멕시코 페소화 위기와 함께 1990년대에 발생한 3대 외환위기로 기록되지만, 그 이전의 2개 위기에 비해서 전염효과 그리고 사회적 및 경제적 비용 측면에서 훨씬 더 심각하였다. 통화가치가 큰 폭으로 하락하고 외채로 인해 많은 금융기관과 기업이 도산하고 급속하게 성장하던 동아시아의 경제는 넓고 깊은 침체의 늪에 빠져들었다.

아시아 외환위기는 금융시장의 개방과 금융자유화 조치에 따라 G-10 국가로부터 대규모의 자본이 유입되면서 아시아 경제가 크게 성장하는 중에 발생하여 위기의 당사국들뿐만 아니라 신흥시장국에 자금을 대여하고 투자하던 선진국의 투자자도 큰 손실을 입었다. 예를 들어 1998년에는 아시아 외환위기의 여파로 가장 규모가 크고 수익성이 좋은 미국의 헤지펀드 LTCM(Long-Term Capital Mangement)이 러시아의 채권에 투자하다가 파산지경[25]에 이르렀다.

25 1998년 8월 중순 러시아 루블화가 미국 달러당 6루블에서 약 20루블로 폭락하면서 러시아의 주식과 채권가격도 폭락하였다. 러시아의 외환위기 확산으로 인한 금융시스템의 붕괴를 두려워한 연방준비제도는 1998년 9월에 LTCM에 대한 35억달러의 구제금융을 지원하였다.

● 동아시아 외환위기의 원인

동아시아 외환위기는 외환시장 및 자본시장의 급격한 개방, 금융기관의 부실채권 누적, 경상수지 적자 확대, 정책 대응의 실패에서 그 원인을 찾을 수 있으며, 그 밖에 금융기관의 감독 부실, 시장변동성의 전염효과도 동아시아 외환위기의 원인으로 작용하였다.

급격한 외환시장 및 자본시장 개방

1980년대 후반부터 동아시아 국가들은 경제발전에 필요한 자금을 조달하기 위해 외환시장 및 자본시장을 급격하게 개방하였다.

국제자본의 자유로운 이동이 가능해짐에 따라 미국, 일본, 유럽 등 선진국의 투자자는 빠르게 성장하는 동아시아의 경제에 매료되었으며 동아시아의 기업과 금융기관은 쉽게 자금을 차입하였다. 무분별하게 차입한 자금은 비효율적인 투자 확대, 부동산 가격의 상승으로 이어지는 부작용을 초래하였다.

표 14.4 동아시아 4개국의 외채 추이 (단위: 10억달러)

	1991	1992	1993	1994	1995	1996
태국	37.7	41.8	52.7	65.5	83.2	90.8
인도네시아	79.5	88.0	89.2	107.8	124.4	129.0
말레이시아	17.1	20.0	26.1	29.3	34.3	39.8
필리핀	32.5	33.0	35.9	40.0	39.4	41.2

자료: World Bank, Global Development Finance, 한국은행 조사부(재인용)

금융기관의 부실채권 누적

경제의 고속 성장으로 동아시아 각국의 금융기관은 저리로 외화자금을 조달하여 건설업체나 골프장, 콘도미니움 등 부동산개발업자에게 대출하여 큰 수익을 올렸다. 거액의 민간자본 유입은 1990년대 초반과 중반에 대출 붐으로 이어지고, 대출 붐은 산업프로젝트에 대한 투자는 물론 부동산 및 주식시장의 투기를 야기하여 자산 가격의 거품이 형성되었다. 1996년부터 부동산의 공급과잉에 따른 거품붕괴 현상이 나타났다.

결과적으로 건설 및 부동산개발 기업의 도산이 늘어나고 금융기관의 부실채권이 크게 증가하였다. 동아시아 국가의 부실대출비율은 15~35%로 증가했는데 결국 금융기관의 대차대조표 악화가 이들 국가를 금융위기로 몰아넣은 주요인이라고 할 수 있다.

경상수지의 적자 확대

동아시아 국가는 경제성장과 함께 높은 증가율을 보이던 수출이 1996년부터 엔화 약세 및 중국산 저가수출품과의 경쟁격화로 급속하게 둔화되면서 경상수지의 적자가 확대되었다.

특히 태국은 1996년에 경제성장률이 크게 하락하고 수출 증가율이 1.8%로 감

표 14.5 동아시아 4개국의 주요 경제지표 추이 (단위: %, 10억달러)

		1990	1992	1994	1995	1996
태국	GDP 성장률	11.6	7.8	8.8	8.7	6.4
	수출 증가율	14.9	14.2	22.7	25.1	−1.8
	경상수지	−73 (−8.5)	−63 (−5.7)	−81 (−5.6)	−136 (−8.2)	−147 (−8.0)
인도네시아	GDP 성장률	7.2	6.5	7.5	8.2	8.0
	수출 증가율	15.9	16.6	8.8	13.2	9.7
	경상수지	−30 (−2.8)	−28 (−2.2)	−28 (−1.6)	−68 (−3.4)	−78 (−3.5)
말레이시아	GDP 성장률	9.7	7.8	9.2	9.5	8.6
	수출 증가율	17.4	18.5	24.7	26.0	6.0
	경상수지	−9 (−2.0)	−22 (−3.7)	−45 (−6.4)	−74 (−8.6)	−61 (−6.3)
필리핀	GDP 성장률	3.0	0.3	4.4	4.8	5.7
	수출 증가율	4.0	11.2	20.0	31.6	16.6
	경상수지	−27 (−6.1)	−10 (−1.9)	−30 (−4.6)	−20 (−2.7)	−44 (−5.3)

주: ( ) 안 숫자는 경상수지의 GDP 대비 비율, 수출 증가율은 통관기준
자료: IMF IFS Yearbook 1997 and World Economic Outlook 1998년 5월, 한국은행 조사부(재인용)

소함에 따라 위기의 전조현상이 나타났다. 안정적인 환율제에서 태국이나 한국처럼 잘 나가는 경제는 실질환율의 평가절상으로 수출성장이 둔화되었으며, 일본의 장기침체와 엔화의 약세는 아시아 개발도상국의 무역수지를 악화시켰다.

정책 대응의 실패

1996년에 동아시아 국가의 경제 기초여건이 악화되고 금융시장이 불안해짐에 따라 환율의 평가절하 압력이 가중되고 있었으나 환율방어를 위해 금리인상 및 외환보유액을 이용한 시장개입으로 대응하였다. 예를 들어 태국의 경상수지 적자는 1995년과 1996년에 GDP 대비 8% 이상으로 악화되었지만 환율의 절하폭은 각각 0.4%와 1.6%에 불과하였다.

표 14.6 태국의 금리 및 외환보유액 추이 (기말기준)

	1993	1994	1995	1996	97.4	5	6	7
재할인율(%)	9.0	9.5	10.5	10.5	10.5	10.5	10.5	12.5
외환보유액(10억 달러)	24.5	29.3	36.0	37.7	35.3	32.3	31.4	29.4

자료: 조사연구자료 98-12, 한국은행 조사부(재인용)

환율방어를 위한 정책 대응은 성공하지 못하고 금리인상에 따른 경기둔화와 외환보유액의 감소를 초래하면서 자본이동이 자유로운 상황에서 외환시장은 국제적인 투기자본의 공격 대상이 되었다. 1997년 5월 이후 바트화의 절하를 예상한 투기자본의 공격이 시작되면서 아세안국가와의 외환시장 공동개입 등 막대한 자금(GDP의 15%에 달하는 321억달러)을 투입하고도 1997년 7월에 바트화를 방어하지 못하고 자율변동환율제로 전환하였다.

리스크관리 부재 및 감독 부실

고정적이고 안정적인 환율제하에서 자금의 대출자와 차입자는 환리스크를 염려하지 않아도 되므로 금융거래에 대한 리스크 헤지 없이 과도한 리스크를 취하였다. 특히 대출의 담보로 설정된 자산의 가격이 하락함에 따라 금융기관의 부실대출은 크게 늘어났다. 이러한 리스크를 사전에 예방하기 위한 감독규정이 마련되어 있지 않았고 금융기관의 리스크를 점검할 시스템도 갖추어지지 않았다.

이에 더해 종종 정치적인 요소를 고려하여 대출을 결정함으로써 최적이 아닌 자원배분이 이루어졌다. 소위 정경유착에 의한 재벌 자본주의는 동아시아가 경제기적을 이루는 데 기여하였으나 재벌기업의 과도한 부채비율과 과잉 중복투자는 위기를 키우는 부작용을 낳았다.

● 동아시아 외환위기의 확산

바트화의 붕괴는 금융시스템이 취약한 아시아의 다른 나라로부터 급격한 자본유출을 촉발시켰다. 금융자유화와 금융개혁이 미완성인 상황에서 단기외채의 증가와 대출의 급증 그리고 금융기관에 대한 미흡한 규제와 감독으로 인해 동아시아 국가의 금융시스템은 국제자본의 급격한 유출과 투기적 공격에 취약하였다.

동아시아 외환위기에 대한 두려움이 선진국 투자자의 무분별한 자본유출을 초래함으로써 외환위기 확산의 원인으로 작용하였다. 대출자가 자본을 회수하고 단기대출의 연장을 거절함에 따라 신용경색이 나타나면서 수익성이 좋은 차입자 및 신용등급이 우수한 차입자도 피해를 입었다.

태국에서 시작한 외환위기가 동남아시아는 물론 한국까지 급속하게 확산되면서 말레이시아를 제외하고 태국, 인도네시아, 한국 그리고 필리핀의 4개국은 국제통화기금(IMF)의 정책권고를 수용하면서 구제금융을 지원받았다.

IMF의 주요 정책권고는 환율을 지탱하기 위한 국내금리의 인상과 정부지출의 삭감이었다. 심각한 신용경색으로 경제가 위축된 상황에서 IMF가 요구한 정책권고는 아시아 경제를 침체의 늪으로 빠지게 하였다. 한편, IMF의 구제금융은 개발도상국의 외부 의존도를 높이고 국제 자금대여자로 하여금 리스크를 택하도록 장려하여 도덕적 해이를 조장했다는 비난을 받기도 하였다.

IMF의 정책권고를 이행하는 가운데 1998년 중반부터 경기가 회복되면서 구제금융을 지원받은 4개국은 1999년에 외환위기로 인한 경제위기에서 벗어날 수 있었다.

● 한국의 외환위기와 정책 대응

한국의 외환위기는 위에서 살펴본 다른 동아시아 국가와 마찬가지로 경제성장

표 14.7 외환위기 전후 한국의 주요 경제지표 추이 (단위: %, 10억달러)

	1994	1995	1996	1997	1998	1999
환율(원/달러)	788.70	774.70	844.20	1,415.20	1,207.80	1,145.40
외환보유액	25.7	32.7	33.2	20.4	52.0	74.1
금리	5.00	5.00	5.00	5.00	3.00	4.75
경상수지	−4.8	−10.2	−24.5	−10.8	40.1	21.8
외채총액	80.9	109.1	144.9	161.7	150.8	138.3
단기외채	36.2	51.4	70.3	58.4	35.1	36.8
경제성장률	9.3	9.6	7.9	6.2	−5.1	11.5
물가상승률	6.2	4.5	4.5	4.4	7.5	0.8
실업률	2.48	2.07	2.06	2.62	6.95	6.58

주: 금리는 1998년까지는 은행에 대한 총액대출한도 금리이며, 1999년 금리는 인플레이션 타겟팅 도입 이후 한국은행의 기준금리이다.
자료: 한국은행 통계데이타베이스, IMF IFS

률, 경상수지 등 경제의 기초여건 악화, 과다차입에 따른 유동성 부족, 대기업의 연쇄부도, 취약한 금융시스템 등이 복합적으로 작용하여 발생하였다.

그리고 위기가 먼저 발생한 동아시아 국가로부터의 전염효과로 개도국시장에 대한 불안감이 확산하면서 외국 투자자들이 자금을 회수한 것도 한국의 외환위기 원인 중 하나로 작용하였다고 볼 수 있다.

특히 한국은 다른 동아시아 국가에 비해 외환보유액 대비 단기외채의 비율이 높아서 외채의 만기연장 중단이나 자본유출이 발생할 경우 외환보유액으로 대처하는 데 한계가 있었다. 실제로 태국에서 외환위기가 발생한 이후 일본 등 외국의 투자자가 동아시아 외환위기의 확산을 우려하여 만기연장 및 신규대출을 중단함에 따라 신용경색과 유동성 부족사태가 발생한 것이 외환위기의 직접적인 원인이 되었다.

한국은 1997년 11월 21일에 IMF에 구제금융을 신청하고 1997년 12월에 IMF로부터 195억달러, 세계은행(World Bank) 및 아시아개발은행(ADB)으로부터 각각 70억달러와 37억달러를 지원받았다.

한국은 태국과 마찬가지로 환율방어에 실패하고 결국 1997년 12월 16일에 자

표 14.8 동아시아 국가의 외환보유액 대비 단기외채 비교

	1994년 6월	1995	1996	1997년 4월
한국	1.6	1.7	2.0	2.1
태국	1.0	1.2	1.2	1.5
인도네시아	1.7	1.9	1.8	1.7
말레이시아	0.3	0.3	0.4	0.6
필리핀	0.4	0.5	0.7	0.8
멕시코	1.7	1.5	–	1.2

자료: BIS, IMF, Brookings Papers on Economic Activity 1998(재인용)

유변동환율제를 채택하면서 본격적으로 금융위기 및 경제위기의 어려움을 겪었지만, IMF의 구제금융과 함께 금융시스템을 중심으로 사회 전반의 개혁을 추진하는 계기가 되었다.

외화표시국채 발행 등을 통한 외화유동성 확보, 금융정책 및 재정정책의 긴축기조 전환, 단기외채의 만기연장을 통한 외화유출 억제 등 많은 조치를 실행하였다. 이와 함께 외국인 투자자금의 유입을 촉진하기 위하여 채권시장과 주식시장 및 단기금융시장을 전면 개방하고 외국인 투자업종의 개방을 크게 확대하였다.

특히 단기자금의 조달로 지급 능력을 상실한 14개 종금사와 5개 은행, 회생가능성이 없는 기업을 퇴출시키는 등 외환위기 발생 이후 부실 금융기관의 정리로 2000년 8월말까지 퇴출당한 금융기관은 총 2,100여 개 중에서 23%인 480여 개에 달하였다.

그리고 노동시장의 유연성 제고를 위한 고용조정제와 근로자 파견제 도입, 계열기업 간 상호지급보증 금지, 한국은행의 물가목표제 도입 등 경제 각 부문의 구조 조정을 지속적으로 추진하였다. 1997년 외환위기 당시 32%까지 인상하였던 통화정책 목표금리는 1999년 4월에는 4.75%로 낮아지고 1999년에 10.7%의 경제성장률 달성, 741억달러의 외환보유액 축적 등 급속한 경제회복으로 외환위기에서 벗어났다.

● 동아시아 외환위기의 교훈

동아시아 외환위기를 통해 어떤 교훈을 얻었는지는 다음과 같이 요약할 수 있다.

첫째, 국내 금융시장이 발전되지 않은 상태에서 시장을 개방하는 것은 외환 및 금융위기에 취약하다. 특히 한국과 멕시코의 사례에서 알 수 있듯이 OECD에 가입하기 위해 금융시장을 일찍 개방함으로써 외환위기와 금융위기를 겪었다. 동남아시아 국가들도 국내 금융시스템이 취약한 상태에서 급격하게 시장을 개방함으로써 외환위기를 겪었다. 따라서 국내 금융시스템을 강화한 후 시장을 개방하는 것이 외국자본의 유출이나 투기적인 공격에 안전하다.

둘째, 금융시스템을 강화하기 위한 대책 수립이 필요하다. 금융시스템이 안정적으로 작동할 수 있도록 정부에서 금융산업에 대한 건전한 규제 및 감독 시스템을 마련해야 한다. 이를 위해서는 바젤 감독위원회의 감독기준을 따르고 금융기관이 이를 잘 준수하고 있는지 모니터링해야 한다. 또한 금융기관의 대출 의사결정과 관련하여 정치적인 고려보다는 경제적인 이익이 우선시되어야 한다. 그 외에도 투자자와 소비자가 합리적인 의사결정을 할 수 있도록 정부, 기업, 금융기관은 금융에 관한 자료를 투명하게 공개해야 한다.

셋째, 금융시장이 개방되면 외국인 직접투자, 주식 및 장기채권 투자를 장려하고 국내 기업과 금융기관의 무분별한 자금차입에 대한 통제도 고려하여야 한다. 금융혼란을 야기하는 단기자금의 유입을 차단하기 위해 국제 투기자금에 대한 제재 수단으로 브라질이 2007~2008년 글로벌 금융위기 직후인 2009년에 실행한 토빈세(Tobin Tax)[26]의 부과가 좋은 예이다. 한편 금융시스템이 취약한 상태에서 금융시장을 개방한 경우 칠레의 사례에서 알 수 있듯이 재무구조가 취약한 기업의 해외 차입 제한, 해외에서 자산을 취득한 금융기관에 대한 낮은 리스크 등급 부여 등 적절한 자본통제가 필요하다.

넷째, 통합된 국제금융시장 환경하에서 물가안정을 위한 고정환율제나 관리변동환율제는 외국자본의 투기적인 공격에 취약하다는 것을 확인시켰다. 특히 외

26 무분별한 자본시장 왜곡을 막기 위해 국제 투기자본의 단기(短期) 외환거래에 부과하는 세금으로 제안자인 경제학자 제임스 토빈의 이름에서 유래하였다.

채가 많은 신흥시장국에서 투기적인 공격이 발생하면 매우 빠르게 해당국의 통화가 절하되고 이로 인해 외채가 많은 기업과 관련 금융기관의 대차대조표가 빠르게 붕괴될 수 있다.

금융시스템이 취약하고 외채가 많은 국가에서 고정환율제나 관리변동환율제를 유지하는 것은 매우 위험하므로 자율변동환율제가 유리할 수 있다. 즉 환율이 매일매일 제한 없이 변동하면 기업, 금융기관, 정부는 외국통화표시 채무에 실질적으로 리스크가 있다는 것을 인식할 수 있다. 또 자율변동환율제는 환율이 지속적으로 절하되면 정책당국자는 잠재적인 금융위기를 예방하기 위한 조치를 취하도록 하는 조기경보의 이점도 있다.

한편, 고정환율제, 자유로운 국제자본이동, 독립적인 통화정책 모두를 채택할 수는 없는 trilemma 상황에서 독립적인 통화정책과 고정환율을 유지하고자 한다면 자본통제가 불가피하다. 예를 들어 중국과 인도는 자본통제를 유지함으로써 자국의 자본시장을 외부 국제금융시장과 분리했기 때문에 아시아 외환위기의 영향을 크게 받지 않았다. 또한 홍콩도 외환위기의 영향을 받지 않았는데, 통화정책을 포기하는 대신 통화위원회(currency board)를 통해 미국 달러화에 확고하게 고정된 환율제도를 유지하면서 자유로운 자본통제를 실행하였기 때문이다.

④ 아르헨티나 페소화 위기(2002)

2002년에 발생한 아르헨티나 페소화 위기는 통화위원회방식의 환율제도도 환율의 붕괴로부터 안전하지 못하다는 것을 보여주는 사례이다. 1991년 2월부터 아르헨티나는 페소화의 환율을 미국 달러화에 1:1의 등가로 설정하여 유지하다가 2002년 1월 17일에 고정 패리티가 붕괴하는 사태를 맞았다.

아르헨티나가 통화위원회 방식의 환율제도를 채택한 초기에는 경제적인 효과 측면에서 긍정적이었기에 만성적인 인플레이션은 크게 줄어들었고 외국인 투자가 늘어나기 시작하면서 경제가 크게 성장하였다. 그러나 시간이 지나면서 1990년대 후반에 미국 달러화의 강세로 페소화도 주요 통화에 대해 절상되어 아르헨티나 수출에 악영향을 미치면서 결국 아르헨티나 경제는 하강의 길로 들어섰다.

아르헨티나와 마찬가지로 미국 달러화에 페그되는 통화위원회 방식의 환율제

표 14.9 아르헨티나의 주요 경제지표 추이 (단위: %, 10억달러)

	1991	1993	1995	1997	1999	2000	2001	2002
환율(페소/미 달러)	0.9985	0.9985	1.0000	0.9995	0.9995	0.9995	0.9995	3.3200
외환보유액	6.0	13.8	14.3	22.3	26.3	25.1	14.6	10.5
경상수지 (GDP 대비 비율)	−0.4 −0.2	−8.0 −3.4	−5.2 −2.0	−12.2 −4.2	−11.9 −4.2	−8.8 −3.1	−4.4 −1.7	8.6 8.3
외채총액 (GDP 대비 비율)	62.3 32.9	72.2 30.5	98.5 38.2	124.9 42.7	144.5 51.0	146.3 51.5	140.3 52.2	136.6 132.2
경제성장률	10.5	6.3	−2.8	8.1	−3.4	−0.8	−4.4	−11.0
물가상승률	84.6	7.4	1.6	0.3	−1.8	−0.7	−1.5	41.0

자료: IMF database, the Ministry of Economy of Argentina, Global Development Finance(재인용)

도를 채택한 홍콩은 아시아 외환위기 동안 성공적으로 환율을 방어하였다. 이와는 대조적으로 아르헨티나는 환율방어에 성공하지 못하고 결국 2002년 1월에 페소화-미 달러화 등가환율제를 포기하였다. 이 때문에 아르헨티나는 심각한 정치적 및 경제적 혼란을 겪으면서 실업률이 20% 이상으로 오르고 인플레이션은 2002년 4월에 전월 대비 약 20%까지 상승하였다.

- **페소화 위기의 원인**

아르헨티나가 고정환율제를 버리고 환율을 평가절하했더라면 외환위기와 채무지급불능을 막을 수도 있었다. 그러나 아르헨티나는 페소화가 미국 달러화에 페그되기 전의 높은 인플레이션 때문에 페그제 중단과 환율절하는 다시 인플레이션의 시대로 돌아갈지도 모른다는 두려움이 있었다.

페소화 위기의 직접적인 원인은 통화위원회 환율제도하에서 고평가된 환율이었지만 외채과다, 노동시장의 유연성 부족, 미국 달러화 가치의 하락에 대한 기대, 그리고 러시아 및 브라질 금융위기의 전염에서 그 위기의 원인을 찾을 수 있다.

첫째, 아르헨티나는 전통적으로 사회 및 정치에서 분파주의가 팽배하여 각 그룹의 주장을 수용하는 과정에서 공공부채가 크게 증가하였다. 그리고 유럽식 복지시스템 도입으로 재정부담이 늘어나면서 1990년대에 아르헨티나 정부는 외국으로부터 많은 자금을 차입하였다. 자본시장의 개방으로 정부뿐만 아니라 기업과 가계도 달러 표시 부채가 많은 상황에서 페소화 환율의 평가절하는 부채부담을 늘려서 기업의 도산과 개인의 지급불능사태를 촉진할지도 모른다는 우려가 있었다. 1990년대말부터 시작된 경기침체와 사회적 및 정치적 불안이 지속됨에 따라 늘어나는 외채의 지급을 감당하지 못하고 결국 2001년 12월에 채무 지급을 중단하였다.

둘째, 아르헨티나는 통화강세에 따른 실질임금의 상승으로 환율을 평가절하지 않고 임금을 삭감하여 생산비를 절감할 수 있었다. 그러나 실업률이 15%에 이르는 상황에서도 노동조합이 생산비 절감을 어렵게 만들었다.

셋째, 미국의 만성적인 무역수지 적자로 인해 미국 달러화 가치가 유로화나 엔화에 대해 약세가 될 것이고, 그렇게 되면 아르헨티나의 수출경쟁력이 높아질 것이라는 기대를 품고 있었다. 그러나 기대와 달리 미국 달러화는 페소화 위기가 발생하기 전 2000년과 2001년에도 강세를 나타냄으로써 페소화의 평가절상을 초래했다.

넷째, 아시아 외환위기의 전염효과로 러시아와 브라질에서 금융위기가 발생하고 뒤이어 국제 자본이동이 둔화됨에 따라 아르헨티나도 그 영향을 받았다. 1999년에 브라질 레알화가 급격하게 평가절하되면서 아르헨티나의 수출경쟁력은 크게 약화되었다.

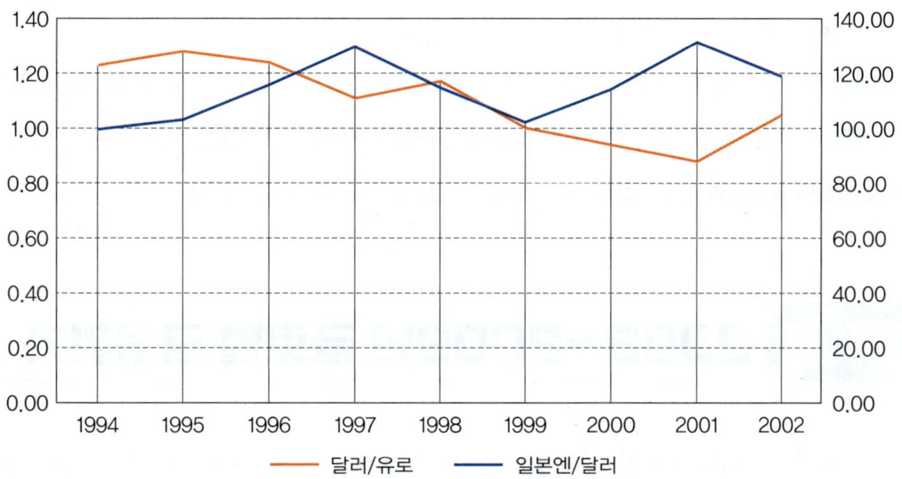

그림 14.2 미국 달러화 환율 추이

자료: 한국은행 경제통계시스템

폐소화 위기의 여파

아르헨티나 폐소화 위기는 종료되었지만, 외채 문제는 완전히 해결되지 않았다. 아르헨티나 정부는 사상 최대규모인 1,000억달러 이상의 부채를 재조정하는 복잡한 과제를 떠안았다. 2004년 6월에 아르헨티나 정부는 부채의 현재가치에서 75%를 삭감하는 마지막 조정안을 제안하였으나 외국의 채권자가 이를 수용하지 않고 거부함에 따라 채무조정에 실패했다. 2005년초에 마침내 채권보유자들이 보유채권의 70% 삭감안을 받아들이면서 아르헨티나의 채무조정안은 합의되었지만, 아르헨티나에 자금을 공급한 투자자는 큰 손실을 감수해야만 했다.

폐소화 위기의 교훈

아르헨티나 폐소화 위기로부터 얻을 수 있는 교훈은 3가지로 요약할 수 있다.

첫째, 고정환율제도나 하나의 통화에 연동하는 통화위원회방식의 환율제도는 환율의 과대평가, 외환위기 및 채무지급불능의 문제를 야기할 수 있기 때문에 바람직하지 않다. 결국 시장에서 결정되는 자율변동환율만이 이러한 문제를 막을 수 있다.

둘째, 달러화 가치에 따라 큰 영향을 받는 달러화 표시 자금차입과 특히 단기외채는 매우 위험한 전략이다. 따라서 주식투자, 공장 및 장비에 대한 직접투자를 통한 자금유입이 바람직하다.

셋째, 시장의 개방, 해외직접투자 장려, 국영기업의 민영화와 같은 정책은 바람직하다. 이러한 전략이 아르헨티나의 위기를 가져온 원인은 아니었다. 따라서 이러한 전략을 되돌리는 것이 더 위험한 결과를 초래할 수 있다.

14.5 2008~2009년 글로벌 금융위기

2008년에 발생한 글로벌 금융위기는 미국을 중심으로 영국, 유럽 등 선진국의 신용시장에서 시작되었는데, 세계 모든 나라가 영향을 받은 1929~1933년의 대공황 이후 가장 심각한 경제위기이다. 2007년 여름에 시작된 미국의 서브프라임 모기지[27] 문제가 심각한 신용경색으로 이어지고 가계, 기업 및 금융기관의 차입과 부채의 만기 연장을 어렵게 만들면서 결국 신용경색은 2008~2009년 글로벌 금융위기로 발전하였다.

2008년 9월에 발생한 미국의 투자은행 리먼브라더스의 파산은 전 세계의 금융시장 및 금융기관에 대한 신뢰를 무너뜨리면서 글로벌 금융위기는 현실화되었다. 글로벌 금융위기로 인해 신용경색, 주식시장의 대폭락, 주택시장의 붕괴 및 금융기관의 도산, 대량해고, 경기침체로 이어지면서 세계의 금융시장과 실물경제는 큰 타격을 입었다. 특히 국내 금융시스템에 과다 차입자가 많으며, 신용시장이 급속하게 팽창하고 단기외채가 많은 나라일수록 금융위기로 인해 큰 어려움을 겪었다.

위기의 중심인 미국에서는 DJIA(다우존스 산업 평균) 지수가 2007년 10월 9일 14,164에서 정점을 찍은 뒤 2009년 2월 27일에 50%가 하락한 7,062까지 떨어졌다. 미국의 생산도 크게 하락하고 실업률은 2007년 4월 4.4%에서 2009년 10월에 10.1%로 급격하게 상승하였다.

글로벌 금융위기의 발생으로 국제무역도 급격하게 축소되어 미국, 일본, EU와 같은 선진국뿐만 아니라 브라질, 중국, 러시아를 포함하는 신흥시장국으로까지 위기가 확산되면서 세계는 대공황 이래 가장 심각한 대침체(Great Recession)로 빠져들었다.

14.5.1 글로벌 금융위기의 원인

글로벌 금융위기는 서브프라임 모기지 사태로 인한 신용경색에서 시작되어 세계의 금융시스템 전반으로 확산하고 세계 경제에 광범위하고 심각한 영향을 주

27 서브프라임 모기지는 저소득층에게 주택 소유의 편의를 제공하기 위해 고안된 대출상품이다. 대부분의 서브프라임 모기지는 변동금리로 비교적 자주 만기가 연장되며 금리는 높게 설정된다. 은행이 서브프라임 모기지 대출을 실행하면 모기지 대출의 풀이 형성되고 다양한 MBS로 포장하여 미국 및 해외의 기관투자자에게 매각하여 새로운 서브프라임 모기지 대출을 위한 자금을 조달하였다.

었다. 글로벌 금융위기는 정치, 통화정책, 세계경제의 발전, 금융기관의 탐욕, 취약한 규제 및 감독 등 다양한 요인이 복합적으로 작용하여 발생하였다.

글로벌 금융위기 당시 미국 연준의장이었던 Ben Bernanke가 글로벌 금융위기를 초래한 촉매제와 취약성으로 구분하여 위기의 주요한 촉매제는 서브프라임 모기지 시장의 발전이며, 위기를 확대하고 확산한 것은 금융시스템과 규제 및 감독체계의 근본적인 취약성 때문이라고 주장하였다. 서브프라임 모기지와 관련된 요인이 글로벌 금융위기의 원인이라는 것은 확실하다.

주택가격의 버블 형성 및 붕괴에서 그 원인을 찾는다면 완화적인 통화정책으로 유동성을 많이 공급하고 또 버블이 형성되기 전에 선제적으로 정책 대응을 하지 못한 미국 연준의 책임이 크다. 또한 글로벌 시대에 무역으로 달러를 축적한 중국 등 신흥시장국과 석유로 돈을 번 중동의 석유 수출국이 미국의 증권이나 부동산에 투자하기 위해 지속적으로 미국으로 자금을 유입하였다. 막대한 규모의 자금 유입이 미국의 저금리 환경을 만들고 결과적으로 막대한 유동성을 창출한 것으로 분석할 수 있다.

금융기법의 혁신으로 금융기관은 서브프라임 모기지를 이용한 주택저당채권(MBS)[28]과 CDO[29], CDS[30]와 같은 파생상품을 양산하였지만, 신상품에 대한 소극적인 규제나 감독역량 부족으로 금융시스템의 리스크를 예방하지 못한 감독 당국도 책임에서 자유로울 수는 없다. 또한 증권을 발행한 기관이나 증권 자체에

28 MBS(Mortgage-Backed Securities)는 주택담보대출(모기지)을 기초자산으로 하여 발행된 일종의 ABS 채권으로 다수의 모기지 풀에서 발생하는 현금흐름을 기초로 하여 발행하며 모기지 차입자의 대출금 원금 및 이자 상환액을 MBS 투자자에게 원금 및 이자로 지급한다.

29 부채담보부증권(Collateral Debt Obligation)은 금융기관이 보유한 대출채권이나 회사채 등을 특수목적기구(SPV, Special Purpose Vehicle)에 이전하고 이를 담보로 SPV가 발행한 증권(CDO)이며, 이때 자산의 소유권은 원래의 자산 보유자로부터 SPV에 완전히 이전되고 담보물로부터 발생하는 이자 등의 수입도 CDO 발행 이후에는 이 수입들이 SPV에 귀속된다.

30 신용부도스왑(Credit Default Swap)은 채권이나 대출금 등 기초자산의 신용위험을 전가하고자 하는 보장매입자가 일정한 수수료를 지급하는 대가로 기초자산의 채무불이행 등 신용사건 발생 시 신용위험을 떠안은 보장매도자로부터 손실액 또는 일정 금액을 지급받기로 약정하는 거래이다.

신용등급을 부여하는 S&P, Moody's와 같은 글로벌 신용평가사가 서브프라임 모기지와 관련된 위험한 파생상품에 대해 보증이 있다는 이유로 최상위 신용등급을 부여한 것도 큰 실책이다.

한편, 금융시장의 개방과 정보기술의 발달로 국제금융시장이 연결되고 통합됨으로써 국제자본의 이동이 자유로운 가운데 어느 한 나라의 금융시스템에 문제가 발생하면 투자자의 자금 유출이 일어나고 금융시장의 불안은 빠르게 전 세계로 전이된다.

그 밖에도 개발도상국이나 신흥시장국의 저가 수입품으로 인해 미국, 유럽 등 선진국에서 인플레이션에 대한 우려가 약화되었고, 9.11 사태, IT 버블붕괴 등으로 인한 경기부양을 위해 저금리 환경이 형성되었다. 서브프라임 모기지 대출이 무주택자의 주택 마련이라는 취지를 넘어 더 큰 주택으로 이사하거나 다수의 주택을 구입하는 데 이용되면서 주택가격의 상승에 영향을 주었다.

주택가격의 상승기에 늘어나는 대출한도를 이용하여 소비자는 추가 대출을 받아 소비를 즐기다가 2006년에 연준이 긴축정책을 시작하면서 주택시장의 거품이 꺼지고 서브프라임 모기지 차입자는 원리금지급불능 상황에 놓이고 모기지 관련 금융자산에 투자한 투자자는 큰 손실을 보았다.

금융위기의 원인을 정리하면 첫째, 저금리정책 기조로 서브프라임 모기지 대출시장의 방만한 성장을 초래한 후 부동산시장의 버블을 진정시키기 위해 급격히 금리를 인상한 연준의 정책 실패이다. 둘째, 서브프라임 모기지 관련 복잡한 파생상품의 폐해를 제대로 예방하지 못한 SEC, FRB 등 감독 당국의 미흡한 감독체계와 소극적인 규제이다.

셋째, 서브프라임 모기지 대출의 증권화는 전 세계의 투자자를 끌어들이고 금융기관은 차입자의 지급불능 리스크를 MBS를 통해 전가하는 가운데, 복잡하고 위험한 파생상품으로 투자자의 리스크는 고려하지 않고 수익 제고에만 치중한 금융기관의 과다차입과 도덕적 해이이다. 넷째, 미국에서의 채무지급불능이 한국 교원연금의 연금지급에 바로 영향을 미칠 정도로 세계 금융시장의 통합이 글로벌 금융위기의 원인으로 작용하였다.

14.5.2 신용경색의 배경

2007년 8월에 서브프라임 모기지 사태로 인한 신용경색이 글로벌 금융위기로 발전한 것을 감안할 때 신용경색의 배경을 살펴보는 것이 필요하다. 신용경색은 은행 및 증권 산업의 규제 완화, 세계적으로 만연한 저축 열기 및 2000년대 초반에 미국 연준이 만들어낸 저금리 환경이다.

① 금융산업의 규제 완화

1933년에 제정한 은행법(Glass-Steagall 법) 시행 이후 상업은행과 투자은행의 업무를 완전히 분리해오다가 1999년에 금융서비스현대화법(Financial Service Modernization)의 의회 통과로 상업은행, 투자은행, 보험회사 및 부동산 모기지 금융회사 등 금융업 상호 간에 업무영역이 없어졌다.

대형은행을 중심으로 투자은행 영업이 크게 증가하면서 미국의 주택가격 상승기에 서브프라임 모기지를 이용하여 리스크와 수익이 높은 복잡한 파생금융상품을 개발하고 투자자는 고수익을 추구하기 위해 위험자산의 거래를 늘렸다. 그러나 주택시장의 버블이 붕괴되면서 고위험자산의 가치는 빠르게 하락하였다.

결과적으로 영업이 불투명하고 레버리지를 많이 한 그림자금융(shadow banking system)[31]은 규제를 거의 받지 않으면서 규제를 받는 은행의 영업과 함께 발전하였는데, 이러한 그림자금융의 발전이 신용경색의 원인이 되었다.

② 신흥시장국 등으로부터 자금 유입

수출주도형 경제인 중국, 일본, 한국 등 경상수지 흑자 국가는 막대한 외환보유액으로, 그리고 전통적인 흑자경제인 OPEC 회원국은 국부펀드를 통해 거대한

31 그림자금융은 은행과 유사한 신용중개기능을 수행하지만, 은행 수준의 엄격한 건전성 규제를 받지 않는 금융기관 및 금융상품을 말한다. 은행이 아니므로 예금보험과 같은 공적 지원을 받을 수 없는 데다 감독 당국의 관리·감독 수준도 낮아 금융불안을 유발할 가능성이 높다. 금융상품에는 투자은행, 헤지펀드, 구조화투자회사 등이 취급하는 머니마켓펀드(MMF), 자산유동화증권(ABS/ABCP), 파생결합증권 등이 포함된다.

자금을 안전성 측면에서 뛰어난 미국 국채나 정부기관채에 투자하였다. 2008년 6월 말에 중국은 1.2조달러의 미국증권을 보유하고, 일본도 외환보유액의 대부분을 미국 국채로 보유해왔다.

결과적으로 미국 국채에 대한 지속적인 수요는 미국의 금리를 낮추었으며, 미국의 국내 투자를 위해 필요한 국내 저축을 외국으로부터 유입자금이 대신함으로써 미국의 유동성을 크게 증가시켰다.

③ 저금리와 서브프라임 모기지 대출시장의 성장

닷컴 버블의 붕괴로 주가가 하락하면서 나타난 금융시장의 혼란에 대처하기 위해 미국 연준은 기준금리인 fed fund rate를 2000년 5월 16일 6.5%에서 2003년 1월 25일에 1%까지 인하하였으며, fed fund 금리는 2005년 5월 3일까지 3% 이하에서 움직였다.

저금리는 생애 처음으로 주택을 소유하는 사람들에게 모기지 대출을 이용할 수 있는 수단이 되었으며 또한 기존의 주택소유자는 더 비싼 집으로 갈아탈 기회가 되었다. 저금리 모기지 대출은 주택에 대한 초과수요로 이어지면서 미국의 대부분 지역에서 주택가격이 상승하였다.

많은 주택소유자가 재대출을 받으면서 주택에서 발생하는 초과지분(equity: 주택가격 – 담보대출금액)을 인출하여 소비재 구입을 위해 사용하였다. 해외에서 수입되는 소비재 수요증가는 미국의 경상수지 적자를 확대시키는 요인으로 작용하였다.

한편, 은행과 모기지 대출업자는 낮은 금리에서 이자 지급이 가능한 신규주택 구매자를 대상으로 변동금리 대출의 초기에 일시적으로 낮은 금리를 적용하고 추후에 높은 금리로 재조정하는 방식으로 대출기준을 완화하여 서브프라임 모기지 대출을 늘렸다. 은행은 서브프라임 모기지 대출을 주택저당채권(MBS)으로 만들어 투자자에게 매각하여 대출자금을 회수하고 이는 또 다른 대출자금의 재원으로 활용하였다. 대출기준의 완화와 MBS의 증가로 서브프라임 모기지 대출시장은 크게 성장하였다.

④ 금리인상과 신용경색의 시작

주택경기의 진정을 위해 연준은 2003년 6월 25일 1%이던 금리를 2006년 6월 9일 FOMC 회의에서 5.25%까지 인상함으로써 주택가격의 상승과 신규주택의 착공은 멈추고 모기지 재대출은 불가능한 상황이 되었다. 그리고 서브프라임 차입자는 낮은 변동금리에서 고금리로 재조정되면서 모기지 대출 이자를 내지 못하고 채무불이행 상태가 되었다. 결국 SIVs(Structured Investment Vehicles)와 CDOs(Collateralized Debt Obligations)에 연계된 서브프라임 모기지 대출이 어느 정도인지도 파악되지 않을 정도로 상황이 심각해지자 전 세계의 금융상품에 대한 상대방 리스크가 부각되면서 유로통화시장에서 은행 간 거래도 중단되었다.

2007년초에 Freddie Mac[32]이 고위험 MBS의 매입을 중단한다고 발표하고 서브프라임 모기지 대출을 선도하는 대출 취급회사 New Century Financial Corporation이 파산을 신청하면서 서브프라임 모기지 위기의 징조가 나타났다. 그리고 2007년 8월에 단기금융시장에서 자금조달이 어려워지면서 단기자금을 운용하는 펀드들이 안전하다고 여기던 다수의 금융시장으로부터 대규모의 자금을 인출하면서 위기는 시작되었다.

14.5.3 금융위기로 발전

신용경색이 확대됨에 따라 많은 CDO를 발행한 상업은행과 투자은행은 수십억 달러의 서브프라임 관련 대출을 상각하였으며, 미국경제가 침체로 접어들게 됨에 따라 은행들은 부실이 우려되는 신용카드 자금과 소비자 대출에 대해서 수십억 달러를 상각하였다.

Moody's, S&P 및 Fitch와 같은 신용평가회사는 CDO 트란셰의 리스크에 대한 평가모델의 오류를 인식하고 CDO의 신용등급을 강등하였으며, 전국적인 차압 증가에 따라 서브프라임 모기지 MBS의 신용등급도 강등하였다.

32 미국의 주택금융을 지원하기 위해 1970년에 설립된 정부 후원기업으로 유통시장에서 이 기업이 정한 기준에 부합하는 금융기관의 모기지 대출을 매입한다. 매입한 모기지 대출의 풀(pool)로 만든 MBS를 투자자에게 매각하여 자금을 조달한다.

한편, CDS 계약과 관련하여 CDS 계약을 매각한 채권보험업자와 매입한 은행 사이에도 문제가 발생하였다. 신용평가사가 채권보험업자의 신용등급을 강등함에 따라 매입자인 은행이 매각자로 하여금 더 많은 CDS 보장 담보를 요구한 것이다. 이에 따라 보험업자의 신용등급이 추가로 하락하여 AIG와 같은 대형 채권보험업자가 무너지는 악순환으로 이어져 보험보장에 의존했던 은행은 핵심 자본을 약화시키는 모기지 관련 대출의 상각을 확대하였다.

한편, 2008년 9월경에는 우량투자상품인 미국 국채에 대한 투자 선호가 증대해서 10월 10일에 만기 3개월 유로달러 금리와 3개월 미국 T-Bill의 수익률 차이를 나타내는 TED spread가 기록적인 543bp로 확대되고 같은 해 11월에 1개월 만기 T-bill의 수익률이 1bp까지 하락하였다.

14.5.4 금융위기의 확산과 영향

주택시장은 2008년 중반에 서브프라임 모기지 대출의 약 30%가 연체되었는데 프라임 대출의 연체율 5%에 비해 월등하게 많은 연체가 발생하였다. 2008년 9월에 미국 20개 도시의 S&P Case-Shiller 종합주택가격지수[33]는 2006년 4월 정점에서 20% 이상 하락하였으며, 이후 추가적인 하락이 지속되어 32%까지 추락하였다. 결과적으로 약 1천만 가구 주택의 시장가격이 모기지 대출잔액보다 하락하고 신규주택의 건축은 정지되었다.

금융위기의 확산으로 금융서비스산업은 매우 심각한 변화를 겪었는데, 요약하면 〈표 14.10〉과 같다.

한편, 자동차산업은 신용경색으로 야기된 유동성 부족으로 소비자들이 신차 구매를 위한 자금조달이 어려워짐에 따라 자동차 판매가 급감하면서 디트로이트 지역 자동차회사에 문제가 발생하였다. 2009년 4월 30일과 6월 1일에 각각 크라

33 미국의 단독주택 가격 변화를 월 단위로 측정하는 경제지표이다. 경제학자 Karl Case와 Robert Shiller가 1980년대에 개발하였으며 전국 종합주택가격지수는 10개 및 20개 주요 대도시 지역의 가격을 추적하는 종합 지수와 시장 평균 가격 대비 매도가격을 추적하는 지수를 보완하여 산출한다.

표 14.10 금융서비스산업 변화 내역

금융기관명	조치내용	시기	비고
Nothern Rock Bank	국유화	2008. 2	2007년 9월 영란은행으로부터 유동성 지원
FNMA, FHLMC	연방주택금융청 보호체제	2008. 9	1,880억달러 공적자금 투입
Merill Lynch	BOA에 인수	2008. 9	대규모 CDO 손실
Lehman Brothers	파산신청	2008. 9	CDO 손실 관련 신용평가사의 신용등급 하향조정
AIG	구제(대마불사)	2008. 9	연준으로부터 1,820억달러 구제금융
Goldman Sachs Morgan Stanley	상업은행 지주회사	2008. 9	유동성 위기
Washington Mutual	JPMorgan Chase에 매각	2008. 9	예금인출사태, 연준 관리
Wachovia Bank	Wells Fargo에 매각	2008.12	대규모 모기지 대출 손실
Citigroup	구제(지급불능사태)	2008.11	재무부와 연준의 구제금융

이슬러와 GM이 파산을 신청하였으며, GM은 재무부로부터 495억달러의 구제금융을 받아서 회생하였다.

금융위기가 선진국은 물론 신흥시장국으로 빠르게 확산하면서 각국의 금융시장 불안은 증폭되고 실물경제는 경기침체의 늪으로 빠졌다. 모기지 영업 관련 일자리의 큰 폭 축소, 금융기관 및 자동차산업의 대량 해고 등으로 미국의 실업률은 2008년 11월에 15년 만에 가장 높은 6.7%를 기록하고 2009년 10월에는 10.1%까지 상승하였다. 또한 전 세계에 걸쳐 국가부채가 늘어나고 특히 몇몇 유로존 국가의 신용등급이 강등되면서 2009년말부터 유럽의 재정위기로 발전하였다.

유럽의 은행들은 EU(유럽연합은)의 정부채를 많이 보유하고 있었는데, 특히 신용등급 강등국가의 정부채를 많이 보유한 은행들의 대차대조표가 매우 취약해짐에 따라 은행시스템 전반에 대한 부도 우려가 점증하였다. 결국 정부채의 신용등급이 정크본드 수준으로 강등된 그리스, 아일래드, 포르투갈, 스페인 및 사이프러스는 극도의 내핍정책 이행에 동의하고 EU, ECB 및 IMF로부터 구제금융을 지원받았다.

한편, 투자자들의 유럽 정부채에 대한 투자 기피는 미국 달러화 표시 우량채권에 대한 수요 증가와 함께 미국 달러화 환율의 강세로 이어졌다. 2008년 4월에 1.60달러와 2.00달러였던 유로화와 파운드화의 환율은 2015년 4월에 각각 1.06달러와 1.49달러로 추락하였다.

14.5.5 정책 대응과 규제 감독

① 정책 대응

서브프라임 모기지 위기를 야기한 미국을 중심으로 세계 각국은 금융시장 정상화와 경기부양을 위해 정책금리를 인하하고 유동성을 공급하였으며, 구제금융자금도 적극적으로 지원하였다.

미국 연준은 2007년 9월 18일에 5.25%까지 올렸던 federal fund rate를 2008년 12월 16일에 0~0.25%로 인하하였다. 이후 공개시장조작을 통해 통화를 공급하고 장기 국채와 MBS를 대량으로 매입하는 양적완화(QE, Quantitative Easing) 프로그램을 시작했다. 누적으로 4.5조 달러의 자산을 매입한 후 양적완화를 위한 증권매입은 2014년 10월에 중단하였다. 또한 영국, 유로존 및 일본에서도 양적완화 프로그램을 통해 자금을 공급하였다.

Fed, ECB, BOE, PBOC를 포함하는 주요 중앙은행 간에 금리인하를 협조하기로 2008년 10월 8일에 합의함에 따라 단기금리가 하락하기 시작하고 뒤이어 각국 중앙은행이 금리를 인하하였다.

한편, 미국 연준은 미국 달러화의 유동성을 공급하기 위해 2007년 12월 12일에 유럽중앙은행 및 스위스중앙은행과 통화스왑 계약[34]을 체결한 이후 한국은행을 포함하여 총 14개국 중앙은행과 통화스왑 계약을 체결하였다.

한국은행은 글로벌 금융위기 시에 2,000억달러 이상의 외환보유액을 유지하고 있었으나, 금융위기의 확산으로 외화자금의 유출이 우려됨에 따라 미국 연준과

34 서로 다른 통화를 필요로 하는 양 당사자 합의로 두 통화를 교환하고 만기에 원금을 재교환하는 계약으로 스왑 기간에 일정 시점마다 약속된 이자(libor 금리 등)를 교환한다.

표 14.11 주요국의 구제금융 및 경기부양 자금 규모

<table>
<tr><th rowspan="2"></th><th colspan="3">구제금융 자금</th><th colspan="2">경기부양 자금</th></tr>
<tr><th colspan="2">규모</th><th>GDP 대비(%)</th><th>규모</th><th>GDP 대비(%)</th></tr>
<tr><td rowspan="2">미국</td><td>재무부</td><td>1.4조달러</td><td rowspan="2">14.97</td><td rowspan="2">10,120억달러</td><td rowspan="2">7.33</td></tr>
<tr><td>연준</td><td>2,351억달러</td></tr>
<tr><td>영국</td><td colspan="2">3,450억파운드
(6,389억달러)</td><td>24.60</td><td>200억파운드
(370억달러)</td><td>1.43</td></tr>
<tr><td>독일</td><td colspan="2">5,000억유로
(7,354억달러)</td><td>20.64</td><td>500억유로
(735억달러)</td><td>2.06</td></tr>
<tr><td>프랑스</td><td colspan="2">3,630억유로
(5,339억달러)</td><td>19.18</td><td>260억유로
(382억달러)</td><td>1.37</td></tr>
<tr><td>EU</td><td colspan="2">–</td><td>–</td><td>2,000억유로
(2,941억달러)</td><td>2.24</td></tr>
<tr><td>일본</td><td colspan="2">12조엔
(1,161억달러)</td><td>2.33</td><td>31조엔
(3,000억달러)</td><td>6.01</td></tr>
<tr><td>한국</td><td colspan="2">33.9조원
(308억달러)</td><td>3.77</td><td>51.3조원
(566억달러)</td><td>5.70</td></tr>
</table>

자료: 글로벌 금융위기 추이 및 전망, 한국금융연구원 한국경제포럼 9월, 이윤석(2009) 재인용

의 적극적인 협의를 통해 2008년 10월 30일에 300억달러의 통화스왑 계약을 체결하였다. 미국 연준과의 통화스왑 계약은 미국 달러화 유동성 공급의 안전망이 확보되었다는 점에서 큰 의미가 있으므로 불안한 금융시장을 안정시키는 데 큰 기여를 하였다.

미국 연준은 운전자금을 확보하는 데 어려움을 겪는 기업을 지원하기 위해 1.3조 달러의 기업어음 매입을 위한 기금을 설립하였으며, 단기금융시장의 정상화를 위한 단기자금 조달기금 5,400억달러도 조성하였다. 한편, 의회는 연방예금보험공사의 은행 예금보장한도를 100,000달러에서 250,000달러로 증액하는 법안을 승인하였다.

미국 정부는 전직 미국 재무장관 Paulson의 주도로 은행 예금자들의 우려를 완화하기 위해 금융기관으로부터 불량 모기지 대출 및 MBS를 매입하기 위해 7,000억달러의 부실자산 구제프로그램(TARP)을 2008년 10월 3일에 법으로 제정하였다. TARP 실행 중에 미국 정부는 TARP 자금을 더 이상 사용하지 않고 대신 은행에

대한 직접 자본확충을 추진하겠다고 발표하였다. 따라서 TARP 자금은 총 4,264 억달러가 집행되었다.

미국과 마찬가지로 영국, 독일, 일본 등 주요국은 경기부양과 구제금융을 위한 정책을 적극적으로 실행하였다.

② 규제 감독

2008년에 발생한 글로벌 금융위기와 같은 세계적인 금융위기의 재발 방지를 위해 금융선진국인 미국, 영국 및 유럽 주요국은 금융규제 및 감독 기능을 크게 강화하였다.

미국은 2010년 7월 21일에 오바마 대통령이 Dodd-Frank Wall Street Reform and Consumer Protection Act(월가 개혁 및 소비자보호법)에 서명함으로써 모든 금융 부문을 포함하는 규정을 다시 작성하고 은행과 금융시장에 대한 정부의 권한을 확대한 광범위한 금융규제를 새롭게 도입하였다.

새로운 금융규제는 금융위기를 완전히 예방하기도 어렵고 개선할 점도 많았지만 금융위기를 야기한 취약성에 대처하기 위해 신중한 검토를 거쳐 마련된 지침이었다. 금융 행위와 관련하여 유용한 지침으로서 역할을 할 것으로 기대되었으나 트럼프 행정부에서 Dodd-Frank법의 일부는 원위치로 되돌아갔다.

금융 선도국인 영국에서는 2012년 금융서비스법(Financial Services Act)을 제정하여 2개의 금융감독기구를 2013년 4월부터 운영하면서 시스테믹 리스크 확인, 모니터링, 제거 또는 감소를 위한 조치를 주로 담당하는 금융정책위원회(Financial Policy Committee)와 은행, 저축은행, 보험회사 및 주요 투자은행의 감독을 담당하는 건전성 감독원(Purdential Regulation Authority)으로 이원화하였다.

한편, 유럽연합에서는 기존의 단일 감독체계를 3개의 감독 당국(European Supervisory Authorities)으로 분리하였다. 은행감독원(European Banking Authority), 증권감독원(European Securities and Markets Authority), 보험감독원(European Insuurance and Occupational Authority)의 3개 기구에서 금융시장, 금융상품 및 금융기관을 규제하기 위한 유럽 시스테미 리스크 위원회(European Systemic Risk Board)를 함께 운영하고 있다.

14.5.6 글로벌 금융위기의 교훈

글로벌 금융위기가 금융기관의 서브프라임 모기지 대출의 부실 때문에 발생했다는 점에서 위기로부터 배운 교훈은 은행의 대출행태, 투자행태 및 자본 적정성 측면에서 아래와 같이 요약할 수 있다.

첫째, 은행들이 대출을 실행할 때에는 정부, 민간, 지역을 구분하지 않고 리스크를 철저히 분석해야 한다. 은행들이 모기지 대출에 대해 신용리스크를 철저하게 분석하지 않고 그 리스크를 MBS 투자자에게 전가함으로써 신용경색을 초래했다. 이러한 결과는 부분적으로는 Glass-Steagall법의 철폐에 기인한다. 또한 상품선물거래위원회(CFTC)나 다른 감독기관의 감독이 미치지 않는 상황에서 CDS 시장의 확대를 방치한 것은 중대한 판단실수이다.

둘째, 은행이 투자자로서 위험자산에 투자할 때 신용등급을 완전히 신뢰하기에 앞서 투자 대상에 대한 철저한 분석이 필요하다. 글로벌 금융위기를 통해서 알 수 있듯이 복잡한 금융상품에 대한 신용등급 평가에 문제가 있었다. 신용평가기관은 MBS 및 CDO와 같은 난해한 구조화 증권의 신용리스크 평가모델을 갖추어야 한다.

셋째, 은행의 자기자본 비율이 높을수록 도산이나 유동성 위기에 처할 가능성이 낮기 때문에 자기자본을 확충해야 한다. 감독 당국이 규제하는 적정자본요건은 시스테믹 리스크를 줄일 수 있다.

요 약

1. 금융위기는 국가의 채무과다로 인한 부도, 정부의 정책실패, 은행위기, 외환위기 등으로 인해 주가폭락, 신용경색 및 예금인출사태가 발생하여 금융시스템이 마비되는 현상이다. 하나의 요인에 의해 발생하기보다는 주요인에 더해서 거시경제 상황, 외부로부터의 영향 등이 함께 작용하여 증폭되는 특징이 있다.
2. 금융위기의 역사에서 대형으로 발생한 금융위기는 18세기 초에 프랑스의 미시시피(Mississippi)회사 및 영국의 남해(South Sea)회사 주식의 버블붕괴가 시초이다.

3. 19세기와 20세기 초에 걸쳐 정부 정책의 한계와 유럽과의 대외여건 악화로 잦은 금융위기를 겪은 미국은 충분한 유동성을 공급할 수 있는 체제의 구축이 필요하다는 것을 인식하고 1908년부터 오랜 연구를 거쳐 1913년 연방준비제도법 제정을 마무리한 후 1915년 6월에 연방준비제도를 설립하였다.

4. 1929년부터 1935년에 걸쳐 대공황 시기에 발생한 금융위기는 유럽에서 18세기에 발생한 금융위기와 미국 연방준비제도 설립 전 미국에서 발생한 금융위기와 달리 매우 복잡하고 심각하여 세계의 경제위기로 발전하였다.

5. 금융위기의 후속 조치로 미국은 1933년에 은행법(Banking Act: Glass−Steagall Act)을 제정하여 상업은행과 투자은행의 기능을 분리하였으며, 이 법에 근거하여 1934년에 연방예금보험공사(FDIC, Federal Deposit Insurance Corporation)를 설립하여 예금자에 대한 예금보장금액을 2,500달러로 설정하였다.

6. 또한 1933년에 증권법(Securities Act)을 제정하여 신규로 주식을 발행하는 기업은 증권신고서를 제출하여 투자자에게 기업정보를 투명하게 공개하도록 하고, 1934년에는 증권거래법(Securities Exchange Act)을 제정하여 정보의 공시 대상을 시장에서 유통되는 모든 증권으로 확대하고 현재의 증권거래위원회(SEC, Securities Exchange Commission)도 설립하였다.

7. 대공황 시기에 혹독한 금융위기를 겪은 후 철저한 감독 및 유사시 적극적인 대응으로 금융시스템을 안정적으로 유지한 미국과 달리 1980년대와 1990년대에 남미, 유럽, 동아시아, 러시아 등에서는 외환위기와 은행위기가 동시에 발생하여 국가적이고 지역적인 경제위기로 발전하였다.

8. 2008년에 발생한 글로벌 금융위기는 미국의 서브프라임 모기지 사태로 인한 신용경색에서 시작되어 세계의 금융시스템 전반으로 확산하면서 세계 경제에 광범위하고 심각한 영향을 주었다.

연습문제

1. 18세기에 미시시피회사의 버블붕괴로 발생한 프랑스의 금융위기와 달리 남해회사의 버블붕괴로 발생한 영국의 금융위기는 상대적으로 덜 심각한 이유에 대해 설명하라.

2. 미국은 1915년에 중앙은행인 연방준비제도를 설립하였는데, 연방준비제도 설립의 배경이 된 금융위기에 대해 설명하라.

3. 1929년에 발생한 대공황 시기에 미국을 제외하고 영국, 프랑스, 캐나다 등 다른 선진국은 공황이 심각하지 않았으며 은행위기와 금융위기를 겪지 않고 대부분 1931년까지는 상황이 종료되었지만 유독 미국만 1929년부터 1933년까지 4년간이나 경기 위축이 지속되면서 실업률이 치솟고 특히 제조업의 산업생산이 급감한 이유는 무엇인가?

4. 미국에서 1980년대에 저축대부조합위기, 블랙먼데이(Black Monday) 그리고 1990년대에 LTCM 사태가 발생하였지만 국가적인 경제위기로 발전하지 않은 이유는 무엇인가?

5. 미국과 달리 1980년대와 1990년대에 남미, 유럽, 동아시아, 러시아 등에서 외환위기와 은행위기가 동시에 발생하여 국가적인 경제위기로 발전한 배경에 대해 설명하라.

6. 1세대 및 2세대 외환위기 이론으로 1997년에 발생한 동아시아 외환위기를 설명할 수 없는 이유는 무엇인가?

7. 유럽에서 ERM 위기가 발생하기 전의 전조현상과 ERM 위기가 발생한 결정적인 원인에 대해 설명하라.

8. 1997년에 발생한 동아시아 외환위기의 원인 그리고 외환위기를 겪은 다른 동아시아 국가에 비해 특별히 한국이 위기에 취약했던 이유에 대해 설명하라.

9. 환율제도와 관련하여 통화위원회방식을 채택한 홍콩이 1997년에 발생한 동아시아 외환위기 시에 큰 위기를 겪지 않았지만, 통화위원회방식을 채택한 아르헨티나가 2002년에 외환위기를 겪은 이유는 무엇인가?

10. 2007년 8월에 미국의 서브프라임 모기지 사태로 인한 신용경색이 2008년 글로벌 금융위기로 발전하였는데, 신용경색의 배경에 대해 설명하라.

11. 2008년 글로벌 금융위기에 대한 대응으로 미국 연준이 취한 조치에 대해 설명하라.

12. 2008년 글로벌 금융위기 시에 한국은행이 미국 연준과 체결한 통화스왑의 의미는 무엇인가?

15장

국제통화제도와 글로벌 금융안전망

학습목표

1. 국제통화제도의 발전과정을 이해하고 각 통화제도를 비교한다.
2. 유럽통화제도의 출범과 유럽의 통화정책을 이해한다.
3. 국제통화제도의 개편 필요성과 개편방안을 파악한다.
4. 글로벌 금융안전망의 중요성과 안전망의 종류를 이해한다.

15.1 국제통화제도의 정의

국가 간의 교역 및 자본이동의 증가와 함께 세계경제도 크게 발전하고 있다. 국제무역과 자본이동에서 환율은 기업이나 투자자에게 무역에 따른 결제금액이나 투자에 따른 수익률에 큰 영향을 미친다. 국가 간 통화의 교환 비율인 환율은 시대에 따라 다른 통화제도의 영향을 받았는데, 그 중심에는 금, 영국 파운드화, 미국 달러화가 있었다. 1973년 미국이 금태환 중지를 선언한 후 고정환율제도가 폐지되면서 미국 달러화, 영국 파운드화, 일본 엔화와 같은 주요 통화의 환율은 제한 없이 자유롭게 변동하고 있지만 개발도상국 통화의 환율은 아직도 일정한 변동 폭을 갖고 움직이는 관리형 고정환율제에 묶여 있다.

국제통화제도는 국제간의 지급결제 및 자금이동이 원활하게 이루어지고 또 여러 통화 간의 환율이 결정되는 제도적인 체계로 정의될 수 있다. 따라서 국제통화제도는 환율, 국제 지급결제 및 자본이동에 관한 합의, 규칙, 제도, 메커니즘 및 정책 전반의 복합체이다.

15.2 국제통화제도의 발전 과정

국제통화제도는 시대에 따라 변화되어 왔으며 세계경제를 떠받치고 있는 정치 및 경제의 근본 여건이 바뀌면 앞으로도 계속 변화할 것이다. 지금까지 국제통화제도가 변화한 과정은 5가지 단계로 요약할 수 있다. 즉, 복본위제(bimetallism), 고전적 금본위제(classical gold standard), 1차 및 2차 세계대전 기간(interwar period) 통화제도, 브레튼우즈 체제(Bretton Woods System) 및 변동환율제(flexible exchange ragte regime)로 구분할 수 있다.

15.2.1 복본위제도(1875년 이전)

복본위제도는 화폐의 가치가 두 개의 금속, 전통적으로 금과 은에 연계되는 통화제도로 1870년대 이전에 주화를 금과 은으로 발행하던 시대가 이에 해당한다. 영국에서는 금으로만 주화를 발행하도록 관련 법이 통과된 1816년까지 복본위제를 유지하였으며, 미국에서는 1792년 주화법(Coiniage Act of 1792)에서 복본위제를 채택한 이래 은으로 주화를 발행하지 못하도록 한 1873년까지 복본위제를 채택하였다. 한편, 그 당시에 중국, 인도, 독일, 네덜란드 등 일부 국가는 은본위제도를 채택하고 있었다.

1870년대 이전의 국제통화제도는 각 국가가 금본위제도 또는 은본위제도를 채택하였는데, 이는 금과 은이 국제간 지급수단으로 사용되었으며 통화 간 환율은 금 또는 은의 양으로 결정되었기 때문이다. 예를 들어 1870년경에 금본위제도를 채택하고 있던 영국의 파운드화와 복본위제도를 채택하고 있던 프랑스 프랑화 간의 환율은 두 주화에 들어있는 금의 양에 의해 결정되었다. 반면 프랑스 프랑화와 은본위제도를 채택한 독일 마르크화 간의 환율은 두 주화에 들어 있는 은의 양으로 결정되었다. 파운드화와 마르크화 간의 환율은 프랑화에 대한 두 통화의 환율에 의해 결정되었다.

전쟁이나 정치적 혼란으로 인해서 미국, 러시아 등과 같은 주요국 통화는 1848~1879년 사이에 종종 교환이 불가능한 시기가 있었는데, 1870년대까지는 국제통화제도가 완전히 체계를 갖추지 못했다.

복본위제를 채택한 국가는 그레샴의 법칙(Gresham's law) 즉, 악화가 양화를 구축하는 현상을 경험하게 되는데, 두 금속 간의 환율이 공식적으로 고정되면 쉽게 얻을 수 있는 금속(은)으로 만든 주화만이 유통되어 희소한 금속(금)으로 만든 주화가 퇴장되는 현상을 초래하였다. 예를 들어 1850년대에 캘리포니아 및 호주에서 새로 발견된 금광에서 생산한 금이 시장에 쏟아지면서 금의 가치가 떨어지고, 금으로 만든 주화 1프랑이 은으로 만든 주화 1프랑에 비해 15.5배나 무거운 프랑스의 공식환율제하에서 금의 가치가 과대평가되는 현상을 초래하였다.

15.2.2 고전적인 금본위제도(1875~1914년)

부의 저장 및 교환의 수단으로서 우수성을 가진 금은 예전부터 다양한 문명시대에 걸쳐 화폐로 이용되었다. 금본위제도는 화폐의 가치를 일정한 양의 금의 가치로 나타내는 것으로 완전한 금본위제도는 1821년에 영란은행이 발행한 지폐를 금으로 완전하게 교환할 수 있도록 하면서 시작되었다. 프랑스는 1850년대에 금본위제를 시작했지만 1878년에 공식적으로 채택하였으며, 프랑스로부터 상당한 규모의 전쟁배상금을 받은 신성 독일은 1875년에 금본위제를 채택하였다. 이후 미국은 1879년에, 그리고 러시아와 일본도 1897년에 금본위제를 채택하였다.

1914년에 1차 세계대전이 발생하면서 대부분의 국가에서 금본위제를 포기함에 따라 국제 금본위제도는 1875년부터 1914년까지 40년간 유지되었으며, 이 기간에 영국이 선진경제 및 국제무역의 선두 주자가 되면서 런던은 국제 금융시스템의 중심지가 되었다.

① 금본위제도의 유지 조건

국제 금본위제도가 유지되기 위한 원동력은 다음과 같은 측면에서 찾을 수 있다.

첫째, 금 자체만으로 무제한 주화 제조가 가능하며 둘째, 안정적인 환율로 금과 각국의 통화 사이에 교환성이 확보되며 셋째, 금이 자유롭게 수출 또는 수입될 수 있어야 한다.

그 외에도 은행권이 무제한으로 금과 교환될 수 있도록 최소한의 금 보유량이 확보될 필요가 있다. 또한 금의 유출입에 따라 국내 통화량이 늘어나거나 줄어들 수 있어야 한다.

이러한 조건이 충족되었으므로 1875~1914년까지 국제 금본위제도가 유지될 수 있었다.

② 금본위제도하에서 환율 결정

국제 금본위제도하에서 두 통화 간의 환율은 두 통화로 표시되는 금의 가격에 의해 결정된다. 예를 들어 파운드화가 금 1온스당 6파운드로 금에 페그가 되어 있고, 금 1온스는 12프랑의 가치라고 하면 파운드화와 프랑화 간의 환율(프랑/파운드)은 1파운드당 2프랑이다. 파운드화와 프랑화가 주어진 가격으로 금에 페그가 되어 있으면 두 통화 간의 환율은 안정적이다.

40년간의 금본위제도하에서 영국, 프랑스, 미국 등 주요국 통화 간의 환율은 큰 변화가 없었는데, 달러-파운드 환율은 1파운드당 4.84달러와 4.90달러 사이에서 움직였다. 금본위제도하에서 고도로 안정적인 환율은 국제교역 및 투자에 좋은 환경을 제공하였다.

③ 금본위제도하에서 환율의 조정

국제 금본위제도하에서 두 통화 간의 환율에 불일치가 발생하면 국가 간에 금의 유출입에 의해 자동으로 조정된다. 예를 들어 1파운드에 1.8프랑으로 거래된다고 하면 외환시장에서 파운드가 저평가되어 있기 때문에 시장참가자는 프랑화로 파운드화를 매입하게 될 것이다. 프랑화가 필요한 수요자는 영란은행으로부터 금을 매입해서 프랑스로 선적하고 프랑스에서 금을 팔아서 프랑화를 매입할 수 있다. 따라서 파운드화를 매도하지 않고 매입만 함으로써 파운드화의 가치는 1파운드당 2프랑으로 상승하게 된다.

참고 금본위제도하에서 환율의 조정

- 금본위제도하에서 파운드화와 프랑화의 공식환율은 1파운드당 2프랑인데 외환시장에서 1파운드당 1.8프랑으로 파운드화가 저평가되어 있다. 파운드화로 10,000프랑을 마

련하는 방법은 다음과 같다. 파운드화는 금 1온스당 6파운드로 금에 페그가 되어 있고, 금 1온스는 12프랑의 가치이다.

1) 외환시장에서 파운드화를 이용하여 10,000프랑을 매입하고자 한다면, 파운드당 1.8프랑의 환율을 적용하여 5,555.56파운드가 필요하다.

→ 10,000/1.8 = 5,555.56

2) 다른 방안은 5,000파운드로 영란은행에서 833.33온스의 금을 매입해서 프랑스로 선적하여 프랑스 중앙은행에 10,000프랑을 받고 매각할 수 있다.

→ 5,000/6 (=10,000/12) = 833.33

⇒ 2)의 방식으로 거래하면 555.56파운드를 절약할 수 있다. 따라서 시장참가자는 파운드화를 파운드당 1.8프랑으로 매도하지 않고 매입만 함으로써 결국 파운드화는 1파운드당 2프랑으로 가치가 상승하게 된다.

④ 금본위제도하에서 무역 불균형 조정

국제 금본위제도하에서 무역 불균형도 자동으로 조정된다. 예를 들어 영국이 프랑스에서 수입하는 것보다 수출하는 것이 더 많을 경우, 금본위제에서 이러한 무역 불균형은 지속될 수 없다. 영국의 프랑스에 대한 순수출은 프랑스로부터 금의 유출을 동반하므로, 프랑스의 금이 영국으로 유출되면 프랑스에서는 가격수준이 낮아지고 영국에서는 가격수준이 높아지게 된다. 상대적인 가격수준이 변하면 영국의 수출이 둔화되는 반면 프랑스의 수출은 늘어나게 되고 결국 영국의 순수출은 사라지면서 무역 불균형이 조정된다.

⑤ 금본위제도의 문제점

금본위제도는 오래전에 사라졌지만, 인플레이션을 헤지할 수 있는 장점이 있기 때문에 학계, 업계 및 정치권의 일부에서는 여전히 주창하고 있는 국제통화제도이다. 금의 희소성과 채굴의 한계로 인한 통화공급의 제약 및 이에 따른 인플레이션의 통제 불가, 그리고 유일한 국제 결제 수단으로서 금의 이동을 통한 국제수지의 조정이라는 비현실적인 문제가 대두된다. 금본위제도의 한계는 다음과 같이 요약할 수 있다.

첫째, 신규로 채굴하는 금이 제한적이어서 통화량이 충분히 늘어나지 못하므로 세계의 교역 및 투자 성장에 심각한 장애가 될 수 있다. 또한 세계경제는 인플레이션에 대처하기 위해 통화긴축이 필요할 수도 있다.

둘째, 금본위제 유지에 부합하지 않는 국가 정책목표가 필요할 경우 국가는 금본위제를 포기할 수밖에 없다. 즉, 금본위제도는 각 국가가 따르도록 강제할 수 있는 메커니즘이 없다.

따라서 고전적인 금본위제도는 앞으로 국제통화제도의 개편 논의에서도 더 이상 고려할 수 없는 통화제도가 될 것이다.

15.2.3 세계대전 기간 통화제도(1915~1944년)

1차 세계대전의 발발로 영국, 프랑스, 독일 및 러시아가 은행권에 대한 금으로의 교환을 정지하고 금 수출에 대한 금지 조처를 함에 따라 고전적인 금본위제도는 1914년 8월에 종말을 맞았다. 전후 독일, 오스트리아, 헝가리, 폴란드, 러시아 등 많은 나라가 초인플레이션(hyperinflation)을 겪었으며, 특히 독일은 전쟁 전에 비해 1923년말에 도매물가지수가 1조 배 이상 상승하였다. 또한 전시에 환율에 대한 페그가 풀리면서 1920년대초에는 통화 간의 환율변동이 극심하였으며, 각 국가는 수출경쟁력을 높이기 위해 자국의 환율을 크게 평가절하하였다.

전쟁이 끝나고 미국, 영국 등 주요 국가는 전쟁 복구 및 경제안정을 추진하면서 금본위제도로의 복귀를 시도하였다. 막강한 자금력에서 영국을 밀어낸 미국은 낮은 인플레이션 상황에서 금 수출에 대한 제한을 풀고 1919년에 금본위제로 복귀하였다. 영국도 처칠 수상의 적극적인 역할로 1925년에 금본위제로 복귀하였으며, 이외에도 스위스, 프랑스 및 스칸디나비아 국가들이 1928년까지 금본위제로 복귀하였다.

1920년대말에 주요 국가들은 국내경제의 안정에 중점을 두면서 금의 유출입과 국내 통화의 증감을 일치시키는 금의 불태화(sterilization) 정책을 시행하였다. 미국의 연방준비제도는 금 증명서로 금을 유통시키면서 금 보유액의 일부는 신용 형태로 보유했다. 영란은행도 금의 유출입을 중화함으로써 국내신용에 맞는 금 보유액을 유지하는 정책을 취했다. 결국 금본위제로 복귀한 국가들은 금본위제를 법대로 지키려는 의지가 부족해서 금본위제의 자동조절기능은 작동할 수가 없었다.

1929년에 대공황이 발생하면서 오스트리아, 독일, 미국을 중심으로 세계적인 금융위기가 발생하였다. 이러한 금융위기를 배경으로 만성적인 국제수지 적자와 파운드화 신뢰 부족으로 인해 영국으로부터 대량의 금이 유출되면서 영국은 금본위제를 유지할 수 없었다.

영국 정부는 1931년 9월에 금 지급의 중지를 선언하고 파운드화의 자율 변동을 시행하였다. 뒤이어 캐나다, 스웨덴, 오스트리아, 일본이 1931년말까지 금본위제를 포기하였으며, 빈번한 은행도산과 금의 유출을 겪은 미국은 1933년에 그리고 마지막으로 프랑스가 1936년에 금본위제를 포기하였다.

1차, 2차 세계대전이 일어난 기간은 경제적인 국수주의, 무성의한 금본위제 복귀 시도 및 실패, 경제적 및 정치적 불안, 은행도산, 경제공황 상태에서 국가 간의 자금이동 등으로 혼란스러운 시기였다. 이 기간에는 국제교역과 투자에 결정적인 영향을 미칠 정도의 일관성 있는 통화제도는 없었다. 다만 미국 달러화가 점진적으로 영국 파운드화를 대체하면서 세계적인 통화로 부상하는 계기가 되었다.

15.2.4 브레튼우즈 체제(1945~1972년)

브레튼우즈 체제는 2차 세계대전 이후 새로운 국제통화제도 구축을 위해 1944년 7월에 44개국이 체결한 협정에 따라 발족한 국제통화체제이다. 브레튼우즈 체제가 출현한 배경은 대공황의 여파로 1930년대 금본위제도 붕괴, 무역규제 확대, 환율 불안정에 이어 1940년대 국제유동성 부족, 외환 규제 확산 등으로 국제통화 질서가 위기에 직면한 데 기인한다.

① 브레튼우즈 체제의 출범 과정

1944년 7월에 2차 세계대전 후의 국제통화제도를 논의하고 설계하기 위해 미국 뉴햄프셔주 브레튼우즈에 미국 등 44개국의 대표가 모여서 긴 논의 끝에 브레튼우즈 체제의 핵심인 국제통화기금(IMF, International Monetary Fund)의 출범에 대한 합의안을 도출하고 서명하는 데 성공하였다. 1945년에 IMF를 출범시키기 위해 대부분의 국가에서 합의안에 대한 비준을 마쳤으며, IMF는 국제통화정책을 시행하기 위한 명문 규정을 구체화하고 이 규정의 집행에 대한 책임을 부여받았다.

대표단은 IMF의 자매기관으로서 세계은행(World Bank) 즉, 국제부흥개발은행(IBRD, International Bank fro Reconstruction and Development)을 창설하여 개별적인 개발 프로젝트에 대한 자금 지원을 담당하도록 하였다.

브레트우즈 체제를 설계할 때 대표단은 자기중심적인 정책을 가지는 경제적인 국수주의의 재발을 어떻게 막을 것인가, 그리고 세계대전 기간에 만연한 불명확한 규정을 어떻게 구체화할 것인가에 대해 고민하였다. 케인즈(Keynes)가 이끄는 영국대표단과 화이트(White)가 이끄는 미국대표단의 제안에 대해 논의한 결과 영국의 제안[1]을 일부 수용하면서 미국의 제안[2]이 IMF의 역할에 대한 합의안으로 결정되었다. 미국 안이나 영국 안에서 공통으로 제안한 것은 국제 금본위제로 복귀하지 않고 환율안정을 도모하는 것이다.

② 브레튼우즈 체제의 내용

브레튼우즈 체제에서 회원국의 환율을 미국 달러화에 대해 고정환율(par value)로 설정하고 기축통화인 미국 달러화는 금에 대해 1온스당 35달러에 고정시키는 것이다. 회원국은 필요한 경우 외환의 매매를 통해 고정환율을 ±1% 범위에서 조정할 수 있으며, 회원국의 환율이 근본적으로 불균형 상태인 경우 IMF와 협의하여 고정환율을 변경할 수 있도록 허용되었다. 따라서 브레튼우즈 체제는 미국 달러화만이 유일하게 금으로 교환가능한 통화이며, 미국 이외의 회원국은 국제지급결제 수단으로 미국 달러화와 금을 보유하는 미국 달러화 중심의 금환본위

1 'bancor'라는 국제준비자산을 창출하는 국제청산조합을 설립하여 참가국이 국제 거래의 결제를 위해 bancor를 제한 없이 받아들이도록 하자는 것이다. 참가국은 청산조합의 당좌대월(overdraft facilities)을 이용하여 bancor를 획득할 수 있다.

2 참가국이 내놓는 통화의 pool을 만들어서 참가국이 단기적으로 국제수지의 적자가 있는 동안 그 pool로부터 자금을 차입할 수 있도록 하자는 것이다.

제도(gold-exchange standard)이다.

금환본위제도는 각국이 금과 외환을 국제지급결제 수단으로 이용할 수 있기 때문에 금을 경제적으로 사용하는 제도로, 외환보유액이 세계 통화의 일부로서 금의 통화수축효과를 상쇄한다. 금환본위제도에서 각국은 외환보유액에 대해서는 외환에 대한 이자를 수취하지만 금 보유에 대해서는 이자를 수취하지 않는다. 그리고 각국은 여러 나라에 걸쳐 이루어지는 금의 수송과 관련된 거래비용을 절약할 수 있다.

③ 트리핀 딜레마

Triffin 교수는 금환본위제도란 장기적으로 붕괴할 수밖에 없는 제도라고 주장하였는데, 각국의 외화준비자산 증대를 충족하기 위해서는 미국이 계속해서 경상수지 적자를 기록하면서 다른 나라에 미국 달러화를 공급해야 하기 때문이다. 그러나 미국이 계속해서 경상수지 적자를 기록한다면 결국 미국 달러화에 대한 신인도를 저하시켜 달러화로부터 탈출을 촉발할 수 있다.

따라서 금환본위제도하에서 기축통화 국가는 다른 나라의 준비자산을 공급하기 위해서 경상수지 적자를 기록해야 하며, 경상수지 적자가 확대되고 지속된다면 결국 기축통화의 신뢰도 위기로 이어져서 금환본위제도의 붕괴를 야기하게 되는 것을 Triffin의 딜레마, 일명 Triffin paradox라고 한다. 실제로 미국 달러화가 기축통화인 금환본위제도는 1970년대초에 붕괴되었다.

④ SDR 창출

1950년대말부터 미국은 무역적자를 기록하기 시작하여 미국의 무역적자는 1960년대 내내 지속되었는데, 1960년대 초에 1온스당 35달러 기준으로 미국의 금 보유액 가치가 외국의 미국 달러화 보유액에 미달하는 상황이 발생하였다. 미국 달러화 기준 금환보유제도에 대한 우려가 대두되었으며, 특히 프랑스의 드골 정부는 프랑스 중앙은행으로 하여금 보유 중인 미국 달러화를 이용하여 미국으로부터 금을 매입하도록 재촉하는 사태에 이르렀다.

미국 달러화를 지키기 위한 노력은 두 가지로 진행되었는데, 하나는 미국 정부의 달러화 방어조치이며 다른 하나는 새로운 준비자산으로서 IMF의 특별인출권(SDR, Special Drawing Right) 창출이다.

1963년에 케네디 대통령이 미국 달러화의 유출을 막기 위해 미국인이 매입하는 외국 채권에 대해 이자평형세(IET, Interest Equalization Tax)를 부과하였다. 또한 1965년에 미국 연방준비제도는 FCRP(Foreign Credit Restraint Program)을 도입하여 직접투자와 관련된 미국의 다국적 기업에 대한 미국 은행들의 대출을 규제하였다. 미국 달러화를 방어하기 위한 이러한 조치는 결과적으로 유로 달러화 시장의 급속한 성장을 가져왔다.

SDR은 미국 달러화에 대한 압력을 완화하기 위해 1968년 4월 국제통화기금(IMF) 이사회의 결의에 따라 1970년에 도입된 일종의 국제준비통화이다. IMF가 1967년에 SDR의 창출 방안을 채택하고 이를 반영한 IMF 협정문 개정안을 1969년 7월에 발효시킴에 따라 도입된 것이다. SDR은 주요국 통화로 구성되는 바스켓 통화로 회원국에 할당되어 회원국 간이나 IMF의 거래에 이용할 수 있으며 금, 외환과 함께 국제 지급결제 수단으로 이용할 수 있다.

SDR의 가치는 도입 당시에 미국 달러화의 금 평가와 동일한 1SDR=1.2635달러 = 금 0.888671그램(1/35온스)으로 설정되었으나 이후 미국 달러화의 약세가 지속되면서 SDR의 가치를 미국 달러화에 고정시키는 것이 불합리해졌다. 이에 따라 1974년부터 SDR의 가치를 여러 나라의 통화에 연결시키는 바스켓방식[3]을 도입하

표 15.1 SDR 가치계산을 위한 바스켓 통화 비중 (2022년 7월 1일 현재)

통화	비중	바스켓 포함 연도
미국 달러화	43.38	1974
유로화	29.31	1999
중국 위안화	12.28	2016
일본 엔화	7.59	1974
영국 파운드화	7.44	1974

자료: IMF Finance Department

3 SDR 도입 당시에는 세계수출에서 차지하는 비중이 1% 이상인 16개국의 통화로 바스켓을 구성하다가 1981년에 미국 달러화 독일 마르크화, 일본 엔화, 영국 파운드화 및 프랑스 프랑화의 5개 통화로 단순화하였다. 1999년 유로화의 출범으로 4개 통화로 줄어들었다가 2016년에 중국 위안화가 포함되어 현재는 5개 통화로 바스켓을 구성하고 있다.

였으며 현재 5개 통화가 SDR 가치계산을 위한 바스켓에 포함되어 있다.

SDR의 도입으로 IMF 회원국은 국제수지가 악화될 경우 IMF로부터 무담보로 국제유동성을 인출할 수 있는 권리를 보유한다. SDR은 IMF 총회의 의결을 통해 창출 또는 말소되며, 창출된 SDR은 SDR에 관한 의무사항을 수락한 IMF 회원국에 배분된다. SDR 배분은 IMF 쿼타 비중에 따른 일반배분과 쿼타 비중과 상관없는 특별배분으로 구분된다.

한국은 1955년 8월 26일 58번째 가맹국으로 IMF에 가입하였는데, 가입 당시 한국의 쿼타는 0.13억SDR로 가맹국 총 쿼타에서 차지하는 비중이 0.14%에 불과하였다. 그러나 경제력 신장 등으로 한국의 지위가 향상됨에 따라 2022년 12월말 현재 쿼타는 85.83억SDR(총 쿼타의 1.80%, 전체 가맹국 중 16위)를 기록하고 있다.

⑤ 미국의 금태환 정지 및 스미소니언 협정

미국 달러화 중심 금환본위제를 지지하려는 노력은 베트남 전쟁 그리고 사회보장 프로그램을 위한 자금조달과 관련된 미국의 팽창적인 통화정책과 인플레이션 상승으로 별로 효과를 거두지 못하였다. 1970년대초에 특히 독일 마르크화 및 일본 엔화에 대해 미국 달러화가 과대평가되어 독일과 일본의 중앙은행은 고정환율을 유지하기 위해 대량의 시장개입을 지속해야만 했다. 미국의 팽창적인 통화정책이 지속되는 상황에서 다른 나라 중앙은행의 반복적인 시장개입은 환율 불균형을 해결할 수 없었다.

결국 1971년 8월에 미국 닉슨 대통령이 미국 달러화의 금태환 정지를 선언하고 모든 수입품에 대해서 10%의 부가세를 부과함으로써 브레튼우즈 체제는 금이 가기 시작했다. 닉슨의 선언으로 전 세계의 무역과 외환시장이 혼란스러워지자 브레튼우즈 체제를 살리기 위해 G10으로 불리는 10개국이 1971년 12월 미국 워싱턴의 스미소니언 박물관(Smithsonian Institute)에서 만나 합의안을 도출하였다. 금 1온스의 가치를 38달러로 인상하고, 각국의 환율을 미국 달러화 대비 10%까지 절상하며, 미국 달러화에 대한 환율의 변동 폭을 1%에서 2.25%로 확대하는 3가지 내용을 합의한 것이다.

스미소니언 협정(Smithsonian Agreement)은 1년여 기간 지속되었지만 미국 달러화의 평가절하로 상황을 안정시키에는 역부족이었다. 미국 달러화에 대한 매도 압력이 거세지면서 1973년 2월 금 1온스의 가치를 38달러에서 42달러로 인상하였다. 그리고 1973년 3월에 유럽 국가 및 일본의 통화도 자율변동이 허용되면서 브레튼우즈 체제는 완전히 몰락하였다. 그 이후로 미국 달러화, 독일 마르크화(1999년 이후 유로화), 영국 파운드화, 일본 엔화와 같은 주요 통화는 상호 간에 자율변동으로 바뀌었다.

15.2.5 변동환율제도(1973년 이후)

브레튼우즈 체제의 몰락에 이어 나타난 변동환율제도는 IMF 회원국이 1976년 1월에 자메이카의 킹스턴에 모여서 국제통화제도의 새로운 규칙에 대해 합의한 후에 비준되었다. 자메이카 협정(Jamaica Agreement)은 아래와 같은 내용을 포함한다.

첫째, 변동환율제도는 IMF 회원국에 수용가능한 환율제도로 선포되며 각국의 중앙은행은 환율의 부당한 변동성을 없애기 위해 외환시장 개입이 허용된다.

둘째, 금은 공식적으로 국제준비자산으로서의 지위가 중지되며, IMF가 보유한 금의 절반은 회원국에 환원하고 나머지 절반은 매각한다. 금 매각 대전은 빈곤국가를 지원하기 위해 사용된다.

셋째, 비산유국과 저개발국은 IMF 자금에 대한 접근성이 더 크게 주어진다.

IMF는 국제수지와 환율로 어려움을 겪는 국가를 지속적으로 지원하지만, IMF의 거시경제정책 처방을 준수하는 조건으로 회원국에게 지원과 대출을 늘렸다. 조건부 지원은 긴축적인 거시경제정책과 다양한 보조금 프로그램의 폐지를 포함하고 있는데, 이러한 조건은 IMF로부터 국제수지 관련 대출을 받는 개발도상국 국민의 분노를 자극하였다.

1973년 3월 이후 환율은 브레튼우즈 체제 시기보다 실질적으로 더 변동성이 높아졌다. 레이건 대통령 시절인 1981년부터 1984년 사이에 쌍둥이(국제수지 및 재정수지) 적자가 크게 늘어났지만, 미국의 고금리를 쫓아 외국자본의 유입이 대규모로 늘어나면서 미국 달러화 환율은 1980년대 전반기 내내 절상되어 1985년 2

월에 정점에 달하였다. 즉, 외국 투자자의 미국 달러화에 대한 막대한 수요가 미국 달러화 가치를 높인 것이다. 그 후 미국 달러화 가치는 지속적으로 하락하여 1988년에 안정화되었는데, 미국 달러화 가치가 하락한 배경은 1,600억달러에 달하는 무역수지 적자 및 중앙은행의 공조 개입의 효과라고 할 수 있다.

그림 15.1 일본 엔화와 독일 마르크화의 환율 추이

자료: Bloomberg 데이타베이스

참고 플라자 합의(Plaza Accord)

- 1985년 9월에 미국 영국, 독일, 프랑스, 일본의 5개국이 뉴욕의 플라자호텔에 모여 미국 무역적자를 해결하기 위해서 미국 달러화가 주요 통화에 대해 절하되는 것이 바람직하다고 합의하고 이 목적을 실현하기 위해 외환시장 개입 의지를 표명한 것이 플라자 합의이다. 1985년 2월부터 하락하기 시작한 미국 달러화 가치는 플라자 합의 이후 급속하게 하락하였다.

참고 루브르 합의(Louvre Accord)

- 플라자 합의 이후 미국 달러화의 가치가 지속적으로 하락함에 따라 주요 선진국 정부는 미국 달러화의 가치가 더 떨어질지도 모른다고 우려하면서 1987년에 G-7 국 경제 정상이 파리의 루브르 박물관에 모여 아래와 같은 내용을 합의하였는데, 이를 루브르 합의라고 한다.

  첫째, G-7 국가는 환율안정을 더 효과적으로 달성하기 위해 협력한다.

  둘째 G-7 국가는 거시경제정책을 더 밀접하게 상의하고 조정하는 데 합의한다.

루브르 합의는 관리변동환율제도의 시발점으로 G-7 국가가 통화의 과대 및 과소 평가를 바로잡기 위해서 외환시장에 공동으로 개입한다는 것이다. 루브르 합의 이후 한동안 환율이 안정되었지만 1996~2001년 기간에 IT 붐에 따른 미국 경제의 양호한 성장을 반영하여 미국 달러화가 절상되었다. 이러한 미국 달러화 절상은 외국투자자들이 호황기의 미국경제와 미국 주식시장을 보고 투자를 확대했기 때문이다.

그러나 주식시장의 급격한 조정, 무역적자의 확대, 9.11 이후 정치적 불안으로

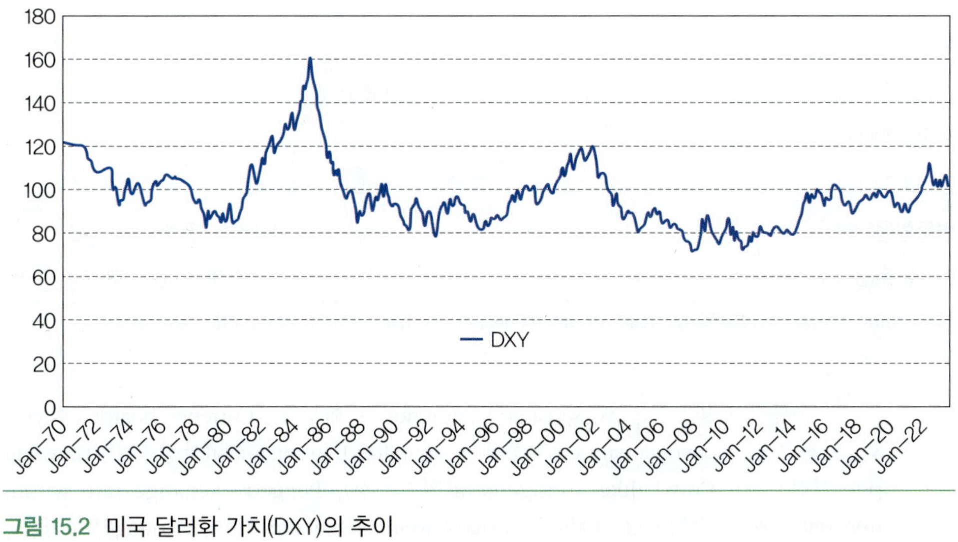

그림 15.2 미국 달러화 가치(DXY)의 추이

자료: Bloomberg 데이타베이스

인해 2001년에 미국 달러화는 절하되기 시작하였다. 그 후 2008년의 글로벌 금융 위기 그리고 2020년의 코로나19 팬데믹에 따른 대침체(Great Recession)로부터 미국경제가 회복되기 시작하면서 미국 달러화 가치도 상승하기 시작하였다.

15.2.6 환율조정방식의 분류

세계 각국의 통화 중에서 상당히 많은 통화의 환율은 미국 달러화, 유로화, SDR과 같은 통화바스켓에 고정(peg)되어 있으며, 완전하게 자율변동환율제를 채택하고 있는 국가는 미국, 영국 등 31개 국가이다. 환율조정방식은 고정환율과 변동환율을 중심으로 고정 또는 변동의 정도에 따라 IMF에서 10가지[4]로 분류하

표 15.2 환율조정(Exchange Rate Arrangement) 분류 (2022년말 현재)

환율조정(통화 수)	통화정책 구조						
	환율고정(Exchange Rate Anchor) 통화				총통화목표	인플레이션 목표	기타
	USD(38)	EUR(25)	바스켓(9)	기타(9)	24	41	46
통화부재(13)	7	7	–	3			
통화위원회(11)	6	3	2	1			
고정환율(43)	14	18	4	5			2
안정조정(27)	4	2	2	–	11	2	6
점진고정(3)	2		1				
점진조정(15)			1		중국 등 5	3	6
수평고정(1)							1
관리조정(13)	3		1		5		4
변동환율(35)					3	한국, 인도 등 26	6
자율변동(31)						일본, 영국 등 10	미국, 유럽 등 21

자료: Annual report on Exchange Rate Arrangements and Exchange Restrictions, IMF, June 2023

4 IMF가 분류한 환율조정은 No separate legal tender(통화부재), Currency board(통화위원회, 완전고정), Conventional peg(고정환율), Stabilized arrangement(안정조정), Crawling peg(점진고정), Crawl-like arrangement(점진조정), Pegged exchange rate within horizontal bands(수평고정), Other managed arrangement(관리조정), Floating(변동환율), Free floating(자율변동)의 10개이다.

고 있다.

고정환율제를 채택하고 있는 국가는 대체로 중앙은행의 통화정책 기능이 없으며 변동환율제를 채택하고 있는 국가는 총통화목표제, 인플레이션 목표제 등과 같은 통화정책을 수행하고 있다. IMF가 발표한 자료에 의하면 2022년말 현재 81개국은 자체 통화가 없거나 다른 나라의 통화에 고정되어 있어 통화정책을 수행하지 않고 있으며, 변동환율제를 채택하고 있는 113개국은 통화정책을 수행하고 있다.

15.3 유럽통화제도와 유로화 도입

1957년 로마조약 체결 이후 단일경제권 구축을 위해 40년 이상을 노력한 끝에 유럽통화동맹(EMU, Economic and Monetary Union)이 출범하여 유럽에서 단일통화인 유로(Euro)화가 1999년에 통용되기 시작하였다. EMU의 출범과 유로화의 도입은 미국 달러화가 지배하는 국제통화제도에 큰 변화를 가져왔다.

15.3.1 유럽통화제도의 출범

유럽경제공동체(EEC, European Economic Community)[5] 국가들은 1970년대에 미국 달러화의 불안으로 인한 유럽 외환시장의 동요와 이에 따른 역내 경제의 혼란을 방지하기 위하여 경제의존도가 높은 역내국 간 통화통합을 추진하였다. 그 결과 1979년에 유럽통화제도(EMS, European Monetary System)를 출범시켰는데, 유럽통화제도의 두 축은 ECU(European Currency Unit)와 ERM(Exchange Rate Mechanism)

5 유럽경제공동체(EEC, European Economic Community)는 회원국 간의 경제통합을 이루기 위한 한 지역 기구(regional organisation)로 벨기에, 프랑스, 독일(당시에는 서독), 이탈리아, 룩셈부르크, 네덜란드 6개국이 참여하여 1957년 로마조약에 의해 창설되었다. 1993년 유럽연합(EU)의 형성으로 EEC가 통합되어 유럽공동체(EC)로 개칭되었으며, 2009년 유럽공동체(EC)의 기관들이 유럽연합(EU)이라는 더 큰 체제 속으로 흡수되어 유럽공동체(EC)는 막을 내렸다.

이다.

ECU는 EMS 회원국의 통화로 구성되는 바스켓통화이며 유럽공동체(EC)[6]의 통화단위로서 1999년 1월 1일 유로화로 대체되기 전까지 회원국의 회계단위 역할을 하였다. 환율조정메커니즘(ERM)은 회원국의 환율을 일정한 변동 폭 범위 내에서 조정하여 통화의 안정성을 확보하는 것을 목적으로 만들었다.

1992년 영국과 이탈리아의 ERM 탈퇴로 인한 붕괴위기와 회계단위로만 사용되는 ECU의 공통화폐로서의 한계를 극복하기 위해 완전한 통화통합을 추진키로 하고 3단계에 걸쳐 통화동맹을 추진하는 것을 주요 내용으로 하는 들로르 보고서(Delors Report)를 1989년 4월에 채택하였다. 그리고 1991년 12월에 실행 계획을 법제화한 유럽연합조약(마스트리히트 조약)에 합의하였다.

15.3.2 유로화 도입

준비과정을 거쳐 1999년 1월 1일에 유럽연합(EU, European Union)의 경제통화동맹(European Economic and Monetary Union)이 공식으로 출범하고 EU 회원국 15개국 중 11개국[7]의 단일통화인 유로화가 도입되었다. 2023년말 현재 27개 EU 회원국 중에서 20개 국가가 유로화를 사용하면서 유로존을 형성하고 있다.

단일통화인 유로화는 세계적인 기축통화로서 미국 달러화에 대한 경쟁통화로 등장하여 세계경제 및 유럽경제에 큰 의미를 지니게 되었다. 유로화의 출현으로 유로존 국가들은 거래비용의 감소 및 환율의 불확실성 제거라는 이점을 누리게 되었으며 유럽대륙의 자본시장 발전에도 크게 도움이 되어 기업들은 유리한 조달 비용으로 자본을 조달할 수 있게 되었다.

6 1992년에 조인된 마스트리흐트 조약으로 도입된 유럽연합(EU) 산하의 기구로 정책이나 정책의 실현을 위해서 설치된 국가 간의 공동체이다. 유럽공동체는 초국가주의의 원칙에 근거하고 있어서 유럽연합의 전신인 유럽 경제 공동체가 기원이 되고 있다. 2009년 리스본 조약이 발효되면서 3개의 기둥 구조는 폐지되었다.

7 EU 15개 국가 중에서 EMU 참가를 원하지 않은 영국, 덴마크, 스웨덴 그리고 기준을 충족하지 못한 그리스를 제외한 11개 국가이다.

15.3.3 유럽중앙은행과 통화정책

유로화의 도입으로 유로존의 단일 통화정책 수립을 담당하는 유럽중앙은행(ECB, European Central Bank)과 ECB의 결정과 지시를 집행하는 EMU 참가국 중앙은행으로 구성되는 유럽중앙은행제도(ESCB, European System of Central Banks)가 설치되었다.

유럽중앙은행은 마스트리히트 조약과 ESCB의 정관에 의해 단일통화정책을 수행하는 과정에서 EU의 모든 기관, 각국 정부 등 외부로부터 간섭을 일절 받지 않는 완전한 독립성을 부여받는다. 유럽중앙은행은 물가안정을 기본책무로 하여 통화정책을 수행하며, 물가안정을 저해하지 않는 범위 내에서 회원국의 일반 경제정책도 지원한다.

한편, 참가국은 단일통화 도입으로 통화주권을 상실하지만 재정정책을 독자적으로 수행할 수 있어서 총수요 조절, 고용확대 등을 위해 적극적으로 재정정책을 활용할 수 있다. 그러나 무절제한 재정운용은 유로지역 경제안정에 장해가 될 수 있으므로 마스트리히트 조약에서 재정운용의 제한을 규정하고 있다.

15.4 국제통화제도 개편 이슈

미국 달러화 중심의 현재 국제통화제도에서는 브레튼우즈 체제 붕괴 이후 금융위기가 발생할 때마다 IMF와 미국 달러화 중심의 국제통화제도의 문제점에 대한 논의가 대두되었다. 1970년대말에 미국 달러화가치의 하락으로 환위험에 대한 우려가 증가하면서 IMF는 중앙은행들이 미국 달러화 표시 자산을 SDR과 스왑을 하도록 허용한 적이 있다.

1980년대에는 미국의 경상수지 악화에도 불구하고 미국 달러화의 고평가가 지속되면서 플라자합의에 따라 G-5 국가의 정책공조를 통해 경상수지 흑자국인 독일의 마르크화와 일본의 엔화의 환율을 조정할 수 있었다. 이후 미국 달러화 가치가 지나치게 하락할 때는 루브르 합의를 통해 G-7 국가의 시장개입으로 환율을 조정할 수 있었다.

그러나 이러한 일시적인 조치로 환위험을 제거하거나 불안한 통화제도 문제가 해결되는 것은 아니기 때문에 국제통화제도의 근본적인 개편이 필요하다는 공감대가 형성되기 시작하였다.

15.4.1 국제통화제도 개편 필요성

기축통화로서 미국 달러화가 세계 각국, 특히 중국이나 브라질과 같은 신흥시장국으로 유입되면서 미국은 경상수지 적자가 누적되지만, 신흥시장국은 미국 달러화 표시 외환보유액이 크게 증가하였다. 세계경제에서 미국이 차지하던 비중이 줄어들고 중국 등 신흥시장국의 비중이 크게 증가한 상황에서도 미국 달러화의 가치에 따라 막대한 외환보유액이 환리스크에 노출될 뿐만 아니라 신흥시장국으로부터 급격한 그리고 대규모의 자금 유출이 발생할 수 있다.

1990년대에 들어오면서 신흥시장국의 자본자유화로 국제자본의 이동이 자유로워짐에 따라 막대한 자금이 신흥시장국에 유입되었다가 과다부채 및 경제 기초여건의 악화로 자금유출이 발생하면 해당 국가의 외환위기와 금융위기를 초래하고 궁극적으로 글로벌 경제위기로 발전하였다. 따라서 신흥시장국을 중심으로 특정 국가의 통화가 아닌 안정적이고 효율적인 기축통화의 창출이 필요하다는 공감대가 늘어났다.

특히, 2008년 글로벌 금융위기를 겪으면서 대외준비자산으로서 미국 달러화 자산을 가장 많이 보유하여 환위험에 크게 노출된 중국 인민은행의 Zhou 총재는 미국 달러화의 대안으로 SDR을 제안하였다. 금융위기의 발생과 전 세계로의 위기 전염은 미국 달러화 중심 국제통화제도하에서 본질적인 취약성이며 시스테믹 리스크라는 것이다.

반면 캐나다중앙은행의 Carney 총재는 글로벌 금융위기는 과거의 통화제도 붕괴 때와 같은 문제에 적절히 대응하지 못해서 발생한 것이지 준비자산의 선택 문제가 아니라고 주장하였다. 즉, 국제통화제도의 개편보다는 국가 간의 정책공조를 통해 글로벌 불균형 문제를 해결하는 것이 더 중요하다는 것이다.

이처럼 서로 다른 주장에도 불구하고 IMF와 많은 경제학자들은 국제통화제도의 개편이 필요하다는 데 공감하고 있다. 그러나 새로운 국제통화의 도입은 국가 간의 이해가 상충될 뿐만 아니라 현실적으로 단기간에 실행하는 데 한계가 있다. 기축통화는 유동성 공급 및 금융시장의 도구라는 측면에서 효율적이어야 하며 또한 거시경제의 안정, 인플레이션 통제 및 금융안정과 관련하여 충분히 안정적이어야 한다는 조건이 있다. 따라서 현재의 국제통화제도를 보완하거나 새로운 기축통화를 도입하기 위해서는 철저한 검토와 충분한 준비가 필요하기 때문에 신중한 접근이 필요하다.

15.4.2 국제통화제도 개편방안

국제통화제도 개편논의는 현재 IMF 제도의 보완, 기축통화 다변화, SDR 중심의 단일기축통화 및 새로운 기축통화 창출의 4가지 방안으로 요약할 수 있다.

첫 번째 IMF의 제도보완은 새로운 국제통화의 창출이 쉽지 않은 점을 감안하면 현실적인 방안이다. IMF는 현행 통화시스템의 문제점을 인식하고 조기경보를 위한 정기적인 모니터링 및 평가를 실시해야 한다. 주요 회원국들은 자국의 경제운용이 세계경제에 미치는 영향을 고려하여 환율 및 거시경제정책에 대해 IMF와 적극적으로 협의하는 노력이 필요하다. 또한 MF의 유동성지원제도, 지역금융협정과 같은 글로벌 금융안전망(Global Financial Safety Net)을 확대함으로써 신흥시장국 등 세계 각국이 보험 목적으로 축적하는 외환보유액 확충 부담을 덜어야 한다.

두 번째 기축통화 다변화는 현재의 미국 달러화 중심의 국제통화제도를 유로화, 엔화, 파운드화 등 주요 국제통화를 포함하는 다수의 통화로 기축통화를 구성하는 것이다. 그러나 현실적으로 미국 달러화와 대등한 지위를 가진 통화가 없으며, 몇 개의 기축통화로 국제통화제도를 구성한다고 해도 통화 간의 가치변동에 따른 환리스크 문제는 여전히 남기 때문에 철저한 분석이 필요하다.

세 번째 SDR 중심의 단일기축통화는 중기적으로 실현성이 있는 방안이다. SDR이 배분을 늘리고, 현재 정부와 국제기구 간의 거래에만 이용되는 SDR의 결제기능을 SDR과 다른 통화 간의 결제시스템으로 확대하여 국제무역 및 투자에서

SDR을 이용하도록 하는 것이다. 또한 각국의 외환보유액 일부를 SDR 표시로 전환하여 IMF에서 집중관리한다면 준비통화로서 SDR의 역할 증대는 물론 SDR의 배분을 늘리는 방안이 될 수 있다. 그리고 SDR의 바스켓통화와 관련하여 현재의 5개국 외에 주요 경제 대국 통화도 포함으로써 SDR의 배분 및 사용을 촉진할 수 있다.

마지막으로 새로운 기축통화로서 모두가 합의하는 국제통화의 창출이 가장 바람직하지만 현실적으로 가장 실행하기 어려운 방안이다. 브레튼우즈 체제 출범 시에 영국의 케인즈가 제안한 Bancor와 같은 국가를 초월하는 국제 결제통화가 채택되고 국제중앙은행이 설립되었다면 브레튼우즈 체제가 붕괴되지 않았을지도 모른다.

연구와 분석을 통해 모두가 합의할 수 있는 효율적이고 안정적인 국제통화의 창출 노력은 계속되어야 한다.

15.5 글로벌 금융안전망

국제금융시장의 발전으로 국제자본이 큰 제한 없이 세계 각국에 유입 또는 유출되고 있다. 특히 경제개발에 많은 자금이 필요한 개발도상국은 국제자본을 적극적으로 유치하고 있는 실정이다. 그러나 부채위기, 통화위기, 은행위기로 인한 금융위기와 경제위기가 발생하면 국제자본이 빠르게 유출되거나 추가로 유입되지 않아 해당 국가는 물론 다른 나라도 외화유동성 부족에 직면할 수 있다.

15.5.1 글로벌 금융안전망의 개요

금융위기 시에 외화유동성 문제를 해결하기 위해 해당 국가는 대내외의 다양한 금융자원을 이용할 수 있다. 글로벌 금융안전망은 금융위기 시에 그 영향을 줄일 수 있도록 해주는 보험 성격으로 외화유동성을 인출하거나 지원받는 각종 체제 및 협정들을 총칭하는 개념이다.

글로벌 금융안전망은 4개의 층(layer)으로 구성되는데, 4개 층은 i) 각국의 외환보유액, ii) 중앙은행이 금융시장에 유동성을 공급할 수 있도록 하는 양자 간 통화스왑, iii) 위기 시에 지원받을 수 있도록 국가들이 자금을 출연하여 풀(pool)을 구성하는 지역금융협정, iv) IMF의 융자제도이다.

외환보유액은 개별 국가 차원에서 외화유동성 부족에 직면할 때 가장 먼저 사용할 수 있는 제1선의 위기대응수단(first line of defense)인 동시에 위기예방을 위한 자가보험(self-insurance) 수단이다. 그러나 외환보유액을 축적하는 데는 많은 비용이 들어가기 때문에 세계 외환보유액의 대부분은 선진국이나 신흥시장국이 보유하고 있는 반면 빈곤 국가의 외환보유액은 매우 적다. IMF의 자료에 의하면 세계 외환보유액의 97%는 세계경제의 절반을 차지하는 국가에서 보유하고 있고 약 90개의 취약한 신흥시장국 및 저개발국이 보유하는 외환보유액은 3%에 불과하다. 따라서 빈곤 국가일수록 외부 충격에 더 취약하다.

유럽의 ERM 위기 등 과거 금융위기 사례에서 기본적인 금융안전망인 외환보유액은 외국자본의 투기적 공격이나 자본유출에 대해 안전망으로서 역할을 하는 데 역부족이라는 것을 보았다. 한국도 2008년 글로벌 금융위기 및 2020년 코로나19 팬데믹 상황에서 외환보유액을 상당한 규모로 보유하고 있었지만 외국자본의 유출에 대한 우려로 금융시장이 불안정한 모습을 보이는 것을 경험하였다. 금융

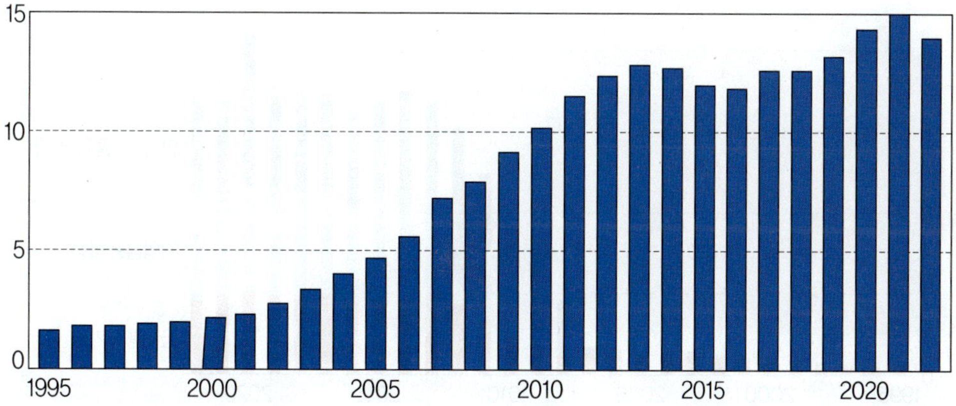

그림 15.3 세계 외환보유액 추이

자료: IMF

위기 시에 세계 각국, 특히 신흥시장국은 외환보유액만으로는 외환의 최종대부자(lender of last resort)로서 외화유동성을 공급하는 데 한계가 있다.

따라서 세계 각국은 금융위기에 대비하기 위해서 외환보유액 확충 외에도 추가적인 금융안전망이 필요하다. 금융위기 시에 유동성을 지원할 수 있는 국제금융기구의 재원이 제한적이므로 중앙은행 간 통화스왑, 지역금융협정 등 다양한 수단으로 풀(pool)을 만들어서 대비하는 것이 효율적인 보험이 될 수 있다.

2008년 글로벌 금융위기 이후 G20 회의 등 다양한 국제금융 관련 회의에서 중층적인(multi-layered) 글로벌 금융안전망의 구축이 필요하다는 공감대를 형성하였다. 중층적 글로벌 금융안전망은 개별 국가의 외환보유액, 중앙은행 간 통화스왑, 지역금융협정(RFA, Regional Financial Arrangements), 국제금융기구의 자금지원 제도 등 4단계로 구성하는 것이다.

중앙은행 간 통화스왑은 제2선의 위기대응수단으로서 과거에도 환율안정 등의 목적으로 활용된 적이 있지만 2008년 글로벌 금융위기 대응 과정에서 두 나라 간 직접적인 유동성 공급과 금융 협력 강화를 위해 중요하다는 것을 인식하게 되었다. 2008년 글로벌 금융위기, 2020년 코로나19 팬데믹 당시 한국은행과 미국 연준과의 통화스왑을 통해 미국 달러화 유동성을 공급함으로써 국내 금융시장을 안정시키고 금융위기의 확산도 방지하였다. 최근에는 중국이 위안화 국제화, 상대국과의 무역 및 투자 촉진을 위해 통화스왑 체결을 크게 확대하고 있다.

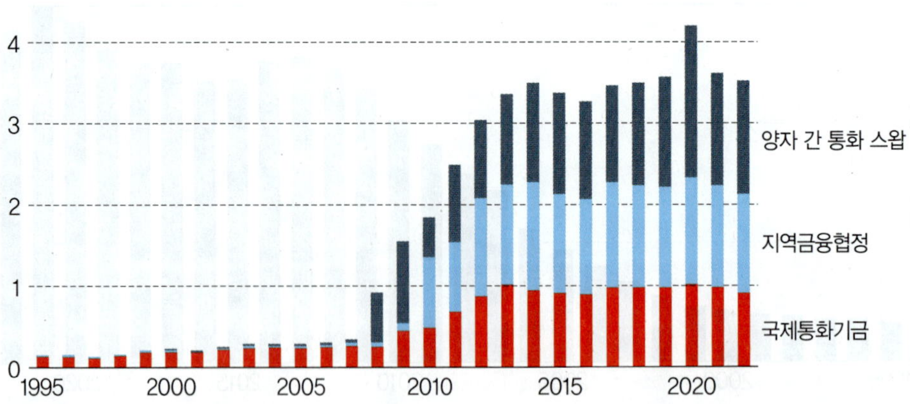

그림 15.4 글로벌 금융안전망 추이

자료: IMF

지역금융협정은 제3선의 위기대응수단으로서 지역 내의 실물경제 지원과 금융통합으로 거시경제 및 금융안정을 도모하려는 것이다. 지역금융협정은 1970년대부터 시작되었으며, 2008년 글로벌 금융위기 이후 체제 정비와 함께 그 규모가 크게 확대되었다.

마지막으로 글로벌 금융안전망의 역할을 수행하는 것은 IMF, ADB 등 국제금융기구의 자금지원제도이다. 지난 20여 년에 걸쳐 중앙은행 간 통화스왑과 지역금융협정이 크게 늘었지만 이러한 금융안전망을 이용하는 국가는 제한적이다. 따라서 위기에 대비하여 보험이 취약한 국가에 대해서 IMF가 여전히 마지막 대부자로 중요한 역할을 하고 있다. 그러나 IMF의 융자 재원이 점점 감소하고 차입을 통한 재원이 늘어남에 따라 IMF의 항구적인 재원 마련 대책이 필요하다. IMF의 재원은 자본금 성격의 각 회원국별 쿼타와 필요시 회원국으로부터의 차입 재원인데, 쿼타 증액은 회원국의 재정적 부담 그리고 신흥국의 재조정 문제 등으로 실행하는 데 어려움이 있다.

금융위기에 대응하기 위해 위기대응수단이 상호 보완적으로 작동할 수 있도록 금융안전망을 갖추는 것이 필요하다. 안전망을 효율적으로 구성함으로써 비용이 많이 소요되는 외환보유액의 축적도 낮출 수 있고 또한 글로벌 불균형도 완화할 수 있다. 글로벌 금융안전망은 다음과 같이 요약할 수 있다.

표 15.3 글로벌 금융안전망 종류

층(layer)	안전망	대상*	비고
제1선	외환보유액	각국	위기 시 최우선으로 활용 가능
제2선	양자 간 통화스왑	가입국	기축통화국과의 유동성 공급, 상호 경제 협력 등 목적으로 체결
제3선	지역금융협정	가입국	ASEAB+3의 CMIM, 유럽의 ESM
제4선	IMF 등 국제금융기구의 자금지원제도	전 세계	IMF를 중심으로 세계은행, 여타 개발금융기구

주: * 제2선 통화스왑과 제3선 지역금융협정을 구축하지 않은 국가도 많아서 국가별로 안전망의 강도에 차이가 있는데, 한국은 제1~4선의 안전망을 모두 갖추고 있다.
자료: 한국은행

15.5.2 글로벌 금융안전망의 구축

글로벌 금융안전망 중에서 외환보유액은 제1선 위기대응수단이므로 적정한 외환보유액의 축적과 효율적인 관리가 중요하다. 다른 장에서 외환보유액 전반에 대해서 기술하고 있는 점을 감안하여 여기서는 중앙은행 간 통화스왑, 지역금융협정 및 IMF 자금지원제도에 대해서 살펴본다.

① 중앙은행 간 통화스왑

● 개요

중앙은행 간 통화스왑은 통상 1년 이내[8]의 기간에 자국의 통화를 담보로 상대국의 통화를 사용할 수 있도록 하고 상대국의 통화를 사용하는 기간의 원금과 이자를 지급하고 자국의 통화를 돌려받는 계약이다.

중앙은행 간에 통화스왑을 체결하는 이유는 금융위기 시에 안전망으로서의 역할을 할 수 있기 때문이다. 금융위기 시에 외화자금시장의 신용경색으로 인해 국내 금융기관이 자금조달에 어려움이 발생하면 외환보유액으로 외화유동성을 공

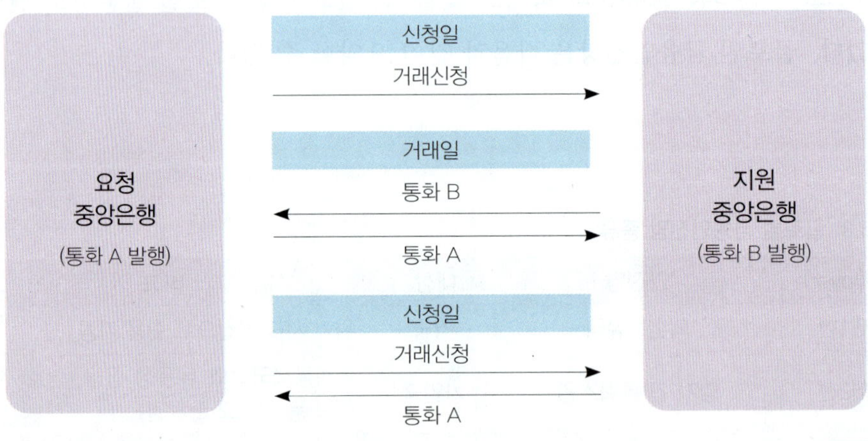

그림 15.5 중앙은행 간 통화스왑 구조

자료: 한국은행

8 일반적인 외화자금시장 통화스왑은 사용기간을 보통 1년 이상으로 설정하고 일정 시점(3개월 또는 6개월)마다 사용통화에 대한 이자를 지급한다는 점에서 차이가 있다.

급하지만, 글로벌 위기상황에는 외환보유액이 충분하더라도 시장참가자들의 불안심리가 확산된다.

따라서 중앙은행들은 통화스왑을 매개로 각 통화에 대한 최종대부자 기능을 국경을 넘어서 수행할 수 있다. 2008년 글로벌 금융위기와 2020년 코로나19 팬데믹 사태 당시 한국은행은 미국 연준과 통화스왑을 체결하여 금융시장의 불안을 진정시킬 수 있었다.

통화스왑은 위기 시에 금융시장의 안정뿐만 아니라 국가 간의 교역 및 금융협력 촉진, 대외신인도 제고와 같은 기대효과도 있다. 2009년부터 체결하기 시작한 한국과 중국 간의 통화스왑은 양국간 교역 촉진, 양국 기업의 환리스크 축소 및 거래비용 절감 등 긍정적인 효과를 낳고 있다. 또한 통화스왑은 확고한 신뢰에 바탕을 둔 중앙은행 간 최고 수준의 금융협력이므로 통화스왑의 체결은 국가신인도를 제고[9]하는 효과가 있다.

● 한국은행의 통화스왑

한국은행은 1997년 외환위기 시에 IMF의 자금지원을 받으면서 1997년 12월에 일본은행과 13억달러 규모의 통화스왑 계약을 최초로 체결한 이후 중국, 태국, 말레이시아, 인도네시아, 필리핀 등 아시아지역 중앙은행과의 통화스왑 계약을 늘려나가면서 금융 안정망을 구축하였다.

또한 2008년 글로벌 금융위기 시에 미국 연준과 300억달러의 통화스왑 계약을 체결하여 금융시장을 안정시켰으며 2020년에 코로나19 팬데믹 기간에도 연준과 600억달러의 통화스왑 계약을 신속하게 체결하여 달러 자금을 시중에 공급하였다. 글로벌 금융위기 대응 기간인 2009년에 중국 및 일본과의 통화스왑 규모를 확대하였으며, 선진국 중앙은행과 협력을 위해 2017년과 2018년에 각각 캐나다중앙은행 및 스위스중앙은행과 통화스왑계약을 체결하였다. 그 외에도 자원 부국인 UAE, 말레이시아, 호주 및 인도네시아 그리고 주요 교역상대국인 튀르키예

9 2011년 11월 7일 국제신용평가사인 Fitch는 한국의 국가신용등급(A+) 전망을 '안정적'에서 '긍정적'으로 상향조정한 근거의 하나로 일본 및 중국과의 통화스왑 규모 확대를 제시하였다.

표 15.4 한국은행의 양자 간 통화스왑 체결현황(2023년 6월말 현재)

상대국	스왑통화/규모*	최초 체결 시점	만기일	계약 연장 시점
중국	70조원/4,000억위안 (약 590억달러)	2009년 4월	2025년 10월	2020년 10월
UAE	6.1조원/200억디르함 (약 54억달러)	2013년 10월	2027년 10월	2022년 4월
말레이시아	5조원/150억링깃 (약 47억달러)	2013년 10월	2023년 2월**	2020년 2월
호주	9.6조원/120억 호주달러 (약 81억달러)	2014년 2월	2028년 2월	2023년 2월
인도네시아	10.7조원/115조루피아 (약 100억달러)	2014년 3월	2026년 3월	2023년 3월
캐나다	원/캐나다 달러 사전한도 없음	2017년 11월	만기 제한 없음	
스위스	11.2조원/100억 스위스프랑 (약 106억달러)	2018년 2월	2026년 3월	2021년 3월
튀르키예	2.3조원/175억리라 (약 20억달러)	2021년 8월	2024년 8월	

주: * ( ) 안은 체결 시 환율을 적용, ** 2024년 중으로 재체결 예정
자료: 한국은행

와도 통화스왑 계약을 체결하였다.

② 지역금융협정

● 개요

금융안전망으로서 지역금융협정(RFAs, Regional Financing Arrangements)은 유동성 부족이나 국제수지 문제가 발생할 경우 주변국들이 특정 지역 내의 금융지원을 약속하는 협정이다. 지역금융협정은 회원국의 금융위기나 경제위기가 발생할 때 ADB, IMF 등과 같은 국제금융기구와 밀접한 협력 관계를 유지하면서 강건하고 포용적이며 지속가능한 경제회복을 지원한다. 금융안전망으로서 위기 해결이라는 동일한 목적을 가지고 있음에도 불구하고 거시경제 감독, 대출 프로그램, 신용공여조건 등의 설계 및 운영 면에서 지역금융협정과 국제금융기구의 대출은 차이가 있다.

표 15.5 지역금융협정 현황

협정 명칭	설립연도	비고
AMF: Arab Monetary Fund	1976	중동지역의 아랍통화기금
FLAR: Fondo Latino Americano de Reservas	1989	중남미지역의 준비기금
CMIM: Chiang Mai Initiative Multilateralization	2010	아시아지역의 치앙마이 이니셔티브 다자화 협정
ESM: European Stability Mechanism	2012	유럽의 금융안정 메커니즘
EFSD: Eurasian Fund for Stabilization and Development	2015	유라시아 지역의 안정 및 발전 기금

자료: 한국은행

지역금융협정은 출자금, 차입금 혹은 스왑의 형태로 재원을 조달하는데, 실행비용이 낮고 위기발생이 임박한 상황에서 실행될 수 있는 체제를 갖추어야 한다. 현재 ESM[10], CMIM 등 5개의 지역금융협정이 설립되어 있다.

● 치앙마이 이니셔티브 다자화(CMIM) 협정

1997년에 아시아 외환위기를 겪으면서 아시아지역에서 위기의 재발 방지를 위해 IMF에만 의존하지 않고 역내에서 금융협력체제를 구축하는 방안에 대해 협의가 있었지만 1990년말까지 국가 간의 통화스왑 계약 외에는 큰 성과를 거두지 못하였다. 2000년 5월 ASEAN+3 재무장관회의에서 ASEAN 10개국 및 한·중·일 3개국이 상호 자금지원체계 수립에 합의함으로써 치앙마이 이니셔티브(CMI, Chiang Mai Initiative)[11]가 탄생하였다.

10 유로 지역의 위기 예방과 은행 정리 역량 강화를 위해 단일정리기금(SRF, Single Resolution Fund)의 보완, 예방적 신용에 대한 접근성 제고, 부채 지속가능성 제고 등의 개혁안에 따라 2022년초부터 은행위기 발생 시 최종대부자로서의 안전장치(common backstop) 역할을 수행하기 시작하였다. 매년 IMF 연차 총회에서 지역 금융안전망 관련 회의를 진행하며 각 지역 금융안전망의 공동 관심 사항에 대해 워크숍을 개최하고 있다.

11 역내 국가 간 외화유동성 지원을 위한 ASEAN 5개국(인도네시아, 말레이시아, 태국, 필리핀 및 싱가포르)과 한·중·일 3국 간의 양자 간 통화스왑 및 ASEAN 통화스왑(ASA, ASEAN Swap Agreement)으로 이루어진 스왑 네트워크를 구축하였다. 2005년 5월 재무장관회의에서는 CMI의 유효성 제고를 위해 스왑규모의 증액, IMF 비연계비율의 확대(10%→20%) 등에 합의하였다.

이후 2006년 5월 ASEAN+3 재무장관회의에서 양자 간 통화스왑 계약을 다자 간 계약으로 전환하기로 결정하고 2009년 5월에 다자간 스왑 협정에 합의함으로써 CMIM 협정은 2010년 3월에 정식으로 발효되었다.

CMI 체제가 한중일과 ASEAN 5개국(태국, 말레이시아, 인도네시아, 싱가포르, 필리핀) 간에 체결한 양자 간 스왑계약이어서 자금 규모도 적고 참여국도 제한적이

표 15.6 한국은행의 양자 간 통화스왑 체결현황

구분		분담금		수혜 한도	
		분담금 (억 달러)	비중 (%)	인출배수 (배)	최대수혜금액(억달러) (분담금 × 인출배수)
한국		384.0	16.0	1.0	384.0
중국		768.0	32.0		
	중국(홍콩제외)	684.0	28.5	0.5	342.0
	홍콩	84.0	3.5	2.5	84.0*
일본		768.0	32.0	0.5	384.0
한·중·일 합계		1,920.0	80.0	–	1,173.0
Big	인도네시아	91.04	3.79	2.5	227.6
	말레이시아	91.04	3.79	2.5	227.6
	태국	91.04	3.79	2.5	227.6
	싱가포르	91.04	3.79	2.5	227.6
	필리핀	91.04	3.70	2.5	227.6
	계	456.2	19.0	–	1,138.0
Small	브루나이	0.6	0.02	5.0	3.0
	캄보디아	2.4	0.10	5.0	12.0
	라오스	0.6	0.02	5.0	3.0
	미얀마	1.2	0.05	5.0	6.0
	베트남	20.0	0.83	5.0	100.0
	계	24.8	1.0	–	124.0
아세안 합계		480.0	20.0	–	1,262.0
총계		2,400.0	100.0	–	2,456.0

주: * 홍콩은 IMF 미가입으로 비연계비율(40%)만큼 인출가능(84억달러×2.5×40%=84억달러)
자료: 한국은행

었다. 그러나 CMIM 협정은 ASEAN+3 국가 간 단일 계약에 의한 다자간 스왑협정이어서 위기 시 체계적인 외화유동성지원 및 역내 금융시장의 안정에 실질적으로 기여할 수 있게 되었다. CMIM 출범 당시 재원분담금은 1,200억달러에 불과했으나 2014년에 협정문 개정을 통해 2,400억달러로 확대하였는데, 한국은 16%에 해당하는 384억달러를 분담하고 있다.

한편, 2017년에 IMF와 AMRO[12]는 역내 및 글로벌 금융안정이라는 공동의 목표 달성을 위해 협력하기로 합의한 후 CMIM 모의훈련(2016~2018년 실시), 거시경제 감독 관련 정보교환 및 직원교류 프로그램, 공동연구 등을 통해 협력을 강화하고 있다.

③ IMF 대출제도

국제통화기금(IMF)은 1945년 설립 이후 190개 회원국에 대해서 글로벌 금융안전망 역할을 수행하면서 위기 시에는 신흥국뿐만 아니라 선진국도 지원하고 있다. World Bank, ADB 및 다른 지역 개발 은행도 회원국을 지원하고 있지만 IMF는 회원국에 대한 정책조언 지원 등으로 높은 신뢰도를 쌓으면서 글로벌 금융안전망에서 중심적인 역할을 하고 있다.

국제금융시장의 발전과 세계경제의 통합이 진전되는 가운데 한 국가에서 금융위기가 발생하면 지역 또는 글로벌 위기로 확산되면서 IMF의 위기대응도 증가하고 있다. IMF가 지원하는 다양한 대출제도 중에서 금융안전망 용도의 대출은 낙인효과[13]와 재원 부족이라는 두 가지 문제에 봉착하였다. 이에 따라 IMF는 2008년 글로벌 금융위기와 2010년 유럽 재정위기를 겪으면서 낙인효과를 줄이는 방향으로 대출제도를 개선하고 회원국이 IMF에 재원을 융자해주는 방식으로 재원을 확충하였다.

---

12 AMRO(ASEAN+3 Macroeconomic Research Office)는 ASEAN+3 재무장관회의에 따라 2011년에 설립되었으며, 역내의 거시경제 및 금융의 발전과 안정에 기여하는 것을 목표로 하는 국제기구이다.

13 회원국이 IMF로부터 자금을 지원 받는다는 자체가 경제상황이 나쁘다는 신호를 내보냄으로써 해당국의 경제·금융상황을 더 악화시킬 수 있는 현상을 의미한다.

글로벌 안전망으로서 IMF의 기능을 강화하기 위해서는 국가별 쿼타를 늘리는 것이 바람직하지만 회원국의 재정부담을 감안할 때 실행하기가 쉽지 않다. 2016년에 국가별 쿼타를 2배로 증액하였으나 글로벌 위기 대응에는 역부족이어서 위기 시에 회원국으로부터 자금을 조달하는 차입 제도를 운영하고 있다. 한편, IMF는 2020년에 발생한 COVID-19를 계기로 신흥시장국에 대한 신속 지원 제도를 강화하고 재원 확충을 위해 2021년에는 취약국 지원을 위해 특별인출권(SDR)의 일반배분을 실시하였다.

한국은 IMF의 금융안전망 강화 노력에 적극적으로 참여하면서 2010년도 G20 의장국으로서 2010년 1월 다보스 포럼에서 글로벌 금융안전망 구축을 G20의 주요 의제로 추진할 계획을 밝히고, 4월 미국 워싱턴 G20 재무장관·중앙은행 총재 회의에서는 이를 공식의제로 제안하였다. 그 이후 각종 국제회의에 적극적으로 참여하여 글로벌 안전망 강화를 위한 제도적 장치 마련 및 IMF 재원 확충의 합의 도출에 기여하였다.

표 15.7 IMF의 재원 및 융자제도 현황(2023년 9월말 현재)

가용재원	융자제도	목적
일반재원계정 (GRA)* (7,279억SDR)	스탠드바이 협약(SBA)	위기해결
	확대신용(EFF)	중장기 위기해결
	탄력적 크레딧라인(FCL)	위기 사전예방·해결(경제·정책건실)
	예방적·유동성지원라인(PLL)	위기 사전예방·해결(FCL 자격미달 시)
	단기유동성라인(SLL)	단기유동성 지원(FCL과 유사)
	신속금융제도(RFI)	신속지원(일부 절차 생략)
빈곤감축·성장기금 (RST) (417억SDR)	스탠바이신용제도(SCF)	저소득국 지원
	확대신용제도(ECF)	저소득국 중장기 지원(최대10년)
	신속신용제도(RCF)	저소득국 신속지원
회복·지속가능성기금 (RST) (184억SDR)	회복·속가능성 제고 신용제도 (RSF)	기후변화 등 장기 위기해결

주: * IFM의 기본적인 재원으로 유동성 버퍼 20%를 제외한 금액
자료: 한국은행

표 15.8 IMF의 주요 대출제도

	스탠드바이 협약 (SBA)	탄력적 크레딧라인 (FCL)	신속금융제도 (RFI)
목적	일반적인 국제수지 문제해결 지원	국제수지 문제 예방 및 해결을 위한 크레딧라인 제공	자연재해, 전쟁 등으로 어려움을 겪는 회원국 신속 지원
특징	1952년 도입된 IMF의 대표적인 대출제도	2008년 글로벌 금융위기 이후 위기 예방을 위한 사전 크레딧라인 제공 엄격한 자격요건	2011년 기존제도 통합 COVID-19 위기 시 다수 회원국이 활용
대출조건	일정기간 내에 국제수지 문제해결을 위한 경제정책 조정	거시경제 기초여건, 경제정책제계, 정책수행실적 우수회원국	국제수지문제를 해결하려는 노력 (다른 제도에 비해 조건 완화)

자료: 한국은행

요 약

1. 국제통화제도는 국제간의 지급결제 및 자금이동이 원활하게 이루어지고 또 여러 통화 간의 환율이 결정되는 제도적인 체계로 정의될 수 있다. 따라서 국제통화제도는 환율, 국제 지급결제 및 자본이동에 관한 합의, 규칙, 제도, 메커니즘 및 정책 전반의 복합체라고 할 수 있다.

2. 국제통화제도는 복본위제(bimetallism), 고전적 금본위제(classical gold standard), 1차 및 2차 세계대전 기간(interwar period) 통화제도, 브레튼우즈 체제(Bretton Woods System) 및 변동환율제(flexible exchange ragte regime)의 5단계를 거치면서 변화하여 왔다.

3. 국제 금본위제도가 유지되기 위해서는 금 자체만으로 무제한 주화 제조가 가능하며, 안정적인 환율로 금과 각국의 통화 사이에 교환성이 확보되고 금이 자유롭게 수출 또는 수입될 수 있어야 한다.

4. 브레튼우즈 체제는 2차 세계대전 이후 새로운 국제통화제도 구축을 위해 1944년 7월에 44개국이 체결한 협정에 따라 발족한 국제통화체제이다. 미국 달러화만이 유일하게 금으로 교환가능한 통화이며, 미국 이외의 회원국은 국제 지급결제 수단으로 미국 달러화와 금을 보유하는 미국 달러화 중심의 금환본위제도(gold-exchange standard)이다.

5. SDR은 미국 달러화에 대한 압력을 완화하기 위해 1968년 4월 국제통화기금(IMF) 이사회의 결의에 따라 1970년에 도입된 일종의 국제준비통화이다.

6. 1971년 8월에 미국 닉슨 대통령이 미국 달러화의 금태환 정지 선언에 이어 1973년 3월에 유럽 국가 및 일본의 통화도 자율 변동이 허용되면서 브레튼우즈 체제는 완전히 붕괴하였다.

7. 유로화는 1999년 1월 1일에 유럽연합(EU, European Union)의 경제통화동맹(European Economic and Monetary Union)이 공식으로 출범하면서 EU 회원국 15개국 중 11개국의 단일통화로 도입되었으며, 2023년말 현재 27개 EU 회원국 중에서 20개 국가가 유로화를 사용하면서 유로존을 형성하고 있다.

8. 글로벌 금융안전망은 금융위기 시에 그 영향을 줄일 수 있도록 해주는 보험 성격으로 외화유동성을 인출하거나 지원받는 각종 체제 및 협정들을 총칭하는 개념이다. 각국의 외환보유액, 중앙은행이 금융시장에 유동성을 공급할 수 있도록 하는 양자 간 통화스왑, 위기 시에 지원받을 수 있도록 국가들이 자금을 출연하여 풀(pool)을 구성하는 지역금융협정 및 IMF의 융자제도의 4개 층으로 구성된다.

연습문제

1. 복본위제의 의미와 복본위제를 채택한 국가에서 경험하는 그레샴의 법칙(Gresham's law)은 무엇인가?

2. 금본위제도하에서 두 통화 간의 환율은 두 통화로 표시되는 금의 가격에 의해 결정되는데, 파운드가 금 1온스당 5파운드로 금에 페그가 되어 있고, 금 1온스는 12프랑의 가치라고 하면 파운드화와 프랑화 간의 환율(프랑화/파운드)은 얼마인가?

3. 금본위제도의 장점과 문제점에 대해 설명하라.

4. 영국 정부가 1931년 9월에 금 지급의 중지를 선언하고 파운드화의 자율변동을 시행함으로써 영국의 금본위제도가 폐지되었는데 그 이유는 무엇인가?

5. 브레튼우즈 체제는 미국 달러화 중심의 금환본위제인데, Triffin의 deliema는 무엇을 의미하는지 설명하라.

6. 브레튼우즈 체제를 살리기 위해 G10 국가가 서명한 스미소니언 협정(Smithsonian Agreement)의 내용은 무엇인가?

7. 1973년 이후 변동환율제도가 시행되면서 1980년대에 미국 달러화의 변동성이 브레튼우즈 체제 때보다 더 심해진 이유를 설명하라.

8. 1979년에 유럽통화제도가 출범한 배경과 그 내용에 대해 설명하라.

9. 1990년대 이후 미국 달러화 중심 국제통화제도의 개편이 필요하다는 논의가 지속되고 있는데 그 근거는 무엇인가?

10. 글로벌 금융안전망에서 제2선 위기대응수단으로서 중앙은행 간 통화스왑이 중요한 이유에 대해 사례를 이용하여 설명하라.

11. 아시아지역의 글로벌 금융안전망으로서 치앙마이 이니셔티브(CMI)와 치앙마이 이니셔티브 다자화(CMIM) 협정의 차이는 무엇인가?

12. 글로벌 금융안전망으로서 중심적인 역할을 해온 IMF의 금융안전망 용도의 대출은 어떠한 문제점이 있는지 설명하라.

참고문헌

제1장

이화정, 2020, "디지털 위안화, 달러패권 탈피 신호탄 되나", 금융경영브리프 제10권 제26호, 하나금융경제연구소, 12-13.

Altunbaş, Y., B. Gadanecz and A. Kara, 2006, "The evolution of syndicated loan markets," The Service Industries Journal, 26:6, 689-707, DOI: 10.1080/02642060600851129.

Benassy-Quere, A. and J. Pisani-Ferry, 2011, "The long march towards a multipolar monetary regime," La Lettre du CEPII, issue 308.

Bordo, Michael D., 2017, "The operation and demise of the Bretton Woods System: 1958 to 1971," VoxEU, CEPR.

Boughton, J. M., 2000, "The Case against Harry Dexter White: Still Not Proven," IMF Working Paper No. 00/149.

Brunnermeier, M. K., H. James and J. Landau, 2019, "The Digitalization of Money," Working Papers. Print.

Calomiris, C. W. and L. Neal, 2012, "History of Financial Globalization, Overview," *Handbook of Key Global Financial Markets, Institutions, and Infrastructure*. https://doi.org/10.1016/C2011-0-07949-8.

Eichengreen, B., 2018, "International Currencies in the Lens of History," In: Battilossi S., Cassis Y., Yago K. (eds). *Handbook of the History of Money and Currency*. https://doi.org/10.1007/978-981-10-0622-7_27-1.

Eichengreen, B., 2005, "The Sterling Past, Dollar's Future: Historical Perspective on Reserve Currency Competition," NBER Working Papers 11336.

Eichengreen, B., and R. Hausmann, 1999, "Exchange Rates and Financial Fragility," NBER Working PaperNo. 7418.

Eren, E., A. Schrimpf, and V. Sushko, 2020, "US dollar funding markets during the Covid-19 crisis – the international dimension," BIS Bulletin.

Federal Reserve History, Treasury–Fed Accord. http://www.federalreservehistory.org/essays/treasury_fed _accord.

Federal Reserve System, 2002, *Chairman Bernanke's College Lecture Series*, Board of Governors of the Federal Reserve System, http://federalreserve.gov/aboutthefed/educational-tools/chairmans-lecture-series-about.htm.

Fouskas, Vassilis K., and Bulent Gokay, 2014, "The failure of neo–liberal financialization," *The politics of international political economy*, Routledge.

Goldberg, Linda, 2011, "The international role of the dollar: Does it matter if this change?," FRBNY staff report no. 522.

Hayek, F. A., 1976, *Denationalisation of Money: The Argument Refined, An Analysis of the Theory and Practice of Concurrent Currencies*, The Institute of Economic Affairs.

Hetzel, Robert L., and Ralph F. Leach, 2001, "After the Accord: Reminiscences on the Birth of the Modern Fed," *Economic Quarterly*, Volume 87/1, Winter 2001, FRB of Richmond.

Humpage, Owen F., 2017, "Warehousing: a historical lesson in central bank independence," *Economic Commentary* 2017–12, FRB of Cleveland.

Kenen, P. B., 2009, "Currency internationalisation: an overview," in *Currency internationalisation: lessons from the global financial crisis and prospects for the future in Asia and the Pacific*, ed. Bank for International Settlements, Vol 61, pp.9–18, BIS

McCauley, Robert N., and Catherine R. Schenk, 2020, "Central banks swaps then and now: swaps and dollar liquidity in the 1960s," BIS Working Papers No. 851.

Neely, Christopher J., 2002, *The Federal Reserve's Response to the Sept. 11 Attacks*, Regional Economist | January, FRB of St. Louis.

Osterberg, William P., and James B. Thomson, 1999, "The Exchange Stabilization Fund: How It works," FRB of Cleveland.

Schenk, Catherine R., 1998, "The Origins of the Eurodollar Market in London: 1955–1963," Explorations in Economic History 35, 221–238, Article No. EH980693.

제2장

한국은행, 국제투자대조표(보도자료), 2023. 8.

한국은행, 『알기 쉬운 경제지표해설』, 9차 개정판, 2019. 1.

Beine, M., A. Benassy Quere, and C. Lecourt, 2002, Central bank intervention and foreign exchange rates: new evidence from FIGARCH estimates, *Journal of International Money and Finance, 21(1)*, 115–144.

Bernanke, B., 2005, "The Global Saving Glut and the U.S. Current Account Deficit" Speech at the Sandridge Lecture, Virginia Association of Economists, Richmond, Virginia.

Bini Smaghi, L., 2011, "The Triffin dilemma revisted", Speech delivered at the Conference on the International Monetary System: sustainability and reform proposals, marking the 100th anniversary of Rober at the Triffin International Foundation, Brussels, 3 October.

BIS, 2011, "The risks of international imbalances: beyond current accounts", *81st Annual Report*, Basel, June 33–49.

Bluedorn, J. and D. Leigh, 2011, "Revisiting the Twin Deficits Hypothesis: The Effect of Fiscal Consolidation on the Current Account," IMF Review 59:582–602.

Bracke, T., M. Bussiere, M. Fidora and R. Straub, 2008, "A Framework for Assessing Global Imbalances," ECB Occasional Paper Series No.78.

Catte, P., G. Galli and S. Rebecchini, 1994, Concerted interventions and the dollar: an analysis of daily data, *The International Monetary System*, 201–39.

Dominguez, K. M. and J. Frankel, 1993, "Does Foreign Exchange Matter? The Portfolio Effect," *American Economic Review*, Vol. 83(5), pp. 1356–69.

Frankel, J., 2015, "The Plaza Accord, 30 years later", NBER Working Paper, No.21813.

Hausmann, R. and F. Sturzenegger, 2007, "The Missing Dark Matter in the Wealth of Nations and Its Implications for Global Imbalances," Economic Policy, 22, 469–518.

IMF, "System in Crisis(1959–1971)", Money Matters: An IMF Exhibit — The Importance of Global Cooperation. https://www.imf.org/external/np/exr/center/mm/eng/mm_sc_01.htm

Kim, S. and N. Roubini, 2008, "Twin Decifit or Twin Divergence? Fiscal Policy, Real Exchange Rate, and the Current Account in the U.S.," 2008, *Journal of International Economics*, Vol. 77, Issue 2, march, 362–383.

Melvin, M. and S.C. Norrbin, 2017, *International Money and Finance*, 9th Edition, Academic Press.

Obstfeld, M. and K. Rogoff, 1996, *Foundation of International Macroeconomics*, The MIT Press, Cambridge, Massachusetts.

Polak, J., 2001, "The Two Monetary Approaches to the Balance of Payments: Keynesian and Johnsonian," IMF Working Paper No. 01/100.

Scmitt-Grohe, S., M. Uribe and M. Woodford, 2022, *International Macroeconomics: A Modern Approach*, Prinstone University Press.

제3장

여은정, 기업신용평가사의 문제점과 향후과제 , 금융연구 26-3, 2012. 9, 금융연구원 25호, 자본시장연구원

이영후, 헤지펀드 운용실태와 국별 환투기 사례분석, 조사분석 98-04, 1998, 대외경제정책연구원

이하일, 국제재무관리, 2022, 박영사

-----, 국내 IB 현황과 발전방향, 2005. 4, 삼성증권

-----, 국제채권시장의 이해 개정판, 2016, 한국은행

-----, 한국의 금융시장, 2016, 한국은행

David P. Stowell, Investment Banks, Hedge Funds and Private Equity Second Edition, 2013, Academic Press

Eun, Resnick, Chuluun, International Financial Management ninth edition, 2021, McGraw Hill

Sounders, Cornett, Erhemjamts, Financial Market and Institutions, 2022, McGraw Hill Education

Sounders, Cornett, Financial Institutions Management Ninth Edition, 2018, McGraw Hill Education

-----, Financial Markets in Korea, 2017, The Bank of Korea

금융감독원 웹사이트(https://www.fss.or.kr)

한국은행 웹사이트(https://www.bok.or.kr)

BIS website(https://www.bis.org)

FRB website(https://www.federalreserve.gov)

SIFMA(Securities Industry and Financial Market Association) website(https://www.sifma.org)

SWFI(Sovereign Wealth Fund Institute) website(https://www.swfinstitute.org)

제4장

김한수, 국내투자자의 해외주식 직접투자 확대 추세에 대한 소고, 자본시장포커스 2021-25호, 2021, 자본시장연구원

박영근 · 신지선, 미국은행의 해외진출에 대한 규제제도 현황과 시사점, 2008년 2월, 한국은행

박재진 · 김현철 · 오태희, 중국의 채권투자 환경 및 시장구조, 2011, 한국은행

이영기 · 남상구(옮김), 투자론, 2015, 맥그로로힐에듀케이션코리아 유한회사

이하일, 국제재무관리, 2022, 박영사

정무권 · 이준서 · 강원, Ross의 핵심재무관리, 2021, 맥그로로힐에듀케이션코리아 유한회사

-----, 국제채권시장의 이해 개정판, 2016, 한국은행

Bodie, Kane, Marcus, Essentials of Investments Tenth Edition, 2017, McGraw Hill Education

Eun, Resnick, Chuluun, International Financial Management ninth edition, 2021, McGraw Hill

Ross, Westerfield, Jordan, Essentials of Corporate Finance Eleventh Edition, 2023, McGraw Hill

Investor Bulletin, August 2012, SEC
Stock market concentration near a tipping point?, June 16, 2023, Financial Times
2023 Capital Markets Fact Book , July 2023, SIFMA
국제자본시장협회 website(https://www.icmagroup.org)
뉴욕연방준비은행 website(https://www.newyorkfed.org)
미국재무성 website(https://home.treasury.gov)
증권산업금융시장협회(SIFMA) website(https://www.sifma.org)
한국거래소 website(https://www.krx.co.kr)
BIS website(https://www.bis.org)
FS Investments website(https://fsinvestments.com)
IMF website(https://www.imf.org)
WFE website(https://www.world-exchanges.org)

제5장

남택정, 글로벌 최적자산배분의 이해, 2011, 한국은행
박정식·박종원, 현대투자론 제4판, 2018, 다산출판사
연강흠, 자산의 이해와 운용 – 자산관리의 정석, 한국은행 금요강좌, 2021. 6. 25, 한국은행
이정·허현·권용훈, 외화자산 리스크 관리 기법, 2011, 한국은행
최동현, Issues and Challanges of Reserve Management after the FX Crisis in 1997, August 2021, 한국은행
국제채권시장의 이해 개정판, 2016, 한국은행
Bask, Makarov, STRATEGIC ASSET ALLOCATION IN MONEY MANAGEMENT, CEPR Discussion Paper No. 8457, June 2011, Center for Economic Policy Research
Bodie, Kane and Marcus, Investment 10th Edition, 2015, McGraw Hill
Brinson, Hood, Beebower, Determinants of Portfolio Performance Performance, FINANCIAL ANALYSTS JOURNAL/JVolume 42, 1986 – Issue 4, Association for Investment Management and Research
Elton, Gruber, Brown, Goetzmann, Mordern Portfolio Theory and Investment Analysis Eighth Edition, 2011, John Wiley and Sons
Jordan, Miller Jr., Dolvin, Fundamentals of Investments – Valuation and Management, 8th Edition, 2018, McGraw Hill
Marco Fanari and Gerardo Palazzo, The strategic asset allocation of the investment portfolio in a central bank, Public investors Confrence, 22–23 October 2018, Bank of Italy

McMillian, Pinto, Pirie, Van de Venter, Investments – Principles of Portfolio and Equity Analysis, Wiley

Reilly, Brown, Investment Analysis and Portfolio Management 7th Edition, 2003, Thomson South Western

한국은행 website(https://bok.or.kr)

제6장

엄상민, 2013, "우리나라 UIP조건의 성립여부 검정 및 시사점", 조사통계월보 2013년 1월호, 한국은행

한국은행,『알기 쉬운 경제지표해설』, 9차 개정판, 2019.1.

Baharumshah, A., V. Liew, and T. Chan, 2007, "The real interest rate differential: international evidence based on non–linear unit root tests", MPRA Paper No. 7300.

Balassa, B., 1964, "The Purcahsing Power Parity Doctrine: A Reappraisal", *Journal of Political Economy*, 72 (6): 584–596.

Borio, C., R. McCauley, P. McGuire, and V. Sushko, 2016, "Covered interest rate parity lost: understanding the cross–currency basis", BIS Quarterly Review, September, 45–64.

Brock, P. L., and S. J. Turnovsky, 1993, "The dependent economy model with both traded and nontraded capital goods", NBER Working Paper No. 4500.

Copeland, L., 2014, *Exchange rates and international finance*, 6th Edition, Pearson.

Cesa–Bianchi, A., M. Kumhof, A. Sokol, and G. Thwaites, 2019, "Toward a new monetary theory of exchange rate determination", Bank of England Staff Working Paper No. 817.

Chang, M., and C. Su, 2015, "Does real interest rate parity really hold? New evidence from G7 countries?", *Economic Modelling*, Vol. 47, March, pp. 299–306.

Chinn, M., and J. Frankel, 1995, "Who drives real interest rates around the Pacific–Rim: the USA or Japan?", *Journal of International Money and Finance*, Vol. 14, December, pp. 801–821.

Chinn, M., and G. Meredith, 2005, "Testing uncovered interest parity at short and long horizons during the Post–Bretton Woods era", NBER Working Paper No. 11077.

Cumby, R., and M. Obstfeld, 1982, "International interest rate and price level linkages under flexible exchange rates: a review of recent evidence", NBER Working Paper No. 0921.

Dornbusch, R., 1976, "Expectations and exchange rate dynamics", *Journal of Political Economy*, 84.

Fleming, J.M., 1962, "Domestic financial policies under fixed and under floating exchange rates", IMF, 9, 369–379

Ford, N., and C. Horioka, 2016, "The 'real' explanation of the PPP Puzzle", NBER Working Paper No. 22198.

Guzman, M., A. Ocampo and E. Stiglitz, 2018, "Real exchange rate policies for economic development", World Development 110, 51–62.

King, M., C. Osler, and D. Rime, 2013, "The market microstructure approach to foreign exchange: looking back and looking forward", Journal of International Money and Finance, 38, pp. 95–119.

Maldonado, W., O. Tourinho, and M. Valli, 2012, "Exchange rate bubbles: Fundamental value estimation and rational expectations test", *Journal of International Money and Finance*, Vol. 31, Issue 5, pp. 1033–1059.

Mishkin, F., 1984, "Are real interest rates equal across countries? An empirical investigation parity conditions", *Journal of Finance*, pp. 1345–1357.

Mundell, R., 1963, "Capital mobility and stabilization policy under fixed and flexible exchange rates", *Canadian Journal of Economics and Political Science*, 29, 475–485.

Redl, C., 2015, "Noisy news and exchange rates: a SVAR approach", *Journal of International Money and Finance*, Vol. 58, November, pp. 150–171.

Rogoff, K., 1996, "The purchasing power parity puzzle", *Journal of Economic Literature*, Vol. 34, June, pp. 647–668.

Samuelson, P. A., 1964, "Theoretical Notes on Trade Problems", Review of Economics and Statistics, 46 (2): 145–154.

Scmitt-Grohe, S., M. Uribe and M. Woodford, 2022, *International Macroeconomics: A Modern Approach*, Prinstone University Press.

제7장

Calomiris, C., 2023, "Fiscal dominance and the return of zero-interest bank reserve requirements", Federal Reserve Bank of St. Louis Quarterly Review, Fourth Quarter, vol. 105, No. 4.

IMF, 2006, "Methodology for CGER exchange rate assessments", November.

Krugman, P., M. Obstfeld, and M. Melitz, 2018, *International Economics: Theory and Policy* (11th Edition), Pearson.

Swan, T., 1963, "Longer-run problems of the Balance of Payments", *The Australian Economy: A Volume of Readings*, ed. by Heinz W. Arndt and W. Max Cordon (Melbourne:

Cheshire), pp. 384–95.

Williamson, J., 1994, "Estmates of FEERs", *Estimating Equilibrium Exchange Rates*, ed. by John Williamson (Washington: Institute for International Economics), pp. 177–243.

제8장

국제금융연구회(2018), "글로벌시대의 국제금융론".

서영경 · 성광진 · 김동우, 원/달러 환율변동성이 큰 배경과 시사점, BOK경제브리프, 2011.1, 한국은행.

안병찬(2011), "글로벌 금융위기 이후 외환정책".

이창선 · 최문박 · 박창선(2018), "신흥국위기 가능성 및 우리나라의 차별화 여부 진단", LG경제연구원.

조가람 · 정규철(2023), "최근 반도체경기 흐름과 거시경제적 영향", KDI.

기획재정부, 한국은행 등(2010.6), "거시건전성(Macro-Prudential Measures) 제고를 위한 자본유출입 변동 완화방안".

한국은행 (2018), "외환정책 투명성 제고 방안".

한국은행 (2022), "2022년도 BIS주관 전세계 외환 및 장외파생상품시장 조사(거래금액부문 및 잔액부문) 결과".

한국은행 (2016, 2023), "한국의 외환제도와 외환시장".

제9장

기획재정부, 한국은행 등 (2010), "거시건전성(Macro-Prudential Measures) 제고를 위한 자본유출입 변동 완화방안".

기획재정부, 한국은행 등(2012), "외화예금 확충방안".

금융감독원(2023), "2022년 외은지점 영업실적 현황(잠정)".

한국은행(2023), "한국의 외환제도와 외환시장".

한국은행(2018), "외환정책 투명성 제고 방안".

한국은행(2022), "2022년도 BIS주관 전세계 외환 및 장외파생상품시장 조사(거래금액부문 및 잔액부문) 결과".

한국은행(2023), "2023년 10월중 거주자외화예금 동향", 보도자료.

Asli Demirgüç-Kunt and Enrica Detragiache (2005), "Cross-Country Empirical Studies of Systemic Bank Distress: A Survey", IMF.

Cardarelli, Roberto, Selim Elekdag, and M. Ayhan Kose (2009), "Capital Inflows: Macroeconomic Implications and Policy Responses," IMF.

Charles Roxburgh, Susan Lund, Tony Wimmer, Eric Amar, Charles Atkins, Ju-Hon Kwek, Richard Dobbs, Jamse Manyika (2010), "Debt and Deleveraging : The global credit bubble and it's economic consequences", Mckinsey Institute.

Contessi, Silvio, Pierangelo De Pace and Johanna Francis (2008), "The Cyclical Properties of Disaggregated Capital Flows," FRB of St. Louis Working Papers.

Frederic S. Mishkin (2006), "FINANCIAL STABILITY AND GLOBALIZATION: GETTING IT RIGHT, Graduate School of Business, Columbia University and National Bureau of Economic Research.

GRACIELA L. KAMINSKY AND CARMEN M. REKaminsky and Reinhart (1999), "The Twin Crises: The Causes of Banking and Balance-Of-Payments Problems, The American Economic Review, Vol. 89, No. 3.

IMF, Staff Position Note (2010), "Capital Inflows: The Role of Controls".

Paolo Manasse Nouriel Roubini, and Axel Schimmelpfenniget (2003), "Predicting Sovereign Debt Crises", IMF.

제10장

안병찬(2011), "글로벌 금융위기 이후 외환정책".

안성배 등(2020), "대외부문 거시건전성 정책 10년의 성과와 개선 방안", KIEP.

기획재정부, 한국은행 등(2010), "거시건전성(Macro-Prudential Measures) 제고를 위한 자본 유출입 변동 완화방안".

기획재정부, 한국은행 등 (2010), "거시건전성부담금 도입 방안".

기획재정부, 한국은행 등 (2021), "「외화유동성 관리제도 및 공급체계 개선방안」".

한국은행(2009), "주요국의 Sudden Stop 및 정책대응 사례 분석과 시사점".

한국은행(2015), "한국의 거시건전성 정책".

한국은행(2018), "외환정책 투명성 제고 방안".

한국은행(2023), "금융안정보고서".

한국은행(2023), "한국의 외환제도와 외환시장".

Alan Greenspan (2001), "Transparency in monetary policy At the Federal Reserve Bank of St. Louis, Economic Policy Conference.

Claudio Borio (2003), "Towards a macroprudential framework for financial supervision and regulation", BIS, working paper No.128.

Ronald McKinnon (1998), "Exchange Rate Coordination for Surmounting the East Asian Currency Crises", Stanford University.

제11장

기획재정부, 한국은행 등(2010.6), "거시건전성(Macro-Prudential Measures) 제고를 위한 자본유출입 변동 완화방안".

박용민, 권경호(2010), "조선업체 환헤지가 외환부문에 미치는 영향", 한국은행.

안병찬(2011), "글로벌 금융위기 이후 외환정책".

유재원, 김태준(2000), "신흥시장국의 환율제도 선택; 쟁점 및 과제".

한국은행(2007), "조선업 경기 동향 및 중장기 전망".

한국은행(2008), "경쟁입찰방식 스왑거래 실시".

한국은행(2009), " 주요국의 Sudden Stop 및 정책대응 사례 분석과 시사점".

한국은행(2009), "최근의 글로벌 캐리트레이드에 대한 분석과 시사점".

한국은행(2016, 2023), "한국의 외환제도와 외환시장".

한국은행(2018), "외환정책 투명성 제고방안".

한국은행(2021), "한국의 금융시장".

Frankel A. J. and Rose, A. K. (1996), "Currency Crashes in Emerging Markets: An Empirical Treatment", Journal of International Economics, Vol. 41, pp.351-366.

Goldstein, M. (1997), "Comments on Early Warning Indicators of Financial Instability in Emerging Economies", Presented at the Federal Reserve Bank of Kansas City's Economic Symposium on Maintaining Financial Stability in a Global Economy.

Greenspan, Alan (2001), "The Euro as an international Currency".

IMF (2007), "World Economic Outlook, Chapter Ⅲ. Managing Large Capital Inflows".

Kaminsky, G. L. and Reinhart, C. M. (1996), "The Twin Crises: The Causes of Banking and Balance-of-Payments Problems." International Finance Discussion Papers No. 544. Washington, D.C.: Board of Governors of the Federal Reserve System.

제12장

윤영진(2021), "코로나19 충격에 대응한 중앙은행간 통화스왑의 국내 외환시장 안정효과"(한국은행 조사통계월보 제75권 제6호).

황세운(2023), 실리콘밸리은행(SVB) 파산이 국내 금융시장에 미치는 영향 및 시사점(자본시장연구원).

한국은행, "한국은행 보유금 관리현황 및 향후 금 운용 방향".

IMF (1998), "Financial Crises: Characteristics and Indicators of Vulnerability", World Economic Outlook (Chapter 4), May.

IMF (2013), "International Reserves and Foreign Currency Liquidity Guidelines".

IMF (2014), "Revised Guidelines for Foreign Exchange Reserve Management".

Ben Bassat, A. and D. Gottlieb (1992), "Optimal International Reserves and Sovereign Risk", Journal of International Economics.

BIS (2004), "Revisiting Foreign Exchange Reserve Adequacy", A Note for a Meeting of Governors on 9 February 2004 in Hong Kong.

Calvo, G. A., A. Izquierdo and L. F. Mejia, (2004), "On the Empirics of Sudden Stops: The Relevance of Balance-Sheet Effects", NBER working paper.

Frenkel J. and B. Jovanovic (1981), "Optimal International Reserves: A Stochastic Framework", The Economic Journal 91.

Garcia, Pablo S. and Claudio Soto (2004), "Large Hoarding of International Reserves: Are they worth it?", Central Bank of Chile Working Papers 299.

Goldman Sachs (2005), "The Outlook for Dollar as a Reserve Currency : What History Tells Us".

Greenspan, Allan (1999), "Currency Reserves and Debt, remarks before the World Bank Conference on Recent Trends in Reserves Management", Washington DC, April 29, 1999.

Guidotti, P., Sturzenegger, F., and A. Villar (2004), "On the Consequences of Sudden Stops", Economia Vol. 4, No. 2.

Heller, Robert H. (1966), "Optimal International Reserves", The Economic Journal 76(302).

Jeanne, O. and Ranciére, R. (2005), "The Optimal Level of International Reserves For Emerging Market Countries: Formulas and Applications", IMF.

제13장

최영준, 최준, 박민렬(2011), "자본유입 급증이 경제성장에 미치는 영향", 한국은행.

Aghion, P. and A. Banerjee (2005), "Volatility and Growth," Clarendon Lectures in Economics, Oxford: Oxford University Press.

Calvo, A. Guillermo, Leonardo Leiderman, and Carmen M. Reinhart (1993), "The Capital Inflows Problem: Concepts and Issues".

Caselli, F., Feyrer, J. (2007), "The Marginal Product of Capital," The Quarterly Journal of Economics, Vol. 122, No. 2, pp. 535-68.

Eduardo Fernandez-Arias and Peter Montiel (1996), "The Surge in Capital Inflows to Developing Countries": An Analytical Overview, The World Bank.

Eichengreen, Barry and Ricardo Hausmann (1999), "Exchange Rate and Financial Fragility,"

NBER Working Paper Series, No.7418.

Fernando A. Broner and Jaume Ventura (2010), "RETHINKING THE EFFECTS OF FINANCIAL LIBERALIZATION", NATIONAL BUREAU OF ECONOMIC RESEARCH.

Frederic S. Mishkin (2009), "Globalization, Macroeconomic Performance, and Monetary Policy", Journal of Money, Credit and Banking.

Ignazio Angeloni and Ester Faia (2009), "A tale of two policies: prudential regulation and monetary policy with fragile banks", Kiel Institute.

IMF (2022), "Balance of Payments Analytic Presentation by Country".

Jonathan David Ostry et al (2011), "Managing Capital Inflows What Tools to Use?", IMF.

Mark Gertler, Kenneth Rogoff (1990), "North-South lending and endogenous domestic capital market inefficiencies", Journal of Monetary Economics.

Maurice Obstfeld and Kenneth Rogoff (1996), "Foundations of International Macroeconomics". The MIT Press.

Olivier Jeanne and Anton Korinek (2010a), "Excessive Volatility in Capital Flows: A Pigouvian Taxation Approach, AMERICAN ECONOMIC REVIEW.

Papa N'Diaye (2009), "Countercyclical Macro Prudential Policies in a Supporting Role to Monetary Policy", IMF.

Ronald McKinnon and Huw Pill (2007), "Credible Economic Liberalizations and Overborrowing", American Economic Review.

제14장

성병묵·김예진, 글로벌 금융위기에 대응한 주요국 재정정책 운용과 향후과제, 한은조사연구 2009-9, 한국은행

신세돈, 연방준비제도 설립 이전의 미국금융위기: 원인과 정부역할, 금융시스템리뷰 2001, 한국은행

윤창현, 최근 외환시장의 투기적 공격 매커니즘과 방어전략: 문제점 및 정책시사점을 중심으로, 대외경제정책연구 1999년 가을호, 대외경제연구원

이윤석, 글로벌 금융위기 추이 및 전망, 한국경제포럼 2009/제2권 제2호, 한국경제학회

정후식, 대공황 이후 주요 금융위기 비교 - 위기의 원인 및 영향을 중심으로, 한은조사연구 2009-8, 한국은행

조사국 통화분석팀, 외환위기 극복과정에서 한국의 경험과 향후과제, 한국은행 보도자료(2000.10), 한국은행

조장옥, 한국경제를 위한 경제사의 교훈, 금융연구 제25권 제4호, 2011, 한국금융학회

최두열, 아시아 외환위기의 발생과정과 원인, 한국경제연구원 연구보고서(1998), 1998.11.15, 한국경제연구원

하준경, 미국발 금융위기의 역사적 사례와 시사점, 금융포커스 16원 39호, 2007. 9. 29~10.5, 금융연구원

Anjan V. Thakor, The Financial Crisis of 2007-2009: Why Did It Happen and What Did We Learn?, May 14, 2015, Oxford University Press

Bernard Laurens and Jaime Cardoso, Lessons from the Experience of Chile, IMF working paper, 1998, IMF

Frederic S. Mishkin, ANATOMY OF A FINANCIAL CRISIS, NBER Working Paper No. 3934, December 1991

F.S. Michkin, Lessons from the Asian crisis, Journal of Journal of International Money and Finance, 1999 - Elsevier

Gene Smiley, Great Depression, The Libray of Economics and Liberty, Liberty Fund Inc.

Giancarlo Corsetti, Paolo Pesenti Nouriel Roubini, What caused the Asian Currency and Financial Crisis?, Working Paper 6833, December 1998, NBER

Giovanni Dell'Ariccia, Enrica Detragiache, and Raghuram Rajan, The Real Effect of Banking Crises, IMF Working Paper 63, March 2005

Jason Furman, Joseph E. Stiglitz, Barry P. Bosworth and Steven Radelet, Economic Crises: Evidence and Insights from East Asia,Brookings Papers on Economic Activity Vol. 1998, No. 2 (1998), pp. 1-135 (135 pages), The Johns Hopkins University Press

John Weinberg, The Great Recession and Its aftermath, Economic Research, FRB of St. Louis

Malcolm Edey, ECONOMIC PAPERS, VOL. 28, NO. 3, SEPTEMBER, 2009, 186-195, The Economic Society of Australia

Mark Jickling Causes of the Financcial Crisis, January 29, 2009, Congressional Research Service

Martin Feldstein, Argentina's Fall: Lessons from the Latest Financial Crisis, Foreign Affairs, Mar.-Apr., 2002, Vol. 81, No. 2 (Mar.-Apr., 2002), pp. 8-14

Paul R. Krugman, Kenneth S. Rogoff, Stanley Fischer, William J. McDonough, Currency Crises, International Capital Flows, January 1999, University of Chicago Press

Paul R. Masson,The Credibility of the United Kingdom's Commitment to the ERM: Intentions Versus Actions, IMF Working Paper 147, December 1994, IMF

Peter Eigner and Thomas S. Umlauft, The Great Depression(s) of 1929-1933 and 2007-2009? Parallels, Differences and Policy Lessons, WORKING PAPERS IN CRISIS HISTORY / NO. 2, June 2015, MTA - ELTE CRISES HISTORY RESEARCH GROUP

Rafa Antczak, Theoretical Aspects of Currency Crises, Center for Social and Economic Research, Warsaw 2000

Rakesh Mohan, GLOBAL FINANCIAL CRISIS: CAUSES, IMPACT, POLICY RESPONSES AND LESSONS, Working Paper No. 407, December 2009

Stijn Claessens, M. Ayhan Kose and Marco E. Terrones, The Global Financial Crisis: How Similar? How Different? How Costly?, Working Paper, No. 1011, March 2010, Koç University

-----, The Consequences of the Global Financial Crisis, 2012, Oxford University Press

Wyn Grant and Graham K. Wilson, IMF's Issues paper, THE ROLE OF THE IMF IN ARGENTINA, 1991-2002, July 2003, IMF

-----, The Great Recession and Its Aftermath, Economic Research, FRB of St. Louis

제15장

곽태운, 개정판 현대국제금융론, 2013, 박영사

이하일, 국제재무관리, 2022, 박영사

조사부 해외조사실, 유럽통화동맹의 출범과 유럽중앙은행 통화정책, 조사통계월보 1998년 11월호, 한국은행

조사부 해외조사실, 유로화 도입과 국제통화질서의 변화, 조사통계월보 1999년 6월호, 한국은행

조윤제, 국제통화제도의 개혁과 G20, 한국개발연구 / 2010. Ⅳ, 한국개발연구원

현정환, 수정판 국제금융론 - 이론과 정책, 2022, 박영사

-----, 한국의 외환시장과 외환제도, 2023, 한국은행

Andrew Stanley, Global Financial Safety Net, December 2023, IMF

Eun, Resnick and Chuluun, International Financial Management ninth edition, 2021, McGraw Hill

Isabelle Mateos y Lago, Rupa Duttagupta, and Rishi Goyal, The Debate on the International Monetary System, IMF Staff Position Note, November 11, 2009, IMF

Zhou Xiaochuan, Reform the International Monetary System, 23 March 2009, BIS Review 41

Zhou Xiaochuan, Annual Report On Exchange Arrangements and Exchange Restrictions 2002, July 26, 2023, IMF

한국은행 웹사이트(https://www.bok.or.kr)

IMF website(https://imf.org)

찾아보기

ㅊ

기타

A

B

C

국제금융론

이론과 위기 및 대응

저　자　박준서·이순호·최동현
발 행 인　김지영
발 행 처　자유아카데미
주　소　경기도 파주시 회동길 37-42
파주출판도시
전　화　031-955-1321
팩　스　031-955-1322
홈페이지　www.freeaca.com
전자우편　main@freeaca.com(대표)
editor@freeaca.com(편집)
crm@freeaca.com(영업)
등　록　제406-2003-017호, 1980. 7. 12
제1판1쇄　2024년 8월 30일 발행

ISBN 979-11-5808-611-4 93320